Malinowski | Odyssey of an Anthropologist   1884—1920

Michael Young

马林诺夫斯基

一位人类学家的奥德赛，1884—1920

[澳]迈克尔·扬 著

宋奕 宋红娟 迟帅 译

北京大学出版社
PEKING UNIVERSITY PRESS

著作权合同登记号　图字：01-2010-4148

图书在版编目(CIP)数据

马林诺夫斯基：一位人类学家的奥德赛，1884—1920 /（澳）迈克尔·扬（Michael Young）著；宋奕，宋红娟，迟帅译．—北京：北京大学出版社，2013.10

（未名传记图书馆）

ISBN 978-7-301-23220-0

I.①马… II.①扬…②宋…③宋…④迟… III.①马林诺夫斯基，B.K.（1884—1942） IV.①K835.616.15

中国版本图书馆CIP数据核字（2013）第219566号

Michael W. Young
Malinowski: Odyssey of an Anthropologist, 1884–1920
ISBN：978-0300102949
Copyright © 2004 by Michael W. Young
All rights reserved. No part of this publication may be reproduced or transmitted in any form or by any means, electronic or mechanical, including without limitation photocopying, recording, taping, or any database, information or retrieval system, without the prior written permission of the publisher.

书　　名：	马林诺夫斯基：一位人类学家的奥德赛，1884—1920
著作责任者：	[澳] 迈克尔·扬 著　宋奕 宋红娟 迟帅 译
责任编辑：	张善鹏
标准书号：	ISBN 978-7-301-23220-0/Q·0143
出版发行：	北京大学出版社
地　　址：	北京市海淀区成府路205号　100871
网　　址：	http://www.pup.cn　新浪官方微博：@北京大学出版社　@培文图书
电子信箱：	pw@pup.pku.edu.cn
电　　话：	邮购部 62752015　发行部 62750672　编辑部 62750112　出版部 62754962
印 刷 者：	北京楠萍印刷有限公司
经 销 者：	新华书店
	720毫米×1020毫米　16开本　43.5印张　640千字
	2013年10月第1版　2013年10月第1次印刷
定　　价：	99.00元

未经许可，不得以任何方式复制或抄袭本书之部分或全部内容。

版权所有，侵权必究

举报电话：010-62752024　电子信箱：fd@pup.pku.edu.cn

目 录

鸣 谢 …………………………………………………… 3
引 言 …………………………………………………… 1

第一部分 1884—1910 ……………………………… 13

第一章　父与子 ………………………………………… 15
第二章　母爱 …………………………………………… 37
第三章　早年的旅行 …………………………………… 57
第四章　必不可少的友谊 ……………………………… 72
第五章　大学生 ………………………………………… 90
第六章　放纵者们 ……………………………………… 108
第七章　加那利群岛的苦行僧 ………………………… 125
第八章　莱比锡的爱之曲 ……………………………… 148

第二部分 1910—1914 ……………………………… 171

第九章　伦敦之春 ……………………………………… 173
第十章　与芬兰的关联 ………………………………… 191
第十一章　泽尼娅 ……………………………………… 217
第十二章　图腾、老师和主保圣人 …………………… 254
第十三章　托斯卡 ……………………………………… 278
第十四章　锡兰之行 …………………………………… 303

第三部分　1914—1920 ……………………… 323

- 第十五章　澳洲的一位外来者 ……………… 325
- 第十六章　"应许之地" …………………… 342
- 第十七章　迈鲁岛 …………………………… 360
- 第十八章　西瑙格洛 ………………………… 383
- 第十九章　阿德莱德的秋天 ………………… 394
- 第二十章　基里维纳 ………………………… 412
- 第二十一章　墨尔本病 ……………………… 444
- 第二十二章　艾尔茜 ………………………… 477
- 第二十三章　萨马赖 ………………………… 503
- 第二十四章　重返岛上 ……………………… 524
- 第二十五章　恐惧、爱和憎恨 ……………… 560
- 第二十六章　该死的缺乏性格 ……………… 579
- 第二十七章　婚姻 …………………………… 597
- 第二十八章　离开澳大利亚 ………………… 615

缩写词 ……………………………………………… 630

注释 ………………………………………………… 631

参考文献 …………………………………………… 670

鸣 谢

马林诺夫斯基的小女儿兼其遗稿管理人海伦娜·韦恩（Helena Wayne）邀请我写这部传记。她不仅让我接触到了马林诺夫斯基的所有档案文件，还让我看到了她二十年来所搜集的关于其父亲生平的许多其他材料，其中包括她对马林诺夫斯基的学生、友人、同事所进行的面对面或书信采访所得到的笔记。因此，这是一部受其非正式委托并征得其姐姐们同意且经过授权的传记作品。称其经过完全授权还体现于海伦娜读完并认可了其最终文稿。如果说这有可能暗示我们之间达成了某种只写充满颂扬的偶像化传记的默契的话，那我可要毫不迟疑地予以说明，事实远非如此。虽然通过相互交流我不可避免地受到了她对其父亲观点的影响，但这并不意味着我因此就放弃了作为一个旁观者的公允。事实上，有时候海伦娜比我更加坚定地认识到她父亲的缺点。有几次在我们的谈话中，面对她对其父亲的批评，我竟然站到了为马林诺夫斯基辩护的立场上。此外，海伦娜也无法严格干预我的整个写作过程。她住在英国，我住在澳大利亚。在大部分书稿完成的1998—2002年间，我们仅仅不定期地通过书信和电话进行交流。在写某些章节时，我觉得海伦娜肯定会要求我删改的。但她没有一次因为我用负面笔调勾勒她父亲而向我兴师问罪；她也从未要求我撤掉我所写的任何内容。读者自可判断这到底该归功于我的老练还是她的雅量，不过我在写作中从未刻意去进行自我审查，而她的宽容却是超乎我之前的所有想象。

因此，我要感谢海伦娜热诚的支持。她不仅逐句通读了整部文稿，而且（作为一个前记者）她大方地充当了助理编辑的角色：改正打印和史实上的错误，指出语法问题，并让我注意避免晦涩和欠雅的措辞。同时我要衷心地感谢她和我分享她的知识、智慧、幽默,以及难得的、在谈起其父亲怪癖时的那些欢笑。把一部传记题献给主人公的女儿可能不太常见,但我还是要通过这样做来表达我的尊敬、谢意和感情。

我还要向海伦娜已故的两个姐姐约瑟法·史都华(Jozefa Stuart)和旺达·肖特尔(Wanda Shortall)献上迟来的感谢。谢谢她们在长岛和纽约对我的热情款待,也谢谢她们在跟我谈起父亲时的那种诚恳。尽管她们读过我早前写的一些关于她们父亲的文章,但她们却都没能读到现在这部传记。所以我在感谢她们帮助的同时,也因她们无法亲眼看到这部传记问世而深表悲伤与遗憾。

我还必须感谢另一些已逝者,是他们在1990年代初欣然接受了我那些多少有些冗长的采访:比尔·爱泼斯坦(Bill Epstein)、雷蒙德·弗思(Raymond Firth)、罗斯玛丽·弗思(Rosemary Firth)、汉斯·库那(Hans Khuner)、阿什利·蒙塔古(Ashley Montague)、艾萨克·夏培拉(Issac Schapera)。

我还要特别感谢我的朋友兼非正式编辑罗杰·阿维里尔(Roger Averill)。他带着敏锐的眼光一丝不苟地通读了本书的倒数第二稿。作为读者,他那超群的技巧使我避免了许多不恰当的写作方式,他对某些章节的评论也使我重新思考一些不够严谨的表述。此外,在我迫切想要删繁去减时,是他帮了我的大忙。如此繁重的编辑工作真令我对他感激不尽。当然,还要感谢他在我越来越缺乏自信时给我的鼓励。

另外需要特别感谢的还有那些读过全书并对不同章节提出宝贵意见,以及那些对我的研究作出重大贡献的朋友们:Robert Baldock、Linus Digim'Rina、Don Gardner、Katy Gillette、Terry Hays、Barbara Holloway、Grazyna Kubica、Maria Lepowsky、Gilbert Lewis、Martha Macintyre、Shelley Mallett、Will Stober(已故)、Borut Telban、Tim Troy、Don Tuzin、Jim Urry、Ron Waterbury。

本书的前期准备工作耗时费力,必然要求较大的人力物力投入。首先从最基础的条件说起,我尤其要感谢澳大利亚国立大学亚太研究所下属人类学系给我提供的长期经济资助,以及容许我在亚太范围以外众多档案馆和图书馆里开展我的"田野研究"。此外我还要感谢温纳-格伦人类学研究基金会提供的定期资助，使我能够完成在欧洲、美国及墨西哥的研究之行。

我还要感谢以下机构的档案员、图书馆员及研究人员：伦敦经济学院英国政治与经济科学图书馆（特别是 Angela Raspin 和 Sue Donnelly）、牛津大学图书馆、剑桥大学图书馆、伦敦大英博物馆民族学分部、克拉科夫大学图书馆、华盛顿国会图书馆、阿德莱德马特洛克图书馆、澳大利亚国立大学门齐斯图书馆与齐弗利图书馆、巴布亚新几内亚大学迈克尔·索迈尔图书馆、悉尼米歇尔图书馆、堪培拉与墨尔本澳大利亚国立档案馆、莫尔兹比港巴布亚新几内亚国立档案馆、堪培拉澳大利亚国立图书馆、墨尔本国立维多利亚博物馆、伦敦威斯敏斯特公共图书馆皮姆利可分馆、牛津皮特·里弗斯博物馆、伦敦人类博物馆皇家人类学研究所图书馆、阿德莱德南澳大利亚博物馆、伦敦经济学院教职员办公室、扎科帕奈塔特拉博物馆、剑桥三一学院图书馆、墨尔本大学档案馆、纽黑文耶鲁大学图书馆。

感谢 Routledge 出版社允许我大量引用马林诺夫斯基的《西太平洋上的航海者》(*Argonauts of the Western Pacific*, 1922)、《野蛮人的性生活》(*The Sexual Life of Savages*, 1932 年版)、《一本严格意义上的日记》(*A Diary in the Strict Sense of the Term*, 1967)，以及海伦娜所著的《婚姻的故事》(*The Story of a Marriage*, 1995) 中的内容。感谢剑桥大学出版社允许我引用艾伦等人 (Ellen et al.) 主编的《两个世界中的马林诺夫斯基》(*Malinowski between Two Worlds*, 1988) 及由桑顿与斯卡尼克 (Thornton and Skalnik) 主编的《马林诺夫斯基早年文稿》(*The Early Writings of Bronislaw Malinowski*, 1993) 中的内容。感谢西北大学出版社允许我引用丹尼尔·杰鲁尔德 (Daniel Gerould) 编辑的《维特邱维奇读本》(*The Witkiewicz Reader*, 1992) 中的内容。

在本书的写作过程中，我还受益于许多朋友的专业知识。我衷心感谢这些来自不同国家的朋友们，是他们解答了我的问题，提出了对马林诺夫斯基生活与工作的深刻洞见，指引我寻找一些资源，或者以草稿或成稿的形式向我提供了他们所著述的相关文字。对于这些善意的帮助，我要感谢：Stephanie Anderson、Chris Ballard、John Barnes、Jeremy Beckett、Joanne Williams

马林诺夫斯基

一位人类学家的奥德赛，1884—1920

Bennett、Jonathan Benthall、Harry Beran、Bruce Berman、Kevin Birth、Basia Bosowski、Marian Bosowski、Erik Brandt、Richard Broinowski、Susan Drucker Brown、Lucy Burke、Patrick Burke、Shirley Campbell、Matthew Cioiek、Paul Cocks、Hal Conklin、Dave Cooper、Barry Craig、Jay Craig、Tim Curtis、Wojciech Dabrowski、Fred Damon、Allan Darrah、Donald Denoon、Jerzy Domaradzki、Elizabeth Edwards、Roy Ellen、Judith Ennew、Richard Eves、Colin Filer、Andrzej Flis、Anthony Forge（已故）、Jim Fox、Derek Freeman（已故）、Margaret Gardiner、Alfred Gell（已故）、Ernest Gellner（已故）、Daniel Gerould、Patrick Glass、Geoff Gray、Chris Gregory、Murray Groves、Ramachandra Guha、Ranajit Guha、Chris Hann、Christine Helliwell、Gil Herdt、Les Hiatt、Robin Hide、Melinda Hinkson、Garrick Hitchcock、Harry Jackman、Michael Jackson、Jan Jerschina、Margaret Jolly、Alun Gwynedd Jones、Christine Jourdan、Lan Keen、Roger Keesing（已故）、Marian Kempny、Klaus-Peter Koepping、Susanne Kuehling、Adam Kuper、Jean La Fontaine、Jerry Leach、Ariane Lewis、Nico Lewis、John Liep、Peter Loizos、Anthony Low、Nancy Lutkehaus、Angela MacAdam、Stuart Macintyre、Ken Maddock（已故）、Piero Matthey、Grant McCall、Anna Micinska（已故）、John Middleton、Jadran Mimica、Don Mitchell、Michael Moran、Howard Morphy、John Morton、Mark Mosko、Janusz Mucha、John Mulvaney、Hank Nelson、Don Niles、Andrzej Nowakowski、George and Gwen Nurse、Michael O'Hanlon、Eugene Ogan、Doug Oliver、Nigel Oram（已故）、Anna Paini、Andrzej Paluch、Andrew Pawley、Nic Peterson、Krystyna Pisarkowa、Anton Ploeg、Johanna Raines、Greg Rawlings、Barnett Richling、Kathy Robinson、Arturo Alvarez Roldan、Nicolas Rothwell、Irving Rouse、Sandra Rouse、Alan Rumsey、Lan Scales、Stawomir Sikora、Peter Skalnik、Hal Schemer、Jim Specht、George Stocking, Jr、Lan Stocks（已故）、Marilyn Strathern、Walker Stuart、Stanley J. Tambiah、Bob Tonkinson、Ron Vanderwal、Eric Venbrux、Gerry Ward、Annette Weiner（已故）、James Weiner、Gehan Wijeyewardene（已故）、James Woodburn、Terence Wright、Jenny Young、George Zubrzycki。

我还得到许多翻译人员的大力协助，尤其是 Basia Plebanek，是她逐句检查了 Norbert Guterman 译自波兰语原文的《一本严格意义上的日记》并复原了曾被马林诺夫斯基遗孀删改过的段落。Basia 还翻译了大量手稿、田野笔记和日志记录，我要感谢她的工作技巧和无尽的耐心。我还要感谢受海伦娜委托翻译早年日记的 Marc Heine。此外，我也要感谢翻译了那些未出版过的波兰语信件的 Matthew Cioiek、Daniel Gerould、Grazyna Kubica、Annamaria Orla-Bukowska、Elizabeth Tabaka。

我还想感谢以下各位，是他们给予我研究协助及在技术与行政后勤方面的支持：Ann Buller、Fay Castles、Ben Cauchi、Bob Cooper、Petra Engelbrecht、Martina Piercy、Emmerentia van Rensburg、Jackie Sheehy、Ernest Sprules、Basil Wilson、Judith Wilson、Ria van de Zandt。

我的爱与衷心谢意还要献给 Elizabeth Brouwer。她与我共同追寻马林诺夫斯基的足迹，完成了许多旅行，和我讨论马林诺夫斯基生活中的诸多层面；她也在我耽搁写作时催我动笔，并带着审视的眼光成为许多章节的苛刻的读者。

同样重要的是，我还要感谢我的姐姐 Margaret Watkis，我的两个儿子：Julian、Rafael。是他们不厌其烦地听我讲了那么多关于马林诺夫斯基的事情，他们的爱与精神支持对我来说太重要了。

迈克尔·扬

2003 年 11 月

引 言

在逝世六十年之后，马林诺夫斯基仍然有着巨大的影响力。如果说查尔斯·达尔文是生物学的开山祖师的话，布罗尼斯劳·马林诺夫斯基就是人类学的开山祖师——这位波兰贵族发明了"田野研究"这一严格的学术"成年礼"，并且带来了英国社会人类学的突破性变革。他之于詹姆斯·弗雷泽爵士，就像征服者威廉之于哈罗德国王一样，如同一个弑君者，为美拉尼西亚的特罗布里恩德群岛也书写下了一部《英格兰土地清账书册》。

他的人生经历了若干重要的历史时代，包括两次世界大战和现代主义时代的到来。他与许多现代主义代表人物身处同一时代，如 T. S. 艾略特（T. S. Eliot）、詹姆斯·乔伊斯（James Joyce）、弗兰茨·卡夫卡（Franz Kafka）、约翰·梅纳德·凯恩斯（John Maynard Keynes）、D. H. 劳伦斯（D. H. Lawrence）、罗伯特·穆西尔（Robert Musil）、埃兹拉·庞德（Ezra Pound）、利顿·斯特拉其（Lytton Strachey）、路德维希·维特根斯坦（Ludwig Wittgenstein）。与他们中的许多人一样，马林诺夫斯基也选择了远走他乡，跨足两个甚至更多的世界，并且也横跨了19、20世纪的各种文化潮流。作为一个对自己的身份抱有矛盾情感的、真正的四海为家者，他有着奥匈帝国公民的出身，继而在1920年成为波兰公民，其后又在1931年成为英国公民，最后在其1942年临终之际还在打算取得美国公民权。除了波兰、英国和美国，他还在澳大利亚、巴布亚（前英属新几内亚）、意大利、非洲和墨西哥生活与工作过。

马林诺夫斯基早已成为学科传奇故事的一部分。凡是讲授人类学的地方，这个传奇人物都会使教室与讲堂充满吸引力。（他将人类学的主题界定为"对拥抱着女人的男人的研究"，仍然会让大一新生发出不解的嘘叹。）亚当·库珀

(Adam Kuper)在他的神话里看到了"先知"的故事典型:"不利的开端、之后的疾病和皈依与接下来的迁移;巨大的灾难——严重如世界大战——导致其被困于蛮荒之地;带着先知的语言返回;门徒之间的争斗。"[1]这位救世主般的英雄是一个不折不扣的民族志学者,他充满同情地与野蛮人和谐为伍,说着他们的语言,并像他们那样生活。这位现代民族志学者从传教士的阳台上走下来,在村中支起帐篷并在那里扎根,忍受病痛与禁欲、孤独和无聊,只为追寻"民族志学者的终极目标",即"理解土著人的观点、他们与生活的关联,并认识他们自己的世界观"。[2]这种英雄般吃苦耐劳的付出,在民族志上收获颇丰,也带来了地位的提升、同行的赞誉,以及竞争对手善意(些许)的妒忌。

对马林诺夫斯基这一广为流传的形象及其作品的漫画般的描绘,见于乔治·裴瑞科(George Perec)的小说《生活:使用手册》、翁贝托·艾柯(Umberto Eco)的短篇小说《一个波河谷地社会的工业与性压抑》,以及美国电视连续剧《年轻的印第安纳·琼斯》。《孤独星球指南》的作者托尼·惠勒(Tony Wheeler)在《传说中的南太平洋百科丛览》一文中,也提供了关于这位传奇人物的这一通俗版本的描述:

> 人类学者通常是一个有趣的群体,但是从中很难找到比马林诺夫斯基更有趣的人物。出生于波兰的克拉科夫,马林诺夫斯基本有机会来到一个合适的地方(澳大利亚),但却时机不巧:一战爆发了。作为敌对国的国民,为了避开牢狱之灾,他选择了自我流放,来到了巴布亚新几内亚以东偏远的特罗布里恩德群岛。在那里,马林诺夫斯基展开了对岛屿土著人的研究:他们的交换仪式、他们的甘薯崇拜,以及最让人类学者们好奇的主题——他们的性习惯。[3]

在这层浪漫外壳之下,包裹着一个平凡真相的内核。尽管马林诺夫斯基既非来到特罗布里恩德的首位民族志学者,也非第一个在"原始"人群中生活一年或更长时间以收集整理其风俗并学习其语言的西方人类学者,但却毋庸置疑,他的神话长久以来为社会人类学提供了其田野方法的有效验证。他成了能通过幸运地汇集天才、教育与机遇而化身时代潮流标志的典范人物之一。他引领学科发展潮流向专业化迈进，这一进程始于19世纪末并在20世纪20年代初马林诺夫斯基宣告其功能主义革命之前积蓄了动力。他象征了一种科学的理想，即对特定"原始"社会群体，以及对广义上的人类文化更确切的知识。当然，马林诺夫斯基也能被通俗的言辞形容成一个伟人，一个典型的自我神话的英雄，关于他的传说后来经过他的许多弟子们的加工，变得愈加丰富起来。霍腾斯·鲍德梅克（Hortense Powdermaker）代表这些弟子们坦承："若不是这一神话，我们所有人都不会像现在这般成功。"[4]

1967年马林诺夫斯基的新几内亚田野日记在其身后出版，这为他招来了恶名。作为对自己经历的各种苦恼赤裸裸的忠实记述，《一本严格词义上的日记》包含了康拉德式的潜台词、恋母情结和陀思妥耶夫斯基式的语气，引发人们对其"憎恨人类"及"种族主义"的指责。这本日记轰动一时地揭穿了他自己与美拉尼西亚被研究者"和谐相处"的真相，并显示出他的性格是如何不适应他自己所倡导的这种旷日持久的第一线田野工作。困惑地读完这本日记之后，格尔茨（Clifford Geertz）指责这位"田野工作者之父"是一个"坏脾气的、自我陶醉的、患有疑病症的自恋者，他对与其共同生活的土著人的同情极其有限"。不过，对格尔茨（因为太年轻而没有赶上认识马林诺夫斯基）来说，仍然有一个巨人的矛盾疑问：这样一位难以与人相处的人又是如何成为一个伟大的民族志学者的？格尔茨推测，"正是一种令人难以置信的工作能力挽救了他。"[5] 补偿这一田野工作的最终成果就是总量惊人的民族志素材。尽管日记的出版成为1960年代后期的学科行业丑闻并引发1970年代人类学职业良知的危机，但它仍然成为一部标志性文本。它对应了其后数十年中后现代与后殖民的主题，为一种更具自我反思意识和阐释性的人类学提供了纲领。这样的人类学摒弃了实证主义科学的姿态，转而接受一套更加人文主义的研究模式。

本书记述了马林诺夫斯基生命的前三十五年，力图解释他为什么会及如何成为一个人类学者的。本书探寻了马林诺夫斯基思想与情感的发展旅程：从其出生的奥地利帝国加利西亚省的首府到地中海及加那利群岛，从莱比锡到伦敦，从华沙到扎科帕奈，从锡兰（斯里兰卡）到澳大利亚、殖民地巴布亚及特罗布里恩德群岛，最后直到带着日后将为其赢得巨大收获的丰富的民族志资料踏上返回英国的航程。

对马林诺夫斯基作为一个田野工作者的成就进行去神秘化尤为重要。我的叙述将会揭示这些成就在何种程度上存在缺陷、如何被夸大或低估。我用八章（约占全书三分之一篇幅）来叙述巴布亚的田野工作。我认为，正是这一田野工作的传奇性地位，使得有必要对其进行细致描述。首先我想说明的是，除了专注于收集人类学资料，在其田野工作的不同阶段还发生了许许多多其他事情。他是跨越了各种阻碍才得以完成其田野工作的，这些障碍包括社会的、政治的、心理的和疾病所带来的。对目标的执著让他撑到了最后，但这同时也是一种侥幸。从一开始来到特罗布里恩德群岛，到后来能在这里待上如此长的时间，并获得日后为其声名打下基础的发现，很大程度上都是偶然因素（没赶上船、传教士离去等）促成的。

如果马林诺夫斯基仅仅是一个成功的职业民族志学者和一个其学术贡献至今仍有意义的颇具魅力的学术领导者，那么也难有理由为他书写一部如此大部头的传记。然而，关于他的确有太多学科以外的活动值得一说，有太多关于他的私人生活及公共事业的层面值得探讨。我无意将他生命中这两个固有的面向分割开来。因为他的生活与他的人类学相互结合，紧密至极，而且如果把他在私人与公共领域中的自我截然分开的话，也不符合马林诺夫斯基一生的真实意涵。他成为一个向大众发声的普及推广者、一个学术权威和一名公共知识分子。他受邀针对两战期间各种被人广泛讨论的议题发表见解：性、婚姻、生育控制、家庭、优生、宗教、法西斯主义的兴起、动员与战争。马林诺夫斯基不仅有主见，而且运用妙趣横生的文笔和不知疲倦的演说来宣传自己的见解。临终之时，他已是一位颇具争议的国际名人：一个四海为家、致力于反抗极权主义的人文主义者。

尽管本书也能被当成一部批判评价马林诺夫斯基在人类学历史中的地位的

作品，但是这一工作已被一些更加胜任的史学家们完成了。例如，我无法期望本书能达到乔治·斯托金（George Stocking）的《泰勒之后》的专业深度与广度。在那本书里，马林诺夫斯基被置于1888—1951年间英国人类学博大历史传统的中心位置。关于马林诺夫斯基的理论与其更广义人类学工作的阐述及评论数量众多，相关二手文献也在不断增加。尽管这是迄今出版的关于马林诺夫斯基的第一部完整规模的传记，但是目前也还存在其他许多传记体文章。[6]如果我在写作中老是涉及这些文献，将会极大地阻碍我的叙述，并会使本书篇幅过长。因此我坚持下面这一原则：只有马林诺夫斯基的同时代者会被提及。这一原则当然没有包括作为作者的我本人，此外我也打消了与我同代学者进行争论的想法。我将在第二部的后记中留出篇幅来反思马林诺夫斯基的思想遗产及其身后名声。

如果本书并非一部严格意义上反映其思想发展的传记，那它又是什么呢？我原先想的一个副标题是"野蛮人的球杆"——引自马林诺夫斯基嘲讽性的自我贬低，他承认，尽管他热衷于成为英国人，但他却厌恶殖民领土扩张中推广的板球运动。另外两个被弃置的副标题是"一个人类学家的成长历程"（太过平淡）和"青年人类学家肖像"（明显是模仿乔伊斯小说的名称）。无论有何缺陷，"一位人类学家的奥德赛"这一副标题，都能唤起命中注定的冒险航行的经典形象；同时它也指涉了《西太平洋上的航海者》一书。马林诺夫斯基的一生其实就是一个无休止的旅程：在游走中对关于自己和他者的知识、对爱与名望、对转瞬即逝的健康与欢乐所进行的永无止境的探寻。由于他把自己想象成为"人类学界的康拉德"（尽管他也准确地怀疑自己更接近于"人类学界的左拉"），再加上我也试图描述他的生活与工作之间错综复杂的相互关系，本书最好是被视为 部具有文学意义的传记。

学者们如果觉得合适，也可将本书用作信息资源。我特别关注历史记录，从本书建基于可考的档案证据这一角度来看，它也是符合科学要求的。我牢记评论家戴斯蒙德·麦卡锡（Desmond MacCarthy）的警句：传记作者是"受誓言约束的艺术家"，不曾编造任何史实，不曾炮制任何莫须有的谈话，也不曾凭空捏造假设的事件。某些读者或许会因为我的叙述中缺少一些推测性阐释而感到遗憾，但只要考虑到马林诺夫斯基对其自我心灵的执著兴趣，本书无疑也是一部心理传记。有人说，所有的现代传记都是在弗洛伊德的影响下写就的。我承认这一点，不过在尝试解释一个自我坦白的神经质者的行为时，我只在马林诺夫斯基本人也似乎认可的情况下才会援引弗洛伊德的洞见。更常见的情形是，我尽量呈现他自己的观点，"他对他的世界的观感"，并尝试"通过所有角度，而非以一种平面视角"（弗雷泽谈及马林诺夫斯基的特罗布里恩德人研究时所说）来观察我的主人公，而且深刻认识到他是"一个情感的动物，至少不亚于他是一个理智的动物的程度"。[7]

马林诺夫斯基1908—1918年间断断续续书写的私人日记，给我的传记叙事带来了许多棘手的问题。它们如此令人为难地呈现了丰富的坦白性的叙述素材，对他自省而多面的性格具有极强的揭示力，以至于最后看似最好是能根据他日记中所记录的文字将这一重要时段中发生的事件作一番详细描述。他的声音、他对他的世界的观感，必须出现在关于他的故事的字里行间；此外，这一叙事手段最准确地呈现出了马林诺夫斯基思想与情感的全部维度与特色。我还认为甚至更有必要大量地引述他早年的日记，尽管这些内容最近得以用波兰语原文出版，但对于英语世界的读者来说，它们还是难以一见的。[8]

这些日记有助于阐明马林诺夫斯基所采用的民族志书写风格及其田野工作技巧。他曾指出，他的日记是其民族志的补充，这近乎于承认（如后辈人类学者们所承认的那样）民族志在隐含的意义上是由（研究者的）自传所定调的，就如同它也同时由直白而明确的理论及方法所定调一样。反过来，马林诺夫斯基也将基础的功能分析用于对其自己生活的理解。本书显示，他对其所称的"概况图"的运用，首先是服务于传记书写的，其次才是服务于民族志书写与教学的。他曾督促自己去"整合那些断裂的主题"，所以他的传记书写者也有义务将他的事业与他的性格进行整合，以便揭示后者是如何形塑其人类学思想的特殊模式的。

在马林诺夫斯基的生活、思考与写作之间，也有一种复杂的关系待人探寻。

关于我如何在其生活与作品之间选取侧重，读者可能会有各自不同的看法。可能会有人觉得我在马林诺夫斯基的风流韵事上着墨太多，无论它们对于理解他本人具有多么大的揭示力。然而，从他挚爱的母亲开始，女人们就在马林诺夫斯基的生活中扮演了极其重要的角色，而且一旦堕入爱河，他将再难思考其他东西。他的浪漫激情花费了他的时间，占据了他的心，进而也影响着他的工作，不论这些影响是好是坏。我也谨记利顿·斯特拉其的警句："谨慎并非传记之本"，而且我的主人公毕竟曾写过《原始人的性生活》，何况他还是霭理士（Havelock Ellis）的朋友兼崇拜者。

马林诺夫斯基为自己的性格所受的困扰，可以从其日记中窥见一斑，他曾在绝望中给自己下过一个著名的结论："老实说，我缺乏真正的性格！"在任何传统意义上，他当然并不缺乏，而且关于他的怪诞矛盾性格还有大量轶事以供佐证。他吸引人的程度与他令人害怕的程度几乎相当，然而很少有人能对他多变的人格无动于衷。他给人类学所下的另一个带有玩笑意味的定义是："粗鲁的人对粗鲁的人进行的研究"，而他的同行们的确发现他既迷人又粗鲁。初次相见之后，露丝·本尼迪克特（Ruth Benedict）在给玛格丽特·米德（Margaret Mead）的信中这样写道："他思维敏捷，富于想象，还能通过语言准确描述解析人们的想法，这让他成为一个可给人带来启蒙快乐的人"；不过，罗伯特·洛伊（Robert Lowie）记得的却是马林诺夫斯基"如青春期孩子一般试图吓唬那些资产阶级民族学者的渴望"；蒙塔古则记得马林诺夫斯基的"坏脾气、缺乏幽默感及他偶尔对人的中伤如何让他与一些同行和学生合不来"[9]。无疑，马林诺夫斯基树敌与交友一样容易。他可以是这样一个人：情绪化、易怒、神经过敏、自我陶醉、自负、坏脾气、满嘴脏话、伤感和抑郁。但他同时也可以是这样一个人：合群、真性情、彬彬有礼、极具口才。他是一个工作狂，其热忱足以感染身边每个人。

对于那些好奇我为什么会有资格来写这部传记的读者，我谨罗列一些个人经历（请原谅带有些许自我神话的意味）。半个世纪前，在结束了曼彻斯特的一段平凡的学校工作之后,我登上了一艘开往澳大利亚的"东方航线"汽轮。那时的我对人类学和马林诺夫斯基这个名字都还一无所知,一点也不知道再早四十年马林诺夫斯基就是乘坐的同一航线,也是在那些相同的港口停靠:那不勒斯、塞得港、亚丁、科伦坡、弗里曼特尔、阿德莱德、墨尔本和悉尼。穿过塔斯曼海到达新西兰后,我在那里过了两年清闲生活,在办公室、货栈、工厂、码头和绵羊牧场工作过。一次搭顺风车旅行时,我认识了一个年轻的人类学者并从他那儿得知了一些关于毛利人的有趣的故事。返回英国的那次海上旅程,让我见识了南太平洋的宽广。船只在斐济和塔希提岛停靠时,我也和当年差不多年纪的马林诺夫斯基一样,被那里的热带风情迷住了:珊瑚礁和绿松石环礁、椰树下无尽的金色沙滩,还有带着鸡蛋花芳香和拥有无瑕巧克力色皮肤的姑娘们。

我第一次接触到马林诺夫斯基这个名字是在 1960 年 10 月 1 日——我现在依然记得这个日子是因为那是我在伦敦大学学院读研究生课程的第一天。我选读的是人类学专业硕士课程,一入学老师就让阅读大量的经典民族志,其中就包括马林诺夫斯基的《西太平洋上的航海者》和《原始人的性生活》。当我虔诚恭顺地开始读这两本书时,布鲁姆斯伯里区高尔街上那灰色的 10 月清晨,顿时被书中所展现的异域与情色给染上了色彩。我第一篇论文的主题选择了特罗布里恩德岛的政治制度,但我必须承认——尽管就像马林诺夫斯基在雅盖隆大学中世纪建筑的阶梯上热切地咀嚼《金枝》一样,我也在伦敦大学学院的阴冷走廊里孜孜不倦地阅读《西太平洋上的航海者》——但我并没有得到他当年对弗雷泽的那种感觉,"急切地要为"马林诺夫斯基的人类学"献身"。不过,命运却对我做了不同的安排。

我在伦敦大学学院的两位老师,达瑞尔·福德(Daryll Forde)(人类学系主任)和菲利斯·卡百利(Phyllis Kaberry)都认识马林诺夫斯基。我在伦敦经济学院上大课时还碰到过马林诺夫斯基的另两个学生:雷蒙德·弗斯和露西·梅尔(Lucy Mair)。尽管是马林诺夫斯基那些关于美拉尼西亚的专著把我引进了门,但是很快老师就要求我接触拉德克利夫-布朗(Radcliffe-Brown)、埃文思-普里查德(Evens-Pritchard)和迈耶·福特斯(Meyer Fortes)关于非洲的那些更难读的作品。因此，我的人类学学徒时代，同时受益于英国人类学由两大奠基者开创的帮派发展时代所留下的双重思想遗产。

1965年底，完成了关于非洲神圣王权的硕士论文之后，我和我的新娘踏上了赴澳大利亚的旅程。我遵照菲利斯·卡百利的建议申请了澳大利亚国立大学的奖学金，以便在巴布亚新几内亚展开工作。我进入了由马林诺夫斯基另一个学生希格弗里德·纳德尔（Siegfried Nadel）创立的人类学系，该系所属研究院第一任院长为雷蒙德·弗斯。我的学术导师是安·乔宁（Ann Chowning），她的导师则是马林诺夫斯基在耶鲁任教时的学生沃德·亨特（Ward Hunt）。我的另一位导师是比尔·斯丹内尔（Bill Stanner），他曾上过马林诺夫斯基在伦敦经济学院开的讨论课。由此，我得以用马林诺夫斯基的研究模式开始了在距特罗布里恩德以南一百英里的东巴布亚古迪纳夫岛上的田野工作。

1966年10月，我和妻子与幼子一起首次踏上了特罗布里恩德群岛。我们和罗苏亚政府工作站的澳大利亚医生住在一起，并陪同他在基里维纳群岛的村庄间做巡诊。我沿途记笔记和拍照，但却忘了打听是否还有人记得马林诺夫斯基。1989年6月重访基里维纳的时候，我与我的博士生李努斯·第吉姆里纳（Linus Digim'Rina）一起在他出生的奥克博玛村待了一个星期并亲历了一次别开生面的甘薯节。我又再次太过关注眼前的一切而忽略了往事，只草草地问了几个关于马林诺夫斯基的问题。许多村民都听说过他的作品（尤其是《西太平洋上的航海者》和《原始人的性生活》），尽管他们中似乎很少有人读过它们。不过，几年之后，第吉姆里纳在马林诺夫斯基1918年造访并在那儿熬过三个月的珊瑚岛村庄奥布拉库，收集到了一些关于马林诺夫斯基的往事。

1970年10月，在读了近十年人类学之后，我开始了在剑桥大学考古与人类学系的教学工作。我当时是接替了头一年刚刚退休的福琼（Reo Fortune，马林诺夫斯基1930年代一位较为另类的学生）。系里其他曾得过马林诺夫斯基师传的资深教师有：奥德利·理查兹（Audrey Richards）、迈耶·福特斯和埃德蒙·利奇（Edmund Leach）。我沿着正统的学术之路发展成为一个成熟的社会人类学者花了十年时间，其中也包括了在异域田野里所通过的"成年礼"。

福特斯教授建议我开一门关于马林诺夫斯基的研究生讨论课；这令我得以读了更多他的著作，其中很多都是当时的我不甚熟悉的。在讲这门课将近三年时，Routledge 出版社人类学系列丛书的编辑亚当·库珀请我编一本针对普通大学生市场的马林诺夫斯基初级读物。我于是编出了一本关于马林诺夫斯基特罗布里恩德群岛民族志的"文摘"，它将马林诺夫斯基几个主要作品中的精选内容重新组合成一部看似独立的专著。该书面世之前，我辞去剑桥的工作重返澳大利亚国立大学。在那里，我得以继续我关于古迪纳夫岛及其附近岛屿的研究与写作。

马林诺夫斯基的影子依然在我的脑海里挥之不去。这段时期，我写了一部关于卡劳纳神话在传记中的运用的书。通过检视几位重要魔法师的生命史叙事，我延伸了马林诺夫斯基关于"活的神话"（living myth）的概念，证明了卡劳纳神话不仅决定了魔法知识体系的构成，而且为这些魔法师个人身份认同的构造提供了可供参考的蓝图。

我就这样无心插柳地成了一个研究马林诺夫斯基的专家。让我撰写相关文章及合作拍摄关于他的电视片的邀请纷至沓来。1984 年 9 月，我参加了在克拉科夫举行的庆祝马林诺夫斯基诞辰一百周年的庆祝活动。召集这次研讨会的波兰学者们决心要在经历了四十年的共产党政府的官方贬低之后，为马林诺夫斯基在他的祖国恢复名誉。就在马林诺夫斯基 1908 年接受国王弗兰茨·约瑟夫的代表授予优等博士学位的 Collegium Novum 大楼里，我和一群研究马林诺夫斯基的外国学者共同见证了他仍健在的最具威望的学生——雷蒙德·弗思爵士受颁荣誉学位的仪式。我为这次庆祝活动作出的绵薄贡献，仅仅是在波兰同行中散发的我写的一篇文章；它回答了一个他们也许从未想过要问的问题："为什么马林诺夫斯基要去特罗布里恩德群岛？"

接下来一次较为深入地涉足马林诺夫斯基的世界，缘于美国同行泰利·海斯（Terry Hays）的建议。他指出，如今市面上已经找不到马林诺夫斯基首部关于新几内亚的专著《迈鲁岛的土著人》，它曾登载于一个不出名的澳大利亚皇家协会的会报上。Routledge 出版社答应出版由我注释并介绍的该书新版。为了出这本书，我取得了与马林诺夫斯基的小女儿即遗嘱保管人海伦娜的联系。我们首次见面是在剑桥大学国王学院举办的一次关于库拉（《西太平洋上的航海者》的主题）的会议上，之后我们也在兑拉科夫的百周年诞辰庆典上见过面。我很喜欢听她讲述关于她父亲的往事——尽管他离世时她才十七岁——我还得知当她的继母于1973年去世时，她立即赶往墨西哥，寻回遗留下来的马林诺夫斯基的文稿。正是在那里，她发现了她父母的通信及其父亲的几本私人日记。

出乎我意料的是，1991年11月，海伦娜写信给我，言简意赅地邀请我为她父亲撰写一部完整的传记。那时她已放弃自己编写一部回忆录的计划，并正着手编辑她父母的通信（1995年由Routledge出版，名为《婚姻的故事》）。她向我保证，我可以不受任何限制地接触到其父亲所有的文稿，包括他尚未出版的日记的英文翻译稿。

这个邀请的确让我有些吃惊，因为我能想到一些更有可能接到这项艰巨任务的人——波兰的、英国的或者美国的。我也担心，这样一项伟大的工作可能会影响到我在瓦努阿图和巴布亚新几内亚进行的长期民族志项目。在考虑海伦娜的邀请的那段时间里，我给两位从事马林诺夫斯基研究的著名学者写了信，希望听听他们的建议。雷蒙德·弗思爵士略显含糊地回复：在某种程度上，鉴于需要撰写一部完整的传记，我"可能是最好的人选"。比我所知的任何人都花了更多工夫来研究马林诺夫斯基档案材料的乔治·斯托金教授则帮我扫清了疑虑，他鼓励我接受这一挑战。我在五十五岁生日那天接受了海伦娜的邀请。

其后数年，每年我都会去伦敦经济学院，在那么多装着马林诺夫斯基文稿资料的档案盒中辛苦探寻——它们多达两百盒而且仍具研究价值。这些档案材料比较混乱，也没经过完整的分类编目。马林诺夫斯基几乎保留了他所经手的所有书面留证，包括菜单、传单、发票和其他票据，他还有一个颇为轻率的习惯，就是将田野笔记和演说笔记潦草地记在一些重要信件的反面。每个档案盒里都会蹦出一些意想不到的新东西。相形之下，耶鲁大学斯特林图书馆的相关档案则要更加小巧有序，查找取用起来方便的程度堪称典范，我在那里查档案只花了一个月时间。

懂波兰文本来对我这项工作来说肯定是个优势，但我仅仅只是粗略尝试了一下而已。我这样做也并非毫无理由：马林诺夫斯基在 1914 年完成其专业资格论文之后就再未用母语写作过。他在家也不说波兰语。海伦娜也奇怪："为什么在我和姐姐成长的家庭环境中如此缺少波兰特色？"她猜想，"这肯定是因为我们没有学波兰语"。[10]

1995 年 9 月，海伦娜邀请我到意大利蒂罗尔州的奥博布森。我在那里领略到了 1920—1930 年代初期每年夏季让马林诺夫斯基一家和来访的学生们倍感心旷神怡的那种气息。在马林诺夫斯基的别墅里，我在他当年睡过的床上酣然入梦，或是若有所思地坐在阳台上他的书桌前，俯视那仙境般的白云岩。次年，得益于出版商为我那部关于马林诺夫斯基田野摄影的作品《马林诺夫斯基的基里维纳》提供的预付金，我陪海伦娜去了趟波兰。在那里，我们住在马林诺夫斯基母亲那边的远房亲戚家，重访了华沙、克拉科夫和扎科帕奈这些马林诺夫斯基动荡青年时期待过的旧地。此外，我还沿着他的足迹造访了他在英国和澳大利亚住过的一些地方。我对巴布亚新几内亚的一些地方已经相当熟悉，其中包括莫尔兹比港、萨马赖岛、苏澳岛、伍德拉克岛、多布岛和特罗布里恩德群岛，不过我还是没能登上他见习田野工作的地方：迈鲁岛。近来我还造访了墨西哥的瓦哈卡，以及他在美国执教的那些大学校园：伯克利大学、图森大学和耶鲁大学。

第一部分

1884—1910

第一章

父与子

"一种特殊的热情"

为什么马林诺夫斯基会成为一个人类学家?这个看似简单的问题回答起来并不容易。但如果我要拿这个问题去问马林诺夫斯基的在天之灵,我会换一种更加拐弯抹角的问法:"您为什么不因为你所选择的职业而感激您的父亲?"不争的事实是:吕锡安·马林诺夫斯基(Lucjan Malinowski)是一个大学教授,一位杰出的语言学家、民族志学者兼民俗学者。他去世的时候,他的儿子(他唯一的孩子)还不满十四岁。父亲是成长中的儿子们的榜样,如果他们在儿子成年之前去世的话,很容易在死后被儿子所理想化并爱戴。然而,吕锡安几乎从来没有出现在他儿子公开或私人的回忆文字里。

至于为什么会选择人类学,马林诺夫斯基倾向于在不同的场合作出不一样的解释。其中最著名的要数他1925年11月在利物浦给出的解释,他当时公开宣称:

> 如果我有让昨日重现的魔力,我会带着你们回到二十年前一座古老的斯拉夫大学城——我指的是克拉科夫,波兰古都及东欧最古老大学的所在地。我会指给你们看一个学生,他正从建于中世纪的教学楼中走出,看上去忧心忡忡,不过能让他在烦恼中聊以自慰的是他手中

抱着的那三大本绿色的……《金枝》。

他"由于身体不好被要求暂时放弃"实验室研究,但"被允许采取一种更喜欢的学习方式"。阅读这部"原版英文名著"改变了马林诺夫斯基的一生:

> 刚一读到这部名著,我便沉醉其中不能自拔。我意识到,人类学,就像詹姆斯·弗雷泽爵士所展现的那样,是一门伟大的科学,它值得人们投入与任何更古老和更严密的科学相当的热忱,我急切地要为弗雷泽式的人类学献身。[1]

尽管这一"皈依"神话引人入胜,但它并非真实可靠的史实。马林诺夫斯基说这些话的时候已经全心全意地开始了其在英国的事业,而且他如此声称的背景——忙于推广自己的功能主义革命性理论的同时正在教授一门关于弗雷泽的课程——暗示他不过是将个人神话策略性地用于对英国人类学最杰出人物的吹捧之中。巧的是,马林诺夫斯基这门大课的名字就叫"原始心理学中的神话",他在这门课上阐释了其开创性的"神话作为合法性纲领"的理论。神话、传说以及所有关于过去的故事,包括历史在内,都具有为现实提供合法性的功能。由此,具有讽刺意味的是,他在介绍这门关于神话功能的课程时运用了关于他自己的原始合法性纲领的神话,其功能就是想坚称自己确是英国学术体制的一员。

本身作为一个名人,马林诺夫斯基常常有必要在一些简要的个人自传中做些手脚(如为《名人录》、《当代传记》等所作的)。他乐于在这些情况下随意编排自己个人历史中的不同维度——同样地,他无疑十分清楚地明白,关于自己过去的故事是根据他眼下脑子里的意图来进行创造的。五十岁的时候,为了去一趟南非,他在个人简历中这样写道:

> 由于健康崩溃,他在地中海、北非和加那利群岛旅行了两年,并决心从事异域文化与人群的研究。如同他的好友及同胞约瑟夫·康拉德一样,他坚守的原则是:如果想当一个人类学者,那就当一个英国人类学者。[2]

当然,对旅行的强烈爱好以及后来获得的英国人身份,是马林诺夫斯基对人类学执著热情的两个组成要素。这里他又提到了自己的疾病,但没提及弗雷泽;取而代之的是颇具浪漫色彩地用康拉德的名字来承认自己的波兰血统,并无疑是想由此提醒大家他声称要做"人类学界的康拉德"。

还有另一段自传性的叙述也保留了下来,其中详述了他早年旅游和接触不同语言与文化的经历,这些经历使他产生了一种"双重人生"的感觉。这段叙述如此结尾:"几乎每个人都或多或少旅行过,甚至在国外生活过;其中一些人则带着一种特殊的热情将自己投入其所到的环境之中。这就是人类学者的诞生过程。"

这一"特殊的热情"从何而来?是在童年就被点燃的吗?如果是的话,父母要为影响其子女在成年后的抉择负多大的责任?并不需要转而关注传记作者应该如何理解童年的问题(早期经历可能带有多少诠释力、那些事件可能在何种程度上形塑或决定成年后的事业类型以及性与家庭生活的构成)人们就能观察到,在自传(这是一件文学工艺品,它能暗示任何人一生的内在一致性)的构成中,一种目的论的元素是不可避免的:"这样"的童年导致"那样"的成年生活。这并不意味着在每个人的人生当中都能或者应该找到一条单一而明白的线索。虽然一个主体会有一种个人命运的感觉,但若把一个人的一生描绘成一个从摇篮到坟墓的势不可挡的单线发展过程,未免会简单得太令人怀疑了。

关于这一问题有一种更加温和的立场,承认虽然特定的幼年事件与经历可能会有重要意义,但它们似乎并不会全然对成年后的人格产生决定性的作用。心理传记学者的立场则更为绝对,这些立场与弗洛伊德及其追随者相关。对他们来说,婴幼儿及童年时期是所有成年性格形成的根源,因此也是传记走向的根源。依照这种观念,童年即为成年之父。尽管我倾向于采用更温和的立场,但我仍不安地发现这样一个事实:和许多同时代的知识分子一样,马林诺夫斯基认为弗洛伊德的理论具有揭示性。他认为,恋母情结理论"太适于解释他复杂且常常感受痛苦的人格"。[3]

马林诺夫斯基在波兰度过的早年时期所留下的可找到的线索实在太少。如果用他自己的"按照生物学与社会学标准进行定义"[4]的关于儿童发展阶段的差异理论来看的话,他的婴儿时期(从出生到断奶)和他的幼儿时期(到六岁左右)几乎没有留下任何信息。关于第三阶段,即童年时期("获得相对的独立……开始上学"),尚可以从学校的记录及他自己的自传性笔记里了解到一些情况。而关于青春期(最后一个阶段,"在生理上的青春期与完全达到社会性的成熟状态之间的阶段……即初中和高中时期")则可以找到一些有用的片段:为数不多的正式文件(绝大部分家庭文书都在1915年毁于暴动的军人及报复的农民手中)、几本现已出版的已经去世很久的人所写的回忆录、约二十封信件、他自己出版的作品中偶尔的回顾,以及他个人日记中少见的灵光一闪的回忆。

贵族精神

马林诺夫斯基为自己的贵族血统而骄傲。在阶级意识极强的英国人面前他常自称是贵族。他的学生希尔达·比默·库珀(Hilda Beemer Kuper)在回忆他的斯威士兰之旅[5]时写道:拥有波兰贵族背景的他对自己的好骑术很是骄傲。他对自己出身的骄傲有时表现为恃才势利,有时表现为高高在上的傲慢,有时又表现为对佣人、农民等"下等人"的轻视甚至蔑视。不过严格来说,他其实并非波兰贵族,而是属于一个叫做"施拉赫塔"(szlachta)的上等且拥有土地的绅士阶层。

像其他许多"施拉赫塔"绅士一样,马林诺夫斯基也可以明确声称自己属于某一个拥有特殊名字或族徽的宗族。珀波格-马林诺夫斯基(Poból-Malinowski)家族盾形族徽上装饰的复杂图案,可能最初来源于一个简单的骑士标志的原型。图案由一个装饰了银色马蹄图案的蓝色盾牌组成,马蹄上面是一个金色的马耳他十字形;盾牌的顶部有一个头盔,头盔上有一个金色的皇冠。皇冠上面的纹饰是一个类似卡通风格的狗头的侧影,两边是水牛角的图案[6]。马林诺夫斯基在他的名片上印上了这个皇冠的图案(略去了狗与牛角),皇冠的五个齿尖上印有三朵花和两个看似成熟罂粟籽的图案。这个徽饰成为他"背井离乡的纹章"[7]。

波兰复杂的社会等级秩序深深根植于其封建历史。发源于封建时期以前的宗族有着独特的战斗口号与徽章，它们的出现早于10世纪建立的波兰皮亚斯特王国。[8] 在皮亚斯特王国统治的五百年时间里，这些宗族作为社会单位消失了，但在意识形态领域却多少留存了一些东西。骑士与其他贵族仍然用古老的战斗口号作为自己的称谓。既然珀波格家族生活在一个用教名或小名就足以识别个人身份的地区，由某个贵族所拥有的村庄的名字也就常被用于文书记录之中。珀波格家族的一员，比如布罗尼斯劳，拥有一个名叫"马林尼"（Maliny，字面意思为"树莓"）的村子，他就会被称作"马林尼的布罗尼斯劳"——这并非一个正规名字，但已是一个能够显示这个叫布罗尼斯劳的人的出身的称呼。后来在内部迁移过程中，这个称呼逐渐成为一个常用的名字。因此，一个从马林尼迁移到另一个比如叫博罗夫基（Borowki）的村子的贵族，会被叫做博罗夫基的马林诺夫斯基（马林诺夫斯基是马林尼的形容词性）。"马林尼的"这一词组用法，最终在19世纪初被弃用，而形容词形式从那时起则被作为姓氏保留了下来。[9]

贵族共和国（1569—1795）时期，"施拉赫塔"绅士获得了显赫的地位。他们成为欧洲最大的参政阶层，人数超过总人口的百分之十。他们不仅完全控制了农民阶级，还通过议会选举控制了君主。因此，波兰贵族先于英国革命和美国革命就已经让他们的君王就范了。然而到了18世纪中期之前，"施拉赫塔"阶层内部的财富与权力差异十分巨大：他们中的大部分都拥有一个村子（如马林诺夫斯基的祖父）或一个村子的部分，中层的贵族拥有好几个村子，最强大的贵族（如拉德奇威尔和查莫伊斯其斯这样的富有男爵）则拥有广袤的领地。随着波兰社会日趋守旧，共和国陷入经济衰退，也招来外敌入侵。波兰第一次被相邻的俄国、普鲁士和奥地利瓜分出现在1772年，第二次则在1793年。两年之后，在反俄暴动过后，最后一次瓜分彻底终结了波兰这个国家。新当权者废除了"施拉赫塔"阶层的合法地位，贵族们失去了其政治经济特权。

尽管"施拉赫塔"阶层作为一个统治阶级垮掉了,但他们的"贵族精神"却保留到了19世纪乃至更晚的时期,很可能已渗入青年马林诺夫斯基的自我意识中。在外来者的统治下,曾经的贵族与普通百姓一样共同经受压迫,迫害有助于形成一种新的波兰人的民族团结。诺曼·戴维斯(Norman Davies)如此写道:

> 通过这种方法,前"施拉赫塔"贵族成了新知识分子阶层的先锋;过去的"贵族国家"得以变形、扩展,进而包括了这个新的全民的波兰民族的所有社会阶层;"贵族文化"(kultura szlachecka)——怀着其排他的、平等的、统一的、抵抗的、个人主义的理想——不断地为波兰社会及政治思想提供指导纲领……在"施拉赫塔"阶层被废除二百年之后,大部分波兰人都乐于把自己想象成为名义上的贵族。[10]

在马林诺夫斯基的生活与工作中看到这些贵族理想的反映并不奇怪。平等思想不仅是其人类同一性信念的基础(要是没有这一信念,他也绝不会考虑把人类学当成毕生事业),也是他平等对待女性的基础,因为"施拉赫塔"妇女自己可以拥有财产,这在20世纪以前的欧洲是不同寻常的。他的女儿海伦娜曾写道:他"期望妇女在才智上与男人平等",而且他还让她"生来就不觉得女人低人一等"。[11]统一符合"施拉赫塔"的价值观,它与抵抗和平等一起共同决定了马林诺夫斯基对自由民主理念的赞同。这一种价值取向与导致奴隶制的专制主义和集权主义针锋相对。"自由是文明不可或缺的组成部分"、"缺少政治自由会破坏所有其他自由"都出现在马林诺夫斯基最终出版的格言中。[12]最后,马林诺夫斯基的人类学还包含了对个人主义的推崇。他的实用主义的功能主义理论可以归结为基于生物性的个体需要。他对那些抽象的体系与结构不感兴趣,并厌恶那些运用群体心志或集体意识的理论。就连那些在标准人类学术语中用错地方的具体表达也会让他不高兴:在回应"宗族养育其后代"这一陈述时,他嘲笑道:"究竟有谁听说过一个宗族给一个小孩擦屁股呢!"

农民的解放导致许多贵族的灭亡。成千上万的贵族抛弃乡间生活转而加入城市中的新知识分子阶层。两次失败的反俄暴动(1830—1831,1863—1864),

使得"施拉赫塔"阶层的状况更为恶化,他们眼睁睁地看着自己的许多地产被沙皇没收。马林诺夫斯基的爷爷同样被迫离开乡下进入城里谋生。[13]

马林诺夫斯基与其说是对绅士阶层倒不如说是对知识分子这一社会阶层保持了忠诚认同。这一点很容易被英美学术同行误解,因为这两个国家并没有一个相应的社会阶层类别。波兰知识分子阶层的特点就是具有珍视、保护和发展波兰文化的自觉意识。

克拉科夫完全称得上是这个被瓜分国家的文化首都。1815—1846年间,它是一个自由城市,一个名义上自治的共和国;后来被迫加入分裂的三个部分中最穷的一个,奥地利统治的加利西亚省。斯威夫特(Swift)在谈及整个波兰时曾说:克拉科夫"被吞了下去,但并未被消耗"。随着加利西亚于1868年取得内部自治权,克拉科夫得以在文化上开始复兴,并重新成为颠覆性政治运动的阵地。除去那所顶尖大学(1900年是其建校六百周年),克拉科夫还有自由开明的报纸、剧院、歌舞厅,以及生意繁忙的咖啡厅,城里的知识分子们聚在那里彻夜讨论。在马林诺夫斯基可以加入他们其中的年纪,克拉科夫已是一个有近四万人口的城市,同时也是波兰文化一个自豪的堡垒。

教育吕锡安

马林诺夫斯基一家来自波兰东部的卢布林省。马林诺夫斯基的爷爷朱利安(Juljan)出生于1816年,即由俄国人控制的波兰议会王国成立后的第二年。从其父亲那里,朱利安继承了贝乌日采附近雅洛舍维泽村的部分地产。该地产在1830年11月的暴动之后被充公,不过马林诺夫斯基也曾暗示过,地产的丧失也归因于管理不善。

朱利安母亲一方的祖先留下的信息比其父亲一方留下的要多些。朱利安外婆家族的祖先,可以上溯到17世纪晚期的斯丹尼斯瓦夫·科兹米安(Stanisław Koźmian)。科兹米安家族属于拥有土地的绅士阶层的上层(被开玩笑地称作"一个半施拉赫塔"),他们在18世纪波兰的政治与文化生活中表现十分活跃。[14] 马林诺夫斯基的爷爷娶了艾娃·内·戈尔斯卡(Ewa neé Górska),其祖父来自科兹米安家族。尽管拥有这样的贵族关系,朱利安在失去地产之后还是变得一贫如洗,不得不当起了公务员。

1839年7月16日在雅洛舍维泽出生的吕锡安·菲利克斯·杨·马林诺夫斯基(Lucjan Feliks Jan Malinowski)是这个家庭的第一个孩子。朱利安和艾娃此外还育有一女,海伦娜(可惜很早就夭折了),以及1850年出生的小儿子阿尔方斯·阿尔弗雷德(Alfons Alfred)。在卢布林念完学校之后,阿尔方斯在华沙学医并当了见习医生,据说还当上了一家儿童医院的院长。尽管结了婚,但阿尔方斯却没有小孩,由于吕锡安也只有一个孩子,所以布罗尼斯劳·马林诺夫斯基就成了马林诺夫斯基家族单传的血脉。阿尔方斯和他哥哥的关系似乎并不特别亲密。除了他们十一岁的年龄差距之外,他们各自的事业也不同,而且一生大部分时间都居住在这个分裂国家的不同地方。马林诺夫斯基可能与叔叔见面极少,但他还是怀着敬爱之情回忆叔叔是一个"才华横溢、有着完美性格、贵族风貌但缺乏意志力"[15]的人。阿尔方斯1918年去世时给侄儿留下了3000卢布(当时值300英镑)以及其剩余资产的三分之二,待其妻过世后可被继承。马林诺夫斯基后来计算了一下,这笔资产有6000英镑,算是一大笔财富。不过到了1927年婶婶去世时,通货膨胀已使这笔财产缩水不少,那时已在伦敦有所成就的马林诺夫斯基于是就把这笔钱让给了婶婶在波兰的姐妹们。[16]

马林诺夫斯基的父亲吕锡安在到托马斯左夫念小学之前曾在家中接受教育。[17]1852年他进入卢布林的一所高级中学,但因家里交不起学费,不得不在两年后辍学。之后的四年时间里,吕锡安自食其力:先是在镇议会当抄写员,之后做了一个低级公务员,最后当上了当地一户显贵人家儿子们的家庭教师。攒足学费之后,吕锡安重新回到高级中学。他在那里又学习了三年,1861年以各科均优异的成绩毕业。因此,他很早就已独立负担自己的教育开支。逝世后为其写传略的人并没有多提他那穷困的父母,这表明他从十五岁起就已独立为自己做决定了。

第一章
父与子

吕锡安所置身的是一个社会革命频发的时代，那时在欧洲的各种革命冲突的场景中都能看到波兰人的身影，但吕锡安却似乎保持了低调。1862年他进入刚开办不久的华沙中央学院。他的入学很及时，因为这个学院仅仅存在了七年。1863-1864年的一月起义被沙皇军队镇压，之后紧接着是和以往每次一样的屠杀与流放。1860年代初期被流放到西伯利亚的数千名波兰人中就有阿波罗·克尔泽尼科夫斯基（Apollo Korzeniowski）夫妇和他们的儿子约瑟夫（后来的约瑟夫·康拉德），以及斯丹尼斯瓦夫·维特邱维奇（Stanisław Witkiewicz）一家，他的儿子斯塔斯（Staś）是马林诺夫斯基的挚友。"议会王国"被瓦解了，波兰的这一部分被迫与俄国合并。在动乱频发的可怕年代，吕锡安的策略"就是一心扑在研究上，并试图说服别人不要卷入各种极端主义思潮"。[18]

然而，无论他喜欢与否，他的学术生涯都与这个当前只存在于人们想象之中的国家的命运紧密地联系在了一起。自从被瓜分以来，保护波兰文化就成了政治战略中的重要纲领。诺曼·戴维斯精辟地写道："文化成为一个看不见的国家的最伟大的宝藏，同时也是抵抗的最后一道防线。"[19]当色姆国会1773年被迫签订瓜分条约时，教育是当时所赢得的主要权利，而且一直受到全国关注。"波兰文化、波兰的教育机构及波兰知识界幸存了下来，从波兰被瓜分一直到1918年赢得独立，它们虽然受到影响但却仍然保持完整。"[20]戴维斯把这一过程中教育机构的传输变化比作一场接力，每个选手都短短地握住这支知识的火炬一段时间，然后再把它交给后继者。学校和大学常常处于统治势力让其关门的威胁之中，因此它们也跟随着起义、镇压和迫害的脉搏一道兴衰。

1862年轮到华沙中央学院接过这支火炬，时间虽短但却成就瞩目，直到1868年加利西亚获得自治权后雅盖隆大学重投波兰文化的怀抱。加利西亚人随后又将这支火炬高举了四十年，马林诺夫斯基正是在这期间在克拉科夫接受的教育。正如马林诺夫斯基有可能为自己正好在克拉科夫拥有全波兰最好和最自由的教育机构的那段时间生于此地而倍感幸运一样，他的父亲也十分幸运地能进入华沙中央学院学习。1867年吕锡安从历史-语言学系毕业，获得了硕士文凭。两年之后这所学院就被莫斯科公国当局关闭并被变成一所俄语大学。但是，即使存在如此短暂，华沙中央学院也还是培养出了波兰许多杰出的人才。[21]

毕业之际，吕锡安获得了一份奖学金以继续他对语言学的研究。他先在德国的耶拿大学和柏林大学学习了一年时间，主修语言学规则与比较语法；之后他又在圣彼得堡大学和莫斯科大学待了两年，学习斯拉夫语言学及早期斯拉夫教会古文书学。在得到鼓励从事波兰方言研究之后，吕锡安在西里西亚度过了1869年的整个夏天，造访了六十个地方。这次田野之旅让他得以收集到大量语言学材料，包括民俗、传说和歌曲，其中的许多一直到他辞世都没能出版。吕锡安用民族志日记的形式描述了他这一段为期仅十二天的经历，并以"西里西亚民族志之旅札记"的书名于1892年出版。[22] 就像许多民族志学者一样，他也发现，他的目的，事实上就连他在当地出现这件事本身，都容易被人误解："当地普通人（和警察）简直不能理解他真是在从事一系列研究工作，而不是一个间谍或特务。"[23]

1870—1872年间，吕锡安在克拉科夫著名的圣安妮高中教波兰文学与古典语言课。这一日耳曼－拉丁课程设置遵循了日耳曼式学科体系下的德国模式，但当时已不再用德语授课。或许会让马林诺夫斯基感到欣慰的一个极大的巧合是：吕锡安在圣安妮教书的那段短短的时间里，一个十二岁男孩似乎也正好在那所学校里短暂学习过，他就是后来的约瑟夫·康拉德。[24]

1872年春，急切想要重新继续自己学术生涯的吕锡安来到莱比锡大学，学习语言学与比较语法。（五年前，弗里德里希·尼采正是在莱比锡学习语言学。）吕锡安依据自己在西里西亚所作的方言田野研究，迅速写出一篇博士论文。尽管只有五十五页，他后来的略传作者还是把它评价为"一部划时代之作"，称其"为如何呈现研究成果树立了典范"并"开创了一种研究波兰方言学的科学方法"[25]。简言之，吕锡安在方法论领域开辟了一片新天地。吕锡安在1867—1872年间的这种"游学"模式，在这个地处欧洲十字路口的国度里有着悠久的传统，而且波兰的教育机构也十分明智地鼓励这种教育模式。一代人之后，吕锡安的儿子也依照相似的模式继续了其博士后阶段的教育，而且竟也是在莱比锡。

1872年8月吕锡安回到华沙，进入所谓的"第三高中"教授了五年的古典语言课程。作为一个老师，"他深受学生欢迎，而且还开发了一种激发学生求知兴趣的教学模式——他不给他们布置家庭作业，而是在课堂上和他们一道不停地复习，将每个学生都引入讨论与提问之中。"[26] 这一描述几乎同样适用于多年以后马林诺夫斯基在伦敦经济学院在他的学生们身上采用的苏格拉底问答教学法。

三十八岁之前吕锡安就获得了学术上的盛名，被授予雅盖隆大学斯拉夫语言学专业教授职位，他在这一职位上一直工作到生命的最后。在其大学个人档案中有一封来自华沙高中校长的正式推荐信。这封推荐信读起来更像一篇警方报告，明白而古怪地使用了一连串否定式的术语表达：吕锡安·马林诺夫斯基没有财产，也没有什么头衔或荣誉[后来他被授予圣斯丹尼斯瓦夫骑士头衔]，且未婚。他的政治记录也十分清白。在工作上面，他"从未被开除"，也从未"休假逾期不归"[27]。

吕锡安在其后二十年里继续巩固了自己的学术事业：教学、考试、出书、任职于大学里的各种委员会及文理科学院（1880年当选），并出任大学哲学系主任——他对这一职位怀有一种矛盾的情感："我珍视这个职位以及作为一个系主任所承担的那些枯燥乏味的义务。"他曾这样对他的捷克友人雅罗斯瓦夫·戈尔（Jarosław Goll）说。[28] 他是在1880年访问布拉格的时候认识这位诗人兼查尔斯大学历史学教授的。

吕锡安讲授的学科包括波兰语法，古斯拉夫、俄罗斯、捷克、塞尔维亚及立陶宛语言，他对知识的阐述极为清晰。他的语言学讨论课在波兰属于首创，课上对来自不同地区的学生的方言进行文本分析。他还开设了古文书学的讨论课，因为他的专业爱好之一即为编撰一部包括14—16世纪词汇的波兰语字典。吕锡安的很多学生后来都成了著名的语言学家，其中最突出的是杨·比斯特隆（Jan Bystron）和卡奇米尔兹·尼奇（Kazimierz Nitsch）[29]。后者和吕锡安的关系尤为亲密，并最终成为吕锡安在雅盖隆大学教职的继任者。尼奇也是马林诺夫斯基的家庭教师之一，而这位学生也一直都比较喜爱他。

作为一个颇具才华的语言学家和一个勤勉的民族志学者，吕锡安对乡村生活的所有层面都进行了观察。他在某种程度上可以说是一位先驱，并且最终也赢得了"波兰方言学之父"的美誉。[30] 他在西里西亚的田野研究和之后的民俗与方言学研究，与"青年波兰运动"中文化复兴的发端不谋而合，同时也受到对斯拉夫民族之根日益高涨的关注的激发。不论是否出于有意，吕锡安都迎合了当时波兰学术圈的迫切需要。与同一世纪较早时期遭受惨败的革命政治激进主义相比，这种方式能更好地为民族主义服务。

1911 年，吕锡安的儿子，当时在伦敦大学工作的马林诺夫斯基在英国的《民俗》(Folk-lore) 学刊上为一部进行斯拉夫民俗比较研究的作品写了一篇书评。简要纵览过这一领域（并指明民俗学与民族学作为比较性科学的合流）之后，马林诺夫斯基概述了波兰始于 1802 年的系统性民俗研究的历史。在谈及 19 世纪最后几个十年时，他列举了一些来自华沙、克拉科夫和利沃夫的研究者；在克拉科夫这个条目下，与其两个学生并排，写着"L. Malinowski 教授"[31]。这是马林诺夫斯基所有出版过的文字中唯一一次提及其父亲的工作。

"双重生活"

马林诺夫斯基曾对自己的童年做过一段描述，这段短小且不完整的描述实在有些吊人胃口，而且它是为了用于哪次传记写作现已无法查证：

> 接受罗马天主教思想熏陶，因为幼年多病，四到十岁生活在塔特拉山区。从童年起，波兰语、法语及各种方言。双重生活，至少……与山地人混在一起，说他们的格瓦拉方言，放羊放牛，一离家就是数日，听神话故事和那些关于匪帮们辉煌日子的传说。[32]

在这一段关于在塔特拉（扎科帕奈南部壮丽的阿尔卑斯山区）的童年时代的浪漫记忆中，马林诺夫斯基俨然过着喀尔巴阡山地人的生活，说着他们的语言。

他的这段描述在吕锡安写给雅罗斯瓦夫·戈尔的信件中得到了部分证实。另外一段自传性描述也保存了下来，虽是以手写和电报的形式，但却很可能是马林诺夫斯基所写过的最详细的描述。1930年代他应美国出版商之邀为一本教材写序。他的这段自传性描述就在这篇长达七页的涵盖甚广的提要中。该书当时的暂定名称之一是《文化入门：比较人类学与社会学教材》。在概述这篇序言的内容时，马林诺夫斯基建议将自己的亲身经历写成其中的三个章节。第一章节可定名为"作为个人经验的文化"，第二章节为"在一种文化中生活与研究这种文化之间的对比"，第三章节为"田野中的文化现实"。在第一章节中，他对自己的童年做了一个印象派风格的描述；为了使自己的表述更准确，他选取了自己经历中那些他认为与后来的人类学生涯相关的内容。在两大页密密麻麻、文字隐晦的描述中，人们可以得到的关于马林诺夫斯基童年经历的线索比任何其他地方所能得到的都多。[33] 以下便是其电报式记录的编辑版。

"博尼斯的田园生活"，他的文章就此展开，谈到了克拉科夫以南贝斯基德山区靠近拉布卡的一个由数个小村子组成的村庄。[34]

> 四到八岁那段孩提时代，我曾断断续续在喀尔巴阡山地的一个村庄里与当地农民生活在一起。那个山谷有着田园牧歌般的神韵。我的记忆已然模糊，但母亲帮助我又将它们回忆起来了……我仍然记得我的同龄人给我讲的那些关于石头房子和有着石头尖塔的石头教堂的"童话"；铺石的道路和马车就像神话一样……我对城市生活十分熟悉，但我的伙伴们却对它一无所知。这是我在这个多样的文化世界里的第一次"双重生活"经验……这些小村子有许多屋子和一个木头教堂；神父带领信众们崇拜着本地的一个圣人。家庭生活简单、诚实而粗鲁。每到星期天就会召开家务会议，一些棘手的事务——和性有关的争吵与问题——由族长在古老的梨树下商议解决。我还记得一个犹太人管理着公屋，他是唯一与外界有接触的村民。宪兵会定期造访，但他们的出现被视为灾祸……当地的经济依赖土豆、燕麦和羊……

> 奇怪的是好像并不存在钱这个东西！一个消失了的世界！

他用这种乡野的田园生活与他的另一种生活做了对照：

> 八岁那年，我们几乎从此永远地回归了城市，尽管我还能在外公、舅舅和姨妈他们乡下的家里住住。在克拉科夫，我们住在一栋古老的石头大楼里，它是属于大学的。那是一种死要面子的生活，然而这也是一个不无尊严与英雄气概的有教养的世界（参见 J. 康拉德的回忆）。[35] 我们属于失去财产、穷困潦倒的小波兰贵族，正在逐渐变成"知识分子"……家族传统使我们与华沙和巴黎联系起来；法语是我们说话和阅读使用的语言……我们还向往法国的一切。这对我来说是第三种文化媒介。法国似乎成了一片乐土，但这是一种不真实的、虚幻的法国语风。

在概括这两个由质朴乡村和文雅的施拉赫塔城市所构成的世界时，他写道：

> 八岁前我就已经在两个全然不同的文化世界中生活过了。说两种语言，吃两种不同的食物，遵循两套餐桌礼仪，观察两套沉默与敏感，享受两种娱乐消遣。我还学习了两种宗教观念、信仰和实践，并见识了两种道德与性风俗（见《性与反抗》）。[36]

马林诺夫斯基就此概括了自己最初的对于文化多样性的经验。显然，由于这部书的教学目的，他试图描绘出自己是如何培养出对人类学研究的偏好的：

> 还是个小孩子的时候，我就被各种种族与文化的差异所包围。它们构成了我早年经历背景的一部分。这其中有平原上的低地农夫，这一低等阶层在莱蒙特（Wladyslaw Reymont）的小说里被称为"农民"。其中还有喀尔巴阡山地人，即高地人。此外还有犹太人、俄罗斯人，以及奥地利的日耳曼人……有着不同宗教与职业特征的犹太人总是处于社会的底层。他们与其他人外貌不同，穿着"螺旋斜纹"服装和

斜纹长袍。他们身上的味道也不一样,有大蒜、洋葱、鹅和山羊的味道,而且还长有疥疮……不过,任何一个生活在美国的少数族裔的孩子,应该都有和我相似的经历吧:在家的时候生活在一种背井离乡的移民文化中,一进学校则生活在美国文化里。

我们不必过分追究马林诺夫斯基这些回忆的真实性(显然,他在拉布卡生活是在两岁到五岁期间),也不必挑剔质疑他在今天可被称之为多元文化主义的那些略带理论性的描述。真正重要的是他对构成其童年经历的诸多元素的总体看法,因为我们必须透过他自己的教学理论视角来审视他的这些记忆,即对过去的描述总是为了服务于当下而被建构的。有鉴于此,当时年近半百的马林诺夫斯基在回忆过去的时候,有选择地将童年的记忆按一种特定的样式组合起来,以便为他选择人类学这门职业作出解释并提供正当性。他的这一目的在该教材引言的另两个章节中得以更明白无误地实现,他在其中描述了自己人类学职业的开端以及最初的田野经历。换句话说,这些素描般粗略的回忆成了马林诺夫斯基神话的重要部分,而也正是这个神话制造了英国社会人类学中英雄般的民族志学者。

逃避父亲的凝视

在这些描述中有一个空白,暴露了马林诺夫斯基自我建构的策略。这个空白就是对其父亲的忽略。事实上,他仅在一处附加说明中提到过父亲,而这一提及还被湮没于提纲注释的最后一页中。马林诺夫斯基一再提及高地人的家庭生活,称其所具有的特点包括"团结、勇气、奉献与信赖"和"孩子对父亲的服从",在这一条下面,他加上的一句评语看似与此相违背,但却意味深长:"我知道我能逃过父亲的眼睛。"如果马林诺夫斯基是有意回避提及自己的父亲,那么其中暗含的意思可谓显而易见。谁又敢直言马林诺夫斯基看起来是不是想通过这种沉默否认什么呢:即他其实是在跟随父亲的脚印,成了一个对方法论与语言学有敏锐感觉并且不懈地进行文本收集的田野民族志学者。他的天资恰恰在于出色的语言天赋，以及同样非凡的民族志观察的广度与敏锐度。他将这些才能创造性地集合起来，为一种科学的人类学提供了成果丰硕的理论构想。他一定也曾意识到自己从父亲那里继承了一些天赋。但对这个以"服务自己"为目标的"伟大的民族志学者的神话"来说，"跟随父亲的脚印"就不是一个那么让人为之着迷的故事主题了。它不仅缺少戏剧性的冲击力，还否定了自我创造的前提。

雅盖隆大学里挂有吕锡安的一幅肖像。画中是一位五十岁的方脸男子，穿着传统式样的黑夹克。唇上的胡子仍然浓密，络腮胡子则已变白而且有些稀疏，是当时流行的分叉胡型。[37] 照片上这个看起来不苟言笑的男人在生活中又是个怎样的人呢？

在马林诺夫斯基的所有日记中（前后跨越十年，达几百页），他只在最后一本日记的末页提到过父亲一次。即使是这唯一的一次，马林诺夫斯基也只是因为在悲伤中想起了自己去世的母亲才提到了父亲："童年所有的温柔感觉一下子都回来了：我仿佛觉得自己刚和母亲分别几天，正和父亲一起从兹维日涅茨返回。"[38] 和这一情况相似的是，在与艾尔茜·马森（Elsie Masson）的大量通信中，马林诺夫斯基只有两次直接提到了父亲：一次是与他母亲相关，一次是与他大女儿相关。十分能说明问题的是，在这其中第一次提到父亲的时候，马林诺夫斯基所回忆的是他的母亲失去了丈夫，而不是他自己失去了父亲。[39] 马林诺夫斯基的所有私人文字表述都证实了他对母亲恒久的爱；而关于他的父亲，这些表述要么只字不提，要么言语闪避，要么就是直言自己有多么不喜欢他。

奥德利·理查兹（马林诺夫斯的学生、后来的同事，以及这一家庭的忠实朋友）曾经告诉马林诺夫斯基最小的女儿海伦娜：马林诺夫斯基"常常向自己表达对其父亲吕锡安的强烈的鄙视，说他苛刻、冷漠，从不试图理解自己的儿子"。[40] 海伦娜自己也说她爸爸"觉得和母亲的家族远比和父亲的家族要亲近得多，就像他实际上也是同母亲比同父亲亲近非常多一样"。这位父亲在其儿子生活中的缺失在下一代中又被进一步放大:"我真不记得小时候听到过关于我波兰祖父的任何事……但是我们的波兰祖母的形象对我们这些孩子来说却是那么生动。"马林诺夫斯基的女儿们记得她们的父亲说过,他的父亲在他的孩提时代从未和他一块玩耍过。这样一个冷漠的形象使人不禁推测吕锡安是一个严格、古板、缺乏幽默感甚至性格阴郁的人,满脑子只想着事业和尊严。不过通过他写给朋友雅罗斯瓦夫·戈尔的那些信件,人们倒是可以窥见他性格中更带有人情味的一面:他虽然焦虑、疲惫与孤独,但仍有一种带着尖刻的幽默感,而且身为父亲,他对自己的这个独子也有着足够的自豪、关切与挚爱。

让我们按照马林诺夫斯基颇具自传意味的提示来翻阅一下《野蛮社会中的性与压抑》。这部马林诺夫斯基写于1920年代颇具争议的作品挑战了弗洛伊德恋母情结学说的普适性。在这本书中,我们可以找到他对一个波兰父亲的刻画,其背后暗藏的其实就是那个他所了解的冷酷、疏远并威严的家长:

> 在西方文明的富裕阶层中,各种各样的育儿布置将婴儿与其父亲隔离开来。尽管是长期和保姆生活在一块,婴儿还是常常得到母亲的照顾和控制。后者不可避免地在孩子的情感世界中占据了首要位置。[41]

虽然马林诺夫斯基一家当时请不起保姆,但这样的描述还是具有一些自传色彩,如下的补充描绘恐怕更是这样:

> 另一方面,父亲却很少进入孩子的视野,因此只是一个旁观者和陌生人。在他面前,孩子必需言行得体地展示与表现自己。父亲是权力与惩罚的源泉,也因此变得可怕。通常,结果会比较纠结:他一方面完美至尊,万事皆以他的好恶得失为标准。而与此同时,他又是孩子必需害怕的"魔头",孩子也会很快认识到,这个家庭的一切都必需安排得让他舒服满意。一个富有慈爱与同情心的父亲,就像令人又敬又畏的半人半神;而一个傲慢、刻板或不善通融的父亲,则会很快受

到来自孩子们的怀疑甚至忌恨。[42]

马林诺夫斯基更倾向于把自己的父亲看成是这第二种角色：傲慢、刻板、不善通融。在后来的一篇文章中，马林诺夫斯基用较淡的语气对比了自己的小女儿在骂自己蠢时的不受惩罚和如果自己这样骂父亲将可能受到的惩罚。[43]虽然他的论点针对的是普遍情况（"时代变了"），但其中却带有个人经历的影响。他认为美国和英国的父亲们"正在逐渐失掉其父权家长的地位"，而这将导致恋母情结的最终消失。他还像开玩笑般臆测：我们的后代们"将会只知道父亲们软弱和惧内。孩子们只会对他们抱以无尽的同情，而非憎恨与害怕。"[44]

马林诺夫斯基在其《性与压抑》一书中还有进一步的描述，并将关注的重点转向儿子们人生发展的后续阶段：

> 父亲在儿子身上看到了他的后继者，一个将来会取代他的人。……他因此变得更加挑剔。这也从两个不同的方向影响了他对儿子的感情：如果男孩子表现出在心智或身体方面的不足，如果他无法满足父亲的期望，那么他就将成为令其痛苦失望乃至敌视情绪的根源。而另一方面，即使在这一阶段，某种程度的竞争、因将来会取代自己而产生的怨恨，以及对自己日渐衰落世代的忧郁感伤也都会导致敌对情绪。在这两种情况下受到压抑的敌对情绪会让父亲以更加严厉生硬的方式对待自己的儿子，同时也激发出对方敌对情绪的反应。[45]

虽然这一论调可以看成是对公认的精神分析学说的一种阐发，但它并未直接引用弗洛伊德。鉴于其出自马林诺夫斯基笔下，我们可以猜想他借用了自己的亲身经验，或许想象他父亲对他的病弱体质感到失望。但同时他也超越了个人的经验，因为他的父亲在展现出其理论假设的"怨恨"与"忧郁伤感"之前就已过世，那时他的儿子还没有成熟到足以被看成是一个敌人或威胁。

考虑到这个男孩对"疏远"和"刻板"父亲的认知，人们或许会猜测，马林诺夫斯基自己在扮演父亲角色时也会遇到一些问题。然而他并没有儿子，而且他认为，原则上，一个父亲很少会有理由与女儿发生冲突："父亲对待作为自己

'女性形态的复制品'的女儿,总能生发出一种温柔的情感,或许也总能满足其虚荣心吧。"[46] 但马林诺夫斯基也精明地承认,父亲对待他的行为也影响了他如何对待自己的三个女儿。谈到自己当时九岁的大女儿约瑟法时,他曾对妻子说:"有时我真觉得自己作为一个父亲笨手笨脚,这让我想起父亲是如何对待我的,所以我努力让自己不那么刻板,尤其是先改掉外在的敏感易怒。"[47] 而从马林诺夫斯基女儿们的角度来说,她们异口同声地声称自己与母亲要比与父亲亲近得多。这从某种程度上也动摇了马林诺夫斯基的推论,即"父亲更倾向于与女儿而非儿子待在一起,而母亲的情况则正好相反"。[48] 他的女儿们所抱怨的并非忽视与冷漠——他尽其所能地爱护与关怀她们,她们也承认父亲能让她们无比开心——而是他在她们幼年时期经常不在她们身边,后来又常易怒敏感的性格,以及每隔一段时间就会陷入冥想,不知行踪。有其父必有其子——随着年龄增长,他也越来越像他记忆中的那个父亲吕锡安了。

人们也许会猜想马林诺夫斯基会在一些比他年长的男性身上找到一种慈父般的感觉。这种饱含温暖同情的慈父形象的确在他事业的一些关键时刻——在他需要物质帮助、精神鼓舞及专业资助时出现过。他善于迎合这样一些"父爱代用者"——史蒂芬·波利基神父(Rev. Stefan Pawlicki)、詹姆斯·弗雷泽爵士、爱德华·韦斯特马克(Edward Westermarck)、阿尔弗雷德·哈登(Alfred Haddon)、查尔斯·塞利格曼(Charles Seligman)等——而且他对这些友谊的培养的确有些手腕。但不可否认的是,他也让这些友谊慢慢地开花结果,并在这些人不再给予他慈父般的帮助很久以后仍能享受这些关系所带来的快乐。但另一方面,他也可以与他们在意见上存在极大分歧,这在某些情况下甚至会危及他们之间的关系。弗洛伊德学派陈旧的"弑父"情结在他的学术事业上一如在他的个人心理上清晰可见。[49] 如果说这是一个轻率的判断,那么有足够的证据让人希望马林诺夫斯基自己对其恋母弑父冲动所作的生硬的弗洛伊德式解读并非太过严肃。

马林诺夫斯基

一位人类学家的奥德赛，1884—1920

俄狄浦斯的身影

在为《性与压抑》一书拟写脚注的时候，马林诺夫斯基曾对压抑现象提出过疑问，在这一后来并未出版的脚注草稿中，他在便笺本上作了如下"告解"：

> （参考）恋母情结。我为什么采用它的原因。乱伦之梦太常出现且太让人痛苦了。在一个极少存在压抑的国家，一大帮朋友会注意你。直接的对乱伦的兴趣……对父亲的仇恨。对母亲强烈的亲近感——在父亲面前的卑微。对死的希望。父亲说到了他的死。欲望。梦到他死去。死后很强的良知。更久以前。依恋母亲。上床的欲望。离开她时那种可怕的感觉就跟疯狂热恋时分离的感觉一样。不被压抑。由记忆中十分清晰的元素构成。[50]

这难道还不能满足任何一个传记作者——即使他对弗洛伊德式的心理分析决定论尚存怀疑——的期望吗？经典的症候表现得如此完整：对父亲的仇恨、对母亲的乱伦欲望、在父亲面前的卑微感、对父亲英年早逝的罪恶感、和母亲相关的对分离的焦虑。然而，马林诺夫斯基极力强调，自己对这些带有强烈感情色彩的心理方面的"素材"从不隐晦——他甚至在注解的开篇就指责那些包括弗洛伊德在内的心理分析学家，说他们缺乏道德上的勇气公开承认他们自己那些深藏的、黑暗的欲望。没说完的关于他那"一大帮朋友"的想法可能指的是，与他那些维也纳表亲们相比，他年轻时在波兰的那些朋友对这些主题更加公开和直白。出于同样的原因，我们也不能把马林诺夫斯基在私人日记中全然不提自己的父亲归结于压抑。按照他所作的弗洛伊德风格的告解（即使这只是针对其自己），在他的私人日记中全然略去父亲并不意味着马林诺夫斯基有什么可怕的记忆需要隐藏。吕锡安更可以被看成是一个不相干的人或仅仅是一个被遗忘的人。从隐喻层面来说，这个俄狄浦斯并没有刺瞎自己的双眼。①

---

① 在希腊神话中，俄狄浦斯在完全不知情的情况下实践了弑父娶母的神谕。得知真相后他悲愤不已，刺瞎了自己的双眼。——译注

或许他刺瞎了？弗洛伊德论者肯定会抛出他们的两面都是正面的硬币①说，否认压抑恰恰证明有更深的压抑；他们还会说，马林诺夫斯基用来证实自己没有压抑的那些"痛苦的"记忆事实上是一些"投射"记忆，它们隐藏了一些更坏的东西。这种情况可以被一种叫做"被压抑者的回归"②的现象所证实。

虽然其人类学研究的一个显要部分似乎对父性投以相当大抽象理论层面的关注，但马林诺夫斯基却对自己那个"虽已过世但却实实在在"的父亲避而不提，这难道不令人讶异吗？在断言"原始人"并不知道其生物学意义上的父亲之后，马林诺夫斯基将"社会父亲身份"（social fatherhood）[进而将其扩大为"正当性原则"（principle of legitimacy）]写入了自己的亲族理论。他成了一位关于性学的国际权威，并为《大英百科全书》撰写了关于亲族与婚姻的文章，而且还为跨文化的父母身份研究及家庭研究作出了巨大贡献。依照弗洛伊德学派的理论，我们是否能从马林诺夫斯基对关于家庭的人类学（其中父亲的身份是含糊与矛盾的，如果不是被否认的话）的理论执著中发现这样一种可能：关于自己的父亲，他有太多被压抑的记忆？最起码我们可以推测他的记忆中有这样一些强烈的、让其烦恼的感觉深深困扰着他，并促使他有意抹掉了父亲留下的脚印，即便他事实上正在沿着这些脚印前行。就是这样一个人将民族志田野工作发展成一门新的学科技巧（和一种科学崇拜），而且他对方言口语的精通使他在语言学理论上作出了巨大贡献。在这两个方面，儿子都超越了父亲。

我在前面概述了吕锡安的学术生涯，意在确证两件事情。其一，尽管其生涯顺应了其所身处时代的普遍模式，但他仍然抓住并善用了一些不寻常的机遇；其二，毫无疑问，他的学术生涯为他的儿子树立了效仿的榜样。马林诺夫斯基对此不曾言明的否认，可能是由其自我放逐的经历所带来的并非清晰的轨迹所

---

① 双面都是正面的硬币可被用来玩障眼的戏法，此处意指无论从正面或反面都能被辩说的论点。——译注

② the return of the repressed，或称"被潜抑者的重负出现"，指我们将一些被禁止的感觉或欲望潜抑到潜意识里，但它们并不在那里安身，而是不断努力要用各种方式显耀自己，迫使自己进入我们的意识生活里。(http://jsfx.nlp.cn/2009-11-09/52945.html) ——译注

促成的。如果当年他留在波兰，他或许没法忘却自己还是其父亲的儿子，甚或会走到"继承"其在雅盖隆大学教职的地步。马林诺夫斯基1922年婉拒为其准备的民族学教职时，原因之一就极有可能是他不想被认为太过紧密地追随了自己父亲的脚印。为了冲破这一隐喻，他通过远离其视线的方式规避了这一"父亲的凝视"。

尽管后者极力否认，这对父子的生命轨迹却颇具相似之处，就连两者最后离世的原因和年纪都如出一辙。他俩都在五十八岁上去世。《波兰名人传记词典》里记载了吕锡安的医疗结论："其在不同领域的繁重工作导致身体器官早衰和心脏疾病"。[51] 四十四年之后，这一诊断结果同样被用在他儿子身上。

第二章

母 爱

母亲的出身

"我很开心!"吕锡安·马林诺夫斯基如此对雅罗斯瓦夫·戈尔说,那是在1882年7月初。"我已跟这个最完美的波兰女人订婚一个星期了——我爱她爱了十六年。她叫约瑟法·翁茨卡。"[1] 如果他真是在1866年就认识她的话,那时他还是华沙中央学院的学生。显然,在接下来的异国学习生活以及在克拉科夫教书期间他并未急于表露心迹。终于,他又一次发现了华沙的魅力:"这里有沙龙、友善与生活。有些许轻浮、肤浅,但就生活而言,即使是巴黎人,也会对华沙留下深刻印象。"[2]

所以,在雅盖隆大学当了六年教授之后,吕锡安于1883年4月3日在华沙迎娶了约瑟法·伊利奥诺拉·泽诺比娅·翁茨卡(Józefa Eleonora Zenobia Łącka)。他时年四十四岁,她三十五岁。6月间,这个茫然不知所措的新婚丈夫就对他的捷克朋友说,他现在确信当教授完全比不了当一个丈夫的责任大:"这两个月我没做成任何事。"[3] 这对夫妇的独子于1884年4月7日在克拉科夫的圣史蒂芬教区出生,教名布罗尼斯劳·卡斯佩尔·马林诺夫斯基(Bronisław Kasper Malinowski),小名布罗尼奥(Bronio)或布罗涅克(Bronek)。他的主保圣徒被选定为女圣徒圣布罗尼斯拉娃。出生不久孩子就被母亲约瑟法带到华沙度过整个夏秋季节,孩子的父亲则留在克拉科夫,由此也开启了一种后来习以为常的漫长的"父子分隔"生活模式。当母亲带着孩子回到克拉科夫时,吕锡安高兴地看到布罗尼奥已经长出了第一颗牙齿,但当他发现孩子似乎已被妻子一家宠坏时就不那么高兴了。"他简直是家里的暴君,一个像这样被教养出来的孩子最后会变成一个大流氓。"[4]

约瑟法出身一户尚未没落的富足的大户人家。翁茨基家也属于施拉赫塔贵族,但其失去地位的情况要比既被剥夺土地又变得相对贫穷的马林诺夫斯基家族好些。因此,实际情况倒可以说成是:马林诺夫斯基出身于其母亲的大家族,而非其父亲当时只剩下一对弟兄的那个家族。约瑟法生于1848年,是列奥珀尔德·翁茨基(Leopold Łącki)和伊利奥诺拉·翁茨卡(Eleonora Łącka)的第二个孩子。这对夫妇实际上是血亲,尽管这在表面上看来并没有什么值得大惊小怪的。马林诺夫斯基的外公列奥珀尔德(1801—1871)是政府高官,先是当过波兰王国首席检察官的顾问,后又做过国家顾问及参议员。[5]伊利奥诺拉是列奥珀尔德的第二任妻子。他的前妻在生了八个孩子之后去世了,令人惊讶的是这八个孩子一个都没活下来。因此,列奥珀尔德定是从过往的巨大的悲痛中重新振作起来,怀着对未来的期望再婚的。或许是极度的谨慎(以及巨大的勇气)使他这次选择了自己的侄女,即哥哥扬·伊格纳西·翁茨基(Jan Ignacy Łącki)的女儿来续弦。

扬是个政府官员,和妻子玛格达莲娜·卡塔尔钦娜·孟弗雷尔(Magdalena Katarzyna Monfrell)育有四个女儿。朱莉亚(Julia, 1818—1903)嫁给了银行家莱昂裘斯·兰蒂埃(Leoncjusz Landié)。二女儿伊利奥诺拉(1821—1904)嫁给了自己的叔叔列奥珀尔德。三女儿阿涅拉(Aniela)未婚,将一生的大部分时间都用来照顾自己被流放西伯利亚而一去不返的未婚夫的父亲。小女儿宝琳娜(Paulina, 1829—1909)嫁给了华沙保险委员会的官员卡罗尔·斯丹尼斯瓦夫·杜宁-斯波坦斯基(Karol Stanisław Dunin-Szpotański)。这对夫妇的三个结了婚的女儿共生育了十二个孩子,七女五男,再下一代共十六个孩子,男女各八个,这些也就是马林诺夫斯基的一级与次级表兄妹。毫无疑问,马林诺夫斯基母亲一方的亲戚构成了一个强大而又可提供帮助的网络,这弥补了父亲一方亲族的匮乏。

家族史研究者亚当·杜波夫斯基(Adam Dubowski)(宝琳娜和卡罗尔·斯波坦斯基的曾孙)曾画出一张延续六代的谱系图,显现了突出的母系偏向——似乎他也关心自己的母亲一方的世系远超过父亲一方。这暗示出扬·伊格纳西·翁茨基的女性后代们比她们的夫婿要有更高的社会地位,尽管男方也都算施拉赫塔贵族。他三个女儿各自婚后家庭的母系趋势(兰蒂埃家、翁茨基家和斯波坦斯基家),又因为翁茨基的哥哥最终娶了自己的侄女而得到强化。这种母系继嗣趋势可能也是人口统计意义上的一个结果,因为在四代范围内,这家的女性后代要比她们的兄弟们更能繁衍。马林诺夫斯基的母亲在这点上是个例外,因为她只生了一个孩子,而且是个男孩。不过在马林诺夫斯基这一代里,他的八个表姐妹中的七个都有后代,而七个表兄弟中只有三个有后代。马林诺夫斯基自己也印证了这一家族的传统,有三个女儿。直到第六代(即马林诺夫斯基的孙子辈),这一趋势才被扭转,女孩与男孩的出生数分别是十四与二十五。当然,到了这个时候,最初以母方为中心的那三个家庭的后代已经在各地广为散布,这包括美国的加利福尼亚和纽约、英国、瑞士、德国,以及波兰的不同城镇。

诺曼·戴维斯曾经提及在国土被瓜分的年代里波兰贵族妇女们逐渐培养出的一种"意志坚强"的传统,那是一个男人们却不得不为统治他们的外国君主工作和战斗的年代。这些依照法律与男人们享有同等的财产权并由此在继承上得到保障的女人们,"在家里养育孩子,并成为这个国家最宝贵财富——文化之守护者的那些母亲和祖母们"。[6] 兰蒂埃家、翁茨基家和斯波坦斯基家的贵族妇女们身上似乎就带有这种意志坚强与文化传承的传统。当然,马林诺夫斯基的母亲就是其中之一。尽管她的家庭并无从军的历史记录,但其祖父扬和父亲列奥珀尔德都算是在为异国的沙皇服务,因为他们所服务的华沙政府是一个傀儡政权。虽然他们及其后代在19世纪试图通过一些方式保住自己的土地并逃避沙俄的迫害，他们作为波兰人的爱国情怀却是毋庸置疑的。或许，就像吕锡安一样，他们只是尽量低调罢了。

1847年伊利奥诺拉嫁给了比自己大二十岁的叔叔，后来这个男人比她早三十年离世。这对夫妇共育有五个子女。大儿子布罗尼斯劳（1847—1908）后来成了一家纸板厂的老板。他娶了约瑟法·沃尔夫（Józefa Wolf, 1862—1930），并育有两个女儿：尤吉尼娅（Eugenia）和玛丽亚（Maria）。其中这位表姐尤吉尼娅与布罗尼奥同岁，小时候也是玩伴。后来尤吉尼娅在十八岁时结了婚，而当布罗尼奥进入大学时她正怀着自己的第一个孩子。列奥珀尔德和伊利奥诺拉的第二个孩子就是约瑟法。在与吕锡安结婚之前她是如何受的教育以及做过什么都还不太为人所知。老三与母亲同名，也叫伊利奥诺拉（1850—1924），后来嫁给了律师瓦蒂斯瓦夫·斯塔泽夫斯基（Władisław Staszewski），他们的三个孩子也都和马林诺夫斯基的年龄相差不大。他的这几个表亲分别是齐格蒙特（Zygmunt，卒于1912年）、斯蒂法尼娅（Stefania/Wolska，后来叫沃尔斯卡）和玛尔娅（Marja/Kobylińska，后来叫科比林斯卡）。其中他最喜欢的是玛尔娅（昵称"表妹曼西娅"）。1920年代期间她曾给马林诺夫斯基写过很多封饱含深情的书信，最终因为他疏于回复而心灰意冷。

约瑟法的弟弟叫卡奇米尔兹（Kazimierz, 1857—1920），马林诺夫斯基在日记里称他"卡兹舅舅"。其实马林诺夫斯基另外还有一个在波兰银行工作的卡奇米尔兹舅舅（Szpotanski），他的儿子卡奇米尔兹－塔迪尤兹（Kazimierz-Tadeusz）比马林诺夫斯基小三岁。"卡兹舅舅"毕业于里加高等技术学院，主修化学工程管理。他终身未娶，从事何种营生也不甚明确。不过他搞的一项"愚蠢的工业投资"（用布罗尼奥的话说）让他在1912年破产，并让他的姐姐约瑟法在经济上付出了惨痛的代价。

马林诺夫斯基的童年被母亲那边一大群亲族所包围和管教着。他有一个尚在世的外祖母及其三个姐妹；母亲及其妹妹和一对兄弟；母亲的七个表亲；他自己的五个一级表亲和十个次级表亲。所以他自己作为独子的感觉必然会被这种亲戚数量庞大的意识所冲淡，尽管他未必能常常见到大部分住在华沙地区的这些亲戚。在这些母亲一方的亲戚中，除了短暂出游，没有人最终离开波兰，而且他们中也没有谁在自己的祖国得到像在外漂泊大半生的马林诺夫斯基那样的知名度。

童年

约瑟法·马林诺夫斯卡的孙女海伦娜把她描述为"一个具有超凡智慧、坚定决心并愿为其天才之子奉献一切的女人"[7]。无疑，她是一个受过良好教育的女人，或许是在家里，或许是在某所修道院寄宿学校[8]。她的第二语言是法语，就像19世纪绝大多数受过教育的波兰人一样（别忘了她儿子曾指出过的"假法语语风"）。约瑟法此外还说德语，也许还能说点俄语和意大利语；和布罗尼奥一起在加那利群岛长期度假期间，她或许还学了西班牙语。尽管她会说的英文不多，但她学会了用英文阅读——正如家庭轶事中所描述的那样——以此来帮助她的儿子。在后来流传下来的一本小笔记本上，有她用精致的笔迹抄写的斯宾塞和吉伦所著《澳大利亚中部土著人部落》及弗雷泽所著《金枝》的部分段落。[9]这无疑都是为了她的儿了。

在约瑟法的一张肖像照中，我们看到的是一位穿着一件有着高高的蕾丝领、正身有褶饰的上衣的年轻女子，表情严肃略显苍白的脸侧向一边。约瑟法的发型时髦而复杂：淡色的头发有几缕拂过面庞，发卷从耳后一直垂过脖子，头顶盘着粗粗的一圈辫子。她的眼睛清澈透明，似乎看什么东西入了迷。她的嘴唇丰满，有着爱神弓箭般的轮廓。布罗尼奥继承了这一被他的朋友形容为"像一个刚刚切开的奇异水果"[10]般的唇形。约瑟法后来渐渐发福，"将灰色的头发在脑后盘成一个小小的发髻，但她始终保持着挺直的体态和姣好的面容，宽宽的额头，深邃的眼睛，还有漂亮的唇形。"[11]

关于布罗尼奥婴幼儿时期的情况，现存的唯一信息来自他父亲写给雅罗斯瓦夫·戈尔的一些信件。从中我们可以知道的是，约瑟法在布罗尼奥两周大之

马林诺夫斯基

一位人类学家的奥德赛,1884—1920

后就没了奶水,之后由几个奶妈继续喂养。[12]孩子的洗礼于1885年4月26日在克拉科夫举行。为了参加这一洗礼,一大帮亲戚从华沙赶来,都住在珀德瓦尔街12号他家的小公寓里。吕锡安在信中语带玩笑地描述了洗礼的情况。"现在我儿子决定……接受基督教的真理了——但还是有所保留的。当牧师问他是否弃绝撒旦和他的所作所为时,这孩子毫不犹豫地回答:不。我儿子真是个永在否定的精灵,这一点他继承了他的父亲。"[13]从他说年幼的布罗尼奥已经继承了"总是说'不'的精神"的这个玩笑中,还是可以看出吕锡安心里所怀有的一丝父亲的骄傲。

不久,这对年轻夫妇就清楚地意识到小布罗尼奥的健康是多么的脆弱。十四个月大的时候他就"病得厉害……简直没希望活下去了"。于是母亲把他带到扎科帕奈过夏天,结果他在那里"奇迹般地康复了"[14]。二十二个月大的时候,布罗尼奥就能走会说了,甚至还能说话成韵。[15]结果那年没过多久布罗尼奥就又染上了痢疾,不过他还是被扎科帕奈和拉布卡的"空气治好了",在拉布卡这家人待了整个夏季。[16]布罗尼奥刚刚四岁就又病了。"他抽过几回筋,易怒且情绪不稳。"[17]医生们都建议"绝对的安静",于是这对母子又返回了博尼斯的田园生活,五十年后马林诺夫斯基对这段生活有详细的回顾。与父亲分隔两地、在其目光所及范围之外生活的模式,正是从这时起被建立起来的。

"我是个可怜的男人,和妻子分居两地,必须维持两个家。"吕锡安1888年10月间曾如此抱怨。离开博尼斯之后,他的妻儿一年大部分时间都在扎科帕奈度过,有时也会在华沙附近翁茨基家的"雅尼斯佐夫"庄园住一阵子。[18]接下来的几年中,吕锡安会和妻儿们在圣诞节和复活节团聚,也会一起度过长长的暑假。"我的生活被分成了两半,"他在1889年写给戈尔的信中说,"一半生活在扎科帕奈,另一半想念着扎科帕奈,或者说是因为我在那里的家庭而想念。"这种在一年中分离和重聚相交替的生活,后来在马林诺夫斯基自己的婚姻生活中又被重复了。

1889年,布罗尼奥的健康状况大有改善,不过他的"神经"仍然太过敏感,使得吕锡安有些犹豫要不要让他开始正规的学习。"他是我们唯一的安慰,"他对戈尔说,"我们不会给他留下多少财富,但是我们想确保他的健康。"[19] 吕锡安自己的身体状况这时也是岌岌可危,在妻子的坚持下他在扎科帕奈一家水疗诊所待了一个月。他并没有因为这个决定而后悔,当他结束治疗重返克拉科夫的乏味生活之后,他告诉戈尔:"我的情绪现在平静多了,而且我还遵守着他们的饮食规定:只喝牛奶和水。伏特加、啤酒、咖啡和茶我都一点不沾。我如此详细地写这些,是因为这对我来说至关重要。"[20]

由于妻子和儿子现在一年大部分时间都待在扎科帕奈,吕锡安决定在那里正正经经地安一个家。自从这个度假胜地1890年被加利西亚的首富扎莫伊斯基伯爵买下之后,小镇的人口就猛增起来。随着赌场、饭店和新别墅的修建,涌入了很多的游客。吕锡安在克拉姆佐夫奇街上买了一块0.3公顷的地,于是约瑟法有了另一个待在扎科帕奈的理由:监督房子的修建。[21] 她在这期间碰到很多麻烦,房子的修建拖了很长时间,所以吕锡安酸溜溜地提议把这栋别墅命名为"讨厌鬼"。[22] 等到这栋有十一间房的别墅于1892年6月完工之时,他已经在这上面花了9000奥地利克朗。

布罗尼奥5月又得了百日咳,但或许是由于自身健康原因,吕锡安决定把新房子租出去,带着儿子横跨波兰和普鲁士,去了东费力西亚的于斯德岛。约瑟法则在看望了华沙的病母之后,几周后和他们会合。布罗尼奥现在已经八岁了,这可能是他第一次单独和父亲相处这么长时间。这或许也是他第一次看海和在一个小岛上生活。尽管吕锡安说于斯德岛是个享受海水浴的绝佳去处,但待在那里还是让他感到"无聊至极"[23]。

1893年初,布罗尼奥又大病一场。起初是喉咙痛和高烧,几天后发展成了呕吐和剧烈的胃痛。六个"内外科医生"讨论了他的病情。"他们希望做腹部切开手术,但是腹膜炎的病情发展让他们不得不放弃。布罗尼奥只能像具尸体般躺在那儿——等着进棺材。"后来外科医生对新长出的脓肿实施了手术排脓。病情发展到第五个星期开始逐渐好转,尽管布罗尼奥的肚子上还插着排脓管。"那是一段艰难的日子,"吕锡安告诉此前刚失去儿子的戈尔,"手术前后的状况简直就像天要塌下来了……妻子和我所经历的这些,你应该能够理解!"[24]

马林诺夫斯基

一位人类学家的奥德赛,1884—1920

1894年来临之前,吕锡安感到了疲惫与挫折。"我当教授当了十七年,已经对此厌倦了,"他在写给戈尔的信中诉说了自己的负担,"我收集(研究)材料收集了二十年,但却不知道是否能够出版。一想起这事就会让我的日子过得不舒服。"[25]他这时患上了充血性心力衰竭,接下来整个夏天都待在于斯德。回到克拉科夫,他写信给戈尔说:"我五十六了,心脏能够重新健康起来的希望非常渺茫,如果哪天它停下来,一切就都完了。"[26]几天之后,他又在信中说自己的健康有所好转。但他语带苦涩地反问:这算是什么样的一种健康,如果人们老是告诉你"这不能吃,那不能喝,不能上楼,走路要慢,不要激动,说话要少,工作要少,避免剧烈运动,不能负重,不能俯身。一句话:把你自己包裹进棉絮,让人把你做成标本,再放进一个玻璃匣子里。"[27]

因为扎科帕奈的高纬度,医生只允许吕锡安每次在那里待上几天。他为退休生活准备的房子现在也不再适合他居住了。心脏病造成了他和家庭更长时间的分离。在1897年夏天写给戈尔的信中,他说:"你不觉得奇怪吗?我正在远离我家庭的地方度假。"然而,扎科帕奈对他的儿子来说却是一个再好不过的地方,他刚跟表亲西格蒙特和一个年轻教师爬过捷沃尼维尔奇——塔特拉一座六千英尺高的山。"结果西格蒙特回来就病了,布罗尼奥发誓说他再也不爬山了。对于十五岁和十三岁的孩子来说,爬这样的山实在太费力了。"[28]吕锡安在最后一封写给戈尔的信中诉说了自己对布罗尼奥的期望:"我儿子非常有天赋,我希望他能成为一个(专业)人士,不过小孩子们来到这个世界上应该成就他们自己的梦想,而不是为了慰藉他们的父母,因此……"[29]这种忧伤的听天由命的口吻似乎预言了什么。三个月后吕锡安便离开了人间,日期是1898年1月15日。

马林诺夫斯基这一家"落寞雅士"所居住的"老石楼"属于雅盖隆大学,位于马里瑞涅克的小市集广场。它的前面就是克拉科夫中心巨大的中世纪市集广场瑞涅克戈沃夫尼。马里瑞涅克8号是一栋体量敦实的帝国式红色建筑,一端紧挨着15世纪的圣巴巴拉教堂。这座现在已经成为修道院的房子,当时还是

第二章 母爱

大学里贫穷学生的宿舍与旅社。吕锡安从1892年开始担任那里的管理人。他去世后，约瑟法留在公寓楼里，担任学生们的"宿舍妈咪"。她把布罗尼奥带回华沙度夏，她的家人劝她干脆留在华沙。布罗尼奥可以在华沙自学，只用到克拉科夫参见考试就可以。约瑟法一度有些动摇，但最终决定，只要马里瑞涅克宿舍还需要她，她和儿子就会待在克拉科夫。

布罗尼奥后来回忆过那些他儿时常居住过的母亲的亲戚们的乡间庄园。其中他住得最多的是华沙附近的"雅尼斯佐夫"，他的外婆伊利奥诺拉1904年去世之前就住在那里。之后，房子好像就被约瑟法的妹妹斯塔泽夫斯基一家和终身未婚的叔叔卡兹住着。除了大宅和马厩，庄园里还有牛和一个有着猪圈与鸡舍的庭院。1917年圣诞前夜，在遥远的特罗布里恩德群岛上，怀旧的马林诺夫斯基又想起了波兰，想起了"一年中最快乐的日子"：12月24日。

> 入夜，当第一颗星星出现，我们坐下用餐——这叫维吉尔餐——这是斋戒的日子：我们只吃鱼，不过这一定仍是非常棒的一餐。接下来还有圣诞树，这是一棵闪着神秘光芒的小云杉，大人们在上面放了很多小蜡烛。一走进客厅，眼花的你会有一种感觉，好像有什么超自然事情发生了……那些被父母和叔叔们围绕的美好时刻，我至今还有一些模糊的记忆。之后是参加唱圣诞颂歌的午夜弥撒，接下来几天还会大吃大喝，不用上学，一句话，要多快活就有多快活！[30]

布罗尼奥还回忆了他五岁时的初恋。德奇尼亚（Dzinia，嘉德维嘉的小名）是和他同龄的小女孩，爸爸是诺贝尔文学奖得主小说家亨利克·显克维奇。[31]在他远未成名之前，显克维奇就是布罗尼奥叔叔阿尔方斯的同学，这位勤勉的学生当时常住在布罗尼奥爷爷朱利安的家里。布罗尼奥另一个青梅竹马的恋爱对象是米希亚（Misia），她的父亲约瑟夫·卡伦巴赫（Józef Kallenbach）是吕锡安的语言学学生。"你不忠的小未婚妻"，布罗尼奥的妈妈1915年的时候还这样逗他，那时米希亚已嫁作人妇几年，正逢生产。[32]还是小男孩的时候，布罗尼奥显然就已经是女孩们喜欢与崇拜的对象了，而且也不显得怕羞。他的表姐亚妮娜·兰蒂埃（Janina Landié）还记得他逢复活节来华沙时的情景。他通常住在亚妮娜祖母（朱莉亚·兰蒂埃，约瑟法母亲的姐妹）家中，但也常会被叫到丧偶的叔叔爱德华家。叔叔的女儿亚妮娜比布罗尼奥大一岁："我喜欢和他说话……我还记得我们一起读书，一起讨论海涅的作品，我们俩都崇拜他。布罗涅克充满热情，我怀念和他进行那些纯'精神'交流的时光。"[33] 另外一个对青春期的布罗尼奥有记忆的女人是索菲亚·克利斯扎诺夫斯卡（Zofia Krzyzanowska）。布罗尼奥曾和她的兄弟一起在她父母的公寓中练小提琴。公寓就在普兰提北边围着那块长条空地的弯曲的巴兹托瓦街上。索菲亚对布罗尼奥的魅力：他那美丽的笑容"和他对小孩子们的和善"印象很深。[34] 作为一个小提琴演奏者，他母亲曾告诉过戈尔，"他有天赋，但不够用功，他的（提琴）课只是上得还行。不过他还是热衷于欣赏音乐，从不错过一场音乐会。"[35]

"学者帮"

马林诺夫斯基一家应该在马里瑞涅克的公寓里款待过朋友和大学同事，年轻的布罗尼奥也应该在那里听到过这些大人们的高谈阔论。按照维托尔德·特鲁斯科夫斯基（Witold Truszkowski）的说法，雅盖隆大学的这些教授们的圈子很排外……想要加入其中并非易事。

> 想加入这个圈子仅有杰出的学术成就还不够，还要考虑的是较高的道德水平、相称的社会地位和社交能力、得当的子女教育和爱国主义精神。这些标准十分重要，因为他们的目标就是要形成一个能影响年轻人的精英群体。教授的妻子们在这个圈子里也扮演着突出的作用。她们常常碰头，组成了一个庞大的大学贵族群体，对教授和试图加入者们品头论足。谁有一些不好的传闻可就要倒霉了！[36]

吕锡安的朋友中知名的有奥古斯特·维特科夫斯基（August Witkowski）、

罗沙·达尔根（Lothar Dargun）、斯丹尼斯瓦夫·艾斯特莱歇尔（Stanisław Estreicher）和卡罗尔·波坎斯基（Karol Potkański）。马林诺夫斯基后来说他当时简直被那种智慧的魔力所降服。维特科夫斯基是物理学高级教授，那是世纪之交雅盖隆大学的领先学科。他曾在里沃夫和柏林师从赫姆霍兹（Helmholtz），后来又在格拉斯哥师从开尔文（Lord Kelvin）。他研究气体的热力属性，他在雅盖隆大学建立了波兰首个实验物理学实验室。[37]维特科夫斯基一家和马林诺夫斯基一家关系很好，以至于奥古斯特成为年幼的马林诺夫斯基的教父。仅此一点就足以让马林诺夫斯基乐于勤学物理了。当他例数克拉科夫"学者帮"中对他影响最大的人物时，第一个名字就是维特科夫斯基。1914年得知维特科夫斯基逝世的消息，马林诺夫斯基不禁落泪悼念。

罗沙·达尔根是法学教授，对民族学感兴趣，尤其关注家庭的起源与演化以及财产的形式。与当时的主流观点（为亨利·梅恩、弗里德里希·恩格斯、卡尔·斯塔克和爱德华·韦斯特马克所推广）相悖，达尔根坚信个人财产拥有先于群体财产拥有。此外他还对战争的文化现象及其对法律发展的影响感兴趣。[38]1913年马林诺夫斯基用德语写了一篇关于家庭社会学的论文，其中讨论了一些达尔根十分关注的问题。他还引述了达尔根的一些他所赞同的观点（并非盲目接受），这些观点涉及"亲族关系对法律、道德及经济因素的功能性依赖"。[39]尽管没有全盘接受达尔根关于家庭社会学的观点，但马林诺夫斯基显然深受其影响。当他思考原始社会的法律，以及后来思考战争主题的时候，不难想象达尔根的论点成为他论述基础的一部分。同样地，接替达尔根法学教授职位、后来成为雅盖隆大学校长的艾斯特莱歇尔，也以其卓越的判断力和渊博的学识影响过马林诺夫斯基。[40]1914年马林诺夫斯基远赴澳大利亚之后，正是艾斯特莱歇尔代表文理科学院帮助了他唯一的波兰语著作的出版。

身为历史学家，卡罗尔·波坎斯基的兴趣更广，几乎涵盖了整个人文科学领域（考古学、体质人类学、语言学、民族学、社会学和心理学），这在英国或美国足以让他成为一个全科的人类学家。波坎斯基把历史看成社会结构的变化过程，运用比较方法揭示社会发展的普遍法则。[41]

除了这三个人,马林诺夫斯基还提到过其他几位对他青年时代的思想产生过影响的人物,不过他们严格说来属于他的大学时代:史蒂芬·波利基(哲学与神学家),马里安·且乔斯基(Marian Zdziechowski,哲学家,《斯拉夫民族的心理学》的作者),瓦蒂斯瓦夫·马特拉科夫斯基(Władysław Matlakowski,外科医生及格拉尔民俗文化民族志学家)。[42] 在其晚年的时候,马林诺夫斯基赞颂了这一群颇具声望的"原型-人类学家":"这帮学者、作家和艺术家让我记忆犹新……站在今天这个角度,我能看到在国家生活的那一小段中汇聚的波兰文化的伟大与真正的美德。"[43]

早在进入大学之前,马林诺夫斯基就显现出对一系列学科的普遍兴趣,包括哲学、心理学及法律的演化。他还尤其对语言学、民俗和民族学感兴趣。不过,即便如此,我们也不能就此草率地断定他日后生涯的方向在他大学开始之前就已选定。马林诺夫斯基在其后的几年中也花了大量时间来学习数学和其他自然科学学科。

中小学时代

布罗尼奥的一张褪色旧照保存了下来,是在他约莫十一岁的时候照的。他穿着一件高领、军服式样的短上衣,这是索别斯基中学的制服。他神色庄重,脸庞有着小天使般的婴儿肥,眼珠深色,有着他父亲般的凝视目光;微微撅起的丰满嘴唇则是来自母亲。头发剪得很短,在左边整齐地边分开来。

1895年年初,刚刚年满十一岁的马林诺夫斯基进入了这所被称为是加利西亚最好中学的索别斯基中学,学校的全称是扬·索别斯基国王帝国与皇家中学。关于布罗尼奥的小学时代,人们知之甚少,唯一的信息来自他1907年用德语和第三人称写的一段略显生硬的自我评价:"在他的小学时代,老师对他的评价不是好就是非常好,无论是在学业还是在思想方面。"[44] 他儿时的学习有相当一部分是通过家教完成的。"他学习起来十分轻松",他父亲曾这样告诉戈尔。[45]

根据一份记录显示,他正规上学只上了一学年(1899—1900),之后的学习由于糟糕的健康状况不得不在校外完成。[46]菲利克斯·格罗斯(Feliks Gross)(或许是看错了同一份记录上的内容)认为马林诺夫斯基只有在第四学年(1898—1899)才在校内待了一整年。[47]不过,仔细研究学校的记录就会发现,实际情况要复杂得多。在其自述中,马林诺夫斯基说他"从1894至1901年间"在中学学习,"部分时间是正常在校学习,部分时间则是在家里"。[48]不过在查看马林诺夫斯基的学习记录之前,必须先来说一说索别斯基中学和它的课程安排。

在马林诺夫斯基之后十四年进入这所中学的菲利克斯·格罗斯,描述这所中学的学制"严苛而艰难":

> 所有课程都是必修课,没有选修……如果你有两门不及格,就要重读一整学年而不是一个学期;重读之后再不及格,就会被开除。教师和管理人员都很严格。违反校规会受到"卡瑟尔"(carcer)的惩罚,即额外的上课时间;还必须抄写古文。[49]

格罗斯意在将这所学校的学制与美国的高中学制相比较,但事实上它更像专为精英子弟进入大学和展开职业生涯进行预备学习的英国公立中学。像所有那些中学一样,它也有保守的课程设置和专制的校规校纪,甚至有过之而无不及。原因在于它遵循的仍是吕锡安曾执教过的上一代高中所奉行的德国模式。课程安排到这一代还是几乎没什么改变:宗教导修、拉丁文、希腊文(从三年级开始)、波兰语、德语、地理与历史(合为一科)、数学和自然科学。没有英语和法语。有几年学生们还要上体育课——布罗尼奥上了一年;还有两年他上了"祖国历史"(可能是奥地利的历史,而非波兰的历史)。最后一年还上了哲学导论课。除了这些少有的例外,每年的课程都没有什么变化。在八年制学校的最后一年,学生要参加"Matura",即毕业考试,包括除宗教导修之外所有科目的笔试。

不用说,马林诺夫斯基是个十分出色的学生。他在学习上勤勉专注,且有非凡的语言天赋。他对自己早年学习成绩的评价十分详尽:"他以优异的成绩获得了初中毕业证书,其后几年他所修科目的考试成绩都是'很好'或'优秀'。"[50] 事实上，他的高中成绩记录显示，在六年中的四年里，他每学期的成绩中被评"优秀"的科目数量都超过了"很好"的科目。1902年5月他参加"Matura"考试所写的七篇论文都获得了"优秀"或"很好"，以优异的成绩被大学录取。

关于马林诺夫斯基校外学习的经历，一个传说逐渐形成，而且它也像大多数传说一样，夸大了事实。他在校学习的时间的确比大多数人少：不像别人要上八年（16个学期），布罗尼奥只上了六年。他在一年级的中途入学（1895年2月），最后在七年级上学期离开（1900年12月）。他的确有大量缺课，但如果高中的记录可信的话，缺课的总量并不像传说中的那么多。缺课按照每学期的课时数进行了记录，我计算了一下，在六年的学习中他的缺席课时数只有百分之十四。[51]

不过，真正有趣的是缺课的形式。布罗尼奥在十二个学期中只有三个达到了全勤，每学期和每年的缺席情况都差别很大。他缺席的情况始于1896年，当时十二岁的他因为麻疹而缺席了两周。他高中时期最长的一次缺席约有七个星期，是在三年级下学期，那是1897年的上半年。他父亲的信中没有提及疾病，但是说他那时和母亲待在扎科帕奈，同时在一起的还有一位教他德语的西里西亚老师。甚至还计划第二年在母亲的陪护下将他送到德国"进行更完整的教育"。吕锡安有些瞧不上那些"满是教书和育人方面的半吊子"的波兰学校。[52]

之后一次长达两周的缺课发生在1897—1898学年的第二学期。这次缺课可能与他父亲在学期开始前的去世有关。教师们的评语显示他在那个学期的学习并没有受到什么影响。"勤奋"一项的评价仍然是"好"，"总评"也是"优秀"，课表上九门功课也大都是"优秀"。总之，他的学业似乎没有因为吕锡安的猝死而受影响。实际上，如果计算获得"优秀"的学科数量，四年级还是他中学生涯中表现最出色的一年。

关于这一点，他的母亲在写给雅罗斯瓦夫·戈尔的情况汇报卡上也说了一些原因：

> 他很有天赋，聪明而睿智，但却懒惰且不认真。我似乎要对他的这些缺点负责。作为独子，我对他太关怀备至了，让他的学习太简单。一直到四年级结束我都是和他一起学习所有的科目。五年级他才开始独自学习。因此他开始有所进步了。如果他不总是那么好学的话，他对阅读和辩论还是有热情的。一旦碰到对他来说太难的书，他就会不吃不睡。[53]

1898—1899学年，布罗尼奥缺课了五周，或许是由于日渐衰退的视力。"我儿子一天天长大成熟了，"他的母亲在写给戈尔的信中说，"但是他的视力很差，这让我非常担心。他现在才十五岁就戴上了眼镜。"[54]六年级时布罗尼奥缺课了大约八周——占这一学年的四分之一。如我们所知道的，这是由于另一场大病。1900年秋布罗尼奥开始了在中学的最后一个学年，他七年级了，但他却没有上完这一年。

这些生硬、确切的中学缺课记录就像照片的底片一样，需要冲洗出来才能展现更具生活色彩的正相图景。布罗尼奥的缺课正意味着他会和母亲在马里瑞涅克的家里，或是和家庭教师一起在扎科帕奈或华沙。近二十年后，在得知母亲刚刚去世的消息之后，马林诺夫斯基对学校的记忆直接引发了他对母亲的怀念：

> 我在中学度过的时光，我记得沙罗夫斯基和其他老师，不过沙罗夫斯基是其中记忆最深的。普兰提（克拉科夫的公共花园）、早晨的情绪、放学回家。有时仿佛能看见母亲还活着，戴着一顶软软的灰帽，穿着一件灰衣，或是一件家居装，又或是穿着黑衣，戴着一顶黑圆帽。[55]

马林诺夫斯基

一位人类学家的奥德赛，1884—1920

"因为生病的缘故"

马林诺夫斯基弱不禁风的身体决定了他一生的轨迹，他也认为这是解释其不稳定个性的关键原因。"因为生病的缘故"一直被他挂在嘴边，用来解释他这样那样的行为，或是作为逃避不想干的工作的借口。就像他的偶像康拉德和尼采一样，他也学会了如何战略性地利用自己不佳的健康状况。他告诉我们，正是因为生病的缘故，他才被带到一个"田园诗般美丽的山谷"并开始接触了民族志学者的双重生活；正是因为生病的缘故，他在《金枝》中寻找慰藉，从而注定后来为人类学献身；正是因为生病的缘故，他在新几内亚的民族志田野工作经历了不寻常的轨迹，让他在偶然中发现了功能主义；同样是因为生病的缘故，他才去了那些影响其一生的地方，包括加那利群岛、奥博布森和美国。

很明显，马林诺夫斯基后来变得对自己的健康状况总是疑神疑鬼，不过他究竟得了什么病还不是十分清楚。他的体格并不娇小，五英尺十英寸已经超过一般平均身高。根据他1938年的自述，一位美国医生向他的一个同事透露："他的祖先们都不太健壮，有些神经质，属于波兰较次等的贵族。"[56]（人们可以想象马林诺夫斯基听到这样的背后中伤会如何咒骂！）幸运的是，一份更为详尽的诊断记录被保存了下来。1932年，马林诺夫斯基在温莎市新舍医院自述了早年的疾病史，"童年体弱，抽筋，消化与呼吸系统的慢性疾病。"[57]他继续自述道，八岁时他因为左边的肠脓肿接受了手术，留下了一个"开放性伤口并进行了排脓"。十六岁时，他又因为脓毒性阑尾炎接受了一次手术，留下另一个伤口，"并在回肠区形成了中度脓肿"。这与他中学四年级时的学习记录相吻合，因为那一学年中他的缺课时间长达八周。然而，正是在这之后的一年，一个潜伏更久的疾病击垮了他。奇怪的是，马林诺夫斯基并没有在他的既往病史里提到这次让他彻底结束中学学习的生病经历。

1900年后半年他的视力急转直下，尽管没有什么疼痛感，医生还是担心他会彻底失明。[58]他母亲在写给雅罗斯瓦夫·戈尔的信中提到了这场1900—

1901年间的危机。"我无法描述正在经历的这一切,死亡都要比这样可怕的病弱好些!现在,谢天谢地,情况好些了,医生答应保住他的眼睛,不过治疗会持续很长一段时间。"他在乡间休息的间歇里会到华沙接受治疗。他们与她八十岁的老母住在一起,老人"为外孙的病情太过操心,结果病发导致轻微瘫痪"。一边是"重病的母亲",一边是"在华沙医院中的儿子",忧心忡忡的约瑟法经受了"巨大的焦虑与困扰!"[59]布罗尼奥的治疗(主要是接受暗室隔离)收到了疗效。7月间,约瑟法称盲症的治疗结束了。她计划带儿子去一趟匈牙利的特兰钦(现属斯洛伐克),享受一下硫黄温泉浴。[60]

眼病或许是先天的,不过从医学回溯的角度看,这也许源自"肺结核感染导致的淋巴结核,这种病在当时的克拉科夫十分流行,引发了过敏、慢性结膜炎和其他一些疾病。"[61]不过马林诺夫斯基的女儿海伦娜不同意这样的诊断,因为1938年在梅奥医院进行的一次全面体检中在他全身都没有发现结核结节。不管病因到底是什么,马林诺夫斯基一辈子都严重近视。他因此不适合服兵役,不能打字,也从未学过开车。

他近乎半盲的视力的最直接结果就是无法阅读。家人中流传着这样一种说法:"约瑟法不准她的儿子读书;她自己负责把所有内容念给他听,和他一起学习,把自己所有的时间都献给了儿子。"[62]马林诺夫斯基的女儿海伦娜补充道:"没有她的话,带着这些病残的他根本无法以优异的成绩从中学毕业,他也一直没有忘记这一点。"[63]约瑟法自己也说过,在中学四年级之前她因为陪着他学每一科而"让他的学习太过容易了"。她随后便放手让他培养自己的学习能力;但是刚刚过了两年,她就又承担起了在暗室里读书给他听的任务。这个习惯在他康复以后一直持续了数年。1903年初她告诉戈尔:"无论我儿子为了学习要去哪儿我都想跟着他,因为他至少需要我帮他阅读。"[64]马林诺夫斯基不仅不会忘却母亲为他的学习所作的无私奉献,而且还将和他后来爱上的那些女人们一再营造相似的教学情景。对他来说,两个人肩并肩一同学习,是一种带有情色意味的思想欢愉。

炽热的爱

和妈妈亲密的知识探求过程,使得和她的关系在之后多年里成为马林诺夫斯基生活中最重要的关系。他后来的妻子艾尔茜对此表示理解:"我相信她对于你的重要性超过了任何一个母亲对于儿子的重要性,因为你们曾在一起思考与学习。"[65] 不过,他的《野蛮社会中的性与压抑》一书所题献的维也纳犹太友人保罗·库纳(Paul Khuner)却提到了一个不那么正面的后果:"在我看来,你在一生中几乎没有培养出纯粹的精神依恋,这样的依恋或许全是以你的母亲为中心的。"[66]

在马林诺夫斯基所著述的人类儿童成长第四阶段的概要中(我只引用他所说的"现代文明社群"中"知识阶层"的那些典型特征),青春期阶段"介于生理发育期和完全社会成熟之间……是上初中和高中的时候……这是一个从家庭氛围中完全解放出来的时期。"[67] 按照这个定义,马林诺夫斯基自己的青春期无疑像是一个发展受到抑制的挫折时期。更糟的是,十六岁的时候,由于生病的缘故,这一发展陷入倒退的境地。他的中学生涯被打断并非因为父亲去世(这本该让他更早熟起来),而是因为一场大病和随之而来的身体与社会意义上的严重障碍——几近半盲!这只可能产生阻碍其正常青春期成长的可怕心理影响,削弱其成效,甚至将其重新投入家庭的怀抱,即母亲的溺爱中。

他已经过了在女性亲戚面前窘迫的青春期阶段:

> 我们中谁会不记得当我们兴高采烈地和学校的伙伴们在一起的时候突然碰见我们的母亲、姨妈、姐妹或表姐妹还必须问候她们时感到的那种不可言喻的差耻。那时会有一种很深的罪恶感,那种被抓了现行的感觉。一些男孩子会装作没发现这样令人尴尬的相遇,另一些稍微勇敢些的会红着脸问候,不过每个男孩都会觉得这威胁到了他的社会地位,是对其男子汉气概和独立的一种亵视。[68]

十六岁的时候，布罗尼奥不仅没有"从家庭的氛围中完全解放出来"，反而被其重新召回。由于生病的缘故，青春期中无助的他不得不一再地陷入母亲的保护之中："她的存在就像围绕着我的大气层一样，我在其中呼吸着，生活着。"她是一个"极致意义上的母亲，孩子在童年和青年时代可以从她那里得到所有的思想与感情，她也对孩子付出了超乎一切的挚爱。"[69]这是一段美好而诚挚的称赞，但是考虑到他青春期的境遇，我们可以想象得到，他母亲"热切"的关怀，"给马林诺夫斯基刚刚萌生发展的自主性造成了威胁"。[70]

这种由于发展受阻而带来的羞辱状况会在一个已经十分脆弱的青年身上培养出什么样的情绪与性格呢？可能是许多防御性的态度，在其日后的一生中，马林诺夫斯基展现出了多得让人难忘的这种态度：从极端的难以取悦到疑病症和悲观主义情绪；从对自己与他人情绪的高度敏感到导致其自我感觉几近崩溃的病态的自省——他的日记里一再提到"深渊"与"虚无"。自我的重要感和被其母亲的"热切挚爱"所巩固的自恋相关联，形成了一种脆弱而易受影响的自我。这里有一段很能说明问题的话，摘自于他在特罗布里恩德日记中对神经衰弱的诊断描述："总体情绪：对于表面情况的强烈的紧张兴奋和思维强度，伴有无法集中注意力的情况，大脑皮层超级易受刺激与敏感，有一种在大街上无休止地处丁众日暌暌之下的不适感；一种无法获得内心私密的感觉。"[71]

将马林诺夫斯基性格中的这些古怪之处全部归因于他受挫的青春期成长或是致使其母亲延长其儿童依赖期的那些困境是不行的，不过这也的确暗示了一种关联。考虑到他需要克服的那些障碍——身体的背叛和对母亲养育的持续需求——就不难预料他采取了精神上的逃避路径，转而沉溺于对想象的征服，并以此将自己从压抑的母亲束缚中解脱出来。外在的独立被否决之后，他至少还能培养内在的自主。由于疾病的关系，他哪怕是尝试一下拒绝母爱都绝无可能——父亲去世后情况就更是这样——不过他能把这看成是理所当然的事而慢慢地适应它。他能够自由地通过做梦、想象和秘密的抱负来强化内心的自我，无拘无束的心灵生活给他带来了宽慰。

就这样，我们可以猜测，得益于他那些不为她所知的秘密——当然，还得益于分享他的反叛想象的好友斯塔斯，尽管有母亲呵护左右，这个儿子还是实现了部分的成熟。在其后的年月中，布罗尼奥通过一种习惯但却必要的"两面性"确保了自己的独立。在学业研究上，他会常常让母亲帮忙，也会表达对她深深的爱，但他同时也会同她保持一种情感上的距离。不过，值得注意的是，在他的日记中他满怀感情地称她为"Mamusia"或"Mama"，这最好是翻译成"妈咪"，而不是像出版的《日记》中被翻译成"母亲"。"我记得无数次存心想切断我对母亲（Mama）的依赖，为了能够一个人独立起来——不再有那种我只是属于一个整体的一部分的感觉……我从未坦率对她，我从未告诉她所有的事情。"[72]

他对自己的这种两面性感到不适，他渴望自己能够合二为一，成为包括母亲在内的"整体的一部分"。他把这个问题当成一个道德问题来进行思考，认为解决方式就是整合："缺乏完整感以及关于个体的真实性会让人良心痛苦。我的整个道德观是建立在统一完整的人格这个本性基础上的。按照这个原则，应该在不同的状况下保持一致。"[73]

得知母亲去世的消息时，震惊、悲伤和悔恨化解了他的两面性，他重又回到了那个脆弱的孩子的状态："我时常感到痛苦与难以名状的悲伤，就像我在孩提时代和母亲分离数日所感受到的痛苦一样。"[74]当时他正因为战争身处远离波兰的世界另一端，母亲去世五个月后消息才传到他所在的特罗布里恩德群岛。他在日记里记下了自己的第一反应："走进灌木林中放声大哭。"[75]之后他坐在帐篷中给艾尔茜写信：

> 母亲对我来说远远超过我所见到过的最好的母亲，但我却从未意识到这一点，我真是个坏儿子。我在悲痛之余深感悔恨……在我的童年和青年时代，她是影响我最深的人，我的精神世界是由她奠基的。但是她的性格[和我]完全不同：她所能付出的爱和她感情的深度、强度、持久度，都是如此极致。[76]

第三章

早年的旅行

"对异域奇幻的热衷"

克拉科夫的铁路网四通八达：北连华沙、立陶宛、波罗的海诸国和圣彼得堡；东到里沃夫、乌克兰和黑海；西南可达维也纳、的里雅斯特、威尼斯、热那亚和地中海；西连弗罗茨瓦夫（布雷斯劳）、德累斯顿和莱比锡；西北方向可达波兹南与柏林，再经汉堡可抵北海。在他十七岁之前——也就是康拉德离开克拉科夫去海上的年纪——马林诺夫斯基已经在所有这些线路上都旅行过了。

这两个人之间相差二十七岁。1884年4月，当马林诺夫斯基刚出生的时候，十二岁就已成为孤儿的康拉德在孟买正要上"水仙号"当船员。十年前，他"像个追梦者一样"[1]在克拉科夫坐上了维也纳快车。他的目的不仅仅是要去海上，而是要将自己从过去中，从让他虚弱的疾病中，从未完成的学业中，从那些好心的、但无法理解他的监护人身边，以及从对自己的怀疑中解脱出来。我们也能想象马林诺夫斯基离开克拉科夫也有着相似的原因。不同点在于，康拉德离开得更加义无反顾，而马林诺夫斯基由于母亲的羁绊又多次回到了家乡。巧合的是，当康拉德最终在1914年7月的大战前夕回到克拉科夫时，马林诺夫斯基正在驶往澳大利亚的客轮上，正在无意间开始了背井离乡的旅程。背井离乡，理所当然地，是这两个男人都经受过的并且和同时代许多其他欧洲知识分子所共有的磨难经历。[2]

  这两位年龄间隔了一代人的同胞的生命轨迹中的这些循环往复的主题都如此相似，仅仅是因为它们暗示了一个共同的命运类型，即这两个人都注定要接受尼采式的"爱命运"。我们仅仅只能猜测马林诺夫斯基对康拉德的生活了解多少——或许在1913年二人于肯特郡乡间认识之前真是知之甚少。从那时起，马林诺夫斯基对康拉德的崇拜就开始滋养他对自己人生的认识：他甚至愿意以"人类学者"的身份作交换，来成为"一个水手，继而成为一个英国水手"。[3]他甚至还可能考虑过成为一个"热衷异域风情的"波兰裔英国名作家：像一个探索者那样从帝国的前哨带回奇闻轶事。

  根据一个未必真实的传闻，他曾扬言期望成为人类学界的康拉德。[4]当他认识康拉德并将其当成认同的楷模的时候，一个旅行与冒险的青年浪漫神话或许就已经初具框架，并且逐渐地稳步成型起来。在马林诺夫斯基的另一份心血来潮的简短而未注日期的自传稿（又是用的第三人称）中，我们可以读到关于这一熟悉主题的变体：

> 毕业之后他的健康崩溃，于是之后的三年他都在地中海的海滨度过，游历了北非、小亚细亚和加那利群岛。像他的同胞一样，他也拥有语言天赋，从童年开始，除了波兰语及其各种乡下口音，他还会说德语、法语和俄语。在这三年中他又学会了西班牙语和意大利语，于是每到一处他都可以研究当地的人群。像他杰出的同胞、后来将要认识的康拉德一样，他也对异域风情尤为热衷，这使他放弃了数学、物理和化学这些严肃理性的理科，而选择了人类学的人文研究。这简直算不上是什么新的兴趣，因为在童年的时候，他就曾在喀尔巴阡山地和那些粗鲁的山地人与牧羊人一起生活过，他们……[5]

稿子在此处中断了，如果有第二页也是遗失了。不过这已经是这段记录中最集中和最完整的片段了，简直可以起个标题叫"马林诺夫斯基为何会成为一个人类学家"。我们可以首先注意的是，健康危机和长时间的旅行（后者长达三年）

第三章
早年的旅行

这时已在时间上被定位在马林诺夫斯基大学毕业的 1906 年之后。那些带有神话即历史论者意味的关于一个民族志学者的诞生的要素在这里都齐备了("老波兰贵族"在前面的段落中已经提及了):疾病、具有教育意义的旅行、超凡的语言天赋(这里谦虚地描述成所有波兰人的天赋)以及从严肃理性的理科转入对异域风情进行浪漫探究的人类学(正当性来自康拉德的榜样)。

在回忆马林诺夫斯基的青年时代时,菲利克斯·格罗斯反问道:

> 这一切是如何发生的呢?在这样一个北方城市(即克拉科夫)——一个离热带如此遥远,又在历史、趣味和空间上和那些当时被错误地当成"殖民地的浪漫"相去甚远的地方,在这个中世纪的城市背景之下,你竟然发现一个年轻人将他的人生大部分奉献给了太平洋地区的人类学?[6]

这个问题本身就问得有些含糊不清,因为马林诺夫斯基人在波兰的时候并没有投身人类学或太平洋。在克拉科夫求学期间他对民族学的感兴趣程度,如他在给弗雷泽的公开题献中所称,只是大学期间一门喜欢的副科——甚至不一定是他的最爱。不过,格罗斯试图通过自己在索别斯基中学的经历来寻求答案似乎有些道理。他写道,"有一种强烈的兴趣——超过了一般的兴趣——一种对未知的、未被发现的土地及其上人群的执迷":

> 十一二岁的时候,我们在第一堂地理课上拿出地图册……在一些地图上我们发现了一些白点。这些记号意味着这些地区仍然是未知的、无人到过的。这正是我们所寻找的。这让我们想象或许我们能够成为某地的首个探访者……我觉得马林诺夫斯基,和许多其他人一样,也是着迷于这种对未知世界的浪漫情怀,而并不是仅仅被人类学所吸引。[7]

不管是出于故意或无意,格罗斯的这段描述都必然让人联想起康拉德《个人纪事》中的一段:一个九、十岁的小男孩,盯着一张非洲地图,手指停留在这块大

马林诺夫斯基

一位人类学家的奥德赛，1884—1920

陆中央的空白地带，宣称："等我长大了我会去那儿。"[8] 他后来果真实现了这个愿望。或许格罗斯这里让人联想到的是《黑暗之心》（马林诺夫斯基第一本新几内亚日记的副标题），书中康拉德借主人公马娄之口说道：

> "当我还是个小家伙的时候，我就爱上了地图。我会一个小时接一个小时地看着上面的南美洲、非洲或者澳大利亚，全神贯注于探险的耀眼荣光之中。那时候地球上还有许多空白的地方，当我看到地图上格外令我向往的某个地方……我就会指着它说：'等我长大了我会去那儿。'"

在帝国的边缘之地旅行、探险和发现的浪漫情怀——不管马林诺夫斯基是不是也像格罗斯那样从亚历山大·洪堡和其他探险者那里汲取的——是世纪之交的波兰知识分子们所浸淫的现代主义思潮的一部分。马林诺夫斯基后来在他的日记里也的确提到了未知异域世界对自己的吸引，但是他的理性分析使这种吸引得到了把控——正如他努力把控自己的其他许多冲动一样——如果说他仅仅是受到了这样的吸引力的驱使是不对的。荒野之地的诱惑感召是他所能培养和适度享受的一种审美经验，但这并不可能是他伟大抱负的主要动力。如果就此得出结论说是这种吸引力将他引入了人类学，就像说引领康拉德成为小说家的正是他对异域情怀的热衷一样具有误导性。简而言之，异域情怀并不能为马林诺夫斯基的职业选择提供充分的解释。

当他全面展开其人类学事业的时候，事实证明他既非一个大无畏的探险者，也非一个消失部落的发现者。在新几内亚的时候，他其实有一些绝佳的机会进行探险，即使去不了构成未知腹地的地图上那些诱人的空白点，也可去一些与其相邻的仍未被民族志学者研究过的地区。但是，马林诺夫斯基就连这样的冒险机会也拒绝了（因为一些绝好的理由）。除了一个例外——即特罗布里恩德群岛南面的阿姆弗莱特群岛——他在新几内亚做田野调查的地点都是被之前的民族志学者造访过的，而且都或多或少地被全面地传过教了。马林诺夫斯基一生都保持着一种焦躁，从来不肯在同一个地方待太长时间。他的日记里充满挫折感的抱怨,证明了他的性格气质无助其完成满意的旅行。他无疑一辈子都在旅行,从少年时期就开始既领略其魅力又饱尝其无聊,但他的旅行并非因为要实现抱负。他的抱负不在地图上的那些空白之地,而是在别处。

明信片

约瑟法和她的儿子一道到过很多地方旅行,出于经济状况的限制,他们不得不经常坐三等座,并在便宜的旅馆中投宿。约瑟法从大学领取遗孀的生活补助,但是那些钱并不能满足海外旅行的开销。据推测她曾从自己的娘家募集到一些钱,而且她亡夫的好友多布尔斯基博士(Dr Dobrski)至少也接济过他们一回。从1901年造访达尔马提亚海滨开始,到1907—1908年间长居加那利群岛时达到顶峰,这母子二人"在南方做了或长或短的旅行,享受温和的气候与那里的阳光"[9]。关于他们在其他地方的旅行,留存的资料甚少,因此难以确切地还原他们的旅行路线。比方说,他们究竟何时首次造访阿尔及利亚的矿泉疗养胜地比斯克拉就不能确定,但貌似他们1903年曾在那里住过数月,后来1904年又去了一回。[10] 一些褪色的团体照显示,他们的北非之旅参加的是库克旅行社组织的旅行团。马林诺夫斯基的自传性便笺记录在日期的问题上要么毫无帮助,要么前后矛盾。他只说他在"伊斯兰国家待了几乎一年:九个月在非洲,两个月在土耳其"[11]。他也没有明说这中间包括了多少次旅行,就像他后来的习惯做法一样,他或许夸大了停留的时间。

一些海外旅行的日期可以从他写给好友约瑟夫·李特威尼申(Józef Litwiniszyn)的明信片中找到踪迹。1903年母子俩去过巴勒斯坦、突尼斯和巴勒莫。1904年他们造访了那不勒斯和阿尔及尔。(在一张照片上马林诺夫斯基歪斜着骑在一头骆驼上。)没有寄自比斯克拉的明信片,但是从突尼斯和阿尔及尔都可以乘火车到那儿。一些没有标注日期的寄自芬兰、埃及和马耳他的明信片也保存了下来。正是在马耳他,他后来回忆道,他第一次看到英国国旗迎风招展；第二次则是在去加那利群岛的路上在直布罗陀看到。[12]1906年4月，母子俩造访了佛罗伦萨、比萨和罗马。除此之外，马林诺夫斯基和母亲这段长时间的愉快旅行所留下的痕迹就少之又少了。许多年后，他告诉菲利克斯·格罗斯，他最快乐的日子是在黑山的采蒂涅度过的，那是"一个浪漫的王国，在集邮爱好者中很有名，由尼基塔国王统治"，但他并没有说这次巴尔干之旅的时间。[13] 在1914年6月去澳大利亚的途中，马林诺夫斯基写信给母亲说，塞得港典型的"东方气氛"让他想起了突尼斯和丹吉尔。[14] 在锡兰的阿努拉达普拉，他也给她写信，说僧伽罗的景致比不上他们到过的阿拉伯城市："突尼斯、得士安、比斯克拉或者丹吉尔的街道，要比这儿的更生动、奇异和有趣。"[15]

马林诺夫斯基提到自己"在伊斯兰国家待了将近一年"的用意，其实是要支持自己所称的年少时就已接触异族的生活方式与宗教的经历。他在波兰、西班牙、法国和加那利群岛也接触了不同地方形式的天主教。[16] 他曾跟一群人描述过，从自己还是个"信仰着且实践着基督教的教徒"时起就怀着一种"天真的信仰"，那时的他是多么需要通过视觉化的想象来理解上帝创造万物的抽象教条。"我确信，借助于一些图片，我看到了上帝，天父之船，在太初之洋的黑水上航行。"[17] 他的父亲似乎是个（宗教方面的）自由思想家。尽管在自己的儿子面前有所隐藏，他还是坦诚地告诉过雅罗斯瓦夫·戈尔："我只知道我不会去祈祷，我不相信这是理智的行为。所有这些（宗教信仰）其实都是拟人的，就这么简单。"[18]

马林诺夫斯基出生于天主教的传统之中，但是这一信仰在他约莫十六岁的时候就似乎已经不再能控制他的思想了。正是在那个年龄，（如他后来跟他的女儿所讲述的那样）他开始质疑上帝的存在。他记得一次在火车上跟一位年轻犹太人的邂逅交谈，后者告诉他自己是个无神论者。直到那一刻马林诺夫斯基才意识到，人原来可以不信神不入教地生活。他暗示，这件事对他来说就是一次启示，尽管事实上应该有一系列的事件或影响最终导致他对曾经想当然的信仰进行了有意识的质疑。无论如何，他后来都成了一个"谦逊的不可知论者"，而非一个"自信的无神论者"。[19] 然而他母亲却相当虔诚，他对宗教的无声背弃一定深深刺痛了她。"他对生活与人群的热切渴望有时会让我害怕,"1899年时她曾对戈尔说过,"他不会成为一个牧师,这是肯定的。"[20]

"不懂语言就没有深入!"

马林诺夫斯基声称自己所拥有的"语言方面实用的天赋"实在是超乎寻常,即便是对一个波兰人来说。塞利格曼后来曾对这样的非凡天才是否有解剖学上的基础倍感好奇("你的左颞脑回是否真有什么肉眼可见的不同?")。[21] 关于康拉德曾有这样的说法,即自幼就面对母语波兰语、在家中学会的法语,以及占领者带来的俄语和德语,以至于"陷入纷繁的语言转换之中",而且正是"这样的跨语言滋养",为其日后在使用英语的过程中创造独特的抑扬顿挫及节奏打下了绝佳的基础。由于还有童年时波兰乡村方言的经验,对于马林诺夫斯基来说情况就更是如此。[22]

从童年起,他就说波兰语、法语和德语,后来又学会了意大利语、西班牙语和英语。在早年的旅行中,他或许在阿尔及利亚和突尼斯提高了法语水平。他在康斯坦丁堡的时候是否也曾试过学一点阿拉伯语或土耳其语?或是在伊斯的利亚或达尔马提亚练习过一下意大利语?他是否又为斯洛文尼亚语或克罗地亚语下过一番工夫?他在第一次游历地中海的时候研究了古希腊经典——阅读了荷马、贺拉斯、修昔底德和塔西佗的著作。除去所有这些古老或现代的语言,还有他在博尼斯的小村庄和塔特拉的牧场里学到的各种方言。不过,除了例数自己所掌握的语言种类,马林诺夫斯基并没有给出学习过程的线索。他在母亲膝前学会了波兰语和法语,在克拉科夫的学校里学会了德语,又在华沙的街头浅浅地学了些俄语。[23] 但是作为他日后最重要语言的英语,他是(至少开始的时候)通过那些女性朋友之口学习的。根据雷蒙德·弗思的说法,马林诺夫斯基学习欧洲语言的诀窍就是买上一大堆小说并依靠最少的语法或字典参考去读完它们。[24]

语言习得后来成为他民族志方法的核心工具。"田野研究的成功有四分之三需要依赖对语言的正确态度与学习",他在 1932 年时曾如此教导其学生。[25] 语言能力也成为他所取得的人类学成就的关键。"不懂语言就没法深入!"他在一本未写就的教材笔记中如此声言。他在博尼斯和塔特拉的小玩伴们,都是农民和格拉尔高地人的孩子。通过他们的眼睛,他能看到他们对自己所属的城市生活的好奇。另一段对童年记忆的描述,特别提到了这些有助于比较语言学研究的童年经验:

> 我很小的时候就发现有些事物无法用格拉尔方言表达。他们没有用来表达优雅举止、抽象概念和老练世故的词汇;粗鲁、截断的语法不适用于清晰与有说服力的推理。而另一方面,这种方言又有强烈的、直接的表达方式,最适合用来咒骂或是表达其生活的粗鄙。[26]

马林诺夫斯基日后还为自己能够用不同的语言生动地且不输气势地骂人而得到一种调皮的骄傲感。[27]

马林诺夫斯基所说的自己幼年时的"双重生活",应该至少有一部分指的是自己在语言转换上的经历。他出众的能力让他可以自信地掌握方言;他积极地在互动对话中学习当地的惯用语,直到说出来的话好似出自一个当地人之口。1935 年,在伦敦的一堂名为"语言与思维过程"的课上,他解释道:

> 在学习特罗布里恩德语的时候,我发现自己就像一个婴儿一样习得这门语言;我先学了几个词,然后就开始扩充。我并没有用那种被归纳为"语言表达思维过程"的专业方法。我无法进入当地人的思维过程。我必须学习在个人和社会交往过程中像当地人那样行为处事。通过这种方法我知道了他们如何思考,如何幻想。我学习语言的实用方法即生活,而非仅仅依靠了解其内容。[28]

尽管描述得过于简单化,但这里有一个概念,即像孩子一样学习语言的确是通过模仿和实际的互动;人们通过将其当成思维模式和生活方式来学习掌握语言。

这堂课上马林诺夫斯基对其学习方法的总结称:"我们不能超出其特定的社会与文化环境来谈论词语的意思及象征含义。"尽管这一句总结看似应该归功于和马林诺夫斯基同时代的英籍维也纳学者维特根斯坦的研究,但事实并非如此(马林诺夫斯基可能根本就不知道此人,也几乎可以肯定没有读过他的著作)。

向往亚得里亚海

马林诺夫斯基只是偶尔在自传性的笔记里或是日记和书信里提到过自己少年时代的那些旅行。但是在他留下的文稿中唯独有一个例外。时过境迁约莫十二年之后,他在1913年2月又详尽生动地回忆起当年的达尔马提亚海滨与威尼斯之行。这是一篇散文,以给阿涅拉·扎戈尔斯卡(Aniela Zagórska)书信的形式写出。阿涅拉是他在扎科帕奈的一位好友,比他大三岁,曾教过他一些英文。康拉德是阿涅拉父亲一方的远房表亲。1914年7月康拉德一家不合时宜的扎科帕奈之行期间就是和阿涅拉与母亲住在一起的(卡罗尔·扎戈尔斯基1899年就去世了)。他将扎戈尔斯基家的女人们看成他在波兰在世的亲戚中最亲近的。1920年代,阿涅拉还将他的几部小说翻译成了波兰语。

他在1913年1月从波兰到达伦敦之后就决定给阿涅拉写这篇书信式的散文。让故事线索更为复杂的是,他当时刚刚结束与阿涅拉的妹妹卡罗拉(Karola)的一段短暂而不完满的感情。那时他应该已经知道扎戈尔斯卡姐妹和康拉德的亲戚关系,不过他似乎还没有见过这位著名的小说家(阿涅拉其实也还没有见过他)。那一年晚些时候他终于见到了康拉德,不过介绍他们认识的是另一个女人,即我们在出版的日记中所知道的那位"托斯卡"。因此,作为马林诺夫斯基和康拉德之间关系中介的,至少在最初阶段,有三个年轻的波兰女人。

马林诺夫斯基这封未完成而且据推断也未寄出的书信,应该是为了回应阿涅拉问他为何先去伦敦的问题所写的。[29] 不过,在书信的结尾部分他开始离题,回忆起自己在地中海和意大利的遭遇。写作带有自觉的文学性——是一个

马林诺夫斯基

一位人类学家的奥德赛,1884—1920

二十九岁的青年对十七岁的自己的经历的回顾。他所提到的那个秋天只有可能是 1901 年秋天,那时他刚从眼疾中逐渐恢复过来。作为一个回忆,他的文字有着深深的怀旧和浪漫情调。这在某种程度上是对地中海古韵的一种沉思。在作者看来,这一古韵已随时光流逝而渐失,就像梦境一样稍纵即逝。

> 我仍然记得第一次游历地中海时那种难以名状的印象。在一个精致绝佳的海湾中,我坐在海滩上,读着《奥德赛》,希腊文版,为 Matura 考试做着准备。石松树丛和成排的芦荟与树状欧石楠之中没有人来打搅这秋日的美丽与孤独……当我觉得身体好些的时候,就会和母亲一道进城去陆欣皮科洛[现在的克罗地亚洛希尼岛]……我记得在一个月夜,我很晚才到海边,那时已经日落。小镇空空的,像死去了一样;暖暖的软风中,有着深色帆的三桅帆船在水面上飘荡着;空气中闻得到一股炸橄榄油的香味;意大利人快速、有趣、常用圆唇音的说话声隐约耳畔;远处听得见有人在唱歌:"Ninetta mia, Son'barcarola–Sono del'arte e Sono gentile–Nell' mia barca se vuoi venire–Sull'alto mare andaremo…"① 当时的情景仿佛就在眼前,还有那气味,以及那歌曲的旋律——这一切即使在今天都还能唤起当时的感觉:一种不知不觉的,对已被自己理想化了的意大利的事物的执著追寻,这随后被现实所摧毁……当时我深为荷马的《奥德赛》中的诗意之美所折服。希腊诗文格律的音韵,我只能理解一半——或者对我来说是一种全然陌生的语言——因此以一种可塑性奇强的方式导致了印象与感觉的富于活力的汇聚。如果诗歌是以人们不太熟悉的语言写成,人们就需要通过感觉,而非理解字面意思去欣赏它;由于这种语言也没有被尘俗常事所污染,因此这样的诗歌就会具有一种独有的魔力。这就好像某种语言全由专有名词构成,每个名词又各自意指许

---

① 歌词的大意是:"我的妮涅塔(女子名)啊,我是一个威尼斯船夫,既有文艺气质又善良热情,如果你愿意坐上我的小船,让我们一起划向海的那边……"——译注

多种心境状态。[30] 当然，由人们母语所写成的诗歌可以被完全、正确地理解，但上述那种别样的诗歌却也有它自身的价值。对我来说，《奥德赛》里的一些词语深深地吸引了我，它们似乎被具象化了，就好像那时从本源中生发并淹没我的生命之波突然间凝固结晶了一样。除了语言和音韵，我还为在我眼前徐徐展开的画面所着迷，被神圣漂流者的探险经历，尤其是探险的场景——大海所吸引。在一种难以名状的向往驱动下，我让我的思绪与眼界穿过海湾狭长的出口，到达那广袤的、有着紫罗兰般颜色的大海之上；我滑翔过宽阔的、平静的水面，向更远处，一路飞向意大利海滨，环绕意大利一周，然后再朝着希神波吕斐摩斯居住的西西里岛的方向进发；然后再更远地，朝着相反的方向，到达奥德修斯漂流探险的起始之地，再去到那些食忘忧树之人居住的埃及海滨……我简直不愿意相信，在我现在坐着的这里，漫过我脚的这水就是远远地消失于传奇迷雾之中的大海的一部分，它最终变成了神话，几乎超出了想象的疆界。后来，在西加尔住了几个星期之后，我登船南行，寻找我脑海中那些淡淡的想象之地——这是一场徒劳！……我清楚地记得船在靠近拉古萨[现为杜布罗夫尼克]我醒来时的感觉……我第一次清楚地感受到我正在壮丽的地中海盆地的水域之上，这个地方孕育了整个古代世界的文化，而也是在这样一个阳光明媚之晨，古罗马的三层桨船曾沿着波光粼粼的海岸航行。我们随后沿着达尔马提亚海岸旅行，下船游历了中途所有的主要港口城市。这次旅行给我留下很深的印象，或许正是因为我为之在心中酝酿准备了很久。在一种长时间的渴望和发自内心的凝固的执著之中，一些本来虚无缥缈但魔力无边地照耀并兆示着后世生活之物才能自由生发。第一个港口扎拉[现为扎达尔]激起了我的兴趣，这是我所见的意大利小城的最初的典范。我看到幽暗、狭窄的背巷，其上人们悄然往来，就像走在铺石走廊上一般；我看到如画般隐藏于房屋之间的小教堂；我还看到这里的生活——曾无数次与"意大利"这个神奇名字联系在一起的无形的、模糊的、零碎的思绪与梦想，都在此时具象成为一种带着脏脏的、行乞的流浪者般调调的现实图景！

在这篇散文中，马林诺夫斯基发现了一种唤起记忆的行记文体，在这种具有明显的现代主义风格的写作手法中，地点的描写与心境相互融合在一起。不同的地点被内省与想象的线索贯穿起来。（后来，他在新几内亚的日记中写道："我融化在了景观之中。"）这种写作方式通过不加分段与念咒般的重复语句，形成了一种如梦幻般的、意识流的风格。"梦"与"做梦"的字眼在每页上都会出现。记忆延绵不断地从亚得里亚海滨飘向威尼斯的运河。

在这样一节的内容中我们可以窥见马林诺夫斯基浪漫想象的一些转变：现实所无法赋予的幸福的承诺；对思维幻影的徒劳的追寻；语言能呈现胜景的魔力——即使在不能被全然理解的时候；可以融入奥德修斯所航行过的传奇之海的这片当下实实在在的海。总之，他是在描写他梦想中的亚得里亚海，那是一个终将被现实的经验所背叛的由语言与想象所构造出来的浪漫创造物。

巧的是，他正是坐在荷马所描述的葡萄酒般深色的大海之滨读这部《奥德赛》，这段文字暗示地中海之旅的一路上盲诗人荷马都陪伴着他（由他母亲帮他阅读）。人们或许会好奇：将爱琴海的经历悄悄地移植到所罗门群岛海域的《西太平洋上的航海者》的书名，对他个人来说是否就是为了纪念这一段和母亲一起经历的古典世界的发现之旅。

说到这里，让我们来看看年轻时的康拉德是如何向往地中海的。他曾在1906年如此写道："我仍然渴望展开我这无名的奥德赛之旅，对于一个现代人来说，那些奇幻与探险都应该在直布罗陀海峡以外的天地展开。"[31] 康拉德这段年少时的梦想被他后辈的马林诺夫斯基再次经历。后者在西加尔海湾的沉思与康拉德在《大海如镜》中的自述惊人的相似："地中海的魅力深植于我年少时难以忘却的向往，直到此时此刻，这片罗马人曾经无可置疑地统治过的大海，仍然为我保留了那份青春浪漫的迷人情怀。"[32]

尽管马林诺夫斯基在写作这篇散文的时候还未曾见过康拉德，但他极有可能已对这位同样浪迹异乡的同胞有了些许模糊的了解——或许是因为康拉德的表妹卡罗拉给他带来的那些苦恼。但无论是有心还是无意,在他的散文中都能看到一些康拉德的影子。这或许是多重翻译造成的异乎寻常的结果,因为在读过康拉德带有波兰语味道的英文之后马林诺夫斯基用波兰语写成的文章,又被翻译成了我们现在所读到的英文版本。尽管马林诺夫斯基未经编辑的手稿有可能是第二草稿,但它并没有为了出版的要求去做最后的打磨润色。因此,用它来与康拉德的"印象主义"进行风格上的比较必会显得有失公允。它的句子结构与康拉德的相比更加简单与不加修饰;但是马林诺夫斯基写作中时而激烈、时而模糊的心理洞察、他对遣词造句的审美关注,以及他对长句子的偏好,都一再显示出来自康拉德的文学影响。

从后门进入威尼斯

康拉德如梦般的火车旅程从克拉科夫开始,维也纳快车将他带到了马赛;而马林诺夫斯基1902年仲夏之旅的目的地则是威尼斯。圣马可广场的宏伟景观使得这座"不可思议的"岛上之城应该只从海上的水路登临——托马斯·曼笔下的主人公阿申巴赫曾如此说道;"通过车站抵达威尼斯简直像从后门进入一座宫殿一样。"[33] 和许多其他的游客一样,马林诺夫斯基第一眼就被这座浮于水上的石头城给震住了,威尼斯就像梦境一样在他眼前展开。

  人的模糊而散漫的思绪如此化身为石,融入一个梦幻之地的生活整体,这对我来说构成了旅行的最大魅力之一。这样的印象总是不期而至,让旅程变得美妙无比;就如同在生活中被创造的爱一样,我们虽然渴望,但又几乎不敢去相信。有时这种梦想化为现实的过程来得太过突然,太过出乎意料,接踵而至的令人兴奋的创造力之美又如此强有力,让一颗在琐碎尘嚣中埋藏已久的倦怠之心被激起涟漪,以至于这一切就像是一个梦幻变成了现实;它拥有梦的神秘魅力,但同时也拥有满溢着生活气息的意识强度。

又是伴随着"梦幻"一词如念咒般地反复出现，这一段文字也带有康拉德式的暧昧，这种暧昧是一种难以定义的矜持之物，处于意识边缘。不过突然间，马林诺夫斯基文锋急转，对令人疲惫不堪的火车旅行以及从"后门"进入威尼斯这座宏伟宫殿的经历进行了更为写实的、准民族志式的观察描述：

> 在干燥闷热的9月到访维也纳已经够让人疲惫了，妈妈和我在步行游览了波斯多瓦那[斯洛文尼亚境内]的钟乳石溶洞之后登上了去威尼斯的火车……我陷入了一种精疲力竭与紧张兴奋交加的状态之中；车轮撞击铁轨的单调声响、浑浊摇曳的灯光、嘈杂环境中不得不抬高的嘶哑嗓音，以及三等车厢脏兮兮的黄色内装修——这些都是众所周知的火车环境的外部特征……威尼斯火车站、搬运工、成堆的旅馆服务员，都加强了我首次登上这座环礁湖之城时所感受到的那种索然无味。人们从火车站出来就可以径直进入大运河。我突然就被这清澈月夜的宁静所打动。在银色与蓝色交融的夜光之下，灯笼黄光的倒影在轻波粼粼的水面上荡漾开来。水波轻拍着石头的台阶，好像发出一种让我感觉陌生的低语，瞬即便向我讲述了不少威尼斯最深的神韵——有浸没在绿水中的白色大理石，还有反射着宫殿哥特式花格窗饰的环礁湖水波；而在更远处，还有波浪环绕的小渔村、沙滩和泥沙海岸。我们登上一条凤尾船，它载着我们在运河的那些狭窄支流里游弋一会儿，时不时地又会再驶入大运河的河道里。一些我熟悉的建筑如梦幻般走出夜的阴影，出现在我的面前；听到它们的名字，我不禁因一种奇异的喜悦而颤抖，就像自己正在经历一种伟大时刻的降临，就像这些伟大的建筑仅仅只在此时此刻才成为真实……我的兴奋之情简直溢于言表。史卡齐教堂、文德拉明卡莱尔吉宫、福斯卡里宫——那一夜听到的这些名字，我到今天都还记得。

马林诺夫斯基带有内省色彩的行记到这里就戛然而止了。

在和母亲一起旅行的那些岁月中，他实现了一些梦想，也将自己的想象力从克拉科夫的闭锁生活中解放了出来。约瑟法似乎是有意通过这种方式让儿子开阔了眼界。他们一道经历的这些旅行,成为他所受教育的一种延伸,并有助于打下"他四海为家的性格的基础";不过,这些旅行也成为他日渐远离波兰的过程的一部分。他后来说过,大约从十六岁的时候,"他就开始'离开'波兰,切断了与自己祖国的联系"。[34] 作为一个过着流浪吉普赛人式生活的波兰人,他之后的一生都对旅行生活抱持着一种热切而矛盾的心情。

第四章

必不可少的友谊

概况

马林诺夫斯基参加了索别斯基中学的全科毕业考试并于 1902 年 5 月 30 日以优异的成绩获颁 Matura 证书。接下来那个夏天的大部分时间,他都是和母亲及她的家庭在雅尼斯佐夫的庄园度过的,并在那里参加了他最喜欢的表亲吉妮娅的婚礼。母子二人随后回到了特兰钦的硫黄温泉,9 月间又去了威尼斯和加尔达湖。[1]10 月 6 日,他进入了雅盖隆大学。

搬离马里瑞涅克的公寓后,马林诺夫斯基和母亲先后住过克拉科夫市中心的几处公寓。为了节约使用她的遗孀津贴,约瑟法还会时不时让儿子的朋友们租住在家里,其中之一就是约瑟夫·李特威尼申(马林诺夫斯基那些寄自异域的明信片的收件人)。约瑟夫回忆说,约瑟法简直成了他的代理妈妈。另一个常来寄宿的是斯塔斯,马林诺夫斯基最要好的朋友。不过,此外还有一个寄宿者,是布罗尼奥和斯塔斯从小一起玩大的伙伴瓦蒂斯瓦夫·马特拉科夫斯基。他是吕锡安外科医生兼民族志学者同事的儿子,后来还出版了一部回忆录,书中有马林诺夫斯基 1905 年前后家庭生活的近距离描写。他们合住的这座公寓位于拉德齐维沃夫斯卡大街的火车站附近:"我们在二楼上的两间房属于车站的附属建筑,一部分毗连着铁路,以至于每天早晨我们都会被 7:30 经过的克拉

第四章
必不可少的友谊

科夫至里沃夫快车的鸣钟吵醒。"[2]

和其他年轻人一样,马特拉科夫斯基也被女房东的魅力所吸引,这种吸引力远远超过她的儿子:

> 马林诺夫斯卡夫人……太让人喜爱了,她虽上了年纪但风韵犹存;她的椭圆脸和嘴唇的轮廓尤其迷人。布罗涅克长得像他的母亲但是缺少她的那种和善,他突出的下巴显示着一种强硬的性格,甚至是冷酷……她说起话来慢悠悠的,声音悦耳,吐字清晰。布罗涅克则正好相反,说起话来就像从紧咬的牙缝中好不容易漏出字来一样。

马特拉科夫斯基回忆了马林诺夫斯基为了缓解眼疾带来的压力如何"发展出一种奇异的学习方法":

> 他会在床上保持一种半躺的姿势,头上盖着毯子;大学同学希波钦斯基把学习内容读给他听。布罗涅克时不时会把头上的毯子掀开来看一下数学公式,然后又恢复之前的姿势。他也会常常生气地喊道:"好好读!重读一遍!给我看!"接着便会从毯子下探出头。能用这种方式学数学也真够考验他的天赋的。

而且人们会猜想,给他朗读的这位一定有超乎寻常的耐心。尽管马林诺夫斯基颐指气使,希波钦斯基仍然对他"崇拜得五体投地"。希波钦斯基的朗读可以得到饭食作为回报。"布罗涅克其实是个体面守礼的家伙,不过他老想装出愤世嫉俗和难搞的样子。此外,他也很自负。他对待我们态度友好,但却总是有些高高在上;他只把斯塔斯当成能和自己比肩的伙伴。"

这些坦率直白的回忆描述,与马林诺夫斯基的一些长辈们的观察不谋而合。斯塔斯父亲给这两个年轻人照的那些照片,揭示了他对这两个人的看法。其中一张 1902 年拍摄于扎科帕奈的照片显露出二人之间坚不可摧的兄弟情谊。照片上两个人一本正经地在室外摆出相同的姿势,穿着相似的深色制服上衣与裤子。两个人都面无笑容地看着照相机的方向,头微微偏左,手插在制服短上衣的口袋里。马林诺夫斯基宽阔的额头以上是浓密的头发,还戴着黑框眼镜。人们可以看到希波钦斯基所描写的那种"愤世嫉俗和难搞",如果不是那般年轻的话,这神态还真会显得有些凶恶。斯塔斯的脸轮廓分明,苍白中带着英俊。[3]如果这张照片表现了他们并无二致的严肃——它也透露出了他们的精英气质——其他一些照片则记录了他们玩闹戏谑的一面。斯塔斯的父亲在 1902 年冬天为他俩在森林边照了一张照片。斯塔斯在雪地里像佛一般坐着,正要被一个拿着尖头棍的大胡子男人攻击。(斯塔斯多年后会因为这样一些戏剧化的滑稽行径而闻名。)马林诺夫斯基则戴着一顶拉得低低的帽子,对着照相机咧嘴而笑。尽管照片上的马林诺夫斯基不在中心的戏剧举动范围内,但他似乎和斯塔斯穿戴着相同式样的帽子和夹克,也同样留着带着稚气的小胡子。在这两张照片中,严肃和轻浮形成鲜明对照,微妙地展示了两个年轻人的互补,展示了他们在相同之中的差异。两个人如亲兄弟般,几乎一个模样,但拍照者仍然捕捉到了两个人在举止风貌上的差别。

互补是这"两个任性与苛刻脾气"之间著名友谊的关键。[4]它充满矛盾,在不和中却又饱含深情。两个人仅仅相差一岁,都具有敏捷与探求的思维天赋,他们之间存在着一种类似兄弟间竞争的倾向。尽管 1914 年 10 月马林诺夫斯基公开宣称了这段友情的终结,但他仍然不无沮丧地称这是他"最必不可少的友谊"。他打了一个形象的数学比喻,称这个朋友"不仅仅是数量上的增加,他是一个系数,一个可以让个体值乘方增大的系数。"[5]又过了很久,在得知斯塔斯死讯的悲痛之中,马林诺夫斯基写道:"真的,他是我此生遇到过的、自始至终都深知是个天才的唯一的男人。"[6]

父亲般的天才

斯塔斯·维特邱维奇 1885 年 2 月 24 日出生于华沙一个波兰-立陶宛血统的名门(维特邱维奇氏和两次世界大战之间的波兰独裁总统约瑟夫·毕苏斯基

有亲戚关系）。和马林诺夫斯基一样，斯塔斯也是家中的独子。老斯丹尼斯瓦夫·维特邱维奇（1851—1915）是一个名声显赫的批评家、风景画家及民俗研究者，他的建筑设计风格广受欢迎，被称为"扎科帕奈风格"。这个留着漂亮胡须的男人有着讨人喜欢的个人魅力，此外他还有那么一些"民族贤达"的调调，宣扬"通过回归波兰民族艺术与工艺来实现创造性更新的爱国理念"。[7]斯塔斯的母亲玛丽亚（Maria）是一个音乐教师，毕业于华沙音乐学院。维特邱维奇是个反圣像崇拜者兼浪漫派个人主义者，他认为应该允许自己的儿子自由发展其个人性格与天赋，而不应该受到传统学校教育的限制与规训。

1890年，正是吕锡安在扎科帕奈买地的同年，维特邱维奇一家也搬到了当地，目的是为了让这位身患肺结核病的父亲得到疗养。这座疗养胜地坐落于塔特拉山脉风景秀丽的山脚，被人们称为波兰的夏日之都，而且随着1899年连接华沙的铁路开通，交通也越来越方便了。艺术家、作家、音乐家和其他一些知识界人士居住于此。按照马林诺夫斯基所崇拜的斯丹尼斯瓦夫之子卡罗尔·艾斯特莱歇尔（Karol Estreicher）的说法，"维特邱维奇一家周围汇聚了当时的精英：最杰出的智者、艺术家、科学家和贵族。"[8]作为1890年代扎科帕奈的常住者，马林诺夫斯基一家应该也在这些精英之列，年少的布罗尼奥也应是维特邱维奇一家在克鲁珀夫基租住的耶德杰奇·斯利马克的小别墅里的常客。像马林诺夫斯基一样，斯塔斯同年也接触到了当地高地人的"民间生活"。一位名叫思巴瓦（Jan Krezeptowski Sabała）的格拉尔诗人成为维特邱维奇一家的好友，同时也是斯塔斯的教父。思巴瓦被人们传奇地称作"扎科帕奈的荷马"、"猎熊者、塔特拉森林的云游者、有时还是劫匪的同党"。[9]斯塔斯的教母是美籍波兰女演员海伦娜·莫杰斯卡（Helena Modjeska），她被誉为"两个大陆上的明星"，也是斯塔斯父亲的老情人。

这个男孩具有"魔鬼般的天才"——无疑是个神童。当溺爱着他的父亲发现他"勤于作画"时，他还不满五岁。六岁时他母亲就开始教他弹钢琴，他很快就能即兴弹奏并作曲了。[10]七岁时他开始学习天文与自然史，并且搞起了他自己的小小"塔特拉博物馆"，收集昆虫与岩石。按照马特拉科夫斯基的说法，

马林诺夫斯基
一位人类学家的奥德赛，1884—1920

斯塔斯无师自通地学会了阅读与写作，甚至开始阅读莎士比亚的剧作，书是马特拉科夫斯基一位当时从事《哈姆雷特》翻译工作的长辈借给他的。[11]斯塔斯年满八岁之前就已不仅发现了戏剧的魅力，而且写了（并由他自己的手印出版社出版了）十几部短剧，剧名如《蟑螂》、《家庭生活的喜剧》、《关于恶臭的争吵》。在这些尚属幼稚的戏剧作品中，丹尼尔·杰劳尔德（Daniel Gerould）发现了一系列斯塔斯后来作为一个成熟剧作家所运用的技巧（那时他已是著名的"维特卡西"了）："不断升级的行动最终以暴力形式突然爆发；令人难以预料的结局；对名字、外语词组及充满细节的舞台指示的喜剧化运用；生造词汇；充满突兀的插入语、情绪陡降和反高潮的即兴对话；作者自身及其个人经历的运用——以及他的文学知识——作为其戏剧的素材。"[12]马林诺夫斯基也被斯塔斯当成其思想的陪衬写入了后来的几部作品。

斯塔斯的父亲坚信学校教育因循守旧、令人窒息，因此他不会将自己宝贝天才儿子的教育责任托付给它们。虽然如此，到斯塔斯十二岁时，他几经犹豫还是将其送入里沃夫的中学。其他时候斯塔斯都是在家中接受私人家教。从1900年开始，斯塔斯在立陶宛度过了几个夏季，住在姑妈阿涅拉·亚罗夫威茨卡（Aniela Jałowiecka）的乡宅里。在那里，他尽情地以"立陶宛的多愁善感之湖"（用他自己的话说）为主题进行绘画。这些假期的经历给予斯塔斯一种成年的自立感，它们的作用就像马林诺夫斯基数年后那些漫长的海外旅行一样。在第一次他们还不太习惯的分离期间，这对父子开始了极其坦率的书信交流，这样的交流断断续续地一直延续到老维特邱维奇去世。[13]1902年斯塔斯展出了两幅立陶宛风景画，被评为扎科帕奈展览中最出色的作品。同年他还写了两篇短小的哲学论文：一篇关于二元论与自由意志，另一篇则关于叔本华。他这些早年习作几乎可以肯定是受到了和那些有哲学天赋的朋友们之间进行的讨论的启发，他们便是马林诺夫斯基和利昂·齐维斯泰克（Leon Chwistek）。

斯塔斯1903年参加了Matura考试。"我希望通过这个，"他在给姑妈阿涅拉的信中调皮地写道，"这样我就能在家里得到更多的尊重，更要紧的是，爸爸就不会克扣我的果酱了。"[14]不过父亲对此并不感冒："实际上也就是一个'成熟的证书'(Certificate of Maturity)！我从来没有得到过这个证书，所以我还不成熟。"[15] 几个星期后他给儿子写信：

> 一个人的目标应该超越人生中的这些"收费关卡"：……在思维上，达致无限的状态；在社会观念上，达致无限之爱的极限之地。不要让阶层的限制束缚你，不要有专业上的偏见，也不要有狭隘的个人主义和阶级上的自我中心主义。你所能接受的社会制度，应该超越今天的社会主义者们的梦想……生活在未来。一定要站得最高，这样你才可以看得最远，并要准备好思想与行动的翅膀，飞跃这些极限……在生活中要向善、聪明、有同情心、宽宏大量和大方豪爽。我亲爱的孩子，还要快乐。[16]

这是能与波洛尼厄斯（和尼采）相配的崇高情操与道德训诫，然而同时表达的还有慈爱的关怀和激昂的理想主义。（吕锡安是否也曾用这种方式教导过他的儿子？）不过，老维特邱维奇这种宽容与道德劝诫相结合的教育却是事与愿违，斯塔斯最终反叛了。不断地被敦促塑造自我，斯塔斯用伪装与策略加以应对。他的儿时玩伴、小说家之女玛丽亚·希恩邱维奇（Maria Sienkiewicz）还记得他如何"总是扮演这个或那个角色。他从来不是他自己……而且他对父亲格外地不好……斯塔斯长大后自己曾说过，他因为父亲从来没有打过他而心生责怪。"[17]

马林诺夫斯基和斯塔斯不仅是极其要好的朋友，他们还保持通信，尽管布罗尼奥写给斯塔斯的信要少些。斯塔斯现存的第一封信保留在其立陶宛的姑妈家，写于 1903 年 9 月 10—15 日之间——就在收到他父亲充满说教的信件之后的几周内。父亲信中儿子的理想化形象与儿子"邪恶"的自我形象形成了鲜明对比。斯塔斯信中的第一部分就详细地述说了自己疯狂的旅行计划："我冬天会去克拉科夫，不去卡塔尼亚（西西里）。我们可以看看待在一起怎么样。或许这有些冒昧（就像帕特里科维奇王子会说的那样）。"这只是让斯塔斯的书信

马林诺夫斯基

一位人类学家的奥德赛，1884—1920

生动起来的许多想象出来的名字和身份之一，马林诺夫斯基或许也是以同样的方式回信。斯塔斯的热情、奔放和带着粗野的轻浮（"我的色情狂热此时还在休眠"）也将成为他小说和戏剧的特征。"给我写封长信吧"，他这样催促马林诺夫斯基：

> 不要顾及风格，就挖掘一下你的内心自我吧。你这种漫谈的特长对我来说就是极端快乐的源泉。别捏造些什么关于我"野蛮行径"的理论。至少你，在我所有的朋友中，别干这种无聊事。有件往事一定会让你脸红：有一次你让我注意艾娃小姐嘴角上的炒蛋，你从黑框眼镜后面望向我的那种幼稚、好奇的眼神，让我每每想起就会笑得前仰后合。[18]

除了那些不需言语表达的玩笑，他们显然也习惯于分享彼此最隐秘的思想。挖掘内心自我是这两个年轻人如此常做的事情（对斯塔斯来说，这来自于被父亲看成发现自我"灵魂"方式的道德鼓舞），以至于内省式的沉思成了他俩终生的习惯。

自己儿子和布罗尼奥之间友谊中的某些东西引起了老维特邱维奇的不安。早在1900年他就在一封信中把马林诺夫斯基比作"道格拉斯爵士"（奥斯卡·王尔德的"报应"，昆斯伯里第九任侯爵的儿子）。[19]尽管他无疑是跟着斯塔斯用了这个绰号，但这很难不让人推测出老维特邱维奇怀疑自己的儿子和马林诺夫斯基正在危险地尝试一种（用阿尔弗莱德·道格拉斯爵士著名的说法）"不敢宣之于口的爱"。在1900—1912年的多封书信中，这位父亲都暗指了他的忧虑，尽管他竭力保持了一种安抚的语调。"我对布罗尼奥怀有同情，每次你在信里说他好的时候，我都很高兴"，他在1905年的信中这样写道。不过他也加上了一个轻微的警告："和你一样，他 [马林诺夫斯基] 也处在自我塑造的过程中，也可能正处于某些阶段，这些阶段或许会让人担心他是否对你来说就是最好的伙伴。"[20]尽管斯塔斯已不想听这些建议，但他也还是想摆出调和的姿态。在那年7月的一封信中，他问了父亲关于"布罗尼奥的问题"的意见。得

到的答复模棱两可:

> 严格说来,我对他只有肤浅的了解。我了解的是他思维的外在形式,这种思维形式容易以一种非常灵活的辩证方法将他引向不同的主题。他给人的印象是他的思维和语言可以独立于外在与内在情绪的影响……这只是外在的表现。此外我还知道他写过一些玩世不恭的信件。这种玩世不恭对于布罗尼奥这样的人来说,只可能是一种纯粹的辩证对立的表达,而且会成为他人生中的障碍。[21]

他的意思并不全然清楚(一些翻译者对这段文字都感到束手无策),不过他似乎在评价马林诺夫斯基思维灵活多变的同时也批评了他的淡漠和玩世不恭。这一评价从狭义上看确是体察入微:马林诺夫斯基事实上是自我分裂,其思想肯定常常看起来是独立于其感觉而运作的。老维特邱维奇的观点在某种程度上与卡罗尔·艾斯特莱歇尔的看法相一致。马林诺夫斯基是"一个用功的男孩,没有想象的天赋。他善于学习但却迟疑于暴露自己的意图……他不言其所想;他矜持少语,以便日后能残忍地否认任何责任。"[22] 这又是对其"深藏不露"的性格,甚至是"双重性"的指责。不过说马林诺夫斯基"没有想象的天赋"仍是一个让人感觉奇怪的观察结论,几乎没有人附和这个评价。艾斯特莱歇尔这里所用的衡量标准,或许是斯塔斯那毫无拘束的惊人的想象力。至于马林诺夫斯基的"玩世不恭",在他日后的同事伙伴中也没有明显的表现(其日记中也没有这方面的证据),所以这很有可能只是一种随着年龄增长日益褪去的青年时期的行为方式("一种纯粹的辩证对立的表达")。不过奇怪的是,就在他们的友谊经历最大的危机悬于一线的时候,斯塔斯却在信中这样斥责马林诺夫斯基:

> 你真是个可怕的说谎者,竟然说是我教会了你玩世不恭。恰恰是你教我用玩世不恭的态度去对待包括自己在内的一切事情。想想吧!好一种轻省的态度:你全然不相信任何高尚的念头,你那冷漠嘲讽的笑容,还有你对自私与卑鄙的深层人类动机的坚信不疑。如果一个人想要这样看待生活,那是再简单不过了。花朵盛开在泥沼中。人们尽

可以远远地观赏它们,而不用把鼻子凑到泥巴里。[23]

就在收到这封让他痛苦不已的书信的前几个月,马林诺夫斯基已经在日记里对他的朋友下了结论:"我尊敬他的艺术,仰慕他的睿智,崇拜他的独特,但却无法忍受他的性格。"[24]

一个更年长些的同代人,评论家兼诗人博伊-泽冷斯基(Tadeusz Boy-Zeleński)在1921年对斯塔斯的性格做了一个独立的评价:

> 维特邱维奇是一个天生的、深入骨髓的艺术家;他靠艺术而生,也为艺术而生。他与艺术的关系也充满戏剧性;有些经历痛苦的灵魂在艺术中所要寻找的答案并非关乎成功而是关乎自我存在的问题,他便是其中的一员。[25]

斯塔斯对艺术的执著最终在马林诺夫斯基身上催生了一种反感乃至疏远的情绪,后者将转而在科学中寻找其自我存在问题的答案。

扎科帕奈的查拉图斯特拉

由于知识分子们大规模地进驻,扎科帕奈呈现出克拉科夫充满活力的现代主义潮流。文化上的自负此时就像山上的空气一样变得稀薄起来。在这个纵情作乐的"扎科帕奈的美丽时代",知识界人士们把追求当地的高地人当成一种民间工艺对艺术的滋养。在克拉科夫,知识分子和农民之间的这种调情在一些艺术家和作家与农妇的联姻中达到极致。老维特邱维奇本人也正是新浪漫主义的"年轻波兰"运动在这方面的典范。在这一运动中,波兰民间文化被尊为民族文化的真正源泉。他期望自己的儿子能回归田园生活:"你能在塔特拉山区生活就是我的梦想。不是去当一个旅游者,而是一个爬山的中产阶级——我希望你在那儿生活并且描绘它,不是要描绘那些前景与背景,而是要抓住它们和你自己所想表达的东西。"[26] 斯塔斯后来确实是把一生的大部分时间都献给了"花

第四章
必不可少的友谊

岗石山岩倒映于湛蓝的湖水"、充满雄奇胜景的扎科帕奈。

尽管年轻时代的马林诺夫斯基和斯塔斯对彼此来说都是至关重要的朋友，但是他俩的友谊并不是完全排他的。事实上，他们的关系因为一个"第三方"而变得复杂而丰富：他就是扎科帕奈疗养院院长的儿子利昂·奇维斯泰克。利昂在进入索别斯基中学之前都是由自己身为艺术家的母亲在家中教育的。因为同岁，马林诺夫斯基和奇维斯泰克中学和大学都是一块儿上的，这使得比他们小一岁的斯塔斯有点被孤立。不过从另一方面讲，马林诺夫斯基又是被孤立的，因为奇维斯泰克也有艺术天赋而且渴望成为一个画家，尽管他后来的名气不及斯塔斯。此外还有一点，较低的出身也使奇维斯泰克成为"局外人"。不过，除了敏锐的才智，这三个伙伴还有许多共同点：对文学的爱好、对"奇幻主题"的沉迷、对哲学的热情。最终，这三个人的肖像都在去世后被印上了纪念邮票，证实了其享誉全国的地位。

他们之间三角关系的个人情感因素是复杂的。马林诺夫斯基似乎对奇维斯泰克不如对斯塔斯那么尊重，而且明显地认为前者浮夸自大（这或许是对斯塔斯给其带来的社会卑微感进行自我补偿的一种抵抗性策略）。在这三人之间家常便饭式的争论发生的时候，马林诺夫斯基也更倾向于和斯塔斯站在一边。根据奇维斯泰克1930年代的忆述，卡罗尔·艾斯特莱歇尔这样描述他们在扎科帕奈度过的青春期时代：

> 他们相互阅读彼此创作的戏剧和诗歌，还有模有样地写一些"科学论文"……这几个男孩子的文学想象力，不断地被一种带有象征意味的情欲所扰动和激发——那时象征主义正如日中天。对成功、权力、名望的梦想，跟男孩子们天真地与肉体上的荒唐玩闹混作一团的关于爱的幻想交织在一起。[27]

几句带有鲜明马林诺夫斯基风格的诗句被保留了下来，貌似描绘的就是奇维斯泰克，不过题目被一语双关地写成了"奇利斯泰克"（"厚颜无耻的家伙"）。从奇维斯泰克的肥胖体型判断，他无疑就是这首诗嘲笑的对象。诗中有如下的刻薄句子:"哦,你这个恶心的肉丸子 / 在宇宙未知的煎锅上呲呲地冒着油 / 你的肉被穿在一起…… / 就像一座永远沉睡的火山的岩浆。"[28]

奇维斯泰克最终成为著名的形式派画家及艺术理论家,此外还是数学家、逻辑学家与哲学家。作为一个逻辑学家,他获得了伯特兰·罗素的敬重,后者帮他在 1929 年获得了拉夫罗夫大学的教授职位。[29] 在此之前,他在母校索别斯基中学任教,其学生就包括菲利克斯·格罗斯。格罗斯最初正是通过奇维斯泰克知道了马林诺夫斯基其人。1930 年代,反法西斯的奇维斯泰克成为左翼激进派。他学习了俄语并在苏联度过了二战岁月,1944 年逝于莫斯科。

马林诺夫斯基和斯塔斯的另一位密友是塔德尤斯("塔奇奥")·钦别斯基(Tadeusz Szymberski),一位曾红极一时但如今已被遗忘的诗人兼剧作家。塔奇奥娶了(斯塔斯所憎恨的)女画家佐西娅,后来二人搬去了巴黎,马林诺夫斯基在两次大战之间的年月里曾常去拜访他们。这对夫妇生活清苦,佐西娅的精神状况也不稳定。据海伦娜回忆,塔奇奥是"波兰绅士的典范……睿智、高贵而英俊,白皙的面庞上常泛起可爱的笑容。他还有着一种孩子们都能马上感受到的喜感"[30]。马林诺夫斯基曾将《野蛮人的性生活》一书的波兰语版题献给他;菲利克斯·格罗斯也回忆,马林诺夫斯基在 1930 年代末曾经请求他联系雅盖隆大学校长艾斯特莱歇尔为塔奇奥提供资助。[31] 钦别斯基夫妇最后结局悲惨,在法国被德军占领之后,他们双双在维希附近的路边自杀。斯丹尼斯瓦夫·艾斯特莱歇尔自己后来也在回绝了盖世太保让其担任省长的邀请之后死在了萨克森豪森的集中营里。[32]

与马林诺夫斯基和斯塔斯一道在塔特拉山区中爬过山、滑过雪的另一个稍微年长一点的朋友是杰尔奇·祖瓦夫斯基(Jerzy Żuławski)。杰尔奇是一个现代派诗人兼剧作家,也是波兰科幻小说的开先河之人,其最为人知的作品是幻想发生于月之暗面的反乌托邦三部曲。1907 年他与马林诺夫斯基的另一个朋友卡奇米埃拉·汉尼卡(Kazimiera Hanicka)结婚。卡奇米埃拉后来回忆,为了让自己的意志与身体更加强健,羸弱的马林诺夫斯基常会去爬"危险的山岩与狭缝",而且还"勤练瑜伽"。[33] 祖瓦夫斯基夫妇生活富足,在扎科帕奈开了

第四章
必不可少的友谊

一家沙龙,后来在巴黎也开了一家。杰尔奇的弟弟西格蒙特当时也是这个扎科帕奈朋友圈子中时常加入的伙伴。西格蒙特是个狂热的社会主义者及学运参与者,后来成为商会主席和议会代表。再后来他成了纳粹占领时期波兰著名的地下运动领导人。

他们更年长的一个朋友叫塔迪尤兹·米欣斯基(Tadeusz Miciński),他是一位著名的象征派诗人、剧作家与小说家,曾被斯塔斯誉为"战前与战后时期波兰唯一的伟大诗人"[34]。米欣斯基发表于1910年的拜占庭小说《涅托塔》中的角色之一是一个文雅但"冷漠且睿智"的科学家,这一角色正刻画了充满抱负的年轻的马林诺夫斯基:

> 还有一位学者,克塞尔塞斯·亚克斯马爵士,二十二岁就发现了太阳黑子的构成成分,二十三岁就写出了一篇关于瓦维翁兹卡女爵士性退化的精彩论文,而现在在二十四岁的年纪他就在发现了暹罗墓葬之后载誉归来。[35]

在斯塔斯所绘的一幅让人印象极深的纪念肖像油画中,马林诺夫斯基俨然就是一个活生生的克塞尔塞斯,围着大大的彩色围巾,戴着大白手套。[36]

1904年斯塔斯结交了卡罗尔·西曼诺夫斯基(Karol Szymanowski),他是一位将塔特拉小调融入庄严乐队作品的音乐家,后来成为波兰20世纪最伟大的作曲家。同年,西曼诺夫斯基又介绍斯塔斯认识了来访的钢琴家阿图尔·鲁宾斯坦(Artur Rubinstein),斯塔斯当时想为他画一幅肖像[37]。马林诺夫斯基就此也认识了这两位音乐家,尽管他并不欣赏西曼诺夫斯基的音乐。

俄国1905—1907年的革命让新浪漫主义运动骤然降温(有人说"年轻的波兰在一夜之间变老"),至少在扎科帕奈的情况是如此。社会主义一时间风起云涌。与对此并不特别感兴趣的马林诺夫斯基和斯塔斯不同,齐维斯泰克无疑受到了费利克斯·齐尔钦斯基(Feliks Dzierzynski)的影响,后者是布尔什维克的领导人物,后来成为莫斯科从事暗杀的秘密警察组织"契卡"恶名昭著的头目。扎科帕奈开办了一所"人民大学",还成立了一个"工人旅行者协会"[38]。

几年后，马林诺夫斯基通过"最直接的来源"接触了革命教育。菲利克斯·格罗斯曾讲述诗人杨·卡斯普洛维茨（Jan Kasprowicz）如何邀请马林诺夫斯基与流亡居住在扎科帕奈附近普若宁村庄的一位"有趣"的俄国革命者茶聚。他叫弗拉基米尔·列宁。马林诺夫斯基当时犹豫去还是不去："听着，他们老是重复一样的故事，不断地向你灌输马克思的思想，他们是一群无趣的人。"但是在卡斯普洛维茨的坚持下，马林诺夫斯基还是和列宁进行了一次长谈，他后来发现对方"善解人意、和蔼可亲"。[39]

马林诺夫斯基的有些友谊也并非出自相互之间的吸引。他曾向艾尔茜讲述过自己是如何认识显克维奇的儿子的。

> （我们）在克拉科夫大学同坐一条长椅有两年时间，每天待在一起三个小时。他性格很好，非常有绅士风度，行为举止很有英国味，但是头脑却毫无活力，极其无趣。我和他的友谊是我思想成长史上最悲惨的一页，因为我仅仅是因为纯粹的势利才跟他腻在一块的。[40]

这一"势利"的起因是显克维奇在 1905 年获得了诺贝尔文学奖，他的获奖大大提升了克拉科夫和扎科帕奈在国际文学界的名声。但是显克维奇在波兰年青一代中并没有得到太大的尊重。马林诺夫斯基告诉艾尔茜，他就"属于波兰的那个圈子，他们不会提及显克维奇的名字，除非是在要辱骂或嘲笑他的时候"。[41]他所说的"那个圈子"，可能指的就是被文化史学家们称作"Młoda Polska"（青年波兰）的现代主义运动。

克拉科夫的"发情与堕落"

奇怪的是，作为一个其职业生涯大部分时间都在思考文化对个体思想形成所产生的影响的学者，马林诺夫斯基似乎忘记了在他任何一部作品（包括其自传性笔记与概述）中提及这场在其难忘的年轻时代激发了克拉科夫及其附近的扎科帕奈的文化运动。作为一个对其周遭社会环境高度敏感的观察者,马林诺夫斯基不可能不受"年轻波兰"知识分子的言行风貌及观点姿态的影响。在1902年他进大学之前,克拉科夫已然成为艺术与文学试验的温床。

仿效欧洲其他各国现代主义运动(如"年轻捷克"运动)而自我形成的"年轻波兰"运动,从1890年到1915年持续了整整二十五年。它缺少一种统一流派的一致性,而更多的是反对庸俗实证主义和前代阴暗现实主义的新浪漫主义艺术时尚与文学潮流的一种综合。这股潮流由法国象征主义、德国现代主义、泛欧世纪末颓废主义点燃,却随着大战的到来而瞬间熄灭。它的另外一些意识形态元素包括自然浪漫主义、色情主义、个人主义、尼采超人哲学及天才崇拜、人文主义及(一如既往的)波兰爱国主义。很显然,这些元素并非都能彼此相容。任何作为反动的文化运动,以及那些根据当地状况而发展了引进思想与潮流的文化运动,以及(尤其重要的是)任何构成一国思想界重要组成部分而且持续了整整一代的文化运动,都必然包含了种种矛盾。"年轻波兰"运动自然也不例外。[42]

有人曾不无轻蔑地嘲讽这一潮流就是:

> 堕落、多愁善感、悲观,还有长发、乱糟糟的胡须、披肩、宽檐帽,以及一脸轻蔑的苦相、目空一切与言行中的一种漠然。与这些相伴而来的是奇怪而做作的诗歌,以及虚浮过度的及常常是"下流的"绘画。[43]

克拉科夫的年轻人也穿上了其他欧洲城市在"世纪末"潮流中爱穿的波希米亚长装。老一辈自然被这种虚浮与作态弄得惊慌失措,尽管这很大程度上是出于一种"吓唬资产阶级"的期望。显克维奇即是其意欲震惊的阵营的一员,他们起来捍卫旧的价值观并攻击新文学为"发情与堕落"。[44]

尽管在1902年以前这一运动就已蔓延到华沙和其他波兰城市,作为"年轻波兰"运动的发源地,克拉科夫重新赢回了部分其作为这个想象国度的文化首都的古老威望。那段时期的历史记录中,在世纪之交发生于克拉科夫的几个突出事件，恰如其分地成为这一运动的缩影。它们包括一个颇具影响力的文学期刊的诞生、一个讽刺剧卡巴莱歌舞秀的开张，以及斯丹尼斯瓦夫·维斯皮安斯基（Stanisław Wyspiański）的舞台剧《婚礼》的上演。

1897年创刊的文学期刊《生活》（波兰语名"Zycie"），在其存在的短暂时间里成了"青年波兰"运动的战斗喉舌。《生活》的主编是"坏孩子"斯丹尼斯瓦夫·普利比泽夫斯基（Stanisław Przybyszewski），他所宣扬的高尚艺术观，在斯塔斯那里得到了响应。"艺术除其本身之外别无目的，它不为任何思想服务，也不能被任何审美规则所束缚；它就是生活从中不断流出的最高源泉"。[45]《生活》刊出了最杰出的当代诗人的作品，他们包括卡奇米尔兹·泰特马耶（Kazimierz Tetmajer）（塔特拉多愁善感的诗人）、维斯皮安斯基、米欣斯基和卡斯普洛维茨，这几个人马林诺夫斯基就算交情不是很熟的话也都认识。除了是一个颇具魅力的文学先知，普利比泽夫斯基还因嗜酒与玩弄女人而臭名昭著，他是尼采般的撒旦崇拜者，展现着世纪末的堕落。他的名言"开始就是肉欲"，无疑吸引了怀着青春期"色情狂热"的布罗尼奥和斯塔斯。

1902年，另一位赢得马林诺夫斯基崇拜的"年轻波兰"作家在克拉科夫住了下来，他就是瓦茨瓦夫·贝伦特（Wacław Berent），他是最先在波兰发表关于尼采的文章的作家之一。[46]他所翻译的《查拉图斯特拉如是说》于1905年问世，不过马林诺夫斯基似乎先读的是该书的德文原版。贝伦特1901年出版的小说《朽木》，描绘了世纪末柏林的一群都会虚无主义艺术家，是克拉科夫年轻人的必读书。该书的存在主义主题是"艺术即为灵魂的饥饿"，而那些堕落、厌世的艺术家并不能满足这种饥饿。贝伦特的观点是尼采式的：现代人是有缺陷的、不完整的，需要为"超人"让路。《朽木》中的人物沉溺于无止境的灵魂探寻，在终极绝望中买醉或自杀。[47]贝伦特并非一个大众作家，而是拥有自己的一批精英拥趸。他的《朽木》中的一些格言，显然在马林诺夫斯基1908年的日记中得到了呼应："如果精神的饥饿征服了生活的饥饿，他（艺术家）就会跳入黑暗迷局的更深处，一个具有更强烈情感的新的深渊。他会在那里挣扎、沉沦与消失。"[48]当然，贝伦特和马林诺夫斯基也有可能是各自用尼采式的扩张修辞比喻表达了自己的思想。

克拉科夫并未全然陷入焦虑与紧张。1905 年"小绿气球"卡巴莱歌舞秀在一家名为"米夏利克之穴"的艺术家咖啡厅里开张。"小绿气球"被誉为"克拉科夫的精神综合体"、"对欢笑之权利的再次证明"、"对（波兰）自由的预期"。[49]"小绿气球"在文艺圈中声名鹊起，始于博伊-泽冷斯基的加入。从 1906 年起，他就已经是这个秀的灵魂人物。博伊（其笔名）是一个天才的讽刺诗与歌曲作者，在巴黎学医期间迷上了法国香颂。他的歌曲讽刺一切——从克拉科夫唯我独尊的传统主义与"古迹狂热"到伪浪漫派的造作以及"年轻波兰"诗人们的小资情怀，对于他们来说"一切都只因精神而存在／一切都只靠美而生存"。博伊讽刺的一个对象是雅盖隆大学波兰文学专业教授、蔑视现代主义的保守派人物斯丹尼斯瓦夫·塔诺夫斯基（Stanisław Tarnowski）。他讽刺的另一个有趣的目标是"年轻波兰"运动中的"农民狂热"。博伊毫不留情地讽刺了娶农妇为妻的克拉科夫诗人吕锡安·莱德尔（Lucjan Rydel），他们的婚姻为维斯皮安斯基的剧作《婚礼》提供了情节素材。博伊的讽刺剧嘲弄莱德尔无法适应农村生活，不过他更大的目的是要讽刺"年轻波兰"运动与农民文化间时而荒诞滑稽的调情。除了讽刺剧和香颂表演，马林诺夫斯基一定也很享受"小绿气球"里这种无拘无束的波希米亚式群欢氛围——尽管人们也猜测他不大会在那里彻夜狂欢，因为他的身体不太能吃得消。

克拉科夫戏剧在世纪之交的复兴，也为"年轻波兰"运动带来了巨大的推动力。除了波兰剧作家，高尔基、梅特林克、豪普特曼和易卜生的作品也被搬上了舞台，所以维斯皮安斯基的《婚礼》在 1901 年登台时面对的已经是一批十分成熟老练的观众。这部舞台剧轰动一时，至今仍被认为是波兰最伟大的剧作之一。作为一部高度文学化的作品，它呼应了波兰神话、历史和文学中的丰富内容，但同时也是一出反映时代风貌的喜剧，通过克拉科夫的微观世界刻画了"波兰社会的悲苦图景"[50]。

马林诺夫斯基二十岁之前数年所经历的"年轻波兰"运动的一大特征，便是其发生的范围能够方便参与者彼此结交。这场运动的几个领军人物不仅相互

马林诺夫斯基

一位人类学家的奥德赛，1884—1920

认识，而且简直是比邻而居。步行穿越文人、知识分子和绅士贵族们聚居的克拉科夫市中心只需要几分钟时间。维斯皮安斯基的家就在马里瑞涅克的学院宿舍后面，这里离"米夏利克之穴"所在的弗洛里安斯卡只有两条街之遥。和这家卡巴莱咖啡馆近在咫尺的是艺术学院，而（马林诺夫斯基有朝一日身属的）文理科学院就在隔壁一条街上。

奇维斯泰克带着讥讽意味描写了大众对于这种近亲繁殖的工作室文化的做作反应："交谈中充斥着对尼采、罗斯金或柏格森的引用，甚至还有康德……作家和艺术家被偶像化。野心勃勃的年轻人都想当诗人，波兰文学与哲学成为大学里的热门主科。"[51] 由于马林诺夫斯基常在这些圈子里打转，这场运动对他的影响是直接而深刻的，而且作为一个野心勃勃的年轻人，他当然也想当诗人，想学哲学。马林诺夫斯基与其说是这场运动的参与者，不如说只是一个年轻的旁观者，他吸收到的影响来自于思想上的渗透。他的一些密友们则显然忙于投身这场运动，而他的熟人圈中一些年长些的文人都成了这场运动坚定的支持者，比如像米欣斯基、卡斯普洛维茨、博伊-泽冷斯基和祖瓦夫斯基。他也显然受到了"年轻波兰"运动的主要哲学启示——无孔不入的尼采思想的影响。毫无疑问，这种现代主义的思想环境，有助于形塑他的审美情趣和文学风格。从他私人日记的内容和文风中，甚至是从他的民族志杰作《西太平洋上的航海者》的新浪漫主义风格中，我们都能十分容易地看出这个令人振奋的时代的印记。

但是，马林诺夫斯基一向只关注自己。如他那位任性的好友斯塔斯所观察到的，他从来都是只属于自己的一个人。不管克拉科夫的波西米亚人们有着如何疾风骤雨般让人兴奋过瘾的生活方式，马林诺夫斯基总是倨傲地和他们的荒唐行径保持一定距离。在任由这场运动的种种无度对其进行洗礼的同时，马林诺夫斯基在内心深处仍对其留有一份拘谨与保留（他的一些朋友把这看成是他的疏离与冷漠）。在其同辈人看来，马林诺夫斯基并非一个严格意义上的现代主义者。正因如此，他或许觉得自己只是一个局外人，在"米夏利克之穴"的放浪氛围中感到局促不安。

是什么使他如此缺乏自信？他并非没有才情，甚至一度还想当个诗人。从世纪之交开始，他断断续续写了近二十年诗。不过他的诗作从未发表过，而且他那些留存于信封背面的手稿也显得杂乱、粗糙、乏善可陈。不过，他显然受到了当代象征派诗人，如泰特马耶和卡斯普洛维茨的启发，而他的讽刺诗也有一些博伊–泽冷斯基的影子。马林诺夫斯基在别的艺术领域中就更没有什么天赋了。他画过简单的素描，但没有画过油画。试着搞过摄影，但是其风格写实、唯唯诺诺，不像斯塔斯的作品那样长于大胆的想象。尽管热爱音乐，马林诺夫斯基只学拉了几年的小提琴。1912年是他诗兴大发的一年，他甚至突发奇想打算写一出戏，不过这个计划被别的事打乱，最终胎死腹中。他也没有尝试过写小说。1920年代初他倒是模仿康拉德的风格草草写了几个短篇小故事，但是他在文学上的这一努力没有引起任何一个出版商的注意。那时，他在自己的人类学领域已是一个功成名就的作者，但他并不把这看成是一种艺术工作。

因此，马林诺夫斯基无法融入"年轻波兰"运动的部分原因在于他并不适合从事艺术职业。与他身边那些才华横溢的艺术家和作家相比较，只会令他的局限更为突出。正是因为看清了自己的禀赋另有天地，马林诺夫斯基才能不为克拉科夫和扎科帕奈波西米亚式的热烈所动。他最要好的朋友以"维特卡西"之名成为一个多产的艺术家，此外又以各色笔名，如"维特卡提乌斯"、"维特卡泽"、"维特尤斯"、"马哈马·维特卡"和"维特克斯"等等，成为一个"书写狂"般的作家。他以这种绚烂的方式成为那个时代的象征，而这对于马林诺夫斯基这个冷静的科学家而言是不可能的。

第五章

大 学 生

进入雅盖隆

作为一个教授的儿子,马林诺夫斯基按预期理所当然是应该上大学的。不过的确也有其他选择,尽管斯塔斯的例子有点超常,但也表明有不少人对大学教育持反对观点。1903年9月,正当马林诺夫斯基刚刚完成在雅盖隆大学第一学年学习的时候,斯塔斯得到了来自父亲的建议:

> 我确信你今年还是不进大学为好,你应该独立工作一段时间,好好把整件事想清楚。这样你对学科的选择才能出于完全自觉的目标,而全然不受以前学校阶段对学习所抱态度的影响……亲爱的孩子,不要以为我这是想压制你。我只是想采取最自主和个性化的方式——我建议你这么做是因为,如你所知,我最关心的是生活的本质,而非与外在秩序进行形式上的协商。我在乎的也不是大学文凭,而是你善良灵魂的全面发展。[1]

尽管没有直接受到它们的影响,但马林诺夫斯基肯定听到过并且思量过这些来自他所尊崇的这位长者的论调。老维特邱维奇也许并没有意识到自己正在给儿子的肩头加上何等沉重的负担。对那些不太确定自己位置的年轻人来说,他们的确需要在能够开始理智地思考"生活的本质"并发展其灵魂之前"与外在秩序进行形式上的协商"。马林诺夫斯基或许根本就不必去面对这样一种抉择。不过他仍然需要做其他一些决定：进哪个系——法律、哲学、神学还是医学——以及当选择了哲学系之后，又要选哪些课程。马林诺夫斯基似乎并没有被"学校阶段对学习的态度"所过分污染，而且他显然能从对困难科目的智力征服中获得满足感。不过老维特邱维奇给儿子的信的确让人略微踟躇，思量马林诺夫斯基所做的这些决定在多大程度上是出于"全然自觉的目标的结果"。

马林诺夫斯基于1902年10月6日注册进入哲学系学习，当年他十八岁。作为本校教授的孩子，他得到了一笔助学金，此外四年内正式课程的学费全免。[2] 雅盖隆大学最初由卡奇米尔兹大帝于1364年创建，后于1400年由立陶宛国王瓦迪斯瓦夫·雅盖隆重新建校，据称是为了实现他妻子临终的愿望。雅盖隆国王以自己王朝的名称为这所大学命名，确保了办学资金的来源，并捐出了后来成为雅盖隆大学中心主楼的那幢珍贵的中世纪建筑。

马林诺夫斯基只用了四个学年就达到了毕业标准，可以就此参加笔试并进行论文答辩。这四年学习相当于一些西方国家的现代大学荣誉学位课程，或是另一些国家里带有一年硕士课程的普通学位课程。不过在一些欧洲大陆国家的教育体系中，博士学位还需在额外的一两年学习之后通过另外一场考试（教职资格考试）才能取得。雅盖隆大学进行的是文雅教育。和另外一些欧洲名校一样，它并不是一所把授予学位当成主业的教育机构（像那些如今被蔑称为"学位工厂"的大学），而是一个学者的共同体和一个意在治学的传统学园。即使如此，对于勤勉的学生们来说，雅盖隆大学的课程表也是严苛的：讲座课早上7:00就开始了，最晚的会到晚上8:00。博罗夫斯卡（Borowska）解释过世纪之交时代的这种精英大学教育体系，指出"学生并不被要求参加考试……校规要求上讲座课，在讨论课上念论文，参与实验室实践，通过口试"[3]。完成学习之后，学生可以不要学位就离校，不过那些有意找专业工作的学生就需要提交一篇博士论文并参加由笔试和口试组成的两个大考，考试被称为"rygoroza"（德国大学中称作Rigorosum）。马林诺夫斯基和他的朋友奇维斯泰克在1906年经历的就是这后一种情况。

马林诺夫斯基

一位人类学家的奥德赛，1884—1920

"对法与规则的偏好"

马林诺夫斯基的学生记录显示，他第一年上了几何、数学分析、实验物理的讲座课与讨论课。此外他还上了物理与无机化学的实验课。他所修的人文学科仅仅是下半学期的"从培根到康德的现代哲学史"。数学占据了他第一学年的大部分时间（一周十一小时），其次是物理（九小时），再次是哲学（四小时）。鉴于这是马林诺夫斯基第一次有机会尝试"波兰之雅典"（加利西亚自治时代雅盖隆大学的称号）的各种思想工具，他当时所作的选择似乎有点窄。他十分可能是想掌握能为日后研究提供坚实基础的思考方法。他后来又接着学了几年数学，这足以证明他天生就对此有兴趣，而且乐于享受数学研究的那种严苛。

马林诺夫斯基早年对数学的投入对其日后人类学事业的意义并非立竿见影，尽管语言学家兼数学家阿尔弗雷德·科尔基布斯基（Alfred Korzybski）1932年曾说，他相信这足以解释为什么马林诺夫斯基能有如此"出色的成果"[4]。除了在田野中进行常规的数据收集之外，马林诺夫斯基并未开发出定量研究方法。事实上他常教导学生，日常生活中的演算规避了精确计量。其民族志的一个要旨就是，人们在服从规则的同时也在规避它们。不过他所发展出来的功能范式，仍是从数学逻辑中的"符号函数"概念中得到的最初启发。在他对数字材料的重视中仍能看到数学的影响，这一影响或许也更能体现在他运用概括图表来罗列民族志信息并将其联系到一起的系统方法之中。简言之，与其说是对数学系统化的期望，倒不如说是对秩序和明晰的执著，启发造就了他的民族志方法。不像年轻时代的罗素，马林诺夫斯基并不坚信"总有一天会有一门精确如机械数学的人类行为数学"[5]。

不过对于马林诺夫斯基为何被数学与物理吸引仍存有疑问。考虑到他的那些密友们突出的艺术天赋，以及生性敏感者们在面对自身不足时容易转而在智力方面寻求慰藉，我们不由地容易将马林诺夫斯基的这一兴趣归为一种"补偿式兴趣"。为了进一步证明这一观点，人们可以想象，数学与物理所能提供的那种具象真理的绝对之美可以为那些其存在本来将陷于不确定之中的人们带来何等巨大的慰藉。数学所提供的不仅仅是可被证实的知识真理，通过某种可被确定的知识，它还提供了一种精神上的安全感（童年时闷闷不乐的罗素因几何而"快乐"、而"着迷"就是因为这一原因）。[6] 但是，这种种推测在马林诺夫斯基的个案中就显得有些无力了。关于他对数学的兴趣缘于一种对艺术天赋不足的补偿的推测或许可以被排除掉，因为斯塔斯和奇维斯泰克也都长于数学（后者更是出色地赢得了罗素的赞许）。此外，现有证据也不支持那种推论，即马林诺夫斯基童年和青少年时代十分不快乐，以至于不得不在数字与形式论证的虚拟世界中寻求慰藉。

不过，在此还需要提及的是不仅止于数学的、那种重视抽象与普遍逻辑命题的思维方式。我们可以考虑一下马林诺夫斯基自己对其人类学概念生产取向的认识。在为其最终并未写出的教材所粗写的自传体介绍中，他提到了对"法和规则"的"普遍偏好"和"巨大兴趣"，以及对"历史、具体、特殊"之物的反感（他用的更具情绪色彩的字眼是"憎恶"）。他并没有对这一偏好给出心理学的解释，而是循环论证式地将其归功于其理科的学习背景。他还提及面对不同文化和语言的"个人经历，尽管如此有限"。他的自传体介绍接着谈及文化间"同"与"异"的主题，以及他的功能主义理论是如何通过深究"表面之下所蕴藏的东西"来强调这一"同"的。简而言之，功能主义满足了他在存在巨大差异的不同社会中寻找"法与规则"的要求。"谈论自己的'偏好'其实是将其当成一种科学的选择。我 [在人类学中] 发现了人们对多样性更有兴趣，我承认他们的研究有重要价值，但我认为它们根本的相同点才是更重要的和更容易被忽视的……我仍然相信那些功能性的东西要比那些奇异的东西重要。"马林诺夫斯基在多样性中寻找相似性及在特殊性中寻找普遍性的爱好，成为其人类学成就的基石之一。[7]

马林诺夫斯基

一位人类学家的奥德赛，1884—1920

教授与导师们

从哥白尼时代起，数学就是雅盖隆大学的强势学科。而在马林诺夫斯基求学的那个年代，物理正处于发展的高峰，几年之后爱因斯坦和普朗克就对这门学科作出了革命性的推动。精密科学的诸学科（属于哲学系）由一批出色的教授统领。雅盖隆大学在整体上也形成了一个相对年轻的波兰学者的大本营，他们"在欧洲大陆各国及英国完成高等教育之后回到了祖国，操着母语投入教育工作"[8]。

马林诺夫斯基将1902学年的大部分学时都花在了数学上，他当时的数学老师是斯丹尼斯瓦夫·乍雷姆巴（Stanisław Zaremba）和卡奇米尔兹·佐拉夫斯基（Kazimierz Zorawski）。乍雷姆巴曾留学于圣彼得堡与索邦，主要研究数理物理学，尤其长于微分方程。马林诺夫斯基在校的四年间每年都修了他的讲座课与讨论课。乍雷姆巴的年轻同事佐拉夫斯基曾在莱比锡留学，主要研究方向为微分几何。

物理学的高级教授是身为布罗尼奥的教父之一的维特科夫斯基。马拉科夫斯基曾回忆，维特科夫斯基口才极好，他的力学讲座课总是"挤满了来自各系的学生"。马林诺夫斯基也是修了四年他的讲座课和讨论课。另一个著名的理论物理学家瓦迪斯瓦夫·纳坦森（Władysław Natanson）是热动力学方面的专家，后来从事放射与量子力学的研究。他的一个学生回忆说他的讲座课"美得让所有难点都烟消云散"[9]。纳坦森教了马林诺夫斯基三年的理论力学、弹性力学、热动力学、电磁学与电子力学。

马林诺夫斯基最喜爱并与之建立长久友谊的教授还是他的哲学老师史蒂芬·波利基神父。在那些年里波利基成为他的学术顾问和思想导师，马林诺夫斯基在离开克拉科夫之后还与他保持了数年的通信。"布罗涅克是他最喜欢的学生，"马拉科夫斯基回忆说，"波利基常请马林诺夫斯基吃饭，规格极高，因为神父本人就是个美食家。"马拉科夫斯基的回忆总是在结尾处留个小小的惊讶，他补充道："布罗涅克却常取笑他恩人的哲学观点，这有点不厚道。"[10] 齐维斯泰克是波利基的另一个爱徒。除了顺带提及过维特科夫斯基，波利基是马林诺夫斯基后来唯一提到过的雅盖隆大学时期的老师，而且总是带着敬爱的口吻。波利基因此也应被列为对年轻时代的马林诺夫斯基产生了个人影响的人，其地位不亚于后者的那些英国导师。

在克拉科夫知识界，波利基拥有一种类似文艺复兴式的形象："他是一个科学家与怪人、神父与僧人的结合，有着不寻常的兴趣与怪异的生活习性。"[11] 波西米亚式的文化人也推崇他，博伊-泽冷斯基热情地将其称为"万殿之君"，自如游走于大学讲坛、街边咖啡馆、科学院与教皇学院之间："一个享乐者、美食家和外表精致、富有魅力的人。"[12] 波利基的教师生涯始于华沙中央学院，他在那里教授哲学。但当他于1882年来到克拉科夫并获得神学教职时，他的身份是复兴委员会成员、神学博士及教皇学院的成员。十年之后他再次完成了"学术变身"，被任命为哲学教授。弗里斯（Andrzej Flis）曾不无幽默地评述："他从助理教授的职位跨入神职行列，从实证主义皈依神学，又从神学转向古希腊-拉丁哲学，这些神奇的转变至今都还是个难解的谜。"[13] 波利基出版过关于叔本华和达尔文学说的专著、一套两卷本希腊哲学史、一部欧内斯特·勒南的传记，以及一部关于斯宾诺莎和一元论的研究专著。他对叔本华思想的发现是在1865年（他当年用拉丁文写了一篇关于叔本华的论文），这比这位哲学家的思想在其祖国德国开始流行要早十年，也比"年轻波兰"运动中的先锋派知识分子将其当成偶像之一要早了整整一代人的时间。

作为一个博学者，波利基的讲座课主题无所不包。除了现代哲学史，他还讲授逻辑与辩证法、亚里士多德政治论、批判实证主义、尼采学说、社会主义学说及国家哲学，当然还有心理学。他的讨论课上聚集了一批出色的学生，其中就有马林诺夫斯基和奇维斯泰克。就是这样一个多少有些古怪和有争议性的人物，通过其作派，当然还有其头脑与学识，深深吸引了马林诺夫斯基。波利基对马林诺夫斯基的影响与日俱增，并在其1905—1906年写作毕业论文的过程中达到了顶峰。在马林诺夫斯基写给波利基的一封日期为11月1日（只可能是1905年）的信中，他和导师之间在思想上的亲密关系得到了体现：

> 神父，我急切地期待您能回到我们中间不再离开，到那时我就能为我的哲学疑难困惑找到解答的源泉。目前我正一门心思地研究因果律，阅读朗格的《因果问题》(1904) 和马赫的新书 [可能是《认识论与谬误》, 1905]，我想给您做一个全面的汇报。一些同学已经自己分配了休谟前几章的读书任务……这样我们的第一次会就定下来了。[14]

马林诺夫斯基接着以一种大胆的调情般的语气写道："如果您不通过特别安排给我见到您的权力，我就会缠上您——找到时间和地点——偷偷地在路上拦截您，因为我想您帮我一个小忙，但又不敢在信中劳烦您。"

哲学的诱惑

在主项数学和物理之外，马林诺夫斯基在第二学年又扩宽了自己的选修范围，包括至少三门人文学科。师从波利基——这个其个人动机无人能解的男人——他选修了心理学。这门学科当时才刚刚成为一门实验科学，并仍被很多人认为是哲学的一个分支。另外他还师从库尔钦斯基 (Leon Kulczyński)，选修了教育学导论和另一门关于"意志与性格"形成及培养的课程（马林诺夫斯基这方面的兴趣与其青年时代对自我控制的执著不无关系）。库尔钦斯基是赫尔巴特 (Johann Herbart) 感知与"表征机制"理论观点的追随者，马林诺夫斯基在其博士论文中批判了这一观点。[15]

次年，马林诺夫斯基投入数学和物理之外的人文学科的精力更多了。课时数增加到了可怕的每周 28—29 小时，如果他选修的课都每门不落的上满的话，他留给自己的学习时间将所剩无几。在数学和物理之外，马林诺夫斯基选修了两门哲学讨论课、库尔钦斯基讲授的教育应用心理学课、斯塔则夫斯基 (Maurycy Staszewski) 讲授的"哲学概论"及另一门伦理学课、一门"斯拉夫讨论课"及一门每周一堂课的"米邱维奇以来的波兰抒情诗"讲座课。考虑到马林诺夫斯基内省的个人偏好，他此外选择的一门重要课程是海因里奇（Władysław Heinrich）的"情感心理学"。第二学期中，由斯特拉则夫斯基和波利基讲授的哲学课程甚至占了更大的比重。在哲学讨论课之外，波利基还开设了"逻辑学和辩证法"及"尼采的哲学"这两门讲座课。

海因里奇原来所学专业为物理，但是后来的工作领域主要是心理学。他在雅盖隆大学的第一项工作就是创建了一所开展视觉感知心理学研究的实验室。数年以后他放弃了实验心理学，成为哲学史系教授。[16] 正是在这一方面，他成为马林诺夫斯基的老师。不过后来他又重拾实验工作的老本行，投入感知心理学研究。他出过至少十多部著作，主题包括感觉与感知心理学、哲学与科学方法论及哲学史。在其心理学研究中，他探索了生理反应与内省之间的关系，这为马林诺夫斯基笔记里长期挥之不去的主题提供了线索。

斯塔则夫斯基在克拉科夫哲学三大家中拥有"最好的出身"——弗里斯认为波利基是"最古怪的"，海因里奇则是"最特别的"。[17] 斯塔则夫斯基在接受雅盖隆大学长达三十多年的教职之前曾师从苏黎世的朗格（Albert Lange）和哥廷根的一元论者洛采（Hermann Lotze）。和他的两位较年轻的同事一样，他也涉猎了几个不同的学科，不过他的学术重心仍仅限于哲学类，讲课也比较学究气。[18] 斯塔则夫斯基在他的四个研究领域产出了大量作品，这四个领域分别为：哲学史、认识论、形而上学与科学哲学，以及古代东方哲学思想。[19]

因为没有学年末的考试，没有每年的理解力与资质测试，也没有学习态度评价，马林诺夫斯基选课并非为了学分或证书，而是出于对学习的渴望。这是一种自由教育的理念，它鼓励为了知识本身而求学——当大学是一种纯粹的或许有些精英化的教育机构时，这就成为一个重要原则。根据博罗夫斯卡对雅盖隆大学相关记录的研究，马林诺夫斯基在最后一学年的上学期集中选修了微分几何和电磁学，还另加了一门物理化学。他在下学期把相应的学时分配给了哲学，尤其是伦理学和形而上学。根据施瑞德尼亚瓦的观点，马林诺夫斯基的学生记录中最先列出的是哲学类课程，而这些并没有被博罗夫斯卡所提及。它们包括了斯特拉则夫斯基与波利基讲授的伦理学、亚里士多德哲学、现代社会主义史及国家的哲学。施瑞德尼亚瓦合理地提醒人们,我们并不能确定马林诺夫斯基的确上了其学生记录上显示的所有课程。如果考虑到他 1906 年上半年所参与的那些课余活动,那么他仍能上满学生记录上所列出的那么多讲座、讨论及实验课就太让人惊讶了。他不仅在 4 月间和母亲一起赴意大利度了假,5 月间又搞了一场地下恋情,而且还一直为了在 7 月份提交论文而忙碌。

马林诺夫斯基在雅盖隆大学四年间所修的课程可归纳为四个大类。其一为数学类,包括几何、分析函数、积分、微分几何和微分方程;其二为物理类,包括实验物理、热原理、理论力学、电磁学、弹性理论、电子学、电磁波与光波,以及一两门物理化学学科;其三为哲学,包括哲学史、伦理学、心理学、教育学、逻辑与辩证法;其四为"人文学科",包括波兰诗歌与文学、斯洛伐克研究及现代历史。

通过简单的计算显示,马林诺夫斯基将大部分时间,相信也是大部分精力,都投入了哲学学习。他在这上面投入了超过三分之一的总课时。其次是略少于三分之一课时的物理,再次是约四分之一课时的数学。其他学科仅占总课时的约百分之五。根据这一粗略计算,马林诺夫斯基约百分之九十五的大学培养集中在哲学、物理和数学上。在波兰学者中也有人对这一科目计算比例持不同意见,还有人甚至对马林诺夫斯基到底在大学里学了哪些科目不置可否。例如帕鲁奇(Andrej Paluch)就曾写过:马林诺夫斯基"学过物理和数学,但没学过化学",而库比卡则发现他在第一学年时选过奥尔则夫斯基教授的无机化学课,此外博罗夫斯卡也发现他在最后一学年选过布鲁纳教授的物理化学。[20] 帕鲁奇关于马林诺夫斯基"在最后一学年才转而主修哲学"的说法是不正确的,因为事实清楚地表明,他在四个学年里都选了哲学课程(这里采用了较宽泛的定义,包括了心理学和教育学),而且在第三学年尤为集中。由于马林诺夫斯基并未选择数学或物理作为职业,我们有理由认为他在大学时期所受的哲学训练对其日后的思想形成产生了最为重要的影响。

弗里斯对形成马林诺夫斯基研究背景之坚实基础的克拉科夫复杂的哲学思想源流做了简要的归纳。[21] 占统治地位的思想原则包括科学原则("所有可靠的知识都是科学知识")、最简原则("避免臆造和超越事实")、经验原则("一切来自经验")、自然主义原则("自然科学为一切科学树立榜样")、实证原则("为人类生存服务")。这些原则在很大程度上都被年轻的马林诺夫斯基所吸收并成为其日后思想的指导原则。

不过在19世纪末这些原则中的一部分受到了挑战,短短几年中哲学界就涌现出了一批耀眼的新星,如胡塞尔、柏格森、詹姆斯、弗洛伊德、克罗齐、穆尔、杜威、爱因斯坦和罗素等人。然而,尽管各种各样的新思潮不断涌现,雅盖隆大学哲学系在马林诺夫斯基就读期间仍是一个19世纪实证主义的堡垒。这一流派被称作马赫(Ernst Mach, 1838—1916)和阿芬那留斯(Richard Avenarius, 1843—1896)的"第二实证主义"或"新实证主义",它是孔德在19世纪中期所开创的实证主义的一个更精致的版本。马林诺夫斯基通过海因里奇接触了马尔堡的新康德主义(可能仅是略晓一二),不过弗里斯称马林诺夫斯基当时不可能接触了德国现象学和英国分析哲学无疑是正确的,因为他在克拉科夫念书时这两个流派还在成型的初期。同理,柏格森、狄尔泰和威廉·詹姆斯的著作他也是后来才读到的。

因此,我们有必要进一步关注一下马赫这位出生于摩拉维亚的物理学家、心理学家和科学哲学家,他的名字常常和喷气式飞机及音速联系在一起。马赫是一个在当时的世纪之交获得国际声誉的天才实验家和才华横溢的思想家。先在布拉格做实验物理教授后在维也纳任科学史教授的马赫所研究过的主题范围惊人之广,涵盖了今天构成物理学和人类生理学的众多分支。这里只能罗列其中的一小部分,包括声学、弹道学、电学、流体力学、微缩摄影、运动觉、光学、冲击波与热动力学。马赫发明了测血压仪,还发现了内耳耳道的平衡功能;他出版的主要著作涉及能量守恒、力学史、感觉分析、物理光学原理,以及其谈论认识论的巨作《知识与谬误》。威廉·詹姆斯在1882年与马赫会面之后曾说,"我认为没有人曾给我留下如此强烈的纯知识天才的印象"。曾受马赫影响的人物包括了尼采、爱因斯坦、皮尔逊(Karl Pearson)、诗人霍夫曼斯塔尔(Hugo von Hofmannsthal)及小说家穆西尔——更不用说教过马林诺夫斯基的雅盖隆

马林诺夫斯基

一位人类学家的奥德赛，1884—1920

大学整个哲学系的老师们了。马赫的感知心理学帮助了"年轻维也纳"运动中现代主义的审美与建筑观的形成，他对马克思主义的诠释影响了奥地利的社会主义者，也招致列宁的敌视。马赫还是格式塔理论和维也纳知识界逻辑实证主义的教父，后者最终抛弃了维特根斯坦的哲学而转投马赫理论的怀抱。尽管他在哲学界声名显赫，但他所追求的却是其自然科学界同行们的景仰。作为一个坚定的实证主义者，他相信：如果没有科学的话，哲学就得不到保证，而对人类有实际价值的唯一类型的知识恰好是由科学提供的。

马赫自己思想的主要源泉来自贝克莱与休谟。他将所有知识简化为感觉资料："世界仅仅是由我们的感觉所构成。"[22] 因此，对外部物质世界进行研究的唯一方式，也应该是通过对人类所感知和观念化的世界的各种"感觉"（马赫喜欢称之为"元素"）进行研究才能实现。作为一个执著的经验主义者，马赫坚定地反对形而上学。他认为牛顿学说中的绝对时空观是一种形而上学的短命理论，总有一天会被数学公式证明为多余之物。事实上是爱因斯坦最终说服了马赫相信了原子的真实存在。根据马赫的观点，科学的任务就是尽可能简练地描述感觉资料，以期将物理学和心理学结合成一种心理物理学。物理学理论就是对感觉数据资料的简练描述，即经验的简化。数学方程式可以进行最有效的简化，也因其精简性而被采用。

马赫反对"摇椅心理学"，因为它固化了人们对有害的形而上学实体的迷信，这就像马林诺夫斯基后来也因为"摇椅人类学"固化了臆造理论而反对之一样。同样像马赫引领了一代心理学家走进实验室一样，马林诺夫斯基也一边高呼"走下阳台"，一边遵循着这一模式将人类学带入了村庄。

马林诺夫斯基对马赫理论中达尔文主义的调调也感到心有灵犀。科学的最终目的（正如所有认知活动一样）是物种的生存：知识通过辅助对自然环境的适应来为生物学目的服务。通过阅读英国19世纪晚期人类学领军人物泰勒（Edward Tylor）的著作，马赫在其对科学起源的猜测性理解中吸收了"原始人的心智"这一概念。人类对其自然环境的最初知识是"自我保存的经济的产品"。[23] 在《知识与谬误》一书中（马林诺夫斯基似乎在1905年读过），马赫阐述了对心理学的探究总是从心理－生理的基础出发的："思想通过将其以足够的精确度进行描画来逐渐适应事实，以满足生物性的需要。"[24] 马林诺夫斯基对科学的思考从根本上来说也具有一个马赫式的出发点。

由于尼采和马赫都对年轻的马林诺夫斯基产生了影响，这两位德国思想家之间的相同点也值得一提。尽管尼采是从语文学的角度进入哲学研究，而非像马赫是从物理学的角度进入其中，但二者都可以被归为认识论现象论者。二者都敌视形而上学且同意科学的最终目的是满足人类的需要。然而与马赫将需要的满足置于一个社会与道德的语境中不同，尼采论称每一个"超人"个体都应关注其自身的生物性需求，而应无视现有的犹太教与基督教所共有的价值观。马赫在这一点上反对尼采的伦理观而且蔑视"尼采理想中那个自负的'超人'"，他说这个超人"不能，而且我也希望他不会被他的同类所忍受"。[25]

马林诺夫斯基在大学阶段当然还阅读了其他一些新实证主义哲学家的作品，其中包括阿芬那留斯、科尼利厄斯（Hans Cornelius）和佩佐尔特（Joseph Petzoldt）。阿芬那留斯发展出来的充斥着各式术语的实证主义被称为"经验－批判主义"，这一名称被克拉科夫学派所采用。尽管阿芬那留斯也像马赫一样是个一元论者及现象论者，但他同时也是一个更激进的经验主义者；科尼利厄斯也是如此，他把科学限定为对"既有事实"的研究。马林诺夫斯基通过斯特拉则夫斯基、海因里奇和波利基这几位老师了解了这些思想家的学说，而这些老师也在传授的过程中加入了自己的哲学理解。马林诺夫斯基还阅读了被马赫奉为思想圣经的皮尔逊的《科学的语法》（1900）一书，直到二十年后他都仍在向自己的学生们推荐这本书。

因此无可争辩的是，马赫的思想对马林诺夫斯基理论的形成产生了最为深远的影响。尽管他日后对许多其他哲学思想也有所涉猎，但它们要想被马林诺夫斯基所接受，都必须首先符合马赫理论的基本原则。例如，詹姆斯的实用主义对马林诺夫斯基的诱惑就如同一个换了一身新衣的可爱妇人。詹姆斯和马赫对马林诺夫斯基的影响常被人们混淆，不过后者先于前者，而且是更为关键性的。[26]

一位人类学家的奥德赛，1884—1920

马林诺夫斯基的脑力节约论

如今看来，关于马林诺夫斯基哲学观点最可靠的线索来自他的博士论文。早于他的首本日记，这篇博士论文是他流传下来最早的写作成果。[27] 除了这个原因之外，它的重要性还在于，马林诺夫斯基的哲学立场在其后一生中都几乎保持不变。在这篇马林诺夫斯基二十二岁时花费几周时间完成的论文中，他对科学与科学方法的总体把握、其方法论功能主义的基本特征、功能主义在其"关于文化的科学理论"中的角色都有所体现。

论文用现代的标准看来有些短，手稿有七十二页，译成英文约一万字。[28] 笔迹无疑是他母亲的，她将儿子的论文用优雅的字迹誊抄了一遍。论文的主要论题在标题中被点明："关于脑力的节约论原则"。这一标题让人立即联想到马赫的实证主义认识论。从这点看来，这并非一篇打破常规或具有大胆思想探索的作品，而是一篇主题讨其导师所喜的论文——尤其是斯特拉则夫斯基，他在几年前刚刚出版了一本讨论这一主题的著作。[29]

马赫的科学哲学当时已不是什么新东西。早在1868年，他在布拉格演讲时就曾提出过相关问题，即科学是否就是一种建立在经济的"吝啬的商业原则"基础之上的"一门营生"。"它不就是一项试图通过最少的劳动、在最短的时间内、花最少的脑力以期获取最多的永恒真理的工作吗？"[30] 1882年，也就是马林诺夫斯基出生的两年前，马赫在维也纳科学院以"物理探究的经济本质"为题作演讲时曾说："当能力有限的人类思想企图通过渺小的自身再现那个博大得无望穷尽的世界中的丰富生活时，它就有理由采用一种节约的经济方式。"[31]

马林诺夫斯基的论文大体上是对马赫与阿芬那留斯认识论的批判性评价：其哲学的充分合理性、其科学实践，以及"脑力节约论"原则（或阿芬那留斯所提出的"最少努力"原则）在何种程度上包含形而上学的假设。马林诺夫斯基的论述用词简练，其精炼的特质使得概括起来存在难度，不过其核心论点还是可以被简要表述的。他论称，只要能通过最少的劳动支出（以心理-生理资源来进行衡量)获得最大成效(以科学命题或法律来进行衡量),这一原则就是合理有效的。用马林诺夫斯基自己的话来说,这一原则"极其恰当地表现了人脑的功能在其对外部世界的掌控中所扮演的角色"[32]。马赫称科学是最有效率地满足人类需求的客观知识形式,马林诺夫斯基赞同这一观点,但他也坚称其目的是"社会性的",因此也是相对的,从而挑战了马赫关于科学在个体心理学方面客观有效的观点。

马林诺夫斯基的论文首尾呼应地在最后又回顾了科学家与哲学家们"对形而上学发动的战争"。但是对于他们所使用的经验主义、实证主义,以及尤其是一元论(屈从于其自身关于统一体的形而上学)的战斗武器,他的态度有些模棱两可。他质疑他们是否拥有足够的弹药从根本上消灭形而上学。他的论证处处都在警示形而上学的假设潜伏于科学哲学的每一个角落。他进而提出结论说经验主义是哲学的必要但不充分的基础,到目前为止它还不能完全摒弃"不节约的"形而上学思想。这一并非典型的笔调上的抑制给论文的结尾部分蒙上了一层阴影。人们怀疑,如果不是为了提防那些坚定的反形而上学的考官的话,他甚至会为形而上学做更直截了当的辩护。

总的来说,马林诺夫斯基的论文大体上支持了马赫对"奥卡姆剃刀"这一公设在方法论上的完善,论证了西方科学在严格运用这一原则中体现的优越性。论文通过对19世纪晚期的认识论这个相对狭窄主题的探讨,充分展现了马林诺夫斯基在哲学上的敏锐思考。虽然马林诺夫斯基此前并没有时间进行大量的知识阅读,也没有在写作中引述和提及太多的哲学家,但论文的论述还是清晰与连贯的。很显然,这篇论文令考官们感到欣慰,包括波利基和斯特拉则夫斯基(论文无疑反映和支持了他的马赫派观点)。他们称赞这篇论文是"一篇优秀的作品,品质相当杰出"。[33]

就马林诺夫斯基自己的脑力节约论而言,他从这次哲学习作中获得了什么呢?马赫曾经宣称,构成正确科学研究的是事物之间的函数关系,而不是现象自身。至关重要的是,马林诺夫斯基抓住了这一数学函数(function)的概念,将其当成"科学的主要工具"。数学的函数概念与生物的功能(function)概念

马林诺夫斯基

一位人类学家的奥德赛，1884—1920

相比起来具有相对较少的人类特点，但是马林诺夫斯基在其日后的工作中利用了这一术语的这两层意思（有时甚至将其混淆）。

马赫操作性地将科学视为对一个既有系统内诸元素之间的函数关系所进行的探究，这为马林诺夫斯基将文化视作一个在功能上整合的系统提供了启发。在实践中，人类学家的工作就是研究被看成"一个整体"的既有文化内部诸元素（马林诺夫斯基称之为"制度"）之间的函数关系。这一方法后来对这一学科产生了革命性的影响并在此基础上形成了其中的一个独特学派。不过，马林诺夫斯基也采纳了马赫认为科学服务于生物需要的自然主义与工具论的科学观，并将其转而用于对普遍意义上的文化的讨论。这样一来文化就可以被看成是一个巨大的"工具性仪器"，其功能就是满足人类的需要，包括基本的与衍生的需要。不过这种观点与其说是科学的不如说是科学主义的，因为其提出的问题是以其答案为基础。（问：园艺在满足人类需要方面的作用是什么？答：提供食物。）马林诺夫斯基论文中这两种功能论的理解角度的雏形都是显而易见的。

我们在马赫的思想中也可以发现一种相似的一套理论两层含义的情况。他曾提出科学的一个"内在"目的就是感觉的描述及其函数关系（"所有科学研究的目的就是要让思维适应事实"）。此外他还提出了一个达尔文主义式的观点，即科学的"外在"目的由其生物功能所定义。这一生物功能提供给人类最有效率的方式以适应其外界环境。这与马林诺夫斯基在两个层次上运用功能主义显然是相似的。

他在写作论文时得到的另一领悟便是形而上学的不可或缺性。日后他将借助一些形而上学的东西使自己的人类学观点更为连贯。马赫对科学研究所抱持的态度建基于清教徒般不折不扣的经验主义（感官经验就是一切）之上，这在马林诺夫斯基看来是有缺陷的，甚至是荒谬的。正如帕鲁奇所指出的，马林诺夫斯基所戴的"实证主义的眼镜并不十分强效"。[34] 他满足于一种宽容的经验主义（"一切源于经验"）。这让他能够接受一些马赫所不能接受的东西的存在：非物质"实体"如自我、不自觉的意识、社会及文化，这些东西没有一个是能被感觉的"纯粹经验"所感知的。马林诺夫斯基将需要利用这样的认识论上的自由度去解决人类学中的一些理论问题,如巫术的意义、图腾崇拜的作用、父亲身份的社会学及原始交换的功能。早在 1919 年他就认定理论应该先于描述:"对于事实的每一个精确的描述都要求有精确的概念,这些只有理论才能提供。"[35] 但若说马林诺夫斯基在"什么是可知的"这一问题上背离了马赫,那么他在科学的总体观上仍然紧紧追随了马赫,即认为科学是一种工具性的社会活动,其任务就是用一种极尽精确与节约的方式描述这个既有的世界。解释排在第二位,排在首位的是描述。如果足够精确的话,描述将是预言性的,因此也具有实际功用。

弗里斯对那些想为马林诺夫斯基建立哲学"谱系"的尝试的警告是正确的。这不仅仅是因为马林诺夫斯基最终选择了与哲学有着不同关怀的另一门学科,也不仅仅是因为他有"开放与灵活的思维"而倾向于兼收并蓄,而且还因为他"太具创造性",以至于无法全盘接纳任何一个哲学观点。借用"吝啬商业"这一隐喻,我们就会赫然发现马林诺夫斯基从马赫那里借取颇多,而且在日后的年月里从这笔借贷中得到的收益也颇丰。他关于田野方法、关于功能主义及关于文化理论的所有重要论断,无不在某种程度上得益于马赫的原始资本,因此公平地说,正是马赫资助了马林诺夫斯基的人类学理论发展。这是一笔他从未偿还也从未浪费的知识遗产,直到人生的终点他都一直在支取这笔遗产,一如以往地俭省。马林诺夫斯基当然还有其他借贷,他在思想上的包容力得益于他"接受折衷主义所携的所有风险"的意愿。[36] 正如我们所看到的,弗雷泽与弗洛伊德、冯特与韦斯特马克、里弗斯与涂尔干等,都曾为他的理论建树贡献过资本。

朴素的现实主义者

1919 年初在墨尔本的时候,马林诺夫斯基写了几页关于"哲学体系"的笔记,这是为其朋友圈子的一次非正式讨论会所准备的。[37] 由于关于他的"哲学"思想没有任何连贯的、公开出版的论述,这些简短的笔记有助于我们了解马林诺夫斯基思想的一些基本信条。1919年之前他就已经完成了在特罗布里恩德的田野工作并刚刚重读了威廉·詹姆斯的著作。（一个奇怪的巧合是，斯塔斯也在同一年写出了名为"实用主义者"的戏剧，该剧被称为是对詹姆斯《实用主义》一书的王尔德式的讽刺。詹姆斯曾说，哲学就像人一样，于是斯塔斯就真照这一说法的字面意思把哲学塑造成舞台人物。）[38]

马林诺夫斯基笔记的开头列出了其信念的八条原则："1. 无神；2. 只相信人类的心智；3. 无不朽之物；4. 心身平行论；5. 决定论及无自由意志；6. 现实不依赖观察者而存在；7. 真理意味着与现实相关；8. 建立于真实规律之上的自然法则。"马林诺夫斯基由此宣称自己同时是一个无神论者、决定论者、现象论者、实证主义者、经验主义者、一元论者和（勉强算是）实用主义者。

他的笔记并不全然连贯，也并不能被完全理解，但是其中的精髓仍然足够平实。他当时推崇的是一种"朴素的经验主义"，以"根据世界'展现于我们眼前的本来面貌'来评价世界的存在"。"朴素的现实主义"坚称我们应该离开"摇椅、大学与教堂的讲坛，以及其他任何的思想避风港"。"我们相信和接受朴素的现实主义经验主义信条为真，并非因为这是最好或最实用的选择，而是因为一旦我们否定它们，我们就是在对自己撒谎"。"真理应该是在'被生活'的过程中被哲学所阐释的，而不是靠我们在摇椅中打盹醒来后所想出来的（或许更常常是误解的）"。不过形而上学仍然不可彻底抛弃，"我们的朴素经验主义不仅包含了现实的客观成分，也包含了主观成分。它们也并非铁板一块，而是与我们意识中的思想元素相互影响。"关于一元论的必要性，他有如下的观察结论："我内在生命的内容就是客观世界。它并非远离我认知能力的某种东西。这个世界……就是我。"关于知识，他似乎仍然追随着马赫的思想：

> 知识并不是事实的镜子，而只是人类行为的一套规则，它指引人们走向一个明确的结果，并以一种公开的象征形式，如间接形式，来标示这一结果。一个命题的真实性并非表示它描绘了现实，而是指它标示了一种经验的质量，主体必须在生活中获得这一经验的知识……

如果在基本经验中存在"一般"、"抽象"和"函数关系",那么真理就意味着感知的质量。就如同视觉与听觉的敏锐与准确即为主体感官的一种质量一样,真理也以相同的方式成为感知的质量。

因此,到1919年之前,马林诺夫斯基已将马赫严苛的认识论进行了很大程度的淡化稀释,而且称自己是一个朴素的经验主义者:"我的科学方法体系将会诚实和直截地言明事物的本然。"显然,他更倾向于用"常识"视角去观察事实。美拉尼西亚村民们对待事实的方式让他印象很深,他认为这与事实呈现于他自己面前的方式很相似。抛开由语言带来的歪曲与变形,他认为他们感知世界的方式和他自己不谋而合——这是一个由相同的物理(如果不是心理)实体构成的世界。若要尝试用其他任何不同方式来观察事实——如"在摇椅上打盹醒来后以一种形而上学的方式"——都会使得原本已经困难的通过朴素之眼来进行观察的工作变得更加困难无比。在他们的世界里毕竟有足够多的奇异东西需要描写与解释,因而他明智地采用权益之计,退而"诚实和直截地言明事物的本然",而不自找麻烦地太过关注他所经验的感觉的认识论状态。然而,他对这一困难的警觉在其关于"记录感官"的评述中已有所显露,他的这一"记录感官"指的是主要由视觉和听觉构成的感觉。同时,他日记中不时冒出的旁白也证明了田野工作中不断困扰他的关于认识论的疑惑。如果在最小的程度上"真理意味着感知的质量",人们就应该仔细检查所见所闻的每一件事。这些笔记证实了一种认识,即他自身感知的质量是他作为民族志学者获得成功的一个最基本的要素。

第六章

放纵者们

平行的生活

1906年上半年马林诺夫斯基特别忙碌。除了写博士论文,他还在4月里和母亲一道游了趟意大利,5—6月还找时间搞了一场短暂情事。斯塔斯因为进入了克拉科夫艺术学院也在春天住进了马林诺夫斯基的家里。他的父亲被他入学的决定弄得很不高兴,父子间的关系变得紧张起来。"你决意要加入那群猪仔,"他斥责道,"你当孩子的时候多骄傲,对艺术多有自由的精神!可现在就要把自己对艺术的责任转投给那什么破学校?"[1]然而快到1906年5月的时候,他又对儿子的叛逆有所妥协,在给他的信中又高调表达出了以往那种父亲的自豪:"一定要尽力摆脱常规和庸俗。去向往那些伟大的事、强烈的情感、人和女人——自然是那些出色的、极美丽的、勇敢的、高贵的——而不是那些'蠢蛋'或'蠢货'……你说要写一个关于艺术的理论,这让我很高兴。"[2]

与此同时马林诺夫斯基也正在和自己的"父亲":波利基神父通信。他们每个月都会相互发一两封信或明信片,多数都是些简单的关于日常事物的交流。例如在3月10日的一封信中,波利基让他的学生为下一次哲学讨论课进行一次讨论;4月20日马林诺夫斯基从比萨向自己的老师发来问候;5月24日波利基请他喝茶并帮忙辅导一个同学。马林诺夫斯基在7月26日提交论文之后就去扎科帕奈找了斯塔斯。之后他又回到克拉科夫,在8月剩下的时间里准备毕

第六章

放纵者们

业考试。

"我现在在克拉科夫为博士学位苦读",马林诺夫斯基9月初的时候写信给波利基神父,抱怨他"夏天在城中所经历的苦恼"。

> 此时我正在苦读哲学史。我正在读您推荐并借给我的皮亚特(Piat)的书中关于亚里士多德的内容。我也在读蔡勒(Zeller)。但是有些陈述不清的疑难之处我仍然期待您帮我明释。除此之外我还在读叔本华的原著,它给我带来了不少快乐。不过余柏威(Ueberweg)的《大纲》中有很多难点,我只能硬着头皮去读。这个德国学究简直能把所有主题都变得晦涩、沉闷和乏味!亲爱的神父,想到不久就能见到您是我艰难苦读中唯一的慰藉,因为自从母亲去了瑙海姆我就倍感孤独。[3]

那段日子马林诺夫斯基母亲写给他的信件也有两封保留了下来。除了透露出他们在克拉科夫生活的一些细节之外,这些信件也显示出满怀母爱的约瑟法仍然像对一个十几岁孩子那样对待自己已经二十二岁的儿子。她意识到自己有必要不断提醒布罗尼奥不要总是那么不切实际。老维特邱维奇浮夸的大鸣大放与马林诺夫斯卡夫人务实的教导之间的反差简直鲜明得不可能再鲜明了。她署名日期为1906年8月27日的第一封信发自瑙海姆温泉,当时她正和兄弟布罗尼斯劳享受水疗,其间接到了布罗尼奥的一封信,说自己已经回到了他们家在克拉科夫的老公寓。于是她在回信中给了他一些来自母亲的细心的提醒:

> 床垫和枕头就在钢琴上。你自己把书藏在了洗脸间,包在毛巾里,如果我没记错的话。西装在旅行袋里,内衣在床头,还有些在篮子里……钥匙都在扁篮里。别把东西都拿出来,东丢西落,那样容易弄坏弄脏。旅行袋里还有我的津贴登记簿和房主签过字的发票。我们再就只需要圣尼古劳斯教区神父的签字了,不必让他知道我们不住在那儿了。

马林诺夫斯基

一位人类学家的奥德赛，1884—1920

她接着非常仔细地交代了她护照延期的事，而且还不惜教儿子对相关部门撒点小谎：

> 办护照可能要花一星期时间。如果想加快你就要亲自去一趟警察局，从大门进，往里走，楼梯边，有间屋子写着"检查"，过这间屋子再向左就可以找到他们的头儿了。我现在住在乡下或住在扎科帕奈（你必须这样说），因为家中有事我得去议会王国（俄属波兰），因此需要办加急。[4]

三周后她从华沙来信，说了他们秋天的旅行计划。"首先，10月1号之前启程去热那亚是不可能的。教授们从来不会那么早就返校；即使他们回来了而且你也通过了博士学位考试，我们还是走不了。"她是对的——母亲们总是如此——马林诺夫斯基的毕业考试最终是在10月5号和10号。尽管约瑟法没有说确切的旅行目的地，但是他们或许已经决定好去加那利群岛了。

> 我讨厌途经汉堡的主意，我宁愿慢点从热那亚那边过去，即便这样需要等到11月1号。与其选汉堡，我个人更愿途经里斯本或马赛，如果可能的话……你必须记住，亲爱的孩子，你妈身体不好，有些担心这次旅行啊。

她又提起了读书指标的事，因为布罗尼奥希望阅读的一些书目似乎是被禁止的："我希望能得到教会的同意，也希望能帮你阅读所有你想读的书。班杜尔斯基神父显然还在克拉科夫，所以你要去找他，问问他是否需要我向主教写个申请。"教会对这样的指标分配收取费用，所以约瑟法提议卖掉一件家具。这个不分巨细过问着爱子所有事物的母亲在信的结尾处还给了她"最亲爱的儿子""一百万个拥抱"。[5]

那年夏天的早些时候，斯塔斯曾写信给马林诺夫斯基："你让我参加你的博士论文答辩吗？考试结束后你可以请我在大饭店吃一顿。"[6] 不过斯塔斯这

第六章

放纵者们

封信的主要内容还是他对马林诺夫斯基开的一个"魔鬼般下流的玩笑"。要理解这件事的来龙去脉，我们就必须更深入地了解斯塔斯和马林诺夫斯基并行人生中各自带有虚构色彩的性格的另一面。

班戈和"永不复焉公爵"

1909—1911 年，大约就在詹姆斯·乔伊斯写作《一个青年艺术家的画像》的时间，斯塔斯也在写一部自传性小说，这部歹徒题材的小说取名为《班戈的 622 种堕落》(The 622 Downfalls of Bungo)，或《恶魔般的女人》(The Demonic Woman)。尽管他在 1919 年为小说加了前言和后记，这部手稿在其有生之年还是没有出版。[7] 斯塔斯的父亲曾激烈地反对他出版这部小说。这不仅是因为书中对性的描写对于天主教的波兰来说太过直白，而且还缘于这部名副其实的纪实小说中的主要人物的原型就是作者的一些朋友，只不过将其真实身份稍作隐藏。在斯塔斯的所有小说与戏剧中，生活与艺术都是紧密交织的，不过《班戈的 622 种堕落》是其中最大胆的自传性作品。小说的同名主人公当然就是斯塔斯本人。班戈最好的两个朋友是埃德加（Edgar），即"永不复焉公爵"(Duke of Nevermore)（马林诺夫斯基）和"布鲁默·德·布法德罗·布拉夫男爵（Baron Brummel de Buffadero Bluff）（利昂·奇维斯泰克）"。其他一些重要角色包括阿科涅·蒙特卡尔菲（Akne Montecalfi）[伊莲娜·索尔斯卡（Irena Solska），一位和斯塔斯在 1909 年闹出绯闻的女演员]、安吉利卡（Angelika）[海伦娜·齐尔维佐夫斯卡（Helena Czerwijowska），曾与斯塔斯在 1912 年短暂相恋]、马古斯·齐尔德里克（Magus Childeryk）[塔迪尤兹·米欣斯基，"年轻波兰"运动诗人]、西奥多·布哈伊（Teodor Buhaj）[塔迪尤兹·那列宾斯基（Tadeusz Nalepiński），诗人与有抱负的剧作家，斯塔斯和马林诺夫斯基的密友]。

就像其他同类小说一样，《班戈的 622 种堕落》的主要情节是主人公为成为一个艺术家而奋斗的故事。它其实也与斯塔斯真实生活中的彷徨交织在一起，

马林诺夫斯基

一位人类学家的奥德赛，1884—1920

因为到 1910 年的时候，连溺爱他的父亲都对他不能自食其力感到无法容忍。小说结构松散的情节讲述了一个天真的青年艺术家在寻找自我认同的过程中所经历的情感磨炼。班戈/斯塔斯长期的挣扎刻画了他自己无法控制的各种冲动；小说中并没有需要与之抗争的政治或宗教思想，一切都只关乎存在。他父亲的许多观点在小说里都借由"永不复焉公爵"和马古斯的口说了出来。小说的场景是平静的田园世界——布科维纳森林和扎科帕奈山区，在这个场景中主人公却一错再错。大自然总是一个角色，仁慈宽容，只有人是可鄙的。

坡（Edgar Allan Poe）的诗歌《乌鸦》中一个不断重复的诗句显然是埃德加，"永不复焉公爵"名字的来源。事实表明，马林诺夫斯基知晓这个小说角色的真实身份，因为在他阅读这部小说的 1912 年左右，他草写了一首终未完成的诗，名为"永不复焉"。坡和斯塔斯的作品中对于象征主义的运用有些相似。斯塔斯脑海中"恶魔般的女人"总是挥之不去，这可能受到了蔑视妇女的叔本华、尼采、斯特林堡甚至可能还有魏宁格（Otto Weiniger）的影响；这也十分符合世纪末时代关于红颜祸水般荡妇的普遍理解。[8] 不过最明显的影响还是来自坡，其作品中有着"恶魔般的欲望和心智"的女人们变成吸血鬼，而被她们折磨的男人们则成为"行尸走肉"。[9]（吸血鬼般的女人和行尸走肉也是斯塔斯戏剧中常常出现的主要角色。）坡的那种病态与哥特式的阴暗格调充斥了斯塔斯的戏剧和小说作品，同时泛滥的还有他对道德的漠不关心及对人性泯灭的观察。在一个更加具体的层面上，眼睛在这两位作者的作品中都是一个强有力的象征。乌鸦的眼睛闪着"无与伦比的光芒"；而坡的故事《黑猫》中有着"烈火般独眼的残猫"凝视着命中注定难逃一劫的故事叙述者。斯塔斯钟情于刻画他作品中人物的眼睛。无论是在摄影、油画还是在素描中，他的主人公的眼睛总是极其炯炯有神。

《班戈的 622 种堕落》另外也从王尔德的《道林·格雷的画像》中获得了一些灵感。这是关于一个俊美的年轻男子的寓言般引人入胜的故事。故事中男子画像中的面容上留下了他日积月累的"不可言说"的堕落勾当所留下的痕迹，而他本人的面貌直到他死都不受污染，完美如初。这部小说暧昧地在颂扬角色们的唯美主义和放纵的享乐主义的同时,也暗示了他们道德上的堕落(绝大多数读者都认为这指的是鸡奸),而且也恰恰主要是因为这部作品让视野狭隘的英国法庭确证王尔德有罪,将其于1895年送进监狱。我们不由得要把"永不复焉公爵"定位成亨利勋爵的角色,而把班戈定位成道林·格雷的角色——尤其是考虑到斯塔斯此前还给马林诺夫斯基起的一个外号:"道格拉斯勋爵",这位既是王尔德的情人也是他的报应。

就像在生活中一样,"永不复焉"/马林诺夫斯基和班戈/斯塔斯之间是一种互补的关系:

> 他们在冲突中日益浓厚的友谊使得一种更持续、更完美的感情纽带成为必然。就像红配绿一样,和班戈相配的"永不复焉"在后者对待生活的态度上产生了关键的影响……而班戈,尽管总是与埃德加争吵不休……却知道如何从埃德加身上发现最好的东西,因为他真爱着他。[10]

尽管有些超出现实的夸张描摹,小说还是展现了一个有说服力的青年马林诺夫斯基的形象:

> 每年"永不复焉"都要对他的神经做些疗养……厌倦了他常为之穿上特制的黑色紧身裤的沙龙里的错乱颠倒,也受够了疯狂工作(他是个杰出的化学家,在力学和数学方面也通晓一二),公爵全身心地放松自己,享受乡间的各种消遣。

关于马林诺夫斯基有目的的散步和虚弱的健康:

> "永不复焉"像弓弦一样紧绷着身体,赤着脚(他的脚跟希腊雕像一般),穿着黄色卡其布裤子与绑腿,迈着坚定的步伐;他目光望向远方,因为散光,头还微微斜着;他的脸,因为充满了可怕的意志力,显出对享受每一种生活乐趣的渴望——这一欲望被经历三十六代而

日渐羸弱的体质严重挫败了。

关于马林诺夫斯基用外语咒骂的嗜好和他的坏视力:

> "Me cago en la barba de Dios!"[①] 公爵被一块突出的岩石绊了个趔趄,用西班牙语咒骂道。"把手给我,我什么也看不见。"公爵患有慢性眼疾,这是一个他必须与之搏斗的真正的恶魔。

关于他古怪、颓废的外表:

> 他的头发修剪得很服帖;他坚称这个发型深得所有女士的喜爱,尤其是那些南部来的女士。他的绿眼睛像爬行动物一般,寒光穿透眼镜片,和他巨大、鲜红、色泽美丽的嘴唇上泛起的孩子般的笑容形成让人不舒服的反差。[11]

有个年轻学生把数学课内容念给"永不复焉"听:

> 公爵在门廊上边喝着脱脂乳边让一个脸上长着粉刺、带着刺耳法语口音的年轻学生大声念古尔萨的数学论述给他听……("永不复焉"的)眼睛大睁着,黑色的瞳孔大大的,脸上显露出那种自我强加的高度的意志力。

和摇摆不定、自由散漫的班戈形成鲜明对照,"永不复焉"是个"生活的征服者",思想成熟,意志坚决,有力且善于自控。在一次关于生活与艺术的"本质性对话"中(貌似对王尔德教化对话剧的模仿),公爵建议班戈:

> "如果你没有什么精神上的支撑,如果你不能在你的内心形成一个复杂人生机器能围绕其转动的钢轴的话,那么你将成为一个思想小丑,拼凑那些陈旧的琐碎之物……我现在不再知道你存在的核心是什么,因为单单艺术是不能为你解决这些问题的……生活要么是一个杰

---

① 咒骂语,直译意为"我在上帝的胡子上拉屎!"——译注

作,要么就是一场闹剧,我们用自我的原料来创造它们。"

与公爵的谈话对班戈所起的作用就如同"铂棉对氢氧化合物所起的催化剂作用一样"。但他的回答却是忤逆不驯的:

"你这些获得力量和有意识创造生活的原则适合于那些已经丧失了生活能力的人……当你最终决定生活的时候,你将不再有任何东西去经历、去创造……对我来说,你就像个守财奴,一辈子都在忙着挣钱,当他培养起对美酒和女人的兴趣时,却已经是个患上性无能和关节炎的废人了。我对生活的欲望太出于自发了,以致我无法想象为将来积蓄什么资本。"

而接下来,"永不复焉"也对班戈混乱的人生进行了沉思,将它与自己淡泊、自足的存在做了对比:

"你的人生就是由一系列的意外组成,你也快乐地将自己从这些意外中解救出来,这样的解救也是一种意外。在那些创造性工作中,你并没有我所称的那种对于自己的一贯的想法,即使作为一个艺术家,你也没有……我知道你生活中花边轶事不断的一面看似丰富多彩,但是你的经历并不能组成一个由单一的意愿所聚拢的整体,就像你的'作品'并不具有任何单一风格的印记一样。你必须学会孤独,就像你学习绘画时需要做的那样。现在,我无论是在诺福克公爵夫人的舞会上还是在匹克德泰德山顶都是一样的孤独。"

班戈回应道:

"你简直是铁板一块,但这是为什么?因为你从没有多才多艺的天赋……我需要让我与生俱来的天赋不就此枉费。如果有一天我也变得如铁板一块,那就意味着我已经掌控了组成我生命的那些飞舞的火花……尼采说过,'要让一颗跳舞的星星诞生,人必须在内心留有一分混乱'。"

对此，公爵尖刻地回答，"很对，如果这星星不是你随便在什么街角小店能买到的罗马蜡烛的话。"

即使有些文学夸张，我们还是有理由认为"永不复焉"和班戈之间这样的对话，就是马林诺夫斯基和斯塔斯之间进入青春期后无数对话的写照。

除了那些彼此分享的色情经历，除了耍阴谋、弄是非、搞恶作剧（公爵所擅长的），以及在所有可能与不可能的领域之中对抗来斗智，他俩觉得有必要发现彼此在"根本性"问题上最发自内心的想法。

尽管这些关于生活与艺术的"根本性交谈"构成了《堕落》一书首章的核心内容，但包围它们的是一些更具撒旦般恶魔气息的谈话。

三角关系

一张斯塔斯和马林诺夫斯基1911年在维特邱维奇夫人位于扎科帕奈的公寓阳台上照的照片尤其引人注意。照片中两个年轻人中间夹着一个极纤细的女孩，二人一左一右托着她的胳膊，这让她看似飘了起来。这张照片透露出一种令人不安的暧昧色调。女孩的头是这个三角构图中的顶点，她直视着照相机，淡淡地笑着。我们能在她的笑容里解读出胜利抑或臣服？是她命令这两个男孩将她看似轻飘飘的身体举入缥缈空中，还是她已成为他们雄性玩闹中可怜的牺牲品？斯塔斯和布罗尼奥都出神地看着自己托着女孩胳膊的手，似乎都只专注于自己的任务。我们无法判定，这象征着他们在抬升海伦娜·彼得奇卡（Helena Biedrzycka）还是象征着他们统治着她，因为关于她和这两个男人的关系人们一无所知。不过这张照片从视觉上倒是能让人联想起另一个三角关系，它牵涉到一位叫佐菲亚·德姆博夫斯卡（Zofia Dembowska）的年轻女子。

有趣的是，这段三角关系本身就是佐菲亚的姨妈与斯塔斯父母之间三角关系的倒转。那段关系随着玛丽亚·德姆博夫斯卡（Maria Dembowska）这位斯丹尼斯瓦夫富有的崇拜者的介入而在维特邱维奇家中发展起来。父母之间的日渐疏远也是斯塔斯 1905 年违抗父命执意进入艺术学院的主要原因之一。这场闹剧最后在 1908 年尘埃落定，老维特邱维奇在德姆博夫斯卡夫人的陪伴下到伊斯的利亚海滨的洛夫兰居住，名义上是因为肺结核病的原因。[12] 而似乎被遗弃了的玛丽亚·维特邱维奇则留在了扎科帕奈，继续经营她在比斯特的家庭旅馆。

年青一代的三角关系则是这样的：斯塔斯和佐菲亚自幼就认识，但是直到 1906 年初——也就是他俩都要上艺术学院的时候——他们才开始了一段短暂的恋情。佐菲亚似乎用情很深，但斯塔斯很快便厌倦了她的殷勤并邀请马林诺夫斯基"跟她交朋友"。布罗尼奥 5 月 16 号在克拉科夫见了佐菲亚，尽管这之前他肯定知道对方一段时间了。因为斯塔斯的拒绝，佐菲亚带着伤感回到了立陶宛的家中，随后她一封接一封地从维尔纽斯写信给马林诺夫斯基。为了让她忘掉斯塔斯并从他所激起的情欲中解脱出来，马林诺夫斯基也会间或回信，提些建议来抚慰她。那年夏天的某个时间斯塔斯又试图挽回她的爱，但是到了 9 月底，已经变得清醒的佐菲亚将自己从和这两个朋友的关系中解脱了出来。尽管在 1912 年的日记中他曾提到为了"补偿"自己对她的失去那年晚些时候他又展开了一场恋爱，人们还是只能猜测马林诺夫斯基对佐菲亚的真实感觉。他至死都保存着佐菲亚的书信，从这点上看，他对她还是保留着美好回忆的。[13]

佐菲亚是德姆博夫斯基（Tadeusz Dembowski）的独生女。德姆博夫斯基是个颇有名望的医生，内外科医术兼修，在维尔纽斯开着一家诊所。他们家有些贵族亲友，佐菲亚在信中称自己为"上流社会的女孩"。她在维尔纽斯、慕尼黑、巴黎和克拉科夫都学过油画。对于家庭收入困窘的斯塔斯和马林诺夫斯基来说，佐菲亚 定显得十分阔绰，不过她的信中也显露出因为依赖父母而怀有的深深的挫折感（"如果我不照他们的意思办，明年就没有机会出国了"），而且她的这份苦恼有时还会有些戏剧化的表现（"我应该让自己溺死在塞纳河里"）。她父母的管控十分严苛。有一次，她因为读尼采而被骂，因为尼采的书被认为不适合年轻贵族女性阅读。他们还要求她汇报自己与马林诺夫斯基这样的朋友之间的通信,因此她叫他把信都寄到一个秘密的地址。

尽管对她并不殷勤的斯塔斯说她相貌平平,但佐菲亚却是个多情小姐。尽管当时只有二十二岁(比布罗尼奥小一岁),但身后的追求者却不少,其中还至少有一个是贵族。她的信中透露出一种反叛色彩,这在今天的人们听起来有一种悲号和夸张的抱怨的调调,与马林诺夫斯基日记中常能听到的语气不无相似——这对英国读者坚忍恬淡的神经来说显得有些刺耳。不过这在很大程度上也正是"年轻波兰"运动的矫情之声。佐菲亚的书信行文风格一致,或哀求、或祈愿、或牢骚、或抗言,这很容易被误解为青春期的反叛情绪。然而她却并非少不更事的稚嫩女孩。她博览群书:除了尼采,她还在信中提到过科尼利厄斯、爱默生、诺德(Nordau)、龙勃罗梭(Lombroso)、高尔基和王尔德——她读过他们的不少原著——她的书信中常常夹杂着外文的词组和文学引述。她或许是在努力向马林诺夫斯基(无疑还有斯塔斯)证明她不是这些傲慢的男青年们所想的那种学识上的配角,而是一个有自己思想的、充满生气的女青年。事实上,佐菲亚最终也成了一个成功的古典派油画与肖像画家。[14]

丹尼尔·杰劳尔德在读过佐菲亚的信件后得出的结论是:她绝对不可能看不清斯塔斯和马林诺夫斯基试图与她玩的这个游戏。"她精准而聪明地分析过这段三角关系,意识到实际情况并不遂其所愿。当她全然认识到自己不过是一个受人玩弄的棋子的时候……便重拾自尊,毅然决然地退出了。"[15]

我们现在就能理解斯塔斯在写给马林诺夫斯基的那封信中所提到的那个"魔鬼般下流的玩笑"了。马林诺夫斯基已然发现了斯塔斯在对待佐菲亚时的一些不厚道之处,不过他因此而责备斯塔斯的信件却没有留存下来。

> 我回信是要解释我为什么会写信跟佐菲亚说我已把她和我之间的风流事告诉给了你……好吧,即便我原本是想跟你开个下流玩笑,不过考虑到 Z. D.①,我还是感到良心不安,也想把这件事处理好……她写信告诉了你所有的事,这真是令人难以置信的雅量,我真心诚意

---

① 佐菲亚名字的缩写。——译注

地为我的所作所为而向你道歉，不过一个像我这样开过那么多魔鬼般下流玩笑的人总是能找到原因再开一次玩笑……我能想象你读到这里时脸上魔鬼般的笑容。我会寄给你她写给我的信，你或许可以从中得出有趣的结论。至于你骂我"下流"，我也真心实意地原谅你这么想……显然你学数学还不够用功，还没能发现我的艺术家之手所画的弧线的方程式。[16]

因为马林诺夫斯基的毕业考试日渐临近，他应该是因此而忘了回信。9月19号，佐菲亚又开始写信，这或许是她写给他的最后一封信。

> 亲爱的先生，我又给你写信了，不过只有寥寥数语，给你我在这个国家的新地址……我想为上封信中责怪你长时间不回信而向你道歉。我没有权力这样做，这也会伤害我们之间的友谊。什么时候想跟我说话，就给我写信吧。

一两天之后，她接着写道：

> 我刚收到你读《道林·格雷》时写的信。很高兴你喜欢这本小说。我对亨利勋爵这个角色很感兴趣，因为他这类人的原型……我不会回应斯塔斯散布的流言。你什么时候来？你一定非常疲倦和生气。……忠实的，佐菲亚·D.[17]

佐菲亚不久之后就从与这个男青年的通信关系中消失了。要想更加深入地了解这段故事，我们必须回到斯塔斯的自传体小说中，他在书里展现了这段三角关系的一个虚构的版本。

在《堕落》一书的开头，读者就已被预告某种"堕落行为"在后来的发生。在第一句中，埃德加即"永不复焉公爵"就在一辆"巨大的黑色轿车"中出场。轿车司机是一个"脸上带着同性恋标志"的男人。接下来公爵的朋友班戈出场了，"班戈的母亲不安地盯着他俩，她想当然地认为公爵就是要带坏自己儿子的人"。班戈和"永不复焉"的第一场对话就是关于两人在唐娜·奎皮娅（Donna Querpia）问题上的对抗。这样的剧情安排在有效地介绍这对主人公"必不可少的"友谊的同时也描摹了唐娜的写信狂，因为唐娜无疑指的就是佐菲亚。作者对"永不复焉"的第一段描写显得有些暧昧：公爵要求看唐娜最近的一封书信时露出了"同谋的猥亵笑容"，但同时"他的眼中也含着一丝混合着爱与不屑的妒忌"。

班戈告诉"永不复焉"：

"唐娜信中说她又爱我了，而且渴望着我的嘴唇。她还说你的友谊无法让她完全满足。不过，这封信无疑是你的风格。'关乎本质'这个词至少用了十次。所以很显然你对他产生了'关乎本质'的影响。……很明显，你对她灵魂的完美教导……在她看来是她生命中最关乎本质的东西，她想第二次在我的努力下沉沦，这次沉得更深，因此你也能把她抬得更高。你应该建一座失足妇女之家，并把我任命为卧室的检察长。"

班戈大声念道："我昨天去看了戏。亲爱的埃德加，原谅我。有个男演员很像班戈，他让我想起他的嘴唇，所以我无法自控地给他写了信。我知道这并非什么关乎本质的事，我也知道这就是我写信的原因。原谅我。明天我就会重新集中精神，会再给你写信。现在是凌晨2:00（我躺在床上写信）。亲爱的埃德加。我已经能集中精神了。明天我要画水果静物，我会努力控制我自己，即使是对于这种小事。紧紧地，紧紧地握你的手。你的朋友，奎皮娅。"

这封虚构书信的笔调和细节精妙地模仿了佐菲亚写给马林诺夫斯基的书信，其中有很多都是关于她和斯塔斯之间关系的。"永不复焉"像庇护者一样对待唐娜（"一个讨人喜欢的、体面的、带些英国味时髦的小姑娘"），而班戈却将她妖魔化成一个"精神娼妓、歇斯底里的骗子和彻头彻尾的变态女人的完美典范"。

在这一章的结尾处，两个朋友将他们"关乎本质的交谈"又带回到唐娜的主题上。"永不复焉"说：

第六章

放纵者们

"你看,我的班戈,区别是,我可以说我生命的每一个时刻都是我自己亲手创造的。从最重要到最不重要的东西。甚至还包括了我和唐娜·奎皮娅的关系。我想让她不受你的影响,在这件事上我成功了。她的彷徨源自她性格中常被忽视的不稳定,以及全面自我分析的缺乏。这些都会过去。我希望掌握她的灵魂,但不会占有她的身体,尽管我可以。她不是你的,但她生命的一部分无条件地属于我。"

不过班戈有他自己的王牌,他给"永不复焉"看了唐娜的第一封信:

"这就是她求你帮她摆脱我影响的那封信,那封向你表达她高尚情感的信。那封信是按照我的口授写的……我从来没有占有她,因为我根本就没有爱过她,一刻也没有;我只不过是拿她的愚蠢孤僻消遣罢了。我厌倦了她,于是就决定在她的帮助下愚弄一下你。你从非洲回来后那种专注的狂热简直太可笑了。你,这个自觉的生活创造者,就像一个害相思病的中学生,整整两个月痴迷于一个愚蠢、孤僻的小姑娘。"

"带着不无一丝怜悯的胜利感",班戈打击了"永不复焉"的自傲。尽管成年马林诺夫斯基的性格中也有挥之不去的对耍小计谋的偏好(正如他的许多同事和学生后来证实的那样),他在这方面还是没法跟他魔鬼般的朋友斯塔斯相提并论。

一段放纵的恋情

《班戈的 622 种堕落》里还回忆了一段几乎肯定在真实生活中发生过的情欲上的"堕落"。尽管没有足够确凿的证据,老维特邱维奇半遮半掩的规劝还是明显地针对了他儿子和马林诺夫斯基友谊中所含有的同性情欲的成分。卡罗尔·艾斯特莱歇尔曾写道,"年轻波兰"运动所宣扬的放浪形骸中所包含的"带有象征意味的"情色与"充满肉欲的"荒唐事在这两个年轻人早期的文学实践中得到了表达,但他并没有言及他们真正参与的性行为。[18] 不过这无疑正是让他们暗地里彼此认同为"变态"、"堕落"、"邪恶"、"下流"和"野蛮"的原因。除了充满情色的性欲倒错行为,难道还有别的什么东西能导致斯塔斯在他的书信(和小说中)偷偷地吹嘘他们魔鬼般的放荡堕落?他们很享受那种邪恶的感觉,不过这在很大程度上是一种戏剧化的夸张姿态,无疑是想借此让他们的长辈们错愕。道林·格雷那些"不可言说的"罪恶,激发了他们对那些骇人听闻的行为的想象,但是对于年轻的马林诺夫斯基和斯塔斯来说,他们所犯的小错"不可言说"只是出于他们对自己的无知。例如,我们对这两个年轻人的初次性经验一无所知。极有可能是他们各自被年长些的女孩引诱而偷尝了禁果,她们或许就是斯塔斯小说中提到的那些"村子里的娘们"。几乎可以肯定的是,他们之间也有一些同性间的性体验,这也极有可能就是老维特邱维奇提出警告的原因。他们对彼此思想的相互欣赏似乎激发了一种充满情欲的关系,在这样一种关系中,对欲望对象——比如佐菲亚——的分享就是他们自恋的一种表现。简言之,他们的三角关系中有一种隐秘的同性情欲成分。不过这两个人都不是一般意义上的"同性恋",而且他们成年后的性取向也都无一例外地指向女性。

斯塔斯这部成长小说的第三章一开始就仔细交代了"永不复焉公爵"的堕落:

> 他陷入了与大学同班同学萨菲尔小姐的一场复杂而反常的感情之中,萨菲尔小姐是个尚处于初级阶段的虐恋狂。她还仅限于剪已厌倦享乐的公爵的指甲,一直剪到流血为止。极度疼痛中的公爵会边扭动边用舌头舔她那凸起的、令人憎恶的肚脐。

与此同时,班戈"像个影子一样跟着公爵,观察着他朋友的各种堕落行为,并把它们用油画和素描的形式永久地保留下来"。(斯塔斯为友人们画的滑稽画也的确成了那段岁月的生动记录。)一天晚上,"被女友萨菲尔的虐恋弄得垂头丧气的"公爵，求班戈和他一起回勃南宫（对《麦克白》一剧剧情的暗示绝非无心之举）。对埃德加厅堂内部的描述捕捉了马林诺夫斯基个性习惯中邋遢懒散的一面，同时还用一种俏皮的中伤口吻称"这厅堂最突出的特点就是全然没有一件艺术品"。尽管马林诺夫斯基欣赏建筑艺术，但他从来没有培养出对绘画的爱好。

埃德加把床让给班戈，自己则在地板上铺了个床垫，也正是他先诱惑对方的。他"姿态怪怪的"，就像班戈自己所画的那些魔鬼人物一般："他的眼睛，没戴眼镜，迷离眼神中透露出一种迷惑的神情，糅合了罪恶的欲望、无声的祈求还有令人生厌的忧伤"。班戈"吓呆了"，不过随即就成了相同诱惑的猎物。次日清晨班戈仍惊魂未定："所作所为都在脑海里闪现，这种一旦发生便无法退到原点的可怕行径所带来的巨大痛苦简直要把他压垮了。"接着，他又抱着一种矛盾的心情开解自己道："无论如何，这都是一种经历。"埃德加和班戈就此别过，谁也没提那晚发生的事。"不久，'永不复焉'就和母亲一起远赴英格兰继承刚去世的英国公爵的贵族遗产，之后就在那里永久地定居了下来。"

斯塔斯对这件事的艺术再现表明，他和马林诺夫斯基所进行的同性情欲的尝试，最大限度地考验了他们之间的友谊。那是一种不能再次发生的"一夜情"。用坡的话说就是："乌鸦说，'永不复焉'。"马林诺夫斯基是否也是这样想我们就不得而知了，因为他在日记中从未提及这段往事。随着长时间的分别，他和斯塔斯之间的友谊似乎有些颠簸飘摇了。1910年，在斯塔斯写这部小说时，马林诺夫斯基的确是去了趟英国，不过并非和母亲一道，当然也不是去继承什么贵族遗产——除非我们大胆地把它当成一个关于人类学的隐喻。

斯塔斯的小说还描写了许多其他的"堕落"——其中最具戏剧性的是对"魔鬼般的"歌剧演员艾克妮的迷恋。小说最后的结局是主人公不负其父所望在山顶的顿悟。班戈不仅发现了真实的自己，感受到了命运的召唤，还认识到了他艺术创作的源泉在于"他存在的最深的本质"之中。他最终抛弃了艾克妮，小说以一段充满胜利与乐观情绪的评注结束："从未感觉如此坚强、如此孤独、如此彻底的自由。"

不过斯塔斯的生活仍然要继续。1919年他重拾手稿，为其加上了一段讽刺性的尾声。此时的他已经经历了自己未婚妻的自杀、与马林诺夫斯基同游锡兰和澳洲、参与和沙皇军队的战斗及目睹血腥的俄国革命，这些历练使他突然成熟起来。已然厌倦于班戈漫长青春期的斯塔斯，出人意料地"杀死"了这个角色，并以此"切开他自己青春烦恼问题的戈尔迪之结"。[19] 意味深长的是，他还从文字中剔除了所有提到其父亲的内容。

班戈之死像一个可怕的预言。一次奇怪的事故让在树林里行走的班戈失去了一只眼睛。斯塔斯可能在写作的时候想起了马林诺夫斯基年少时遭受的痛苦："他的头和眼睛绑着绷带，独自待在一个单间里，班戈用他剩下的那只眼睛对这个世界投以犹豫的目光……他第一次懂得最本质的问题究竟为何。"（很显然，对斯塔斯来说，对失明的恐惧使他佩服马林诺夫斯基对抗这一厄运的勇气。）然而班戈的另一只眼睛也出了问题，于是"在意志力的最终决定性的一次展现过程中"，他用一片吉列刀片割喉自尽。斯塔斯自己的死法堪称对其艺术创作的可怕模仿。1939 年 9 月 18 日，在乌克兰森林中遭遇德军和俄军双重进逼的他割腕自尽。

在小说带有邪恶讽刺意味的尾声中，埃德加（"永不复焉"公爵）的结局要好一些。这一段写于马林诺夫斯基返回欧洲之前，也是他的《原始人的性生活》出版十年之前，似乎有某种先见之明：

> 曾在迷人的山野之地探讨本质问题的那一帮人中，如今只剩下"永不复焉"公爵和布鲁梅尔了……公爵因为伙同两个男爵在怀特查普小径上犯下了某些前所未闻的罪行被放逐到了新几内亚。他在当地写出了关于那些被蔑称为"巴布亚人"的原始人群的性变态行为的作品。带着如此巨大的成功，他得以回到英国并成为英国科学进步协会和皇家学会的成员。他的余生充满了一些不可思议的成就。[20]

第七章

加那利群岛的苦行僧

去岛上

1906年10月初,一参加完哲学和物理的毕业考试,马林诺夫斯基就和母亲离开克拉科夫,踏上了去加那利群岛的旅程。显然他们急着想要逃避波兰的冬天,但是他们为什么会决定去一个如此遥远的地方呢?或许除了温暖的气候,他们还想要寻找一个小岛吧!在马林诺夫斯基的浪漫想象中,岛屿有着极大的吸引力,后来也在他的事业中扮演了重要的角色。不管最初是出于什么原因选择了加那利群岛,母子二人都发现这里的生活很是闲适怡人,以至于一待就是十八个月。布罗尼奥这时已经完成了在雅盖隆大学的学业,因此也没有返回克拉科夫的紧迫感了。完成博士学位的学习让他有了学者的地位,但是要想在大学里找到讲师的工作他还必须先获得另一个资格——大学教师资格。他那时可能正在为这最后一战做准备。

在汉堡,马林诺夫斯基和母亲登上了开往直布罗陀、马德拉岛和特内里费岛的S. S. 汉堡号。12月8号,他从拉帕尔马岛给波利基神父寄了一张明信片,告诉他特内里费岛正在闹瘟疫,因此所有的轮船都在被隔离检疫——这对他们这次时间不短的疗养之旅来说并不是个吉利的开场。尽管1907年时的加那利群岛还不像后来那样有名,但是作为一个旅游目的地它已经在渴望享受日光的北欧资产阶级历险者们当中小有名气了。西部诸岛（特内里费岛、大加那利岛、拉帕尔马岛、戈梅拉岛和希尔罗岛）因为其温和宜人的海洋气候以及壮丽的火山景观而闻名。岛上数十万人口中西班牙人占了大多数；他们种植酿酒用的葡萄及甘蔗和香蕉，从事渔业的也很多。

在新年到来的时候，母子二人在心形的拉帕尔马岛上住了下来，这座岛上有一个七千英尺高的荒芜的火山锥。从岛上唯一的一座城镇圣克鲁斯，马林诺夫斯基给他"尊敬的、亲爱的神父"写了一封热情洋溢的长信。他老早就想写信了，只不过"众所周知，懒人在无所事事的时候最没时间了，我恰恰就是属于这种情况"。他兴奋地继续写道：

> 因为我已经全然接受了疗养的日常习惯：首先，我吃得多睡得好；除了游泳还晒太阳，整天坐在海滩，简言之过着宁静、快乐和懒散的日子……母亲和我住在一幢小别墅里，别墅在城外，据海而建，十分漂亮。我们发现这里的环境简直完美极了：气候极佳，比起地中海沿岸这里更暖和，气候也更稳定，此外这里也十分清静——因为整座岛上除了我们再没有别的外国人了。

关于"当地人"，他的观察更像出自一个来自帝国心脏的自鸣得意的旅游者，而非一个初露头角的人类学者。"当地人，一方面从文化上看落后几百年，另一方面出奇地缺少活力与脾气；因此，这里的环境不会让人不舒服。"他继续用一种高高在上的语气写道：

> 几周前特内里费岛爆发了一场传染病……，人们私下里都说这是腺鼠疫，尽管病况不大严重。不过，首先当局没有发表任何正式公告……为的是不破坏这座岛的名声……结果在岛屿之间发生了一场战争。特内里费岛的居民想要逃到别的岛上去。隔离检疫所被建立起来，被隔离的人们遭到了残忍的掠夺。我们所在的拉帕尔马岛上没有像样的设施，乘客和货物统统被拒绝上岛。总督派来的代表和随行的警察受到子弹的欢迎。海滩上的宪兵拿起武器对抗船上的宪兵。"西

第七章
加那利群岛的苦行僧

班牙人的事!"我亲眼所见!现在我们已经与世隔绝了,只有信件还能送到我们这里。[1]

颇合时宜地,马林诺夫斯基在这次西班牙人经受的磨难事件中开始读起《堂吉诃德》。他"开始学习一些标准西班牙语",同时几乎忘了意大利语:"他们说两种语言不能同时存在一个脑子里。"这封寄自加那利群岛的热情洋溢的信是当时留存下来的唯一一封。马林诺夫斯基1907年的生活除此再没有留下其他可循的痕迹,我们也只能猜想他继续享受着说西班牙语和日光浴带来的快乐,同时继续为教师资格考试而刻苦准备着。

接下来的一年中也没有通信留存下来,不过马林诺夫斯基在1908年初的四个月里间或写的日记则为传记的书写提供了丰富的信息。事实上,这本日记使得传记能够进入一个更深的层次,因为它们打开了通向这个极度热切的年轻人内心的窗户,此时此刻他正要为实现自我转变而开始苦行的生活。那个跟波利基写信的愉快轻松的享乐主义者("宁静、快乐和懒散")此时已难觅其踪。写出1907年1月4号那封热情洋溢书信的马林诺夫斯基和一年后那个写日记的马林诺夫斯基简直判若两人:"我知道有可能达到一种状态,在这样的状态下创造力能以一种满足我个性需要的方式发展。我希望达到这种境界。这样我才能开始真正的生活。"他在慈父形象面前所展现的那个平凡随和的自我和这个在日记中暴露的心事重重、自我专注人格之间形成了鲜明的反差。很多人去加那利群岛为的是寻找安乐乡,但马林诺夫斯基更高的追求是要对抗安逸生活和摒弃对这种生活的所有欲望。通过这本日记的镜片,我们看到的这次阳光之旅与其说是一次疗养度假,不如说是一次自我考察与自我实验的持续练习。

一个苦行僧的日记

斯塔斯精准到位地将马林诺夫斯基刻画成意志坚强的"永不复焉"公爵,而我们通过他最初的这本日记也在心理层面上找到了共鸣。我们现在可以从他的内在世界发现他的朋友们所说的那种抱负,以及"冷漠"的个性特点。我们所看到的固然不乏年轻人"强说愁"的作态与自我戏剧化的成分,但这其中仍然有更多值得我们注意的东西:一种对清楚地、诚实地认识自己的不懈追求,以及一个处于严苛的自我审视之下的赤裸的灵魂。通过将自己的矫揉造作像洋葱皮一样一层层剥去,他不断寻找着自我存在的岩石般坚硬的内核,他要将这个内核敲打成一个更完善的形状。

自我分析可以导致自我反感,读者的第一印象就是这个年轻人在虚拟的孤独中与自己作斗争的令人不安的景象。母亲只被提到过一次。外部世界几乎没有对写日记者产生任何影响,它仅仅是作为一种能够衡量他改变自身意志的坚定程度的日常挑战而存在。这本日记简直就是在为一个奋斗中的灵魂加上了道德、苦行,甚至是修士般的"红字题注",在这方面,它比后来以《一本严格意义上的日记》之名出版的1914—1918年间的那些日记还有过之而无不及。T. E. 劳伦斯对自己的一种形容用在这里似乎也很贴切:马林诺夫斯基就是一个生活在他自己身体的单间里的修士。

他常常无法成功地按照自己严苛的理想标准生活,于是在他不得不降低自己眼光并重新调整自身价值观时就会表现出一种引人悲悯的情绪低潮。日记中充满了对自我控制的沉迷,而且身体上的苦修也常常成为精神挣扎所要付出的代价。借用一下他自己的比喻,他就是要努力在自己身体的铁砧之上锤炼出一种哲学,通过自我施加的苦难在净化的火焰中铸造自己的灵魂,这一切都是出于对"佛的微笑"及查拉图斯特拉的"超人"之"爱命运"的渴望。因此,马林诺夫斯基的首部日记充斥着对完美的追求和尼采思想的味道。在近十年之后,他写道:

> 在我的年青时代,尤其是在我称之为"我的尼采时代"的那些岁月(尽管严格说来,尼采对我的影响在我那个时期的思想"化合作用"中只是一个不甚重要的成分),我非常重视日记的价值。我这样做也是十分正确的。另一方面,写日记也有某种危险,因为它们一定会让生活发生改变。它们会自然而然地干扰正常的生活技能;会导致产生

第七章

加那利群岛的苦行僧

自我分析、对自己持续不断的批判，以及价值观的持续变化。[2]

构成这本日记主要线索的是马林诺夫斯基对健康的诉求。毕竟正是"由于生病的缘故"他和母亲才会到加那利群岛享受一段长时间的日光治疗。他和尼采在身体状况上也有着惊人的相似：两个人视力都很差，都饱受健康问题的困扰，包括头疼、胃病和失眠。正是由于健康崩溃的原因，尼采从1879年开始就在欧洲不断地旅行，成了一个"永远的逃亡者"。两个人都藐视自己的健康问题，都反对因为病弱就采取权宜回避的养生方法。尼采相信通过心智的严格训练能够操控身体的健康状况，马林诺夫斯基在这一点上如果不是有过之而无不及的话至少也是追随了他的观点。这种观点认为自律至关重要。尽管尼采反对神父们在生活中采取的戒绝态度和道德上的禁欲主义，但他支持哲学家们积极态度的苦修理想。正如其日记所透露的，马林诺夫斯基对这种苦修的理想也抱有热望。他并非将其当成一种美德，而是当成保存能量以及节省稀缺的心灵资源的一种方式。"我确信在我心灵的深处对实现'权力欲'有一种潜伏的、无法控制的欲望"，马林诺夫斯基写道，接下来的一段来自尼采，听上去有些马赫的味道，可以当成他日记的题语："不仅仅是保存能量，而且是在利用上实现最大化的节省，因此事实上是每一个力量中心不断强大起来的愿望——不是自我保存，而是占用、支配、增加和变强大的欲望。"[3]

尽管马林诺夫斯基可能从尼采的一些著作中找到了精神上的激励（不过他仅仅只提及了《查拉图斯特拉如是说》），他自我管控的想法还是源自自我内心深处；这并非仅仅是一种从"年轻波兰"运动拥趸们那里学来的文学化的矫情。他对矫揉造作所持有的敏锐警惕足以证明这一点（即使是潜伏于"文学激情"中的那种），他一旦对此有所察觉，便会坚定不移地对其加以压制。由于将自己转变为一个健康的"自由灵魂"的强烈愿望发源于自身，马林诺夫斯基可以声称尼采在其思想形成的化合作用中只是"一个不甚重要的成分"。在旁人看来，培养自己的强大野心正是他性格的一个组成部分。为了达到目的（尽管这些目的在那时尚未成熟定型），他必须塑造一个坚韧但能屈能伸的自我。尼采为这种努力提供了一种隐喻性的语言。这种冲动超出了对自我完善的欲望——此为西方个人主义的一个普遍特征——因为马林诺夫斯基所抱有的是一种对自我改变的"无法控制"的热望。这种欲望的目的不是要为日后的生活积攒优势，或是为了得到他人的爱与敬仰而将自己变成一个"更好的"人，而是为了"增强生活的能力"进而让自己成为一个更有效率的、高尚的、"更纯洁"的人。因此，摒弃那个容易受到病弱、俗念及小诱惑影响的羸弱和动摇的自我就是十分必要的了。"不能蜕皮的蛇终要死去。"查拉图斯特拉如是说。[4]

"为了凝聚力量"

这本日记并没有很强的叙事性，马林诺夫斯基的本意也并非记录日常活动。它所记下的其实是一系列的命令、一个自我发展的计划，以及对其作者并非一帆风顺的进步情况的评论。[5]

日记始于 1908 年 1 月 9 日，当时他正坐在布列那巴哈的海边，这是里拉帕尔马岛圣克鲁斯以南几英里的一个海滨小村。日记的开头写得像段精神宣言，为后面的日记内容定下了基调。

> 新的价值观。对天赋及创造可能性的需要出现了。首当其冲、不可或缺的是手段方法。健壮的肌肉、强大的心脏和神经、对器官的生理掌控……我目前任务的两面性：强调为最大限度的节制而努力，争分夺秒，强调每一个技术细节。切记自己的最终目标是总体上自身生活能力的增强，是依照我自己的标准所判断的个体价值的提升……最大限度地进行节制的计划：意志力的加强（生理上）。因此：苦行主义，对联想的控制，对感官的控制。这种持续的戒备、努力与锻炼状态本身已经是生活方式的一个高层次了……抛弃生活中的常俗与狭隘……我将生活中两个完全无法比较的方面区分开来：处于个人自我框架内部的生活和为他人的生活。

第七章

加那利群岛的苦行僧

"为他人的生活"正是他明显地从日记中摒除的东西。那天晚些时候，他感觉到无聊和自我怀疑，继而又用一种精神口号来激励自己。像这样的正负情绪的平衡在他的日记中随处可见。

> 我的苦行主义预先排除了对生活所有的酸化变质、遮蔽及变形；它是生活之乐的一种形式，一种特定的经验形式。它首先是一种手段，目的是为了实现各种力量的凝聚。为了让人格中最高尚、最深邃的本能得到自由。它是一座堤坝，目的不是要摧毁水流的力量和固定其流向，而是要让它变得更深，并且提升它的势能。我应该具有的美德是：睿智、坚强而富有勇气、美丽和高尚。我有自己的评价标准。这些美德仅仅只和彼此相关——它们不含任何道德评判，这意味着它们不会将我的个性置于任何外界的法则之下。我唯一感兴趣的是如何在我个体内部根除那些我所认为的顽疾：怯懦、愚蠢、卑鄙、丑陋……当下最主要的口号是："愿我的话成为命运之语"。

在沉默了一个月后，马林诺夫斯基又接着在日记中对自己进行苦行生活的劝诫："要在一个有着完全不同价值观的世界中生活；毕竟，生活不过是对价值观的探寻。在其传播之时我就发现，苦行主义是无论什么生产性劳动都不可或缺的条件。"他继续研究数学（"我在床上学几何"）和化学（"不甚热衷"），不过他也把这些当成他总的训练机制的一部分。比起体操或其他那些为增强意志与集中注意力所进行的练习来，这些学习不再更加重要，事实上是变得大大地次要了。有时他会把它们看成自己计划中较为容易的部分：这是他在情绪（因为厌倦与渴望）不适于进行那些自我管控要求更严的练习时还能认真完成的工作。

马林诺夫斯基在这个月里一直持续地记着日记，总结自己的思想，监控着自己在这一段他自认为是改造自己的实验性工作阶段中的内心状态与进展状况。他警告自己不要分神、不要浪费精力，并记下细微的分神所付出的代价："读报，后来通过极大的努力控制住了。结论：心脏的疲惫是与大量的身体能量消耗相关联的。"[6]

2月13号的一份"摘要"包含了对他身体练习的细致特点的描述,他从事这些"生理层面的努力"目的是为了"巩固"意志力。"我(借助椅子)开始做二头肌练习,运动量极小。我也做蹲坐训练。"几天之后他描述了一种理想的操练方式,认为它能掌控精力的保存:"通过最五花八门的方式训练身体,压迫它。在地板上或在室外睡觉,等等。"

> 更高级的苦行主义,把全部负担留给心脏,神经能够极其有力地工作;例如我早上起来,放大情绪上的不快。"我用眼睛看着它",即我用整个意识来引发它。神经通过耗用本该极有力地工作的心脏从而调节自身。

除了那些他意欲着力的细微末节的有些可笑的小事(早上起床、日光浴、散步),人们也奇怪他为什么会把"心脏"和"神经"这些生理用语列为关注的重点。它们对于他来说意指了何种复杂的过程?很显然,它们在他对于身体工作机制的理解中是具有核心地位的。马林诺夫斯基所说的"更高层次的苦行主义"似乎指的是对外部映象、思维及感觉的滤除,以求更好地集中精力于某一特定任务之上——不管它是简单的或是机械性的。他向往一种"内心的纯净",一种对"交往"的完美的控制。即使为了达到这一控制的初级阶段,他也必须要对世界"关上门",以便保存心智能量。此外这还涉及一种意识状态的培养,这种意识状态能"与人的整个生活进行联系"。[7]

> 因为正常程序的基础就是一定的情绪质量:镇定、平静等等,[我应该]努力进入这种状态,因为没有它就没有一切!……如果我要征服抗拒感,就应慢慢地接近它,感受这种抗拒感的不断增加……重要的是按照自己欲求的方向在自我内部培养力量……重点一定总归是自我控制。

他意识到,单有这种"自省的生理学"还不够。他还必须"考虑社会和教育层面及其对心理学的意义"。他似乎是在试图通过满含意志的自我意识行动实现其思想("心理学")和其身体("生理学")之间的"整合",尽管他并没有使用这个词。这或许就是他时常提到的"延续"与"平衡"。2月18号,他又如此指导自己:"将主要重点放在提高效率上……战胜自己的体弱多病。"这是他在日记中第一次明白地承认自己的健康仍是个问题。不过,如果说此时他不再有恐病症的迹象,那么它只是通过对其身体机能的细致关注得到了另一种展现:"对心、肺、肌肉和神经的依赖"。尽管表面看来他的身体状况不错,他却患上了一种精神上的恐病症。

这种"高层次的苦行主义"包含了一个灰暗阴冷的哲学维度,即对"超人"的自我管控所开出的近乎非人的道德处方。他训诫自己:"要摒弃所有来自快乐、自满和成就感的潜移默化的影响——把它们当成肮脏、浑浊的渣滓。把每一个成就都降低到凡俗常事的高度。不要依靠即得之物生活,不要把它们当成已经拥有的东西,而要将其当成未来成就的保证。"他对所谓的"个性的日常构成"有了一种全新的洞见:通过意识的细微行动实现自我肯定——"无数小的交往、印象及情绪反应"——这也是让一天不同于另一天、一个人自己的一天不同于其他人的一天的那些东西。他认为这意味着对别人的苛责与标准的一种拒绝。他一定是自负的,他也在思考"抵抗乌合之众,抵抗精神卖淫的方法"。

几天后他又再次质问自己。他发现精力有所增强,但也注意到一些瑕疵,一些计划中的不足之处。他不确定原因存在于他自身还是存在于这整个体系。不过在他的理性分析背后有一种抗议之声:欲求太大,他太渴望"生活"和"快乐"。他羸弱的身体也是个问题,这让他不堪一击:"我正在浪费我的精力;我在忘记我自己,我在垃圾中沉沦。……过度工作、过度疲惫,这都是我病弱的心脏、肌肉及神经容易导致的。各种各样的虚弱与诱惑折磨着我已然虚弱的身体,就像尸体上肮脏的寄生虫一样。"在另一次展现苦行美德时,他警告自己不要被"文学热情"所诱惑。他并不希望被华丽辞藻所迷惑,尤其不希望自己也使用这样的辞藻:"我对一切文学化的思想持否定态度;它们像一群恼人的虫子般困扰着我们的灵魂……这些思想由于缺乏创造而空洞无聊;它们靠着啃食彼此而生存，此外别无目标与结果。"

马林诺夫斯基怀疑，他"最高尚的美德"是一种评价的"本能"，通过这种本能他可以知道其所作所为中哪些是值得去做的。在一次颇为现实的自我评估中，他这样写道：

> 我为自己指派的总体任务就是逐步适应研究工作。至于我对学者生活的基本态度，目前我仅仅只能说：这是我主要的天赋（一种创造性的工具）；我具有极高的科学求知欲；现在，学习能给我带来快乐（普遍分析能力随之增强）。

这种自信的语气表明，他并不怎么在乎他科学事业的未来发展方向。他所考虑的是他自己对于研究工作的天赋及个人的见解；那又有什么值得担心的呢？现在重要的是心智应用的统一性和意识"更高级状态的延续性"。

布列那巴哈的懒散是"一种非常好的自我催眠形式"，他决定通过细致入微的严格时间表来"加强毅力与效率方面的训练"：

> 1.守时。2.戒绝麻醉药品与一时的狂热。（注意不要让胃负担过大。）第1条的附加：重要的是每天早上花两个小时专门训练神经与身体。一般来说做体操。以及游泳。如果不是前者，就做空气浴外加擦身。此外早上还有一小时学哲学（一定！）。午饭后两小时的几何（或化学）。一小时的一般思考。6:00—7:00体操。8:00—9:00散步（以锻炼勇气）。9:00—10:00上床睡觉，自我检查。

意志力的考验

一天，马林诺夫斯基为了挑战自己试图爬上一座陡峭的峡谷。忘记了避免"文学热情"的自我规劝，他写道："我去那儿是为了将自己沉浸在孤独中，以

第七章
加那利群岛的苦行僧

便用清新与美丽的印象洗去近来覆盖在我身上的铜锈。"作为一次应用意志力的练习,这次爬山失败了。虚弱的身体最终出卖了他,他险些从陡壁上摔了下来。他将自己的脆弱归咎于注意力的涣散,而且被自己的"期望与结果之间的反差"搞得垂头丧气。他所期望的是对他来说不可能实现的:"力量与不知疲倦;熟练……每一个动作和每一步都稳稳当当,以及由此而来的气定神闲。"但当他气喘吁吁、胆战心惊地爬坡的时候,他所真正经历的却是令人丧气的扫兴结局。他鄙视地想,这简直就像是"在城中走了一趟"。

如果说这次练习是一场失败,那么一次更大的挑战就在眼前。他准备参加复活节的一场狂欢活动。经过了几个星期的孤独及自己"极尽朴素"的苦行计划的稳步实施,他准备让自己面对绚烂的公众活动所带来的兴奋。那里会有如织人流;会碰到熟人(他在日记中并未提及朋友);会有无数穿着华服的漂亮姑娘;会有狂舞与畅饮。简言之,会有无数的诱惑。这让他有些忧心忡忡,于是他决定:"无论何时都要把控自己。就把这当成一次考验;一次对欲望与浮华有所准备的参与。"他告诫自己要警惕各式各样的"沉醉"。这并非仅仅意味着对各种欲望的简单的禁绝,而是意味着一种更困难与凶险的选择:一边接受毒害(无论是麻醉品、酒精或仅仅是其他社会形式的毒害),一边通过"内心的专注"牢记他自己的"个体性",并将诱惑降低到"最小量"。更简单的选择或许就是待在家里。

在狂欢节的前一天,马林诺夫斯基很紧张。他思考道,思想仅仅是实现目的的手段。仅仅只有当其被"赋予了物质内容"、被转变"为活的经验事实"及"通过更具生命力的行为"得以实现时,思想才具有价值。为了实现这一目标,他必须保持自己的自我意识,做到身处世中但不属于它,而且在被"乌合之众"所包围的时候永远牢记孤独的价值。

> 我不能在和女人们、小丑们的调笑中"忘记我自己";欲望:美食、情色、虚荣。向其屈服的各种动机:"我不应该人为地限制[它们],以消遣时光;这给我带来了快乐,所以继续吧;我自己应该通过自己

来控制自己，等等。"实际上就像圣经中的比拉多①一样不可缺少。主要原则：减少到最小限度。

狂欢节期间，他告诉自己应该到城外去散步，然后就早早上床睡觉。不过他在貌似坚定地作出决定后还是不得不承认，"我觉得还是没法让自己抵御狂欢节的吸引；我最好还是待在家里。"不过，他终究还是会去的。他实在是想要"去放松一下，到泥潭里滚一遭……就损失一两个星期时间。之后我要像现在一样，一身清新、满怀热切地投入工作。"最后他又强调了一下目前取得的进步，为自己打气：

> 指引我言行的种种规范的巨大确定性……即使为了击破我自身内部的这种倒退："有事将会发生，我为此感到高兴！"将要发生的事都是由你自己一手塑造的，都是你在自身内部切实克服的，也都是你在经验世界中学习的。因此：为了一种自我控制与意志的理论！

那天下午，在写完这些之后，他搭了一辆汽车（在后面靠窗的座位上坐了两个小时）来到了这座未具名的狂欢节小镇。他对这次经历的记录都是回顾性的，因为他再一次写日记已经是快三个星期后的3月18号了。他输掉了这次赌博：他被狂欢节吞噬了，乌合之众获得了胜利。到底发生了什么？

在那些自我训诫与斥责之中能够读到马林诺夫斯基明确地尝试用一种适宜于一个二十四岁年轻人的方式取悦自己也是令人倍感快慰的。不过即便如此，第一天他还是感到了无聊，"我在寻找能让我麻醉的东西"。

> 我不想分析和寻找那些微妙的、有趣的或是深刻的东西，我要找的是麻醉品。睡意、无聊和倦怠催我上床……但我不睡，这是最要命的。我和安帕丽塔跳了舞；她挺烦人的……我还喝了苦艾酒。和安东尼奥跳拉丁舞——这是最耗费精力的事。

---

① 钉死耶稣的古罗马犹太总督。——译注

第二天:"早上,我回过神来。早饭吃得很晚。和卡萨诺瓦与索莱拉一起跳霍塔舞。和帕兰达一起豪饮……我在药店里唱 *La Pilar*。去了夜总会……在'莫雷洛'夜总会和聂维塔一起跳了舞。"随着越来越疲于回忆,他的日记渐渐只剩下一些让人几乎读不懂的词组与缩写。尽管马林诺夫斯基不屑于那些"无聊的消遣",但他还是陷入了各种社交娱乐的漩涡之中。他和小姐女士们一起谈天、唱歌和跳舞;他在一家一家的咖啡馆和夜总会留连;他豪饮着葡萄酒和雪利酒,再来上一两支雪茄。他甚至允许自己片刻踟蹰,怀疑所有这一切"社交泡沫"是否都真的有害:"这不是那镏金华美、温柔迷人、有着诗一般诱惑力的东西吗——如美丽月夜从远方飘来的撩人舞曲——这邪恶吗……挡在寻宝之路中间——这难道不仅仅就是身体的呼声、小小的欲望吗?"

"举起的鞭子"

马林诺夫斯基重新开始写日记的时候进行了一次自我验尸般的检讨。他除了重新来过还能怎么办呢?

> 狂欢节期间浪费了大量精力。这是一次动力的枯竭和对终极目标的干扰——身体被搞弱了,欲望却被唤醒了。很长一段时间我都无所事事。后来稍稍学了一下数学。现在我希望能够重新着手训练身体……增强肌肉和神经。完全进入孤独的状态。

尽管这次"实验"的结果堪称灾难,但是当他一旦恢复内心平静与道德上的耐受力,马林诺夫斯基就又显得兴高采烈、无怨无悔了。遵循他自己"利用所有经验"的箴言,他决定"分析并记下浪费的时间;以便让自己在未来的工作中变得更强大"。他再次针对自己的欲望写下了鞭挞的警句:"让壶下的火焰不停地燃烧吧——不要去姑息与满足欲望;让它们保持紧绷。饥饿的身体,又渴又贪婪的身体,恰是强健和有工作能力的,就像紧绷的弓弦一样。"他现在斥责

自己对渴望的美化并且找到了让自己鄙视的一个新目标:

> 批判或摆脱我用以描绘饥、渴及渴望的诗意美化倾向并不可能。
> 我应该批判的是在我看来同样明显的一个东西:与乌合之众的紧密关系。为什么?因为它浪费我的能量、回报浅薄、吸干精力且毫无贡献。

他承认"批判乌合之众"意味着同时也批判他身上被他们所诱发出来的可鄙行径:"假才华、假名望、吹嘘及所有其他恶行。"

23号,他重新定义了自己的目标:"生理水平上的进步及内心上的坚忍(其构成成分:苦行主义及承受重负的能力)……尤其是:对社会交往的控制;对内在麻醉的控制(音乐、诗歌、恐惧及其他迷信);对欲望的控制,以及抛弃对迷信与大众本能的依赖。"最后他也自问,如果彻底抛弃了"所有这些刺激"自己还能剩下什么。那样的话"经验的物质"又会是什么呢?伴随着欲望的摒弃他是否必定将要失去爱、友谊及"所遇见的人们心中的那些新奇世界"?但这恰恰是"生活中最吸引我们之处",于是他又充满感伤地写道:"我不知道有什么能比朋友的心灵更值得去了解和爱的了。"

在又撇下日记达三个星期之后,4月13号他终于宣布了一个新计划。人们能够感觉得到,他似乎是在自己的生活周围踮着脚尖摸索,无助地找寻能够控制它的最佳位置。尽管新计划还是包含了很多以前提出的劝诫警句("控制联想"、"内心纯洁"、"超然的乐观与冷静"),其对"具体"工作的关注仍然显得较为突出。这包括三个层面:"身体操练、学习研究、生活哲学,苦行主义是它们的统领"。不过他还是承认,他不可能"克服与生俱来的生理本能",例如性欲:"总体上我无法克服性冲动,但是我能在自身内部压抑它一段时间,让它保持某种状态。即在内心深处完全地克服它!"

他仍在戒除分散注意力的消遣及管理、引导"联想"方面存在困难。他所列举的分散注意力的消遣包括"5月的假期、远足、写信、读报、看书"——这一串内容显示他至少还部分地生活在一个日常世界中。依照内省的训练安排,他通过研究赫尔巴特、马赫等人进行了学习。他观察到联想"沿着特定的方向轴"以一种"满足欲望的序列"的模式进行发展。控制这些"来自过去的客人"的技巧就在于"伏击"它们,并分析促发它们的原因:"要么是某种印象,要么是某些记忆让它们不期而至。"

他思考了自己的研究方法:

> 箴言:"如果一个人希望在物欲的控制上尽快地进步,那么他就必须慢慢一步步地打好坚实的基础,通过记忆对细节进行消化吸收。"
> 在调和各种思想的过程中,人们必须为自己尽可能地创造适宜的条件:内心完全平静,以便让神经拥有最大的活力。

他再次提出了"生命最根本的问题:做什么?"他认为自己现在已经清楚地了解自己可用的精力的总量,因此也知道了他在多大程度上"处于朝向某一特定方向工作的状态"。但是如果这看起来像是预示他将要选择当学者作为自己的事业,那么这一预感可以证明还是错的。"生命想要工作,想要行动。目前我就是想要努力工作。总体指导:检查一下我是否应该处于一种状态,以便让自己适应研究工作,精确思考。"

过了几天,处于"又一个深渊"之上的马林诺夫斯基开始问自己:过去几个月的所有工作是否都指向一个正确的方向?他得出的结论是:"一种'内在生活'处于我的力量控制范围之外",而且"数学对我来说也已经变得不可容忍"。他的整个"系统"现在似乎开始变得摇摇欲坠,他也自问是什么驱使他走上这条充满风险的自我完善之路的。他的答案,和过去一样,存在于内省的自我评价之中。"这是对我工作态度及工作中所遇困难的分析",他略显草率地宣称,不过结论在现在看来已经是可以预料到的。处方只不过是同一种药的更大剂量。"我对苦行主义的实践还不足够,只有实现了这个,才能对我工作中那些不愉快的片段做到真正的不在意。"

又过了两个星期,当他再次重新开始写日记时,语气有了一些缓和。尽管因为"没有遵循一个系统的计划"而导致"某种绝望的负面情绪状态",但他还是发现自己在没有借助有意识的监控的情况下取得了一些成绩:"我的箴言甚至是：只有行动。我工作得颇为顺利，我做身体操练，而且相当自由。"一天，在一些"轻松的脑力工作"之后，他轻松地爬上了山坡，在棕榈林中享受了一种绝对的平静，"对当下的时光有了一种深层次的感受"："我应该引导我生活的方向，让它如平静、匀速的水流一般。只有这样势能才不会浪费在漩涡与湍流之中……一个人选择工作时应该让它满足于他自然的偏好。"

带着相同的诘问口吻，他的另一段诉说充满了查拉图斯特拉式的想法和浪漫的夸张：

> 我孤零零一个人。无处寻求帮助与激励——不再有另外的资源提供参照。我自己就是这场斗争的发起者，是种种失败与胜利的目击者……我必须再次鼓足勇气，这样才能在平静中忍受一切磨难——才能给自己以胆量。鞭子已被举起。

虽然兴味索然，他似乎已经让自己习惯了数学学习。无论如何，他仍把这当成训练自己思考和为日后所有发展打基础的最好途径。不过，他也一如既往地告诫自己，这只是为了实现目标而采取的手段，此外在学术上的"成功"并不能保证在更大的事业中同样成功。"要在自己的内心中打好基础：有能力在面对各种突发念头时理顺头绪——有能力通过受苦来磨炼自己。"然而他接下来的想法却让人很是吃惊，这也显示了马林诺夫斯基的思想有多容易从苦行僧的刚毛衬衣突然转到舒服的床笫："是否我的生活中太需要情欲和情感方面的东西了？"

> 我希望能给我的整个思维方式和我对这个世界的内在态度带来一种根本性的变化。要培养那些在我看来美好的东西：冷静、勇气、目标坚定、自控和坚持。要根除虚荣、对白日梦的沉迷、错误的价值观及怯懦。

公道地说，马林诺夫斯基似乎在其后写日记的那些日子里，甚或是在其一生中，都在力图坚持这些道德理想，追求这些古典（来自古希腊而非基督教的）

目标。他个人的"内在观点"在后来的长时期里都是我们无从知晓的,因为1918年7月以后他就再也没有记过日记。但是在他记日记的这十年中,他始终如一地寻求着内心的"冷静、勇气、目标坚定、自控和坚持"。他后来的日记依然见证了他和自身的虚荣、怯懦、对欲望的沉迷(通常是色欲)及错误价值观(例如势利和对物质财富的欲望)所作的持久但低水平的斗争。

摇摆与波动

马林诺夫斯基在布列那巴哈所记的最后一段日记是在5月21号,他提出要跟自己"签订"一个关于未来的"条约"。尽管他并没有提到要离开加那利群岛,但这的确近在眼前。他一直在重读自己的日记,这促使他再一次近距离地审视自己的内在生活、一般能力、事业前景,以及他关于哪种"成功"值得他为之奋斗的评价。"为自己制定太长期的规划毫无意义。我了解自己的能力……我知道在我过去的所愿所想中有太多都是白日梦……从来没有认真考虑过成功的条件是什么。"在这段日记的结尾,马林诺夫斯基又下了一些决心。它们比这本笔记开始时所下的那些决心要宽容得多。"第一个决心:快乐、冷静、丰富的历练。建议:不要被太多的工作和那些与我天性相违背的事情弄得精疲力竭。第二个决心:坚定不移地努力提升自己的耐力、意志力及思维的生产力。"

他自问:"我自身的改造和内在的转型难道不正是我创造力的精髓吗?"不过这注定只是一个无法保证的推测,因为从这本日记中留下的证据来看,他并没有在改造自我的努力中取得明显的成功。他的"系统"不停地在崩溃:它太过严苛无情。他日记中所记录的自我改造之路上,随处可见错误的开头和突然的结束。狂欢节的挫败——那次他经历了整整一周的"忘我",之后又花了两周时间才重新定下神来——又在5月间经历了两次小规模的重演。不过,这对于他超越自我的不遗余力的尝试来说还是带来了一些明显的益处。如果把这当成对自己健康状况、意志力在体能和心理上耐受力的检验的话,他的确从中获

马林诺夫斯基

一位人类学家的奥德赛,1884—1920

得了对自己种种局限的深刻认识。

这本早期的日记,如同后来的那些一样,揭示了一种类似于每一个记日记者都会发生的,随着时间推移而在情绪和意见上形成的摇摆和波动。如果在马林诺夫斯基的日记里这些巅峰和谷底都显得太过夸张,那么人们也无法确定这在多大程度上是缘于文学修饰及"年轻波兰"运动中所流行的夸张修辞风格。可以肯定的是,他将自己"浪漫化"了,并且常常借助那些浓墨重彩来描绘自己的情绪。然而在此之外我们仍然可以察觉到他的一些变化与起伏:在兴奋与抑郁之间,乐观与悲观之间,快乐与失意之间,强大与脆弱之间,苦行与放纵之间,自得与自责之间,以及对"生活"的创造性渴望与极度的冷漠之间。在上升与下堕的过程中,他都为了维持自己的预定路线而不断地作出新的决定,以便为自己的心理－生理"系统"注入新能量。他日记的结尾也是一段如此具有修辞效果的文字。在这段有趣的文字中,马林诺夫斯基勾勒出了自己的"动摇与起伏"。"从命运之手上舔舐生活的污水让我感到无休止的恶心。我奋力将自己从中扭转并解放出来,以便继续前行。过了一阵子,我开始感到寒冷;又有一阵对生活难以压制的渴望油然而生。我于是又将自己投入污水中……"

斯托金将马林诺夫斯基在加那利群岛的度假称作"他和母亲早年在欧洲以外的他者之地所进行的冒险旅行中最重要的场景"[8]。如果没有这本日记所提供的证据,这个推断还貌似合理,但事实却无疑是另一番样貌。除了他偶尔提到的进"城"及对复活节狂欢的记述,日记里对于这种"欧洲以外他者之地"的处境没有任何提及。他对周围环境的观察简直就像他回到家在克拉科夫所作的一样。他喜欢拉帕尔马似乎并非因为它的异域风情,而是因为那里少有让他分心的人和事。他那与世隔绝的灵魂所拥抱的是那些貌似虚拟社会真空般的东西("还是跟那些商贩们混得太熟了",他在一次步行进城后如此责怪自己)。无论如何,他所享受的社交都没有太让他抽离对自己的过分关注。1907—1908年无疑是他一生中最缺少朋友和最自恋的时期之一。

仅仅是在日记的结尾,在一些不连贯的简短记录中,人们才能通过仔细推

第七章
加那利群岛的苦行僧

敏察觉和他共同完成这次旅行的母亲的存在。这短短的一段透出一种伤感，因为在离开拉帕尔马的一刻，他的自我专注被打断了。他所见所闻和所经历的一切都是由那个专制的、苦行的自我一手完成并见证。尽管他现在仍然保持着那任性的、自我批判的态度，但是随着轮船驶离海岛，他又沉浸在他之前几个月努力摒弃的一些日常情绪之中。

> 最后一天，跳了舞。没兴趣，变得浅薄。寻找低俗的乐子，毫无生活最基本的热情……早上去了海边，找了些照片，送了些礼物……和小姐女士们调笑了一小会儿……乘船去了城里……带着深深的爱与感情，我最后看了一看……向前延伸的卡勒戴塔公路，港口建筑。登上船，我看着布列那……为我曾在这里的生活而痛惜感伤。泪涌了上来……海岸在眼前缓缓后退……盐厂，峭壁。马科后面更远处的陡峭海岸；海滩上方的火山锥，高高地掩隐在云雾中……我下去了。

结尾处的文字有些挽歌般的气息："我凝视的目光在寂静海面的波光上扫过，仿若要回到帕尔马的心上。"

回忆中的岛屿世界

马林诺夫斯基的加那利群岛日记揭示了他性格中的很多东西。它显然就是他日后在遥远的新几内亚群岛上所写日记中展现的复杂人格的未成熟版。他根深蒂固的双重性格特点在每一页上都有清晰的呈现：他的自我被浪漫地分成两个部分：充满性欲的天性和钢铁般理智而坚定的意图，它们渴望彼此融合，好像这种融合可以释放一种具有疗效的能量的爆发一样。人们也从中发现了一个和尼采勇于自省的形象相呼应的（有时是笨拙模仿的）、被他自己塑造出来的具有文学性的自我。他坚决地用最严苛的手段进行自我改造，不过尽管他立下豪言壮语要抵制那些"不纯洁"冲动的诱惑，但他还是太年轻了，以至于他所践行的苦行主义无法真正放弃这些经验。他鄙视情感上的舒适安逸和思想上的自鸣得意，并把自己界定为一个在寻找着自己个体存在的主观真理的人。作为一个不折不扣的现代风格者，他坚信自己所拥有的独特个性，而且他也同样坚信自己的人生使命就是增强它和实现这种个性。为了实现这一目标，他准备忍受并在痛苦中享受孤独和某种程度的自我的苦难。他并非毫无快乐的欲望（他仅仅是到了后来才接受了司汤达的格言"快乐是幸福的保证"），不过他就像一个修士一样，有能力为了将来的精神收获而放弃眼前的满足。有理由相信他幼年所受的天主教教育对这样的一些品性起到了播种与加强的效果，但是马林诺夫斯基这时已经是一个世俗主义者和自由思想者；以及一个未来的理性主义者和人文主义者了。

1908年的时候，他还是一个原始雏形期的弗洛伊德论者。尽管那时弗洛伊德正在维也纳为他关于无意识的学说进行着实验研究，仅仅只有极其不可靠的证据显示马林诺夫斯基那时知道关于他的任何事。[9] 但是现代主义者所崇尚的个性的"时代精神"及对天才的崇拜——以上一代的尼采为典范——已经被他与一种更加复杂的关于人类性活动的观点结合到了一起。在弗洛伊德和他的追随者们那里，性很快就会被当成一种不快乐的表达方式。它将不是任何幸福的保证。如果没有压抑和随之而来的痛苦的话，就不会有人类文化。建立在这一苦行禁欲的基本要件之上的弗洛伊德理论就此成为马林诺夫斯基即将皈依的一门世俗宗教。对他来说，如果弗洛伊德阅读了他的苦行日记，他一定会将马林诺夫斯基诊断为一个强迫性神经官能症患者——甚至可能就属于弗洛伊德当时正在治疗的"鼠人"那一类。

在1912年的日记中，马林诺夫斯基问自己，他在加那利群岛上自我改造的计划究竟出了什么问题："为什么我会在那里失败？我的回答是，主要是因为我所作的太过负面。我被某种脚镣所羁绊。我挖了井——但是我没有同时寻找它们的源头。"这表明，他相信他的苦行决定让他丧失了为了了解自己所必须具有的自由。他对自己提出的要求太过苛求；他在某种程度上释放出了自己的本能冲动，但却没有理解它的根源。至于日后，他对身体的不信任仍在延续，此外他也准备好了对其苛求苦行的救赎，不过他再也不会像这次这样如此禁绝欲求了。人们或许会说，他是在有意识的情况下给情欲留了一道门。

这本日记毫无幽默的成分。马林诺夫斯基偶尔也嘲笑过自己一两次，但是他看起来并不觉得自己栖居的这个世界有什么有趣的东西。或许仅凭这些冷漠严苛的日记语言来判断他的性格有些不公平。不过它们毕竟象征了举起的鞭子，正如他挑剔的自我评价象征了苦修者的刚毛衬衫一样。通过这本日记和他后来的日记，他企图控制自己反复无常的情绪，并让它们服从于自己的意志，成为对美德的乐观期望；不过他似乎并未察觉他诸多弱点中的荒唐成分。

最后的分析显示，马林诺夫斯基确实享受在拉帕尔马的时光，并为离开而感到伤感。他发现加那利群岛上确有让他开怀之处也能从他早前写给波利基神父的信中窥见一斑，尽管那只是出于嘲笑当地人滑稽举动的一种居高临下的幽默。1907—1908年在加那利群岛上的经历，成为马林诺夫斯基的一块试金石，用来检验在相对的孤独状态中自省到底意味着什么。1917年，当他写信给艾尔茜谈及日记的"自我剖析"价值时，他脑海中所想的或许就是这次经历："我曾主张……一个人必须每年或每半年就闭关几周。在那段时间内他必需对外部生活保持严格的禁忌，只生活在反思的世界里。"[10]

皇帝的戒指

在加那利群岛度假期间，马林诺夫斯基用德语的第三人称毕恭毕敬地写了一封信给当时已经在位五十九年的年迈的哈布斯堡皇帝弗兰茨·约瑟夫。在雅盖隆大学导师们的鼓励下，他尝试让自己的博士学位得到被皇室官方授予的机会。可以理解，这封信写得颇有奉承之意（按照惯例使用了"最仁慈的君王和最高统治者"之类的敬语和逢迎辞令）。他首先提到了自己的"天主教信仰"、自己进入"克拉科夫第三帝国和皇室高中"时优异的入学考试成绩（他巧妙地避开了学校的波兰语名称），以及迫使他中断中学教育并作为一个校外学生参加毕业考试的重病和眼部手术。为了赢得皇帝的同情，马林诺夫斯基强调了自己在与步步进逼的病魔赛跑的过程中所获得的学术成功。在信的最后他还提到了自己所经受的另一个打击："尽管病魔缠身，尽管十四岁上就不幸丧父，但作为一个早早就被引入学术天地的大学教授之子，殿下最卑微的奴仆仍然孜孜不倦地在学海中钻研。"[11]

马林诺夫斯基一定也是带着深深的紧张疑惑在请求皇室承认的。所谓的"晋升"对于当时任何年轻学者来说都是一种极为罕见的荣誉，因为雅盖隆大学校长每年只能提名一位候选人。候选人最终会得到皇帝的亲自批准，因为所有开支都会由皇帝承担。这项荣誉的物质象征是一枚刻字的金戒指，上面镶有宝石。

马林诺夫斯基向皇帝提交的授予博士学位的申请在复杂的管理体制中流转颇费周折。直到将近一年后的 1908 年 7 月，大学校长才被告知"帝国使徒陛下恩准了"马林诺夫斯基的请求。晋升的正式程序将由在克拉科夫的帝国代表、皇家议员费多罗维奇来主持进行。最合适不过的是，典礼上的荣誉颁发者就是马林诺夫斯基慈父般的导师波利基神父。

1908 年 11 月 7 日 12：00，庄严的授予典礼在雅盖隆大学主楼的大讲堂举行。[12] 这座中世纪大厅坐满了克拉科夫的名流。由两个持权杖者打头，费多罗维奇议员带领着学术队列，后面跟着的是校长、学术理事会成员及四个院系的教授。合唱队演唱了波兰国歌和奥地利帝国国歌。被领入人群中的博士学位候选人马林诺夫斯基正式向校长提出授予晋升荣誉的请求。校长对请求给予了许可并示意晋升人宣读学术忠诚的誓词，在这个过程中众人起立，仪仗官将权杖交叉。随后波利基神父授予马林诺夫斯基学位证书并发表了"一段颇合时宜的讲话"，之后是一阵鼓乐齐鸣。再接下来，帝国代表将皇帝陛下的纪念品：镶宝石的金戒指，授予了这位新的哲学博士。马林诺夫斯基接受了在场权贵、系主任和教授们的正式的祝贺。仪式的最后一项是皇室代表、校长、哲学系主任及晋升人共同在学位证书上签字。众人按入场顺序步出讲堂，马林诺夫斯基博士紧随在持权杖者身后。

仪式的华丽隆重让这次活动具有了一种童话般的色彩。这给马林诺夫斯基留下了难以忘怀的记忆，也让他一辈子都对那些提升他自尊的庄严的通过仪式情有独钟。当日所照的一张照片中可以看到一个故作庄重的马林诺夫斯基，上唇留着小胡子，穿着宽大的博士袍，戴着四角帽，右手紧紧攥着圈起来的学位证书。他用一种难以捉摸的眼神盯着照相机。[13] 他的很多姨妈、舅舅和表亲都参加了这个仪式。根据一位在场者的回忆，"马林诺夫斯基和母亲站得非常近，"在接受了戒指之后他转向她，亲吻了她的手和脸颊，"这的确是他妈妈的功劳。"[14] 那天晚上，在为他举行的庆功晚宴结束之后，布罗尼奥带着他的舅舅兰蒂埃去了"小绿气球"卡巴莱歌舞厅。以一种十分"波兰"的方式，以华丽庄严开始的这一天，最终则在具有讽刺意味的闹剧中结束了。

第八章

莱比锡的爱之曲

旅途情事

> 一个年轻哲学家上我这儿来了几次之后,我就意识到他协助我工作的真正原因是他在我公寓里遇到的一位年轻音乐家的妻子……令人庆幸的是,这位漂亮女士必须去华沙,而年轻哲学家则要去莱比锡继续深造。

泽尔维佐夫斯卡(Helena Czerwijowska)如此评价马林诺夫斯基和菲利西娅("菲拉")·西斯则夫斯卡(Felicja Ciszewska,"Fela")之间的这段纠葛。[1] 布罗尼奥被对方迷住了,但也为此深感不安,他把这段令人遗憾的感情不无厌恶地称作自己人生的"一个生理毒瘤"。他隐晦含糊地表达过对"菲拉"的看法:"我觉得[她]对我来说不算什么,我想得到她,我为此而感到遗憾。"[2] 库比卡(Grażyna Kubica)认为马林诺夫斯基毕业典礼一完就"逃到"莱比锡去,不仅是为了去那里学习,而且"或许是为了躲避这些情感上的困扰"。[3] 尽管马林诺夫斯基后来在日记的回顾中暗示自己离开克拉科夫是迫于某种道德压力,不过无论当时的情况如何他本来都是要去莱比锡大学的,父亲曾在那里学习过可能是他如此选择的一个原因。马林诺夫斯基仍然打算研究物理和化学,尤其是液体和气体的热动力学,莱比锡在欧洲是这门学科的中心。此外他还十分想研究自己感兴趣的认知生理与心理学。莱比锡大学当时的校长是著名的实验心理学家冯特（Wilhelm Wundt）。这所仅仅比雅盖隆大学晚建校六十年的古老学园的浪漫气息也是吸引马林诺夫斯基的原因之一。很多名人都在那里学习过，比如歌德、诺瓦利斯和瓦格纳，尼采也正是在莱比锡接触到了叔本华的思想。虽然和克拉科夫同为贸易城市，莱比锡首先还是个独特的音乐中心，是巴赫的故乡。

1908年11月21日，马林诺夫斯基正式注册进入了哲学系。[4] 一桩（或两桩）无疾而终的感情纠葛加快了他离开克拉科夫的步伐，他显然是带着难以排遣的忧伤离开的，初到莱比锡的时候有些郁郁寡欢。他用"带着冷冷的厌恶之情的眼睛看着这座城市，就好像它是个死去的东西一样"。然而不久他就和一位年长的女人开始了一段浪漫关系，在接下来的四年时间里，她在他的生活中扮演了重要角色。在一篇写给阿涅拉的散文体书信中，马林诺夫斯基写道，如果不是"从殖民地（新西兰）来的N夫人的话"，他就"决不会从事社会学研究"，也不会去伦敦，继而"在某种程度上变成一个英国人"。他的语气十分肯定。1910年春离开莱比锡去伦敦是他生命中的一个关键转折点，因此这里我们有必要了解一下这位"N夫人"其人。

事实上，她就是满怀抱负的南非钢琴演奏家安妮·简·布伦顿（Annie Jane Brunton）。马林诺夫斯基早在1908年10月23日的那次莱比锡之行中就认识她了。他们之间的友谊一日千里，但是他们在一起的那个圣诞节似乎过得并不怎么舒服（她后来跟他说那次经历十分"可怕"）。[5] 安妮是个寡妇，至少比布罗尼奥大十岁。在日记里他常常用一个画了圈的"N"来代表她，这是"Noosie"的意思。她则叫他"Niusiu"，这是布罗纽斯的爱称。安妮出生于开普省的英国人世家，父亲是来自埃塞克斯的外科医生，母亲则来自开普敦。[6] 安妮是个文雅的中产阶级女人，拥有一些股票，此外还领取一笔小额的抚恤金。她在莱比锡的日常工作是陪伴一个叫弗洛茜恩的老妇。安妮于1900年4月24日结婚，但是她在一千多页的书信中一次也没提过她的丈夫。安德鲁·布伦顿（Andrew

Brunton）的一份讣告显示，他是一个苏格兰银行家，1902 年在布隆方丹死于肺结核，时年四十二岁。他们没有孩子。丈夫死后，安妮在柏林当起了钢琴演奏家，但是她的公开表演并不多。1914 年她回到南非做起了钢琴家教，但在 1920 年之前也在一所女校教钢琴。

安妮给马林诺夫斯基的信大多写于 1914—1916 年间，信中展现的是一个不指望再见到自己心上人的女人。她深爱着他，无法自拔，每封信都流露出对他是否健康快乐的无私的关心。她珍视与他的"友谊"——她在这个词中倾注了无私的爱——把它当成过去美好与快乐的象征。在马林诺夫斯基这边，最初对安妮的迷恋发展成熟为一种充满深情的友谊。在 1918 年最后一次造访特罗布里恩德群岛时，他仍然感念着她对自己的无比忠诚。[7]

马林诺夫斯基后来一定发现，在莱比锡的这段时期对他日后的发展来说可谓至关重要。正是在那里为自己选择的道路，让他日后成为一个著名的人类学家。不过莱比锡也仍然是过渡性的。它代表了马林诺夫斯基离开波兰并朝着英国进发的西进行动中的一步，但是莱比锡并非一个让他感到轻松自得的城市。莱比锡代表了德国科学界的最高成就，但这些学科正是他行将放弃的。莱比锡同时也是他内心斗争的一个重要舞台，他在那里用自己的未来作了赌注。他在这座德国城市中所暗暗作出的决定是：他真正的职业不是物理，而是民族学；不是物理化学，而是社会学。用他常常使用的二元概念来说就是，他选择了艺术而放弃了理科。

在他这一决定的背后隐藏的是一种难以抗拒的倾向，即追寻通过安妮所展现的自身的激情，而非受制于心智冷冰冰的掌控。如果说是斯塔斯无意中将马林诺夫斯基推离了艺术的天地，那么则是安妮幸运地又把他拉了回来。不过这也是一次有妥协的回归。因为徘徊于艺术与科学之间的社会人类学在依赖直觉的同时也依赖理性，因此这并不要求他彻底抛弃科学。事实上，他的成名恰恰取决于他成功地调和了二者，或者更确切地说，他成功地将科学原则引入了建基于田野民族志之上的人类学研究中。他晚年常挂嘴边的概念就包括"科学"

人类学、文化的"科学"原理、人类研究的"科学"方法。但如果说他没有全然抛弃科学的话,那么他也没有彻底地拥抱艺术——至少,没有以他的朋友兼对手斯塔斯那种借助惊人天资的形式。

保留下来的大学注册记录清楚地显示了马林诺夫斯基在莱比锡的最后时日中对人生方向进行的改变。记录显示,尽管他注册了三个学期,但在1910年夏天他的学籍因为缺勤而被中止。在完成了两个学期的学习之后,马林诺夫斯基在3月就离开莱比锡去了伦敦。1911年2月,他被学校彻底除名。

"记日记吧!"

马林诺夫斯基在莱比锡所留下的两本日记,是重构他那段生活仅有的信息来源。[8] 颇具讽刺意味的是,他第一次提到安妮——在1909年1月7日——就是宣称和她之间的感情已经"完全成为历史了"。他已从中跳脱出来,以便"开始一段内在生活",而且要重回布列纳巴哈的苦行老路。安妮的暂别莱比锡让他的这个决定做得不是那么困难,但在这个决定背后可能还有另一个原因:他母亲的参与。

1909年上半年马林诺夫斯基没有再经历其他感情困扰,在母亲的鼓励下,他全心投入学习。不过,他仍然保持了一贯的焦躁不安,第一本日记里也记录了和前一年情况相似的情绪上的起伏摆动。日记里并没有出现清晰的日常生活描绘,但却有一些特定的主题:对主体状态的管控和对有条理地安排大学学习的尝试;冥思苦想关于安妮的事;研究音乐;谨慎地跟手淫及其他不当的放纵行为作斗争。

2月20日,他规劝自己:"记日记吧!我经历的任何事都必须留下永恒的印迹。"但是直到3月12日,他才开始持续地记日记。日记的开头是一段看似简单的(并非出于故意地显得有些滑稽的)决定:"1. 修隐生活:[停止]吃、抽烟及喝酒(不是绝对的:只为值得的事喝醉)。2. 让生活有条不紊。3. 日记(内心秩序）。4. 沉着平静的情绪。"他的新起居制度还要求"在早饭前进行操练和主观冥想"，之后再学习力学与热动力学。他努力培养"一种对学习的高度义务感"。他决定，在每天两个小时步行的帮助下，将自己生活的重点放在对自我的"独自研究"之上。但是，当他大步穿行过阿尔伯特公园的时候，思绪马上就回到了爱情与对"肉欲"的渴望之上。"孤独"与"生活"之间的摇摆又开始了。

一个月后，安妮的一封来信让他又想起了"生活充满暴风骤雨的一面"[9]。通过自我分析，他进行了成功的预见：与她之间的关系会按照以前每次爱情的情感曲线发展。会有一个"糟糕的开端，充满忧虑"，然后经历狂喜和一种有所限制的愉悦感，"或许带有一点无聊和饱足感"。

> 之后便无法让自己与她分离，懦弱；最后的时刻；沉默中的沮丧，
> 从虚构天地堕入生活之后所产生的真实的痛：崩溃。伤口缓慢愈合；
> 理性分析开始从痛苦中提取麻醉；生活退场；再一次只有舞台和看客。

尽管拥有敏锐的自我认知而且怀疑自己会成为一个"落入自己网中的蜘蛛"，他还是让人迷惑地给了自己一点自由。安妮所代表的诱惑还并非无可抵挡。他也怀疑她是否有能力满足他的那些精神需求。"她是否屈从于更深的深渊？"他问自己。"对我来说是否还有任何精神发展的希望？"数天之后他如此描述自己最根本的问题："我想把我的'我'所承受的负担放到某个有价值的女人身上。"

马林诺夫斯基远没有把自己看成自私的自恋狂，不过他确信自己饱受对周围的人太过敏感的困扰，并且像奴隶般依赖着他们对自己的看法。几周前他曾写道："我仍然没有足够残忍的抵抗力和高傲的冷漠去无视其他人的态度。"如果他不愿承认其他人在智力上的优越，那么他在面对身体或社会地位更强大的人们时又将如何行事？他的回答显示了他对自己没有信心到了何种程度。装出的"高傲的冷漠"掩盖了他自我评价中最核心的自我怀疑，他傲慢的外表下隐藏着一个时刻处于退守戒备中的自我。他为自己的易受影响而悲恸。他如此容

第八章
莱比锡的爱之曲

易受到他人人格的牵引,以至于常常面临被后者遮蔽的威胁。"我体验到一种感觉,就如同有什么东西在怂恿我……于是我四顾:谁在看着我?我正在谁的面前表演这出喜剧?这是一种直接的、自然的刺入的感觉吗?为什么它总是自外而内地?"九年后,马林诺夫斯基又以一种道德问题的形式重新问了一遍这个问题:"为什么你的行为处事总像是有上帝在看着你一样?"[10]

复活节假期开始的时候,马林诺夫斯基坐火车去了柏林,他想利用这次旅行来思考安妮近来的几封信并评估一下自己的内心状态。尽管此前下了决心,他此时仍在很大程度上生活在情感世界中。音乐将他"径直推入生活",他写道,而且安妮之所以迷人的一个原因就是她把如此多的音乐带入了他的生活。在他对近来所经历的牵涉到安妮的摇摆犹豫的描述中,又出现了三角恋的影子。正如同他和佐菲娅的关系从情欲和精神上都被斯塔斯弄得复杂起来一样,他与安妮之间刚萌发的爱情也被一个第三者所扰乱了。她的信似乎老是在说自己因为一个叫施耐德的音乐家的背叛而深感不安。"这段感情'恶臭'的一面出现了",马林诺夫斯基如此写道。这样的三角恋提出了微妙的伦理问题,对于他来说,另外一个男人的存在既是一个挑战,同时也让他的缺陷愈发突出。当然,根据弗洛伊德的理论,这个敌对的男性就是马林诺夫斯基父亲的一种投射。在儿子青春期到来之前就死去的父亲打破了恋母三角恋的关系。于是儿子似乎注定要坚持尝试重塑这种三角关系,并要说服自己将这个父亲重新逐出这一关系。

马林诺夫斯基在火车旅行途中的自省,揭示了他观察自我个性的方式。他发现努力保持人格完整是一种巨大的负担,而且会渐渐地导致道德上的恐慌。

> 我的行为必须与我的理想保持一致。如果我不能实现什么目标我[就要]放弃它。持久的警觉及自我控制,将最微小的思想及直觉上的扰动和整体的生理状况及其对最深层的习得人格特征的服从联系起来;持续地感知自己是什么,以及自己正处于个人价值标尺的哪一梯级之上;这些全都无比费神,带来了难以承受之重压……我正要堕

一位人类学家的奥德赛，1884—1920

> 向一个无底的深渊。我喘不过气来；我站在深渊的边缘：最好跨过它，最好——再久一点的话我就受不了这重压了；疯掉？

这一险恶的精神危机让人想起他在加那利群岛就曾经历过的"深渊"。联想到查拉图斯特拉所受的自我意识重负的折磨，马林诺夫斯基的这些精神危机也似乎是由自我引发的。（马林诺夫斯基就像是在不断用尼采的预言诅咒自己："人就是一根伸展在野兽和超人之间的绳子——一根横在深渊之上的绳子。"）这种无法呼吸、眩晕的着魔状态在他的日记里不断地重复出现。

当他神情茫然地望向窗外，看着德国中部的森林与草场在眼前掠过，这种眩晕感慢慢地被一种冷静自省所替代，继而是更为谨慎的心理学分析。他又开始在日记本上写起来：

> 内在自我——一个不受管束与限制的空间；我们经验了它其中所发生的东西，以一块块无形的、动态的现实的形式……重要的是要知道如何记录，用最简单的可能方式，什么东西发生过，而且不能过度简化。将一个人的经验归入陈腐的门类和用传统的常识来表达它们显然是危险的……特定时刻的特殊性恰恰就是能给其带来内在价值的东西。

尽管马林诺夫斯基的观察在语言、思想和现实之间的关系问题上视角奇特，但这却能解释他日后为何能成为一个成功的民族志学者。他有能力在一个陌生的环境中用一种全新但极细致的方式观察人类的行为，同时与之结合的是他不落俗套的文字风格与能力：这些都如同他对自己剖析自己的热情一样，是他独创性的一个重要部分。尽管他日后会质疑这一观点，但他此时似乎认为语言的任务就是尽可能精确地表达思想——而且不仅仅是以常规俗套的形式——这样才能在现实不断影响意识的每一个时刻固化和捕捉到它的流动变化。马林诺夫斯基的确在日记中花了很大工夫去忠实地记录自己的经历，就如同前人从未做过这样的事一样。这一方法从一开始就被广泛使用于他的民族志写作之中。"那个要描写他们或'创造'他们的人正是我"，这是他在阿姆弗莱特群岛上的一句

第八章

莱比锡的爱之曲

名言。[11]

马林诺夫斯基于 3 月 26 日抵达柏林，那是一个星期六。他见了几个亲戚（可能是从华沙过来的）并和他们一起在城里游玩了一番，但这些亲戚具体是谁现已无从考证。柏林那"广袤而巨大的、由厚重石材建成的城市景观"给他带来了一种压迫感。他一向对建筑所能引发的情绪影响十分敏感，他喜欢威尼斯而讨厌维也纳；或许也出于相同的原因，他在柏林也感受到了一种不安。那些国家权力的象征"有着让民众们眼晕的宏大外观"，它们让人深感不安。但是随后和煦的春日又让他陷入了柏林"邪恶魅力"的吸引之中。一天晚上，他觉得有必要参加一下社交活动，炫耀一下自己的语言能力。他后来批评自己不知不觉地就带上了"一种咆哮般的滑稽腔调"。此外他对自己的那种自命不凡也颇不满意。在听一场柏林爱乐乐团的音乐会时，他故意把乐谱放在腿上，想炫耀一下自己能识谱。这样的卖弄让他完全没能好好欣赏那天演奏的勃拉姆斯的作品。在回莱比锡之前他沉思道，这样的旅行根本不能拓宽自己的视野。不过他原谅了自己："这还不算是最坏的情况。"

矛盾对立

马林诺夫斯基去柏林之前考虑过自己精神状态的问题，发现了"明显的过劳症状"。一些民间说法和诊断在他的日记中不断出现：例如，由"思维兴奋"引起的"充血"、"脑萎缩"和"极度心力衰竭"。更加严重的不利情况是类似于急性抑郁症的日益加强的悲观情绪。他描述了有次这种情况发作的情景，就类似布列那巴哈之行后常困扰他的"黑暗重压"的感觉。他写的这段文字让人不禁联想起陀思妥耶夫斯基在《地下笔记》和克尔凯郭尔在《非此即彼》中那些关于存在的痛苦沉思。那种虚幻感是令人窒息的。

"现实曾经对我来说是那么生动，更确切地说，是有第三维的……

如今，摆在我面前的却是一块晦涩、灰暗的破布。我将自己用力地推向周遭发生的一切，就好像推向一堵堵坚硬、密闭的狱墙……一边是我，一边是空虚。在我的身体内部是空虚，而外部则是无声的虚无。现实仅仅只是将空虚与虚无分隔开的绝佳屏障。沉吟的海浪与散发着腐臭的海藻对我如是说。"

这里的引号透露出一种文学化的矫情意味，因此导致这种孤独反思的并非临床意义上的抑郁症。

音乐给马林诺夫斯基带来了另外一些矛盾对立的暗示。他从未像在莱比锡时那样接触过这么多的音乐作品，以至于他后来还不无留恋地回忆起在那里接受的音乐熏陶，并对艾尔茜说他"几乎没有错过任何一场音乐会"。为了省钱，他通常看的是下午的带妆彩排。[12] 在日记中，他也自问为什么自己会对音乐执迷到这种程度。他很清楚地知道，自己所体验的感官享乐（他称之为"音乐享乐主义"）的程度取决于自己的情绪。对音乐的全身心的拥抱接受需要他进入一种"全身僵硬症般的催眠状态"；但是这种对音乐的全身心接受状态和对音乐的理解之间又是什么关系呢？他怀疑，动用脑力去理解音乐会妨碍"对音乐的深层次吸收"，就像在柏林的时候，一丝不苟地看乐谱毁了他品味勃拉姆斯的机会一样。

耶稣受难日当天，他无比满足地欣赏了一场巴赫的《圣马太受难曲》。音乐穿透了他的内心并与他对艺术的理想相呼应——他认为一门艺术可以通过为生命带来力量而使它更丰富。"听过音乐之后，我必须努力控制住自己才能工作。我感到自己充满力量。因此要集中注意力……下定决心明确所关注的范围，就像堰堤一样汇集引流生命的能量，让它流向生产性的工作。"他曾描述过听多了巴赫作品后所产生的心理-生理反应，说那是"在大脑后部和神经系统中感觉到的一种典型的'发狂般的痒'"。又有一次，巴赫的一部弥撒曲让他进入了一种"宗教般的狂喜"状态。他想象末日审判的号角就应该是这样的声音。

第八章

莱比锡的爱之曲

4月14日,马林诺夫斯基又在为终极价值问题忧心忡忡。他运用了更多流体力学的联想来为自己树立塑造命运的形而上制约要求,包括:"或许我们可以通过意识的暗流与地下源流来增加它们的产出。"他貌似正在进行一种概念性的试验,这让人联想到弗洛伊德的力比多理论和压抑在管控它的过程中所起的作用。他也同样关注当动机受到持续内省审视的压抑时所出现的能力丧失问题。

> 有时我会有这样一种感觉:即当一件事从地下状态转为公开,被拿到日光下检视的时候,它就会失去来自其神秘与不确定状态的力量;然而有时事情看起来似乎又是:如果我能完全看清所有的关联,那么迟早有一天我会成为一个完整的人,而且始终如一地过上这样的生活。

他对完整人格以及目标专一的和谐自我的要求看起来有些过于早熟。他此时才刚刚二十二岁。此外还有一点令人怀疑的是,对形成一个强大、完整的自我来说所必需的对单一而坚定的生活模式的保证并非是他真正期望的东西。他或许是为自己留了条后路,就像圣奥古斯丁所说的"神使我好运,但不是现在"。不过这一愿景还是引发了一些更为务实的希望:"我希望收集[科学]材料。我希望继续学习获得[文学]表达能力。完全失去对文字的掌控对我来说将会是致命的。"

> 不过,只有当我生活在这股热望中,当我感受得到自己订立规矩的力量时,当我自己掌握得了工作与生活的方向时,我才能感受到自身价值。我命中注定要对抗浊流……我会总被劈成两半,走进又走出生活。但是,工作、淡定和冷静乐观将永远是我的避风港。

他陷入了生命热望和思维的冷静乐观之间无法调和的紧张关系之中。尽管他认识到自己会总"被劈成两半",他仍然拒绝向这种矛盾对立投降。他将继续追寻能完全掌控心灵与身体的完整如一的意志力。

从那一年年初起,马林诺夫斯基就在学习力学、热动力学、数学和物理化学。他提到过"上讲座课、实验、去图书馆"是他生活的正规日常安排,因此这证明了他的确参与了校园学习。同样清楚的事实是,他有很多学习内容是在自己的房间里完成的,有些是一大早在床上完成的。他在这段时期中没有提到过民族学或心理学,不过曾经间接提到过冯特和历史哲学家兰普雷希特(Karl Lamprecht)。有了第一学期的物理与化学理论准备,他在4月19号那个星期一开始了实验工作。从他潦草的笔记中很难判断他的这一工作中有多少是标准的训练——即重复试验并验证他人的假说——而有多少又是具有原创性的研究。但无论如何他对这些实验都是全情投入的,以至于一个月内都没有顾得上写日记。当他5月20号又开始记的时候,他用中立的笔调写道,这段实验工作干得"相当不错"。

伴随着学年的结束,这本日记也渐近尾声。在最后阶段的一些零星记录中有些关于同矛盾对立作斗争的敏锐的自我观察:"我正在寻找个人价值(或许通过一个女人)。你应该,为此,靠自己,这样才能为价值而付出价值……内心深处仍然对这种价值的存在残留着一种怀疑。害怕对女人的生活负责。"他装着不在意的样子提到"N"回莱比锡了,马上将会"有事"发生。与此同时,他静静地等待着她再次诱惑自己。这本日记的最后一篇写于6月20号,风格一如既往:"我清楚地提出了问题:要认真钻研理论化学;要不懈地做实验室研究,要过一种极有规律的生活。这样才能彻底避免做白日梦、多愁善感和散漫邋遢。"

知识上的浅薄涉猎

马林诺夫斯基在莱比锡的第二本日记开头几页所记录的是8月间在瑞士和安妮共度那段时光的印象。[13] 五年后,她还回忆过他们当时在洛桑的情景,那时她正要离开他去苏黎世见她的音乐导师斯泰恩(Franio Stern)。"你还记得吗……你当时如何请求我因为你的圣徒纪念日而多给你一天的时间?我们在9

月1号那天一起去了洛桑湖，2号一早我们分别……那时小别几个星期在我们看来都会是一场灾难。"[14]

以"历史的"为标题，马林诺夫斯基试图按时间顺序回顾他和安妮共度的那段时光。他们8月1号在苏黎世碰面，在码头漫步，还在一间咖啡馆里喝了啤酒。他感到"一种像猫一样悄无声息的谨慎与敏感"。在日内瓦湖上的村庄比希永，他用英文写了一两页，似乎是在练习英文写作技巧。值得注意的是，他描述了他们就寝的情况：

> 有几个晚上我们在我的小间里开始共度良宵。也有这"最美好的"时光。我想我们也在那儿睡了一两个晚上。按习惯，我们每晚都去她的房间，我先去我的，把窗子和床都布置好，然后再回去。那时她已经准备好了。当然这时候我筋疲力尽……以至于我简直无法享受它的快乐，就像在莱比锡的那两个晚上一样。我常被激怒。

分房但同床。这段日记忠实地概括了马林诺夫斯基婚前的感情生活：低调保密且有一些小花招，色情化的美被腻烦情绪、自我厌恶及对更完美场景的怀念所遮蔽，而且常常会对勾起这些感觉的那个人发脾气。

当马林诺夫斯基放弃了对8月间情事的回忆，日记话锋突转，他重又用波兰文探讨起"当下的问题"。在这个标题之下他对自己即将实施的未来规划做了出奇详细的阐述，其中还充满了爱国主义情怀。

> 我的目标（从社会的角度来说）是在我的祖国并为我的祖国工作……鉴于我之前的专业，我现在正在继续研究数学和自然科学，同时也未忽视其他领域。一个更为确切的关注学科是热学，尤其是热动力第二法则……我要在莱比锡集中精力，好好利用实验室的条件，不能躁动、闲聊和寻求外界刺激；最重要的是努力提高自身水平。

很显然，他计划通过从事物理学和物理化学方面的研究获得大学教职资格；而在冯特指导下的文化史与民族心理学研究则是他的次要兴趣领域。

马林诺夫斯基

一位人类学家的奥德赛，1884—1920

在关于马林诺夫斯基事业发展的传记性回顾中，莱比锡的这段学习研究期间有两个名字值得一提：冯特和毕歇尔（Karl Bücher）。[15] 不过，要将他们中的任何一位称作马林诺夫斯基的思想导师都有些言过其实。跟波利基神父不同，他们对马林诺夫斯基的影响似乎都是非私人性的，即完全正式的老师对学生的影响。当然，较大的年龄差距也是一个因素。冯特比马林诺夫斯基大五十二岁，毕歇尔则比他大三十七岁。事实上，冯特当时已经七十七岁了，而且教学之外还担任着一校之长。

毕歇尔（1847—1930）是一位经济历史学家，那时他关于欧洲从古代到现代经济发展各阶段的理论让他颇负盛名。马林诺夫斯基对他的分段持批评态度，尤其反对他说原始人群没有经济行为，因此在人类历史上代表了一段前经济阶段。不过毕歇尔最重要的作品《劳动与节奏》（1896）对马林诺夫斯基思想的影响还是很明显的。这在马林诺夫斯基1911年写的那篇关于澳大利亚因提丘马（Intichiuma）仪式的论文中表现得再明显不过了。他在这篇论文中展现了巫术与宗教观念是如何带来经济动力的。他日后在特罗布里恩德的研究也显示他仍在孜孜不倦地探寻这个当时较为新鲜的主题，即巫术与经济的关系，尤其是在劳动组织中。

冯特（1832—1920）作为现代实验心理学之父而蜚声国际。他教学的主要领域是生理心理学，马林诺夫斯基莱比锡时代的日记和笔记对此常以一种较为隐晦的方式提及。冯特认为心理学是所有科学文化知识的共同基础，它是一门比哲学更基础的学科。[16] 大学记录显示，冯特在1909—1910年开设的课程有哲学史讲座课，以及马林诺夫斯基无疑选修了的心理学课。[17] 冯特的心理学研究的是直接的主观经验。其研究通过内省发现总是处于变化状态的"心智元素"以及具有特定质量与强度的知觉。它还揭示了心智过程是如何与"知觉整体"化合的。在感官之外还有一种"感觉的元素"。从马林诺夫斯基日记的很多自省段落中都能看到这些概念的影响。

冯特晚年的学术重点转向"人类自然史"，并成为一个文化史学家，或如他自己所定位的那样成为一种特殊类型的社会心理学家。在十卷本的《民族心理学》(1900—1909)中,他详细阐述了文化与社会中人类心理所展现出来的特征——在语言、法律、神话及艺术中。然而,在冯特经验的、科学的心理学和他所设想的与渐近进化机制相契合的社会心理学之间存在着方法论上的鸿沟。尽管马林诺夫斯基接受冯特的很多观点,但他对后者是持否定态度的。不过从马林诺夫斯基1920年代在教学中指定学生学习一部以上的冯特著作这一点来看,他还是承认冯特所称的"基础原则"的普遍正确性的。[18] 这些原则包括:所有人类制度与文化产品都"从根本上是心智过程或心灵活动的表达";"民族心理学"可以用普遍心理学术语进行解释;某些心智现象无法完全根据个体心理学进行理解;因此,有必要用一种集体心理学来研究群体的产品。马林诺夫斯基对这最后一条原则有所怀疑。此外,对冯特将这些原则百科全书般地运用到人类发展的不同阶段从而得出的进化体系,马林诺夫斯基也无法接受。尽管马林诺夫斯基自己也推测个体心理学动机与倾向对社会制度有推动作用,但他反对如冯特、勒庞和涂尔干这样的理论家们所运用的超个体的心理学。

马林诺夫斯基在莱比锡期间的笔记显示了他与冯特思想的一些重合之处。他这样写道:"心理学在基础哲学思考中十分重要,它极少涉及事实的自省性归类,例如与生理过程相联系的感觉的事实。"他又写道:"只要我们检视感官印象,我们就在一个与物理客观性相邻的世界中行进。"尤其重要的是,他的这些笔记显示他已经开始研究一些关于澳大利亚土著的文献了。不过他那时零散的笔记显示了一大堆大杂烩般的主题:从音乐评注到汽油的结冰点,从比色法到人类思维的进化,从美国内战到土著人的图腾崇拜。这并不意味着他为了扩宽自己的知识领域正在浪费有限的经历,因为他并不怎么希望成为像冯特或波利基那样的全才。"专注于一件事",他在日记中告诫自己,几年后他将宣称,正是他在"知识上的浅尝即止"最后将他自己推入了社会科学领域。[19] 到那时,他对人类学(他当时称作社会学)的决心已是不可改变的了。也正是在那一场合,他令人惊讶地宣称若不是因为安妮,他"或许"不会从事社会学——人们猜测他的意思应该是,如果他那时留在了欧洲大陆的话,就不会如此郑重其事地选择社会学了。他对此事给出的最终说法是:当时他已经在莱比锡开始写作一篇关于民族心理学的论文了，而他去伦敦的原因之一就是要完成这篇论文。结果，这篇论文最终变形成为他的第一本书《澳大利亚土著家庭》，其中冯特思想的痕迹被完全抹去了。

安妮在魏玛

10月13号，马林诺夫斯基在魏玛伪装成一个焦虑地寻找租住地的"光头老绅士"。当他在火车站和优雅的安妮见面时，他们貌似"不认识对方"。他将她引到之前租好的公寓里，和她坐在了沙发上。他满怀爱意地凝视着她，问她是否爱他。接下来，他如此写道："她已经想上床了。我们躺下。一阵干柴烈火；一些珍贵的记忆在感官的作用下被唤醒。"但是安妮坦承她更"爱另一个人"。"我关上灯，开始痛哭……她没有反应。一段友谊的失去，重新冷漠。一整晚我都闷闷不乐。天亮的时候，疲惫，想再睡会儿，我去了另一张床。"

在洛桑之后重聚的第一夜，马林诺夫斯基再次发现了安妮却也同时失去了她。她爱上了另一个人，那个阴魂不散的演奏家施耐德先生。尽管安妮此时正在魏玛愉快地享受这次幽会，她却并不愿意宣布放弃和另一个男人的关系。似乎在他俩之前的浪漫旅行中，马林诺夫斯基并末太过介意她有另一个或许更为正式的情人。但是现在，他想独自拥有她的爱。但现实是她拒绝了、贬低了他对她的爱；他如今怀疑她并不像他想象的那样爱他，因此他也无法像他曾经希望的那样爱她了。

次日，他们参观了歌德曾经在那里从事写作的花园小屋。马林诺夫斯基十分喜欢那间小屋：一张简朴的桌子，从窗子望出去可见草地那端绿树葱茏。他们步入小花园，歌德和冯斯泰恩夫人就曾时常坐在那里。在他们漫步于其中的时候，马林诺夫斯基对安妮解释自己对她友情的渴望。她告诉他"自己的罪恶感，以及自己在当下的状况下无法感到快乐"。他也讲了自己在克拉科夫的一些感情上的不快经历。这样一来，二人发现对彼此"爱意倍增；有必要补偿这爱的缺憾"，于是当晚又尽享了一番浓情蜜意。

次日他们又参观了歌德故居。马林诺夫斯基满怀敬意地欣赏了墙上歌德的画作，又参观了花园小屋与卧房，那里还有那只摇椅，这位伟人就是坐在那上面走到人生终点的。给他留下深刻印象的不仅仅有屋内陈设的简朴，更有对这位日耳曼奇才所处的浪漫主义时代的联想。毕竟，实现了艺术与科学、心灵与思想之融合的歌德，正是马林诺夫斯基想成为的那种人。

安妮和马林诺夫斯基在树林中漫步的时候陷入了一场莫名其妙的争吵。她斥责了他，他则深感受到了误解。一旦在遭受挫折之后顾影自怜起来，马林诺夫斯基总是会本能地让思绪退避到工作领域之中，就好像让自己躲到一个情感超脱的蚕茧之中，抛却所有"乌合之众的需求"而进入一种"安定、冷静、喜忧皆无"的状态。不过到了晚上，马林诺夫斯基又恢复了好心情。那是他在魏玛的最后一晚。"放眼未来，人总是需要原谅很多的东西"，他这样想。在咖啡馆里，安妮显得那么可爱，他凝视着她，眼神里流露出一种"倾注全身心的爱"。他亲吻着她，请求她的谅解。然而，问题再次出现。"她问我是否爱她。这个问题在我心中激起种种联想……更深的怀疑不断地抑制着激情的迸发。'我只能用我的感官爱她；在一个带给我快乐的女人身上我应该还能看到灵魂。'"马林诺夫斯基需要给赤裸的激情披上精神的外衣，但他同时也认识到自己并未说出口的责备对安妮来说并不公允。他这近乎于承认自己更想要的是安妮的肉体，而非她的灵魂。然而事实上，他这两者都想要。"我现在的所作所为实在下作，"他用斯塔斯的冷酷语调为自己找理由，"归根到底，我是否应该出于良心不安而不再和一个女人厮混？"

一位人类学家的奥德赛，1884—1920

"装饰性的孤独"

安妮留在了魏玛而马林诺夫斯基去了耶拿。不久他就开始努力在彼此之间保持一种情感上的距离感。"我关注的是莱比锡和我那些艰巨的工作。我要积极地将百倍精力投入有条不紊的研究领域。"不过他此时仍旧抱着赢得她的期望。"如果我和N的关系顺利发展，如果她能做我的朋友并满足我对'永恒的女性'的渴望，那么这件事将是有价值的。"

他从耶拿乘火车去了鲁道尔施塔特，登上了一座城堡观景。他回忆起一年前自己的情敌施耐德曾在这里举办过一场音乐会。穿过萨尔宽阔的山谷步行返回耶拿的途中，他在脑海中与施耐德交锋。在思考这段三角关系的时候，一些醒悟夹杂着不快向他袭来。

> 我的爱生发于对他们幸福的目睹，来自于卑劣的妒忌本能、模仿和获取 [战利品？] 的欲望……卑劣的贪婪。现在那个弱者一定把我当成了一个贼，这也是令人觉得羞耻的。我决定放弃了，无条件地让她回到他身边。

他凭直觉察觉到了三角爱欲中模仿所扮演的角色。他对安妮的爱需要由施耐德来当中介，后者的爱提升了她的价值。对马林诺夫斯基来说，现在唯一的体面选择就是宣布放弃她。[20]

几天之后马林诺夫斯基回到了莱比锡，在文德穆勒莫伊街3号找到了一个新住处。[21] 他满脑子里仍然想着安妮和施耐德的事，感到一种"出于利他主义的深切的痛苦，因为他们由于我的缘故现在无法快乐"。他觉得自己"可耻地破坏了一件美好的事"。尽管有这一次偶发的无私，但他不久就又开始怀念安妮并希望施耐德能从她的生活中消失。一天晚上，无法集中思绪读书的马林诺夫斯基来到了自己认为他俩居住的地方，痛苦地在窗下呆立。他嘴角抽动，泪水涟漓，直到筋疲力尽。"我无休止地为无法打起精神工作而感到痛苦，"他在次日写道,"毫无疑问,这简直吞噬了我。"

接下来的几天里,他的精神一直在"康复者的快乐"和被抛弃情人的绝望中来回摆动。随着自己能量的大爆发,他一头扎进对普朗克理论的研究中,满怀着巨大的热情与工作欲望回到了研究院。尽管受到"抑郁的幽灵的困扰",他还是保持了一种略带茫然的超脱。"我沉浸在装饰性的孤独之中:能和自己待在一起就像是和一个年长、善解人意和忠诚的朋友待在一起一样快乐。要和自己做朋友。"

他敦促自己尽快在安妮的问题上做一个了断。他应该放弃她吗?如果不的话,他应该在什么条件下尝试留住她?他考虑了所有的可能性,以及他们之间的各种情感关系与诱惑,日复一日地在决绝和欲望之间摇摆。婚姻是他唯一没有考虑到的可能选择。他给她写了一封最后通牒,不过诚实的自省还是让他不得不在日记里记下了一些不同之处:

> 当我和自己讨论这整件事的时候,我的态度是决然不同的:冷静、坚定、决绝;而当我给她写信的时候,语气却透露着不确定,被情感所操控——这并非说谎,而是证明了这种完全对立情感的存在。因此,我必须做自己。

重获快乐

10月23号是个星期六,马林诺夫斯基买了些巧克力,去了下午场的音乐会,期望能在那里碰到安妮。在音乐会进行过程中,他实在忍受不了心中的悲伤。带着发烧般的颤抖,他买了一束鲜花,拜访了安妮负责照料的老妇人弗洛茜恩。弗洛茜恩给了他希望,告诉他安妮已经离开了施耐德,现在马林诺夫斯基可以拥有她的爱了。于是当晚他又给安妮写了一封信。"我重新陷入对她的爱,就像个学生一样",他在日记中如此写道。

第二天他就得到了她的回复,这让他感受到"快乐的沉醉,一种完全的内在转变"。他把她的信反反复复地读了数遍,之后写了回信,还在信中加上了自己日记中的内容。他在后来的岁月中也为另外一些女人做过相同的事。这就像特洛伊木马一样,是一个赢得爱人芳心的手段。为了俘获对方的心,这就好像在说:"我已经如此信任地把我最深处的思想交付给你了,这是我给你的最珍贵的礼物。你也应该用你的秘密相回报,而且因为了解了我最隐密的爱意,你也必须忠诚地给予我你的爱。"

马林诺夫斯基那天下午去找安妮的时候简直高兴得快要疯了,"她看起来是如此美丽。她的吻就像熟透多汁的果子。她那粉红色低领羊毛衫摸起来舒服极了。我起初和她对视的时候,那种震撼简直让我忘乎所以——后来,快乐和幸福感就慢慢地穿透了我的全身。"就这样,他重又成为安妮的心爱,不过他们此时的关系建立在何种基础之上却不甚清楚。他们并没有同居,尽管她也不再和施耐德住在一起。前一周经历的情绪危机已经得到了解决,但是似乎记日记的冲动减弱了,接下来的日记记得比较简短。马林诺夫斯基在两周后坦承,他的"重心"仍在感情生活之上。

他在11月里几乎每天都去实验室,和同事们一起研究热动力学问题,诸如水的冰点、汽油的沸点等等。他还提到了涉及樟脑和铜的电解实验。他还在继续学习光学与园艺,并在上应该是由冯特讲授的文化史与民族心理学讲座及讨论课。他也还在继续控制着自己,11月7号他下决心排除所有影响他实验工作的"阻碍因素":"聊天、争吵、妒忌、交友……就像我现在忽视莱比锡的街道一样忽视那些外部事物。"

安妮有次在信中对他说"音乐是我们之间最稳固的联系",他们在冬日里的这几周听了很多的音乐会,其中大部分都是在葛万德豪斯音乐厅中演出的。[22] 他们所听的有巴赫、贝多芬、勃拉姆斯、柴可夫斯基、门德尔松、亨德尔和瓦格纳等人的作品。在马林诺夫斯基记日记的那段日子里,他最大的兴趣就是和安妮的这段交往,不过他日后回忆说,他"为了期待那不常有的见面的日子饱受煎熬"[23]。但实际情况却似乎是他几乎没有哪一天是不和安妮至少一起待上一两个小时的。无论是否是因为他俩严守不同居的规矩,他们这段"友谊"在其熟人圈里并未被太公开地提及——不过这个三十多的寡居的南非钢琴家和这个二十多的单身波兰科学家可能看起来也实在不像是一对。尽管在这些日记中马林诺夫斯基对其周遭的社会环境已经比在加那利群岛的时候有了更多的关注,但他除了安妮之外并未给其他人留下空间。他貌似有不少同事但却没有关系很近的朋友。我们可以不无想象地将他在莱比锡的日记解释为他又在尝试重建三角恋的关系——这其中包括了他所爱的安妮、情人布罗尼奥或称被观察的自我,以及观察者马林诺夫斯基或称他的另一个自我。用这种方式将自己分成两半正是他日记自我剖析"功能"的一个自然的结果。在这个由双重的自我和女性的他者构成的迷情三角之外,没有给其他任何人留下空间。

安妮的书信提供了一些关于他们熟人身份的线索。"我们的莱比锡圈子",她后来提到,基本上都是音乐人。[24]这其中有被马林诺夫斯基横刀夺爱的施耐德、因战争而不得不在莱比锡落脚的澳大利亚钢琴家库珀(Ethel Cooper)、波兰律师兼音乐学者布列则钦斯基(Franio Brzeziński)及其德国歌唱家妻子安娜、斯泰恩(Franio Stern)教授的女儿——小提琴家艾姆茜恩(Emchen)、娶了一个澳洲女人的意大利钢琴家朗布力诺(Lambrino)、匈牙利音乐教师瓦斯(Sandor Vas)。他们圈子里还有几个音乐圈外的,例如安妮的资助人弗洛茜恩和大学教师布罗斯菲尔德(Willie Blossfeld)。这些男男女女中有许多都是犹太人,后来在1930年代为了躲避纳粹的迫害而逃去了美国。

向西进发

11月13号星期六,马林诺夫斯基开始自查。现在安妮在他关注的排行里已经降到了第二位;他更加关心自己松懈的工作习惯,他那"灰色的、毫无成果的沮丧情绪"。他自责早上在床上待的时间太长,疏忽了身体锻炼:"我现在成天虚度光阴,"他写道,"我不能再这样下去了!"

马林诺夫斯基此时的日记中有一段与布列纳巴哈的日记遥相呼应,他敦促自己重下决心:"我要再一次除掉我体内那个一再抬头的可怜怪兽。"这个可怜怪兽恰恰就是那个深深依恋着安娜(和妈妈)的人;也正是那个一受到挫折就哭泣的、懦弱的、不能自立的傻瓜。但是这个怪兽包裹着的内核中是孤独("孤独那水晶般的苍穹")。他必须在这个孤独的内核中培养自己的天赋。忘掉这一点就等于把自己降低到乌合之众的水平。

他为未来的自己开出了处方:

I. 在家里:积极;有效率;处理各项事务(回那些必须在一定时限之前回的信、买东西、书籍);坚持研究值得研究的理论。II. 在实验室:别"装模作样";不要闲聊;有时注意倾听;完全不要受制于人际关系……;不要想着故意向人"展示"我是谁和我能干什么;高强度地工作,做每件事都要保持超常的冷静和放松,而且要集中百分之百的注意力。

他对自己最严厉的苛责是关于和安妮间的色情的、不完整的关系所带来的生活上的混乱:"III. 在我和 N 的感情关系及工作中要戒除歇斯底里和大惊小怪,以及情绪上的过分钻牛角尖……同时还有过分的敏感以及没有得到满足的欲望。斋戒可以帮助我,此外还要戒除对色情文字的阅读。"最后是关于日常活动的决定:"每天早晨——制定一个简要的计划,把它写下来。"

星期六进行的这一场提振士气的演练在星期天就受到了挑战:他"很晚才起床",还跟一个同事进行了"不必要"的交谈。星期一和星期二,他的实验室工作"很糟糕";到了星期三,他"情绪低落;缺乏前进的动力";星期四,他甚至记不起自己在实验室都做了些什么("我或许把大部分时间都浪费了")。

也许马林诺夫斯基出于极度的失望在这时放弃了写日记,不过后来在 11 月 22 号,也就是他到莱比锡整整一年的日子,他又加了一段以示首尾呼应。

他在自我规训和故态复萌之间的来回摇摆,以及他美好愿望的起伏消长到这时已是家常便饭。但凡对自己和所取得的进步不甚满意,马林诺夫斯基就会

第八章

莱比锡的爱之曲

通过制订较高的道德标准来强迫自己振作起来,但是几天之内他又会打破自己所订立的规章,让希望破灭。

随着他的日记戛然而止,关于他在莱比锡的生活情况和他与安妮之间时断时续的感情我们不可能有更多的了解。我们只能想象他在化学实验室里工作——带着那热情与烦躁相互交织的典型情绪——同时还在图书馆里钻研另外一些学科。在秋天的某个时候,他开始写作关于民族心理学的论文,不过我们不知道这是由于教职资格的需要还是完全出于他个人的专业兴趣。

安妮在12月初动身去了英国,马林诺夫斯基一直送她到汉堡。他已经做好了追随她的准备:"我很期待伦敦之行,"他后来写道,"似乎这可以带给我一个充实的人生。"[25]不过他现在还是要先回到莱比锡完成这学期剩下的工作,接着又在圣诞节里被流感折磨了一番。他在元旦给波利基神父写了一封信,清晰地透露了他的现实计划。[26]他雅盖隆的导师此前已经催促他尽快获得教职资格以便确保在大学的教师职位。这是选择学术生涯的必经之路,也是波利基和马林诺夫斯基的父亲当年所走的道路。不过马林诺夫斯基自有打算,他在信里列出了暂缓这一进程的两点理由。

> 毫无疑问,我未来有这样的打算。但我必须坦白地说,我希望这仅仅是我职业生涯的第一步,因为教书工作对健康状况的要求比较严苛,而且我嗓子不好,多说话对我来说实在困难。

这是他第一次(也是唯一一次)抱怨自己嗓子有问题。这几乎肯定是捏造出的理由,而且对如此了解他的人撒这样的谎也有些奇怪。不过他也提出了另一个更好的借口:"此外,为了给年轻学生施加正面的影响,我也应该受到良好的教育,有比一般的加利西亚教师更广博的知识面……我十分热切地想去英国待上至少一年,因为在我看来,那里的文化已经达到了其最高水平。"他提出让波利基支持他申请雅盖隆大学的巴尔则夫斯基奖学金。这个奖学金的金额为每年600克朗——这几乎是他以前获得的坡托茨基学生奖学金的两倍,尽管这一金额仍然低于一个雅盖隆大学初等教授薪金的十分之一。[27] 马林诺夫斯基去英国的计划在很大程度上都取决于这一资金支持。幸运的是，他及时地获得了这一奖学金，这也似乎是他1913年之前主要的资金来源。

在后来的日记中，马林诺夫斯基如此简单地叙述了自己在莱比锡最后一周的活动："显微镜；大量未完成的实验室演算。启程去奥博霍夫、亚琛，然后是烈日、根特、布鲁基和伦敦。"[28] 如果他丢下了一些未完成的实验室工作，他也显然并未因此而有所歉疚。穿越德国与比利时的行程是一条最直接的路线，最后他在奥斯坦德登上了开往多佛港的轮渡——他称其为"去英格兰的经典之路"。关于1910年3月初的这次行程，马林诺夫斯基有很多话要说，他为在伦敦充实人生的蓝图而兴奋不已。雾霭中一轮蛋白石般太阳照耀的天空下，他正乘船跨越泛着灰绿色波涛的英吉利海峡。这道海峡对他来说，就像是当年凯撒大帝面前的卢比孔河一样，一旦跨过便破釜沉舟了，他职业生涯的骰子也就此掷出了。

第一部分

1910—1914

第九章

伦敦之春

病入膏肓的英国狂热症

抵达这个岛国让马林诺夫斯基可以在想象中与自己多灾多难的祖国所在的欧洲大陆相脱离。他对岛屿的迷恋始于年少时代在地中海的经历——或许可以追溯到更早的弗里斯兰之旅——后来又通过加那利群岛之行得以加强。尽管在面积规模上大相径庭,英国四面环海的国土类型还是能对他产生一种相似的、浪漫的吸引力。一座岛屿,他写道,就是"一个明确的、完整的整体",它可以被想象所围绕。岛屿带来的这种吸引力也可以从他的田野地点选择中得到证明,如巴布亚的迈鲁岛、特罗布里恩德群岛、阿姆弗莱特群岛。如果像他说的那样,旅行的最大魅力就是梦境在实例中得以变成现实的话,那么马林诺夫斯基不断重复的梦境就是关于岛屿的。

在写给阿涅拉·扎戈尔斯卡的那封散文体书信中,马林诺夫斯基描述了改变其命运的这次跨越英吉利海峡之旅。[1] 他让自己尽情享受对海景的陶醉,展现出了那种同时关注外在现实与感官领悟的"感知的质量"。他对奥斯坦德港的描写——那里的渔船、集市、狭窄房屋汇聚的老城,以及别墅与雅致旅馆的时尚休闲场所——与他对广袤大海的大段描摹比起来就显得仓促而草率了。他将自己的种种情怀都投射到了后者的空旷之中。

马林诺夫斯基

一位人类学家的奥德赛,1884—1920

重复出现在人们眼前的景色轮廓并不十分复杂:宽广无比的水面被船身切断,一片天空……但是这个宽阔而简单的框架为多少极其微妙与丰富的变化留下了空间。这些变化是海与天性格的变化、光的变化,尤其是海况的变化,它取决于大海是否正或多或少地处于波涛汹涌的状态之中。

另外一段具有代表性的文字关注了大海的神秘力量,它的笔调、感情和那种难以捉摸的感觉都是康拉德式的(不过,由于他这篇书信体散文写于1913年初,他应该联想到了泰坦尼克号遭遇的可怕悲剧)。

空旷的大海就是一个巨大的监狱,最开敞、最美丽的空旷——人们的凝视不安地抵达它最遥远的边界,在那里逡巡,然后折返;在边界的后面是思想,再后面则是渴望;这是一个广阔的世界——最为广阔的,这条道路四通八达,给人们无限的希望,而在其空旷的博大之中似乎包含着警告的狰狞笑容。我们起初被一种夹杂着无聊的奇怪的不安感所侵袭;我们在这艘船所能提供给我们的一切中寻求一种支撑。甲板生活与广袤大海那冷酷无情、难以理解和完全无法掌控的现实之间存在着反差。甲板生活是由最奢华与最具完美技术的文化现实所塑造出来的,这一文化现实恰是人类的创造物。它们之间的这一反差总是能够产生出一种具有无限力量的效果。

尽管马林诺夫斯基的记述在他抵达伦敦之前便戛然而止,但这篇文章仍然记录了他在早年对英国的迷恋。这同时也是他解释自己为何放弃自然科学而转向人类学的唯一文献资料。在这篇文章中有一种坦诚告解的语气,而且除了向一个亲密的波兰友人说这些之外他也不太可能向别的什么人承认自己对英国人的这种谄媚态度。有鉴于阿涅拉和康拉德的关系,他或许也正是在通过这种方式向她解释这位小说家为何投奔了英国并且操起了英语。

马林诺夫斯基对英国文化与英国人性格特点的喜爱在他身上产生了持久的

影响,尽管它像所有的狂热迷恋一样终会随着时间的推移而转淡。他直到1931年才获得英国公民身份,但是早在1913年之前他就已经开始把英国称作自己的"第二精神故乡"了。他"病入膏肓的英国狂热症",他告诉阿涅拉,近乎"一种对英国文化的神秘崇拜"。英国的生活方式是"最优雅精致"的典范。在国外旅行期间他曾遇到过很多英国人,他们的"风格举止和高高在上的派头"给他留下了"难以抗拒的深刻"印象。他把他们"当成偶像一般供起来",然后"用我们常用'血统'这样的字眼所代表的那种难以名状的特征"将他们框起来。简言之,英国人是"民族之林中的贵族"。在他对英国人的崇拜之下还隐藏着一种不安的疑惑。他是否能被领入他们崇高文化的神秘天地之中并为他们所接受呢?英国人的矜持是一个巨大的障碍。"毫无疑问,他们十分高傲,"他写道,"尤其是对待那些说不好他们语言的人。"他早就渴望能够找一个英国人做朋友,更好是找一个他能与之调情的"漂亮小姐",他也承认这样的渴望指引他爱上了"N夫人"(安妮)并让这份爱愈来愈浓烈。"她是第一个我深入了解的英国女人,而且她对我也钟爱有加。"

表面上看,他如此赞美英国人,为的是解释自己为什么会在二十六岁的年纪来到伦敦并选择一条"全新的学术道路",以及为什么会在这样一个相对较大的年纪开始用英文写作,并将其当成汲取英国文化滋养的一种手段。在感念"N夫人"为他带来这个在英国"投身社会学"的幸运机会的同时,他也在自问,何以能够允许自己在面对"职业、事业或使命"抉择的时候不理性地,或者说是不负责任地完全跟随着自己的心灵而作出决定。不过在当时,他未来的方向仍然不甚明了:

> 我并不认为自己是一个极易受别人影响且鄙视生活中冷静与务实安排的爱幻想的人。但毫无疑问,我毕竟不是个十分自主自决的人:在我的思维能力和完全开发利用这些能力所需要的精力之间存在着巨大差距,这一点使我成了一个永远都站在十字路口的彷徨之徒。

马林诺夫斯基

一位人类学家的奥德赛，1884—1920

"让人不寒而栗的彷徨"

马林诺夫斯基关于初到英国的这封书信体散文有着欣喜与乐观的主基调。但他关于这段经历的回顾性日记却反差性地呈现出一种突出的阴郁气氛。[2] 根据后者的描述，他在路途上倍感疲乏与不快，抵达伦敦时"满怀焦虑"，感受到一种"让人不寒而栗的彷徨"。他没有钱，也没人到维多利亚车站来接他。

不过他很快就找到了安妮，而且共同在布鲁姆斯伯里区边缘地带的菲茨罗伊街 16 号租下了一间公寓。这里将成为马林诺夫斯基的官方地址，他在这里接收信件和放置家当。不过这里的居所只是一个幌子，因为他和安妮实际上住在临近的萨维尔街。就像广告上说的，菲茨罗伊街交通方便、紧邻大英博物馆。[3] 尽管当时马林诺夫斯基可能并不知晓，"菲茨罗维亚"区是伦敦图书馆和先锋派艺术的大本营。兰姆（Henry Lamb）刚刚接手了约翰（Augustus John）在菲茨罗伊街 8 号的画室。史蒂芬（Adrian Stephen）和姐姐弗吉尼亚（Virginia，即后来的弗吉尼亚·伍尔夫）住在菲茨罗伊街 29 号，那里原本是萧伯纳的住处；画家西克特（Walter Sickert）住在 19 号，而从剑桥来访的凯恩斯则和格兰特（Duncan Grant）一起住在 21 号。[4]

马林诺夫斯基为自己能住在伦敦而"自豪"，同时也十分渴望得到一个新的学者身份。他在回忆日记中对自己这一生活阶段的"全新面貌"进行了描述：全新的环境、新认识的人们，甚至是"全新的实验室工作模式"，在这一工作模式中，"独立的研究工作有着具体的出版构想"。

最重要的是，他的家庭生活发生了巨大变化。"人生第一次，"他写道，"我在……一种相当于婚姻的状态下生活。我每天晚上都回家，有人在守候着我，我们睡在一起，如此种种。"他和安妮的居住地塞维尔街是一条狭窄而肮脏的小街。它简直就是条"地道的犹太街"，每天一大早街上就充斥着烟尘和炸油脂的味道。白天里，"如果没有小孩子的肆意吵闹，就会有手摇风琴或其他什么烦死人的乐器声"。他们的公寓有个小前厅、厨卫、一间餐厅和一间起居室。他们

第九章
伦敦之春

早餐喝茶吃粥,外加果酱面包;晚餐吃沙拉和冷盘切肉,偶尔也会吃吃烤肉,再喝上一瓶澳洲勃艮第酒。马林诺夫斯基把这条街称作全区最肮脏的一条街[5],而他之所以会选择住在这条街上这间拥挤嘈杂的屋里只有一个可能的原因,就是他希望能和当时或许正在教钢琴的安妮住在一起。考虑到安妮本人讲究的生活作风和她中产阶级所持有的偏见,安妮本人会选择住在这里就更令人吃惊了,不过那年的晚些时候她就搬到了上马里波恩街36号一个更舒适的住处中去了。[6]

他们的家居生活表面看来仍然保持着一种正派得体的形象。那年春天他只在菲茨罗伊街睡过两个晚上:一次是在安妮生病的时候,一次是因为晚上从城里回来晚了。不过每天早上锻炼完身体并吃完早餐后,他都会回到菲茨罗伊街,"有些急切地"上楼来到房间里,然后换鞋子并查看信件。上午9:00,他会拎上自己的黑皮公文包沿着托特纳姆法院街漫步到贝德福德广场,然后去大英博物馆。

他如此描述这段日子:"起初我仰视伦敦,觉得它有着登峰造极的优雅、文化与宁静之美。但是这种感觉随着时间流逝慢慢地就消失了。"他的日记里并没有提到那段日子里激荡人心的政治纷争与事件:爱尔兰自治、广为蔓延的工业界骚乱、妇女参政运动者们的游行与绝食抗议,尽管他几乎不可能忽视这些事件的存在。他抵达伦敦的时候恰逢爱德华时代的结束,这个时代始于1901年,随着维多利亚女王的儿子继承王位而开启。(国王爱德华七世驾崩当天马林诺夫斯基正在肯特的米德赫斯特——他的日记里当然对这样一个公共事件有所提及。)爱德华时代被称作"两个世纪之间的连接",是介于"理性时代和焦虑时代"之间的过渡阶段。

> 公序良俗仍然被遵守,这并非因为人们仍然像在维多利亚时代那样信仰它们,而是因为必须在面子上保留这些东西。维多利亚女王的个人生活严守道德正义。爱德华国王则是个双重标准的典范……[他的]风流韵事不胜枚举,但对公共道德却规范严明。[7]

还在这一时代结束之前就已经出现了与爱德华时代的虚伪相对抗的潮流端倪。

马林诺夫斯基

一位人类学家的奥德赛，1884—1920

早在 1906 年贝内特（Arnold Bennett）就写了一部关于离婚的小说，而霭理士也公然谈起了性的问题。1910 年威尔斯（H. G. Wells）的《波里先生和他的历史》与福斯特（E. M. Forster）的《霍华德庄园》出版。倍受萧伯纳推崇的易卜生的剧作也被搬上了舞台。所有这些作品都在宣扬一种具有颠覆性的观念，即自我实现重于社会与国家责任。这种具有挑战性的观点对于马林诺夫斯基来说无疑早就司空见惯了，因为"年轻波兰"运动的尾声就正是浸淫在这种气息之下。

即便如此，虽然因阶级间存在的相互渗透而被冲淡，但爱德华时代的公序良俗仍在马林诺夫斯基所处的中产至中上层阶级中被继续遵守，"穿着、举止与交谈的得体仍然十分重要"。[8] 马林诺夫斯基身上带着一些受到哈布斯堡王朝影响甚或是直接从该王朝流传下来的社交礼仪的传统。（如他姐姐所说，他的个人风格并非属于资产阶级的，而是属于法国大革命前旧时代的那种。）至少在刚开始的时候，他并不太擅长领会英国阶级行为中的一些微妙之处，但是作为一个外国人——而且因为他那良好的、甚或是贵族出身所带来的举止风范——他有权力忽视一些规则而又不受惩罚。在他提及的英国风格中，他比较认可的是那种有教养的绅士风度。尽管这样的风格显得有些矜持拘谨，但它能够暂时让人获得一种中上层阶级及知识分子圈子的成员身份。

弗吉尼亚·伍尔夫曾庄严地宣称："就在 1910 年 12 月或其前后，人性发生了改变"，她指的是弗赖（Roger Fry）在伦敦举办的后印象派画展。尽管他本人并非狂热的"布鲁姆斯伯里文化圈"中的一员，但马林诺夫斯基事实上就生活在他们中间，他的社交圈子通过凯恩斯和弗赖姐妹这样一些人和那个圈子相交重合。除了高智商、精英世界观和在性方面的激进主义倾向，马林诺夫斯基还符合一个加入这个布鲁姆斯伯里文化圈子的资格条件：极其机敏睿智。（"只要一个人能逗人开心他就能够被忍受。"）当他认识到自己并不比那些人差的时候，他进入英国上层社会时所带有的那种"彷徨中的战栗"也就让位于一种更加自信的姿态了。1910 年 12 月到来之时，他的性格即使没有发生改变，也已经对其周遭环境更为适应了。而这则在很大程度上都要归功于他在初到英国的几个月里就认识了几乎所有著名的英国人类学家。

剑桥学派

当马林诺夫斯基还在克拉科夫即将中学毕业的时候,英国人类学界正在发生一个重大事件:即剑桥大学的托雷斯海峡探险。尽管这些探险者的名字对于当时的马林诺夫斯基来说还毫无意义,但是参与这次探险的三位成员后来都将成为左右马林诺夫斯基职业生涯方向的重要人物。托雷斯海峡探险其实可被称为建基于田野考察的英国现代人类学的开端标志。它不仅仅展示了专家田野工作的价值,而且赋予其一种建制性的、专业上的受尊重的地位,以至于它能像其他任何一种科学活动一样得到赞助。进入新世纪之后,人类学已不再是业余人士们专属的领域,摇椅人类学的寿终正寝之日也是指日可待了。

这次探险的构想来自哈登(1855—1940),他是新、老人类学之间承前启后的人物。他对马林诺夫斯基人生的影响在于,马林诺夫斯基在1910年进入的那个学科建制体系正是由他所创立的,而且马林诺夫斯基在这个体系内一直待到了他1938年赴美的时候。另外一个开创性人物是里弗斯(1864—1922),马林诺夫斯基采用了由他首创的研究方法,并最终宣称这些方法是他自己的。第三个重要人物是塞利格曼(1873—1940),他后来为马林诺夫斯基在英国人类学界立足提供了个人关系上、经济上及建制上的支持。尽管这三个当年托雷斯海峡探险的先锋队员对马林诺夫斯基产生过重要影响,但他最终都以这样或那样的方式否定了他们所实践和宣扬的人类学流派。在他顺着梯子爬到个人名望的顶峰之后,他便一脚踢开了这些梯子。

对哈登、里弗斯和塞利格曼这三巨头的介绍看似离题但仍有必要,因为这样的介绍有助于还原马林诺夫斯基1910年进入人类学领域时的学科场景。这三个人的学术生涯都以其各自的方式取得了杰出的成绩,马林诺夫斯基或许也曾以他们作为衡量自我的榜样,尽管他们彼此之间都有着十到二十年的年龄差距。马林诺夫斯基几乎比哈登小三十岁,比里弗斯正好小二十岁,比塞利格曼则小十岁多一点。

哈登那一代人成熟于"维多利亚时代逐渐退潮的自由乐观主义被日益高涨的帝国浪潮赶超的日子",那时候"大学向持不同政见者敞开大门,进化论成为科学的正统,一些可选作终身职业的科学领域与人类学相近"。[9]哈登在剑桥大学学的是动物学,他像笃信宗教一样笃信科学。二十六岁的时候,还很稚嫩的他就被委以都柏林皇家科学学院动物学系的教职。1886年他又踌躇满志地申请了墨尔本大学新成立院系的教职,但却被一个名叫鲍德温·斯宾塞(Baldwin Spencer)的曼彻斯特人抢走了那个职位。在赫胥黎(Thomas Huxley)的鼓励下他于1888年怀揣300英镑的资助起航,远赴澳大利亚和新几内亚之间满布岛屿的托雷斯海峡。他计划研究珊瑚礁上动物种群的结构。

哈登的行李中有一本《人类学的问询和记录》和弗雷泽关于原始人群"风俗、信仰与语言"的调查问卷。除了珊瑚和水生动物,他还收集了当地的"奇珍异宝",用素描和拍照的方式记录传统舞蹈,并照《问询和记录》的指导记录当地民俗。简言之,哈登在接受人类学的科学路线的同时也皈依了其伦理路线。他认为帝国和科学界都有责任在这些原始文化遭到西方文明侵蚀而不可避免地消失之前记录它们。这种通过像他这样的博物学者在田野中开展"拯救性"人类学研究的观念,使哈登和他那一代的学者感到了自身使命的紧迫。实际上,这也激励了像马林诺夫斯基那样的一批后继者。马林诺夫斯基关于特罗布里恩德人群的专著开篇就曾悲叹,当科学的民族学正在方法论上走向成熟的时候,"其研究的物质"却在溶解消逝。[10]哈登关于帝国责任的论点同样具有说服力,他也是最先强调殖民官员必须接受人类学培训的学者之一。

哈登并没有立刻为了人类学而放弃动物学。赫胥黎提醒他有必要保住"最低限量的面包和黄油",他完全无法"预见一个投身人类学的人可以挣回面包——更别说黄油了"。[11]直到1901年,也就是他获选加入剑桥基督学院的那一年,他才感到足够保险地辞去了都柏林的教授职务,举家迁入剑桥。尽管从宽泛的意义上讲哈登是一个进化论者,但他更关心的是特定地理区域内的类型分布,而非普遍的进化发展顺序。他尤其关注物质文化的变化类型,如房屋式样、艺术装饰图案、翻绳游戏、烟斗和独木舟。哈登的民族学是一种强调空间

第九章
伦敦之春

而非时间的进化论民族学,这不仅仅是因为建立在前者基础上的阐释性概念比建基于后者基础上的更容易证实或证伪(后者缺乏历史证据的有效控制,例如史前文化),而且还因为相邻文化间的基因关系比那些相隔较远的文化更容易被推断出来。因此可以证明的是,哈登进化论学说中的地理分布论的考察方向,比之前一代泰勒和弗雷泽等人进化论学说中的时间性、单线性的考察方向要更加科学。哈登对文化特质分布的兴趣还导致另一个必然结果,这就是田野考察的必要:通过由博物学者考察各地并撰写民族志的方式来收集信息。

1898 年,哈登通过组建团队并领导完成托雷斯海峡探险而成为英国田野人类学家中的领军人物。激发他从事这一项目的动机除了科学上的求知欲及书写"拯救性"民族志的紧迫性还有一种政治直觉,因为他坚信,在剑桥创建一个人类学派的最好办法就是大力推广这种类型的田野研究。关于哈登如何挑选探险队的六个成员的故事已经被讲过很多遍了,最近一次是在一本纪念这次探险一百周年的论文集中。[12] 除了作为民族学家和体质人类学家的自己,哈登的探险队还吸纳了大洋洲语言学家雷(Sidney Ray)、心理学家迈尔斯(Charles Samuel Myers)和麦克杜格尔(William McDougall)(两人都是里弗斯的学生),以及计划从事物质文化研究和充当摄影师的研究生威尔金(Anthony Wilkin)。很显然,在实验心理学家的人选问题上哈登选择了里弗斯(William Halse Rivers Rivers)。

邀请里弗斯在 1893 年来剑桥教感官心理学的正是哈登自己的导师、生理学家福斯特(Michael Foster)。里弗斯最初学的是药学,后来他创建了英国第一所实验心理学实验室(他此前曾于莱比锡师从冯特)。哈登让里弗斯负责探险中所有的心理学实验,他后来夸耀道:"对于落后人群的心理学观察首次在他们自己国家由掌握足够设备、训练有素的心理学家完成"。[13] 不过这样的观察得到的结果却是可疑的,因为田野实地测试中产生的方法论层面上的问题——这与实验室可控条件下的情况大相径庭——几乎是不可克服的。[14] 然而,里弗斯在这次探险中对人类学的贡献却是更积极与持久的,正是这次探险让他发明了所谓的"谱系法"。这一方法成为收集亲族信息的标准田野方法。里弗斯相

马林诺夫斯基

一位人类学家的奥德赛，1884—1920

对较晚且曲折的人类学入门之路（当时他已三十六岁），不仅改变了他的生活，也改变了这门学科的发展方向。

在最后一刻，迈尔斯的朋友塞利格曼请求允许他自费加入这次探险。塞利格曼是位医学病理学家，他和哈登一样，也是在托雷斯海峡皈依了人类学。他所开发的专业领域中有许多都是与哈登相重合的，包括体质人类学、人种、进化的分布论研究方法，以及对新几内亚的人种学关注。某种意义上，塞利格曼在伦敦进行的人类学研究教学与哈登在剑桥人类学专业所做的事大致相同，包括教那些传教士和殖民官员。不过有一个原因让他俩本可相提并论的职业生涯显得大相径庭，这就是那个难以捉摸的人：马林诺夫斯基。尽管哈登培养了许多学术后继者，但他们中间没有一个具有像塞利格曼的门徒马林诺夫斯基那样的颠覆潜质与范式转换的天赋。这两个英国人的面子都常常受到这个性情多变的波兰人的冒犯，哈登无疑因为马林诺夫斯基远远地待在伦敦而松了口气。

和马林诺夫斯基一样，塞利格曼也是家中的独子；他的父亲在他十六岁时就去世了，病弱的母亲不久也绝尘而去。"斯利格斯"（Sligs）是个孤独而勤勉的男孩，他在阅读与博物中寻找慰藉。在伦敦圣托马斯医院学习药学之后，他主攻病理学，并在这个领域获得了几项荣誉，之后才转入人类学领域。从托雷斯海峡回来后的几年中他还是继续从事病理学研究，但是民族学"拯救性"田野工作的吸引力实在太过强烈，于是他在1904年领导开展了一场远赴英属新几内亚的三人探险。从那以后，他越来越坚定地投身到人类学领域中。1907—1908年，由他勇敢的妻子布伦达陪同，他在锡兰的土著维达人中进行了田野研究。他还在冬季的两次埃及与苏丹之行中扩展了自己的人类学研究领域。塞利格曼的人类学兴趣点涵盖极广，包括史前史与考古、体质（或生物）人类学、物质文化、心理学，当然还有人种学。他曾说他把"关于社会的东西"留给布伦达。他妻子的人类学关注领域要窄得多，主要是亲属关系和亲族术语学。在这方面她是里弗斯的忠实拥趸，直到马林诺夫斯基让她皈依了自己的理论。塞利格曼一家家境富裕，夫妇二人收集了不少中国瓷器，此外斯利格斯对东方玻璃制品也情有独钟。

第九章

伦敦之春

1910年塞利格曼的概略性著作《英属新几内亚的美拉尼西亚人》出版,此时恰逢他被授予伦敦大学民族学讲师职位。三年后他成为伦敦经济学院教授并创立了该院的民族学专业。直到他1930年代初退休之前,塞利格曼比他同代的任何一个人类学家做的田野工作都要多,这些地方包括了昆士兰、托雷斯海峡、英属新几内亚、锡兰、埃及和苏丹,他在田野研究者中的崇高地位得到了哈登的认可。作为一个科学家,塞利格曼并不习惯虚无缥缈的理论创建工作,他更喜欢可以被处理与衡量的事实与实物。然而他的工作热情、执著,以及对资料孜孜不倦的收集,再加上他对分类的热衷,使他站上了专业荣誉的最高点。[15]

直率、为人冷淡、在社交场合常显笨拙的斯利格斯从未摆脱掉儿时就已养成的沉默寡言的习惯。不过正如他写给马林诺夫斯基的信件所显示的那样,在沉默寡言背后的他是一个十分值得人尊敬的人。他对缺点过失宽宏大量,而且对自己的学生们是否过得幸福给予了深切的关注。他有一种不露声色的幽默感。雷蒙德·弗思有一次曾听见他评论麦克杜格尔颇具争议的本能理论:"我知道有一种贪婪的本能,因为我就有这种本能!"马林诺夫斯基有时也会开开这位一本正经的导师的玩笑。当塞利格曼把自己姓氏中的最后一个字母去掉,想借此转移人们对他德国犹太人出身的注意时,这一举动引来了马林诺夫斯基急智的讥讽:"多么典型的斯利格斯啊,做事总是只做一半!"①[16]

塞利格曼只比马林诺夫斯基大十一岁,对于后者他更像是一个乐于扶助的哥哥而非父辈。都饱受健康问题的困扰,这两个人建立起了一种同病相怜的亲密关系,他们通过向彼此汇报自己近来的身体状况来让这种亲密关系不断延续。从认识之初起他们就保持着频繁的通信,他们的信件(留存下来的有三百多封)记录了近三十年间他们私人与职业关系中的起起伏伏。他们偶尔也会争吵,有时甚至严重到会在信里表达出心中的暴怒或者如寒冬般的冷酷,但是最终在他们之间的分分合合之下还是始终保持着一股彼此喜爱的深深的暗流。马林诺夫斯基从来没有忘记他对塞利格曼所欠下的情分。正是塞利格曼不断提醒他田野

---

① 意指塞利格曼只写了原姓氏Seligmann结尾处两个n中的一个。——译注

研究的重要性（"就像殉教者的血对于教会那样重要"）；正是塞利格曼为他在新几内亚的田野工作找到了资助；也正是塞利格曼不懈地通过层层繁琐程序为他赢得了理学博士学位；此外他能确保在伦敦经济学院的职位并得到提升，也要在很大程度上感谢塞利格曼的相助。

阅读里弗斯

马林诺夫斯基置身大英博物馆时所体会到的崇敬感与萨克雷（William Thackeray）初到这里时的感觉相似："在我看来没有人能够坐在这里而不在心中充满敬意。"马林诺夫斯基被阅读室深深震撼了，那里有巨大的穹顶，人们都毕恭毕敬地保持着肃静："我带着虔诚看着它，"他写道，"一种奇特的钻研探究的气氛从中散发出来。"他坐在 D2 号桌前。（马克思曾在 O7 号桌上写出了《资本论》。）他在大英博物馆认识的第一个英国人叫斯皮尔曼（Spearman），是他向马林诺夫斯基介绍了里弗斯其人。马林诺夫斯基不出所料地借阅了《托达人》(1906)，这是里弗斯关于西南印度尼吉利山区人群的专著。他也读了弗罗贝纽斯（Leo Frobenius）、韦伯斯特（Hutton Webster）、摩尔根（Lewis Henry Morgan）和列维-布吕尔（Lucien Levy-Bruhl）的著作。毫无疑问，他正在继续为始于莱比锡的研究扩展知识面，但几乎可以肯定的是，恰恰是里弗斯的著作给他留下了最深刻的印象。作为一个有着如此程度的方法论自觉的研究者，他终于发现了一个让自己感到惺惺相惜的民族志学者。

里弗斯在《托达人》开篇就言明，他要做的"不仅仅是记录一个人群的风俗与信仰，而且要做一次人类学方法的示范"：

> 人类学当下最需要的是更加精确的方法，这不仅仅是针对材料的收集，而且也针对其记录方式，这样读者才能对每一个事实作出正确的价值评估，也才能获得确切的证据以评估这一记录所可能具有的真实性和完整性。[17]

他不厌其烦地描述自己是如何收集这些信息的——其首要原则便是"从不同的人那里获取独立的信息描述"。他评估其信息人的相对可信度；他比对这些独立的描述并针对其中的差异提出问题。除了通过重复检查所进行的"直接确证"，他还借由"通过不同途径获取相同信息"的方法来进行"间接确证"，例如，对不同的确切实例所遵循的某种社会规范进行抽象的公式化推引。里弗斯方法论的严格认真还表现在他清晰地区分了民族志描述和在其上进行的理论构建。他认为事实与理论应彼此独立。

马林诺夫斯基为这样的进步而击节叫好。他自己的著述《澳大利亚土著家庭》的引言（尽管里面只提到了里弗斯一次）显示，他是多么急切地希望用里弗斯所主张的那种严格方法来检视自己的资料来源。后来在其1916年关于"巴罗马"的论文中以及更后来的《西太平洋上的航海者》的引言中，马林诺夫斯基都一再地呼应了里弗斯的严格标准。不过在那时之前，他还从1912年版的《人类学的问询和记录》中汲取了里弗斯的一些重要思想影响。

里弗斯在托达人中所作的田野工作是在1902年下半年的"数月"之中进行的。这是英国人类学家应用"对限定地区进行集中研究"这一原则所进行的最初尝试之一，尽管那时这一原则还没有被明确地提出来。不过当时里弗斯整个田野研究期间都待在托达人的村子里并非是因为事先的安排，而是出于偶然的发现。按照里弗斯传记作者所述："从调查模式上判断，里弗斯对托达人的研究是集中式的；而依照任何标准判断，它则是宽泛的。"[18]马林诺夫斯基在特罗布里恩德群岛上的经历也惊人的相似：按照当时的标准来看，这个地方和人群在此前也已被"描述"得够多的了。里弗斯曾提到，关于托达人的文献"浩如烟海"，因此他曾"因为要去研究这么一个我们已经知之甚多的人群而被不止一个人类学家责备过"。不过里弗斯对现有的关于那里社会组织的描述存有疑惑：

> 我发现有很多风俗和仪式都没有被描述过，而且还发现关于另外一些曾经被人反复记录过的东西我还能获得更为详尽的信息。而在得到这些发现之前我并没有在那里调查太长时间。由于发现可做的事情

> 实在太多,所以我放弃了调查几个不同部落的计划,将我所有的时间都投入对托达人的研究中。[19]

将"托达人"换成"特罗布里恩德人",马林诺夫斯基也尽可以在1916年写下相同的一段文字。

里弗斯以玻璃般透明平实的笔调,极其详尽地描述了八百个牧民的部落生活。这个一妻多夫制的部落和另外三个部落以一种共生的关系一起过着与世隔绝的生活。托达人以他们围绕着水牛崇拜所举行的宗教仪式而闻名,同时"托达人"也成了性生活上禁忌松散的代名词——就像下一代的马林诺夫斯基笔下的特罗布里恩德人一样。事实上,更早的观察者们认为托达人所展现的是一种原始阶段的"群婚",而里弗斯则礼貌地质疑了这个观点。不过他最主要的方法论创新还在于提出了"谱系法",这是他在参与托雷斯海峡探险时为了研究先天性色盲的遗传而发明的技术。[20] 在研究托达人时,这成了他进行调查的最宝贵的方法。通过绘制整个群体的亲族谱系图,他可以通过亲属和婚姻关系确定每一个托达人在谱系图中的位置。

> 无论何时,当一个与某一仪式或社会传统相关的人的名字被提及的时候,他的名字都能在这个谱系记录中被找到,他相对于其他参与习俗与仪式者的关系也能够被确定。通过这种方法,研究工作可以变得很具体,这十分有助于调查的进行。习俗与仪式可以通过具体实例来进行研究,在这些实例中,参与其中的人对于我和我的信息人来说都是些真实存在的人。[21]

建立谱系帮助他得出了关于亲族系统和婚姻规则的结论。里弗斯此外也关注谱系信息更广泛的运用:

> 原始人的心智几乎全被具体事物所占据。如果你和他谈论他们的继承法则,你马上就会陷入绝望的不解之中。但如果你能使用一系列具体的案例,他的记忆就会帮助他罗列一桩桩的具体案例,从而展示

在这些给定的案例中所有物是如何被继承的。[22]

这里的关键词是"具体",它在下一代人类学家中像口号般被不断提起。通过这种简单的方式,民族志记录中的"个人化"成为一种创新,马林诺夫斯基在特罗布里恩德群岛则将这种方法的运用推向一个更高的层次。

里弗斯的著作广受推崇,成为新人类学的典范。它表明田野工作中的人类学家"从事的是一项科学事业,而非一种文学操练"。[23] 这对一心关注科学方法的马林诺夫斯基来说是颇有吸引力的,不过他试图通过运用文学方法来展现自己的民族学科学以实现对这两者的兼顾。在一些方法论的关键问题上,如果按照马林诺夫斯基后来设立的标准,里弗斯的研究是不够严谨的。他没有说明自己在田野待了多长时间,他也没有认真学习当地语言(他把托达语的名词放置在英语的动词、副词与代词所构成的框架中——这是每一个民族志新手都再熟悉不过的肤浅"技术")。此外,里弗斯主要的翻译是一个基督教传教士,里弗斯雇用他一开始还遭到了一些托达人的反对。另外一个关于方法的疑点是:里弗斯坦承,因为托达人是每为欧洲人做点事都要索取报酬的"顽固不化的乞讨者",所以他不得不花钱买信息,不过他是按时间付费,而非根据信息的类型和质量——这一区别对他的信息人来说毫无意义。

在和大英博物馆的蜜月期里,他还阅读了马修牧师(J. Matthew)所写的《昆士兰的两个代表性部落》。他所写的两页书评刊登在了9月号皇家人类学院的期刊《人类》上。作为马林诺夫斯基首篇发表的文章,这篇书评值得引起人们注意的原因至少有两点:他赞同里弗斯事实与观点必需严格区分的原则,而且他提倡获取更具体的土著日常生活信息。下面这段用蹩脚英文写出的文字几乎就是他初创的方法论信条的说明:

> 当地人生活的每一个方面的特征都需要用尽可能具体的术语进行描述。即使表面看来不重要或者肤浅的细节,也可能在新的调查方法下被证明是极其重要的。另一方面,观察者最好尽量避免将自己的理

论与相关的事实混在一起。里弗斯博士关于托达人的作品从这两个方法论角度来看是一部典范。[24]

遇上导师

到达英国后不久,马林诺夫斯基就专程去了一趟剑桥,向里弗斯和哈登介绍自己。在他的回顾性日记中,他把这次剑桥之行称作"我对英国热情的蜜月"。他在一个月夜走进了圣约翰学院那美丽的庭院,圣约翰学院是最古老、最大型、最富有的学院之一。在被引进里弗斯的房间之后,他遇到了"一个高个儿、瘦削的绅士"。在赞美了里弗斯的《托达人》之后,马林诺夫斯基开始谈起"巫术与经济"。不难想象,里弗斯对马林诺夫斯基的第一印象是一个才华横溢的热血青年带着悦耳的波兰口音侃侃而谈,极力主张他所偏爱的毕歇尔理论的可取之处——因为关于"巫术与经济"的相关知识无疑来自他在莱比锡时进行的相关阅读。第二天他见了哈登,后者又向他介绍了福莱尔-马列克(Barbara Freire-Marecco),她后来成为他的朋友和伦敦经济学院的同事。当时她还在师从哈登,准备在新墨西哥的普韦布洛印第安人中做田野研究。

马林诺夫斯基现存最早的一封写给哈登的信件日期为 1910 年 3 月 20 日,是他这次拜访之后不久写的。他许诺说要给哈登看他正在写的东西:"和通常一样,我的工作总是比我预想的要慢,所以我想我可能还要再过两周才能带着我的作品干净的打印稿来剑桥。"他提到他已经"见过了塞利格曼并和他吃了饭。他非常好,我从与他的交谈中受益匪浅。"哈登把自己手里的那本《英属新几内亚的美拉尼西亚人》借给了马林诺夫斯基,因此有可能是他向马林诺夫斯基介绍了斯利格斯。马林诺夫斯基用蹩脚的英文展示了自己的"英国狂":

我希望您的儿子还没走,因为要是再能见到他该是多么令我高兴的事啊。我觉得他太有魅力了,他对我来说象征着一种新的、从未了

第九章

伦敦之春

解过的人的类型：英国殖民先锋——对这种类型的人我一向满怀崇敬。[25]

三个月后马林诺夫斯基又写信给哈登，说他还没有完成他的"文章"，要把来剑桥的时间推到 7 月。[26] 或许正是在这期间他第一次见到了弗雷泽。"弗雷泽博士人很好，他给我开出了一份很棒的斯拉夫民俗研究的书目"，他在 8 月从华沙给哈登写的信中这样说道。[27]

如果他在到英国后不久就认识了伦敦经济学院的人的话，那么马林诺夫斯基可能已经见过当时正在春季学期教民族学的卟朗了。[28] 他课上推荐阅读的书目中就包括《托达人》。马林诺夫斯基的日常笔记中还提到了他所见过的其他一些人："韦斯特马克；向我介绍了惠勒，研讨课。"韦斯特马克教授为高年级学生开设的社会学研讨课开课于 4 月 25 日，因此可以推测，他在这段时间结识了能像里弗斯那样指导他 1910—1911 年间人类学思考的人。

在圣灵降临节马林诺夫斯基和安妮去了趟怀特岛，他们住在"文特诺的一座海边小屋"。那里有着错综阶丘和层理的奇妙的白垩岩以及被海风吹打的植被给马林诺夫斯基留下了深深的印象，日后他在巴布亚看到相似的石灰岩景观时也曾回想起这里。几天后安妮就回伦敦了，而马林诺夫斯基则在文特诺一直待到周末，为他在韦斯特马克研讨课上的发言打着草稿。由于受到里弗斯和列维－布吕尔的影响，他开始思考年龄组及其与澳大利亚土著家庭的关系。但是他对自己的工作方式并不满意，在他的回顾性日记中又出现了长篇大论的自我批评。他责备自己工作不系统，"总是凭着一时的兴致行事"。

十五年之后马林诺夫斯基称 1910 年是人类学发展的转折点。[29] "就在那时或其前后的日子，"他写道，"发生了一系列重要的人类学事件。"他例举了引发"生动与激烈争论"的弗雷泽《图腾崇拜与异族通婚》的出版、塞利格曼《英属新几内亚的美拉尼西亚人》和《维达人》的出版、乔伊斯（T. A. Joyce）与托尔代（Emil Torday）的《布雄哥人》、盖内普（Anold Van Gennep）的《通过仪式》、列维-布吕尔关于"原始人心智"的颇具争议的观点,以及里弗斯关于传播主义的讨论。在接下来的几年中,一些学者的重要著作也相继问世,这些人包括了涂尔干、特恩瓦尔德(Richard Thurnwald)、斯宾塞、吉伦(Francis James Gillen)、里弗斯和韦斯特马克。出于谦虚,马林诺夫斯基没有提到自己也是在1910年进入英国人类学界的。

第十章

与芬兰的关联

开始学习社会学

可能是哈登向马林诺夫斯基建议说伦敦经济学院或许比剑桥更能满足他的"社会学"兴趣,因为剑桥的人类学有更多"古董"的味道。马林诺夫斯基在伦敦经济学院最早的学生记录没有留存下来,但是他抵达英国的日期显示,他在1910年夏季学期作为校外生首次注册。似乎他在雅盖隆大学的博士学位并未得到伦敦大学校方的认可。他直到1914年1月才获准正式入学——也就是他到达伦敦近四年之后,而直到1914年3月26日大学参议会才批准他作为理学科系校内学生进行注册的申请。这个申请应该是在1913年10月提交的。作为校内学生,他才可以"获得更高的学位",即人类学理学博士。塞利格曼被指定为他的导师。

伦敦经济与政治科学学院是1900年起共同组成新的伦敦大学的几所院校之一。伦敦经济学院成立于1895年,由费边社成员韦伯夫妇(Beatrice and Sidney Webb)在剧作家兼评论家萧伯纳的帮助下创建而成。另外一位共同参与学院组建的是沃拉斯(Graham Wallas),他是一个极有操守的政治科学家,后来也与马林诺夫斯基相熟识,不过他和韦伯夫妇的关系一直都比较疏远,而且不确定他是否和萧伯纳见过面。[1]

马林诺夫斯基

一位人类学家的奥德赛，1884—1920

社会学被引入教学课程是在 1903 年。根据费边社社会主义者的构想，学院方坚信社会学将可能让如下人群受益："市镇议员、济贫法监护人、商会官员、慈善机构与社团委员会成员、传教者和收租者"，这个不无幽默意味的单子很像出自萧伯纳之手。

1907 年，苏格兰慈善家怀特（Martin White）捐助了五年的社会学讲座课经费给出生于芬兰的人类学家兼哲学家韦斯特马克（1862—1939）。韦斯特马克当时已经因为其出色的概要性著作《人类婚姻史》（1891）而颇负盛名了。怀特的捐助在 1911 年成为一项永久性资助，一直持续到作为兼职教授的韦斯特马克退休，其间韦斯特马克同时还在赫尔辛基大学任教授。韦斯特马克称，"伦敦经济学院的学生群体是最具国际性的"，同时"在全世界的所有大学中也是学生肤色最复杂的"。[2]

怀特此外还资助了另一个社会学的永久教职。霍布豪斯（Leonard Trelawny Hobhouse，1864—1929）是首位任职者，他从 1904 年起就在伦敦经济学院做讲师。[3] 和韦斯特马克一样，霍布豪斯也为泰勒在牛津的进化人类学课程所折服，他还写出了大量关于道德进化的作品，不过他同时也回避了韦斯特马克所支持的新达尔文主义立场。在政治上，霍布豪斯是个反帝国主义者，他信奉共同利益，认为自由"与其说是个体的权利不如说是社会的需要"——马林诺夫斯基在《自由与文明》一书中对这一论点进行了呼应。霍布豪斯的传记作者质疑他到底算是真正的社会学家还是个与之相去甚远的思想不清晰的政治思考者。他对马丁·怀特成为英国首位社会学教授一事"表现出十分明显的冷淡"。他唯一的门徒金斯伯格（Morris Ginsberg）也是他的继任者，正是他让霍布豪斯的社会哲学得以发扬光大。[4] 尽管马林诺夫斯基跟与他同代的金斯伯格关系更密切，但他偶尔也还是会和霍布豪斯夫妇有所交往。他在《航海者》一书中还鸣谢霍布豪斯为他看校样并给予他"宝贵的建议"。[5]

人类学在英国的专业化过程始于 20 世纪的第一个十年中。和那些有志从事人类学的前辈们相比，马林诺夫斯基遇到的困难简直算不了什么。他到来得

第十章

与芬兰的关联

正是时候,因为当时作为一门学术的人类学刚刚在英国取得了建制上的地位和资金上的支持。他因此而进入了一个充满乐观的广阔天地,在这片天地中,那些曾为得到承认而战斗的老一辈们正慈祥地对着他们的学生们微笑,并鼓励他们冲锋陷阵直至最终实现征服。人们有充分的理由期待马林诺夫斯基这一代人类学家在这一领域中得到丰收(这个带有农业意味的比喻极具感召力),而且毫无疑问,谁要搞人类学,谁就必须要做田野研究。在这一学科中,存在于民族志资料收集者和分析者之间的界限行将被抛弃。"现在是收集储藏的时候,对这项活动的详尽阐述可以在任何时候进行——但是为了聪明巧妙地去进行观察,需要对其过程进行指导……因此与田野工作天赋相伴的是教学的天赋。"[6] 这段混合了其个人隐喻的话是哈登 1901 年的时候说的,那时他刚刚获选进入基督学院,他最终选择了全职投入人类学研究与教学。正是哈登的不懈努力,为人类学在当时的剑桥争得了一块尚未稳固的立锥之地。在弗雷泽和其他一些校参议会的名人的帮助下,他还在 1904 年推动了人类学研究理事会的建立。不久就开设了哈登、里弗斯、里奇韦(William Ridgeway)和迈尔斯的讲座课,1908 年则开设了强调田野研究的学位项目。次年,哈登被提升为民族学高级讲师。在多年靠不停地接兼职养家糊口之后,哈登定然将自己终获满意的薪水看成人类学最终"到达"剑桥的一个标志。虽然有些姗姗来迟,但他现在终于可以"享受一个爱德华时代学术绅士的舒适生活了"。[7]

伴随着马列特(Robert Marett,1866—1943)在 1905 年创立人类学委员会,人类学也在牛津找到了一席之地。尽管泰勒爵士素有英国最重要人类学家的盛名——事实上是创立者——但是因为这个学科与达尔文主义的牵连,他没有能够在牛津建立起人类学学科。在这个仍由教会人士统治的大学中,和蔼的泽西人、古典主义者马列特,通过将人类学和古典学与考古学相联结而力排众议。[8] 对于田野工作的迫切性他有着和哈登相似的观点,不过身为一个摇椅人类学家,他仍然支持田野工作者和理论研究者之间的劳动分工。他曾用他典型的华丽笔调写道:"当天气仍然延续,庄稼也仍然立着,该做的事就是收庄稼而不是打谷子。"[9] 在马林诺夫斯基出发去田野之前,马列特已经把自己的三个学生派了出去,其中有两个去了美拉尼西亚。

在占据了英国大学巨头中第三把交椅的伦敦经济学院中,民族学课程是在1904—1905学年作为社会学荣誉学位的一部分开始被教授的。哈登担任讲师,在长达五年的时间里,他每周都会从剑桥过来上一节课,主题是"非洲、亚洲和澳大利亚的热带与亚热带民族"。1909—1910学年另一位剑桥人取代了哈登的位置,他就是后来改名为拉德克利夫-布朗的阿尔弗雷德·布朗,他同时还教授一门关于澳大利亚的特殊区域课程。他那时已经完成了其为时近两年的安达曼群岛田野工作,正致力于运用第一手资料研究土著人的社会。

马林诺夫斯基在伦敦经济学院第一次完整地上课是在1910—1911学年。那一年的校历上称:

> 诸如社会学这样的学科在目前的重要性不必再强调。应该特别关注民族学的讲座课。任何有志于在大英帝国的海外土地上从事管理或传教工作的人都应钻研这门基础学科。[10]

由此看来,从最初在伦敦接触人类学开始,马林诺夫斯基就很清楚,英国人赋予了这门学科一个很实用的存在理由。莱比锡的民族学(从属于民族心理学)并没有这样力求实用的主张。因此,马林诺夫斯基后来转向"实用人类学"(他对应用人类学的称呼)也并非在英国没有先例,同时也与他的欧洲大陆背景没有任何关系。如果校历上的解释意在吸引殖民官员,那么它并没有引起重视,反正最终都要由马丁·怀特出120英镑来资助这个一年三十节课的讲座。[11] 后来教授民族学课程的是1910年取得讲师职位的塞利格曼。他的教学大纲很简明:"人类的多样性及其社会与文化特征;移民和较重要种族与民族的当前地理分布;人类古俗与最古老人种的体格特征;史前文化。"同样简明的是塞利格曼为1910—1911学年开列的阅读书目,只有四本书:基恩(Keane)的《民族学》、但尼格尔(Deniker)的《人类的种族》、哈登的《人类的种族》、泰勒的《原始文化》。1911—1912学年还加上了帕金森(Parkinson)的《南海三十年》,以及他自己的概述性作品《英属新几内亚的美拉尼西亚人》。[12]

随着人类学在三所大学中播下种子，对专业人员的培养即将开始；到此时为止还没有不是从其他学科转过来的人类学家。对田野工作的崇拜也相应地进入了高潮。在1912年之前，塞利格曼（就像剑桥的哈登和牛津的马列特一样）就已经在忙着推广田野研究，把它当成人类学未来发展的关键。他向伦敦经济学院校长里夫斯（William Pember Reeves）要求每年留出150英镑的资金，这样便可以每两年资助一位"有前途的学生"进行田野研究工作。他还尝试说服悉尼·韦伯"如果想要人类学在这所学院兴旺发展，为田野工作提供资助是至关重要的"。[13] 韦伯可能在原则上同意了，但校长却不为所动。由于资金来源稀缺，因此资助研究生到异国他乡进行田野工作对学院来说简直是一种无法负担的奢侈。

马林诺夫斯基在1910—1911学年选修的课程可以从当年校历上所列出的课程中推测出来。霍布豪斯、韦斯特马克和塞利格曼的课大概是他最感兴趣的。霍布豪斯教授一门包含了社会心理学内容的关于社会进化的课程；此外，马林诺夫斯基还有可能选修了他为高阶学生开设的一门社会学研讨课。还有很多打着社会学旗号的课程，不过没有证据显示他选修了这些课程。在回顾性笔记中他只提到了韦斯特马克的讲座和研讨课，它们有可能比霍布豪斯上的任何一门课都要更对他的胃口。韦斯特马克有十五堂讲座课是关于社会制度的（每堂讲座之后都是一堂班级讨论），在夏季学期每星期有两个晚上有课。教学大纲涵盖极广，展现了韦斯特马克的学术兴趣范围。下面是其中的一段：

> 与生物及心理现象相区别的社会现象的特征；父系与母系世袭体系；家庭、数代同堂家庭、宗族、部落、国家；社会形成、规模及凝聚所依赖的生物与心理事实，作为行为准则的风俗与法律，道德判断的赞同与不赞同；婚姻的起源与功能。[14]

这里面有几个也是马林诺夫斯基持久的人类学兴趣所在：婚姻、家庭和原始法律。韦斯特马克第二门讲座课是社会权利与义务，其教学大纲的延伸主题包括了战争、巫术与宗教，马林诺夫斯基后来都将这些选为自己关注的重点领域。韦斯特马克为他两门主课开列的阅读书目中除了他自己的多卷本《人类婚姻史》和《道德观念的起源和发展》，还包括了赫伯特·斯宾塞、涂尔干、亚当·斯密、里德（Carveth Read）、克劳利（Ernest Crawley）和弗雷泽的经典作品。一大捆马林诺夫斯基在韦斯特马克讨论课上做的笔记都留存了下来，它们显示，在克劳利和涂尔干之外，他还阅读了马列特、朗格（Andrew Lang）、韦伯斯特和盖内普的著作。[15]

到目前为止，马林诺夫斯基在伦敦经济学院头一年中建立的最重要的学术友谊是他和韦斯特马克之间的友谊。韦斯特马克性格豪放、生活多姿多彩，是个"重视物质生活、懂得享受快乐的人"。他沉迷于旅行、美食与佳酿。人们曾用一系列自相矛盾的词组来描述他的特点，例如"研究婚姻的光棍、研究摩洛哥的正统欧洲人、研究道德的相对主义者、研究宗教的不信神者"。[16]他用敏锐的民族志研究者的目光对英国人的道德观进行了引人入胜的剖析，正像他如此剖析他热爱的摩洛哥人一样。韦斯特马克和马丁·怀特既是好友，也堪称一丘之貉；他们在伦敦的夜总会里喝白兰地，每学年末还会吃香槟大餐以示庆祝。[17]

马林诺夫斯基对韦斯特马克的喜欢与日俱增，而且他俩的这种喜欢是相互的。除了二十二岁的年龄差距和韦斯特马克对摩尔男孩的性偏好，他们实在有很多的共同点。马林诺夫斯基感觉自己和这个芬兰人之间有一种少有的思想上的亲切感，他不仅和他分享了对大英博物馆的崇敬、对异域婚姻形式的着迷，还共享着他那和其世界主义思想相互调和的英国崇拜。"我在这个国家从来没有觉得自己是个外国人"，和马林诺夫斯基一样在语言和文化多样性环境中长大的韦斯特马克曾这样宣称。[18] "社会学家，"他在1907年的开课讲座上称，"必须将自己与种族、国家和公民身份的联系切断。"1910年马林诺夫斯基也赞同地表示：他已经准备好要远离自己的波兰出身了。

在完成了自己在特罗布里恩德群岛的田野工作之后，马林诺夫斯基还向韦斯特马克在摩洛哥取得的成就表示了诚挚的致敬：

> 不存在比这更好的田野工作了……这比其他的人类学专项研究倾注了更多的专注与时间;它让韦斯特马克的博学与对社会学的特殊理解结出丰硕的果实;它也显示了他杰出的语言天赋,以及他与其他种族和文化的人群交流的能力。[19]

当韦斯特马克在1930年退休之后,马林诺夫斯基欣然地继承了他的职位;数年之后他坦承,这位导师的工作"让我受益匪浅,他在科学上给我带来的影响无人能及"。[20]

惠勒、查普里斯卡、博列纽斯

韦斯特马克的学生中有两个是追随他来到伦敦的芬兰人:兰德曼(Gunnar Landtman)和卡尔斯滕(Rafael Karsten),他们在受过哈登的培训之后不久就踏上了田野之旅。兰德曼去了巴布亚,他在弗莱河三角洲的奇瓦伊岛上做了两年的集中式田野研究。卡尔斯滕则去了南美,在几个玻利维亚查科部落中进行研究。此外还有一个名叫荷尔斯提(Rudolph Holsti)的芬兰人在几年之后加入了韦斯特马克的研讨班,他后来成为赫尔辛基的议会内阁成员。他的开创性研究专著《战争与国家起源的关系》可能影响了马林诺夫斯基对战争人类学的思考。

马林诺夫斯基和韦斯特马克的一个稍微大他一些的门徒建立起了更为深厚的友谊,他叫惠勒(Gerald Camden Wheeler, 1872—1943),当时刚刚完成一篇通过文献资料写成的关于澳大利亚土著人政治组织的论文。不过在1908年陪里弗斯和霍加特(和马林诺夫斯基同龄的牛津毕业生)经历过美拉尼西亚探险之后,他已经是一个老练的田野工作者了。在和里弗斯与霍加特一同在西所罗门的爱迪斯通岛(即辛博岛)经历了为期两个月的短期培训之后,惠勒独自在布干维尔海峡待了十个月。霍加特留在爱迪斯通岛上做更为集中的田野调查,

马林诺夫斯基

一位人类学家的奥德赛，1884—1920

而里弗斯则乘坐英国圣公会的传教旗舰从一个岛跑到另一个岛，他此行收集的信息最终汇成了《美拉尼西亚社会史》（1914）一书。惠勒似乎掌握了甚至可能还会说比较流利的莫诺语，后来还出了一本姗姗来迟的关于莫诺-阿鲁神话的书。[21] 他在伦敦经济学院混了很多年，做兼职教师并和霍布豪斯与金斯伯格合作完成了一个泰勒学说的比较研究：《简单民族的物质文化与社会制度》，但他没能在一战后得到大学教职，并就此从人们的视线中消失了。当他在多年后申请皇室专项津贴时，哈登曾不无伤感地作出这样的评价："我认为他是一个在其领域内颇具实力但在人生中失败的人。"[22] 不过，马林诺夫斯基还是很珍视他与惠勒早年在伦敦岁月中建立的友谊，当年是惠勒帮他出版了自己的第一本书。

查普里斯卡（Maria Antonina Czaplicka）是韦斯特马克讨论课上的另一个学员。她出生于华沙，是和马林诺夫斯基同龄的波兰同胞，他俩一度也有相似的职业发展轨迹。在她几乎和马林诺夫斯基同时来到英国之前，她在俄属波兰学过自然科学和地理学。尽管她是在贝特福德女子学院注的册，但是她在进入牛津追随马列特念人类学之前一直都在伦敦经济学院师从韦斯特马克和塞利格曼。当马林诺夫斯基忙于澳大利亚土著研究的时候，查普里斯卡则在运用自己的俄语知识进行文献研究并写出了一部关于土著西伯利亚人的专著；一战前夕，马林诺夫斯基去了澳大利亚和新西兰，查普里斯卡则登上了远赴俄国和西北部西伯利亚的征程。[23] 他们此后就再也没有见过面。查普里斯卡就像"一团熊熊燃烧的火焰，其肉身简直无法支撑它的炽烈"，1921年她以自杀的方式告别了人世。[24]

正是通过韦斯特马克，马林诺夫斯基还认识了另外一个芬兰人，坦克雷·博列纽斯（Tancred Borenius，1885—1948），他后来成为马林诺夫斯基的挚友。他们之间可以说有一种政治上的亲近感，因为芬兰也正被俄国统治着。与马林诺夫斯基和查普里斯卡一样，博列纽斯和他的妻子（当然还有韦斯特马克）都来自被外国统治的国家。坦克雷这一古怪的名字来自故事书上的一个十字军战士，他曾在赫尔辛基、柏林和罗马攻读艺术史，博士论文用英文写成，主题是

第十章

与芬兰的关联

关于维琴察艺术流派。博列纽斯是一个比马林诺夫斯基"资深"数年的英国迷,也曾在大英博物馆神圣的穹顶下苦读过。他在威尼斯认识的弗赖帮他在英国出版了他的博士论文,这为他在伦敦艺术界赢得了声誉。一些编辑合同随之纷至沓来,他也在感到生活足够稳定下来时迎娶了和自己青梅竹马的远房表亲安娜-米·鲁内贝格(Anna-Mi Runeberg),她是芬兰民族诗人的孙女。这对夫妇在梅克伦博格广场租了一间公寓。和弗赖的友谊是博列纽斯进入布鲁姆斯伯里文化圈子的敲门砖,这对年轻夫妇也就成了莫雷尔夫人(Lady Ottoline Morrell)在贝特福德广场那些"夜沙龙"的常客。在日记中,伍尔夫嘲笑了坦克雷的浓重口音和他那欧洲大陆式的啰嗦的讲故事方式。他合群、开朗好客、健谈,且至少能说和马林诺夫斯基一样多的外语。1913年他受聘为伦敦大学艺术专业讲师,1922年获得艺术史教授职位——艺术史在那时的英国还是个冷门专业。[25]

安娜-米记得坦克雷在韦斯特马克学生的聚餐上第一次见到马里(Mali,他们就是这样称呼马林诺夫斯基的)的情景。[26]那个场合满是来自五湖四海的人,马林诺夫斯基配合各种手势用"一种生造出来的语言"表演了一段滑稽模仿秀。"他可以完美地模仿一种语言的语音语调,比如说瑞典语,即使他并不明白说的是什么。"那天晚上博列纽斯就用赞叹的语调告诉自己的妻子他碰到了"最非凡、有趣、诙谐和睿智的人",他们第二天就请了马里来吃晚餐。那时候马林诺夫斯基表面上仍住在菲茨罗伊街——他也没有告诉博列纽斯夫妇关于安妮的事——不过1913年他就在梅克伦博格广场29号他们夫妇的楼上租下了一间带家具的房间。

安娜-米记得马里是个爱开玩笑的人。有一次他们款待了一些出身高贵的来访者,这个时候马林诺夫斯基大摇大摆地出现了,还故意很显眼地把哈布斯堡国王的那枚金戒指别在了领带上。"我知道你们会在这些高贵的客人面前有些尴尬,"他后来告诉他的朋友们,"所以我想我应该给他们留下一点印象。"一个更加苦心经营出来的恶作剧还把查普里斯卡扯了进来。在安娜-米的记忆中,她是一个有天赋、有抱负、薄嘴唇、有些神经过敏且"常在讨论中逞威风的女孩"。

> 因为我们对查普里斯卡有这种印象,所以当有一天马里和她跑来对我们说他们订婚了的时候,坦克雷和我简直都惊呆了。他们坐在那里,手牵着手,公然用一种令人生疑的方式互称对方"亲爱的"。坦克雷在困惑不安中一本正经地祝福了他俩。接着他俩便说这完全是场恶作剧,只为看看我们会如何反应。[27]

马林诺夫斯基喜欢说双关语:"我提供优雅,博列纽斯则提供完美。"①

土著人与家庭

在19世纪,有土著人生活的澳大利亚常被人们用来集中讨论早期人类社会的特征。澳大利亚数千年来一直与其他各地的文化发展相隔绝,所以是当时仅有的一个完全仍由狩猎采集生活方式主导的大陆。要定义这种生活方式与其看这些人群拥有什么不如看他们缺乏什么。最清楚的事实是,他们没有农业、动物驯化养殖(除了澳洲野狗),以及永久性的房屋与村落。将土著人看成"活的人类祖先"的观念根深蒂固,许多学者(包括涂尔干和弗洛伊德)的研究从根本上都是假定澳大利亚土著处于进化序列的低端,因此他们是普遍的原始文化的代表,所有其他文化都是从这种普遍的原始文化中进化发展出来的。

1910年末,马林诺夫斯基针对其好友惠勒的新书《澳大利亚部落与部落间的关系》写了一篇书评。[28] 这给他提供了一个言明自己理论立场的机会,而且他也就此低调地透露了自己正在进行一项关于澳大利亚土著家庭的研究。通过大量阅读关于澳大利亚的民族志,他发现这些材料中的很多都"含混、矛盾、令人疑惑"。他当时的想法是,他的任务就是要评估和比对这些资料来源,因为它们和一些特定的民族志问题相关:年龄组、知识的传授与群体的加入、与婚

---

① "polish"一词多义,既有波兰的或波兰语的意思,又可指优雅;而"finish"一词既可指"完美",又与"finnish"同音,因此一语双关,又暗指芬兰的或芬兰语的意思。——译注

姻相关的阶级关系、图腾崇拜、家庭。寻找关于这些制度的可靠的、未经歪曲矫饰的描述并非易事。马林诺夫斯基渐渐地发现,在民族志中相同的"事实"可以被以许多不同的方式进行呈现,这既取决于观察者的状态与职业,也和他(在极其特殊的情况下也会是她)的先入之见相关。这样的报告并不足够"科学",因为它们的信息来源会被观察者的偏见所污染。即使最专业的民族志学者也自有其目的,会通过呈现他们的"事实"以证明其自认为得意的假设。这篇书评让马林诺夫斯基得以有机会如此批评那些摇椅人类学者,这不亚于是对当时盛行的研究方法(或是研究方法缺失)的一次严厉攻击。理论无法超越其民族志基础,而后者又肯定存在不足。这成为马林诺夫斯基利用他人作品来传达自己理念的惯用策略。许久之后,不仅仅是书评,就连他学生专著的序言也被他用来进行说教了。

韦斯特马克在惠勒这本书的序言中称其代表了:

> 在伦敦大学受到鼓励的关于较低阶段文明所进行的研究……除了社会学的田野工作……在这个学科分支中没有其他研究能像在相关部落中就一些社会现象的特定等级或某一群体中的制度书写专著那样有迫切的必要性了。[29]

这就好像是给马林诺夫斯基开了绿灯。他正准备写的书是关于家庭的,并不像韦斯特马克和克劳利所作的那样放眼全球,而是关注了一个特定的地理与文化区域。进行全球范围的比较研究的局限性正日益显露,有一种观点也正在迅速地为人们所接受,即比较方法只有在其应用范围受到一定限定的时候才会更加有效。

马林诺夫斯基首部著作《澳大利亚土著家庭》的写作环境可以从他对韦斯特马克的思想的一段致敬文字中得到很好的了解。这段文字刊载在1922年的《自然》杂志上,是庆祝《人类婚姻史》第五版问世的书评中的一段。[30] 马林诺夫斯基写道:关于家庭的人类学话语始于"将家庭作为人类社会核心的盲目假定":

> 即一夫一妻制婚姻是所有性别联合体变化形式的原型；法律、权威与政府都从父权中衍生而来；国家、部落、经济合作和所有其他社会联盟的形式都是由小型的血亲组织中逐渐发展而来，都可以上溯到一对婚姻关系中的夫妻，也都由"父亲"所统治。这个理论满足了一般人的常识需要，提供了一条浅显的、易于想象的自然发展道路，同时也与所有未受质疑的权威说法相一致，从圣经到亚里士多德。

但在19世纪后半期，这一关于人类社会起源的家庭理论受到了挑战。巴霍芬的《母权论》(1861)、麦克伦南的《原始婚姻》(1865)、摩尔根的《古代社会》(1877)、恩格斯的《家庭、私有制和国家的起源》(1884)都在对"遗留物"和"古物重构"的比较研究基础上提出了不同的理论。关于原始的一夫一妻制婚姻和核心家庭的概念被当成错误的拟构抛弃了。

> 原始人类——他们说——生活在松散组织的游牧部落中，在这样的部落中几乎完全没有性上面的规则管束，群体乱交是普遍适用的法则……因此，有的不是原始家庭，而是部落；有的不是婚姻，而是乱交；有的也不是父权，而是来自母亲及其亲属对孩子的影响。

这一理论流派的领导者们构建了"他们所设想的人类经历的性进化的连续阶段"。人类最初的时候乱交，后来经历了母权占统治地位的群婚阶段，再后来则是一个一妻多夫与一夫多妻的阶段，直到最后更高级的文明达到一夫一妻制阶段，取得这一发展过程的最终产品。"按照这种推论，"马林诺夫斯基不动声色地打了个幽默的比喻，"人类婚姻史阅读起来就像一部煽情的，甚至有些令人侧目的小说，从最初的一个有趣的三角关系开始，然后用一个合乎道德规范的结局来挽回之前不体面的所作所为,就像所有正经的小说那样,最终步入婚姻,'从此过上幸福的生活'。"

之后出现了一种理论上的反复。作为赫尔辛基的一个人类学学生，韦斯特马克开始试图通过自己的工作验证巴霍芬和摩尔根的理论。但是随着他不断积累证据，他们那些广为流传的理论"开始在他的手中渐渐崩溃"。1891年他出版了第一版的一卷本《人类婚姻史》，他在书中提出的论点有：

> 一夫一妻制是一种原始的人类制度，它根植于单个的家庭；母权制社会并非人类社会发展中一个普遍经历的阶段；群婚不存在，没有那么乱交，而且整个问题应该从生物学与心理学的角度进行研究……必须通过全面详尽的……民族志证据的运用。

韦斯特马克的观点获得了支持，在三十年的时间里这本书出了好几版。学者们不再接受家庭是"所有社会进化中一种普遍存在的根源"这一天真的理论，他们也不再坚信从乱交到一夫一妻制所一路经历的那么多婚姻发展阶段："一个在男人和妻子间形成的联盟，它建立在从性依恋生发出来的情感之上，同时也建立在经济条件与相互提供的服务之上，但最重要的是建立在和孩子们的关系之上。这样的联盟就是人类家庭的起源。"简言之，"婚姻发源于家庭中，而非家庭发源于婚姻中"。这其实就是马林诺夫斯基在韦斯特马克观点的影响下通过写作《澳大利亚土著家庭》一书所学到的东西。

除了严谨的方法论，马林诺夫斯基这首部著作的突出之处还在于对经验观察的坚持和对进化臆测的摒弃。他开篇的一段就定下了基调：

> 关于家庭生活的社会形式问题仍有一些问题有待厘清。目前最迫切的任务似乎是对所有不同民族志地区的事实做仔细研究。在本研究中我建议在澳大利亚完成这一任务。我会避免作出假设性臆测，或者讨论关于家庭起源或进化的一般性问题。我希望做的仅仅是用正确的术语并尽可能全面地描述所有关于澳大利亚真实家庭生活的事实。[31]

他让最受尊敬的权威受到审视，结果显示，就连豪伊特（A. W. Howitt）和鲍德温·斯宾塞也曾通过强迫其观察顺应进化理论的预期来歪曲其依靠判断力所得到的证据。

马林诺夫斯基得出的结论显示，个体家庭是整个澳大利亚社会组织中最基本的单位。他运用韦斯特马克对婚姻的定义来证明，用"群婚"来代表性行为的无约束以及妻子的共同占有情况,其实是个不恰当的名词,因为这些情况在所有被观察到的实例中都没有导致"群体家庭"的出现。他根据其成员身份、活动及责任来定义家庭,同时他还在性与婚姻之间作出了清晰的区分。关于"无约束的性行为"这一主题,他坚定地认为存在于最初仪式中的这种"无约束"其实是被规则所限制的,它规定了谁将和谁交合。同样地,也有规则对臭名昭著的借妻制度进行管控。这些讨论都预示了马林诺夫斯基后来在"原始法律"和社会控制等论题上所作的贡献。因此,借妻和仪式性无约束并非早前研究者们所论称的毫无法律的野蛮状态的证据,反而像婚姻一样,都是遵循了乱伦禁忌和异族通婚的制度。

通过重新研究土著人关于怀孕的观念,马林诺夫斯基得出的结论是:在整个澳大利亚大陆,父亲在生育中的角色都是未知的。(三年后,他所确信的这种无知在"原始"人群中的普遍存在,幸运地在特罗布里恩德岛民中得到了证实。)这一现象的名称多种多样,如"关于生理学意义上父亲的无知"、"生殖无知"或更广为人知的"处女生育原则"。它是社会人类学领域中最旷日持久的论题之一,直到20世纪末还阴魂不散。最近有个权威总结:"对于那些喜欢确定无疑的事实的人来说("土著人是否对性与生殖之间的联系一无所知?回答是或者不是"),一百年的研究结果一定看起来格外令人失望。"[32]这样的知识对于土著人来说显然"在史前时代不会有什么相应的意义可言"。换句话说,"人们无需为了频繁交合而了解精子的功用;男性的性妒忌也并不建立在对受精知识的了解基础上"。相反,关于怀孕的那些神秘理论可以满足各种各样的意识形态上的目的。马林诺夫斯基有可能已经清楚地看到它们正好阐释了马赫的"脑力节约"原则。

在这本书重印版的一篇序言中,巴恩斯(John Barnes)对其价值作出了评价,认为它预示了社会人类学在之后一二十年中的发展道路——主要是通过马林诺夫斯基的启示:

> 我们在这里可以看到对真实行为而非对"风俗"干巴巴陈述的坚

持；不仅可以看到对风俗的遵守，也可以看到对它的违反；此外还可以看到一个论点被清楚地揭示出来，即社会行为诸项目并不能在孤立的状态中被研究，而只能在它们所处的完整的文化背景中被研究。[33]

马林诺夫斯基还阐释了"宗族何以不是基因联系的自动生成结果，而是一组关系，这组关系至少部分是对人类生殖过程的各种信念的结果。"[34] 尽管海亚特（L. R. Hiatt）曾如此总结，在这本书中"马林诺夫斯基终结了英国社会人类学中进化论的命运，同时为一个崭新的范式奠定了基础，这个范式关注的是经验描述和当代制度的社会功能"，但是人类学承认这一点还需要一段时间。[35]

马林诺夫斯基当初在大英博物馆钻研的时候就抱定了"明确的出版意图"。尽管离这本书最终问世还要等上三年时间，《澳大利亚土著家庭》一书还是堪称其职业生涯中一个规模适度但意义重大的里程碑。该书最后于1911年4—5月完成，在完成之前他已经向韦斯特马克、塞利格曼、哈登、里弗斯和惠勒等人展示了书中全部或部分内容。6月19日，带着每一个初次出书的作者都会有的急切之情，他给哈登写了一封信，请求他去帮着问一下这份他在几个星期前发给剑桥大学出版社的打印稿情况如何。[36]

这一次，剑桥大学出版社拒绝了书稿。不过伦敦大学接受了稿件，但是提出条件要收取一定的出版补贴来支付开支。在韦斯特马克的恳恳下，马丁·怀特出手相助，提供了60英镑。马林诺夫斯基当然也十分感激，不过这也意味着怀特已经不再会太情愿支助他更多的钱以供田野考察了。塞利格曼认为马丁·怀特没有把握住这次"好机会"是件"令人伤心"的事，他觉得"这些人愿意找钱出版那些内容东拼西凑的书却不愿资助田野研究实在是很怪异"。[37] 后面还有更多的困难与延迟，这一切都让马林诺夫斯基感受了下日后他在出版其大部分作品时都会遭遇的问题的滋味。

拉德克利夫-布朗在顶尖的人类学期刊《人类》上发表了对《澳大利亚土著家庭》一书的书评。[38]

马林诺夫斯基

一位人类学家的奥德赛，1884—1920

> 这是迄今为止用英文书写的关于一个野蛮人人群的习俗及制度描写的科学方法的最佳实例……这会在未来一段时间里成为方法典范，民族学专业的学生仅仅为此就应人手一本。

这确实是很高的评价，因为拉德克利夫-布朗肯定没有无视《托达人》的存在。作为从事澳大利亚社会组织研究的主要专家之一（很快就将是"主要专家"），他比大多数人都更有发言权来评价马林诺夫斯基这本书的意义。他称"这本书提出了反对群婚假设的一个具有压倒性的论点"。不过他也表达了一些不同意见。马林诺夫斯基试图"通过检视神话信仰来阐释当地人的亲族观念"的尝试有些误入歧途，因为土著人的亲族观念"在没有考虑作者所称的'群体关系'时是不可能被研究的"。因为马林诺夫斯基将自己限制在单独家庭的关系中，"他研究中的这一部分仍然是不完善的"。

在这一批评中，隐含的是对一种与马林诺夫斯基决然不同的理论立场的诉求，最终将会展现出这两位人类学家各自研究方法特点的分歧也在这里初露端倪。粗略来说，他们两人一个是从外在于社会的角度去观察社会，另一个则是从社会内部个体的角度去进行观察。他们对"功能主义"在理解上的分歧可以说就始自于此。

波兰客人

1911年6月16号，马林诺夫斯基邀请斯塔斯来伦敦。

> 我总可以为你找到便宜而舒适的住处。我已经找到了一间漂亮干净的大房间，8英镑（=10法郎）一星期，如果你马上来的话就可以用得着它……目前我不是很忙，研究不是很紧迫；至于"女人"嘛：这不会是个问题，不幸的是，无论如何一个也没有！[39]

马林诺夫斯基留的地址是塔维斯托克广场伦敦经济学院的旅舍。看起来安妮此

第十章

与芬兰的关联

时正在欧洲旅行。

斯塔斯、约瑟法和他们扎科帕奈的朋友那列宾斯基都如期而至。[40] 斯塔斯待了约两个星期，另外两位待的时间则要更长一些。博列纽斯夫妇似乎在这期间见了约瑟法。安娜-米曾回忆过她的沉着与聪慧："人格超凡；她走路的姿态就能让人看出她的不凡与自信。"她们用法语交谈，约瑟法、马林诺夫斯基、坦克雷和伊莎贝尔·弗莱还进行了激烈的政治辩论。波兰人和芬兰人极度反俄，而这个身为教友派教徒的英国女人则站在俄国一边，坚信至少到1914年将不会有战争。约瑟法带着预言的意味说："如果这就是这里人们的意见的话，那就让老天保佑你们英国吧。"博列纽斯夫妇因为伊莎贝尔·弗莱同情俄国而和她闹翻了，尽管马林诺夫斯基尽量打圆场，他们还是就此疏远了。

另一个来自波兰的客人是小诗人兼剧作家那列宾斯基，他是在布拉格取得的博士学位。是他激发了马林诺夫斯基写诗的兴趣，他们之间的友情可以从给彼此写的诗中窥见一二。那列宾斯基1911年12月在邱园草写的一首十四行诗用最直白的词语写出了他对这位友人的感觉：

致马林诺夫斯基，一位落英缤纷中的绅士。

赢一场打赌不难，但固执己见，
把你的肚脐展示给暴民也不坏。
有时候那些如金子般闪烁的不过是铜。
在马厩里，我们也不是通过礼帽来认识上帝。

如果一个人将自己锁于密室，
让行动的翅膀上满覆臭霉也是悲惨的。
对，做一只蛾子很难，做一条青鱼就更差
或者任何一种什么不太能控制的动物……

从不显示太多勇气的你也从不会犯错
但你在生活中精算自己的每一步

> 以便在别人疲惫的时候赶超
>
> 高兴吧！今天不是失败让你数出了五个铜板儿，
> 而是一种对更深层事物的反思，
> 它也让我，在草地林间，写下这些。[41]

如果那列宾斯基这是在无情地责备马林诺夫斯基的傲慢、固执、懦弱、卑鄙和狡猾的话，马林诺夫斯基也通过剪下那列宾斯基那自负的诗人的翅膀来回敬了他：

> 你是否记得在贝特福德广场的那一次
> 当时正在消化那顿里昂式午餐
> 我从你珀加索斯飞马的翅膀上拔下一些羽毛
> 并谈起这位诗人的真实生活？
>
> 如果他宣布了自己的信仰，那他就必须按照这种方式生活
> 否则，他就不应该穿着先知的衣裳
> 但是如果他是要为艺术而创作艺术
> 他就必须用他的才气赢得我们的欣赏。[42]

8月中旬，马林诺夫斯基从德文郡的伊尔弗拉库姆给斯塔斯写了一封信。正如他们所有的其他信件一样，这封信里也充满了对情绪的刻意夸大；否则，我们就会无法理解这封信中的情绪与马林诺夫斯基对英国生活的满意之间的矛盾：

> 今天我感觉到了一阵深深的怀旧，这种感觉以前从未有过，现在却时常出现……最终我逃离了伦敦，已经在海边休息了数日……我在这里一个人孤零零的，尤其是因为英国人的极端生硬让我感觉到孤独，甚至有种强烈的被抛弃感……我向往扎科帕奈的大山。那里才是唯一能让我感觉舒服的地方。[43]

在扎科帕奈，此时此刻的斯塔斯正在埋头苦写《班戈的622种堕落》。

第十章
与芬兰的关联

朴茨茅斯的工作与神奇遭遇

1911年初,马林诺夫斯基受邀为一本向韦斯特马克致敬的文集撰文。他选择的主题是从在莱比锡阅读毕歇尔著作时就一直吸引他的仪式行为与宗教信仰的经济功能。[44]最近对弗雷泽《图腾崇拜与异族通婚》一书的阅读让他的思想变得更为清晰。尽管这篇文章一直到1912年末才得以出版,但他早在头一年的8月就完成了它——就在他去伊尔弗拉库姆度假之前——而且他还抓住了一次在公开讲坛上展示它的一个浓缩版本的机会。9月初,大英学会在朴茨茅斯召开大会,马林诺夫斯基直接从德文郡去了那儿,以便在人类学分会上宣读自己的这篇文章。这或许是他第一次在一个科学大会上发表讲话——而且是在这样一个受人瞩目的会议上——而且一定让他感到欣喜的是,在伦敦《泰晤士报》对会议进程所作的报道中,关于他这篇论文的报道占了两栏的报纸篇幅,这几乎和塞利格曼关于"希鲁克人神圣国王"的发言获得的报道篇幅相当。[45]

马林诺夫斯基理论的出发点来自于弗雷泽的观点,即澳大利亚中部地区的图腾崇拜具有一个经济的层面。弗雷泽提出,因为每个阿龙塔氏族都通过巫术控制着它自己的图腾,因此在几个氏族之间存在着固有的劳动分工;然而,尽管他们巫术魔力的施展都是为了整个群体的利益,这种劳动分工的"合理的经济原则"却一定是"被误用了的",因为它是建立在非理性的巫术假设之上的。因此,弗雷泽论称,图腾崇拜对人类的经济发展没有产生任何影响,因此也是没有科学研究意义的。对此马林诺夫斯基并不同意。

> 因提丘马仪式……如果不是从劳动分工的原始形式角度,而是从一个稍稍不同的角度去看的话,对于民族志经济学来说就会具有一种非常特殊的理论意义。这个不同的角度即:把它看成是通过图腾观实现群体组织,以及将一种集体与常态的劳动形式施加于其上的尝试。[46]

简言之，人们应该看到仪式表面的和自证的意义背后的东西。

马林诺夫斯基在主要借鉴了斯宾塞和吉伦关于澳大利亚中部阿龙塔人研究的基础上，考察了关于"因提丘马"仪式的文献；这个仪式是所有以促进图腾动植物的增多或繁殖力为目的的仪式中"最重要"和"最隆重"的。马林诺夫斯基进一步论称，这些仪式包含了当地各群体经过组织的集体的劳动，而且在这些仪式中完成的"包含了困难与匮乏状态"的劳作，与那些在其他时间所表演出来的劳作相比，属于一种"更高的、更经济化的类型"。在巫术与科学之间、宗教与经济目的之间，或者更宽泛地说，在"神秘的"与"实用的"之间存在的复杂关联是深深吸引马林诺夫斯基的东西，对这一关联的研究运用也会在他的整个人类学生涯中结出丰硕的果实。通过对"因提丘马"中这种关联的思考，他写道："如果巫术是一种形式的原始技术，而且如果我们推测在进化的过程中它至少会在某种程度上发展成为理性的技术方法，那么所有通过巫术方式所表演出来的经营活动都可能发展成为经济的经营活动。"[47]这里，马林诺夫斯基展开了一系列的思考——尽管他在后来放弃了其进化论的基本支撑——他最终完成这些思考是在二十多年后关于特罗布里恩德岛民的最后一部专著之中。

在这篇论文的最后一部分，他写道：

> 科学最重要的目的还是正确与精准地描述事实。如同物理和化学这些理论分支一样，理论民族学的明确目标也是对田野研究与观察的结果进行解释与精准的描述。在本案例中，研究者试图揭示"因提丘马"的巫术仪式展现了一个经济的层面，或者换一种说法，试图寻找"经济的"和"巫术的"之间的联系。[48]

有一个事实清楚得令人惊讶，不过它在接下来的发展中会变得更为清楚，即马林诺夫斯基已经向一些进化论的假设投诚了。他声称"在一种低水平的文化中完成的劳动"与工业社会中典型的"经济化的生产性劳动有着本质区别"；它们在量上的区别不如它们在质上的区别大。在"文明的"经济化的经营活动中，劳动必须是系统的、持续的和重复的，必需按照某种合理的计划进行——所有这些都要求有事先的筹划、决策和自我限制。"野蛮人没有能力进行这种劳动",他的态度更近乎于我们的"玩耍与体育活动"。他在这里提到了毕歇尔的《劳动与节奏》一书,试图证明"玩耍、兴奋、狂喜、陶醉和节奏"可以抵消"自由的意志努力"。"因提丘马"就提供了这样的一些刺激因素,此外"关于图腾的传统和观念对于当地的思想具有一种强有力的支配力量",而且正是它们承载了"因提丘马"中所能找到的"劳动的高级形式"。[49]

这篇论证紧凑而精妙的论文最后的结论稍作收敛,强调"因提丘马"的例子凸显了"经济性劳动"的进化过程;同时也强调巫术与宗教观念是能够在经济活动中"训练"人的"强迫性的思想力量";此外还强调了"因提丘马"仪式"与类似仪式在经济发展中有重要意义"。[50] 这里,马林诺夫斯基似乎已经完全支持了进化论者们的观点,即现代制度是更早的、更原始社会的目的论意义上的目标,以至于这些原始社会可以根据他们缺乏什么来被定义。他的论文中另外一个未经审视的推论是:劳动是不快乐的而且必需勉强地完成,或许还只能在强迫下完成。但是这些负面的内涵很显然是从"发达"的劳动观中所产生的,而按照其定义,马林诺夫斯基的"野蛮人"并没有这样的劳动观。此外,澳大利亚土著人不可能同时被当成西方人的祖先和西方人原始的同代人,不可能既代表了"文化的低级水平"(我们自己的祖先),又代表了无法进化到我们这样的高级文化水平的"原始的人种"(我们的同代人)。

实际上,马林诺夫斯基的论点是对弗雷泽观点的一种接受——也近乎是一种证明。这个观点即:人类的心智从迷信中解放出来是人类历史中最主要的情节。但是,正如雷蒙德·弗斯所指出的,这篇论文尽管在肤浅的层面看似乎是对他关于图腾崇拜的经济(或准经济)功能"论点的一种解释"[51],但它其实是"反弗雷泽的"。在1911年,马林诺夫斯基已经悄悄地用其母语波兰语对弗雷泽的另外一些观点发起了猛烈的攻击。

除了一个年轻波兰人在英国学术界的初次登场之外,朴茨茅斯会议令人难忘还因为发生了一件比前者戏剧化很多的事件。里弗斯选择在这个场合宣布自

马林诺夫斯基

一位人类学家的奥德赛，1884—1920

己皈依了后来被广为人知的"传播论"。他的主席发言"社会的民族学分析"被他的传记作者称为"1890—1920年代初期英国人类学界最意义重大的理论声明之一"。[52] 他的很多听众一定会觉得这看起来像是对他们所维护的信念的背叛，不过大传播论者史密斯（Grafton Elliot Smith）则一定会因为得到这么一位名声显赫的拥护者而喜出望外的。

里弗斯悲叹"关于我们的科学理论工作应该在何种基本原则上开展并没有普遍的共识"。在英国，人类学"主要是受到了进化观点的启发，而这种进化又建立在一种人类普适的心理学基础之上"。尽管世界不同地区的习俗与制度中存在许多相似的地方，但"人们几乎将其当成公理般地认为，这些相似的东西都有各自独立的起源与发展过程，而这则可以归功于人类思维活动最根本的相似性。"[53] 然而在法国，人们对英国人类学家的这种心理学假定素来持有坚定的反对态度，认为这些假定是简化主义的。涂尔干和他的学派论称"社会学研究需要运用其自身独特的研究原则与方法"。在美国，人类学界忙于记录美洲土著人文化的遗留物，以至于很少关注普遍的进化论问题。最后，在德国存在着观点与方法上最本质的区别。巴斯蒂安（Adolf Bastian）建立在人类"基本观念"基础上的进化论被拉策尔（Friedrich Ratzel）的人类地理学、格雷布纳（Fritz Graebner）的民族学以及较狭义些的施密特（Pater Wilhelm Schmidt）的文化圈理论所取代。对这一现代的德国学派来说，民族学的关键在于"文化融合"。与英国人类学家们看到的是物质实体与社会制度的进化不同，德国人类学家们看到的是"各种文化的混合，有时还伴随着这些文化所属的各人种间的混合"。[54]

里弗斯继而解释了自己为什么要抛弃进化论学派。他称自己最近在美拉尼西亚所作的研究令自己十分独立地得出了与德国学者们相似的结论。他发现，唯有假定在人群中发生过几次移民迁徙才能令人满意地解释美拉尼西亚岛屿群体之间社会结构的那些相似与不同点。不过，基本的方法论原则是，"对文化的分析应该先于关于制度进化的推测"。[55]

但是民族学分析并不是人类学的唯一任务。里弗斯首先是一位心理学家，然后才是一位民族学家，对他来说，"民族学中的每个问题，从本质上来说都是心理学问题。"[56]

> 与民族学分析相互并行的还应该有对不同人群思维模式的探究，以理解他们对宇宙万物的认识与分类方法。只有将民族学与心理学分析结合起来，我们才能取得真正的进步。[57]

马林诺夫斯基无比赞同这样的观点。

里弗斯在最后一段的开头写了自己的一个发现，马林诺夫斯基将会在《西太平洋上的航海者》一书所描述的民族学之旅的一开始就用相似的词语重述这一发现。里弗斯写道：

> 这是一个残酷的讽刺：正当民族学研究事实与结论的重要性如此被日益认识到的时候，正当我们开始学习田野与研究中能够使用的可靠的原则与方法的时候，我们科学研究的对象材料却正在消失。

十年之后，马林诺夫斯基带着同样哀伤的笔调，用比喻的修辞手法呼应了这段文字：

> 民族学处于一种令人悲哀的、荒唐得近乎悲剧性的境地之中。从它开始整理好车间、锻造好合适的工具、为指派的任务做好准备的那一刻起，它所有研究的材料就在以一种令人绝望的速度融化消失。此时此刻，当科学的田野民族学的方法与目标业已成型，当训练有素的人们已经开始进入荒蛮之地并研究其上的居民时——这一切却正在从我们的眼皮底下渐渐消逝。[58]

扎科帕奈的清算

"我现在觉得很累，要去波兰度个假，"马林诺夫斯基在大英学会大会后就给韦斯特马克写了封信，信上还补了一句："我希望能在芬兰见到您！"[59] 他

在波兰过的几个星期中有两个星期里他又重新拾起了记日记的习惯。里面有一段"伦敦回顾",从个人评价开始:

> 仅仅过了两年我就再次陷入与世隔绝的状态,我又能对过去作一个清算并为未来积聚新的力量。目前我的主要问题存在于我的工作技巧以及我对体能的节约使用之中;我的精力十分有限,但是各种各样的欲望又实在难以控制。我曾努力在许多方面对它们进行约束,以便减少不必要的精力浪费。然而,尽管我了解自己的资源,但我并不知道如何让它们与我的目的相调和,因此不论是我的工作技巧还是计划与成绩之间的比例都是非常糟糕的……最主要的……是要提高我的创造性水平……是寻找能满足我个人兴趣需要而非满足那些外在需要的途径。这样的工作将会让我免受琐碎事务的诱惑——这将成为……一个能让我在里边倍感舒适的坚固的城堡。[60]

马林诺夫斯基的自我批评是不合时宜的。尽管有难以控制的欲望和缺乏效率的工作技巧,但他节约支配的精力还是在过去十八个月里得到了不少收获。尽管到此时为止他只有两篇书评问世,但是另有几篇已经在印刷中,而且还有几篇论文也准备出版了。他已经完成了《澳大利亚土著家庭》,那篇向韦斯特马克致敬的关于"因提丘马"的论文也快要完成了。他还开始了一篇关于土著男性社群或年龄组的论文的写作。此外还有关于弗雷泽《图腾崇拜与异族通婚》的三篇论文,他从这部四卷本 1910 年问世以来就一直在研究它。最后,作为其关于澳大利亚那本书的副产品,他还开始准备用德文写作一篇关于家庭社会学的长篇文献评述。为了完成如此大量的学术产出,他开始研究起一系列文献,包括澳大利亚民族志文献、关于婚姻与家庭的文献、关于年龄组的文献。他还带着极度批判的眼光正在阅读列维-布吕尔的近作以及涂尔干社会学年鉴学派的作品。不久,随着对婚姻与家庭兴趣的暂时消退,他又以新的热情研究起巫术与宗教——这是《金枝》中的东西。他也还在伦敦经济学院上讲座与讨论课,经营自己与那些前辈人类学家之间的关系,此外还在塞利格曼的鼓励下开始学习

第十章

与芬兰的关联

阿拉伯语。

那么他为什么要这样故作烦恼失意状呢？这实际上反映了他习惯性地对自己羸弱身体的不满。他觉得自己的身体与精神能量是有限的；它们不应该被浪费在"无聊小事"上，而是应该被导向更具生产性的工作。他在加那利群岛期间所全力培养、后来又在莱比锡力图恢复的"系统"到现在也毫无进展。之前一年和安妮的同居也催生了不少家庭生活带来的满足感，这或许也削弱了他苦行的动力。不过他还是保持了一点残余的自律：控制进食、锻炼身体，并警惕那些有削弱其能力危险的"欲望"。

他主要的愿望是"提升创造性的水平"，这表明他对自己目前学术工作的内容和形式都不太满意。他期望一种能表达个人思想的"更具创造性的工作"。批评别人的工作最终只是一种非原创性的锻炼，这远不能让他感到满意。正如他在以前的日记中所作的那样，他敦促自己追随自己最深层的旨趣，而不要被那些为了以一个科学家或学者身份糊口而产生的"外在需要"所分心。他鄙视那样的人生道路，认为那是一条委曲求全的偷懒者之路。他所说的能够让他在其中有"坚不可摧的强大"感觉的"坚固的城堡"只可能意味着自信的最后阵地，而人只有在学会了追寻其天职并运用其特殊的天赋之后才能居住于其中。马林诺夫斯基并不能完全清楚地认识到这一愿望的实现将会对他提出什么样的确切要求，实际上他在未来的两年或三年之内都还不能完全认识到。即使到了他紧张地踏上充满不确定性的田野之旅的时候，他也还远远没有在他自我认知的坚固城堡中感受到坚不可摧的强大。

马林诺夫斯基1911年秋的扎科帕奈度假之行的典型场景就是充满田园野趣的孤独漫步与采蘑菇。[61]"我到这里来为的就是修养恢复和集中精神，"他写道，"以便为未来而武装好自己；创造一种更高级的工作模式。"奥尔察是扎科帕奈以东几英里外一个由分散的农舍和木屋构成的小村庄。9月底是收获的季节，他早晨的阿拉伯语学习总是被农民们没完没了的喧闹所打扰。这也是"莱泽"菇（松乳菇）收获的季节，他每天都会花上几个小时采集、烹饪和吃它们。

他更多的时间则是与斯塔斯和那列宾斯基在一起,前者开始为他画素描和油画的肖像,后者则用带着稚气的小诗逗弄他。他们常常在一起吃饭,谈论"与生活相关的创造性"。马林诺夫斯基有时也去会会阿涅拉,而且和她之间形成了一种"次于色情"关系的友谊。索尔斯卡(Irena Solska)是新加入他们圈子的,因为他似乎此前从未见过她("我感到有些局促不安……这是个深褐色头发的女人,非常优雅漂亮")。这个有着火焰般美丽头发的女演员刚离婚不久,此时正在和斯塔斯闹绯闻。她就是他的"恶魔般的女人",也就是导致班戈最严重的一次堕落的阿克涅。马林诺夫斯基对于她的好奇超乎寻常:这会不会是另一场即将发生的三角恋?在他的这部分日记中他从头到尾都毕恭毕敬地称她为"索尔斯卡夫人",但是一年后索尔斯卡夫人就成了一个更亲密的朋友。凭着她那高贵而出众的外貌,她吸引过很多男人,马林诺夫斯基也不例外。一天晚上,在写完给安妮的信后,他躺在床上,想起了"和索尔斯卡夫人之间的下流诡计"。他还常常殷勤地带着一帽子蘑菇去拜访她。

约瑟法也来和儿子住了一个星期,到了10月5日,他已感觉"好多了;强壮和健康多了"。他终于决定通过"清理所有的排泄渠道"来"树立更严格的生活标准"——这些渠道包括拜访索尔斯卡夫人、散步进城和那些无聊的交谈。"保证10:00上床睡觉,早上6:00准时起床。晚上不要暴饮暴食。这是我待在这里最基本的原则,我一定不能违反。除此之外,我还必须继续尝试定义社会学的创造性,并在日记中进行回顾。"接下来几天,尽管他已因为与人接触太多和吃蘑菇过量而倍感不适,但他此前所下的决心还是瓦解了。10月8号星期天,他告别了朋友们启程去克拉科夫,在那里待了一两个星期之后回到伦敦。总结这次扎科帕奈假日之旅,他写道:"简直没有做成任何事。"

第十一章

泽尼娅

苏丹的斯利格斯

"我完全不知道如何在这些看起来都是些无关紧要的事情中作出选择",马林诺夫斯基三年前在莱比锡的时候就曾这样斥责过自己。这种情况到1912年的时候仍然存在,这又是他对不确定的未来感到举棋不定的一年。1月末,安妮和弗洛茜恩乘船去了南非,不久马林诺夫斯基也离开伦敦去了波兰,他将在那里一直待到第二年的1月。这一年中他唯一的学术活动是3月在克拉科夫的科学与艺术学院宣读自己关于"澳大利亚部落男性社群"的论文。[1] 这一次在波兰长时间的停留源自在华沙发生的一场家族危机。他和母亲正因舅舅工厂的失败而处于重大的财政危机中,而且关于未来的打算翁茨基家族内部也发生了激烈的争吵。马林诺夫斯基当然是站在母亲这一边,尽管没有什么实际作用,他们在那年年底的时候共损失了12000卢布(约合1200英镑)。他本打算在10月回到伦敦,但是由于陷入了一场感情纠葛中,他又改变了主意。[2]

塞利格曼和妻子此时正在苏丹的游牧阿拉伯人中做田野调查。2月,马林诺夫斯基写信说他仍有兴趣和他一道工作——这个可能性在头一年就被提出了——而且他觉得"如果能和您及塞利格曼夫人一起在明年冬天去苏丹的话,那简直是太幸运了。"他将尽快回伦敦帮他们整理田野笔记,而且还"十分用功地"学习阿拉伯语。[3] 塞利格曼 4 月底才回信,那时他刚刚和抱恙的布兰达回到伦敦。他回信鼓励了马林诺夫斯基,但是为他的这个门徒从苏丹政府那里弄到一笔资助的希望似乎很渺茫。[4] 不过在进一步行动之前,塞利格曼希望先了解一下马林诺夫斯基的个人计划,以及他到底有多大决心要参与他们的工作。马林诺夫斯基等了好几个月才写了回信,回信中充满了歉意。他目前正在华沙,处于"非常不稳定和极其糟糕的情况之下",忙于"极度无聊的"生意上的事物。他和他的母亲遭受了巨大的"经济损失",对现状的担忧已经使母亲的健康受损。关于苏丹,他并没有改变自己的决心,不过他的阿拉伯语学习目前暂停了。他希望重新开始学习并在秋天回到英国,"那时您,或者塞利格曼夫人可以判断我是否已经做好了语言上的准备,可以出发了。"[5] 他又补上了一句:"如果是这样的话,我明年冬天就肯定可以以翻译和助手的身份听候您的差遣了",他在信的最后写道:"请相信,尽管困难重重,我一定能实现我所有的期望,那就是和您一道工作。"[6]

塞利格曼立即给伦敦经济学院的院长里夫斯写信,帮马林诺夫斯基提出了田野工作的建议,为了让这个建议更有说服力,他还提到了哈登、里弗斯和韦斯特马克的名字。

> 马林诺夫斯基博士将在明年冬天的某个时候前往苏丹的红海省……在萨瓦金和附近地区停留几个星期后他将实地考察拉谢伊达(泽别迪亚)部落……如果时间和资金允许的话……我认为我能安排他获得特别的帮助以便研究比沙林部落。

塞利格曼在信的结尾处写道:"对拉谢伊达部落进行的研究将会……构成关于苏丹混杂的'阿拉伯'人口的既往与将来研究的基础"。他申请了适度的 125 英镑的资助,并希望苏丹政府能把马林诺夫斯基"当成政府工作人员那样对待",允许他免费旅行。他私人还将借给他一架照相机、一台留声机和他全套的"搭帐篷与骑骆驼的必备用品"。[7]

一个星期后,一份言辞粗鲁的备忘录告知塞利格曼,学校的管理委员会已经决定不予批准给马林诺夫斯基的资助。"他们觉得他们已经在民族学上倾尽了所能",学校秘书用铅笔在备忘录的底端写道。这段话指的是最近校方已经决定让民族学成为一个可授予学士学位的学科。如果说塞利格曼因为自己所在的学科即将迎来的扩展而感到了欣慰的话,他并没有跟马林诺夫斯基坦承这一点,不过马林诺夫斯基从长远来看也将是这一计划的受益者。教学计划的扩充会刺激对新教职员工的需求,最终还会促成一个自治院系的建立。这些后来都在伦敦经济学院得以实现,民族学的一个光杆司令似的教职最终发展成了一个人类学系。

塞利格曼写信向马林诺夫斯基解释了学校否决资助的情况,他在结尾处写道:"我并不认为现在的情况对于未来发展来说是毫无希望的,我知道韦斯特马克和马丁·怀特……对你的评价都很好。"[8] 马林诺夫斯基从扎科帕奈写了回信,对"您对我的命运所给予的这些悉心关怀"表达了无比的感激:

> 您现在又一次尽力让幸运之风吹向我的船帆!至少对民族学的热情预示了未来的希望,如果这个冬季我没有机会出去的话,我将努力做好准备工作,以便在您的指导下开展田野研究。[9]

不过他这次并没有再提及秋天回伦敦的事,而且放弃了学习阿拉伯语的计划。尽管他将无法在苏丹追随斯利格斯的足迹,但他最终会在新几内亚追赶上他们。

一本关于爱、工作和梦的日记

1912年标志着马林诺夫斯基性心理发展的一个新阶段。已经二十八岁的他通过对扎科帕奈的一个心理分析师讲述自己的梦境,得到分析,从而实现了一种弗洛伊德式的自我理解。他了解到自己的数段爱情都是一种模式的不断重复。他情绪的突然摆动——从浪漫的迷恋到冷淡默然,到伤害极大的妒恨,再到灰暗的绝望,而后又再回到如痴如醉的爱——使得他浪费掉大量他本可用来进行富有成效的思考和写作的时间。尽管受制于这些情绪的情况在他所进入的那些圈子里是司空见惯的事，但人们却很难相信那个时代的克拉科夫男青年都会因为爱而受到这样疾风骤雨般的情感折磨。所以他那反复起伏的情感状态还是有其个人特质的一面。常因一点小过失而多愁善感的他完全成了自己对爱情需求的俘虏。只要有能满足这种需求的任何东西向他靠近，他便无法抽身摆脱。根据弗洛伊德的过于简单化的解读（他对此十分熟悉），他在感情上的困扰和情绪上的不稳定其根源还存在于幼年时期和父母亲的关系：他有一个呆板的、常不在身边的、让他深怀矛盾情感的父亲，同时又有一个把全身心都奉献给了他的令他深爱的母亲。但是这些线索被部分地遮蔽了起来，尽管被灌输过关于恋母情结的理论，他并没有把自己在情感上的困境归咎于父母亲。他毫不含糊地把矛头指向了自身的缺陷，而且一门心思地努力改变自己，尽管这通常并不奏效。他奋斗的主旋律，一如既往，就是对心理完整性的渴求。

1912年的日记是他在波兰所记的日记中最长的一部分，其中充斥着他对泽尼娅·琪琳斯卡（Żenia Zielińska）强烈的、令他虚弱无助的爱欲。日记中无比忠实地记录了他如何在爱与野心、性与工作之间尝试调停。如果要对这段爱情的过程进行概括，其结果早已注定的简单情节曲线可以用几个老套的比喻来描述：被用来赌博的爱、赢得的爱和失去的爱。不过在细节描述中还是有任何一部内容纷杂的现代主义小说所包含的诗意与激情的，作为一个有着直觉天赋的"爱的心理学家"，马林诺夫斯基简直堪与司汤达相媲美。

那么马林诺夫斯基是如何调停这些彼此对立的冲动的呢？他是如何解决这个永远都折磨着人们的问题的呢，即：如何既能履行其天赋的天职（假定这并非全然是想象出来的）又能顺应自己的生物本能和强烈的性欲？像大多数人那样，他采取了妥协。不过，正是他妥协的方式成了他传记中最令人感兴趣的部分。他最终像大多数男人那样通过娶妻和为人父实现了这一妥协。他认为能让自己的天赋发挥到极致的是一种孤独而禁欲的"冰冷"生活，但与这样的冰冷生活截然不同的另一种生活又在时刻诱惑着他，直到他最终通过与艾尔茜·马森结婚而终结这一困境。在特罗布里恩德群岛上，也即在艾略特写出斯威尼先

第十一章
泽尼娅

生这一人物之前,马林诺夫斯基曾经一度认识到一种将这位智者的生活纳入其中的"具体的生活公式":"和她结婚,为人父,写书,死亡。"[10]他对于这种妥协的其他误解还包括性上面的乱交。马林诺夫斯基后来成为性、婚姻与家庭方面的权威,这一点使得他对待自己的性冲动的态度以及与之所作的斗争都成为引人关注的主题。《野蛮人的性生活》一书作者自己的爱情生活定然能够激起我们的兴趣。

爱情戏

8月4号星期日,马林诺夫斯基开始记日记,那是他抵达扎科帕奈的第二天。[11]他住在奥尔察的一家旅舍中,他的朋友们开玩笑地把这里称作"窑子"。在日记的头几页,马林诺夫斯基沉浸在充满形而上空想的内省之旅中,思考时间之桥和"生命那令人绝望的周期轮回"又一次把他带回到了奥尔察。为了不让自己的生活变得死气沉沉,他给自己开列了一个当务之急的清单:训练并让自己的神经强大起来以适应脑力工作;提高阅读技术,做笔记并写文章;深刻反省自己,寻找"活动的主发条——一种精神的'无穷动'"。

他再次思考何以自由意志的生活似乎总是在他所及范围之外。这是一个关于"脑力节约论"的实用性问题,它关系到如何将脑力从日常的干扰中解放出来。一想到自己为了攻破俗尘困扰的肤浅外壳而耗费的大量精力他就哀叹不已。他那段时间研究的图腾崇拜与异族通婚正是当时理论人类学所热衷的主题。最受尊重的人类学家弗雷泽那时刚刚完成了论述这个主题的四卷本著作,马林诺夫斯基则一板一眼地开始了对其的批评工作。但他觉得这种工作并不是创造性的。那些原材料,即科学的"事实"都是二手或三手的;它们并非由他亲手得来,而他所能做的只是带着批判的眼光审视它们,然后重新将它们组合进新的解释框架中。在他看来,这完全不符合他所急切地想要实现的愿望,即"为社会学创造些新东西"。尽管他会故意让自己暂时分心去关注艺术、神话和戏剧中的哲学问题，但他对自己所进行的思维探索的主要对象的这种不满意，在这一整年中都在持续不断地困扰着他。

尽管眼下的情绪让他无法接受女人的温情，但是马林诺夫斯基一想到泽尼娅马上要来扎科帕奈就兴奋起来。泽尼娅是个外表迷人且受过良好教育的年轻女画家，1904—1905年间曾在华沙美术学院学习。她已婚，貌似婚姻生活并不令她满意，不过她还没有烦恼到要离开自己的丈夫。尽管她无疑是马林诺夫斯基一生中最重要的情人之一，但关于她人们却知之甚少，而关于在1904年和她结婚的犹太教－基督教律师丈夫斯丹尼斯瓦夫就更是这样了。她和马林诺夫斯基的第一次见面确切发生在什么时候已无从考证，但是他的日记透露他们的爱情开始于1912年的三四月间，那是在他表妹玛丽亚·翁茨卡（"马尼亚"）的婚礼上。

马林诺夫斯基刚到扎科帕奈没几天就接到了泽尼娅的一张明信片，这张明信片顿时让他心神不宁，变成一个"无望的残障"。那天稍晚些时候他恢复了平静，还抱有一丝期望能让泽尼娅别来。其实他并不真正需要她："我和斯塔斯的关系完全能够满足我的情感需求——而且无论如何那些物欲的东西我已经经历够多了。女人现在对我来说是个极其肤浅的东西……不过一想到她要来我还是情不自禁地感到快慰。"泽尼娅恰巧是在圣母升天节那天到的，他不无幽默地提到了这个细节。当火车缓缓驶入车站，人群开始聚集的时候，马林诺夫斯基有一种赫然暴露于人前的感觉：他"很厌恶这种在公共场合上演的半遮半掩的生活戏剧"。当泽尼娅向他走来的时候，他的内心感到一阵扭曲，他们礼节性地亲了亲对方。祖瓦夫斯基也来接站了，一阵带着妒忌的刺痛感倒是让他从刚才的那种不适感中有所解脱。吃过午饭，他们一起去了斯塔斯的住处，另外一些朋友已经等在那儿了。"呆板得如同一块木板"，布罗尼奥在一旁冷冷地审视着泽尼娅。那天下午晚些时候，他们沿着安塔沃弗斯卡的山脊散步一直走到了奥尔察，他这才对她热情了起来。他回想起在华沙的时候自己如何为了她的缘故"和精神的卖淫与情感的嫖娼作斗争"，可是现在他却不确定她对他的感觉到底

第十一章

泽尼娅

是什么样的,甚至不确定她是否愿意看到他。如果她愿意,他有些异想天开地假设,那么他就可以在奥尔察拥有她,同时与她保持一种自我保护的距离(按照"后宫内室的机制",他开玩笑道)。但是他也怀疑这样两全其美的理想并不可能实现:有一个动人的女人守在身边,他是无法同时获得从事研究所必需的那种超然与孤独的。

马林诺夫斯基精心守护着自己的孤独状态。他一定也同意吉本所说的:"交谈能丰富理解,但孤独才是天才的学园。"他总是因为屈从于社交的冲动而责备自己;他也常常下决心要回避他人的陪伴以便能和自己深刻的内在进行交流。不过,能给一个不带偏见的日记阅读者留下深刻印象的还是马林诺夫斯基这几个月在扎科帕奈所经历的孤独的相对性。事实上,他对此并不满意。对于马林诺夫斯基来说,一天内和三四个人交谈上三四个小时就算是在孤独中度过的一天了。他通常是早上不紧不慢地起床(从未早于 8:00,常常是更晚),锻炼一下身体,吃早餐,天好的话晒晒太阳,写作或阅读与写笔记再花上一两个小时,之后在午饭前去见斯塔斯、那列宾斯基或其他人。他的那些朋友们的作息也差不多。他们都是些画家、剧作家或作家——也是孤独的日常消费者。午饭后他会工作一会儿或独自散会儿步,不过这有时也会被推到晚上。在下午茶前后他会读书,或者会有人打电话来约他一起进城过夜生活。在扎科帕奈,他会找个咖啡馆坐下来,或拜访一家或几家,并享受或忍受几个小时与不同的人在一起。除非他感到非常不适,他都不会考虑晚上待在家里。或许,尽管他常常抱怨,但他总能精确地平衡好孤独与社会交往——只要是泽尼娅不在身边的时候。

泽尼娅在奥尔察的时候来找了他,还和他一块在附近爬了山。这让他对她刻意躲着他的担心有所减轻。听到她说会离开一个星期,他的反应就像一个被抛弃的孩子。他顿时一脸的悲伤,感到了泪水的酸楚。泽尼娅并未察觉到他的痛苦,他后来回忆说,这件事让他遭受了重创。"她的这种难以捉摸让我发疯般地着迷,"他写道,"但同时这也让我觉得害怕得想要逃走。"那天吃晚饭的时候她说了些关于她丈夫的事,马林诺夫斯基由此对他们的关系有了一个清楚的认识,尽管出于狭隘的自负而对那些跟自己不相干的事情不屑一顾,但他还是能从中看到他和她的未来。他明白地写出了自己心中的不满:"通过想象自己身处这些是非之中,我觉得自己憎恶她,因为她对我的'冒犯'而感到怨恨与恼怒。"

第二天关于她的想法还是在他脑海里挥之不去,于是他尝试写诗("当然并未成功"),还想试试像那列宾斯基那样写一出戏。他又自卑地拿自己和斯塔斯做比较,这已经不是第一次了:"一方面,他让我着迷,而[另一方面],他又让我感到窘迫。我无法抵御他的影响……但是我能感觉得到自己可怜的、让人苦恼的卑微。出于这个原因,我只能像鸵鸟那样,把头给埋起来。"不过,当他拿自己的特点与其他人做比较的时候,他又发现自己需要和像斯塔斯这样有才华的人为伍。他通过和这些人为伍构筑了一个更强大与更坚定的身份认同。和斯塔斯相互较劲能够让他时常保持警觉。

当壮观的景色激发"创造性灵感"的时候,他总是会不可避免地想到斯塔斯。然而马林诺夫斯基在这方面的自我怀疑似乎有些难以解释。尽管他并不是一个像斯塔斯那样具有惊人才华的艺术家,但是马林诺夫斯基日记中的一些段落显示他还是有能力写出诗一般的散文的,只不过这些文字的魅力很难在翻译成英文之后完全保留。有一次他在自责时突然间的灵光一闪提供了一个不错的例子。这段对自然景观的描写有着如浪漫主义作家般生动而感性的文笔。如果略有粗糙之处,我们不要忘了这是一段未经编辑的文字,也并非是为了他人阅读所写。

> 我满心愉悦地顺坡而上……水晶般清澈的天空用它白天最后的热吻在微笑的大地上留下来自蔚蓝深处的温柔祝福……我周遭的万物都轻轻地呼出对未来的期望。我来到一个山间峡谷,透过它,扎科帕奈山谷的壮观景色在眼前展开。西边悬在古巴瓦夫卡上空的杂乱卷云预示着天气的变化。空气中弥漫着水汽——山峦被包裹在紫色的阴影之中,吉王特上空的半月正闪着金光。宁静,蟋蟀那单调的鸣叫无情地打破了时间的节奏。山谷间吹来一阵暖暖的轻风,如同记忆一

第十一章

泽尼娅

般，满载着对南方大海的向往……我孤独着，怀着对生活的渴望——真希望这一刻能够就此凝固，直到永远——这样，生活就可以化身为这一刻，变得纯净而确定。

在这一段文字下面暗涌的是他对泽尼娅绝望般的想念。当他开始散步的时候，嘴里就在轻呼泽尼娅的名字，同时也在思考关于勇气的问题："我不应该如此懦弱，让我被这马车拖着前行，一路跌撞下坡，被层层包裹在稍纵即逝的享乐之中……所以，让我的爱具有价值与深度吧。我该要么放弃她，要么让她成为我的——妻子。"这个结论令人吃惊，或许对马林诺夫斯基本人来说也是这样。（他在最后这两个字之前的犹豫中是倒抽了一口凉气吗？）不过这可不是他的什么笔误，几天之后他就不无感叹地说："要是我能和她生孩子就好了！"

不再只屈从于短暂的肉体享受，他认为他们应该为未来的日子而加深彼此间的爱：

创造更伟大与美好的爱而非听命于每次激情的迸发是非常重要的。这样就不会让我俩陷入泥沼，而是在我俩之间为未来的发展建立稳固的基础……这样也就会把淫荡的本能转化为处女般的纯真了。

这样的理想主义至少可以说是不切实际的。它完全没有考虑到泽尼娅本人的愿望，也没有考虑到她已婚的不利处境。

有清楚的证据表明他大约在这个时间开始读起尼采的《悲剧的诞生》。他日记中那错综交缠的形而上的论述与对希腊神话典故的引用，可能都来自这本书的启发。

投降的正当性——屈从于一个女人——通过一种创造性的客观形式为她取得主观价值——她在肉体受孕前的精神受孕——这是莫洛克神①的命令——这也是生活的命令，它让我们赋之以最强烈的渴

---

① Moloch，古代菲尼西亚人的火神，以儿童为祭品，比喻要求重大牺牲的可怕力量。——译注

望与最深层的痛苦,从而从我们这里收取最至高无上的献祭,为此它用享乐将我们拖入陷阱。……"永恒的女性"将我们拖入——"永恒的泥沼"。

这段话里似乎闪现着柏格森、魏宁格,或许还有尼采的影子。对这种厌恶女人的思想起到平衡作用的是他后来发展出来的一种具有浪漫色彩的观点:他应该配得上被他所理想化的女人,用精神上的礼物滋养她,让她开花结果。马林诺夫斯基决定写一篇关于悲剧的文章并把它献给泽尼娅。这样的礼物将会为他日后的幸福打下基础:

> 我应该喜欢和她待在一起——为她思考和写作。给予她我所能给予的,以一种简单的、朴实无华的方式。我的文学与诗一般的想法;把我所反思的东西都提供和奉献给她……那个图景再一次浮现于脑海——在她身边变得更加充满睿智。

不久他就又被抛弃她的念头(或许是一种理想状态)所控制,这种想法给他带来一种冷酷的满足感。这段感情中存在的障碍绝不仅仅是社会和感情意义上的,它也部分来自于马林诺夫斯基自我培养出来的精神上的谨慎。某种程度上,他清楚地知道他的爱只是个幻觉,是他自己想象的创造物。他曾在一段颇具揭示性的日记文字中写道,他对爱人的渴望与他对她所能激发出的审美理想的"形而上的渴望"其实是结合在一起的。如果他放弃她的话,将会导致对这两种渴望的双重抛弃。马林诺夫斯基高度紧张的敏感性格制造出一种矛盾:真正让他沉迷的不是对这个有血有肉的泽尼娅的爱,而是一种对她的缥缈想象。"我完全迷失了自己,成了她的一个痛苦的影子,"他写道,"就像山间青黑湖面上的一个倒影。"他回想起了她刚到扎科帕奈时的情景,也就是两个星期之前,那时他还能用一种"钻石般尖锐的凝视"迎接她,可后来便随即陷入无望之爱的深渊。下一次,他告诉自己,"我再不能在精神上如此兴师动众地对待她了——我要努力不把自己彻底地浪费在她身上。"

学习的诱惑

马林诺夫斯基和泽尼娅之间模糊不定的感情随着她 8 月 26 日返回扎科帕奈又进入了一个新的阶段。他要跟她分手的狠心瞬间又化为乌有。他像小狗迎接主人一般迎接她("我从一开始就昏了头。兴奋")。他吻了她的手,帮她取下羚羊皮帽子——觉得她不戴它更好看——接着就依偎在了她的肩头。

次日一早,他感到了无比的快乐,他的内在自我"哼起了欢歌",那是爱的乐章。但是那天晚上泽尼娅就跟他说,她无法回报给他同样多的爱。她怀疑,像这样把他限制在一种不完整的关系中会对他有害。他虽然没有说什么,但却被她的话惊呆了,当他望向镜中的时候,他看见"自我像小丑般分裂开来……一个自我在体验并承受着痛苦,另一个自我却在冷眼旁观并为有东西把他从当下的无聊与阴郁中解脱出来而高兴。"

在 8 月的最后两个星期中,他和泽尼娅之间的关系无论在社会层面还是在性层面都还处于约束之下。除了对自己遗憾与蔑视之外,他所描述的那些渴望都是精神层面的,只有一次他提到了肉体欲望上的受挫。他各种各样的决心似乎便他不可能在性方面得到满足;他需要的是"精神的纯洁"。在她这方面,泽尼娅会亲吻他,但除此之外就和他保持距离。即使马林诺夫斯基有计划要让她诱惑自己他也没有说出来,不过他在 9 月 1 号星期天的一个行动让他们彼此关系更近了。他决定要让她和自己一道学习。

当他第二天去找泽尼娅的时候,他劝她和自己一起回家。和往常一样,他又注意到了她那天的穿着:"一件白领海军蓝上衣和一条有彩绣的裙子"。下午他们一起读书,然后他开始为一篇关于尼采的论文打草稿。[12] 和泽尼娅一起学习带来了一种特殊的满足感,脑力活动由此也变得充满了欲望。他以前就是这样和母亲一起学习的。

隔天下午,他们阅读了威廉·詹姆斯的《心理学原理》。他们肩并肩地坐

马林诺夫斯基

一位人类学家的奥德赛，1884—1920

着，马林诺夫斯基依偎着她，吻着她的头发。过了一阵子，他奇怪地对她的陪伴感到厌烦。"我想要让自己高兴，让自己焕然一新，我想去见见索尔斯卡，那里有不受打搅的轻松生活。"于是他离开她，去和索尔斯卡及一些朋友们过了几个小时，享受了"一顿不错的晚餐，还有酒、下流笑话、甜点和李子"。恢复了精神的他又匆匆地去找泽尼娅了，这一次轮到她主动了。或许是下午亲密无间的学习撩动了她的芳心——或许是布罗尼奥去找索尔斯卡激发了她的渴望——因为此刻的她已经准备好要诱惑他了。带着矛盾的情感，他描述了接下来发生的事：

> 她轻轻地抱住我，这让我有些慌乱。我傻傻地站着……她哼起了法语歌、乌克兰语歌还有俄语歌。我坐了下来，有点孤单，有点严肃，11:00 的时候我要走，她留我到了 12:00。我在床上躺下。她坐在我的旁边；她也俯下身来，然后躺在了我的身上……她的动作让人难以置信。我回了家。

那天晚上马林诺夫斯基做了个梦，梦里的画面十分生动："那是发生在一个剧院中的舞台剧表演；舞台上发生的一幕也在观众中同时发生。接下来我和妈妈坐着某种交通工具离开……车厢变成独轮小推车，妈妈推着我在市场上逛。"

几天后他和泽尼娅一道在低坡的树林中漫步。凝视着黄色天空映衬下的树影，他希望自己能"消失在这片景色之中"。回家的路上泽尼娅哼起了"不，你永远都不会知道"（法语），这首歌在日后的很多年里都让他无法忘怀。晚饭后她想读书，但马林诺夫斯基凑上来吻了她。之前他们谈论过性技巧，她告诉他自己给每一种都起了名字。他们躺进了"沉睡的汽车"——这是马林诺夫斯基对那个箱子般木床的雅称——谈起了未来。"我们应该属于彼此，"他大胆地设想。"我应该娶她。"但是泽尼娅只说自己满足于友谊。她后来开始头疼，轻轻地赶走了他。

泽尼娅让马林诺夫斯基经历了一次考验。他曾向她读过自己日记中的某些部分，当时骗她说这本日记属于一位"马尔夫人"。如今他又试着跟她解释自己记日记的初衷。"我尝试规划好我要做的事情、我那些规范化的经验、总结性的评价、无差别——艺术化的内容,以及具体的生活计划。这一创造性形式的悲剧实质;我想起尼采和他因现实与理想不相符所产生的悲剧感。"这并不能让泽尼娅满意,因此他又给她读了日记中更多的内容,而她边听边在脸上露出了些微不快的表情。她的批评转向了日记的"程式化"和缺乏生气的笔触;她反对这种记日记的方式,认为它无法勾起对往事的感怀。五年之后,马林诺夫斯基会再次想起这一对他缺乏理解的评价,并跟也对记日记持相似的反对观点的艾尔茜·马森说:"真好笑,泽尼娅跟你观点相同,而且用的词也几乎一样……'为什么要为我们生活中每个快乐的、稍纵即逝的时刻画上一个僵硬、死板的轮廓呢?'"[13] 不过,他清楚地知道,这仅仅只是记日记的意义中的一小部分。

泽尼娅请他解释他所记录的"规范化的经验"。"我谈到了由经验构成的生活,谈到了拥抱生活;但是她却把我逼到了墙角。我有一种被一个更理解这些事的人盘问的感觉。"马林诺夫斯基令人惊叹的、日后让他的学生们敬畏的急智与辩才此刻却受到了这个年轻波兰女人的挑战,甚至是被对方所击败。那天晚上,他承认自己有"一点被摧垮"的感觉,而且"在她面前显得卑躬屈膝"。思想上的战败压制了情欲。不过即便如此,他们仍然在"沉睡的汽车"里待了"很长一段时间",而且他后来也觉得自己"一定十分开心"。

9月13号星期五,他们整个早上都过得匆匆忙忙。之后,泽尼娅与祖瓦夫斯基及其他朋友辞行,登上了开往新塔尔格的火车。不过她后来肯定是在波罗宁下了车,因为她要在那里和坐下一班火车的马林诺夫斯基汇合前往克拉科夫。他们坐在列车隔间外的走道上,靠读斯塔斯《班戈的622种堕落》的手稿来打发时间。

他们到达瓦维尔城堡高耸外墙下的皇家酒店时已经是夜里了。分别入住了各自的房间之后,他们一起散步到广场上的一家咖啡厅。他们在看报纸的时候,马林诺夫斯基想,"我觉得无论在何种生活境遇下,和她在一起我都会感到快乐。"当他们步行回到旅馆,他感到了沉睡中的城市所带来的那份诗意。在泽尼娅的房间里，他们把电灯放在地上，在上床前坐在地板上聊天。关于那个晚上，马林诺夫斯基写道："有时候实在疲乏，不知不觉就睡着了。继而又是强烈的爱潮袭来。如此直到天亮。我又回到自己的屋里睡觉……泽尼娅对我有些不乐意。一个疲倦的、带着忧郁笑容的'夫人'。"第二天送她上火车去华沙让马林诺夫斯基无限伤感。在克拉科夫最好的旅馆里度过的这蜜月般的一夜给马林诺夫斯基留下了持久的回忆。在即将动身远赴特罗布里恩德群岛时他又想起了这个夜晚："十三号星期五！这是我和泽尼娅在克拉科夫共度的那难忘一天的六周年纪念日。"[14]

"性确实是危险的"

回到扎科帕奈，孤独的马林诺夫斯基试着敦促自己"像魔鬼一样工作"来弥补自己的损失。他对齐美尔（Georg Simmel）理论学习的进展"令人感到羞耻"，不过这也是因为"完全缺乏兴趣与注意力"。他还开始了对古朗士（Fustel de Coulanges）《古代城邦》一书的阅读，这本书令他印象极深，爱不释手。但奇怪的是，尽管他数月研读齐美尔和古朗士的著作（留下了数页书写工整的笔记），他这一时期所写的文章中却鲜见来自这两本书的直接影响。[15]

他还为泽尼娅写了几首诗，他很喜欢这几首诗，内心觉得自己拥有了"扩展的力量"。在这种创造性的情绪下，他开始写一篇关于贝伦特（Wacław Berent）新近出版的小说《冬麦》的文章。这是一种思想上的休假；但即便如此，他还是觉得写作起来有些困难，而且他还不断被关于泽尼娅的思绪所打扰。"情感的世界无望地与纯粹思想的世界缠绕在一起"，他在一篇关于《悲剧的诞生》的论文导言里如此写道。[16]

9月29日星期日，斯塔斯为他的朋友画了张素描。这可能是布罗尼奥几张木炭笔肖像画之一，这几张肖像中最著名的一张题名为"马林诺夫斯基对生活的恐惧"，那是斯塔斯开的一个小玩笑。[17]在这张肖像画中，马林诺夫斯基穿着一件夹克,里面是衬衫,还打着领带,木然地望着画家的方向。他深色的眼睛从椭圆的眼镜片后直视过来。他的发际线已经后退了很多,只在额头很高处留下了中间的一簇头发,没有笑容的嘴唇上盖着薄薄的一层胡子。这无疑就是斯塔斯笔下的埃德加,"永不复焉"爵士。

九十月间,马林诺夫斯基校对了《澳大利亚土著家庭》一书,他一定就是在这期间加上了那五页的附录,其中引人注目的是他对克劳利《神秘的玫瑰》(1902)一书中关于性与婚姻的经典研究的赞誉。[18] 他惊讶于"克劳利先生是如何从宗教的角度分析人类关系(尤其是性关系)下隐含的心理学的"。有鉴于《神秘的玫瑰》"让在唯理智论人类学表层之下暗涌的被压抑的性主题被置于焦点之下"[19],马林诺夫斯基似乎为他自身的压抑境遇找到了民族志的印证。克劳利的论点是:原始人相信性活动是危险的,因此他们通过禁忌来限制它。婚姻是一种打破这一禁忌的带有宗教性的许可仪式,它消除了性接触的危险。克劳利的理论对马林诺夫斯基最大的吸引力还在于他阐释了和马林诺夫斯基相似的关于"生理思维"的观点——即充满情感的、非理性的类神秘思维。《神秘的玫瑰》的"前弗洛伊德"色彩只是到了后来才变得明显起来。颇具讽刺意味的是,该书第二版(1928)的编辑在参考书目里还加入了马林诺夫斯基关于特罗布里恩德人性生活的相关著述书目。在对这一版的书评中,马林诺夫斯基堆砌了大量对克劳利的溢美之词,甚至追称他为"现代人类学功能方法"的创始人之一。[20]

他肯定是在克劳利关于生理思维的论述中发现了自己那些非理性焦虑的影子:"在和其他人类个体的接触中会产生一种对危险的强烈恐惧感"。(人们可以联想到"马林诺夫斯基对生活的恐惧"。)陌生人、病人、被边缘化的群体、"尤其是异性"的周围会包裹着一种"超自然的恐惧的氛围",这种氛围"被两种方式控制着:禁忌和打破禁忌的仪式"。正如马林诺夫斯基后来所作的那样,克劳利通过将原始迷信解释成"一种可被理解的基本人类行为体系",从而将奇怪之物变成人们习以为常的东西。马林诺夫斯基尤其对克劳利"吸引力与恐惧的混合,以及不信任对爱所产生的负面作用"等论述感兴趣,这些主题充斥于两性的关系之中。他在饱受思念泽尼娅之苦的同时,可能也正在沉思关于性别对立的理论。正如他所写的那样:"我认为野蛮人觉得性是危险的,它是一种被禁忌约束的同时也是仪式性的东西,被道德与法律规则所包围——并非出自于原始人的迷信,也不是因为对陌生之物所抱有的带有感情色彩的观点或本能,而是因为一个简单的原因,即性确确实实就是危险的。"[21] 在所有社会对两性之间关系进行规范的法则中,

> 我们都能发现表述"性之危险"的观点——对待邪恶与罪过的观点——这些观点存在于爱与激情的最核心之处;人们坚信交合的最大快乐只能通过付出一定的痛苦与警惕的代价才能获得;人们还相信,简而言之,性具有一种宗教性的神圣性,它同时既是圣洁的但又是具有玷污性的。[22]

他在日记中对泽尼娅有一个颇为恰切的评述:"她已经成了我的一个渴望的象征,一种类似于宗教膜拜对象的东西。"有一次在吻她的时候,他产生了一种"亵渎神圣的感觉"。

我提防梦境如提防谎言一般

斯塔斯最近开始在博兰(Karol de Beaurain)博士的帮助下对自己进行心理分析治疗,他也劝马林诺夫斯基记下自己做的梦以便他们能进行对比。马林诺夫斯基不希望自己输给斯塔斯,于是找了扎科帕奈的另一个心理分析师,波洛维茨基(Borowiecki)博士。他多长时间去治疗一次不得而知,但是马林诺夫斯基在那段时间里记下了自己的很多梦并向波洛维茨基和斯塔斯说起过它们。尽管他自己很少对这些梦进行分析评论,但他还是或多或少地相信"这些梦对理解生活是有价值的",而且他的梦的确让人们有机会窥探他受到各种问题折磨的精神世界。但是马林诺夫斯基对他的心理分析师的专业解释并不满意。在一

第十一章
泽尼娅

次关于梦境的谈话治疗之后，他用蔑视的口吻写道："我还期望波洛维茨基能解释给我听，但他在扶手椅上苦苦研究了一个小时以后，什么也没弄懂。"而与此同时，博兰博士则告诉倒霉的斯塔斯，他的问题来自于一种"胚胎情结"。[23]

此时马林诺夫斯基已经在索尔斯卡的别墅里住了几天了。他和这位斯塔斯的前情人关系暧昧，不过我们可以猜想这其中也有一些效仿的、三角情欲的成分。他的日记则留下了一个清晰的暗示：在和她同住的那段时间，索尔斯卡邀请他上她的床共度良宵，这个邀请带来了"灵魂上的混乱"。几周之后，他做了一个关于她的情色之梦，他们之间的扭曲关系让他想起了自己和泽尼娅在皇家酒店69号房间共度的那个晚上。

> 我在她身上；清楚地知道我并不爱她……她说：没关系，我知道我对你来说没有吸引力，但是这样更好。……我有一种感觉，这是不道德的、不忠的……我甚至感觉不到那种出于憎恶和扭曲硬生生挤出来的欲望。

后来他又再次梦到了索尔斯卡。他和她以及她那陌生的丈夫一道上了一辆火车。两个澳大利亚军官在检票。他打开了一罐英国甜点。"我请索尔斯卡吃，还偷偷地给自己拿了一些更好的。我叫她吻我；我亲吻她的嘴，还充满情色地用我的光肚子磨蹭她的乳房。"在这个梦的另一段情节之中，火车变成了艾凡赫饭店。有一个早餐室，一个英国女侍者，满饭店都是戴着大礼貌的英国男人。他在日记中记下了这一连串的梦："关于索尔斯卡的色情念头——但都有些虚假、勉强；她不断地回到我的梦境中，但是我醒着的时候不会有半点关于她的念头……在今晚的梦中对她有一种（在一定程度上被抑制的、营造出的）怜惜的感觉。"他对索尔斯卡带有色情味的反应清楚地显示，至少是在潜意识里，他对她怀有欲望。尽管他已经否认了这种可能性，但在第二个梦之后，他已经或多或少地愿意承认他已经自己"营造出了"某种被抑制的吸引力。值得注意的是，他这些梦境中充满色情意味的背景都是他曾和安妮一起待过的火车车厢与英国饭店。

马林诺夫斯基

一位人类学家的奥德赛，1884—1920

  他跟斯塔斯谈起过这些梦境，斯塔斯说索尔斯卡是"一个替代品"，这里可能指的是泽尼娅的替代品。斯塔斯不愿意相信索尔斯卡对马林诺夫斯基没有吸引力，他提醒他说在梦境中"不快的、被压抑的情结"会出现。诸如"恋母情结"。如同安妮一样，索尔斯卡也比布罗尼奥和斯塔斯年长九、十岁。我们也能联想到斯塔斯对这个女演员让人不可思议的迷恋让整个扎科帕奈的波希米亚圈子都为之震惊的事实，这也构成了《班戈的 622 种堕落》一书的主要情节。人们简直难以想象被丈夫抛弃、饱受磨难的玛丽亚·维特邱维奇卡会如何看待自己儿子和一个被他认为是"母亲替代品"的女人搞出的这场风流韵事。

  几个星期之后马林诺夫斯基又做了一个梦，这个梦融合了许多熟悉的主题，而且这次是他的母亲成了主角。他和她，还有那列宾斯基在一个饭店里。他劝说自己的朋友（其表现出一贯的"鲁莽与粗俗"）不要跟着妈妈一起去上厕所。后来，这个梦转向一个情色场景，马林诺夫斯基躺到了一个"脱到只剩下内衣的漂亮的德国老妇"身上。简直难以想象比这更缺乏吸引力的爱欲对象了："她的皮肤就像树皮一样，开裂分层，或者说更像做烙饼的面糊，满是气泡，粗糙且发着光，她的肚子和乳房简直就是一个松垮得脱了型的隆凸。她的乳头隐没在粗糙、肮脏、长满汗毛的皮肤上。"她是一个从拉脱维亚来的"饱经沧桑的"寡妇："一个混蛋毁了她；他除了坐在那里写东西之外不做任何事；她有一个女儿（无疑跟她一个样！），她常常很冷，以至于她的爸爸（那个混蛋）不得不一次要在她身上躺几个小时。"随即那个可怕的寡妇变成了她的女儿，而做梦的人就射精了。后来在这个梦中，斯塔斯正在追求的一个女人对马林诺夫斯基"暗送秋波"，这时候外面正有一队军警，一个英国军官正在对着新兵们发号施令。

  这已经是马林诺夫斯基记录的第二个内容相似的梦境了，在其中一个梦境中，性对象的女儿取代了她的母亲，粉碎了三角关系并在某种程度上接管了整个行动。再一次出现了和他母亲相关联的旅行或交通场景，以及以士兵面貌出现的危险力量的象征。另一个重复出现的主题是和斯塔斯及一个共有女人的三角情欲关系。还有一次他充满情色意味地梦到了即将成为斯塔斯未婚妻的嘉德维嘉（Jadwiga Janczewska）。

第十一章
泽尼娅

他还梦到了安妮和一个小女儿,她和一个犹太人生的。"我专注地看着她;她看上去很漂亮,很年轻,有一点犹太人的样子。我吻了她,想起了泽尼娅。我能感觉到泽尼娅是如何吻他[她丈夫]的,我马上开始感到不舒服。"在另一个关于泽尼娅的梦中:"她正在弹钢琴,身体前倾,有点像艾姆茜恩·斯泰恩[安妮在莱比锡的朋友]。她丈夫坐在我旁边的一张沙发上,称赞着她的弹奏。接着是我们三个在饭桌前;晚饭……有些复杂的情况发生;他知道一些事情。"马林诺夫斯基没有评论,但是这个梦很显然是关于他和泽尼娅丈夫之间的关系的,他在寻求他的合谋。他关于泽尼娅的梦中总是渗透着一种矛盾情绪:"我和她沿着普兰提漫步……我心中暗想:啊哈,她变化真大啊;她确实变胖了;她有了些犹太人的样子……她戴着顶伦勃朗式的帽子;我暗自想:啊哈,多可怕的一顶帽子啊!"他问自己:"这个梦是否反映了我醒着时心中的一些困惑:'真是这样的吗?'"但他还是不相信这些梦境,在另一段日记中他写道:"我提防梦境如提防谎言一般。"

他时常梦到他母亲娘家的一些亲戚。"妈妈和我在翁茨卡家,她[姨妈]说她要和我们断绝关系一年;我说'好吧';接着是一场大火;我大模大样地从门口跑出来,到了街上。"这个梦变到了斯塔斯家的场景之中:

> 斯塔斯在追求一个跟他眉目传情的年轻女士。我离得远远的,不过这还是让我有些心烦意乱;斯塔斯在做什么事,洗照片……他穿着安达卢西亚服装,他在沙发上弹着吉他讨那女士的欢心;我动作(就像个小丑),我们跳舞,互相踢对方的屁股(暗暗地对抗)。斯塔斯和我在床上,维特邱维奇夫人谈起困境(这些困境和工厂遇到的困境是相似的!)。

对于这个梦,马林诺夫斯基做了简短的评述:"翁茨基家和工厂遇到的麻烦重复出现是常有的事。"他对母亲经济损失的担心进入其梦境是很好理解的事;但令人好奇的是,他竟然能看到——或梦见他看到了——两种困境之中的关联。这两种困境也就是他母亲经济问题的困境和他与斯塔斯在床上被后者母亲发现的困境。另外还有一个梦也暗指了这种同性色情与带有效仿意味的三角关系:"和斯塔斯在伦敦一家饭店的大房间里;同性恋的事;一个女服务员,瘦瘦的,红头发——我舔舔嘴唇。我满怀自责地吻了她。"

他很相信恋母情结就是自己情感冲突的来源(最好的一个例证就是他对所爱上的女人的过分的情感依赖),因此这样的知识肯定会渗入他的梦中并在不止一个方面决定这些梦境的具体内容。这样看来,不断出现的旅行场景的确与他的母亲有关。在色情念头和旅行之间有一种十分明显的关联,用简化论的术语来表述的话就是:如果所有对他有性吸引力的女性都是他母亲形象的折射的话,那么所有的旅行都有色情方面的潜在可能。用一种更加具有简化论色彩的方法来说,马林诺夫斯基的人生就是在不断游走的过程中寻找成功——这类似于特罗布里恩德岛民对有色情色彩的财富物品的无止境的追求:即库拉这种有着性别色彩的象征性贝壳宝物。创造神话的马林诺夫斯基和脱皮的库拉英雄托克西库纳的命运纠缠在了一起。后者的魔笛可以让他得到所有的宝物,与所有的女人结婚。

失神地为泽尼娅工作

尽管他的思绪还是无法摆脱泽尼娅,但是他的爱的强度正在衰减。"我不再像原来那样在信中喋喋不休地什么都说了,"他写道,"她已经不再是我内心深处的伙伴了。我想她并为她着想,但我已然是孤独一人。"他们仍然经常通信,尽管这些信都没有保留下来,但我们还是可以从他的日记中推断泽尼娅依然折磨着他,对他时冷时热、时爱时弃。虽然他们之间的心态变化并不同步,但是她的这种左右摇摆似乎也正呼应了他的情绪波动。他们之间的关系从根本上说是不稳定的,就像他们的情绪和秋天的天气一样善变。

十分典型的是,只要泽尼娅一冷落他,马林诺夫斯基马上就会撤退到他苦行的思想壁垒之中,他通过想象为自己准备了一种修道式的退路。但是他怀疑

第十一章

泽尼娅

彻底的放弃就像一种"内在的自我毁灭的姿态",这会让自己的精神陷入困境:"我的心理状况会失去那些形而上的反思机会吗?"他如此自问。如果她是自由身,他写道:"我会毫不迟疑地将自己献给她,完完全全地;这种想法无比强烈。但现实是——我看不到有任何具体的方法让我能够得到她。要我自己以死相逼吗?不过首先我不能完全肯定这样做是否合理,而且——这又如何真能派上用场呢?"

尽管有这样的苦恼,10月中的这段日子还是充满了诗意。除了自己写些"拙劣的小诗"和"毫无价值的韵文",他还欣赏了友人那列宾斯基、米欣斯基和祖瓦夫斯基的诗作,此外还有坡、斯洛瓦茨基(Słowacki)和李书颂(Richepin)等人的作品。他偶尔还会写些格言警句。"历史已经研究透彻,现在转入社会学",他如此宣称。暗藏在这个宣言背后的是他那"神话作为特许状"(myth-as-charter)理论的萌芽。他已经全力投入了关于《悲剧的诞生》论文的写作,忘我地享受着这一工作带来的挑战。他对冯特的研究也进行得很顺利,于是,他自信的心态状况和那年的第一场冬雪同时到来("天空像一个脏毯子,黄褐色的,悬在那儿")。泽尼娅的一封信得到了快乐的回应:"太好了。"她又给他带来了新的希望。

> 我觉得自己可以完全一个人待着,只和自己的思想为伍,但是又能同时绝对忠诚地将自己奉献给泽尼娅。我希望——我能肯定她会和我一起走。我下定决心要娶她;我想和她生孩子,一想到这些我就陶醉在幸福之中。

一天,正当他在为关于《悲剧的诞生》的那篇论文奋笔疾书的时候,他陷入了一种"真正的出神状态"。在这篇讨论尼采的文章中,他写道:

> 艺术的本质,即将其与其他自我表达之形式区别开来的东西,就是特定感官元素(乐音、色彩、线条、节奏、人说话的声音)的直接行动,通过它,接收者会被置于一种出神或狂喜的特定状态……在这样一种精神状态下,现实会以一种新的形式出现在我们面前……因此,

艺术、形而上学及神话有着相互关联的起源。[24]

他批评了尼采的"太阳神-酒神"二元概念,并非因为其形而上意义上的无效,而是因为它没有建立在心理学(或生理学)的事实基础之上。马林诺夫斯基通过内省发现,"在(例如音乐的)狂喜或陶醉体验和酒神节般的狂放享乐之间存在着明晰的区别"。[25] 在引发狂喜的艺术创作中,这就像"在我们的内心中打开了一个崭新的世界",而在酒神节般的狂放体验中,"我们将自己外化了",就好像我们的身体屈从于一个外在于我们的力量。马林诺夫斯基在他的日记里常常提到他对音乐的这种狂喜体验,而且在一两年之后他就会发现自己对探戈的天赋,并从某种意义上发现舞蹈的狂放根源。

如果马林诺夫斯基关于《悲剧的诞生》的这篇哲学论文不带任何感情色彩的话,那才会让人感到惊讶。事实上它是通过另一种方式对自己日记的延续。通过把这篇文章题献给泽尼娅,他承认了她缪斯般的角色。或许无心或许有意,她激发了他"对生活的悲剧性感知",他在文章中对这种感知进行了自省式探索。用一个他自己的想象来表达,即他的苦难把最原始的情感变形成为水晶般的思想;或者(借用他的另一个比喻)他充满痛苦的爱情娩出了一首散文诗,一种对生命、艺术和死亡的哲学沉思。尼采提供了启示,斯塔斯带来了思想上的激励,泽尼娅则是情感上的刺激。遗憾的是——或者说悲剧性的是,在马林诺夫斯基经历这一切的时候——她对他想让她在精神上受孕的努力并不领情。对于他这个礼物的冷淡其实就是对他的拒绝。

"告别快乐"

马林诺夫斯基11月的中旬是在克拉科夫度过的,住在卡梅丽卡街22号伯龙斯卡夫人的旅舍里。[26] 他去了科学院和雅盖隆图书馆,在大学拜访了卡奇米尔兹·尼奇和斯丹尼斯瓦夫·艾斯特莱歇尔,还和朋友们"浪费了很多时间"。这种"克拉科夫旋转木马"般的生活对他不利,他如此抱怨,尽管他看起来很是享受其中。如果他对自己不是彻底忠诚的话,他至少对泽尼娅保持着忠诚。"在我的所见所闻中经历过很多诱惑,"他后来写道,"但历经挣扎之后,我唯有依靠她才能破茧重生。"工作"拯救了"他,对弗雷泽著作的阅读和做笔记让他对图腾崇拜有了全新的认识。

在这本日记中,马林诺夫斯基对沙皇开始让德国的军事肌肉绷紧以来弥漫于欧洲的战争传言略有提及。除此之外对战争的关注仅仅只存在于他的意识之中。不过他显然在一封写给安妮的信中谈到了战争的威胁,因为她在11月间的回信中这样写道:

> 你已被免除兵役了吗?你算奥地利国民还是俄国国民?如果是后者的话,而且如果发生战争的话……你就是我们这一边的,因为英国和俄国是盟军。不过我猜想你应该是奥地利国民。如果发生战争的话,你们在奥属波兰的人真的要打在俄属波兰的自己人吗?我认为波兰可能会先发生一场革命。[27]

因为安妮已经认识他四年,住在一起也快两年了,所以她对他的国籍如此不肯定还是让人有些奇怪。她的猜测是正确的,不过她的不确定也恰恰显示了她的爱人在这个问题上一直以来都保持了沉默。是出于自己的不在乎,还是他认为身为英国人的安妮对他复杂的国籍并不关心,这就是另一个问题了。不过这倒是一战以前欧洲受教育阶层那种开放的、四海一家特点的一个明证。这个时候,安妮已经有些怀念她所经历过的"那唯一一次家庭生活"——和马林诺夫斯基在伦敦共度的日子。她在南非的生活"简直就是一种充满无聊的痛苦"。遗憾的是,他充满无聊的痛苦却并非为了她,而是为了泽尼娅。

11月19日,马林诺夫斯基踏上了开往华沙的火车。当泽尼娅到车站来接他的时候,他深为自己因头一天拔牙而肿起来的脸而感到难为情。穿着厚重毛皮大衣的她看起来"漂亮极了",他简直无法把目光从她身上移开。不过鉴于他在此前所受的那些充满渴望的煎熬,这次碰面却成了一次反高潮。他们的交谈有些生硬,泽尼娅也似乎在回避他的目光。

他去了卡奇米尔兹舅舅在贝尔维德斯卡街 32 号的家里 [现在已经是一幢弹痕累累的破落混凝土建筑了],在那里一直睡到了第二天下午。他舅舅情绪低落,不过随着母亲从乡下赶来,气氛变得好了起来。次日下午,他兴高采烈地去泽尼娅的画室找她。这是他期待已久的时刻,但他得到的却是失望的痛苦。他眼前的她就像个陌生人,衣着不整,面露窘迫,心不在焉。她明确地告诉他自己不打算离婚。马林诺夫斯基可以选择的余地顿时就小了。他无法长期忍受这种不被爱所带来的不确定感,而他坚信自己应该得到这样的爱。当他们一起在城堡广场上漫步的时候,他的怨恨不满终于爆发了。分手之后他一个人走在维斯瓦河边,"像个受伤的孩子一样"痛苦无助。

> 我思考了工作的问题,它现在正在变得越来越没有成效;我还思考了生活的问题;感觉我现在正在跟快乐说再见,而且感到了极度的自怜;我几乎完全不想她了——只想我自己。对她有怨或许还有恨;但压抑在我心中的,只有对她温柔女性气质的洞察,还有我极度的不负责任。

他的世界变成"一团巨大的、灰色的糊状物"。

> 我失去了对她的忠诚……有那么一两个片刻,我抛却了"没有她我就不能活"的信条……我已经不再相信她像我全身心爱她那样地全身心爱我;关于给予的问题,以及对回报的需要。

他在自己的心中发现了一个如铸铁般坚硬的法则,即不对等的爱情会赋予那个付出最少爱情的人力量。不过,他也并非失去了一切。尽管他承认感到"信条"已经动摇,但他内心仍然残余着对那个难以接近的、"带着忧郁笑容的夫人"的宗教般的爱慕。

第十一章

泽尼娅

"我对任何事都很感性"

马林诺夫斯基发现阅读弗雷泽的作品对自己产生了一种主观效应,它形塑了他的那些白日梦并赋予他一些最私密的幻想以神话形式。他这样暗示《金枝》对自己的影响:

> 我参与了那些与神话有关的东西,有强烈的情感感知;一些跟色情文学和形而上的痛苦相关的内容清晰地出现;我对任何事都很感性;阉割,就像一个疯子跳入解放的深渊;关于被踩躏与被屠杀之神的神话——所有这些都以一种情感的力量抓住我。事实是,我把我的研究和关注的很多东西都应用到了外部世界以及她的身上。

他在日后对许多人类学问题的研究过程中都会运用相似的模仿性的心理投射和主观检验标准,用情感去感知它们。在观察"巫术观念中的情感如何结晶化"的时候,他写道:"激情将我们导向自发的模仿行为;如果我们恨什么人,我们就能够,在我们的狂怒中,撕、咬并用我们能用到的一切方式伤害他;如果我们希望以分析评论和心理学的方式来重构巫术的合成方式,就必需考虑到这些事实。"[28]

正是在华沙的这个冬天,在饱受泽尼娅这个名字折磨的、垂头丧气的这几周里,马林诺夫斯基粗略地完成了对弗雷泽宗教与巫术理论的批评。他与弗雷泽最大的分歧存在于弗雷泽对联想论心理学的运用,他早在博士论文里就已拒绝接受这个包裹在赫尔巴特"统觉团"机制外衣下的理论方法。这样的一种心理学方法让弗雷泽得出的结论是巫术即为原始形式的科学,因为这两者都诉诸人类自身的自然力量。而且这两者都和宗教是对立的,因为后者的主要特点就是它诉诸的是神的力量。马林诺夫斯基拒绝接受这种认为原始人使用与科学委员会相同的方式来组织其机制的唯理智论假想,他对这几者之间的关系提出了不同的理解。从心理学角度看,巫术有别于科学,因为"它并不在一个由客观事物组成的世界中进行感知,而是用一种感性的、主观的方式对事物进行关联"。宗教也是从相同的精神源流中发展出来的,它缘起于情感压力和生活危机,不过作为一种社会机制它"实现了一种基本的组织功能,创造了一种人们共有的崇拜以及共有的规范体系"。与之不同,巫术"只是零散的、五花八门的需求导致的结果"。马林诺夫斯基对弗雷泽这一理论所持的反对态度还受到了马赫思想的影响。马赫认为,在属于科学范畴的感觉印象领域和与科学无关的情感领域之间是存在着区别的。[29] 因此,巫术和科学之间的区别并不在于它们一个是关于这个世界运作机制的错误假想,而另一个是正确假想;真正的区别在于它们的目的和方法。巫术的目的和方法与由经验引导的科学不同,它们主要指向的是情感领域。马林诺夫斯基后来在 1920 年代又会重拾这个主题,在巫术、科学和宗教这三者之间作出更为细致的区分。他在其后的一生中都孜孜不倦地探究这一问题,也正是对弗雷泽的一种无言的致敬。

11 月 24 号是个星期天,马林诺夫斯基又和泽尼娅见面了,但他们在乌雅兹多夫斯基公园的接吻却是草草收场。他告诉她,她在性道德方面给他带来的净化以及为他的工作研究带来的勃勃生机。但他是带着一种近乎受虐狂般的绝望和她一次又一次地会面的。他记下了冷落、轻蔑、忧伤、自我嫌恶、狂怒、仇恨,以及"深深的、持续不断的痛"。有时也会尝到"无比的幸福",但是短暂的欢愉总是"一个会被粗暴叫醒的梦境"。他被举棋不定和自我怀疑所折磨,尽管他也一度勉强接受了这一现状。他有时也会突然下决心过孤独的生活,但他知道这只是一种不切实际的想法,因为他缺乏抛弃"永恒的女性"的道德勇气。"女性的温柔气质,"他沉思自语道,"总是自然地由内而外散发出光芒。"这正是他绝对不可能抗拒的东西。

有几个晚上,布罗尼奥和母亲一起吃晚饭,他也会把自己的论文念给她听。他似乎不会跟她透露关于泽尼娅的事,但她定然也注意到了自己儿子苦恼不定的情绪。在贝尔维德斯卡街 32 号肯定有过关于家族日益恶化的经济状况的争吵。"妈妈说到过自杀,"他警觉地在日记中写道,"我对未来充满忧虑。"法院执行官的幽灵似乎正在渐渐逼近。

尽管有这些家庭问题的困扰,他脑子里挥之不去的却仍是泽尼娅。他想知道她对自己的真实感情:她真的更爱自己的丈夫?对感情上的不忠尤其擅长的他十分能够理解她此刻的伪装。一天晚饭后,泽尼娅答应陪他去听交响音乐会。稍稍拘谨地、带着调情意味地,她蜷在坐椅上,向他一侧依偎过来。马林诺夫斯基身体放松地坐着,全神贯注地听着音乐,"有点故作姿态"。这一晚让他希望重燃。第二天再见到她的时候,他发现她"兴高采烈、容光焕发"。他们整个下午都在一块聊天与读书,他还告诉她在自己关于《金枝》的文章中她的影子无处不在。当他离开她的画室时,他的心中充满狂喜。

爱情的终结

马林诺夫斯基仍然相信奇迹有可能出现。但泽尼娅却不相信。很快她这种充满矛盾情绪的挑逗就会加速另一场危机的到来。他自己频频爆发的烦躁不安也让情况变得更糟,他的要求变得无聊甚至令人无法忍受。尽管他自己的男人的骄傲已经岌岌可危,他还是为她那努力保持着得体言行、处处奉承讨好的丈夫感到同情。泽尼娅让这两个男人都陷入了困境。"进入他们夫妻生活的小天地真是一件可怕的事",马林诺夫斯基有些言不由衷地写道。他早就该干脆利落地放弃她了,但是没了她,他的生活又有什么意义呢?

> 我清楚地知道这是我生命中最重要的事。它改变了我很多;我现在感觉到自己在性方面无比纯洁;只有通过爱情的棱镜我才能看到那些关于性的东西;对于我来说,只有唯一的一个女人存在——而现在我正在失去她。

让人好奇的是,马林诺夫斯基有多情愿在没有任何肉体亲密的希望的情况下延长这段关系。他如何能忍受在华沙所得到的要比在扎科帕奈时少得多这个

马林诺夫斯基

一位人类学家的奥德赛，1884—1920

事实？他对泽尼娅精神诱惑的渴望现在已经达到了极致，但是她对他的精神礼物却毫无回报，甚至看起来根本就没有心存感念。"她几乎不看我给她写的东西"，他如此抱怨。她对他的拒绝让他感到自己一无是处："我相信她对于我来说是再合适不过了，但却不相信我对于她来说也是这样。"

有几天他真觉得自己想要自杀。《金枝》粉饰过对死亡的高高在上的藐视，这对他不无影响。为了舒解自己的精神重压，他拜访了对他抱有同情的好友扎雷斯基（August Zaleski，曾被选为英国波兰人社团领袖，后来任波兰外相），他当时也正饱尝心碎的痛苦。马林诺夫斯基于是又想在交响音乐会中寻找慰藉，但偏偏又被《悲怆交响曲》带来的"极度的痛苦与绝望"所折磨——这首曲子无疑是最能折磨受爱情煎熬者的音乐作品之一。在巧遇伊顿（Ethel Eaton）（"一个漂亮而愚蠢的英国女人"）之后，他曾不抱太多希望地自问：调情是否能减轻自己的痛苦？他试着在第二天带她去听了一场音乐会，但却发现自己对她完全提不起一点儿兴趣。于是他深为"'伊顿卡'或许能取代泽尼娅"的想法而自责，哪怕这种想法只是一个闪念。

显然，他的工作在这段时间进展得还不算太坏。尽管母亲在经济状况上的危机也让他分心，但他还是抽出时间写了关于图腾崇拜的论文。这就是这个男人的特点：无论多疲惫、多痛苦，无论有多少烦心的家事，无论有多少无聊的应酬，更为重要的是，无论对自己的病弱无能有多少顾影自怜的抱怨，马林诺夫斯基都展现出了持续进行脑力劳动的惊人能力。在其日后的人生中，他还会因为这样或那样的原因抱怨自己的工作条件不尽如人意或简直让他无法工作，但是他的工作成果却能在这样的条件下不受贬损。他一方面不停地抱怨工作上的障碍，一方面却又能以某种方式克服它们。

绝望中的马林诺夫斯基试着迎难而上，他向泽尼娅发出了最后通牒："如果她拒绝，或者想再一次牵着我的鼻子走——那我就会坚持。不，我会不再见她；或许永不。——我要生活，我知道一定会有一个人能够和我快乐相伴。"几天之后，她打电话提出了一个妥协办法：柏拉图式的友谊。他反对这个提议，

第十一章

泽尼娅

称在他们经历了如此亲密的关系之后，友谊是不可能的。但他还是太想留住她，因此也对这个提议思考再三。他又把所有的争吵重新回溯了一遍，最后又回到了起点——无望的踟蹰之中。"我需要一个有智慧的女人，以便通过她来感知一切，"他这样想道。这是他为这种妥协提供的一个面子上的理由。那天晚上他梦见了自己和泽尼娅夫妇的一次"三人远足"。

12月23日星期一，这是两人和解的日子。他去找了泽尼娅。关于这次碰面，他的描述中有一种讽刺的语调："我答应保持友谊；和谐，握手。我们的交谈证明，这是一种非常具有感情色彩的友谊。"而后泽尼娅的丈夫露面了，马林诺夫斯基留下来一起吃了晚饭，马林诺夫斯基以一个朋友而非情人的身份做这件事要自在多了。"我表现得就好像没事儿一样"，他解释道。

这个关于友谊的协定只过了几天就被证实是无效的。平安夜马林诺夫斯基有很多活动，尽管他不断告诫自己不要把自己的内在精力浪费在"这些廉价的体验"上。圣诞节给了他参加更多社交活动的借口。他和母亲一起去走了走亲戚，接着又独自拜访了查普里斯卡，她刚从伦敦回来，带来了关于塞利格曼夫妇的消息。第二天晚上他又去参加了一个聚会。他既没有跳舞也没有玩室内游戏，而是在一间一间的屋子里不停地游荡。终于，泽尼娅来了，他们单独待了片刻。但是她没跟他说话——"她的小嘴就像猫嘴一样"——于是他怀着厌恶之情逃离了那个聚会。第二天他去了她的画室，在那里等她。她来得很晚，他在日记里宣泄了自己的愤怒："恨。短暂的争吵。她甚至不愿出来最后跟我谈谈——不愿再多给我五分钟，甚至说我从这里面已经能悟到一些事了。我简直受够了！"

他的表亲齐格蒙特·斯塔泽夫斯基去世了，马林诺夫斯基在离开华沙的那个下午参加了葬礼。"我仍然觉得自己被对泽尼娅的千万条情丝所捆绑着"，他瞥见她的那一刻这样想道，那时衣装精致得体的她正站在举止优雅的丈夫身旁。葬礼结束后他只跟其他的人说了话而没有理会泽尼娅。离开墓地的那一刻他们的目光曾短暂相遇，之后她就从他的生活中消失了。尽管他在未来的岁月中还会时常想起她,但这段"友谊",连同这段感情,都结束了。

在那天傍晚开往克拉科夫的火车上,一个犹太老人教他如何阅读意第绪语报纸并称赞了他的快速学习的天赋。后来一个跟他谈论犹太人问题的妇人还送给他两朵花。这些偶遇都让他略感安慰,因为陌生人对他的兴趣填补了他的空虚。

来自卡罗拉的慰藉

像惯常的情况一样,当他从一个城市或乡村去到另一个地方的时候,马林诺夫斯基的日记会中断一段时间。这一次他在离开华沙十天后在扎科帕奈重又记起了日记。不过这其间发生了很多事,他赶去了伦敦一趟,为的是和一些人——包括惠勒与霍布豪斯——商讨关于土著家庭一书的出版事宜。伦敦大学出版社的总编辑现在希望这本书能列入一个社会学丛书的出版计划。由于担心会拖延更长时间,马林诺夫斯基明确地反对这样做,于是他给韦斯特马克写了封长信寻求建议。[30]

而后他又匆忙赶回华沙,几天之后又回到了扎科帕奈,因为那里有斯塔斯跟他做伴。他们谈起了斯塔斯和雅德维嘉之间的感情纠葛,马林诺夫斯基也跟斯塔斯坦承了和泽尼娅之间那段让自己受伤颇深的感情经历。他现在对她深怀怨恨,而这也让他能从中解脱。他们俩和小说家泽洛姆斯基(Stefan Zeromski)一起吃了中饭,晚上又参加了在扎戈尔斯卡家别墅举办的大型聚会。马林诺夫斯基就此又再次投身于扎科帕奈的社交旋流之中。

他在新年的这头几个星期里并没有工作。他的日记也像是一本让人眼花缭乱的、充斥着人名和地点的花名册。他徒步或乘雪橇穿梭在"诺萨尔"、药店、蟹苹果咖啡馆、索尔斯卡家和扎戈尔斯卡家的别墅之间。各色朋友们玩室内游戏、举行障碍赛跑、在山坡上滑雪、去剧院看戏或在长咖啡桌前读诗。"我和人们待在一起感到极度空虚",马林诺夫斯基在日记里酸酸地写道。不过至少他已经不再那么满脑子想着泽尼娅了。

第十一章

泽尼娅

到了1月7日,又有事情发生了,这次是关于阿涅拉的妹妹:卡罗拉。"我们谈论了爱情",他的日记中露出了一些迹象。她问他是否一直在想她。"不,"他回答。"那很好,"她说;不过她"受了煎熬"。第二天晚上卡罗拉向他表白了爱意。当晚的晚些时候,他和阿涅拉有过一次私下颇为谨慎的交谈。"如果是前一天她还会跟我大说特说,可现在,她不再这样了。"她的谨慎无疑跟她妹妹突然缠上他有关。也就是这几个月来,马林诺夫斯基和阿涅拉的精神友谊刚开始有了一些情色的意味。这种吸引似乎是相互的:"她告诉我因为我她正在经历一段情感强烈的时期……我也跟她说了很多关于我的事……关于我和她的关系;关于她的快乐;关于我把她当成疗伤良药;关于我对她感觉的净化。关于我的十四行诗以及'我写作的精髓'。"他没有记录她是如何回应这样夸张的自我剖析的,但可以推测的是,正是在这些交谈中,阿涅拉催促他写些关于自己的"康拉德式投英"的内容。

日后,扎戈尔斯卡姐妹写了一些关于她们表亲康拉德的回忆录。这位小说家的名声或多或少都会影响到卡罗拉的生活。1920年她在康拉德肯特郡的家"奥斯瓦尔德"的时候,这位小说家曾经听过她讲述童年时代在波兰中部母亲的庄园里发生的那些故事。[31] 她告诉他自己所享受的自由气息:

> "你看,康拉德科,这或许在你看来有些奇怪,但我确实不是在奴役的黑暗中成长起来的……而且不管发生了什么事我都觉得很自由……所有事情终归只取决于我们内心对待生活的态度。"之后我又补充道:"但是有很多人并不想等。他们对自由的信念是一种创造性的力量——所以他们战斗并为此牺牲。而且他们中的大多数都默默无闻。"

她这样说让康拉德很不高兴,因为他的父亲就曾为波兰的自由而献身。他猛然站起身瞪着她,嘴唇扭曲。

1月11日星期六,马林诺夫斯基和卡罗拉一起回到克拉科夫。他们巧妙地安排了离开的行程。火车上的私人包间很热，卡罗拉脱掉了外套。马林诺夫斯基注意到那是一件黑紫色镶着粉红色丝边的衣服。他自己的脸颊也泛起了红晕。她又说自己爱他，谈起了自己的"两面性"、她的追求者马克（忠诚于她但却被她欺骗了）、她的无家可归和她的不快乐。他感受到了"对她的一种强烈的同情，那种在面对一个全然敞开的心灵时所常有的同情"。

到克拉科夫之后，他们散步去了瓦维尔城堡，之后又去了卡兹米尔犹太人聚居区，并怀着浪漫的心情在基督圣体教堂稍作流连。他们在波隆斯卡夫人旅店住下，晚饭后又去了"米夏利克之穴"，和熟人们闲谈聊天。第二天下午，马林诺夫斯基去了卡罗拉的房间。"她散开了头发，美丽至极。我们躺在床上，亲吻彼此；我的嘴唇都被咬了。"

卡罗拉当晚启程去了华沙，那一周剩下的时间里马林诺夫斯基都在处理家事，也会心不在焉地草草写些关于"烦人的图腾崇拜"的东西。至于泽尼娅，他几乎把她全忘了，而且毫不迟疑地承认自己更想念卡罗拉。他对她的感觉是矛盾的，而且关于在她床上度过的那几个小时对他来说到底意味着什么他也言之甚少，这种情况在他身上并不多见。他母亲在明信片中央求他在去英国的时候途经华沙。"一开始我决定不去；我想着和卡罗拉见面，想着看到她的房间，所以不。"后来他又想到了可怜的母亲和她遇到的麻烦，所以决定还是去华沙。

当火车在车轮咔哒声中慢慢驶入华沙的时候，他又深深陷入对泽尼娅的想念之中。直到此时，他日记中在提到卡罗拉的时候还总是带着一种谨慎的语气，就好像他并不情愿承认自己的不忠一样。当然，如果这种自我欺骗太过痛苦的话，他就会中断记日记，让自己不再面对这样一个令人不快的事实，即他无论如何在性方面都是一个毫无忠诚可言的机会主义者。相反，他几乎是在享受风流韵事带给他的自责。他几个星期前还在吹嘘的泽尼娅带给他的在性方面的"纯净效果"此时似乎已经化成了过眼云烟。他或许还安慰自己，卡罗拉也表现出了毫无忠诚可言的性机会主义者的相似的两面性。不过，在他对泽尼娅的"难以抑制"的感情与他对卡罗拉的浅薄兴趣之间并没有可比性。他想："我觉得我不该这么继续下去。"

第十一章

泽尼娅

然而他还是这样继续了下去。在和母亲待了一段时间过后,他在一个晴朗但寒冷的下午又接卡罗拉去听了一场由爱乐乐团演奏莫扎特和贝多芬作品的音乐会。他面带赞许地盯着她,穿着紫外套的她显得"极其精致漂亮"。起初她并不直视他——这是他曾在安妮和泽尼娅身上看到的那种回避的神态。那天晚上,在和母亲共进晚餐之后他又想起了泽尼娅,而且还下决心"要变得坚贞起来",再也不亲卡罗拉了。

不过他这简直就是在嘲弄自己,因为就在写下这段话之前,他已经打破了自己的这个决定。他不仅在那天晚上去找了卡罗拉,而且还劲头十足地和她做了爱,并把所发生的一切用罕见的直白词语记录了下来。不过他在描写这一幕的时候显得很天真,就好像他的良好初衷是要说服卡罗拉他不想"玷污"这两段感情一样。"我清楚地向她说了这些,还告诉了她我这样想的原因;但是我们的谈话和那种亲密感让我们再一次一发不可收拾……我们躺在褥榻上,它晃得厉害。"凌晨时分离开她回到家中,马林诺夫斯基发现妈妈一直"在极度不安中"等着自己。

此时此刻被卡罗拉的魅力所征服的马林诺夫斯基为再赴英伦的时刻的迫近而感到了日渐增强的绝望。又一次的分离就在眼前,不过过度的性事可以缓解这种迫在眉睫的痛失感。第二天下午他又去了卡罗拉的房间,他们又做了爱,晚上又再来了一次。

> 她美丽无比,性格也极好……她总是跟我说起马克……说她如何是他唯一的爱;我有些怀疑。我当然想见见他,在她身旁有一种美好的迷醉感……我告诉她我爱她,还说很遗憾事情会是这样,否则,如果不是因为他,我们肯定早就堕入爱河了。

在卡罗拉的身上,他再一次看到了一个表面上忠诚于另一个男人的女人。他甚至会通过认识她这位坚定的追求者而认可这种三角关系。当马林诺夫斯基宣称自己爱她的同时,他也说了十分遗憾他们不能"堕入爱河",这种区别也同样存在于他和泽尼娅的关系之中。然而,日记证实他所说的这种区别并不成立:

他既爱泽尼娅也和她堕入了爱河。不过，我们也猜测他或许并不爱卡罗拉——一个男人在满足之后的昏昏欲睡中对一个刚和他做完爱的女人说他爱她其实很容易，而且在彼时彼刻也不能说就是言不由衷。

尽管两人在一起经历了如此亲密的激情时刻，但是马林诺夫斯基在情感上和她保持的距离在第二天还是很明显的，这也是他在华沙的最后一天。

> 我们在 12:00 又见面了。她又是弹[钢]琴又是唱歌，把我吓了一跳；她毫无音乐天赋！我们坐在沙发上。她的领子上有只跳蚤。这简直把我吓疯了。我捉到它，弄死了，觉得一阵恶心。不过，当我看着这间我时常在思绪中造访的屋子……眼中不禁涌出了泪水。

情感上的距离并没能阻止伤感的迸发。"她变得麻木不语但是没有哭，她无法吻我……我向她道别。她走了，步履僵直，面带伤感，如同缩了水一般。当我最后一次吻她的时候，她的嘴唇是冰凉的。"倒是他这个离人走得轻巧。母亲到车站送他，月台之上，一轮月亮正在升起。

在车厢里安顿下来，他没有理会一个多话的法国妇人，而是自顾自想起了卡罗拉，在他的想象中，她面色苍白，穿着黑衣。在柏林漫步的时候他也想起了卡罗拉，"这个巨大的城市正在从沉睡中醒过来"。穿越英吉利海峡的旅程是令人振奋的，他被一种乐观情绪所包围。"好多记忆都涌上心头！自从我第一次离别，开始新生活——为了找安妮，为了开始新的工作——我已经多少次穿越这海峡了！一种特别的情绪，一种内心环境的变化。英格兰！"在去维多利亚的火车上，他满怀欣喜地想到了博列纽斯夫妇。他坐了一辆出租车回到他们的公寓，安娜-米正在那里等着他。

第十一章

泽尼娅

"登上一片未知的海岸"

日记即将告一段落。在一页"补充说明"中,马林诺夫斯基总结了最近的一些经历,期望借此领会它们在道德上的意义。

> 通过这些事情,我的人生经历了一次深刻的危机;我有一种感觉……我登上了一片未知的海岸。……因为[泽尼娅]的缘故我继续前行;我开始写诗;为她……特别地写一些单独的东西。这段时期,在扎科帕奈充满了渴望与痛苦,但它却是我生命中最多产的时期之一。这一切都在华沙被破坏了。我只想忘记、把自己解脱出来,这样才能抚平我的创痛。在华沙的最后一段时间我没怎么工作——只是在"娱乐自己";与此同时我并没有了结与泽尼娅的感情纠葛……仅仅是在我离开之后——在扎科帕奈,我才几乎彻底抛开了对她的想法。之后又开始了与卡罗拉的那段感情,但这段感情被玷污了,与此同时也让事情变得更糟。——最后成为一场灾难!

波兰之行所发生的事就记录了这些,也就是他和泽尼娅这段旷日持久的感情起伏,以及他和卡罗拉之间那段放纵情欲的发展经过。他并没有提到对齐美尔、冯特、弗雷泽和库朗热等人作品的苦读,也没有提到那些他训练自己写作的关于图腾崇拜、异族通婚、巫术及宗教的论文。他甚至提到了特为泽尼娅所写的那些关于贝伦特和尼采的"单独的东西"。如果这是他一生中"最多产的时期之一"的话,那么他得出这样一个结论是可以理解的,即对女人的爱——尽管是无望的,或许甚至恰恰因为其无望——是取得成果所必要的推动力与辅助物。这也让他不再怀疑源自于尼采的那个论调,即从磨难的回火中锻炼生成的正是一个创造性的自我。无论如何,他知道了内心的镇定并不一定是最有助于脑力工作的状态。

马林诺夫斯基的愉快心情很快就消失殆尽。如果他曾期望在伦敦看到"生活中那些暴风骤雨的终结",那么现实则让他感到失望。博列纽斯夫妇似乎已经对他失去了兴趣,而他和他们在一起的时候也有"一种幻灭的感觉"。即使当安娜－米生病住院的时候,他也因为这件事所占用的时间而有一种"近乎怨恨"的心情(不过她后来回忆说马里能到病榻前看望她让她倍感欣慰)。他的房间非常冷而且不舒适,这让他在晚上无法工作。此外他还特别想念波兰。当他在布鲁姆斯伯里的街道上漫步的时候,这一切都无法与他的过去相连接。和安妮的生活是一种遥远的记忆。为了抵御伦敦的这种疏离感,他重又投入了波兰籍的熟人圈子,这群漂泊在异国他乡的波兰人都聚居在圣马丁道。然而他郁郁寡欢最深层的原因还是来自于最近在华沙的那些"灾难般的"经历。他日记的倒数第二段写于1月28日星期四,他在里面坦承自己的情绪几乎快要失控了。关于他的那些渐行渐远的波兰情人们,他写道:"我对卡罗拉有一种负面的情绪反应,但对泽尼娅却无比渴望,这最终为彻底的失望埋下了伏笔……我无法停止想她们,还有阿涅拉;我想念我的国家。"

这本日记的最后一段记于1月30日。马林诺夫斯基正为自己的倦怠、牙疼和他那"潮湿、肮脏、让人厌恶的房间"而闷闷不乐。就连在大英博物馆里写东西的时候,泽尼娅也困扰着他的思绪:"有时我被一种深深的、但无法分辨的情欲所控制。有时,当我看着那些埃及女人,那些婚姻与母性的神圣象征物的时候,一种对泽尼娅的近乎绝望的思念就会将我淹没。"从母亲那儿还传来了更多的坏消息,而他对卡罗拉的近况则一无所知。他害怕的是"最坏的事情"——他暗示自己最担心她怀孕。简而言之,没有一件事能让他省心。然而在他日记的最后几句却显出一种少见的果决:"现在我对卡罗拉的感觉已经好多了……但如果拿它和我对泽尼娅的感觉相比较,和我努力想忘掉的那种感觉相比较——它简直可以忽略不计。"马林诺夫斯基的日记就这样像电脑死机时的突然黑屏一样戛然而止,猛地关上了那扇让我们有幸窥探其内心世界的门。

卡罗拉的名字在后来的日记中没有再出现,而且马林诺夫斯基十分有可能自此就再也没有见过她。不过她还是值得我们再略为提及一二的。卡罗拉在

第十一章
泽尼娅

1916年第一次来到英国。表兄康拉德请求她住在他那里。"你知道吗,"他说,"你是第一个来看我们的亲戚。"在一张照片中,卡罗拉的父亲卡罗尔·扎格尔斯基站在康拉德卧室的壁炉前。1920年卡罗拉在康拉德夫妇位于奥斯瓦尔德的家中住了很长一段时间,在一张她和康拉德在花园里的留影中,她挽着他的胳膊,头微微垂靠在他的肩头。她的深色短发衬托出一张圆润而漂亮的脸庞。十四岁的约翰·康拉德成了卡罗拉的好朋友,他还记得她每天的练声,他每次都还要想办法不让他家的狗跟着一起叫唤。[32] 康拉德那时候已经年迈了,在卡罗拉的描述中是一个情绪化的、时常沉浸在遐想之中的老者。也正是在那段时间,他写信给阿涅拉,授权她将自己的作品翻译成波兰文。我们从这些信中了解到卡罗拉得上了肺结核,被送到意大利接受治疗。康拉德在三年中提供给她每年120英镑的生活费补贴。[33] 后来的信中没有再提到她的病,因此可以猜测她后来是痊愈了。按照约翰·康拉德的说法,她后来成了一个歌剧演员,去了美国,二战后又回到了波兰。[34] 她在1955年去世。

第十二章

图腾、老师和主保圣人

"有事发生"

到1913年,已经有整整一代人类学者们投入了关于图腾崇拜的争论。如果理解得不错的话,他们相信图腾崇拜为理解人类社会的起源提供了一把钥匙。亚当·库珀指出,这"可能是人类学对欧洲原始社会观影响最为深远的一个重大贡献。"它提供了:

> 理性主义的创始神话;同时也提供了一个具有象征性的典故,诗人可以在其中歌颂一个更加自然的年代。在那个年代,人类的精神和植物、鸟类及野兽是一体的,神话与诗意的思想司空见惯,性本能不受约束。它就是人类学者们的伊甸园。[1]

尽管马林诺夫斯基并不同意这种田园式的浪漫观点,他仍然被图腾崇拜问题及其与原始宗教的关系所吸引。他知道自己关于这个问题所写的任何东西都会引起关注。但麻烦的是,他就这个主题所写的大部分文章都是用的波兰语,而对于那些他最期望给其留下印象的英国人类学者们来说,这些波兰语文章无法产生任何影响。虽然他也曾尝试将这些文章译成英文,但最终并不成功。

马林诺夫斯基在2月底给阿涅拉写信说,"他从未逃脱过的""知识上的浅薄涉猎"终于把他引入了社会科学领域:"我有一种感觉,就是我现在应该停止在不同方向之间转来转去,首要原因是因为我已经开始写作了一系列我想最终能够完成的论文,而在推进这一工作的过程中肯定会有新的问题不断产生,因此我将不可能再从这个领域中脱离开。"[2] 此处他丝毫未提及那种为弗雷泽式人类学献身的热切感召,那是一个他将在 1926 年的时候着力详述(或者说是在回顾的过程中臆造出来)的主题。他此时的情况更像是在跌跌撞撞中偶然地闯入了人类学的领地,而如今基于最省事的权宜考虑决定沿着这条路继续走下去。他"浅薄涉猎"的状态可以在此前一年的波兰生活中得到印证。尽管他持续地严格要求自己阅读人类学与社会学著作,但是他的日记显示(考虑到他典型的夸张表达)他常常对此缺乏热情。不过尽管对此有着负面的描述,但在他给阿涅拉的信中还是显示出了一种与日俱增的学科忠诚感,而且正是在 1913 年,马林诺夫斯基在英国人类学界的地位无论是在思想成果还是在专业地位上都得到了巩固。在此之前他一度是被边缘化的:作为一个靠可怜的波兰官方奖学金维持生活的研究生,他对人类学界所能给予的任何关注都感激不尽。他为行业内首屈一指的期刊《人类》和《民俗》所撰写的书评已经为他赢得了一些关注,他广受好评的会议论文也收到了类似的成效。他也知道,随着自己关于土著家庭的书籍的出版,他将会得到更多的关注。与此同时还有一些其他方式有助于改变他被边缘化的处境并让他稍稍获得一些知名度。教书就是其中之一。和一些功成名就的前辈人类学者论战则是另一种方式,而至于把目标订立为超越弗雷泽、里弗斯和涂尔干这三巨头则是不可能的。

"我终于回到伦敦了,"马林诺夫斯基在 1913 年 2 月初给韦斯特马克的信中写道,"如果能让我教一门课的话我会非常高兴,课程的题目我会用简短大纲的形式提交给您,以期批准。"[3] 他还问自己的讲座课是否能被安排在春季学期,不过直到 11 月伦敦经济学院才授予他特别讲师职位。然而这个春天自有其他好事降临。"有事发生",他总是如此描述生活中遇到的那些激动人心的时刻。(相反,正如他在扎科帕奈时所写的那样,"如果没有什么事情发生,就不会有戏剧性的场面"。）新的一年带来了许多激动人心的事件与戏剧性的场面，它们来自于一段新的恋情，这次是他在波兰圈子里遇到的一位年轻女士。

给他家庭生活带来最大影响的还是安妮。3月底，她带着自己哥哥二十岁的儿子布莱恩回到了英国。"当你走入艾凡赫酒店的时候，那是多么愉快的时刻啊"，安妮如此回忆她和马林诺夫斯基在南安普顿的重聚。[4] 他们一起在德文郡的度假胜地托基过了复活节的假期。之后，按照安妮的回忆，他们"在伦敦开始了幸福生活，我们三个成了极其要好的伙伴"。[5] 他们在克勒肯维尔的康普顿街租了一套公寓，在那里，按照布莱恩的说法，"安妮姑妈是我们俩的头儿。"这个年轻人对马林诺夫斯基的"喜爱与感激"就"如同兄弟间的深情"。第二年他从开普敦寄来的信中真诚地流露了对这段时光的怀念，"当你和你母亲一起离开去波兰的时候我十分想念你，而且当姑妈和我回到伦敦，回到康普顿街上那间可爱的老公寓的时候我尤其想你……我们一起度过的那几个月，将会永远作为我生命中最快乐的时光珍藏在我的记忆里。"[6]

公然对抗弗雷泽

马林诺夫斯基告诉阿涅拉他想完成的那"一系列论文"中最重要的一篇就是为华沙出版的民俗学期刊 *Lud* 所写的由三个部分构成的论文。1911年开始写的一篇关于弗雷泽《图腾崇拜与异族通婚》的长篇书评最终被扩充成了一本完整长度的书。他在1913年1月28日写信给 *Lud* 的编辑费舍尔，告知对方已经推迟的第二部分终于完成了，他还说第三部分也将无法赶上已经说好的期限。他许诺说将在几个星期内完成，但是到了5月底他又写信说第三部分现在已经扩充到了约一百二十页。他相信这一部分会比其他两个部分"有大很多的理论重要性"，因为这一部分"尝试用完全不同的方法去阐述并解答关于图腾崇拜的问题"。[7]

然而到了7月他还是没有完成第三部分。费舍尔可能提出了删节的要求，

第十二章

图腾、老师和主保圣人

因为当这一部分最终在年底出来的时候,它竟然是三个部分中篇幅最短的。马林诺夫斯基推迟完成的原因既非有事耽搁,也非因为批评弗雷泽有太大难度。看样子似乎是他的母亲在催促他写一些更为重要的东西。他给尼奇的一些信件解释了其中的原因。

马林诺夫斯基在6月底给他这位老导师写信说关于土著家庭的书很快就会寄达,还说等他来克拉科夫的时候会"捧着鲜花"来签名题献。但是这封信的主旨是要问他的教师资格考试的论文是否可以用打字稿的形式提交。

> 我母亲十分焦急,认为我应该尽快通过教师资格考试。现在的情况是,我已经有了一部完整的波兰语手稿……它是由为 *Lud* 所写的那篇文章的第三部分发展而来的。最终,我决定将这两个我思想上的孪生胚胎彻底拆分开,这对它们彼此来说都是好事。某种程度上来说,我对这部作品是满意的并认为它适于出版;日后我还希望将它译成英文。[8]

"Wierzenia pierwotne I formy ustroju społecznego"通常可被译成"原始信仰与社会组织形式",但马林诺夫斯基告诉尼奇他起初考虑的英文标题是"原始宗教与社会分化:关于图腾信仰与社会组织的研究"。不过他怀疑这在波兰语里"听起来不太顺"。最终的副标题更好地概括了这本书的主题:"特别关注了图腾崇拜的关于宗教创生的问题"。可以理解的是,这本书可能没有被译成英文。这不仅仅是因为马林诺夫斯基没有时间亲自翻译,而且是因为他一定认为这本推迟了几年出版的东西对他在英国的事业不会有太大帮助。它所谈论的主题到1920年的时候已经显得有些老掉牙且难有新意。不过在1913年,这还是个值得一做的尝试,它无疑能通过提升马林诺夫斯基的自信来增强他对人类学的信念。他也就此成为为数不多全盘掌握关于原始宗教及土著澳大利亚文献的民族志学者之一。

因为是从 *Lud* 上刊发的那篇关于弗雷泽的论文发展而成,《原始信仰和社会组织形式》一定是在其基础上进行的论述。同样重要的是,不要忘记马林诺夫斯基和弗雷泽之间类似父子般的关系。自从1910年初次见面之后，马林诺夫斯基似乎并没有再与这位深居简出的苏格兰人碰过面。尽管马林诺夫斯基在澳大利亚时曾与他通过一两次信，但是直到他1920年返回英国，他们之间的友谊才可以说日渐成熟起来——如果他和这个年长他三十岁的谦逊老者之间的友谊是可能的话。在1900年与弗雷泽见过面之后，威廉·詹姆斯如此描述："写出《金枝》的他……像一个谦卑的、不谙世事的毛孩子一般，有着鼹鼠般的短浅目光，除了书上印的字别的什么也看不见"。正是威廉·詹姆斯问弗雷泽他是否曾经见过他所连篇累牍地描述过的那些野蛮人，也正是这个问题引出了那个尽人皆知的回答，"但愿不会发生这样的事！"詹姆斯对弗雷泽夫人的观察同样敏锐："一个耳聋的、热爱生活的、见多识广的法国女人，在各个方面都很精明，一个有着慈母心的寡妇，接管了他的生活，照料他的一切。"[9]1941—1942年间，也就是弗雷泽和马林诺夫斯基相继离世之间这一段时间，马林诺夫斯基还为他的这位苏格兰籍导师写了一篇传记性的颂扬文章，荒谬的是，这位著作极具影响力的人"不能忍受有人反驳他，甚至不愿参与争论"。带着精明的轻描淡写的语气，马林诺夫斯基还补充道，弗雷泽"很容易在陌生人面前方寸大乱，而且很难适应非常规的人际接触"。[10]

> 他不是一个辩论家，甚至不是一个善于分析的思考者。然而，他拥有两种出色的潜质：其一是一个艺术家所具有的创造其个人想象世界的能力，其二是一个真正的科学家所具有的直觉，这一直觉使其能够辨别什么是密切相关的而什么是偶发的，以及什么是基本的而什么是次要的。[11]

这位"伟大的人文主义者"是世界上最著名的人类学家。用盖尔纳（Ernest Gellner）充满想象的比喻来说，在英国人类学界弗雷泽就是哈罗德国王，这个"旧政权最后一个国王"的命运就是被外来征服者所弑，这个征服者就是马林诺夫斯基。[12]

尽管马林诺夫斯基似乎在1911—1913年间并没有接触弗雷泽，但在他的

第十二章

图腾、老师和主保圣人

脑海中却是时常想起这位《图腾崇拜与异族通婚》的作者。在其一生中,他倾注在弗雷泽著作上的时间和精力要多于其他任何人,而他长达八十页的书评也是他所写的四十余篇书评中篇幅最长的。马林诺夫斯基最初的目的只是想要训练一下自己的批评力,而 Lud 为他提供了一个机会,让他在对弗雷泽所抱持的进化论立场进行猛烈攻击的同时又不损害他和这位英国人类学界领军人物之间未来的私人关系。他的这篇由三个部分组成的论文,仿佛剥去了一位皇帝身上本来就已经少得可怜的方法论外衣。马林诺夫斯基从几个方面对其进行了一针见血、具有学术深度的批判,但是由于弗雷泽并不懂波兰语,所以这就像是一场背着他的面进行的一场战役,或许他对这事根本一无所知。这其实跟日后马林诺夫斯基当着年迈几近失明的弗雷泽的面摆出嘲弄的脸色是一个性质。[13]

马林诺夫斯基写给 Lud 的那篇文章的目的是要埋葬弗雷泽而非赞颂他,尽管他在文章开篇部分声称弗雷泽的这部关于图腾崇拜和异族通婚的四卷本专著"无疑是近年来在英国出现的最重要的出版物",而且他还称赞了其作者"非凡的博学"及"优美的"文风。[14] 然而,尽管民族志事实的如此组合可以成为"一大批学者们无价的知识宝库",但是引导这一组合编排的那些理论"却经不起严格的批评检验"。首先,"没有清楚地表述出一个目的明确的方法,也没有提出问题并描述研究过程";这造成的后果是,弗雷泽的研究"十分混乱"。其次,他没能区分事实与理论,把事实与从这些事实中得出的推论混为一谈。弗雷泽研究的另一个根本缺陷是他"彻头彻尾的武断":他赋予他所有的信息资源以相同的重要性,无论它们有多不可靠,但同时又无视那些不能支持其理论的信息资源。

弗雷泽论述的基本前提和隐含假设是进化论的,他将与图腾崇拜相关的民族志事实按照发展变化的顺序进行排列。马林诺夫斯基逐一分析了他的这些假设,撕破了其合理性。他的资料参差不齐且不完整,因此无法在各种有图腾崇拜现象的部落之间进行统一的比较。此外,不同的学者也得出了不同的理论及关于发展阶段的不同的观点。弗雷泽论点的基础在于认定澳大利亚中部的部落(即所谓的阿龙塔部落)是最原始的部落,但是阅读过相同资料来源的涂尔干与朗格却得出了相反的结论，认为这些部落是最为发达的。豪伊特则把阿龙塔人置于另一个进化序列的中间位置。如果这些专家都无法统一意见，那我们所有的也只能是推测，而非科学了。

马林诺夫斯基可能也赞同哈登的个人观点，即弗雷泽"是个文学圈而非科学圈的人"[15]。不过，如果说得公允一些的话，弗雷泽是通过古典著作而非物理学或动物学的路径进入人类学的。由此，马林诺夫斯基也表明了自己的实证主义立场：

> 精确科学的旨趣应该把焦点放在对现实存在和可被观察的社会现象的机制与本质的理解与洞察之中，而不是为了让这些现象成为解答那些我们无法通过经验而知悉任何事的史前谜题的钥匙。

虽然承认这对自然科学家们来说是一个"陈腐的真理"，但马林诺夫斯基在后来很长一段时间里都在不断重申这一观点，直到进化论者们彻底偃旗息鼓。

"图腾崇拜既是一种宗教观念又是一种社会制度，"马林诺夫斯基得出这样的观察结论，而他对这二者之间相互关系的理解则带有一些初生的功能主义的意味："和每一种社会制度一样，图腾崇拜也和很多社会现象相关联，了解它们之间的这些相互关联与依赖……可以让我们扩宽对这些现象的认识，甚至发现新的社会学规律。"弗雷泽在很大程度上忽视了社会学的原则，然而"宗教在作为一种信仰的集合而存在的同时也是社会组织的一种形式"。

马林诺夫斯基用了几页的篇幅来批判弗雷泽在《金枝》中提出的关于宗教与巫术之间的区别的观点，并得出结论说这些观点"完全错误"。他论述道，"巫术从中汲取养分的通灵活动"是"一些情感因素"，它们并不能被简化为联想或纯粹的心理过程。"心理学概念不能用于定义宗教及其与巫术的关系。"马林诺夫斯基进而提出了自己对宗教的复杂定义，在这个定义中，关于制度、崇拜、信仰、实践、大众、传统、规范及超自然力量被统统投入这口大锅翻搅。然而至关重要的是，他补充道："用这种方式来定义宗教的标准存在于社会的、客观的事实之中，因此对它们进行近距离的仔细观察是方便可行的，即使在野蛮人的群体中。"这种近距离仔细观察到底有多可行（尽管他可能会想修正一下"方便"的说法），他会通过几年后关于特罗布里恩德宗教的长篇论文《巴罗马》进行展示。

在论文的第三部分，马林诺夫斯基加紧了批判的攻势，对弗雷泽运用的一些方法展开了另一轮炮轰。马林诺夫斯基力图证明弗雷泽关于图腾崇拜与异族通婚起源的理论都是"错误的"、"天真的"和"站不住脚的"。弗雷泽认为异族通婚是为了避免乱伦而有意进行的改革的结果，马林诺夫斯基认为这个论点"让人十分难以接受"。简言之，马林诺夫斯基最后得出的结论是：《图腾崇拜与异族通婚》一书"按照他对科学一词的正确理解来看的话，并不是一部科学的作品"，而"仅仅是一部在博学的基础上完成的汇编……没有经过消化，也没有集中在一个理论框架之内"。在弗雷泽飘忽含混的理论尝试中，马林诺夫斯基唯一能够提炼出来的一条要义就是被假设在各原始人群中普遍存在的对父亲在生殖活动中角色的无知——不过弗雷泽为这条"已被证实合理的假设"所作的论证却是愚蠢的。根据弗雷泽关于其起源的第三条也是最后一条理论，图腾崇拜发源于"对父亲身份的无知，以及对动植物能在妇女体内得到化生这一观念的笃信"。但是这种认为图腾崇拜起源于怀孕妇女的幻想与"痴迷"的观点让马林诺夫斯基倍感荒谬。这种观点简直"不值得探讨"，不过他最终还是探讨了，并借此无情地展示了这 观点在解释如图腾崇拜这样复杂的社会组织形式时所存在的不足。他也由此推论，弗雷泽并不完全清楚自己到底想说明什么。

最后，马林诺夫斯基还质疑了那个最基本的观点——这对当时的大部分学者来说就如常识一般——即图腾崇拜是"一个完整的整体，是一个文化的整体物，就好像它[无论在何处]都是从一个模子里刻出来的"，这样一来，人们在今天能够发现的东西，也就都是在弗雷泽和其他人假设中代表了"人类进化过程中一个有机阶段"的那个想象出来的"纯洁与完整的图腾崇拜"的"残留物"、"退化物"和"日渐萎缩"的形式。马林诺夫斯基有力地推翻了这一假设，而且他对这一"图腾假想"的质疑，成了半个世纪后列维 – 斯特劳斯（Claude Lévi-Strauss）为解决这一问题所作尝试的先兆。[16]马林诺夫斯基的论文以一个疑问结尾："图腾崇拜真的存在吗？"通过最终提出这个问题，他已经清楚地表明自己对弗雷泽理论及方法的攻击,实际上是对所有臆测的进化论理论的声讨。"很难相信所有人类在某一特定发展时期都会出现一整套相同的情况,以及这样一套极其复杂的条件组合能够以相同的方式重复出现,以至于可以原样复制出像图腾崇拜这样特殊及复杂的产品。"

尽管年轻气盛的马林诺夫斯基对弗雷泽理论的挑战措辞严厉,但当他二十五年后于 1938 年为《图腾崇拜:图腾崇拜与异族通婚之增补》一书写书评而再谈弗雷泽理论时,其仅剩的批判之声也已是半遮半掩:"弗雷泽自己在书中远离争论,而且他也没有再对自己先前的理论进行更进一步的研究。"[17] 通过重新思考这些理论,马林诺夫斯基聪明地从关于图腾崇拜起源的三个被人诟病的理论中各自挑出了一些有用的东西。这就像是他正努力以一种事后诸葛亮的形式硬要把弗雷泽纳入自己的功能主义阵营。这需要要一些巧妙的手法,但他成功了。于是他代表弗雷泽炮制了一个功能论的定义:

> 图腾崇拜通过仪式与神话的形式表达了人类对于一系列动植物物种的选择性兴趣;它展现了原始人的一种深切信仰,即他们从身体和精神上都与其环境中的一些相关元素有着亲缘关系。凭借这种同源的亲切感,他们可以通过巫术控制这些元素;而且对于这些元素他们也必须恪守一种敬畏与感念的宗教态度。[18]

马林诺夫斯基在此明显地倒转了自己在 1913 年作出的结论,他宣称:"弗雷泽的理论不仅解释了图腾崇拜的起源,还解释了它的功能。"

攻击里弗斯

在暗自思索对弗雷泽的批判的同时,马林诺夫斯基也把矛头指向了里弗斯。尽管彼此关系并不十分亲密,但是马林诺夫斯基与这位寡言少语但富有同

第十二章

图腾、老师和主保圣人

情心的前辈还是保持着友好的私人关系。"里弗斯对我非常好,"马林诺夫斯基在 1920 年写给妻子的信中说,"他对我的理解比其他那些家伙们加在一起还要多。"[19] 奇怪的是,除了一封马林诺夫斯基在 1915 年写的信,他们之间没有任何通信被保留下来。尽管马林诺夫斯基无疑仍然尊敬他,但在里弗斯投靠传播论之后,马林诺夫斯基似乎已经认为他败局已定。他日后在公开出版的文章中提到里弗斯的时候还是保持了尊敬的口吻(不过有时还是有些语带讽刺:"一个真正才华横溢的思想者,他推动了英国的社会主义,因为他认为美拉尼西亚的原始人是共产主义者"),他还中肯地称他们这一代人类学者中的大部分都算是里弗斯的学生,"要么是他亲自教出来的,要么是读他的作品成长起来的"。[20] 但他发现自己从根本上不同意里弗斯在一些问题上的观点,例如一夫一妻制与独立家庭的出现早于群婚与氏族。里弗斯在这些问题上的观点来源于摩尔根关于早期人类的"共产主义"的观点。

1913 年 5 月初,马林诺夫斯基得到了一个在公开讲坛上对抗里弗斯的机会,后者当时正在伦敦经济学院做一个关于"社会组织与亲族"的三节讲座课。这些讲座的灵感或许来自克罗伯(Alfred Kroeber)1909 年所写的关于"亲属关系分类体系"的论文,这篇论文认为亲族命名反映的是心理学而非社会学。这一论断挑战了里弗斯即将问世的《美拉尼西亚社会的历史》一书的重要前提,而里弗斯在这里讨论亲族命名系统的历史学与社会学解释,目的或许就是要针对潜在的批评进行一次预演性的回击。[21] 颇具讽刺意味的是,英国人类学界最终并没有理睬《美拉尼西亚社会的历史》一书(该书没有重印),而是赋予了《亲族与社会组织》这本小册子经典与里程碑的地位。在其序言中,里弗斯因为"在讲座之后的讨论中"所得到的"那些建议"而鸣谢了马林诺夫斯基,不过他并没有提及这些建议的具体内容。

引发马林诺夫斯基对里弗斯最尖锐批判的是另一个关乎方法论的问题。它与进化论者"遗留物"这一概念的有效性有关。里弗斯在 5 月 20 号晚间一次面向社会学学会的论文宣读中企图为这个概念进行辩护。[22] 如果他详实的笔记能够让我们对当时的情景窥见一二的话,那么马林诺夫斯基在现场一定是个高谈阔论的争论者，而且我们只能想象出那个说话小声、时而有些结巴的里弗斯会如何看待这个激情四射、慷慨陈词的波兰青年。不过，相较于来自韦斯特马克的另一个更具分量的批评，马林诺夫斯基的这次攻击似乎显得有些相形见绌，因为里弗斯在数年后通过公开撰文回应的正是韦斯特马克的批评。[23]

里弗斯将"遗留物的原则"定义为"无法由其现有用途解释，而只能从其历史中识别的传统的留存"。他 1909 年在美拉尼西亚所作的田野研究让他确信舅甥关系（舅舅的特殊亲族重要性）是"一个真正的社会遗留物"，是过去"社会条件"的一个"活化石"般的"遗迹"。遗留物展现了"人类强烈的守旧取向"，不过里弗斯认为对这些习俗的心理学解释是误入歧途且无效的。社会学是一门历史的科学，它的任务就是"确定社会制度与进程的相关性及顺序"。只有当社会学取得了进步，里弗斯说，"在对社会现象的解释中运用心理学才是有用的"。

马林诺夫斯基认为这篇论文关注了"炙手可热的问题"，但是他对此没有什么好话可说。他首先就不同意里弗斯对遗留物的定义，因为"每一种习俗，无论有多过时或不再被使用，都在行使某种社会功能"。其次，他还不赞同里弗斯对心理学解释有效性的拒绝，因为无法在心理学与社会学的解释之间维持一种完全明确的区分："将人类群体联系在一起的纽带由观念与感情组成；社会学则处理人类集群及这些群体的功能问题，它不可能全然拒绝心理学的帮助。"这恰恰可以通过"遗留物的例子"来得以证明。

> 任何一个特定的习俗都是作为一种不断延续的外在形式被代代相传的；不断变化着的是它的意义，以及这种形式的心理环境。遗留物并不是被现实意义赋予了生命的、成为活的社会存在物的传统——如果用这个隐喻来说明的话。遗留物是过去曾被赋予它的那个古老意义。

他用基督教圣餐礼为例来予以说明：

> 这在任何一个信徒看来或许都很荒谬……即圣餐礼是一种粗鄙野蛮的迷信行为的遗留物。然而从史密斯的研究到《金枝》，事实显

> 示圣餐礼就是一种非常原始低级的仪式与信仰的遗留物……以粗鄙的形式体现了……把上帝吃掉。如果我们用基督教至高无上的奥迹论来解释它的话，圣餐礼就不是一个遗留物了。

还有一个更为普通的例子：

> 如果我们在皮卡迪利或摄政大街上看见一位女士头戴上一季流行款式的帽子，那么我们无疑面对着一个遗留物。然而，这顶帽子确实又在行使着一种功能，我们不用考究它的历史就能完全理解这一功能。只要这第二个功能，即保护脑袋，仍然起作用，那么去年的时尚就不是一个遗留物。

它仅仅是在只考虑其时尚功能的时候才是一个遗留物。但是，我们"如果忽视关于时尚的心理学的话，就会完全无法理解这个现象"。他认为伦敦的女士们都会同意他的观点，即"时尚的心理学对于理解任何事都是至关重要的"。马林诺夫斯基对这一有害的遗留物理论的反对是从不妥协的，一直到他的晚年仍然对其充满斗志："遗留物的概念带给人类学的害处在于：它一方面在进化序列的拟构中充当了虚假的方法论工具，而更糟糕的是，它还是阻碍田野观察的一个有效的方式。"[24]

里弗斯在其论文中提出，心理学应该在侧幕候场，一直到社会学将自己的领域收拾清楚。对于这种观点，马林诺夫斯基回应说这两门学科必须"同时发展且不能各自为政"。而且，"社会学想在不使用心理学术语的情况下取得进展"是不可能的。公允地看，极为反复无常的里弗斯在关于心理学解释在人类学中所扮演的角色这一问题上曾经多次转换过自己的立场。他在1911年时就曾宣称"社会研究的最终目的就是要用心理学术语来解释社会行为"[25]。他在《美拉尼西亚社会的历史》一书中也偷偷运用了心理学知识。和马林诺夫斯基不谋而合的是，马列特在1920年也曾如此形容里弗斯："他在很长一段时间里都对急于要伺候自己的可怜的女仆喊'明—天—吧'。她必须在寒冷中坐等他的征召。但不知怎的，她却溜了进来并且开始工作；其实他的内心里也未必不期望如此。"[26] 不过，当时里弗斯已经在其著名的克雷格洛克哈特医院震弹症士兵研究中展示了弗洛伊德精神分析疗法的价值。[27] 作为一个集人类学家、神经病学家、心理学家和精神病专家等身份于一身的里弗斯，很难被归入任何一个窠臼之中。

也正是在 1913 年，里弗斯在出版作品中提出了关于"集中式"田野工作的严格要求。这简直就是为马林诺夫斯基即将在新几内亚展开的那种田野工作提供的一个宪章。里弗斯论称，英国人类学已经有太长时间满足于"考察工作"以及由此产生的"肤浅知识"了。

> 在典型的集中式田野工作中，研究者要花一年或更长时间与人数或达四五百的一个群体生活在一起，并研究他们的生活及文化中的每一个细节；在研究中他要结识这一群体中的每一个成员；他不能满足于被普遍化了的信息，而是要在掌握当地语言的基础上通过具体细节研究生活和习俗的每一个特点。只有通过这样的工作他才能对知识的广博有完全的认识。即使在文化已经发生巨大变化的那些地方，这样广博的知识也正在等待着探究者的到来。[28]

有鉴于这样一个宣言，马林诺夫斯基把里弗斯尊称为自己"田野工作的主保圣人"就一点也不令人惊讶了。[29] 然而不像这般肯定的是，究竟是什么启发了他，以至于他把里弗斯称作"人类学界的赖德·哈格德"（他是否真的这样说过？）。据雷蒙德·弗思所述，马林诺夫斯基曾这样对布兰达说过。不过，无论如何，这句真假存疑的评价都已成为传奇故事的一部分："里弗斯是人类学界的赖德·哈格德；而我应该就是康拉德。"[30] 亨利·赖德·哈格德 (Henry Rider Haggard) 是一系列殖民地探险小说的作者，其最著名的作品是《所罗门王的宝藏》和《她》，不过他并未拥有康拉德作品中所展现的那种心理洞察力与文字的力量。斯托金对马林诺夫斯基的这一说法有颇具洞察力的解释。他认为马林诺夫斯基确信，由于自己所作的集中式田野工作，他对于"人类心灵的文化动力"

能够进行比里弗斯更为深入的探究。[31]

尽管马林诺夫斯基确有可能向塞利格曼夫人如此表达过自己的野心,但他1918年从特罗布里恩德群岛给她写的信中对里弗斯、赖德·哈格德及康拉德的提及就要显得不那么肤浅也更为谦虚一些。

> 我几个星期前开始重读里弗斯的"美拉尼西亚人",我十分赞成您的说法,这的确是一本很棒的作品。事实上,自从开始做田野工作以来,我对里弗斯就有了远超过以前的理解与欣赏。不过我也十分清楚他的局限,而且他的思想也并不让我感到那么心有灵犀。打个比方吧:读他的东西与其说像在读康拉德倒不如说是在读赖德·哈格德的作品,它对事实本身的追求多过了对事实之哲学意义的追求。[32]

阿瑟·基思爵士后来曾经问过马林诺夫斯基,是否"有很多人都怀疑康拉德和你之间有什么渊源——尤其是考虑到你们都能如此自如地运用英语这门语言?"[33] 尽管他也许并没有直白地表达过要成为"人类学界的康拉德"这样的野心,但这个念头可能早在1913年的时候就已经存在于他的脑海了,因为正是这一年他第一次见到了这位杰出的小说家。介绍他们认识的是一位年轻的波兰女士,在马林诺夫斯基的日记中这位女士的真实身份隐去了,只有一个名字叫"扎斯卡"。他们在一个雾霾的清晨乘火车抵达了肯特的阿什福德,随后来到了"卡佩尔房子",在那里康拉德见了他们并用法语跟他们交谈,马林诺夫斯基则送了他一本自己签名题献的《澳大利亚土著家庭》。[34]

戳破涂尔干的泡泡

在那一年因为方法论上的缺陷而遭到马林诺夫斯基攻击的人类学领军人物还不只限于弗雷泽和里弗斯这两位,他同时也把目光投向了杰出的法国社会学家涂尔干。他是通过史密斯(William Robertson Smith, 1846—1894)的作品接触到涂尔干的思想的。这位苏格兰的圣经研究专家对弗雷泽和涂尔干都有过极深的影响。马林诺夫斯基总是把他的著作《闪米特人的宗教》奉为宗教社会学的奠基之作。史密斯的创新之处在于,他将研究的重点优先放在了仪式而非信条与教义之上。民族学家们在发现仪式比信仰更容易进行观察之后也跟着明智地选择了这条道路。马林诺夫斯基自然也赞同涂尔干将社会学作为一门探究知识的独特学科进行建设的使命感,他也思考过《社会学方法的准则》(1895)里列出的诸多准则,同意"文化是一个自成一体的社会事实,也必须被如此来研究"[35]。当他必须在英国学者(泰勒、弗雷泽、朗格和哈特兰)和涂尔干学派之间作出选择的话,马林诺夫斯基还是坚决地站在了后者一边。马列特在几年前就已经抛弃了弗雷泽唯理智论的宗教心理学而代之以更加接受集体信仰与行为理论的社会心理学。马林诺夫斯基常常泛泛地认同马列特的理论,而且也清楚地将自己划归于涂尔干、麦克杜格尔、列维-布吕尔和盖内普等人的阵营。[36]虽然隶属于这一宽泛的思想阵营,但这一身份并没有阻止马林诺夫斯基批评自己同一战线上的兄弟。

在《澳大利亚土著家庭》一书中,马林诺夫斯基承认自己曾受益于涂尔干的理论,这本书也被称为他"最具涂尔干风格的作品"[37]。但是当他在1913年底为《宗教生活的基本形式:澳大利亚的图腾体系》一书写书评时,他却对其方法与结论进行了批判。[38] 他对此书的挑剔意见,反映了他在撰写自己的关于宗教起源与图腾崇拜的社会学的波兰语专著时的思考。由于这个主题在当时很流行,涂尔干和马林诺夫斯基在相似的方面各自下了一番工夫也不是什么太大的巧合。(使得这一巧合变得更为复杂的是,弗洛伊德在1913年也出版了《图腾与禁忌》。)如果不是这样的话,在这本被认为是涂尔干最伟大的作品与马林诺夫斯基那篇因为未被译成英文而在波兰以外少有人读过的教师资格考试论文之间也就没有什么可比较的了。[39]

涂尔干所说的"只要检验一个认真完成的实验就足够了"这一箴言并没有说服马林诺夫斯基。他反对涂尔干将民族志焦点放在单一的澳大利亚群体之上(即再一次关注了斯宾塞和吉伦研究过的阿龙塔人),就好像这些阿龙塔人是世

第十二章

图腾、老师和主保圣人

界上最原始的人群一样。在这个单一的民族志事例的基础之上，涂尔干进而推出了一个普遍化的关于神圣与世俗之间的区别的理论。马林诺夫斯基并不相信所有的原始人群都能识别这样一种绝对的区别，他也举出了很多反例。此外他对涂尔干臆测图腾崇拜是宗教生活的基本形式（其起源规则）的观点也感到无法苟同。接下来，马林诺夫斯基对涂尔干所说的图腾"规则"与"力量"不仅代表了神性，还代表了氏族集体的这一论断（"社会之于其成员就如同神之于其信奉者一样"）也进行了反驳。这样形而上的观点无论对于马林诺夫斯基还是对于包括弗雷泽在内的其他英国人类学家们来说都是令人反感的。尽管他们可以接受涂尔干颇具启发性的"集体意识"与"集体表征"概念，但是他们却怀疑涂尔干的另一个观点，即社会是"一个被赋予了所有个人意识之特性的集体存在物"。（这让马林诺夫斯基想起了黑格尔的"绝对"。）他后来简明扼要地把涂尔干的观点归纳为"民众之声，神之声"。[40]

马林诺夫斯基同时拒绝的还有涂尔干另一个"让人失望的"论点，即"集体意识"以及宗教观念起源于群体现象（人群聚集时所产生的兴奋与欢腾），不过他也承认这可能为涂尔干的理论提供了"唯一可从科学角度被接受的解释"，因为它承认了"一种个体能在其中创造宗教观点的气氛"。"这些宗教观点只有当它们是普遍的时候，即被群体中的所有成员共享的时候才是集体性的。"然而我们实现对它们的理解靠的是个体分析，靠的是心理学意义上的内省，而非把这些现象当成"事物"来对待。我们最终必须诉诸个体心理学解释这一事实违反了涂尔干自己关于社会学方法原则的一个最主要的信条：这是简化主义的。此外，马林诺夫斯基还指出，"大规模集会上产生的精神上的欢腾很难被接受为宗教唯一的发源"。包括戈登卫泽（A. A. Goldenweiser）、哈特兰、施密特（Pater Schmidt）和盖内普在内的许多其他批评者也都用相似的话挑战过涂尔干的观点；他对社会的过分强调掩盖了个体的宗教经验。尽管马林诺夫斯基承认社会在宗教中具有的关键形塑与媒介作用，但他一贯都十分强调私人的、个体的经验。他宣称"最强大的宗教时刻发生于孤独状态之中，那是一种决绝于世界的专注与精神上的超脱状态。"[41] 此时他一定想到了自己在加那利群岛和塔

马林诺夫斯基

一位人类学家的奥德赛，1884—1920

特拉山地所经历的那些灵魂探索之旅，或许也想起了他曾读过的威廉·詹姆斯的《宗教经验种种》(1902)。

尽管涂尔干将阿龙塔人的"因提丘马"仪式视为其集体意识理论的关键例证，马林诺夫斯基并没有在这篇书评中提到他自己对这些仪式的实用主义及物质主义的解释。一个更加令人感到好奇的遗漏是，他完全没有提及涂尔干对宗教的功能性、实用性及工具性的解释，尽管马林诺夫斯基对此肯定在大体上持赞同态度。对于涂尔干来说，功能的意思是一个社会元素或组成部分对整体作出的贡献。构成任何宗教的集体表征体系与意识行为同时具有认知的（思维的）及参与性的（仪式的）功能，因为这能使得这个世界成为可被理解的，而且能将行动引向道德提升的目标。（道德是涂尔干社会学的一个重要特色。）因此，根据涂尔干的理论，宗教的首要功能是提供"一个观念体系，通过它个体能对自己表征这个由他们作为其成员所组成的社会以及他们与这个社会之间模糊却密切的关系"[42]。但这个被具体化了的社会崇拜本身却成了法国和英国的许多人类学家所无法接受的观点。马林诺夫斯基在后来的若干年内还将不断地攻击涂尔干宗教社会学中的这个方面。"涂尔干的理论本身就是一个关于信仰的带有些神秘主义意味的实践，"他在1935年写道，"他自己把社会人格化了，之后他又把这种人格化归到了原始人的头上。"[43]

马林诺夫斯基无法认同他所有的思考与感觉都是来自于社会的灌输。他在关于特罗布里恩德宗教的论文脚注中宣称他"完全不接受涂尔干教授社会学的哲学基础"，他认为这个基础是建立在站不住脚的"'集体灵魂'的形而上假设"之上的。由于田野工作包括了对"诸多个体灵魂的整个集合"的研究，他充满自信地否决了关于集体意识的假设，认为"这个空洞的假设对于民族志观察者来说没有半点用处"。[44]对涂尔干的猛烈进攻让他得到了弗雷泽的肯定与赏识："我很高兴看到你戳破了被一些法国作者们吹得太高了的'集体意识'的泡泡。"[45]

作为"一个天真的现实主义者"、实用主义者和——借用马克斯·韦伯创造的术语——方法论上的个人主义者，马林诺夫斯基在集体意识的形而上特征以及社会学中个体心理学的角色被忽视这两个问题上与涂尔干分道扬镳是可以理解的。不过他还是继续，或许带有些矛盾心态地，承认涂尔干给自己带来的启发。1935年他有点自相矛盾地宣称，他自己的文化理论"就是通过将涂尔干的理论简化为行为主义心理学术语而形成的"[46]。而且在他最后一次提及涂尔干的时候，他称涂尔干创立了"最为完备与最具启发性的社会学体系之一"[47]。

涂尔干在马林诺夫斯基人类学生涯中这一"浅薄涉猎"阶段产生了最为重要的影响，这一阶段从1909年中期起至1914年初止，其间马林诺夫斯基完成了"原始信仰与社会组织形式"的研究。之后马林诺夫斯基就一改摇椅人类学家的身份，他此后出版的所有作品都带上了其新几内亚田野的标记。有必要强调的是，他这四年坐镇图书馆的见习期，既可以说是在英国也可以说是在欧洲大陆度过的。尽管他在英国待的时间要长于波兰，但他用波兰语出版的作品实际上要比英语的多。[48]

波兰的秋天

1913年7月，马林诺夫斯基再次写信给尼奇，并随信附上了马列特对他原始家庭一书的书评。这份书评刊登在"英国最有名的出版物之一"《雅典娜神庙》上，马林诺夫斯基还特别提到了马列特是泰勒爵士在牛津的继任者。说起马列特对这本书的兴趣他不禁有些飘飘然，"昨天我在牛津的时候，他给我看了他做满了标记的书——毫无疑问，他看了！"他请求尼奇"略微容忍一下"，因为，"当然，这本书非常难读——非常乏味！"马林诺夫斯基还请尼奇在"够格的熟人圈了"里"谨慎地"宣传一下马列特的这篇书评，不过后来他又补充说，"或许最好还是不要"，这透露出了他的缺乏自信。马林诺夫斯基接着又问科学院是否"有一丝希望"出版他关于原始宗教的论文。"我并不担心内容审查，但是（据我母亲说）他们印起东西来拖沓得很。"[49]尼奇的回信没有保留下来，但是好像雅盖隆大学并不愿意在作品没有出版的情况下授予马林诺夫斯基教师资格证。不管他在 6 月的时候是怎么跟尼奇说的，马林诺夫斯基至此并未完成论文，在这一年余下的时间里他还会断断续续地写它。"原始信仰"的序言写就于 1914 年 4 月，正是在这个月，他亲自在克拉科夫向科学院提交了论文。

马林诺夫斯基和母亲在 8 月中返回了波兰。他此前邀请了博列纽斯夫妇来克拉科夫，他们也在赴意大利度假之后如期而至。据安娜－米回忆，马林诺夫斯基负担开销请他俩住在一间旅舍里，在那里绅士与知识分子身份的客人都由一个光脚的女仆伺候。"马里"带他们游览了瓦维尔城堡和卡兹米尔犹太人贫民区，他还在那里扯小孩子的辫子，逗弄他们。安娜－米警告他别这样，但他则回答说"他们知道我是他们的朋友"。尽管他不是个反犹太分子，但安娜－米认为他具有"波兰人对待犹太人的典型态度"。她也记得在纺织会馆的服装市场里，他开玩笑地和一个戴着笨重牛毛假发的犹太妇人讨价还价，直到她丈夫出来斥责他根本就不打算买东西，最后赶走了他。[50]

也正是在 8 月中的时候，斯塔斯在克拉科夫举办了他的个人展览，展出了约八十幅风景画和其他作品。[51] 这里面应该也包括了头一年他为马林诺夫斯基所画的肖像。斯塔斯现在签名用的是"维特卡西"这个名字，这是他的中间名与姓的缩合。他最近刚与明斯克的一个律师之女嘉德维嘉订婚；她"漂亮、迷人、聪颖而且知书达理"，但同时也"极度敏感与神经质"。[52] 尽管"他深深地、打心眼里爱着她"，但斯塔斯还是对她有些漫不经心。在他的传记作者看来："苛求贪婪的维特卡西用各种可怕的场景困扰着他的未婚妻，这其中包括了妒忌（例如关于西曼诺夫斯基）、情绪上的剧变以及'环境上的陌生感'，这一切，用旁观者的话来说，都让这个敏感却保守的姑娘'无法在真实与神秘蒙蔽之间作出区分'。"[53]

刻意的神秘化是斯塔斯的一贯特点，他对弗雷泽的理解也与马林诺夫斯基格格不入。他研读过他这位朋友为 *Lud* 所写的那篇论文，也读过他"原始信仰"一书的手稿。他们或许也一起谈论过弗雷泽的理论，就像他们在"关乎本质的交谈"中谈论任何其他主题一样，有时会谈得兴高采烈，有时又会争得面红耳

第十二章

图腾、老师和主保圣人

赤。斯塔斯觉得自己对弗雷泽关于巫术与宗教的理论有种心有灵犀的感觉——《金枝》为他的几部剧作提供了灵感——而且他对图腾崇拜的理解也和马林诺夫斯基大相径庭。对于斯塔斯而言,宗教的源头在于"形而上的感觉"。宗教在20世纪已渐入穷途末路,而艺术的功能正是传达"关于存在奥秘"的暗示。[54] 弗雷泽以及后来的马林诺夫斯基试图用科学术语来理解的"原始"信仰,对于斯塔斯来说,可以象征性地理解为是对"生活以及广义的存在"的一种领会。

在他的剧作《双头牛犊的形而上学》(1921)中,斯塔斯将得自于弗雷泽和马林诺夫斯基的一系列主题编织在一起,并将其转化成为一个怪诞的幻想故事。他戏剧化地将图腾崇拜表现为宗教的原则,表现为一种传送生与死之神秘力量的管道,并用这一概念提出关于身份的根本问题:"我是谁?"(或者,就像剧中那个私生子角色急于了解的,"谁是我的父亲?")当另一个角色问是什么造成了当代家庭"可怕的混乱"时,氏族首领阿帕鲁拉回答道(与弗洛伊德的观点遥相呼应):"如果不是我们这些图腾的话……你们这些所谓的文明将不会存在……无所谓马林诺夫斯基这个该死的、英国化了的、难管束的空想者来调查我们。图腾是真实的,不管那些科学家们怎么写。"[55]

斯塔斯在对宗教的理解上和他的朋友存在着根本的分歧。他认为"实用主义的错误理论"贬损了活生生的信仰,这一观点在他的剧作《实用主义者》中得到了展现。该剧嘲弄了在精神上极度贫乏的经验主义的科学思想,而这样的思想则在马林诺夫斯基身上得到了体现。斯塔斯认为,那种被看成一种实用收益的宗教信仰的"现金价值",实为一种错误的理论创造。他也很蔑视马林诺夫斯基1935年在结束其里德尔讲座课时所用的柏拉图式的高贵谎言:"理性主义者和不可知论者必须承认,即使他自己不能接受这些(带领人类从蛮荒步入文明的永恒真理),他也至少必须承认它们是一些不可或缺的虚构,少了它们,文明就不可能存在。"[56]

在克拉科夫期间,马林诺夫斯基还对进化论进行了又一次攻击。10月末的时候他在科学院宣读了一篇论文,主题就是他尚未完成的著作的主题。[57] 他选择了两个问题，它们正是他在 *Lud* 上刊登的那篇论文第三部分遗留下来的问题：第一个问题是如何定义图腾崇拜的本质？第二个问题是它是如何创生的？这两个问题彼此相互关联，因此要回答其一也必须以另外一个作参考。他试图说明图腾崇拜并不是一个单独的制度，而是"一系列异质的、松散相连的"宗教与社会现象。从社会学角度看，它是一个信仰体系，这个体系将一个部落分化为一系列更小的群体，或图腾氏族，与此同时也将它们整合到一个大的整体之中。关于图腾崇拜的创生，马林诺夫斯基提出了一个基本上属于心理学的解释："只要人们在强烈情感因素的影响下行动或思考，就会产生宗教观念。"当人们认为在缺乏帮助的情况下无法掌控现实的时候，自然的反应就是求助于更高的力量。"动物和植物或多或少地扮演了和食物相当的角色"，"为了得到它们而进行的经济活动所产生的结果是，它们获得了一种宗教上的意义。"被扩大为整个物种的动物们，"成为强烈的情感体验的对象，结果也就成了宗教观念的对象。"从这样一个论断，马林诺夫斯基轻易地滑向了一个结论，即图腾崇拜就是一种类型的动物崇拜，这也是"人类对待其环境的一种特殊的态度类型"。而让图腾崇拜区别于其他类型的动物崇拜的是一种特殊类型的社会组织，这种组织由氏族构成，它们独立地供奉不同的图腾并且有着各自的禁忌。这个系统的统一，即"将各个单独的信仰协调整合入一个整体的过程还是存在于其社会层面"，也即存在于组成部落的各氏族之间的功能性关系之中。因此，他总结道，有必要对原始信仰和社会分化进行"平行"研究，因为只有"将这两个方面并置起来，我们才能理解原始宗教的本质"。

简而言之，这也是他 1913 年用波兰语所写的那本著作的主题，它将他在此前关于图腾崇拜和宗教创生的所读所写进行了一个汇总。他拒绝对宗教的起源做毫无成果的探寻，而且不愿意回答图腾和氏族到底谁先出现的问题。他在结论中暗指了一种马赫式的科学研究方法，即"花最少的努力，冒最小的风险，获得最多的成效"："民族学正在进入一个新的阶段，在这个阶段里，思考应该更多建立在不辞辛劳的事实收集与对比的基础上，而且应该满意于部分的、适度但却是肯定的研究结果，步入这个阶段看来是这个学科发展的必然趋势。"

第十二章

图腾、老师和主保圣人

人们应该可以从这个预言中隐隐听到命运正在召唤他成为一个方法论意义上严格自律的田野工作者。人们也应该想到,这是他在开始其新的科学探险之前最后一次在他克拉科夫的老师与同事面前发表讲话。他所要进行的尝试超过了他们的经验所及,以至于他们几乎无法理解他的成功。

10月底的时候马林诺夫斯基来到了德累斯顿"欣赏画作并畅饮啤酒"[58]。在那里他和正在德国旅行的安妮会合。[59] 他把自己的讲座课材料念给她听,为他即将在伦敦经济学院开的课做预先的练习。"我觉得你在英国待了这么一小段时间就能用英语上这些讲座课真是太棒了",安妮后来写道。[60] 11月初的时候他们回到了伦敦,马林诺夫斯基正式的通信地址也恢复为菲茨罗伊街16号。

从1913年11月11号星期二的下午5.00开始,马林诺夫斯基博士开始了他为期六个月的讲座课授课,主题为"原始宗教和社会分化"。伦敦经济学院校历上的简介显示,这门课的主旨是通过检视"图腾氏族的社会功能与特征"探索"信仰的形式与社会组织形式之间的关联"。[61] 这就是马林诺夫斯基将要尝试定义的"图腾崇拜的本质"。"我的讲座课进展得很顺利,"他告诉韦斯特马克,"每堂课平均有十二个听众。"[62] "十二是一个很好的数字,"韦斯特马克充满鼓励地回复道,"尤其是作为信徒的数量。"[63] 这些讲座课的文字稿或草稿都没有保留下来,但很清楚的是,它们是以他正在用波兰语写作的那本书以及他为 *Lud* 所写的那篇论文为基础的。有可能弗雷泽夫妇也在讲座课的听众之中。

田野工作的设想

与此同时,马林诺夫斯基的学术保护人们正在幕后四处游说为他寻找田野工作的资金。而他自己在这个微妙过程中的角色却显得像一个不知所措的旁观者,因为没有留下任何类似研究建议书的东西。哈登、塞利格曼和马列特都扮演了重要角色,他们似乎都曾和里弗斯一起劝说马林诺夫斯基应该去美拉尼西亚进行田野研究。里弗斯应该更倾向于所罗门群岛或新赫布里底斯群岛，哈登与塞利格曼则更倾向于新几内亚。寻找资金的工作主要是由塞利格曼推动的。他觉得马林诺夫斯基的田野工作会是自己 1903—1904 年英属新几内亚探险的后继，可以填补其留下的空白。那次探险本身也是 1898—1899 年托雷斯海峡探险在地理范围上的一个延伸。因此，根据塞利格曼的计划，马林诺夫斯基的工作将会成为此前英国人类学传统的直接延续。在美拉尼西亚人类学的老资格哈登面前，马林诺夫斯基表达了对赴美拉尼西亚进行研究的巨大热情（就像在十八个月前他也跟塞利格曼表达过去苏丹做田野研究的巨大热情一样）。而在因为没有美拉尼西亚相关背景而不带有个人感情色彩的韦斯特马克面前，他则流露出了一些不自信。

马林诺夫斯基在 11 月 17 日写了一封信给哈登，用他一贯的奉承腔调感谢他帮自己从大英学会争取了 100 英镑的旅行资助。

> 我十分了解……这完全归功于您的推荐，而且您能够从我 [赴澳] 的热切中衡量出我对您的感激之情……我已经和里弗斯与塞利格曼谈过我的设想了，不过我希望能有幸得到您关于这个主题的建议，而且我期望的更多——老实说，我期望能在您个人的支持下在新几内亚迈出我在民族志研究领域的第一步。[64]

"乐于为马林诺夫斯基做所有这一切"的塞利格曼在一个星期之后给哈登写了一封信。他说"自己刚刚试着帮马林诺夫斯基从工业界慈善大佬蒙德（Robert Mond）那里争取了 250 英镑的资助承诺"。蒙德是伦敦经济学院校理事会的成员，对民族学有很大兴趣。塞利格曼还表示，马林诺夫斯基有可能获得金额为 200 英镑的"康斯坦斯·哈钦森奖学金"。他对哈登说："我觉得这 [450 英镑] 应该差不多够他两年的田野开销了。他告诉我如果我能筹到钱的话他准备在田野里待这么长的时间。"[65]

马列特后来也为马林诺夫斯基的澳大利亚之行作出了贡献。他在回忆中称马林诺夫斯基是"一个好朋友，尽管不是自己的学生"。他回忆，当时作为大英

第十二章

图腾、老师和主保圣人

学会 H 分部的记录员,他需要为 1914 年的大会招募一个秘书。澳大利亚政府会为他提供旅行开支。喜欢讲故事的马列特如此描述当时的情况:"于是我那个聪明的学生,奋普里斯卡小姐……央求我能帮一下她的同胞,好让他能亲眼见到那些他迄今为止只能通过书本了解的澳大利亚人。"[66] 不过在圣诞节前给韦斯特马克的信中,马林诺夫斯基的热切稍有收敛:"如果能得到更多钱的话,我会去美拉尼西亚的某处(或许是新几内亚)做些田野工作。我会在 6 月开始——所以我还能够见到您,我非常期望。我经常见惠勒,他今年似乎精神好多了。"[67]

马林诺夫斯基在年底的时候也比他在 1 月的时候精神好多了。他通过自己的著作、书评和讲座课已经崭露头角,巩固了自己在英国人类学界的地位。现在的他已经不再那么被边缘化。他的保护人和导师们已经聚集在他周围,而且他也被英国的出资方看成值得为其田野研究提供资助的对象。尽管没有在英国产生影响,但他在 Lud 上对弗雷泽的理论和方法进行的攻击,却代表了一种微妙的、心理上的胜利,那是一种俄狄浦斯式的对强大父权的征服——这个"父亲"恰恰是引领他进入人类学这个行业的人(如果人们对马林诺夫斯基的这一认识不错的话)。在家庭层面上,事情进展得甚至更加让人充满希望。他让母亲快慰,教师资格考试的论文也完成得差不多了,此外还见到了他的同胞,大英雄康拉德。然而在这个玫瑰花瓣绚烂的画面上也有一道阴影,那是和又一个已婚女人的一段让他筋疲力尽的感情纠葛。

第十三章

托 斯 卡

"无与伦比的情人"

那个在 1913 年末的一个清晨带着马林诺夫斯基去见康拉德的漂亮的二十四岁波兰女人,对他来说可不仅仅是个居中的介绍人那么简单。他们是在那年春天认识的,之后在伦敦、克拉科夫和扎科帕奈展开了一段不为人知的恋情,中间断了两次,最后分手是在 1914 年 6 月。他们似乎没有再见面,尽管分手数年之后她还多次作为情欲的理想对象重回马林诺夫斯基的梦中。每次他一翻开康拉德的小说,就会唤起对这位"无与伦比的情人"的回忆。[1] 例如 1914 年 11 月,当他在迈鲁岛上那些彷徨未定的日子里读起《浪漫》一书的时候,就曾在日记里这样写道:

> 那种难以描述的康拉德精神在一些段落中闪现出来……我仍然还想着、还爱着 T。这并不是一场不顾一切的爱;有一种我失去了创造性价值、失去了自我基本元素的感觉,就像和 Z[泽尼娅]的那种感觉。我仍然能够强烈地感受到她的身体的魔力,还有她的在场所具有的那种诗意。[2]

他看着一张在伦敦为她拍的照片:

第十三章

托 斯 卡

> 看到她脸上的忧伤——或许她还爱着？——让我感到痛苦沮丧。这让我想起了那个黑暗下午在那个糊着黑色墙纸的房间中的情景，那时她丈夫发现了我们，她无法跟我一起出去……我在她的脸上看到了理想女性的化身。她又一次如此极其难以描述地靠近我。[3]

1914年前期的日记中这个名字还是以"T"代表，马林诺夫斯基后来慢慢地就开始使用"托斯卡"这个名字了。只有一次，他提到"瑞廷格尔卡"这个名字，从而透露了一个线索，另有一次他用了"T. R."这个简写。[4] 但是他从来没有在日记中透露过她的全名。因为是她把马林诺夫斯基介绍给康拉德认识的，因此由这位小说家来介绍这位"托斯卡"的身份也就再适合不过了。他所认识的这位女士叫奥托利亚·瑞廷格尔 (Otolia Retinger)，昵称"托拉"，娘家姓祖布尔奇卡 (Zubrzycka)。她母亲在俄属波兰的克拉科夫北部拥有一套乡间房产，也正是她邀请康拉德1914年7月去那儿小住的。康拉德在1912年通过小说家贝内特认识了托拉的丈夫约瑟夫·希尔罗宁·瑞廷格尔 (Józef Hieronim Retinger)。那次见面后不久，康拉德就把托拉描述为"典型的波兰乡村姑娘"，而把约瑟夫描述为"一个有头脑的文学男青年"；那时他们俩刚结婚十个月。[5] 托拉的肖像照（在纳德为康拉德所著的传记中，这张照片和她丈夫约瑟夫的照片并列在一起）显示她是一个面色苍白的漂亮女子，齐颈短发显得很时髦；深情的眼睛上面，眉毛微微地向上扬着。

瑞廷格尔出生于克拉科夫，比马林诺夫斯基小四岁。作为一个律师之子，瑞廷格尔先在雅盖隆大学念了法律专业，后来又在索邦大学取得了法国文学博士学位。之后他和妻子一起来到伦敦开办了一个波兰问题信息办公室，也正是瑞廷格尔唤起了康拉德沉睡的爱国热情。像马林诺夫斯基一样，他也很有急智与口才，非常聪明且拥有个人魅力。他之后的职业生涯也是色彩斑斓，分别当过战时外交家、间谍和军事冒险家。[6]

美国作家波特 (Katherine Anne Porter，因其1931年的小说《愚人船》而闻名) 1923年在墨西哥的时候和瑞廷格尔发生了一段恋情。她认为他是自己遇到过的最有吸引力的男人，尽管"身材瘦削"，还有"一张有点像猿猴般的脸"。[7] 波特的传记作者怀疑瑞廷格尔"并不是个那么专注的情人"，他"偏好刺激、复杂的感情关系"。[8] 这也可以解释他为什么似乎可以在 1913—1914 年间对马林诺夫斯基持容忍的态度。由于有对三角恋的癖好，马林诺夫斯基应该可以为任何一对夫妇提供足够的刺激与激情。

瑞廷格尔自己也是这种三角爱欲的受害者和供应者，就在他是波特情人的那段时间里，他也痛苦地爱上了她的对手，"活泼而轻浮的"新闻记者安德森(Jane Anderson)。这个漂亮的美国女人 1916 年生病疗养期间曾和康拉德夫妇住过一段时间。康拉德被她迷住了，并把她当成了《金箭》(1919) 一书中充满诱惑力的女主人公的主要原型。[9] 康拉德的儿子波利斯比安德森小十岁，也于次年在巴黎爱上了她。同时爱上她的还有瑞廷格尔，这件事让他和怒不可遏的小说家之间的友谊遭到了无可挽回的伤害。尽管康拉德夫妇的婚姻没有因为安德森的事而破裂，但是瑞廷格尔夫妇却不然。按照瑞廷格尔传记作者的说法，他的婚姻在 1917 年底就破裂了，尽管托拉在那年夏天生了个女儿。[10] 或许仅仅是一个巧合，孩子的名字叫马林娜·旺达(Malina Wanda)，他们在几年之后离婚。看到了这么多相互重叠与复制的三角关系之后，再去了解马林诺夫斯基和瑞廷格尔妻子之间的那段感情纠葛，也就越发让人觉得有兴趣了。

可以想象的是，他对她"托斯卡"的昵称来自于她的小名"托拉"，不过似乎这个名字也有可能是借用自普契尼的歌剧女主人公的名字，因为他在第一次使用这个名字的时候用的是意大利文拼法"Tosca"。她那时经常来大英博物馆——或许是作为她丈夫的研究助手——在那里马林诺夫斯基常常一眼就注意到了她。他们关系初期阶段的情况只能从马林诺夫斯基伤感的回忆中推知一二，而当他 1914 年 4 月中旬重新开始记日记的时候，他们的感情已经接近瓦解。托斯卡之前就曾尝试结束这段感情，但就像在和泽尼娅的那段关系中一样，马林诺夫斯基极不愿意放她走。随着澳大利亚之行的临近，事情渐向无可挽回的方向发展；他为了能赶上 8 月大英学会在澳大利亚召开的会议必须在 6 月启程。他想或是非常希望他能留住托斯卡，直到他离开。不过其一贯的矛盾心理也使他想要和她做个了断,但他根本做不到,这也催生了他的怨恨,最终也造成了他的痛苦。

和她与马林诺夫斯基充满波折的感情一样,她和康拉德夫妇的友谊也有助于我们了解化名"托斯卡"的托拉。在给她丈夫的几封信中,康拉德对她怀孕期间的身体状况表达了亲切的关怀。[11] 不像瑞廷格尔用了一整本书——生动但在事实上并不可靠——来追忆康拉德,托拉的回忆录只是一篇较短的文章,是以她婚前的名字出版的。[12] 这是一篇坦诚直率、甚至有些天真的报告文学式的文字,为康拉德英雄般的神话添上了寥寥几笔。托拉并没有提及她的丈夫,不过她偶尔使用的"我们"暗示了他的在场。她把康拉德在奥尔斯通的那座乱糟糟的带着壕沟的"卡佩尔农舍"描述成"小小的"、"简朴的"——这样不合适的形容词显示出波兰贵族的高标准。至于康拉德本人,给她留下深刻印象的有他的"波兰人的样貌、眼睛、声音和边境口音"。她自己的英语也很糟,她承认自己实在难以听懂杰西·康拉德"细声细气的含糊发音"。(她和马林诺夫斯基应该主要用波兰语交谈,不过有趣的是,他提到他们一起在波兰的时候说的是英语。)有一次——马林诺夫斯基的日记显示是在1914年5月——康拉德夫妇接受了托拉的邀请,来他们在伦敦的家里作客。隐居的康拉德通常很少来伦敦,所以这也算得上是一次小小的胜利。她所描述中的"公寓"似乎是一套内层的公寓房。根据马林诺夫斯基的日记显示,它坐落于贝尔塞斯公园富人区的英格兰街。[13]

几分钟的路程以外就是马林诺夫斯基喜爱在那里漫步和思考的樱草花山。在那里"总有点摆脱枷锁的感觉",他有一次如此写道。他在日记中回忆了在1月里的最后一个星期六,他和托斯卡第二次闹翻之后他又去了那里。在樱草花山上那个寒冷孤独的夜晚,他感受到了一种解放的快乐,"充满了力量与欢乐,有一种自由与创造力的感觉",他下定决心再也不回到她的身旁了。

一位人类学家的奥德赛，1884—1920

告别安妮

在之前的那个春天，当他穿过布鲁姆斯伯里广场来到安妮的住处的时候，心中还"有种春情萌动的感觉"。安妮觉察到了一些东西，但是马林诺夫斯基还是对她保守了秘密。当他在8月和母亲一起回到波兰的时候，托斯卡已经在那儿了，或许那时她的丈夫并没有和她在一起。带着一种痛苦的自责，马林诺夫斯基回忆起在克拉科夫的那个夏天，他是"如何带着粗俗的肉欲""把她当成一个妓女般"来对待。1903年9月10日，他也是在奥尔察和她做了爱——那是一个让他后来在千里之外的巴布亚会回想起的夜晚。[14]"我占有了她，如同一个用轻而易举的卑鄙手段遂愿的征服者。那时候我一点也没有做错事的感觉。"这次冷漠无情的诱惑终究得到了惩罚。他在日记中站在道德的高度诉说："我的轻浮随便是如此的无耻与罪恶。我现在要为它付出代价了；思想上的堕落并非胡作非为的通行证。伦理道德所满足的情感生活需求是不能用来纵情声色的。"[15]当他在11月和安妮在德累斯顿会合后返回伦敦的时候，他因为她同时也因为泽尼娅而感到了一种自责：为自己"虚度"的生活而"深感沮丧"。

不过1914年1月31日那天，马林诺夫斯基还是为和托斯卡分道扬镳而感到高兴，整整一个星期之后安妮乘船去了南非。安妮必需回去照顾生病的老母，但她为离开马林诺夫斯基而深感忧伤，她知道这一别可能将成永远。她在船上写的第一封信饱含着对他们在下甲板上最后分别时刻的怀念，在那里他们偷偷地吻别。安妮在船上看着怀特岛渐渐向后退去，消失在黑暗之中：

> 我觉得能让我此生无憾的东西正在随着它一起远离……我看着你直到最后……我从你的视线中消失很久之后我仍然能够看见你，站在那儿，一手拿着公文包，一手拿着手绢……还有你低垂的帽子和竖起领子的绿大衣……你常常打扮成这样的甜心模样来找我——这是你典型的户外打扮——我很喜欢。[16]

第十三章

托斯卡

第二天轮船穿越比斯开湾的时候,安妮弹了一个钟头的钢琴,满脑子里想的都是马林诺夫斯基。她现在对自己的匆匆离开有些后悔了。如果能克制一下自己照顾母亲的责任感,她还能再待上几个月。但她不确定他是否真的希望她留下。船到特内里费岛时她写完了信。从那儿她往他在伦敦的梅克伦堡街6号的新地址寄了一盒葡萄。

在2月17日开学的春季学期,马林诺夫斯基开了一门六节的社会心理学课。伦敦经济学院校历上的大纲简介上描述这门课的主旨是对"社会学中的心理学解释"进行分析。[17]他应该在这门课上对弗雷泽、里弗斯和涂尔干的理论进行了批评,同时也参照其之前波兰语专著中的论点阐述了自己对内省心理学的观点。安妮对他的自我批评表示出的同情理解,是保存下来的仅有的对这门课的评价:

> 我很高兴地得知你第二门讲座课取得了成功,而且在前一门课不像这么出色的情况下听众的人数并没有减少。没能满足要求例举黑格尔对历史哲学的观点一定让你非常尴尬。[18]

一结束3月17日星期二的最后一堂讲座课,马林诺夫斯基就乘火车去温莎,在那里和托斯卡过了一夜。之后是一段让他日后想起来就悔恨不已的炽烈情感:"回来后,我一次又一次地在脑海中重温在温莎时的那些情景,有一种完全的确定与安全感。我有几次严肃地设想过和她永久地生活在一起。"[19]但是很快他们就发生了争吵,彼此之间出现了裂痕。五个月后,当他在莫尔兹比港的时候,他们之间的隔阂仍旧让他无比痛苦,"突然之间从灿烂的阳光变为浓浓的阴影"[20]。他在日记中记录了那些他们发生过激烈争吵的地方:樱草花山、圣潘克拉斯火车站、伯爵府溜冰场。他也不无自责地回忆起在一场贝多芬作品音乐会上自己"大喊大叫的傲慢态度",他当着自己母亲的面对她说了一些"愚蠢、恶毒"的话。[21]

仍在旅途之中的安妮抱怨起海上航行的无聊。每当船上举办舞会,她都会想马林诺夫斯基的探戈课上得怎么样了。这种从布宜诺斯艾利斯妓院中传出的下流舞蹈在1913年传到了伦敦,他迫不及待地要学跳这种舞。"除了你,谁还能是最优雅的舞者呢?"安妮问道。"在我看来,你比其他男人学得要快多了。"[22]马林诺夫斯基的确掌握了学舞的窍门,他展现出一种轻柔优雅的体态,对女人们很有吸引力。安娜-米还记得他是如何"疯狂迷恋"舞蹈的。他告诉她:"探戈真是太妙了,你可以让全身都舞动起来。"[23]

3月初的时候安妮回到了南非东伦敦的家中。马林诺夫斯基已经从文特诺给她写了封信,跟她道别之后他便去了那里。她又回忆起一次在文特诺的情景,他当时不顾危险爬过一面摇摇欲坠的峭壁:"只要我还活着,亲爱的,就有人在乎你,为你担忧——也会有人在必要的时候因为你干危险的事而责备你……离别所带来的补偿是,它能够让我们知道我们的爱有多深。"[24]他的信中提到了她走后听的一场音乐会,她则语带一丝责备地说:"我这次在伦敦的时候我们都没有机会一起去听音乐会——它总是能让我们彼此更加亲近。"似乎留意到了他令人怀疑的不忠,她继续写道:

> 亲爱的牛修①,不要因为怕伤害我而向我隐瞒什么。……你所写的没有什么别的东西更能引起我的兴趣了……当我像这样离开你的时候,我的爱远比就在你身旁的时候要更加无私。因为在那个时候我觉得自己有某种特权,我会想要杀死任何我认为要跟我抢夺这些权利的人。

马林诺夫斯基在2月中下旬给安妮写了两封信,她的答复显示他的信是以日记的形式写的,并非敷衍了事。爱上别的人并未阻止他想念安妮陪伴身旁带来的安慰,他似乎是真心实意地写信希望要留住这份友谊。他们对这个词的使用将它的意思抬到了一个更高的层次。就像安妮所写的那样:"友谊并非一个

---

① Niusiu,马林诺夫斯基的爱称。——译注

随便对人许诺的小事——它和爱一样都负有义务——别忘了这点,我的朋友。我会一直以你的友谊为骄傲,也会感激你——不必对你说,你永远都能指望得上我。"[25] 安妮的友谊对马林诺夫斯基来说("爱"这个词无疑对她的情况来说更合适)是那种对一个四十多岁女人的感情。它是一种成熟而坚定的爱,发展成为一种关切的姿态,就像给自己的母亲写信,并被关心自己是否吃得好之类。她也想用日记的形式写回信,但是她的日子过得索然无味,不值得一记。她给他了一个范例:

> 今天一整天都在下雨……我开始做些缝缝补补的针线活,我发现我所有的衣服都非常需要缝补。所以我坐了一整天,缝扣子,织补。晚上我帮妈妈处理了些文书……这就是我必须记下来的所有事。[26]

马林诺夫斯基读到这些的时候一定会笑。安妮显然没有明白他的意思,后来在相似的情况下,他也责怪过艾尔茜总是记些"外在的"琐事。只有主观状态才能为亲密的通信与日记提供唯一的素材。

在回应马林诺夫斯基对里弗斯的提及时,安妮稍稍提了提马林诺夫斯基的健康问题,并旁敲侧击地挖苦了一下他的疑病症。

> 我很高兴里弗斯博士……不认为美拉尼西亚的气候会对你的健康不利。——我觉得你会对疟疾的严重爆发采取必要的预防措施。你在食物方面并不十分明智,[但是] 如果你有必要用奎宁或服用什么药物的话,这一定合你的胃口,你就喜欢这些东西,亲爱的难道不是吗?[27]

尽管已经回到家中几个星期了,安妮还一直没有碰过她的钢琴。她母亲还在为安妮去年刚过世的兄弟伤心。由于不能练习自己唯一的技能,安妮感到既无聊又可怜:

> 我真希望我受过些教育,能享受那种深入阅读带来的快乐,它能让我对某件事情集中注意力……比如我愿意了解天文学方面的知识,

> 但是这太难了……你在澳大利亚的时候我们可以同时看着相同的星星，或许我会学着认识它们。

安妮的诚恳道白中没有矫情的成分。她接着又不无悲凉地说起了关于自己的一个事实：

> 别因为这个而取笑我——我无知得可怕，我知道，所有学科对我来说都太"庞大"，总是让我害怕无法应付它们，所以我很羞于自己的愚蠢，以至于因为怕暴露自己而不敢求助于人……我害怕越变越老，也怕除了音乐之外再没有其他真正的兴趣——或许当我不再能继续弹琴的时候，只能靠读小说来度过余生了。[28]

这的确反映了马林诺夫斯基身上一个有意思的现象：他最大限度地珍视这个坦诚地面对自己的"无知"与"愚蠢"的女人。他通常喜欢接受脑力上的挑战，像泽尼娅那样他认为和自己心智相当的女人会令他兴奋。他同时也是个精英主义者，喜欢蔑视那些智商不高、受教育不多的人。但他似乎忽视了安妮身上的这些缺陷，除了他的母亲之外，他和这个女人共度亲密家庭生活的时间超过了任何其他女人。

文特诺岛上的复活节

"晴朗的天，平静的海；一种欢愉、平和的气氛……总之，在经历了长时间的浅滩挣扎之后，这几天迎来了[能量上]的汹涌潮汐。"[29]伴随着这段在阳光灿烂的海边写下的句子，马林诺夫斯基在1914年4月12日的那个复活节星期天又重新开始了自己的日记写作，这时他三十岁生日刚刚过去几天。

他写信的地方是文特诺，这座度假小城有些令人不可思议地坐落在构成怀特岛南部海滨的阶梯状白垩岩峭壁上一条狭窄的褶皱之内。文特诺对肺结核和其他肺病患者来说是冬季的一个疗养胜地（马克思就是在这里康复的），它占

第十三章

托 斯 卡

据着不列颠群岛中阳光最充足的一面。这座小城的地势就像一层高过一层的剧院听众席,面朝的舞台就是大海。它的阳光与景色、它的"英国的马德拉"的名声,以及它海景画般的小岛特色,都强烈地吸引着马林诺夫斯基。马林诺夫斯基至少来过这里两次,一次是1910年和安妮一起,另一次则是在她回南非之后。这一次和他一起来的有母亲和另外一个或两个波兰女人。"我无法想象你和这样的人一起度假,"安妮写道,"我想象得到这或许对你来说会有些难以忍受——但你仅仅是出于你母亲的原因去也是挺好的,因为这是你在接下来一段时间里最后一次和她一起度假了。"[30]

一个令人高兴的巧合是,马林诺夫斯基为韦伯斯特《休息日》一书所写的书评正好刚刚出版。[31]他运用毕歇尔的观点对该书进行了评述,并对韦伯斯特的理论——即在原始人群中休息日是"迷信"所规定的斋戒的日子——进行了补充。马林诺夫斯基指出假日的功能在于"形塑、调节"经济活动并为其"建立基本框架"。他也就此暗指了自己最热衷的主题:即巫术和宗教在人类经济的进化发展中所扮演的重要角色("迄今为止这一点几乎被完全忽视了")。

马林诺夫斯基又开始写起日记,并不是因为想念安妮,而是想思考一下与托斯卡之间复杂的感情问题。近在眼前的大海或许是他没有意识到的激发因素(他也曾在布列那巴哈和萨马赖岛开始写这样的海岛日记)。然而,不管是什么未曾言明的因素激发他以这种方式检视自己的生活,一旦开始,这样的日记就会在它自身的内在动量支撑下持续一段时间。[32]

一开始的那种乐观情绪不久就被严苛的自省驱散了,他再次受困于工作与爱情之间的两难境地之中。尽管他在此并没有提到她的名字,但在他对"与一个女人建立真诚关系的问题"的思考之下潜藏的那个女人正是托斯卡。

> 肉体上的爱产生了一系列的情感和对灵魂的渴望,这也导致一些可怕的冲突,冲突达到了自我无法进行内在渗透的程度。不断的争吵,被隐藏了的憎恨的爆发,以及故意的无中生有……通过安慰自己人们不可能在生活中找到任何理想化的东西,从而故意地放弃高尚情操。

马林诺夫斯基

一位人类学家的奥德赛，1884—1920

对"女人和孩子"的渴望。之后是无声的痛苦，憎恨，还有那句格言"人总是期望爱情能创造奇迹"。

思绪再次回到当下在文特诺的两难境地，他发现自己又处于挣扎之中。步行到绵羊山海湾，他惊叹于眼前大海退潮时的色彩，"棕褐色的岩石浸泡在蓝色的海水之中，带上了一种温暖的紫罗兰色调"。"我感受到现实的空灵，我既不孤独也无陪伴。生活对我来说好似一汪浅水，但是我想趟过它却困难重重，既没法沉没也难以解脱。"他乖戾的情绪和他对海景的钟爱显得并不那么相称。"一种奇怪的海边沮丧感让我无法抵御，我很清楚这种感觉来自于这些小岛。大海的气息中有一种充满着希望的空虚感，它那无可抗拒的广博既吸引人又能让人的幻想化为泡影。"又有一次，当他在一处崖坡漫步的时候，他感受到了人景合一。这种"和景物融为一体"的感觉对于马林诺夫斯基来说是一种宗教式的体验。"我站在满是苔藓的巨大岩石上，感受着与我周围环境的一种形而上的融合……兴奋感让我急于证实眼前的这一切都是真实的。"这让他想起了佛教中的涅槃，即"杀死自己，但得到与自然在精神上的融合"，这是"理性自杀"的唯一方式。

几个星期后的伦敦，在一个温暖的春夜，刚锻炼完、一身疲惫的他经历了另一次顿悟：那是一种"形而上的幻觉"，一种对命运的归顺，一种自我的消解。"那样的时刻是真正的宗教时刻"，他写道，同时也想起了他的朋友钦别斯基跟他比喻过的"和上帝的交谈"。

他此间正在对自己关于原始宗教的波兰语专著做最后的润色。直到此时他才认识到这在多大程度上是"一部对无知的记录"，但他坚信（与弗雷泽和另一些唯理智论者相反）巫术–宗教现象有一种情感的——归根结底是生物的——起源。

> 人类，尤其是为生存而处于无尽争斗中的原始人，不可能是也不是一种合理的且用理性思考的物种……他们的生活主要是情感的与行动的，充满着各种情感与激情，正是这些元素，而非哲学反思，形

塑了他的所有行为……原始人有迫切的强烈需求，持续的，有时是危险的，关于生命的追求。很容易就可以证明，正是这些基本元素，导致他们完成了那些构成宗教萌芽的行为与活动。[33]

在情感的压力之下，原始人跨越了逻辑与经验知识的界限，进入了"信仰的王国"。这样，巫术和宗教就有助于排解在满足现实欲求中所遭遇的不确定性。此时在文特诺，马林诺夫斯基关于巫术与宗教的成熟理论的基础已经在他的头脑中日渐显现，不过直到他结束自己在特罗布里恩德的田野工作这一理论才完全成型。

他从对自己手稿的校订中得到了"一种建构的快乐"，这填充了在文特诺时一直困扰着他的空虚感。他被提升自身修养的巨大困难而弄得不知所措。他对生活所进行的"理论上的干预"并没有取得明显成效，目标仍然一如既往的遥不可及。不过他相信继续对自己进行"永久的、不懈的、系统性的"监督是正确的。比如说现在，他就必须让自己远离对托斯卡的感情，好让它自己"彻底熄灭"。但是有时他又希望她能回到自己身旁——好像只有这样自己才能"潇洒地离开"似的。这透露出他受伤的自尊，因为他曾被她拒绝过。他失去泽尼娅时的那种情感反应模式现在又在托斯卡这里重复出现了。

"你太喜欢胡闹了"

当马林诺夫斯基回到伦敦的时候，等待他的是斯塔斯的一封心烦意乱的信。事实上，他自己此时的烦恼与不安，与他在扎科帕奈的朋友的境遇比起来简直不算什么。斯塔斯的未婚妻自杀了。2月21日，嘉德维嘉来到科谢利斯科的一座山崖下，在自己身旁放了一束鲜花，举枪自尽。她戏剧性的死亡显然是因为那段牵涉了西曼诺夫斯基的三角关系，这让斯塔斯陷入绝望的自责之中。[34] 他在2月底写信把这件事告诉了马林诺夫斯基：

> 年初发生的事情很大程度上都是因为我的错。我深受困扰,她觉得这是她的错,结果事情就这样发生了,如灾难般错综复杂的情况最后导致她走了这一步。如果不是因为母亲的缘故,我也早想结束这一生了。[35]

连续几个月他都处于极度的悲痛之中,觉得一切都"走到了无法回头的死胡同"。他告诉马林诺夫斯基:"对我来说,你是除去我父母之外这个世界上唯一的亮点。"安妮也从南非写信来表达了同情,并且建议马林诺夫斯基陪他一起去澳大利亚。"对他来说换换环境或许是最好的选择。"[36] 马林诺夫斯基已经想到了这一点。

在3月里一封没标明日期的信中,斯塔斯仍然表现出深深的绝望。在那之前,马林诺夫斯基已在给他的信中谈了自己帮助他走出困境的计划。斯塔斯抓住了这根救命稻草,愿意在这次探险中充当"摄影师和绘图员"。

> 只有这个能和你一起去某个蛮荒之地旅行的念头能够给我带来一丝希望。变故实在太大了,以至于必须将所有的东西都倒转过来……但是这些仅仅是让痛苦感麻木的办法。无论在哪儿,死亡就在我的体内,它不再取决于记忆或地方。只有死可以治愈我。[37]

马林诺夫斯基并未对治愈朋友的病抱有太大希望,他在4月19日的日记中写道:"我意识到,这恐怕已经是他的终点了。"

他很快就又抱怨起伦敦的环境不适合自己。努力远离对托斯卡的想念的同时,他也饱受"未分化性欲"的折磨。他现在怀疑她根本不是一个值得他爱的人,因此她配不上他。这样一种自救的怀疑态度也曾帮助他治疗来自泽尼娅的情伤。她值得自己更坚定地追求吗?还是应该接受她的拒绝,彻底放弃?他在阅览室搜寻着她的踪影,有时轻轻地跟她说话,有时只是远远地看着她。她不在那儿的时候,他就会陷入"一种疯狂的崩溃状态"。他的自尊也受到了伤害。在她斩断情丝的时候,他曾"求她开恩"并仍希望她能回心转意。这是"一种

第十三章
托斯卡

主要由自爱支撑着的希望"。和这个在他的生活中怀念多过相见、让他丧失所有能力的女人斗法,让他享受到一种痛苦中的快乐。"现在我完全明白了为什么女人是邪恶、毁灭和削弱男人的象征了。这是一场为自由而进行的斗争,一场发生在一个真正有创造力的男人和乌合之众的一分子之间的斗争。"人们很容易据此把马林诺夫斯基视成一个极端的仇视妇女者。

大发无私之爱的安妮在信中对他低迷的情绪给予了关切:

> 我宁愿你处于快乐的漩涡中……我希望你能打心眼里深深地爱上一个值得你爱的女人……我希望你能结婚,娶一个对的人,亲爱的——但你太喜欢胡闹了……当然,现在你就要深入澳大利亚的野蛮之地了,这些也,都无疑不用考虑了,但我希望你能在那里发现很多新的有趣的东西,而且能够勇敢地面对它们。

由于受到了斯塔斯的影响,在最后一封信中他谈到了自杀的话题。安妮对他进行了严厉的警告。

> 谈论自杀的话题以及表达对它的崇拜都是极其可笑的——这当然需要很大的勇气,但是对于像你这样一个天才的且有无量前途的人来说这就是邪恶的话题……只要活着,你就有可能达到更高的高度……当然我知道,因为你有更出众的才智所以你也会更敏感,而相比之下我要得到满足和快乐就要容易得多——不过我仍然能够感觉得到我这一路下来失去了多么多的东西。没有什么能比得知你真正快乐更能让我高兴的了,而且我也不应该对能给你带来快乐的女人产生丝毫的妒忌。但我的确对你在爱情上的一些轻浮虚伪感到妒忌不满,尤其是当你这样做可能给他人带来痛苦的时候——我指的是"塔察"(是这样拼写的吗?)那种类型的调情。[38]

安妮想到的显然是托斯卡,不过,除非她极其老练,否则她似乎应该不会看出这其实不是调情那么简单。她同时担心的还有马林诺夫斯基离开英国之后就不能常通信了。像所有情人一样，她也害怕一旦他踏上旅途她就无法想象他的生活了。

不愉快的回归

在母亲的帮助下，马林诺夫斯基对手稿进行了最后的修改。4月22日他离开伦敦奔赴波兰，表面上的理由是要向克拉科夫的科学院提交自己的这本书，其实也是要去扎科帕奈看望自己想要自杀的朋友。去福克斯通的旅途让他想起和托斯卡拜访康拉德的那次经历。火车旅行似乎加重了他的痛苦强度。

> 我望着窗外的泰晤士河……我闭上眼……我越来越清楚地看见她带着一脸责备的样子站在我的面前；这是因为痛苦和渴望而产生的幻觉，我能感觉得到她的存在。《帕西法尔》绝望痛苦的主旋律不断在我耳边响起……眼泪中的悔恨。我甚至不能明确地肯定我不会再返回[到她身旁]。

在他们上次去奥尔斯通和卡佩尔农舍时上车的阿什福德车站，他又想起了她，"小麻雀——戴着一顶插着羽毛的帽子"，耳边又回响起康拉德操着法语说话的声音。

对托斯卡的回忆产生的幻觉盖过了他对和自己崇拜的文学英雄的交谈的记忆。似乎更加戏剧性的是，车过肯特郡的时候他正在读一本康拉德的小说。《回来》(1897)是一部情节紧张的心理小说，讲的是一段徒有其表的资产阶级婚姻的突然崩溃。故事中与丈夫心生嫌隙的妻子试图离开丈夫和另一个男人私奔，但是没有成功；后来反而是这个对妻子丧失了信任的丈夫，由于无法忍受这个曾被他信奉为"理想的完美"典范的女人的背叛而最终离开了她。马林诺夫斯基说这是"一个奇妙的故事"。痛苦地回味着自己和托斯卡失败的恋情，他没法不在康拉德的小说情节中读出一些共鸣。

第十三章

托斯卡

荷兰明媚的春色和他阴郁的情绪不太搭调,不过他在日记里把这两者都记了下来:"果树开花了,森林、草地——一切都绿得那么曼妙,大自然的一切狂暴与严苛都处于盛放与希望的无上喜悦之中——蒙着精致、透明,间或有些蓬乱的面纱,这一切掩盖住了那黑色的、无底的、一成不变的空虚。"那个让他可望而不可即的托斯卡,或者说那个他已然失去的托斯卡折磨着他,而尤其让他受不了的是自己被拒绝的事实。

> 因为是她先离开我所以我怨恨她……我或许曾希望她也受罪,也希望一股脑把所有指责都甩到她的脸上。之后我又清醒过来。我很想知道她的感受。我感觉到了自己的卑微。实际上,这种矛盾感受才是最糟糕的事。

他的话和《回来》中那位幻灭的丈夫的话遥相呼应。那位丈夫也是指责自己犹豫不决的、或许还跟人通奸了的、完全不可思议的妻子搅乱了自己思绪的平静,而且还让他饱受"情绪过度"之苦。从这方面来看,这位拘谨笨拙的中上等阶层典型的英国男人成了马林诺夫斯基绝佳的对照:"他的信条之一就是认为所有情绪过度都是不健康的——在道德上毫无益处;是对真正男子气概的一种玷污",康拉德如此写道。[39] 马林诺夫斯基在日记中直接谈到了故事里这位谜一般的妻子("她毫无天赋!她是做什么的?她是谁?")。[40] 他不厚道地怀疑托斯卡和她一样都无法让人得到性欲上的满足——这是女人最宝贵的"天赋"。"因此,她也没有这种'天赋',她也将永远是个危险的货色,会引导人走向自杀,走向生活的腐化堕落。因此她或许已经腐蚀了我的生活——我又怎么知道?"

夜晚的柏林就是一座"可怕的城堡"。马林诺夫斯基乐于在不同的国民之间进行比较。现在他对德国人有一种"明显的同情",觉得他们是一个"非常多才多艺和有艺术气质的民族"。和英国人比较起来,他们给他留下深刻印象的是"他们突出的、人人必备的效率,而不是他们的聪明或风格"。

几乎在整整三个月之后,托斯卡与丈夫及康拉德一家也路过了柏林。那时

马林诺夫斯基

一位人类学家的奥德赛，1884—1920

这座城市正处在战争的边缘，情况和马林诺夫斯基在这儿的 4 月底的时候已经大相径庭。她回忆道："到处都充斥着一种怪异的气氛：不安的人们一群群地聚集在墙上贴出的最新消息前，从彼此手中抢过最新的报纸……而我们正在去往这座即将爆发的火山的中间。"[41]

因为失眠而精力不济的马林诺夫斯基在柏林忙着处理自己的事。他去看了眼科和牙科医生，买了一些医疗用品，同时也在寻找着人类学装备。柏林博物馆的馆长卢申 (Felix von Luschen) 教授友好地展现了对于他的研究的兴趣，并给了他可以用来测量巴布亚人深色皮肤颜色的色尺。下午他去看了一场《王者之心》，果决地，好似要在自己痛苦的伤口上撒盐一般。果然，他在第二幕的时候感受到了"剧烈的痛苦，就像被烧红的钳子夹住一样"。不过他的这种受虐倾向第二天就消失了，他没有再去看一场《帕西法尔》的演出而是去了动物园，在那里又看到了长椅上对对拥抱着的情侣。他写道："我必须继续不断地跟自己说我决不要再回到她的身边。"

第二天在华沙，他去找了斯波坦斯基舅舅，得到了 300 卢布。之后他又去找了卡奇米尔兹舅舅，得到了 480 卢布（他舅舅说是"1000 先令"）。[42] 他还去找了泽尼娅，但是他的日记几乎丝毫没有提及十八个月前她给他带来的那场困扰。和她的谈话让他失望，得知她怀孕，他一时间甚至有些不知所措。他努力想对她说自己真为她的幸福而感到高兴，但是当他离开的时候却是顿感轻松，觉得把自己"从她毫无艺术性的魅力"中解放了出来。

那天晚上他想象自己和伊顿一起去看歌剧——这是前几次华沙之行中认识的一个乏味但漂亮的英国女人。他在华沙这三日的片段描述给人留下的印象是：在他忙那些正经事的空闲时间里，他就像一只发情的野猫一样在街巷中逡巡，渴望着"有趣的东西"出现。在诱惑一个他认为给他带来了"爱的灵感"的"旺齐娅"失败之后，他转而和伊顿胡闹（就像安妮所说的那样）。离开她之后他在扎科帕奈写道："在与伊顿卡分别的时候有一种强烈的感觉——她的绝望以及我对于自己如此冷漠与盲目的行为的懊悔。"就在因为失去一个女人而悲痛的同时，他却在另一段爱情的边缘跟跄而行，这时又轻松地征服了第三个。不管

第十三章

托 斯 卡

怎样,这么多月来,他第一次得以从性焦虑中解脱出来,一时间感觉到了平静和满足。

4月28日,马林诺夫斯基在克拉科夫度过了繁忙的一日。他把自己的手稿交给了科学院的秘书乌兰诺夫斯基(Bolesław Ulanowski),还去看了自己刚刚丧夫不久的教母维特科夫斯卡夫人。"我哭了,"他写道,"我就像爱一个父亲一样地爱奥古斯特。"接着他坐上了开往扎科帕奈的火车,沿途每到一站都会想起托斯卡。"她从来没有在内心深处理解过我",他这样安慰自己。

尽管他在华沙和克拉科夫的朋友已经提醒过他,可是在火车站见面的时候,马林诺夫斯基还是被斯塔斯的样子吓了一跳。接下来的几天里,斯塔斯一遍又一遍地述说他爱的那个女人是如何背叛、如何毁灭的。不过马林诺夫斯基的扎科帕奈之行也取得了一个小小的胜利:斯塔斯想和他一起去新几内亚。5月4日星期一,马林诺夫斯基启程前去克拉科夫。尽管外面是一派春日融融的景象,但他还是为自己朋友的不幸遭遇而深感忧伤,他的崩溃也动摇了马林诺夫斯基自己对艺术与天才二者关系曾经深信不疑的理解。"我信任斯塔斯,"他写道,"他对于我来说就是至高无上的精神和独特的波兰精神的化身。"但在经历了现在的悲剧事件以后,他又把斯塔斯同时也看成了"人性最弱与最差层面的化身"。正如安妮曾在一封信中警告的那样,他也害怕斯塔斯求死的欲望会传染给自己。他那些用来劝他朋友继续生活下去的观点在他自己听来都显得肤浅无力。但是在他日记里这些断断续续的文字中还是透露出一丝对斯塔斯能恢复过来的希望。"我不能陷得太深……我不能——也没有义务——这样继续下去,一直跟着我的朋友走到地狱的门口,只为陪他走上归途。"

像往常那样,在途经克拉科夫的时候,马林诺夫斯基住在伯龙斯卡夫人的旅店。这次来克拉科夫的目的之一就是拜访那些潜在的捐资人。他拜访了赞莫伊斯基伯爵,但似乎没有什么收获,之后又去拜访了德斯特拉斯堡伯爵,对方给了他一些钱,但是马林诺夫斯基没有在任何一本出版物里提到过这笔资金来源。他在克拉科夫还如约去自己的牙医那里拔了牙。不过之后他觉得不太舒服,所以决定在伯龙斯卡夫人旅店里多待一晚,静静地看康拉德的小说《诺斯托罗莫》。

5月9号的晚上抵达伦敦的时候,马林诺夫斯基感到了一种回到英国的欢愉。他预期自己最多两年后就可以再回波兰,但事实上他将再等上八年才能再次见到自己的祖国。到那时,他所属的那个让他恭顺甚至感到满意的帝国终会垮台。当他最终回来的时候,在被战争不可逆转地改变了的欧洲,迎接他的是一个独立的波兰。

回到托斯卡身边

启程去澳大利亚之前的三个星期里,马林诺夫斯基忙作一团。需要安排一些事,需要见一些人,还要购买和寄送一些设备与补给。需要处理的还有关于斯塔斯与托斯卡的情况微妙、让人痛苦的危机。斯塔斯会和自己一起去,这一点似乎已经确定了。马林诺夫斯基答应借给他500卢布,大英学会则会负担他赴澳的旅费。但是托斯卡会被抛下——或许是永远被抛下——而且,尽管之前信誓旦旦,但马林诺夫斯基还是没法接受失去她的现实。回到伦敦,他没有试图压抑自己见她的欲望,开始积极地四处找她。他试着让自己振作起来,"客观地"看待她,以便能够打破她迷人的魔咒。"很显然,我把她'理想化'了",他告诉自己,或许想起了《回来》中那位丈夫难以忍受的困境。

马林诺夫斯基对托斯卡的痴迷让马林诺夫斯基临行前的情况变得复杂起来,这不仅让他无心处理正事,还使他无暇顾及行将被抛下的母亲。事实上,他在梅克伦堡街的家中陪母亲的时间很少。他常常待在塞利格曼夫妇家中,花很多时间与坦克雷、弗赖和波兰圈子里的各色人等在一起。在伦敦经济学院的夏季学期也进展得很顺利,他每周一晚上都会参加韦斯特马克的社会学讲座课。要是不去看朋友、买人类学设备或者到大英博物馆找托斯卡,他就会练习摄影。

5月15日,他去看了一场《帕西法尔》,但他受不了那种痛苦的折磨,在第二幕的时候就离场了。"她不断出现在我的脑海中",他如此描述令他捉摸不定的托斯卡,那时她正在家里款待康拉德夫妇。伦敦"似乎处处都有她的身影"。对于马林诺夫斯基来说,多愁善感总是爱情的一种能让他上瘾的副产品。在这些忙乱的日子里,他也越来越意识到了这种情绪对自己的危害。

> 对那种……极度的渴望,我清楚地回忆起了那些幻觉,她来看我,穿着紫罗兰般的丝绒套装,头戴别着鲜亮花儿的小草帽。她总是掀起面纱,让我亲吻她的唇。我们彼此是如此熟悉、如此靠近。我们之间一切都是那么的完美。和她在一起我感觉就像是和大海在一起。

一天晚上在塞利格曼家吃晚饭的时候,马林诺夫斯基见到了来自莫尔兹比港的斯特朗(William Mersh Strong)博士。斯特朗1904年的时候曾在巴布亚帮助过塞利格曼,他是该殖民地唯一的全权医疗官。他同时也是兼职的政府人类学家,不过他不太情愿从事田野调查,也没有什么有意义的民族志发现。关于那天晚上的这次交谈,马林诺夫斯基在日记中写道,这是他第一次对新几内亚开始有了兴趣。

斯塔斯在5月24日星期日抵达了伦敦。又看到朋友让马林诺夫斯基变得兴奋起来,不过当天他似乎有些忽略了这位友人:他跟韦斯特马克和匈牙利人类学家托尔代(Emil Torday)一起吃了午饭,晚上又和政治科学家沃拉斯共进了晚餐。

为殖民地探险而整装待发

有时在母亲和斯塔斯的陪伴下,马林诺夫斯基会疯狂采购,为田野工作武装自己。在塞利格曼的指导下他已经买了一些摄影设备并列出了热带露营工具及基本必需品的单子。马林诺夫斯基的清单对于任何在边远之地做过田野研究的人来说都是有趣的。就像众所周知的洗衣店清单一样,托运收据就是个人日常生活琐碎细节的展现；但是马林诺夫斯基的收据却是内容无比丰富的历史档案。[43] 上面不仅记录了他所选择物品的类型与品牌，还记录了它们的价值与数量。因此，这些东西也让我们能够看到他对自己在进入那个阈限性的文化空间，即"田野"之后所将具有的生活状态的想象。他的这些想象与预期是通过和那些经验丰富的前辈们的交谈被塑造起来的，他们中包括了塞利格曼、哈登、韦斯特马克、里弗斯、惠勒，以及最近的斯特朗。这些收据还为了解马林诺夫斯基的个人喜好提供了有趣的线索。

1914 年，罐头包装的先进技术已经使得可罐装的食物范围空前增多。人们试着把所有能食用的东西都塞进或者倒入罐头中然后密封好。但是最后的结果并不总是生产商和顾客们所期望的。品牌基本上无关紧要，格林布尔（Arthur Grimble）回忆起 1916 年在吉尔伯特群岛上吃过的罐头食品时曾说："所有东西都是一个味……都是一股在洗碗水里煮铁锉屑的味道"。[44]

马林诺夫斯基的订单反应了当时的技术水平，这从他购买的必需品中可以窥见一斑。这些东西都采购自帝国的知名供应商：维多利亚大街上的陆军与海军协作协会。[45]1914 年 7 月 1 日，"陆军与海军"（人们通常如此称呼它）通过 *Euripides* 号往悉尼寄送了二十四件"包裹"，在那里又由 Burns Philp 公司的一艘汽轮转运至莫尔兹比港，马林诺夫斯基也将搭乘这艘轮船。乘客与货物定于 9 月 23 日抵达巴布亚。"货物寄运者"的名字简写为"C. G. S."，看起来，这些托运给马林诺夫斯基的商品在购买时就是由塞利格曼付的款。

这二十四件包裹显示出殖民地的供应者们是如何看待探险的后勤储备的。补给品被分批打包，就像野餐用的食品篮一样。有六个箱子标了"A"的字样，十一个则标了"B"，这样探险的先生就可以，比如说，一个月打开其中的一箱，而不用把它们都打开来翻看其中的东西，因为他们很放心里面整齐周到地备好了所有必需的东西。每个笨重的箱子都配有挂锁。

这些箱子里装的食品清单让人想起了拉伯雷禁止奢侈法案中的条文。标了"A"的箱子装有瓶装的"Heinz"牌番茄酱、柠檬汽水糖精、罐装法国芥末和荷兰甜菜根、袋装的脱水豆子和比京芽菜，以及自助餐般五花八门的罐装食品：

第十三章

托斯卡

培根切片、爱尔兰炖肉、龙虾、鲭鱼、牡蛎、沙丁鱼、瑞士奶酪、Suchard 牌香草巧克力、Peter 牌牛奶巧克力、Heinz 牌烤豆、Lyle 牌可可粉、西班牙橄榄、菠菜、青豌豆、荷兰豆和 Moir 牌鳕卵酱。标有"B"的箱子里面装有罐装浓缩牛奶和早茶、六种果酱、听装的腌制鲱鱼、各式干果和包括有干裂豌豆的混合脱水蔬菜、Keiller 牌柑橘酱、一罐牛肉精、蜡烛以及一瓶野营咖啡。在这些箱子里还有一个大罐子,其中有若干小听装的饼干、甜面包干和薄脆饼干。显然,马林诺夫斯基没有准备冒险靠当地的食物来维持生活。

除了这些装在标注箱子里的奢侈"主食",还有几个箱子里的美味听装食物可能是他个人专门选出来的:精选鸡肉、罐装兔肉、烤火鸡、火腿、鲜鲱鱼、Van Houten 牌可可粉和 Bourneville 牌可可粉、竹芋粉、芽菜、胡萝卜和法国菜豆。还有两整箱雀巢牛奶和 Ideal 牌牛奶,另有一个箱子里装着两瓶法国白兰地、三瓶墨水(两黑一红)、四听两磅装泻盐、两磅沉淀硫、六磅硼酸、几瓶碘酊、各种袋装软麻布、绷带与药棉,以及一支(仅仅一支)牙刷。

马林诺夫斯基还从其他供货商那里托运了几箱货物。其中有一大箱子购自 Burroughs Wellcome 公司的医疗用品,这完全是为了满足他疑病症的需要。在他更多让人好奇的装备中,这个箱子装了近五千片(粒)药片与胶囊,包括奎宁、非那西汀、阿司匹林、杜佛氏散、药鼠李、通便剂、溴化钾镇静剂、铁和砷等。

此外还有宿营装备,这显示了他对自己在田野中物质条件的舒适度还是十分注意的。5月16日,塞利格曼陪他去了 Lawn & Adler(国内及殖民地旅行用品商店),他们在那里列了一长串清单。这些东西都按时送到了梅克伦堡街的住所。这份装备清单和那些食物的清单一样有趣。它上面包括了一只螺纹面热带腕表(在1915年于特罗布里恩德拍摄的那张照片上十分显眼)、一把组合工具刀(带开罐器)、一块旅行毯、一盒50发点455子弹、一个油布被套、一个带金属支架的行军床、一个带枕套的毛枕、一床毛垫、一个木棉枕、一床行军毯、一床驼绒毯、露营床单与枕套、一顶带防潮布的帆布帐篷(9×7英尺)、一个带灯杆的帐篷杆带、一码见方的帆布及各式帆布袋与帆布桶、一个帆布浴盆与盥洗盆、一大一小两个卷桌、一只高背帆布椅、两个蚊帐、一个镀锌水壶、一个五品脱铁水壶、一个带有备用灯芯的机械灯、一个水瓶、一个粗帆布背包、一只 furnifold 椅和一顶绿色衬里的太阳伞。马林诺夫斯基对热带环境心存戒备。他花了 6 畿尼买了一顶当时最贵的帐篷；不过当他后来在特罗布里恩德用它的时候，他发现这顶帐篷还是太小了。

这位把自己武装得不错的探险者 1914 年当时穿的是什么呢？他在 Lawn & Adler 商店买了一件带有特殊领部设计和防水帽的刷油棉外套、一顶带有油布遮的坎普尔遮阳头盔、两副浅色绑腿、一双红橡胶网球鞋、一双帆布套鞋、一双防蚊长筒靴、两双八号尺寸的殖民地靴（钉有平头钉），以及十二副棕色鞋带。在法院大法庭街上的 F. W. Green 民用与军用裁缝店里，马林诺夫斯基试穿修改了两件 Norfolk 夹克和马裤，以及一条备用长裤和"灯笼裤"（据推测大概是运动短裤）。在霍尔本的运动与旅行用品品牌 Gamage 的店里，马林诺夫斯基（在母亲和斯塔斯的帮助下）挑选了袜子、活领、睡衣、衬衫、腰带、更多的裤子和另一件夹克。

人类学这门行业里最必不可少的工具就是文具了。考虑好了自己需要的笔记本的类型后，马林诺夫斯基去了大波特兰街的 Ryman 文具店，在那里他订购了两打定制笔记本（遗憾的是，这个数量后来被证明是不够的）。这些厚重的笔记本八开大小，每本都有几百页，用纯奶油色的制钞纸制成。此外他还买了九本拍纸簿、三本大页素描本和三百个信封；但是并没有提到书写工具。文具的花费非常适度，为 1.83 英镑（比他的腕表和 Norfolk 夹克都要便宜）。

托运的货物中还有六打蜡筒唱片。马林诺夫斯基的田野之行只留下了六筒录音（每筒都只有区区四分钟的长度），因此这项技术可能并没有达到他的预期。这些昂贵的蜡筒价值 4.1 英镑——几乎相当于医疗用品的总花费，不过这还远远低于他为摄影设备所花的 18.11 英镑，这其中最贵的是一台四分之一片幅 Klimax 相机。[46] 马林诺夫斯基后来算了一下，他在伦敦购买装备的总花费是 146 英镑。[47]

告别托斯卡

5月26日星期二，马林诺夫斯基和托斯卡在滑铁卢桥旁见面了。他们沿着岸堤漫步，在里昂茶室吃过午饭之后一起去了威斯敏斯特大教堂。他问她是否爱自己。"你为什么要折磨我？"她问道。冲动之下，他提出了结婚。她没有说话，二人就此别过。这是一个让他几个星期之后在一座僧伽罗寺庙里又会痛苦地回忆起的下午。

然而更让他痛苦的是第二天他们在圣詹姆斯公园散步时的那段对话。托斯卡告诉了他自己财政上的困境，还说希望能出来工作谋生。她还说到了自己的"自杀狂热；说到了对生活的厌恶，说自己不可能享受生活"。马林诺夫斯基错愕之余深感悲痛，因为她，也因为自己。

> 这个在我看来象征着生活的美与快乐的女人对我不抱希望，我给不了她任何东西，也无法成为她的依靠。认识到这些真让我无比痛苦。这不仅让我对她的爱深受打击，同时也沉重地打击了我心灵深处的自爱。

接下来的几天里他四处忙活，抗拒着给她打电话的冲动。他参加了韦斯特马克一年一度的午餐聚会，与马丁·怀特和心理学家尚德（Alexander Shand）聊了天。他还去见了塞利格曼与自己主要的捐资人蒙德。他在梅克伦堡街6号的卧室变成了一间热带旅行用品的仓库，他和斯塔斯在那里打包各种物品，试穿他们的新衣。"这一切将会有什么样的结果？"马林诺夫斯基暗自纳闷。

6月1日星期一的下午，他去见了托斯卡。她看起来晕乎乎的，他从她的嘴里闻到了酒气。他们在汉普斯西斯公园散步，在一个长凳上依偎着坐下。"我对她说她不爱我，她没有反驳。"在池塘边他拥她入怀，彼此都觉得这是他们的最后一次拥抱。托斯卡哭了。她告诉他，自己正在"堕向谷底"，她要离开她的丈夫。马林诺夫斯基狠心地认为她的告白"证实了他貌似邪恶的担忧，即她根木就是一个娼妇"。当他在贝尔塞斯公园的林荫路上和她分别的时候,他有一种如释重负的感觉。不过几天之后他们又见面了,这次是在南肯辛顿的自然史博物馆,之后又去了她家里,他在那里给她拍了照。她丈夫的突然回家还让场面一度很"尴尬"。

6月8日星期一是马林诺夫斯基临行的前一天。早上他和斯塔斯去了皇家人类学学院及大英博物馆。他有些担心自己的牙痛,并让眼科医生检查了一下眼睛和眼镜。他又在家里练习了一下 Klimax 照相机的操作使用。下午他在博物馆见了托斯卡,两人在海德公园再次"临别漫步"。"她又跟我说起她的无能为力,说起她和丈夫之间冷漠的关系……她还告诉我孩子的问题取决于命运的仁慈——这让我十分沮丧不安。"

他回到梅克伦堡街,发现母亲一个人在那儿——结果当托斯卡出现的时候,他又抛下了母亲。临别一吻之后,他送她去搭电车。"我告诉她,她将是我永远的理想,因此她必须和自己作斗争,鼓起勇气。我们再次围着国王十字车站旁的小广场漫步……她上电车的时候我看了她最后一眼。"四年之后,马林诺夫斯基会在对这一幕的悲伤回忆之中终结他的最后一本日记。不过一想到自己的母亲,他就有一种"强烈的懊悔与罪恶感",觉得他们在一起的最后一个晚上"都被那个娼妇给毁了!"[48]

第十四章

锡兰之行

愚人船

远赴澳大利亚的航程一开始就没有好兆头。6月9日出发的那天早上,走在梅克伦堡街上的马林诺夫斯基突然感到一阵剧烈的牙痛,让他"对未来有一种不祥的预感"。他突然陷入对这次旅行的"麻木"之中。最先的行程是经由巴黎去土伦,马林诺夫斯基和斯塔斯会在那里登上大洋邮轮。选择在法国南部而不是在蒂尔伯里登船,他们可以就此省出几天的航程,或许也能节省几英镑的开销。避开比斯开湾也能让他们少受些晕船之苦。

妈妈和韦斯特马克来到芬丘奇街的车站送别他们。这次火车旅行对马林诺夫斯基来说又是一次痛苦的经历,当英格兰海岸渐渐后退的时候,他从福克斯通轮渡望向大沙门的村舍小屋。"她和我曾在那里漫步,在一个雪后的夜晚我们坐在月光下的海岸上,身旁的大海在低声絮语",他回忆道。在北车站迎接他们的是祖瓦夫斯基,马林诺夫斯基的心情也随之好了起来。这时离他和母亲第一次造访巴黎已经过去了十五年,此时他仍为它的生命力着迷。"这里的一切都在不断地交汇着、沸腾着、彼此碰撞着;人们的目光、暴烈的脾气和争吵、街上的调情……房屋、电车、树木和街灯营造出一种万花筒般密集纷乱的景象,让人在其中难以辨明方向。"各种色彩与运动汇聚在一起的地铁也呈现出一种欢闹涌动的场景,就像"妓院中的化装舞会一般"。和祖瓦夫斯基吃罢晚饭,他

们沿着幽暗沉静的塞纳河散步。想着托斯卡和自己的母亲,马林诺夫斯基情绪起伏的回忆带上了一种康拉德式的抑扬顿挫:

> 奇怪的冷静与凄凉;就好像我在独自漫步,似乎这偌大的城市只是增大这时空无限汇聚的一件赏心悦目的装饰品。陈年的记忆;巴黎的所有魅力在如此多的艺术作品中、如此多的历史记忆中反映出来。我还在不断地和她一起漫步前行,和她的影子一起,和理想中的她一起。

接下来的一天,祖瓦夫斯基带着旅游者一般的马林诺夫斯基和斯塔斯四处游览。他们在卢浮宫里仔细欣赏了《蒙娜丽莎》和那些古埃及的文物。逛过巴黎圣母院和左岸书摊,他们坐上了去马赛的夜班火车。这座城市所拥有的那种南部的堕落气息很对他们的胃口,他们深入背街小巷,看着那些衣着邋遢的意大利女人匆匆忙忙地赶去工厂上班。他们在土伦带着疲惫四处游荡,等着最后上船的那一刻。终于,在1914年6月11号下午2:00,他们登上了皇家邮轮 *Orsova* 号,这是一艘一万两千吨级的双烟囱东方航线邮轮。这艘按当时标准看来又大又舒适的邮轮搭载了四百位一等和二等舱乘客及七百位三等舱乘客。[1]马林诺夫斯基和斯塔斯住的是二等舱。

第二天醒来的时候,他们已经可以看到科西嘉岛的北端了,然后是厄尔巴岛、蒙泰克里斯托岛和吉廖岛:"整个大海上岛屿星罗棋布"——这样的海上风貌有点马林诺夫斯基即将看到的东新几内亚的味道。那天早上他给母亲写了封信,信中描述了平静海面上漂浮着的、闪着光亮的小岛。这封信的主要内容是安慰她,自己在经济上有足够的偿付能力,已经不需要花费他们的存款了;大学一批准蒙德的捐助塞利格曼就会汇100英镑到悉尼。他也提到了一同搭乘 *Orsova* 号的乘客,他们大多是英国人和"野蛮的"澳大利亚人。"但是我们相互之间保持着一定距离",他补充道。

约瑟法几天之后就收到了信并且马上就写了回信,信中称赞了他生动的描写("如果你能坚持这样,就能写出一本有趣的旅行日记")。她还说自己正在努力完成他那本波兰语专著的书目部分,同时还在按克拉科夫艾斯特莱歇尔的

第十四章
锡兰之行

要求收集人们对马林诺夫斯基那本英文专著的书评。她还说自己第二天会去见 Orontes 号的船长,希望他能在科伦坡上船的时候给自己的儿子捎个包裹。包裹里会有她忘记放在他旅行包中的巧克力、一把绿色旅行袋的备用钥匙、各种发票和几封信,其中有一封来自托斯卡。约瑟法的这封信处处充满母亲关怀的提醒,她告诉他哪把钥匙是开哪把锁的,央求他至少一周要用硫黄洗一次头,此外还教他如何调自己的闹钟(并周到地画了一张小示意图)。她还建议他再买一只油布钱包装钱,不过还是得先用蜡纸把钱包好。

> 瑞廷格尔夫人……常常来,帮了不少忙,也常哭。我常抱着她,试图让她平静下来。你时不时要给她写写信,但是你要记住我跟你说的话,还要诚实待人,这封信你看过几遍之后就扔进海里吧。[2]

母亲现在已经知道布罗尼奥和托斯卡之间不只是好朋友的关系。

第一个停靠的港口是那不勒斯,这两个朋友游览了一整天。马林诺夫斯基上一次还是和母亲在1904年来的这儿。他的日记中写道:

> 我真是太爱那不勒斯了:爱这儿的风景如画,爱那不勒斯人的绝佳性格,也爱这里街道上的勃勃生机。我极其喜欢这些意大利人。……葡萄园环绕着小巧的老房子,它们如此原始,如此富有艺术气息,让人们在其中感受到一种数千年不变的古老文化的优雅。

再次登船之后,轮船载着他们穿过了那不勒斯湾。第二天,当他们沿着荒凉的卡拉布里亚海滨航行的时候,马林诺夫斯基在惊讶之中意识到这些地方就是毕达哥拉斯曾在这里教学和大希腊殖民地的城市一度兴旺之地。一到塔兰托,他们就被一群孩子们包围了,当他们沿着破旧的小巷散步的时候,当地的女人们就在窗格后面盯着他们看。马林诺夫斯基很高兴地发现自己说的意大利语还能被人听懂。那一晚,他们的船启程继续驶往塞得港。

在没有停靠登岸的两天时间里,马林诺夫斯基检视了自己的身体与精神健

马林诺夫斯基

一位人类学家的奥德赛,1884—1920

康状况:

> 在船上才待到了第六天……不过我已经完全受够了……我看不清自己要去哪里,我在自己心里感受不到一个目标或方向的存在。身体上也感觉非常差。有种伤风头疼的感觉,喉痛、咳嗽,还有高烧……我也无法预见新几内亚的气候会让我有什么样的感觉。

至于他的性心理状况:

> 我极频繁地受到了伤感情绪的困扰,都是关于 T 的。今天看着我前面坐着的一个小姑娘,我眼里满是泪水。父亲的本能正在被唤醒。我把淫欲本能掐灭在萌芽状态,即使它们还仅仅只是些白日梦。我希望这段时间里保持性上面的完全纯洁,否则我将没有权利结婚或享受婚姻生活的快乐。

他很担心仍然极度抑郁的斯塔斯。斯塔斯在 4 月的时候曾写信给他,求他在曾经工作过的莱比锡实验室弄点氰化钾。"通过你的那些关系,这办起来不难(为了这次旅行,以防被那些野蛮人生生地给烤了,或被类似这样弄死)。如果你有一点点爱我的话,你是会帮我这个大忙的。"[3] 不过马林诺夫斯基似乎并没有满足他的这个要求。

离开塔兰托的时候,斯塔斯写了一封正式的自杀遗言,遗言抬头写的是马林诺夫斯基,让他"转交我的家人"。

> 这是我的最后一封信。我应受责备的那些严重错行已经阻止我继续生活下去。原谅我,我最亲爱的父亲母亲。我没法再活下去了。我正在承受可怕的罪恶感……原谅我,布罗尼切克,因为我抛下了你,但是你不知道我现在受到的折磨有多大。吻你,永别了。不要生我的气。只有你知道我承受的所有可怕的磨难。你的斯塔斯。

信的后面附着一份遗嘱,遗嘱里他把自己的油画、素描、照片和其他遗物在朋

第十四章

锡兰之行

友们中间做了一个分配,这些人包括索尔斯卡、嘉德维嘉的父母及阿涅拉(他把自己所有的文学作品都留给了她)。他把自己的照相机留给了马林诺夫斯基,并补充道,"如果他从探险之旅回来的话,他可以随便选择他想要的油画。"遗嘱还要求将嘉德维嘉所有的"信件与纪念品埋在她自杀地点为我立的碑下。"还有一条带有报复心的要求:"最好不要让超爱做戏的米欣斯基写关于我的一字一句。这是我最强烈的愿望。我宁愿被彻底忘记。"他之后又满带悲伤地加了一条遗言,把他最近的一幅画作《死亡之吻》留给了尤吉尼娅·波尔科夫斯卡,还说这是因为"意识到她将永远不会试图自杀"。[4]这应该算是维特卡西最病态的玩笑之一了。

据推测,斯塔斯过了很长时间都一直没有把这封信交给他的旅伴,因为马林诺夫斯基带着谨慎的乐观给他母亲写了一封信:"斯塔斯已经从那些在伦敦和扎科帕奈一直折磨着他的抑郁、叹息和绝望中走了出来。他看起来好些了,有时还开开玩笑,基本上算是个开心随和的旅伴。"[5]要么这是马林诺夫斯基善意的谎言,要么就是斯塔斯在故意掩饰自己自杀的倾向。

尽管有些轻微的晕船,马林诺夫斯基还是能在民族志的阅读中寻找乐趣。他向妈妈抱怨说,乘船旅行就像待在监狱里一样,这种拥挤的状况会导致对同行乘客的恶心感。他必须不断提醒自己陷入这段看似毫无意义的旅行的原因。不过塞得港能够让人散散心,他在日记里不厌其烦地记下了这里给他留下的印象:

> 在小舟上被粗野的人们围攻……沿着海滨游玩。买明信片和邮票。街上的巴扎,灯火通明;树木散发的味道好极了,不过街上的臭气却糟透了;带环形阳台的大大的、深色的房子。可以听见从远处传来的阿拉伯音乐之声……咖啡馆和卖水果的小贩。有一个会弹奏音乐的随从跟我们一起;一个人高马大的黑人,希鲁克人?

他跟着向自己的母亲详细地描述道:"街道没有铺路面,当然,脏兮兮的,有种臭气,让人想起突尼斯和丹吉尔这些地方。"这是典型的"东方的气味:混合了氨气、熟橄榄油和廉价香水的味道。"[6]竖笛和鼓声把他们引到了阿拉伯街区,他们在那里看到了一群迎亲的队伍,人们举着火把,有马车和乐手相随,后面跟着一大群看热闹的人。

在经过苏伊士运河的时候,酷热开始折磨人了。"最糟的是晚上待在船舱里的时候,"他告诉妈妈,"就像是从燃烧的甲板上突然下到了蒸汽浴室里一样。"

> 早上我觉得非常虚弱,想洗个澡,但是穿上黏糊糊浸透汗水的衣服让我一阵恶心。当然,我穿的是卡其布衣服,没有穿内衣,常常要脱掉夹克,就穿着衬衣坐着,这样的打扮在这儿再合适不过了。

在日记中,他描述了自己的一些观察:

> 在我的右手边,埃及;显然是经过了人工灌溉,不时可以看见一丛丛的柽柳和棕榈绿洲;它们的上面是突兀的山岩。左手边,只有流沙的沙漠,一片荒芜;或者有些低矮凌乱的灌木……巨大的船体几乎没有通行的空间,很奇怪这个航行中的庞然大物是如何从这沙漠的心脏之地穿过的。

与此同时,在一阵突发的自我怜悯之中,斯塔斯也写下了带着曲折剧情的日记。

> 在塞得港的那一夜让我能够窥见未来一切的模样……我能看到的所有东西,美丽的、奇异的和不同寻常的,都变成一种可怕的折磨。我多想和她一起欣赏这所有的一切……现在我心里除了对她的可怕的爱之外,不再有任何东西,因为发现得晚而变得愈发的可怕。[7]

为了那场导致嘉德维嘉自杀的错综复杂的感情闹剧,他唾弃了参与其中的"伪朋友"西曼诺夫斯基("一个天生的恶棍")和米欣斯基("一个下流的爱做戏之人")。"但是最最有罪的还是我",他补充道。[8]

尽管大海航行的无聊还在不断地压迫着他的神经,马林诺夫斯基还是渐渐融入了甲板上的这个社会之中。他和一些法国乘客一起散步、聊天并做一些甲板运动,此外还和新几内亚的英国圣公会大主教纽顿(Henry Newton)促膝长

第十四章
锡兰之行

谈。不过他还是在日记里抱怨说:"我还是不能忍受大海,不能忍受这些天气与气温的状况;我工作得太少了……晚上睡得也不好,昨晚还做了噩梦,这显示心脏正在衰弱中。"

他母亲发往塔兰托的那封带有托斯卡消息的信并没有及时送达,他直到即将离开科伦坡的时候才收到。他仍然想念着她,而且随着距离日渐增大,他的爱也变得越发纯净。他所称的"一夫一妻的本能"正在变得坚定起来。

> 我对托斯卡有些理想化:善良、聪明、慈爱,具有真正的、深层次的女性温柔,我所有的情欲和现在已经强烈很多的家庭本能都催促我投入她的怀抱。我觉得她是我完美的补充,只有在她身上才能实现我和一个女人建立一种稳定关系的愿望。

"不幸的是,"他补充道,"通过分析,这个出自本能的想象并没有得到确证。"他认识到自己已经不再信任她,他们之间不再可能有快乐或者真正的爱情。也正是因为这个原因,他才通过离开伦敦而逃离她。"我越发强烈地感觉到,如果她不爱我的话,那她这样做只会使她自己在我的心目中贬值。"写这些话让他想起了自己的母亲:

> 我对那个在我心目中拥有真实而持久价值的人、那个真正关心我的人却想得太少。妈妈现在一定非常想念不在她身边的我……父母与孩子之间的这种单方面的关系是件可怕的事。现在,当为人父母的感觉在我心中被唤醒的时候,我开始对这种悲剧有了某种程度上的亲身体验。

同一天,即6月20号,马林诺夫斯基还在日记中说斯塔斯非常忧郁,不过那天晚上他的这位朋友作了一首动听的曲子,这让他颇为惊讶。可能是因为考虑到了自己的父母才让斯塔斯没有自杀。他在记录自己痛苦心情的文字第一页的眉批处着重强调"你有没有认识到因为父母而受到折磨是什么意思?"他接下来写道:"我希望能在平静中死去,但我不能这样做,因为我的父母无法承受这样的事实。"他在给自己的心理分析师博兰的信中写道：

> 现在不是死就是去新几内亚。但是说起来容易做起来难。在红海这里，死亡和那些把我引向死亡的思考跟在扎科帕奈的时候没有什么两样。不过我还是应该尝试能够坚持到科伦坡……我所爱的只有她，我所恨的也只是我自己。[9]

在穿越红海的三天时间里，湿热的天气让马林诺夫斯基十分难受。他觉得呼吸困难，偶尔还会心慌。洗冷水澡起到了缓解作用。有几个下午在一阵阵的小睡之间，他甚至可以开始学习莫图语语法了。此外他还读了史蒂文森的《巴伦特雷的少爷》，并钻研起《人类学的问询和记录》。斯塔斯则待在船舱里，用阅读来折磨自己。他读的是康拉德关于背叛、罪恶、悔恨与赎罪的小说《吉姆爷》。[10]

"我这阵子觉得很不舒服"，马林诺夫斯基在6月26日对母亲写道。他沉溺于冷水澡、食物和酒之中，这导致困倦感和偏头痛。在空气闷得让人窒息的船舱里他几乎无法睡觉。他们离科伦坡还有一天的航程，他现在一想到这段航行快要结束心里便有如释重负的感觉。[11]约瑟法几乎在同一天也给儿子写了一封信。她已经被告知他没有在塔兰托收到她的信，现在她还担心他在科伦坡都还不会收到那些信，以及她托交给他的包裹。于是她给东方航运公司发了电报，要求将这些东西转送到珀斯。"这是我唯一能为你做的事了。你离得越远我就越难为你做任何事，我的影响力也消失殆尽了！"她尽可能地收集了所有关于他那本原始家庭书籍的书评并把它们寄给了艾斯特莱歇尔。艾斯特莱歇尔已经基本上答应做这本书波兰文版的二校，不过他希望约瑟法能做一校而由乌兰诺夫斯基来做三校。她鼓励儿子多写些日记体的书信："你现在所处的状况并不是灰色无趣的日常生活。时时刻刻都会有一些细小的刺激，或许会有新的感觉、新的想法。"母亲接着提醒道："照顾好你的眼睛，不要在有风的时候看书，一周至少用硫黄洗两次头，一天按摩头部两到三次……这能控制你的脱发。给你一千个拥抱！"[12]

远在南非的安妮在接到马林诺夫斯基从塞得港寄来的诉苦信后也写了回

信。得知他住的是二等舱她感觉有些惊讶。澳大利亚的殖民地生活不会像他害怕的那样糟，他一定会在那里碰到最有教养的人。她认为"每个人都会尽可能尊重你、款待你并让你高兴，所以这一定会比住二等舱在海上旅行更让你快乐。"此外，安妮对他所作的"洁身宣言"也颇为怀疑：

> 你关于自己唐璜般人生的控诉把我也逗笑了。我并不认为它真的结束了——或许这只是你所经历的一次倒退——我想，你无论如何都不会在巴布亚有太多机会重又过上那样的生活——而且或许对你的健康而言，像你所设想的那样在接下来的两年中过一种洁身自爱的生活也不错。你说我是你认识的说英语的人当中唯一让你觉得亲近的，还说希望我和你在一条船上，这些话让我感到欣慰。其实我也希望如此。[13]

"让我始料不及的热带"

6月28号的凌晨，*Orsova*号停靠在了科伦坡的码头。"过去几天的海上航行充满了可怕的酷暑、无聊和没精打采"，斯塔斯在给父亲的信中这样写道。[14]二等舱的乘客被允许在一等舱那层甲板上睡觉，不过"布罗尼奥宁愿留在他那令人窒息的船舱里"。他们汗流浃背地收拾好行李，穿上了那些热带服装，还戴上了太阳帽。

一到这个嘈杂熙攘的殖民地首都，马林诺夫斯基就带着哈登写的引荐信找到了《锡兰观察者》的编辑弗格森（Ronald Fergusson）。身为一个旅行指南作者的儿子，弗格森向他们推荐了一些值得一看的旅游景点。他们先坐人力车去了维多利亚公园。斯塔斯描述道："我原本觉得坐人力车会因为有种犯罪感而不舒服，但事实并非如此。它让人有种觉得自己是动物的感觉。这里的人们很有趣，他们的肤色从红巧克力色到古铜色。"马林诺夫斯基断断续续的描述有点

马林诺夫斯基

一位人类学家的奥德赛，1884—1920

印象派的色彩：

我们坐车穿过开阔的空地；体量巨大的英式建筑。穿着白、红色破衣烂衫的僧伽罗人；深色的眼睛凝神望向未知的远方。几乎看不到什么白人。僧伽罗男孩们[在踢]足球。驼背的牛。盖着瓦顶的小房子；门面大敞的小商店。宽阔的街道，房子的窗上有席帘或木栅。各式各样的头巾。一场穆斯林葬礼。维多利亚公园。硕大的竹子；开着紫花的大树；奇异的草，红色的土；感受到热带植物的显著特征。沿着湖边返回，棕榈树。可怜的小佛龛。

他们坐电车去了肉桂园，在那里马林诺夫斯基看到了"扁平鼻子上戴着金色鼻环的妇女、穿着黄袍的僧侣和红衣的庙妓"。他大多数时候都是在看女人，"出于好奇而并非色情狂的心态"。这对朋友晚上投宿在一间便宜的僧伽罗旅店，床上挂着蚊帐，两个人热得汗流浃背。"服侍我们的是半裸的神秘的青铜色的猴子"，斯塔斯告诉他的父亲，在港口"飞来飞去的不是海鸥而是翅缘参差的红铜色秃鹫"。

他们赶早上 7:00 的火车去了康提。经过四个钟头，火车一路蜿蜒，嘎嚓嘎嚓地缓缓驶入阿拉加拉峰下的群山之中。斯塔斯看到了"魔域般的景色"，植被变得"越来越疯狂"，"人们的穿着也变得越来越俗气而华丽"。在康提的古代都城中，马林诺夫斯基被最后一个封建帝王修建的人工湖所深深吸引："这个湖的设计与修建是为了休息、为了忘忧、为了此时此刻的当下生活——它成了一个充满着对快乐的承诺的场所。"斯塔斯则在瑞士饭店里给父亲写信，称自己正身处"被棕榈和藤蔓覆盖的上坡上，不可思议的是，身旁就是一个满是鱼和乌龟的湖"。

这对伙伴似乎惊叹于他们的所见所闻，但是他们在内心深处却以各自的方式经受着折磨。马林诺夫斯基抱怨道："我脑子里混沌一片，很容易就感到疲惫不堪……我把自己的片刻精力都投入在这些外界感受之中，有时觉得它们很强烈，有时又觉得它们很令人麻木……我试着给妈妈写信，描述一下我的映像，

第十四章

锡兰之行

但这确实很难。""最亲爱的妈妈,"他写道,"我到这儿已经一天半了。我觉得自己被这里的一切所惊呆并魅惑了,简直不知道该如何对您说……热带的确超出了我所有的想象。"

斯塔斯在信的最后重又陷入了痛苦之中:"她再也看不到这[美景]……即使是我最坏的敌人,我也不希望他们经受我在精神上所经受的这一切……这非人的折磨会终有尽头吗?吻你,爸爸,我最亲爱的爸爸。"[15]

那天他们坐着人力车环湖游玩,经过一处处花园与宫殿,在散发着"可怕气味"的宽敞街道上,他们看见懒洋洋的僧伽罗人和"穿着富贵华服、张着嘴喋喋不休的阿富汗人"。晚上,他们去了有座钟形佛殿的圣牙寺。寺庙的院子里挤满了人:"有卖花、槟榔和香的小贩;黑黑的、半裸的人影在身边轻轻地、懒懒地穿来穿去,他们总有些要行骗或乞讨的意味。"马林诺夫斯基已经被不断的乞讨纠缠弄得不耐烦了。

在雅盖隆大学学习期间,他曾在斯特拉则夫斯基的指导下通过阅读对东方哲学产生了尊敬之情,但是现在这种大众佛教所展现的场面让他有些幻灭的失望感:各种大小尺寸的佛像、破布包裹的各种小装饰和贡献品。这幅图景在他看来就像"托儿所里的小孩把宗教的神秘当成玩具在玩"。作为一个怀着热切抱负的人类学家,他令人惊讶地展现出了心胸狭窄的尖酸,把眼前所见当成是对自己审美感受的公然冒犯:"这种粗糙而普通的形式让佛教在我看来就像是一种缺乏想象的贫瘠之物,这是一种我在意大利南部劣质的天主教里已经体验过的东西;这种东西毫无那种由奇异的艺术效果带来的魅力,此魅力与那些古老的传统相关并建立在它们的基础之上。"他反思了自己的这种失望:

> 和一种全新文化的初次接触……对一个完全陌生的国度、宗教或风景的第一印象总是充满着这样的反高潮的失望。仅仅在非常少的情况下才会有一种愉快的巧合发生……某地环境布置所营造的愉快氛围让人能立即领悟一个新世界的精髓,领悟新环境中美的实质。

他颇为不快地承认,在这一次旅行中并没有发生这种愉快的巧合,"或许是出于

马林诺夫斯基

一位人类学家的奥德赛,1884—1920

对未来能否适应热带的担忧,或是出于酷热所带来的极度疲惫"。他第一次承认,自己在锡兰这两周的旅行,主要目的就是要检验自己对热带环境的耐受度。到目前为止,他那柔弱的身体给出的反应并不乐观,他也有足够的理由对在新几内亚等待着他的一切保持警惕。

尽管他们的房间凉爽舒适,晚餐也丰盛至极,但马林诺夫斯基在瑞士饭店住的那一晚仍旧闷闷不乐。他的坏心情来自那些少言寡语、卑躬屈膝的饭店服务人员,也来自那些盛装赴宴但言谈无味的英国游客。第二天一早他们去游览了佩拉德尼亚植物园。和马林诺夫斯基对植物的热情形成鲜明对比的是他对当地人文环境的溢于言表的蔑视,这种蔑视达到了几乎让他作呕的程度。在街道的阴影下,他写道:"冒出来一些棕褐色的、半裸的身影,有些穿着或红或白的破衣;一个头,一双大而空洞的、潮湿的眼"。下午,他去拜访了政府考古专员贝尔(Henry Bell),他后来跟妈妈这样描述这位官员:"很老,胖胖的,面色苍白,就像这里的气候把他的精气神都给抽干了一样"。贝尔建议他去参观一下马特勒和阿努拉达普勒的古遗址。

那天晚上,当他在潮湿的夜色中眺望康提湖的时候,马林诺夫斯基被充满情欲的想象撩动了心弦。"那座小岛让人浮想联翩:在一个美轮美奂的爱之亭阁中,一个身材粗壮、长着壶形肚子的国王正色迷迷地把他的美妇们拥入他宽阔的怀中;在一个闷热的夜晚,天空似乎正在向大地紧靠过来,要将它拥入自己温暖的怀中。"他独自在街巷中逡巡,"被一种莫名的、不纯洁的、模糊的期望所牵引,希望自己瞥见的什么东西能够把我引向邪恶。我努力控制着自己;我在内心跟这样不洁的念头已经作了好几次斗争了。"

第二天在动身去马特勒之前,布罗尼奥和斯塔斯沿着霍顿夫人小径漫步,欣赏茂盛的丛林景观和康提湖的美景。带着"一个无知者应有的领悟",马林诺夫斯基对锡兰作出了总结性的评价:

> 我有一种奇怪的印象,即这个非凡的国度缺少某种东西,即它只是一个缺少了戏剧性的美丽装饰。一个有着杰出历史或一个全然蛮荒

第十四章
锡兰之行

的国家都各有其自身的魅力。但是如果一个国家的历史只是小领主酋长们如在象棋棋盘上进退般的一系列不入流的政治权谋的话,或者只是那些殖民宗主国令人恶心的政治活动的话;如果一个国家在当下的目标只是为了让种植园主和投机商人致富的话——这样一个国家便断无魅力可言。

不过在马特勒,他兴奋地发现自己终于来到了"原始的锡兰"。这里没有欧洲人,有的只是那些没精打采的身影和"愁眉不展、表情空洞的脸;红白色袍子;辫子、披肩和长头巾"。他们坐马车去了一间有雕刻穹顶的小庙,观看了一场贵族婚礼,还进入丛林,发现了一些遗址。到目前为止,在马特勒的一天过得最有意思,他告诉母亲,并且向她描述了轮廓清晰的山峦、奇异的植物,还有色彩斑斓但却平静得让人吃惊的街道。这里的人们还是让他感到失望。他们"仅仅只是活着",懒洋洋地坐着,呆滞的目光四下游移:"他们无法激起你的同情或兴趣;他们行动太缓慢,太沉重,毫无生气。"[16]

因为没有在马特勒找到住的地方,他们又赶回康提,晚上坐牛车享受了三个小时的月光之旅。那天晚上他们在一家便宜旅店过夜,饱受跳蚤和隔壁醉酒者呕吐的困扰。第二天早上他们乘火车前往阿努拉达普勒,这是座古城遗址。他们将"随处可见的僵直的棕榈树"与"疯长的藤蔓和攀缘植物"抛在身后,进入了一个干旱地带,这里只有荆棘灌木、枯黄的草和没有叶子的树。他们在当地唯一一家旅馆住下,雇了一个导游,坐上马车开始了游览。阿努拉达普勒曾经是锡兰首都,其都城史超过了一千年。两人在废弃的佛殿与破败的庙宇间探寻。那天晚上,被酷热弄得精疲力竭的马林诺夫斯基睡得很沉,一睡就是十二个小时。

与此同时,斯塔斯又陷入了更深的绝望之中。那天晚上,他用蹩脚的英文给锡兰当局写了一封"解释"信,希望在他自杀的情况下能证明马林诺夫斯基无罪:

> 他如此好心地借给我 50 英镑……还把精神状态极差的我带在身

边,这已经给他带来了很多麻烦。他就像我最好的兄弟一样善待我。十分抱歉我只能让他受屈,在艰险的旅程中抛下他……我写这封信是希望我最亲爱的朋友马林诺夫斯基博士不要因为我的死而遇到任何麻烦,希望他能避免因受到任何官方程序与问询的影响而错过自己的登船时间……因为他必须去澳大利亚参加大英学会的大会。如果我不仅不能感谢他反而给他带来麻烦的话,将会给我带来巨大的痛苦。原谅我糟糕的英文。[17]

他在附言中又用波兰语写道:"亲爱的布罗尼奥,你会觉得这是一场拙劣的表演。我不希望你遭受哪怕一点点我曾受过的折磨。"信封上写着"B.马林诺夫斯基:我死即拆封"。不过信封上还出现了两个澳大利亚的地址,而且在"解释"的下方有"幽默"一词。这很明显是后来加上去的,可能和那些澳大利亚的地址一样;斯塔斯显然将这封信一直保留到了这次危机结束之后。

尽管这对朋友亲密无间,但似乎他们在这次旅行中并没有分享自己内心最深处的想法与感觉。昏昏欲睡的马林诺夫斯基并没有意识到自己的朋友还在等待着自杀的一刻,不过他在第二天的日记中写道:"斯塔斯经历了可怕的一天;他什么也不看;绝望之中;谈到了勇气。他应该在写一篇文章。"让人不可思议的是(因为即使马林诺夫斯基也承认自己在这样的状态下无法写文章),斯塔斯还是强迫自己信守对一家波兰期刊所作的写稿承诺。

从阿努拉达普勒他们坐牛车又一路来到了马拉丹卡达瓦拉。那天晚上他们住在一家英国政府的宾馆里,斯塔斯还在坚持写他的文章。第二天,马林诺夫斯基感觉好些了,坐在车上在阳光烘烤下的丛林所筑起的绿墙间穿行的时候,他甚至有些兴高采烈。他时不时下车步行,拍拍照;有时又会懒懒地坐在车里,对眼前的各种树木发出惊叹。"枝干张开的含羞草,就像撑开的阳伞;人工种植的橡胶树枝芽缠绕,就像一群群人在热闹地拉着家常;他们胳膊挨着胳膊,伸出手比划着。"有时候,他会瞥向稻田和远山。地里收割后的残梗和一捆捆金黄的稻穗"就像花束般立着",这让马林诺夫斯基怀念起了加利西亚。

第十四章

锡兰之行

他们在丹布拉找到了一家房间宽敞的客栈，晚上还步行去了附近一个村庄。他们巧遇的一件事对马林诺夫斯基产生了重大影响。他在日记里写道：

> 在路上，在有四根竖棍和四根劈开的竹竿横向固定的架子下面，我们看见一个男人坐在放满鲜花、香和蜡烛的小桌子上正在做法事。在他点蜡烛的时候我们用伞帮了他。他口中念着咒语，在碳上燃香。这是我第一次看到巫术仪式，它在月光下进行，就在人工种植橡胶树的曲根之下，做法的人是一个黑黑的家伙，旁边围了一群和他一样的野蛮人，这给人一种庄严而深邃的印象。

他在给母亲的信中兴奋地讲述了这件事：

> 我生平第一次有机会看到由另一个文化的人们举行的巫术仪式……这是第一个，也是让人完全感到困惑的、难以解释的"巫术"的实例。我希望（这已经是第 n 次了）我能懂当地的语言，否则我就无法从这样的事件中了解任何东西。

他们后来还在树林里碰见一群露营的朝圣者。他们是为当地寺庙中举行的满月节而来。这让马林诺夫斯基想到了波兰天主教的朝圣中心琴斯托霍瓦。他们沿着一条花岗岩小径上山来到在月光下闪闪发光的石庙中，这里有一连串坐佛环绕的石窟。石窟中有布满雕塑的供桌与佛堂。台阶上满是穿着白袍的人们在说话。每一群人进入石窟的时候都要大喊一声，之后口中念念有词地列队进入，在每个供桌前面停下，点燃蜡烛并供敬鲜花。这给马林诺夫斯基留下了"极深的印象"，他在信中跟母亲说：

> 在这次仪式中，大众佛教以一种赏心悦目的形式展现在我面前。这些贡献品漂亮、简单而且对每个人来说都唾手可得。而且整个仪式没有什么神神秘秘的东西，没有那种经过排练的、以神秘启示的形式在人前表演的场景。这里的一切都具有一种不可思议的自然与民主的特色。[18]

在审美上唯一不和谐的元素就是到处被作为贡献品挂起来的白袍:"神圣的菩提树看起来简直就像小人国的人们在它跟前洗衣服一样。"马林诺夫斯基对大众佛教抱有的这种温和的兴趣缘于他的一个观察,即这里并没有"神职人员的等级制度"。因此和他本文化中为基督教提供了规范的罗马天主教制度相比,这种宗教有更少的专制与等级特色。

那天晚上他在宾馆里睡得并不好,但他并不知道斯塔斯正在自己的房间里用一把勃朗宁左轮手枪顶着自己的太阳穴。[19]

第二天早上,他们沿着石阶爬到了巨大的圆形花岗岩山顶,这里是整个丹布拉平原地形中的制高点。它在森林映衬下的光秃秃的轮廓,让马林诺夫斯基想起加那利群岛上深入绿色花园中的那些黑色的火山岩。

深灰色,带一点微微的巧克力色,它的外形看似一头巨大的象。随处可见的是巨大的后半身、下垂的耳朵和圆形的皮肤延伸的纹理。山岩的外观特征:闲适、被动、静止——就像一个凝视远方的大佛脸上的表情。

马林诺夫斯基专注地研究着眼前这幅壮阔的全景图,急切地想要了解它的地质构成。他看到了火山锥、白云岩山峰、高耸的石峰和冠状的山顶、宽阔的高原台地、山脉与波状丘陵。

所有这一切都以一种缩微的尺寸聚集到一幅全景画之中,就好像展示在一只巨大的玻璃钟罩下面一样——而且每样东西都无一例外地被盖上了一层绿色,被刷上了厚厚的一层清漆——这为所有东西都增添了一份温柔、安详与细腻——也除去了最险峻、最怪异的山形所带有的那种让人畏惧的原始威严。

马林诺夫斯基一贯喜欢通过运用科学的解释来让自己对景观的欣赏去神秘化。在新几内亚时也是如此,无论被美景弄得如何神魂颠倒,他都会努力对这种土地的神秘魔力进行合乎理性的理解。

7月8号，旅行者们又去了纳兰德村，途中还停下来看了更多残破的神殿庙宇，马林诺夫斯基把这些地方的情况都极尽详细地描述给了母亲。他在锡兰写给母亲的信通常比他这一时期的日记写得更为详细。那一晚他梦见了安妮和莱比锡："那座城市的诸多画面都浸透着无限的思念，说着伤感的语言。"尽管托斯卡也出现在了梦中，但安妮才是他所想念的人。"斯塔斯在纳兰德时的情况很糟，"马林诺夫斯基在给母亲的信中写道，"他又哭了几次；绝望。"事实上，斯塔斯那天晚上又一次想到了自杀。"我不能这样做，"他在一个月后承认，"一想到我的父母，我就在最后关头停住了。"[20]

跨越界线

7月10号他们途经马特勒和康提回到了科伦坡。在这两个星期里，他们见识了不少也经历了很多。马林诺夫斯基拍了许多照片——不过所有的照片现在都遗失了——此外，尽管精神饱受折磨，斯塔斯还是写出了一篇文章而且画了几幅画。[21] 把行李搬上 *Orontes* 号之后他们去了泰米尔区。夕阳西下，他们坐在一家旅馆的阳台上，手边的杯子里盛着柠檬汽水，马林诺夫斯基看着眼前的一切：

> 黑黑的身形罩着白衫，人力车上坐着的常常是半裸的本地人，还有骡子拉的车——所有这些锡兰场景最后一次出现在我们面前。突然有一瞬间，我希望我们不必离去，对于等待我们的漫漫前程我没有半点热望。[22]

尽管他对继续旅行心存不安，但穿越印度洋的这十天旅程，事实上要比抵达锡兰前的那一段更加让人愉快。虽然比 *Orsova* 号小一些、旧一些，但 *Orontes* 号船上的环境更舒适，搭载的乘客也少些。大英学会的其他会员也在船上，其中包括哈登和他的女儿凯瑟琳——但是他们可能住的是头等舱,因为马林诺夫斯基并没有在日记中提到他们。

登船的时候,马林诺夫斯基终于收到了母亲从英国寄来的信件和包裹。他也回信感谢了她寄来的巧克力和她为他缝的挂在脖子上装笔记本的袋子。他还巧妙地提到了托斯卡:

> 至于你说的那位"常来拜访、帮忙和哭泣"的女士,她信中的语气非常温和……有时我也被她迷住了,我甚至有些归属感,也对未来有了些长远规划……不过我最终还是认为这是不可能的。不过我能感到我们之间仍有深厚的友谊,而且希望妈妈能够跟她保持联系。

"独自旅行是各种快乐中最痛苦的",他在给母亲的信中矫情地写道,不过他并没忘记斯塔斯也算是个旅伴。"斯塔斯还是没有太大的好转",他告诉她:

> 他仍然常常陷入极度的痛苦与绝望之中。这让人十分痛心,而且显然不能为旅行带来欢乐。不过我们之间倒没有任何问题,因为他能完全配合旅行上的所有细节安排,常能帮上忙,体贴而随和……我也希望能像他帮我那样帮助他,而且保持平静,尽量保持心理平衡,不让自己情绪低落。我们必须抱有最乐观的希望。[23]

对斯塔斯来说,这次旅行仍是"不折不扣的痛苦折磨",不过他还是尽力写完了他的文章。[24]

接近赤道的时候,天气变得凉爽起来,马林诺夫斯基告诉母亲,"如果没有颠簸的话,船上生活还是很惬意的"。他发现二等舱的乘客比起 Orsova 号上的那些乘客"好太多太多"。有四个人也是去参加大英学会的会议的:他们是两位博物馆馆长和一对夫妻,即戈尔丁夫妇。他们每晚都穿着整齐地吃晚餐,然后安排舞会。马林诺夫斯基也参与其中。戈尔丁夫人(Flora Golding)是个"长着一张十足男人脸、行色匆匆、举止粗犷的"瘦女人,不过她人很好,待人接物友好体贴。她很同情斯塔斯,并试着和他交朋友。

马林诺夫斯基把过赤道的仪式描述成"滑稽的运动……例如被绑在一根杆子上的人们相互打闹,或者和土豆赛跑等等。"早上,他会认真地学习悉尼·雷编写的美拉尼西亚语法并和斯塔斯一起研究天文学。这样一来,海上航行变得出乎意料的愉快,他也不再一个小时又一个小时地期待登岸时刻的到来了。[25] 离澳大利亚还有两天海程的时候天变冷了,还下起了小雨。暗下来的大海被盖上了一层灰色的金属般的光泽,这让他想起了北海,想起了和母亲一起在海上旅行的情景。[26] 白天已经变短了,影子长了起来,太阳也在北方低低的位置。"晚上我们观察到了一些没见过的南方的星星,"他告诉妈妈,"南十字星座本身没有什么特别的,但是有半人马座的两颗星星紧挨在旁边就十分好看。"[27] 在开普敦,安妮也正在看着这些南方的星座,孤零零地想念着他。

第三部分

1914—1920

第十五章

澳洲的一位外来者

初次接触

犹如一个巡回马戏团，1914年7月28日到8月31日，第八十四届英国协会会议预计在珀斯、阿德莱德、墨尔本、悉尼和布里斯班这几个州府城市轮番召开。早在1909年就在商量这次会议了。委员会设在墨尔本大学，会长是澳大利亚科学促进会会长奥尔默·马森（Orme Masson）教授，就像命中注定的那样，他成了马林诺夫斯基的岳父。联邦政府资助他们1.5万英镑，用于拟定邀请的三百多位与会者的差旅费和住宿费。众所周知，海外团队主要是英国科学家，也有少许的美国人、德国人和其他国家的人。马林诺夫斯基是唯一的波兰人[1]。那一年的英国协会主席是剑桥遗传学家贝特森（William Bateson），人类学H分部（成立于马林诺夫斯基出生那年1884年）的主席是斐济前总督特恩爵士（Sir Everard im Thurn）。会议做了出席情况的记录；除了海外成员，另有五千名学者登记在册。[2]

访问者的大部队踏上了 Euripides 号之旅。里弗斯带着他时年二十二岁的剑桥学生莱亚德（John Layard），同行的有马列特、史密斯、柏林博物馆的卢申，另外还有诺贝尔物理学奖获得者卢瑟福爵士和物理学家兼唯灵论者洛奇爵

马林诺夫斯基

一位人类学家的奥德赛，1884—1920

士（Sir Oliver Lodge）。*Ascanius* 号和 *Orvieto* 号各自载着七十多位促进会成员，预计 7 月 28 日抵达弗里曼特尔。斯塔斯和马林诺夫斯基均在其列，他们将在阿德莱德登上 *Orvieto* 号，度过驶往阿德莱德的最后一段行程。在他们与戈尔丁夫妇及其他几组成员一起最先到达珀斯时，官方团队还在身后。

1914 年 7 月 21 日，*Orentos* 号驶入弗里曼特尔港口，马林诺夫斯基望向远处的珀斯，它的轮廓正从两座小山上缓缓升起。澳大利亚，这个离欧洲最遥远的大陆，给他的最初印象是一种殖民地的自由、巨大的可能性、对"我想都未曾想过的事物"[3]的震惊。带着欧洲初次造访者的自以为是，他看到一片未被早期几代殖民者进行文化侵入的土地。就像他在日记里的溢美之词："全新的感受，全新的景象，既不能用真切事实来理解，也不能用艺术想象来理解。"

马林诺夫斯基得到了西澳大利亚东道主的热情招待。动物园主管利·苏埃夫（Ernest Le Souef），"一个高大、结实、有点邋遢的男人"，来接马林诺夫斯基和斯塔斯，他们坐着马车来到珀斯城南。途中，利·苏埃夫给他们讲解了当地的植物学。澳大利亚的"丛林"，马林诺夫斯基对他母亲说，"和我们在别处见过的一样"，不过他却被那些品种繁多的桉树迷住了。利·苏埃夫家的木屋坐落在一个小山坡上，从木屋的阳台上可以眺望整个珀斯海。琳琅的花圃与动物园融为一体。埃伦·利·苏埃夫（Ellen Le Souef），一位牧师的女儿，是一个瘦小、椭圆形脸蛋的女人，马林诺夫斯基评价她是"这个家庭里最特别的一个，身上带有典型的新教偏见和倔强的性格"。事实上她非常和善，她拿出了最好的食物招待宾客。为了顾及马林诺夫斯基喜好甜品的习惯，午餐还有无花果果酱和奶酪。

看完动物园，他们驾车把斯塔斯送往市区旅馆（他要自己解决在澳大利亚的住宿问题，马林诺夫斯基的住宿由英国协会的地方后勤部负责）。晚餐过后，马林诺夫斯基和利·苏埃夫的孩子们坐在一起，与他们漫谈锡兰。他很愉快地受到了利·苏埃夫夫人和雷蒙特小姐（一位来自南澳大利亚的客人）带着尊敬和崇拜的款待。他一定提到过自己的波兰贵族地位，他的涵养也一定让她们印

第十五章
澳洲的一位外来者

象深刻。那天晚上，从他的卧室能听到动物的喧闹声和风车的吱吱声，第二天清晨，当他在人工湖里游泳时，不远处就是狮子和老虎。

中午，他步行到珀斯与斯塔斯汇合，再一同去墨尔本大学（"那里没人知道什么事情"）。然后，利·苏埃夫带着他们骑上马背，穿过"由金属片或木板搭成的凌乱房舍"，向郊外跑去。这天下午，7月22日周三，马林诺夫斯基初遇当地土著人。他在给母亲的信中讲述了与土著居民代表的初次接触。"我见了一个来自紧挨着阿龙塔地区 Lurija 部落的黑人男子。对话异常费劲，因为我们很难听懂对方说的话。"然而，关于这些土著人因白人殖民者对土地的侵占而每况愈下的情形，他的日记和信件中都是只字未提。

第二天，他们乘火车来到以金矿著称的卡尔古利城。他们穿过漫无边际的丛林，里面零星点缀着异域植被"黑男孩"，又穿过荒野环绕下的广袤田地，最后是一望无际的贴地灌木和红土地。在一片黄绿色的天空下，卡尔古利城显得冰凉、清爽。他们坐上有轨电车来到博尔德，考察了采矿区。斯塔斯在采矿点取了点含有钠和氰化物的水晶，让人吃惊的是，他在珀斯的最后一天曾极想吞服一颗，但就像后来他承认的，他"没有勇气吞下去"。[4]

7月26日回到珀斯，他们又来到吉尔福德，一位骑着马的警察骑领着他们来到一个土著人居住区。他们仍被视为猎人，尽管马林诺夫斯基在日记中承认他没能收集到"任何确切信息"。他们送了他两个礼物：一个鱼叉和一个雕刻成的神圣物。第二天他得意地写信给母亲："我已见到一些土著人，虽然他们的穿着打扮和欧洲人别无二致，也非常'文明化'，但我想，经过长时间调查，我还是能从他们那里获得很多信息。"[5] 珀斯一家地方报纸报道了他探访吉尔福德一事："昨天上午，马林诺夫斯基博士和利·苏埃夫参观了吉尔福德的土著人居住区。"[6] 里面没有提到斯塔斯。

有一个关于马林诺夫斯基在澳大利亚西部与土著人相遇的趣闻：他进入丛林好长时间都没出来，斯塔斯过去找他时吃惊地发现，就在不远处，他的朋友正被一小群土著人放在火上"烤"。斯塔斯冲过去救了他，但马林诺夫斯基解释说他们正在为他驱赶满身的蚂蚁，他不小心坐到了一个蚂蚁窝上。

7月28日周二,马林诺夫斯基拜访了所谓的土著人保护者。他们谈论了回旋镖和成年礼,还向他展示了"一种有趣的木头和石头制成的阴茎,会在成年礼上给男孩们看"。那天晚上,他和斯塔斯参加了政府专门为乘坐 *Ascanius* 号先行到达的促进会成员安排的宴会。在这件事上,马林诺夫斯基的应变之道让利·苏埃夫夫人印象颇深。她后来在给他的信中说道:"我记得有这样一幅画面:您在政府大楼前站着和巴伦女士聊天,看上去是那么快乐、随意,表现得恰到好处,背景是轻便马车、动物园主人的房舍,真高兴您拥有适应的天赋。"[7]

战事中的帝国

哈登、鲍尔弗(Henry Balfour),以及人类学分部的其他成员共聚促进会,第二天,马林诺夫斯基和他们一起参观了珀斯博物馆。当晚在那里举行了一个仪式,西澳大利亚大学授予哈登一个名誉学位。本来还有更多的短期参观,但马林诺夫斯基在7月30日中断了旅程,悄然离去。大家的兴致被欧洲突然传来的消息削弱了:英国与德国开战了。

马林诺夫斯基在西澳大利亚南海岸的奥尔巴尼给他母亲去信,信中首次提到他的焦虑:"我对战争的消息非常担忧……到了墨尔本,我必须去领事馆弄清楚,看看澳大利亚人是否有特殊要求,最糟的情况就是我被勒令返回。"[8] 从同一个旅馆地址,斯塔斯给父母发去了一封更为担忧的信:"今天,关于战争的坏消息传到了我们这里:奥尔巴尼。倘若属实,我即刻从弗里曼特尔搭乘第一艘船回来。这是我唯一能起作用的地方,也是我唯一能做的。否则,不能进行创造性工作(让我存在的唯一理由),就只剩下发疯了。也许,比起在新几内亚自杀或是得上黄热病,我可以通过这种方式更有价值地结束生命。"战争给了他活下去的理由,他开始后悔来到澳大利亚。"这次旅行真是荒谬透顶。布罗尼奥离我渐行渐远。发生这样恐怖的事情,使得这里所有的事情都变得毫无意义。"[9]

第十五章
澳洲的一位外来者

同一天，约瑟法从德国的奥德尔贝格给她儿子去信："很难描述欧洲正在发生的事情。不能拍电报了，邮局也不送信了……没有地方肯收纸币，物价猛增。我丢了手提箱，一点法也没有。手提箱里有完整的资料[他那本波兰语书]……奥德尔贝格的车站和街上到处都是拥挤的人群……今晚开往克拉科夫的最后一列平民列车正在离站。"[10]

在这些混乱的日子里，其他人也丢失了他们的手提箱。尽管马林诺夫斯基似乎未曾察觉，但当时托斯卡正和丈夫还有康拉德全家前往波兰。7月25日，马林诺夫斯基和斯塔斯在卡尔古利的那天，四位康拉德家人和瑞廷格尔夫妇离开伦敦前往哈里奇，然后再去汉堡。[11]那是奥匈帝国和塞尔维亚开战前三天，至此拉开了一战的序幕。非常巧合的是，坦克雷夫妇在去芬兰避暑途中在汉堡火车站偶遇瑞廷格尔夫妇，两对夫妇都在那里疯狂地寻找遗失的手提箱。安娜-米后来回忆，马林诺夫斯基曾在伦敦介绍他们和瑞廷格尔认识，不过，她"明显能感觉出他并不喜欢他"。不过，瑞廷格尔太太"人很美"。[12]

康拉德一家未曾到达托斯卡母亲的庄园。庄园位于俄属波兰边界，现在正和奥属加利西亚交战。一行人抵达克拉科夫时，战争动员已然开始。托斯卡回忆说："当我们在7月28日夜晚到达克拉科夫火车站时，都惊呆了。一片可怖的混乱：火车上清一色全是男人，到处都是士兵；离别，女人的哭泣。战争！"[13]瑞廷格尔夫妇带着康拉德一家来到扎科帕内，他们和扎戈尔斯卡姐妹在康斯坦廷诺夫卡别墅住了几周。多亏瑞廷格尔的多方调停，康拉德一家才得以在12月2日回到英国。这时，马林诺夫斯基已在迈鲁岛展开田野作业了。

阿德莱德

看着马林诺夫斯基的离开，利·苏埃夫夫人有些难过。她送了些无花果果酱作为离别礼物，又在几周后致信于他："对于我们为您所做的那些事，请不要记挂心上。能招待您这样的宾客是我们极大的荣幸……您如此开心舒适地融入我们这个家庭，我想您一定拥有适应所有情境和环境的天赋！"

她记起斯塔斯的孤寂："我会试着给我们那位'忧伤的朋友'写信……对于战争和他自己的困境，请转达我们最关切的问候和同情，另外，我们真的相信那些打趣、轻松的交谈不会不经意地引起他的痛楚……虽然每一天每一小时都乏味难耐，但时间会是最好的治疗师。"[14] 这没能让斯塔斯得到什么安慰，他继续在长信中向父母倾诉自己的绝望。他于8月5日登上 Orvirto 号，又悲叹起自己的悲剧命运："此时，个人的事情和自杀的想法都消失殆尽，和正在发生的事情相比，这些都是无病呻吟，是浪费生命、消磨意志。"远离欧洲让他觉得自己卑鄙。"现在通过战死沙场来挽救名誉已不可能……当波兰的命运风雨飘摇时，我不是与国人一起浴血奋战，却在澳大利亚游山玩水。"[15]

马林诺夫斯基的情况同样糟糕，虽然他的焦虑更多的是在设身处地担忧他母亲的处境。安妮非常理解他的难处："不能和您交流对她而言是件多么糟糕的事情呀……您远离战争让我深感欣慰，但我为您母亲心痛难忍，得知她身处战乱之中，您一定也很不好受。"[16]

虽然战争爆发了，但英国协会的会议仍在照计划进行：庄重地授予荣誉学位，优雅地进行演讲和接受祝贺，安排趣味横生的讲座，运用汽车、火车和有轨电车合理安排的短期旅程。[17] 这次会议精心准备了数年，澳大利亚的组织者决议要像不曾发生任何意外继续进行下去，最初几天的焦虑过后，它便再也"不提战争"的事。但是，那些外国宾客之间发生了微妙的变化，因为他们都忠于各自的国家，便发现大家忽然成了仇敌。作为一名奥属波兰人，马林诺夫斯基也是如此；作为一个俄属波兰的臣民，斯塔斯却非这样。关于如何另行接待德国科学家，澳大利亚当局最初有些担心。但当 Orvieto 号于8月8日周六早上在阿德莱德靠岸时，马森教授带着首相热情友好的慰问到码头迎接那群德国人。联邦政府提供的服务非常周到，也不存在拘留问题。[18] 即便如此，少许人还是想尽快返回德国，他们获得了去往伦敦的安全通行证。

很可能就是在这样让人痛苦的情境下，马林诺夫斯基初识他未来的岳父，

第十五章

澳洲的一位外来者

紧张地聆听着这位著名苏格兰化学家的安慰。他在这段岁月里的另一个重要结识，是在阿德莱德认识了斯特林（Sir Edward Charles Stirling，1848—1919），他是南澳大利亚英国协会组织委员会主席和五个女儿的父亲。斯特林的家庭散发出一种"杂交的活力"，他的父亲出生于牙买加，祖父祖母分别是苏格兰血统和黑白混血。[19] 斯特林是个拥有多个头衔的剑桥人：外科医生、体质人类学家、阿德莱德大学生理学教授、州立博物馆馆长、南澳大利亚首位皇家学会会员。自1884年当选地方议员以来，他矢志不渝地支持南澳大利亚女性最先在全世界获得选举权的立法运动。斯特林随同参加了1894年前往澳大利亚中部的探险，在此期间，斯宾塞遇上了吉伦，组成了当时最著名的人类学搭档。在摇椅人类学的时代，斯特林发现："只有那些试着考察低等民族的思维模式和主体行动的人，才会完全明白此项任务的艰巨性。"[20] 虽然他并未出版多少关于土著人的人类学成果，但他为南澳大利亚博物馆收集的土著手工制品数量的确是世界之最。他是位虚怀若谷、心地善良的男士，虽曾辜负过他的信任，但他在马林诺夫斯基动荡的职业生涯中给予了很多帮助。

8月10日（这天，联邦政府发布声明，号召德国人主动向警方表明身份），斯特林带大家去亚历山大湖远足，"为了让人类学分部的成员们研究Narrinyeri部落的土著"。当地报纸报道了此事。一行人包括马林诺夫斯基、特恩、哈登、马列特、里弗斯、卢申、格雷布纳，以及斯特林最小的女儿尼娜。[21]

同时期，斯塔斯保留了在克拉克植物旅馆的房间，书写着大量充满妄想症的反控信件。他从澳大利亚发出的最长一封信，证明了他对时间"9：40"和数字"17"的迷信。比如："当我从马林诺夫斯基那里收到那封决定整个行程每项细节的信时……时钟正指向9：40。"[22] 虽然有很多这样的"征兆"，他还是上船了，这刚好是 Orsova 号的第17次航行。他们在科伦坡登上 Orontes 号时，时钟显示9：40。收到战争的消息后，他曾打算在珀斯等候回欧洲的船只，但马林诺夫斯基还是说服他继续前往阿德莱德。这是个错，因为他错过了最后一艘轮船。（"布罗尼奥的建议看起来是好的，但却总是事与愿违。"）在驻阿德莱德的俄罗斯和奥地利领事馆徒劳奔走时,他注意到那天上午的时钟恰是 9:40。他承认自己处于半精神失常状态,并给父母写了短笺请求原谅。在给马林诺夫斯基的另一封短笺中他写道:"不要嘲笑我写的。总有一天你会全明白。"[23] 马林诺夫斯基对周五、每月第十三天的迷信更是早已成为习惯。

墨尔本

8月12日下午,也就是英国对奥匈宣战的这天,这群海外人员连同一起的本地成员挤进三辆特备火车,连夜来到墨尔本。作为维多利亚州府,墨尔本也是联邦政府迁往堪培拉(当时尚未建起)期间的临时所在地。马林诺夫斯基的到来刚好遇上墨尔本对奥匈帝国国民的监视。这些日子里他没有记笔记,所以我们也就无从知晓他对墨尔本最有影响的两位男士斯宾塞和亨特的印象,不过他后来在澳大利亚和巴布亚岛的境遇确实都仰仗了这两位的帮助。他们二人的资助是他以后工作的基础。

出生于曼彻斯特的斯宾塞(Baldwin Spence,1860—1929),是墨尔本大学动物学系创立教授和维多利亚国家博物馆馆长。他和马森既是同事也是好朋友。斯宾塞以澳大利亚最著名的人类学者的身份享誉国际。可以肯定,他在本年1月去伦敦的短期访问中就已认识了马林诺夫斯基。[24] 斯宾塞在英国领取了多项荣誉。他还拜访了老友弗雷泽(其进化论假设建基于斯宾塞已做的工作),并先后在曼彻斯特、牛津、剑桥和伦敦做了讲座。此番系列讲座的最后一场是在皇家地理学会举行的,可能就是在这次讲座上,马林诺夫斯基和他初次相遇。安妮回忆起斯宾塞的演讲和当时的场景,特别是"那些吸引人的音乐"。[25] 但是安妮认为他讲得不太好,她听不懂他在讲什么。[26] 在另一封信中,她称其为"一个极为其貌不扬的男人"。确实,他很瘦小,面颊消瘦,眼神忧郁,但是他那让人过目难忘的尼采式胡子又让人觉得她的描述有些失真。[27]

作为这群外来人类学者的东道主,斯宾塞将那些资深的英国同事组织成一个兴趣小组,并在颇具绅士派头的墨尔本俱乐部款待他们。马林诺夫斯基和斯塔斯自然与这一小团体无缘。斯宾塞的牛津同学鲍尔弗和他同住。马列特是斯宾塞以前的大学校长,被安排住在哈登和里弗斯附近。马林诺夫斯基住在何处无从知晓,他也没有记录会议情况,虽然他应该参加了国家博物馆的一个大型招待会和斯宾塞安排的那场石器制品展览会。他应该也参加了人类学 H 分部的会议,会上里弗斯宣读了一篇讨论澳大利亚文化复杂性的文章,史密斯谈论了"一些习俗和发明"的传播(包括巨石遗址)。这篇文章代表了史密斯那种激进传播论的最新进展,马林诺夫斯基在未来数年轻蔑地抨击过。还有一些其他社会事件。周五晚上,洛奇爵士将英国协会主席一职让给了贝特森。

英国协会里的本地成员有艾尔茜小姐(Miss Elsie Rosaline Masson)和玛丽安娜·维嘉尔小姐(Miss Marianne Weigall),她们戴着白玫瑰,充当校园向导。或许马林诺夫斯基未曾注意到她们,不过他确实遇见了艾尔茜的姐姐玛丽安,她当时正给她父亲做秘书,负责处理与会者的信件。莱亚德记得遇见了马林诺夫斯基和拉德克里夫·布朗(当时仍叫 A. R. 布朗),并回忆起他们的谈话充斥自己脑海时内心的"卑微感"。[28] 他们应该是谈论了很多关于澳大利亚某种图腾崇拜的多样性,这是布朗在悉尼提交的论文的主题。[29]

虽是向外事处处长自荐,但马林诺夫斯基还是带去了一封伦敦政治经济学院院长里夫斯的介绍信。亨特(Atlee Hunt, 1864—1935),一位效率极高、疏而不漏的律师和高级公仆,是巴布亚的守卫者。他通过联邦议会绕开了 1906 年制定的法案,将英属新几内亚牢牢置于澳大利亚人的控制之下。此外,亨特深谙人类学调查对殖民管理的实际价值。他是斯宾塞和哈登的一位"敏锐、意气相投、果断的朋友",他向他们请教有关澳大利亚领土的问题(斯宾塞在北部,哈登在巴布亚)。[30] 大概是斯宾塞和哈登的私人引荐,到墨尔本的头一天,马林诺夫斯基就顺利地见到了亨特。

里夫斯的介绍信开启了马林诺夫斯基的官方档案,一份在此后那些年里日渐变厚的档案,直到 1920 年 2 月 25 日他离开澳大利亚才告终止。[31] 里夫斯信中写道，他是"一名众望所归也拥有杰出能力的研究者"，他"打算在新几内亚花一年到一年半时间进行人类学研究"。[32] 亨特依次为马林诺夫斯基写了推荐信给 Burns Philp 贸易公司的负责人、巴布亚的行政人员、当然还有巴布亚总督休伯特·穆雷。这些签字日期均为 1914 年 8 月 14 日的信件清楚地表明，虽然马林诺夫斯基是一名"敌对的异乡人"，但亨特很爽快地支持他的田野工作计划并让其顺利前往莫尔兹比港。[33] 给穆雷的介绍信告知马林诺夫斯基预备"在迈鲁岛开始田野作业，总理个人对他的任务很感兴趣，并期望当地政府全力协助，不过我之所以单独向你提及他的任务，是想让你提供最大的帮助。"[34] 亨特和穆雷的关系不太好，时常陷入紧张状态，他们谁都不会太顾及对方的利益。

马林诺夫斯基携带着一沓大部分是 6 月底的介绍信，颇为不便，因此在听从母亲建议去往珀斯后，这些信件大都被塞利格曼要走。斯特朗博士分别致信伦敦传教协会驻巴布亚传教士霍姆斯、当西和赖利，告知马林诺夫斯基"特别担心不能在短时间内完成关于普拉里部落的调查计划"。斯特朗也给东巴布亚路易西亚德群岛的马奥尼夫人写了封信，并给北巴布亚曼巴勒地区的英国圣公会传教士金（Copland King）去了信。[35] 托雷斯海峡探险老将雷也写信给霍姆斯说，马林诺夫斯基的调查应属"海湾人民的社会学或民俗学范畴"，另外，"我想你会发现他对语言也感兴趣"。[36] 然而，这些信件中最具史料价值的是塞利格曼写给当西的一封信，这是他 1904 年在英属新几内亚开展调查时认识的一位传教士。塞利格曼期望马林诺夫斯基"在 Hood Point 港和马林斯港口之间的一些部族，特别是迈鲁岛的毗邻中展开工作"。他又说："但我敢断言他也会身处您的困境，所以，对于您会给予他的任何帮助和仁慈，我都深表感激。"[37] 鲜有哪个人类学新手能有这么多神通广大的贵人助其进入异域做田野，帮他争取到这么多当地重要人物的相助。但就在此重要关头，马林诺夫斯基却在重新考虑前往新几内亚一事。

第十五章

澳洲的一位外来者

悉尼

报纸上全是来自西欧战场的新闻报道，几乎没有涉及东欧的消息。8月23日，马林诺夫斯基写信给他母亲："目前的局势让我不安极了，你如何能应对这些呢？思前想后，我还是决定不回欧洲了……你现在身处克拉科夫，我相信你在那里会得到和大家一样多的帮助和供给。故乡发生如此恐怖的大事我却坐在这里无所事事，真是太糟糕了。"他与哈登、里弗斯交谈过，他们建议他可以跟着里弗斯去做他关于美拉尼西亚另外一个地区的考察："我自己尚无足够的经费，我跟随里弗斯还有另外一个年轻人莱亚德正前往新赫布里底斯群岛。我决定不直接去新几内亚。赫布里底斯群岛的气候更适宜一些，我可以逐渐适应。而且里弗斯对我的训练极为重要，所以请不要为我担忧。"[38]

哈登和他的女儿凯瑟琳（那时在收集翻花绳）原计划让莱亚德陪他们一起沿弗莱河而下，但由于巴布亚政府主战舰搁浅，其他船只也都全部进入战时待命状态，哈登不得不另做安排。他给了莱亚德50英镑，留作他在巴布亚的花销，并许诺他定会得到里弗斯的照顾，"因此他会藉此良机得到这位迄今最著名的原始社会田野调查者的经验传授和指导"。[39] 不过，陪同里弗斯前往赫布里底斯群岛的计划被取消，这对马林诺夫斯基来说则是一件好事。仅仅两周之后，里弗斯就把莱亚德弃于马勒库拉岛的一个近海岛屿上，自己则搭乘圣公会的旗舰继续进行他的巡回式人类学研究。

马林诺夫斯基略带夸张地告诉母亲，澳大利亚政府"允诺"他一些"临时工作"（亨特确曾承诺）。不过，他认为无需这些，因为蒙德的预支已经到达，他有220英镑在手。第二天他又致信陈述其不回波兰的原因："1. 从这里去奥地利是不可能的；2. 我觉得自己帮不上什么忙；还可能会添乱，因为我怀疑带不了金币，纸币在那里又没用。"[40] 听起来理由充足。与斯塔斯不同，马林诺夫斯基视力不好不适合服军役，而且斯塔斯出生在华沙，可以携带俄罗斯文件穿越盟国领土来到俄属波兰，马林诺夫斯基被禁止返回奥属加利西亚。斯塔斯正在返回波兰，马林诺夫斯基告诉妈妈："战争的消息对他冲击很大，也彻底改变了他；他不惜一切代价要回到故土。"

马林诺夫斯基已不确定他的信件能否送达；像众多经历类似分离的人们一样，他和母亲写着重复的书信，重复地寄出，希望至少有一封能够送达。后来，他们也借助不同国家的第三方寄出书信，通过这种方法跨越敌军阵线。塞利格曼就是这样一个渠道，华沙的夏莲娜·努斯鲍姆（Halina Nusbaum）小姐是另一个，很快有更多的远方熟人加入进来——波兰人、澳大利亚人、意大利人、瑞士人、美国人——友好地帮他们传递书信。不过，这样的信要好几个月才能寄达。信件总是逾期来到，让人更为不安。

8月20日，英国协会连夜从维多利亚赶到悉尼。马林诺夫斯基的经费由银行安排，他也与Burns Philp公司交涉了自己的申请。通过哈登，他结识了赫德利（Charles Hedley），悉尼博物馆的一位动物学家和民族志学家。他们成了朋友，此后每次路过悉尼，马林诺夫斯基都会去看望他。

人类学H分部在悉尼大学召开会议。特恩在主席报告中大谈特谈美拉尼西亚人和波利尼西亚人的"原始特征"，他认为"'野蛮人'对他们见到的第一位白人的反应……显然是友好的，虽然这种友好可能真的是源于恐惧而非仁慈之心"。[41] 这或许让马林诺夫斯基有些心安。在8月25日周二宣读的一篇文章（《宗教社会学的一个基本问题》）中，马林诺夫斯基重提涂尔干关于神圣与世俗的区分。在对《宗教生活的基本形式》的评论中，他认为勿需宣称这一分类的普遍性，因此也就没有"宗教的本质和基本特征"，不过，任一特定社会都会在"宗教充当的社会角色"的影响下而拥有一种"偶然性"。[42] 那天会议的开场是哈登关于人类学对殖民管制的实际用途的讨论。

第十五章
澳洲的一位外来者

布里斯班：同盟终结

英国协会的大部队来到昆士兰州府布里斯班的一个驿站。当地政府提供了愉快的午餐，第二天市长亲自设宴欢迎。次日，马林诺夫斯基和斯塔斯参加了一个去楠伯和布列克尔山脉的短期旅行。[43]8月31日周一，他们乘船沿布里斯班河而下，那天晚上召开了最后一次会议：哈登做了一个关于"巴布亚装饰艺术"的报告。

依照计划，会议于9月1日圆满结束。然而战争却打乱了诸多参会者的行程安排。至少有四十人留在布里斯班等候 Montoro 号将他们带往凯恩斯、日本和新加坡。大多数人（约九十人）乘火车返回悉尼，在那里登上驶往欧洲的 Morea 号。[44]斯塔斯就在这群人中。

马林诺夫斯基陪同他去往图文巴。在那儿，他们与奥利弗先生和洛奇女士一起聊天时，斯塔斯当着他们的面"纠正"他的朋友。不管他说了些什么，总之是激怒了马林诺夫斯基。他们在最恶劣的条件下分道扬镳。两个月后，他在日记里反思这件事，依然很气愤，而斯塔斯随后的谴责信让事情变得更糟。友情终结触痛了马林诺夫斯基。"尼采和瓦格纳决裂。我尊重他的艺术，敬重他的才能，佩服他的个性，但我受不了他的性格。"[45]

这件事让人不快，但却并非毫无预兆。他们的友谊在旅程中遭遇了巨大压力。除了钱上一些小分歧，马林诺夫斯基也没能很好地应对斯塔斯的绝望情绪。此时，一场欧洲战争将他俩置于相反的两边。最重要的一点是，虽然他俩都不是极端的爱国主义者，但若战争爆发时他们都在克拉科夫或扎科帕奈，情形将会不同。无论如何马林诺夫斯基是不会参战的，但若斯塔斯在扎科帕奈的话，想到有他的众多朋友正在为加利西亚而战，他应该会再三考虑是否要加入俄军。但现实是两人都远离故土。斯塔斯现在激情高涨，要加入战斗，牺牲生命以求无憾。马林诺夫斯基对于归国一事有些矛盾，尽管他能想象出母亲所处的困境，而且他提出要逗留的理由也不能令澳大利亚的东道主们信服，但他也真心想以最小代价展开田野工作。在这种情况下,两个朋友之间很难达成共识。

也有一些更深层的缘由,两人个性中都有某些东西给他们的友谊嵌入了一种弥久的敌对基调。多年前,斯塔斯曾指责马林诺夫斯基有一种冷酷、"科学的"中立观念,他不喜欢甚至反感这一点;而马林诺夫斯基("埃德加"、"永不复焉公爵")则认为斯塔斯不够成熟,乃一介莽夫。所以他们之间的根本分歧在于,斯塔斯反感布罗尼奥那种中立姿态,他将一己事业置于一切之上,而马林诺夫斯基则厌恶斯塔斯将战争私人化,认为他是想在为国捐躯中缓解自己对未婚妻自杀的愧疚。这是一场令人伤心的决裂:两位极有天赋的男子,他们的互补建立起的一段独特且饱含激情的友谊,却在突然之间摔得粉碎——不为别的,只为一场世界大战。双方的谴责持续了数月,没能再和好,虽然这部分是由于他们之后工作不同,但也是因为他们从此以后生活在了不同的国度,基本上没有再见面。

9月5日,斯塔斯乘坐 Morea 号前往欧洲。同行乘客中有戈尔丁夫妇。当船驶入大澳大利亚港湾时,戈尔丁夫人写信给马林诺夫斯基时提到了斯塔斯:"这位沉默的艺术家已经发现这艘船航行得太不稳定,但还是希望过了弗里曼特尔有所好转。他说的比做的多,但看上去却一点也不开心。"[46]

斯塔斯也从弗里曼特尔写信给马林诺夫斯基。"我希望你最好想想自己的性格。不是为我,而是为你自己。要不以后你会后悔的。"不了解他的朋友易怒的天性,他继续说道:"一个人可以犯错,也可以努力补过。但一个人不能愤世嫉俗地自以为是,因为那样就不会有取得进步的任何希望。我必须坦白,到目前为止我不相信你……我不是为我自己而承受你的怨恨,只是为你。"[47]

这封信可能是马林诺夫斯基在10月29日迈鲁岛上收到的。这让他甚为恼怒,就像日记里说的:"我看已经没有和解的可能。我也知道我有很多错,但他对我太无情了;总是摆出带有迫害性质的高尚姿态,用深刻、成熟和无偏见的智慧来说教……这份最重要的友谊的决裂让我非常失望、沮丧。一开始我还想对所有事负责,但我觉得他是一个品质欠佳的男人,不值得我这样去做。"[48]

在回欧洲的行程中,斯塔斯的情绪有些波动,出亚丁湾的第二天,他写信给马林诺夫斯基,以前的那种诙谐幽默尽显其中:"*Morea*号上很有趣,远好于那些东方大油轮……戈尔丁夫人是一个不可思议的女人。不过她太老了……我勾引了一个来自巴西的葡萄牙妓女,但一点也没意思……我和不同的陌生乘客调情。很难认清自己。我的脑袋已经完全松懈。画了些人物素描。社会生活太糟糕……我努力麻痹自己来忍受这番旅程……有时我很担心您的健康。"[49]差不多同一时间,在莫尔兹比港,马林诺夫斯基在日记里写道:"偶尔我会想起斯塔斯,愈发伤心,想念他的陪伴。但我很高兴他不在这里。"[50]

在戈尔丁夫人写给马林诺夫斯基的一封残存信件中,有她对斯塔斯"精神改善"的描述:"[他]绝妙地'出现'在那次归乡之行中——用炭笔给不同的乘客画素描,一时爱上了一位教授的妻子,成为我和我丈夫的亲密友人。……他当然是我从未见过的性格最古怪的人,但我们还是非常喜欢他,哪怕他性格孤僻、脾气很差。"[51]

在亚历山大港,斯塔斯被英国人拘留、暂时看管,怀疑他是一位名叫彭克的德国教授。之后他取道圣彼得堡,半路上丢掉了原先准备进入那所精英军官特种兵培训学校的证件(他很懊恼)。他写信告诉马林诺夫斯基有关波兰的消息。[52]他们的很多朋友都拿起了武器反对奥地利,但是"现在加利西亚的小规模战斗已经全面溃退,每个波兰人都清楚地意识到要反对我们唯一的、真正的敌人:德国人"。泽罗姆斯基已负伤,斯特鲁格被杀,泰特马耶杰开枪自杀。然而对斯塔斯的父亲来说,俄罗斯人才是唯一真正的敌人,当他听说斯塔斯选择加入俄方作战,内心很是痛苦。战争将他们隔开,父子俩再未谋面。1915年9月,斯塔斯的父亲死于洛夫兰,人们在扎科帕奈为其举办了一场庆生葬礼。

这时斯塔斯感到有些"良心上的剧痛",害怕他的朋友会"死于热带流行病或是更糟的疾病"。虽然表达了这样的友谊,斯塔斯仍对"马林诺夫斯基"的道德缺陷感到生气:"我是在给你以前的心灵写信。马林诺夫斯基对我来说已经不存在了,而且我不得不承认我对他已无任何怀旧。在你的陪伴中,我怀念布罗尼奥……我想起了那些美好的过往岁月。"他控诉马林诺夫斯基教他犬儒主义:"不要相信任何高尚的冲动……要相信,人类的动机总是琐碎的和恶劣的"。[53] 通过将马林诺夫斯基劈成好的和坏的、过去的和现在的、外在的和本性的一面，斯塔斯就可以原谅他了："不要认为我恨你……我给布罗尼奥写信来谈论马林诺夫斯基，也谈论那位阻止我成为斯塔斯的人，但他尚未变成另一个人。"[54]

马林诺夫斯基给斯塔斯的回信未能幸存，但他的日记透露出他受伤之深、气愤之烈，即使在注明 1918 年 7 月 18 日的最后一页日记中，他还简单地提到"斯塔斯的背叛"。[55]

"一次全靠自己远赴热带的探险"

当英国协会的那群宠儿从布里斯班启程离开时，马林诺夫斯基有一种被遗弃的感觉。他在日记里追忆起这段岁月："9 月 1 日，我的人生翻开了新的篇章：我决定靠自己远赴热带。"在此豪情壮志之下，实是对现实的怅然若失。他并不想孤身一人，而且 9 月 1 日也是他与斯塔斯痛苦决裂的日子。

他住在丹尼尔旅馆，去昆士兰博物馆拜访了人类学家普林斯海姆（Peter Pringsheim）和格雷布纳，他们都急着回柏林。他在布里斯班一个特别重要的结识是阿德莱德出生的梅奥（Elton Mayo, 1880—1949）。梅奥是左倾社会主义者，热衷于工人教育问题，后来成为美国著名工业心理学家之一。在他起航前夜，梅奥夫妇邀请马林诺夫斯基共进晚餐。在他们的印象中，他是一个"极有魅力的人"，在此后到布里斯班的多次访问中，他总是设法和他们住在一起。

马林诺夫斯基随身带了很多药：可卡因、吗啡、催吐剂。他别无选择。"我对热带充满恐惧，讨厌酷暑和闷热。"9 月 5 日，他登上 *Matunga* 号。虽有战事，但一些事情依旧运转良好。他挥别梅奥夫妇，感觉正在远离文明，"担心不能做好接下来的工作"。不过他很快就欢畅起来，开始享受起此番沿大堡礁的旅程，将自己暗自誉为"船上颇为重要的乘客之一"。他学习莫图语法，玩牌，晚上和麦格拉思夫人（莫尔兹比港一间客栈的女房东）在甲板上起舞。

第十五章
澳洲的一位外来者

9月9日，轮船在一个群山环绕下的美丽海湾抵达凯恩斯。马林诺夫斯基即刻将这个小城贬为"狭小、枯燥，人们都带着热带的自负"。登陆后，他和一位土著聊天（"从他那里没得到任何信息"），还遇到了一个走私天堂鸟的俄罗斯醉汉。*Matunga*号载着哈登夫妇和鲍尔弗进入港口；后者准备去新加坡，哈登夫妇则要去托雷斯海峡的星期四岛。

马林诺夫斯基怪自己在旅程中读了一本哈格德的小说。不过他也读了里弗斯的书，里弗斯当时正带着他那位满怀英雄主义热情但很快就幻想破灭的学生莱亚德从悉尼驶向新赫布里底斯群岛。[56] 马林诺夫斯基又坐上了 *Matunga* 号。晕船，除了和旅客们在甲板上唱些英文歌外无事能做，最终他靠近了新几内亚那潮湿的海岸。

第十六章

"应许之地"

阳台上的眺望

　　1914年9月12日周六清晨,马林诺夫斯基踏上了新几内亚的土地,不过当天他就发现,至少对他来说,莫尔兹比港的"精华之处"在于当地村庄与市政府的链接机制。哈努巴达,当地莫图人的"首村",正合他此番来意;破败不堪的棚屋形成的几条街道,从布满垃圾的岸边伸向港口。政府大楼是帝国权力的核心,可以帮助他也可以阻碍他;它监视着哈努巴达和山坡上更远一些地方的莫图村庄。

　　上岸当天,马林诺夫斯基哪儿都没去。疲惫不堪,再加上极为沮丧,他依然处于混乱中:年久破败的小镇,照看行李,入住莫尔兹比旅馆,向行政秘书钱皮恩(Herbert Champion)和行政主管史密斯(Miles Staniforth Smith)递交诸种证件。之后,他拖着疲倦的身体上山去见阿什顿夫人(Mrs Ashton),一位守寡的种植园主,他坐在她家的阳台上,在阳光撒照着群山的落日美景中,眺望着那片蔚蓝色的平静港湾。[1]

　　在政府大楼宽阔的阳台上,距港湾约一英里远,穆雷正在欣赏着壮丽的落日。与德属新几内亚境内统治者住所的牢固和华丽相比,穆雷那简约构造的房舍相形见绌。当地气候让人难以忍受,用穆雷的话说,这里"在东南季风的强

第十六章
"应许之地"

劲影响下,一年中有八个月都是潮湿的,近乎九十度的阳光直射,让人焦灼难耐"。[2] 周围的山峦通常是深棕色,但也有小岛和珊瑚礁别样的海景做补偿,当然还有辉煌的日落。马林诺夫斯基的描述比穆雷的要铺陈一些:像一个调色板,包括乳粉色的树荫、碧绿色的植物、深紫色的石头、蔚蓝色的海面、碧蓝色的天空,"一场无与伦比的色彩盛宴"。

马林诺夫斯基也对这个小镇里环绕在穆雷周围的那些殖民权力的标记印象深刻。第一次去政府大楼,他就被带上划艇兜游海港。那些"穿着行政制服的糊涂的野蛮人"让他有种"阁下"的强烈感觉。伦纳德·穆雷(Leonard Murray),穆雷的外甥兼私人秘书,负责招待并带他去住所。[3]

巴布亚的面积比英国大,它地处新几内亚东南,约占整个岛的四分之一;而覆盖着稠密森林和多岩石的新几内亚岛屿,就像是一只栖息在澳大利亚大陆的巨鸟。新几内亚的西半部分被荷兰人所有,东北地区归德国人,1884年(马林诺夫斯基出生那年)东南地区已归英国保护。1906年澳大利亚联邦接管英属新几内亚将东南地区更名为巴布亚。因此马林诺夫斯基来到这里时,该殖民地或巴布亚领土(澳大利亚更愿这样称呼)仅有八年历史,虽然欧洲人陆续迁移至此已有三十多年。马林诺夫斯基在出版物中提到巴布亚时,总是有意无意地用不太合宜的"英属新几内亚"称之。

对巴布亚的命运影响最大的人是穆雷(John Hubert Plunket Murray,1861—1940)。他在萨马赖去世时,已是一位享誉国际的殖民统治者。出生于悉尼、拥有爱尔兰血统的穆雷身高6.3英尺,威风凛凛,体重192斤,肌肉发达。他是一个好剑客,曾在牛津大学赛艇队效力,也曾获重量级业余拳击冠军。他在牛津与斯宾塞同级,学法律之前学的是古典文学。每年他都会重温品达的《颂歌》、弥尔顿的《失乐园》和歌德的《浮士德》。他参与了布尔战争并获中校军衔。在悉尼当律师,度过了一段沮丧的岁月之后,他来到莫尔兹比港,在英属新几内亚总督巴顿手下当首席司法官,这位上校是一位业余民族志学者,还曾协助过塞利格曼。

马林诺夫斯基

一位人类学家的奥德赛，1884—1920

1906年皇家资助的一次考察给了穆雷机会。他对殖民地管理不善、官员不称职及各种恶行的揭露，使得数位官员辞职或被解雇，其中也包括他的上司巴顿。在一片唏嘘声中，穆雷接替他当起了行政官员，并在巴布亚法案颁布后被任命为副总督。不过，他的权力还是受到亨特和他那在墨尔本掌管财政的上司的约束。亨特事实上是偏向于让史密斯上位，但穆雷用其聪明才智击败了他们，史密斯不得不退而求其次，谋了一个较低的职位。他们之间的敌意尽人皆晓。

穆雷喜爱这个未开垦的边陲社会中的简朴生活方式。他曾花数年时间戒酒，尽管已婚但却两地分居：妻子无法忍受这里的气候，大部分时间都待在悉尼。对女性仰慕者们来说，穆雷生性内敛而谦虚；但在其死敌们如史密斯看来，他则是冷漠、毫厘必究、歹毒之人。而在穆雷这边，则认为史密斯"远非政客之料，平庸无知"。穆雷对亨特的看法更不客气："一介俗夫，体态臃肿，脑袋肥大，迟钝不堪"。[4] 相比之下，他对马林诺夫斯基的评论则只是稍显唐突而已。

穆雷那冷漠的外表及其淡泊的品性掩饰了一种情绪上的本性，有时他会突然爆发一种几近痉挛的脾气。[5] 他的外表让人心生敬畏。第一次见到年长自己二十二岁的穆雷时，马林诺夫斯基想起了他的斯塔茨维奇叔叔。他发现自己变得"友好、平静和少许拘谨"。[6] 虽然马林诺夫斯基和巴布亚最有权势者的关系最初都还不错，但穆雷没过多久就对他起了反感。"我认为他是个极聪明的人，"马林诺夫斯基来后不久他写信给兄长乔治，"但我不喜欢他。并不单单是他对待我的那种奇怪态度，搞科学的人常有的那种夹杂着恩赐与偏执的气质；虽然我不知道是什么，但他确实有问题。"[7] 以吉尔伯特·穆雷（Gilbert Murray）——后来成为牛津大学古典文学教授——更为人知的乔治对马林诺夫斯基持有一种较为肯定的观点，他俩在20世纪20年代后期成为好友。穆雷的观点表明了对科学家所抱有的一种普遍偏见，特别是那些非英国人，而且他开始怀疑马林诺夫斯基支持德国、道德堕落。然而，这位波兰民族志学者当时已被政府大楼接受，他在那里结识了穆雷的部下，以及莫尔兹比港为数不多的社会精英。

第十六章
"应许之地"

穆雷的巴布亚

穆雷带着有些自相矛盾的目的在推行一种双重政策：既为了促进巴布亚的经济发展，又为了提升巴布亚人的素质。虽然他不赞同那种普遍观点所认为的巴布亚人乃"一孩子般的种族"，但他确实与大多数帝国官员别无二致，深信被殖民地区与生俱来便是低等的。土著人并非像"无决心无毅力"那样懒散，他试图推广"一种工业理想"——意在为白人提供种植园和矿山的雇用劳动力。为了保护巴布亚人免受剥削，穆雷提出了一种在殖民世界中最复杂的劳动法草案。其严格实行必然使他在那些享用当地劳力的殖民者中纷纷树敌。在穆雷的统治下，巴布亚从来不必自负盈亏，他的治理经费基于联邦政府勉强提供的小额资本预算。黑利勋爵（Lord Hailey）（马林诺夫斯基曾在1930年与他合作过非洲课题）声称，传奇的"穆雷管理体系"其实"只不过是一种井然有序且仁慈的警察统治"。[8]

穆雷在1912年估算出尚有一半疆土还未勘探。事实上根本无路可行，而且所有旅程都必须依靠步行或船只。他们只有巴布亚当地人数的大致情况：介于25万—75万。穆雷的目标是和平渗透。他的总体方案是先平定整个疆域，然后向当地人课税用于当地教育、健康医疗及其他福利设施建设，从而促进他们自身发展。将不同地区纳入政府管控之下包括通过一项"油蚀政策"逐渐影响到所有岛屿。一个政府基地恰似一滴油，从所滴之处向外蔓延；很多这样的油滴最终将渗透整个表面。[9] 辛苦巡查是维系这些中心与其外围地区之间联系的关键，穆雷欣然通过自己的艰苦跋涉树立起有力的榜样。他公开弃绝讨伐，坚持让其部下要对勘察过程中发生的任何一起死亡事件负责；至1914年，入侵的持枪者已毫无借口向那些恐惧的当地人开火。

镇压部落战争必然是政府管控的一项初步工作。穆雷指出，"当地管制"的推行涉及整洁干净的村落、椰子种植及向政府任命的村民自卫队反映不法行为。

准许这些人将罪犯带到最近的政府基地,由驻地治安法官加以处理。

到了1914年,除了一小群被隔离的反抗者,西始荷兰人管辖边境北至德国人地盘的所有沿海地区全都处在政府控制之下。不过,内陆尚有许多人未被降伏,另有一些地区有待勘察。不断增加的平定之地要求建立更多的政府基地,征募更多的陆军军官,以及武装当地警察来管理他们。相隔甚远的驻地行政工作,很大程度上依赖于在任驻地法官的能力,穆雷长期以来都缺少"优秀人选"。战争减少了他三分之一的事务,但他的很多优秀部下也都志愿参与了战时服役。

穆雷的管理被白人殖民者指责为是在纵容骄纵土著人,但在当地那些生活在政府监管之下的村民来看,这种管理似乎又是异样的。从1890年开始,《土著法令》中所列的"禁止行为"清单逐年增加。只说马林诺夫斯基到来前几年的一些规定:患有痢疾的巴布亚人不得进入莫尔兹比港;晚上9:00以后不得在城里和附近村落击鼓和跳舞。严禁堕胎、赌博及酗酒;大量的健康和公共卫生方面的规定。总之,带着这些使命,殖民政府试图控制大部分土著人。不仅要保护巴布亚人远离他们自己的陋习,也要让他们远离欧洲人的陋习。通奸和巫术是仅次于杀人的最严重罪行,二者都会被判处六个月监禁。

在村庄里,驻地法官有权起诉和惩罚违规的罪犯——包括对法官自行制定的不合理秩序的反抗。让人惊讶的是,更多的官员都选择了不滥用职权。但穆雷的管制还是很厉害,他亲手挑选的"出色之人"在行为上更是受到严格约束,一旦违背,他会毫不留情地加以惩处。

大部分白人殖民者与巴布亚人的关系都是单向的,而且是基于对种姓制度的理解。巴布亚人主要被看成工人或仆人,成见也随之而来。最坏的情况是,他们被标签化为顽固、慵懒、懒散、贫穷、易怒、虚假、靠不住、固执及淫荡。这种将白人从黑人中分离出来的社会距离,既是政策需要,也是一种文化倾向,因为要让数十万巴布亚人被几百名欧洲官员统治,后者必须培养一种对自身优越性的清高来保持白人的威望。穆雷称之为"虚张声势的管理"。坚持这些标准成了一种帝国责任。另外,与土著女人乱搞的官员天经地义是要被开除的。[10]

面对这些殖民的价值观念和草案,马林诺夫斯基并没有认真质疑它们。

第十六章

"应许之地"

马林诺夫斯基1914—1918年间开展田野调查的那个宽广的殖民地社会只是被松散地组织起来。它被澳大利亚统治,同时包括英裔澳大利亚的官员、传教士、商人、淘金者、种植园主、珍珠商、军人,以及其他类型的殖民者,1914年总共只有一千二百人。也有边缘人:混血儿、一些中国人、马来人和菲律宾人,虽然马林诺夫斯基和这些人没有交往。在他关于巴布亚人的民族志描述中,他基本上忽略了这些殖民景象。当他为政府官员、传教士和商家提供参考文字时,他是在刻板地呈现他们。不过,在他的日记里,他们便赫然凸显,透露出对他日常生活的影响。他对某些人物的速写很是敏锐,这些人物以各自不同的性格出现。如若留意将其与他们的生命史放在一起阅读的话,那么关于他的田野调查的殖民语境,日记提供了一个较好的视角,比他任何一本专著都棒。

在搬去麦格拉思夫人那所喧闹较少的海边房舍之前,马林诺夫斯基在莫尔兹比旅馆度过了数夜。这是一家典型的澳大利亚乡间风格的旅社,有着宽阔的格子架走廊;旅馆有煤气灯、自来水、单独的卧室,以及由定期到来的 Burns Philp 公司船舶带来的新鲜食物。汤姆·赖安(Tom Ryan)的那家更为高档的巴布亚风格的旅馆有电气照明、吊扇,以及为小城提供冰块和冻肉的冷冻装置。隔壁是一家露天影院,每周放映两场无声电影。

莫尔兹比港是白人独享的保护区,除非在城里工作,否则巴布亚人便与此城无关。莫尔兹比港明显比文特诺或凯恩斯都小,人口不足四百。不过,巴布亚在1914年繁荣起来,小城也开始建起现代化的便利设施。刚刚勘探出的黄金、铜矿和石油增加了众人的兴趣。甚至打算修建一条轻轨,也期望能让白人殖民者入驻腹地那些清凉、更近自然的山上。但是战争中止了铁路修建,此后再未重提。

1906年的皇家委员会报告显示,巴布亚的气候已被重度污染。尽管北部的昆士兰"相对来说是好的",但穆雷也表示赞同"巴布亚不再会是一个白人工作的国度"。[11] 史密斯关于巴布亚的手册提供了着装建议:最好是穿迷彩的有缝隙或帆布外衣,配法兰绒衬衫,最舒适的帽子则是太阳帽。[12] 马林诺夫斯基在伦敦就已结识的斯特朗博士为史密斯的手册写了几页"医疗方法",马林诺夫斯基对其有过细致研究。

到了 1914 年,莫尔兹比港已有一所为欧洲人孩子开办的学校、室内游泳池(只向白人开放)、电话服务、通向澳大利亚的无线电报,以及城市供水系统。有一所医院、几所银行、两名屠夫和两名面包师,还有四家 Burns Philp 公司的杂货店,马林诺夫斯基在巴布亚时就是在这里购置物品。还有为不同教派修建的几所教堂,以及一所社区会馆,里面设有图书馆和一个供小型歌剧、舞会及其他公共娱乐的舞台。

小城有一份穆雷仇敌办的周报:《巴布亚新闻和热带广告商》。这是一份厚颜无耻的带有种族主义色彩的报纸,极力嘲讽穆雷所促成的每一点发展:新政府的 Elevala 号舰艇"像只单峰驼",是浪费公款;穆雷简朴的新房则是"一所偷工减料的别墅"。[13] 马林诺夫斯基退掉了这份愚蠢的出版物。

上岸第二天,马林诺夫斯基就开始工作,研读起《巴布亚年度报告》。穆雷那冗长的绪论是了解这里的重要资料。报告的附录里有驻地法官交上来的语言和民族志方面的资料。读了一遍以往的报告和塞利格曼的著作,马林诺夫斯基应该看到了正在渐渐展开的最新近的巴布亚民族志地图。他应该也读过穆雷那本盘点式的《巴布亚或英属新几内亚》(1912)一书,其中包含着对巴布亚不同地区的土著人口概况的描述。一些轶事和殖民者的八卦,还有大量从他部下报告中挑选的人类学式虚构故事为此书增色不少。虽只参阅过塞利格曼的书而且对哈登毫无所知,但穆雷掩盖住了自己在人种学方面的无知。他的确对此后自己当选澳大利亚协会科学促进会人种学分会会长感到自豪。依照塞利格曼的观点,他将这里的人划分为"巴布亚人"(说巴布亚语的原始人种)或"巴布亚－美拉尼西亚人"(说南岛语族而且一般住在沿海地区的移民)。正如塞利格曼界定的,巴布亚－美拉尼西亚人被分为东西两支。莫图人属于后者,特罗布里恩德人属于前者。科伊塔人和迈鲁人则属于"巴布亚"人种,他们的语言和那些"美拉尼西亚人"毫无渊源。[14]

当然，穆雷的划分是一个行政人员的视角，他讨论每个区域都是考虑到该地区的安定程度、给管制造成的问题、当地部落的声望（好战者、水手或食人族），以及该地区的自然资源与开发潜能。他对迈鲁岛的评价代表了他的典型风格。他们拥有"雕刻房屋地板的出色技艺（他们尤为自夸的一种艺术），在他们自己看来，这是其优越于欧洲人的确凿证据"。[15]这种刻薄的幽默，带着牛津人那种自以为是的隐射，是其独特的写作风格。

穆雷将东部地区的岛民记述为"通常都是温顺的守法公民，也会定期去教堂；但这些人极其野蛮，难以管制。"[16]马林诺夫斯基已被说服认为特罗布里恩德人过于文明化，他要去一个更为"野蛮的"角落，才能一解其对异域情调的渴望。

开始田野工作

没有太多推延，马林诺夫斯基就在莫尔兹比港的毗邻莫图人和科伊塔人当中着手进行田野工作。他对莫图的了解还不够充分，不过他在几天之内就已懂了一些玻利斯莫图语（Police Motu），它是巴布亚沿海地区的克里奥尔语，正在与洋泾浜语一争高下。在穆雷看来，莫图人是"一拨敏捷聪慧的人群，秉性友善随和"，但也发现他们"除了出海，并不严格要求自己，也不努力工作"。莫图人是训练有素的水手，他们每年都会划着带有风帆的坚固独木舟到巴布亚海湾进行贸易旅行，这样的旅行叫希利（hiri）。[17]

马林诺夫斯基有两周时间沉浸在他导师十年前所倡导的民族志范式中。就在穆雷出任首席司法官不久，塞利格曼就到了这里，穆雷的日记里也记录了与塞利格曼一起去哈努巴达考察"通灵巫术"一事。[18]马林诺夫斯基踏遍塞利格曼去过的很多地方，并请了最重要的信息报告人阿胡亚（Ahuia），他是穆雷在中央法院的翻译。只要没有公务在身，他就会带着马林诺夫斯基周游领土。阿胡亚作为一名专业信息报告人也有某些传奇色彩。哈登曾在1899年给他拍过照,巴顿曾请他帮过忙,塞利格曼关于科伊塔的著述全是基于他所提供的信息,塞利格曼将他描述为一位"有着非比寻常智慧"的人。[19] 阿胡亚是地方上的"大人物",他通过在职权范围内(他曾先后当过村警和村庄议员)来调停政府关系,从而具备了相当大的影响力。特别是他统治地区的人们恐其为巫师。根据威廉斯(F. E. Williams)在20世纪30年代末对他人生故事的记录,阿胡亚的英语"不太好,严肃谨慎地选词酌句"。[20] 阿胡亚回忆起塞利格曼是如何让一名男子模仿女人生孩子的姿势而无意间取笑村民的:"塞利格曼博士太粗放了,因为他们都笑了起来。"但他对马林诺夫斯基的回忆却是冗长而乏味的纪实,而且只涉及他们做了些什么及到过哪里;未掺入任何私事,恰如威廉斯所说,阿胡亚对马林诺夫斯基的描述很是"让人扫兴"。

马林诺夫斯基首次来到哈努巴达考察是在9月13日,一个周日。和穆雷还有 de Righi 夫人("一个酷爱马匹、热心的澳大利亚女人")一起,他被阿胡亚带着游历这个村庄。马林诺夫斯基记下的第一印象是女人们穿着草裙。这几位访问者考察了用来装嚼槟榔的酸橙的葫芦,步量村庄的长度时,马林诺夫斯基注意到一些房舍是用"罐头"(瓦楞铁皮)建成的。[21] 之后,他向塞利格曼诉说了自己的失望:"村庄被破坏和污染得很严重;几所铁皮房子竖在老房子中间。"[22] 他的不满回应了塞利格曼,塞利格曼就曾在田野笔记里轻蔑地提到"身着印花布、唱着赞美诗的一代人"的出现。早在十一年前,他在巴顿的陪同下也曾到哈努巴达做过类似旅行:"Burns Philp 公司在莫图的职员出现了,预示着莫图人在接下来二十年里将会是什么样:卡其布长裤、白背心、背带、围在喉咙上的围巾、小了很多尺寸的草帽扣在硬拖把似的头发上。"[23] 如当时的其他欧洲人一样,人类学家带着嘲笑的眼光看待那些模仿白人行为举止的土著。阿胡亚在自传中追忆起穆雷的建议:"你们要不惜一切摆脱旧俗,他们才会接纳你们。你们可以尽力模仿我们,但你们无法成为我们。"[24]

次日,马林诺夫斯基第二次造访哈努巴达,这一次就他一个人:"在阿胡亚的屋里,那些老人聚到一起给我提供信息。他们靠着墙蹲成一排,黑色躯干上

第十六章
"应许之地"

顶着毛茸茸的头,身穿破旧衬衫、修修补补的纯毛制品和几件卡其制服,但在这些文明化的服装之下却露着 sihis,一种包着大腿及身体相邻部位的带子。竹笛迅速传开。我有点被这种秘密会议吓着了,便挨着桌子坐下,翻开一本书。获得了有关 iduhu 的信息,谱系,也了解了一下村庄首领的情况,等等。"[25]

他对此番首次进军"田野"的记录是这样开始的:"每个 iduhu 人(占据一个村落的父系氏族)都有一块共享的田地。整片土地由红树和其他树的树枝制成的木栅栏围着。上面种有香蕉、山药、芋头、番薯,但没有椰子。每个成年男子在这片土地上都有一小块地。"[26] 这类铺陈式的概括是他早先那种典型的笨拙尝试。后来他让阿胡亚帮忙画了一幅村落土地的草图,但他笔记本的前面篇幅中并无"具体"资料。他还拿着一些家谱样本(似乎主要取自阿胡亚)去查看有关土地所有制的申明(大概是阿胡亚的)。

在"田野"中的第一天工作,马林诺夫斯基初次知道莫图人和科伊塔人的性禁忌。"关系"大概是阿胡亚的隐语中性交的委婉说法:"从3月直到7月,人们开始修建新花园,没有男人发生关系。一个男子要是和人发生关系,必须告诉父亲,父亲则会不准他踏入花园……发生关系后不许进入香蕉园,除非香蕉已经长成。不许在花园里吃香蕉,因为飞狐会闯进来。"[27]

用这种方式来呈现其最初体验,马林诺夫斯基的莫图-科伊塔田野笔记还是相当重要的。它们在原版的笔记本里也有少量被分类编辑在四十页四开本的抄写本里。[28] 笔记用英文写成,零星夹杂着一些莫图词和短语;语法经常是随着信息提供者的说法,所以有时在文稿里可以听到阿胡亚那磕磕绊绊的英文。马林诺夫斯基特别注意到园艺、iduhu 的土地所有制、季节更迭、婚姻、聘礼、性和饮食禁忌、食物分类、花园巫术、大型禁忌盛宴、巫术、狩猎猪和小袋鼠、狗巫术、斗殴和战争。也有关于他亲自考察的狩猎后的猎物分配、吸烟游戏、西米制作、山药生长,以及到海湾地区希利探险的记录。他考察了劳动力的性别划分、星宿名称、取火和火禁忌,还记下了莫图的移民情况、分娩、梦境、祖先和其他神灵、疾病及治疗。他也没有忽略工艺,记述了木质盘子、网兜、贝壳装饰品、编饰、勺子、网和武器。他从阿胡亚那里采撷的故事很多都是"具体实例"。如果这些故事让他迟疑，他便只是随手记下，不做评注。直观上看，他是领悟到了呈现"土著人观点"的重要性。"亚戈（Doriga Yago），一位基拉－基拉的巫师，被一条蛇吞下肚子，蛇带着他钻进灌木丛。然后那条蛇又把他放了出来，就像他进去时一样，亚戈看到了许多灵魂，并学会了如何给花园施巫术，等等。"[29]

马林诺夫斯基也从劳伦斯（William Lawrence）那里收集了有关莫图人宗教的信息，劳伦斯是位苏格兰人，领导当地伦敦传教士组织。他在东波利尼西亚进行过很多传教工作，因此能启发马林诺夫斯基去关注两个可以相互比较的概念：马纳（mana）和禁忌（tapu）[30]。

"和这些土著人合作是为了锻炼，"马林诺夫斯基写信给母亲时说道，"同时我也尽量搜集塞利格曼从未涉足但却非常重要的事物。"[31] 但在另一方面他有意忽略了人体测量和身体方面的考察。早在十年前，塞利格曼就测过阿胡亚所辖村庄十五户居民的"脉压、色斑等"[32]。

到达一周后，马林诺夫斯基跟随阿胡亚到小镇对面的小山丛中去捕猎袋鼠。虽然他常谈论当地炎热的景观，但却似乎没有意识到那年干旱遍及整个澳大利亚地区。据穆雷描述，那是"我们遇到过的最严重的干旱之一——每样东西都烤干了，很多地方的灌木丛都着火了。"[33] 这场干旱一直持续到1915年，从而微妙地影响到了马林诺夫斯基的田野工作。

由一位莫图人向导陪同，他骑在马背上穿过了"一个布满烧焦的野草、稀疏散乱的露兜树和铁树种属的小树苗的狭窄山谷"。很快，遍地的枯草引起了他的注意，他去找阿胡亚，"看到背着网状袋子的女人们；几个手持长矛、赤身裸体的野蛮人"。那些男人点燃了几堆火，"火势蔓延到一个狭窄地带的山坡上……紫色的火舌舔舐着那些茂盛的野草"。忽然，火苗冲向他们，一团烈火直接围住了马林诺夫斯基。

在这之后，打猎本身变得扫兴起来。即便阿胡亚的狩猎技术就像一位猎猪冠军（他声称在其狩猎生涯中总共打到一百三十六头）[34]，但那天却无一物落

第十六章
"应许之地"

网。回小镇的途中,马林诺夫斯基参观了阿胡亚的花园,还被邀请去了几户人家,遗憾的是,他身上没带"香烟和糖果,这让他很难和那些人有所接触"。那天下午,他在市政府喝了一些啤酒,看了一场网球比赛。这些便是马林诺夫斯基最早的田野工作。

狩猎失败的第二天,马林诺夫斯基写信给塞利格曼:"在这里,我终于到了应许之地"[35]。信中流露出乐观情绪。气候"很怡人",并不像他先前所怕的那么热,他"对热带的忍受"比想象中"要好得多"。他提到穆雷及其属下对他的"亲切接待",他还安慰塞利格曼:"我完全按照您的安排,也在等待去往东部迈鲁岛的首次机会,我计划在那里开始我的工作。"与此同时,他正在"学莫图语,收集关于莫图的资料,涉猎莫图和科伊塔社会学……作为一种训练"。他在查阅尚未读过的"那本厚重的绿皮书"《英属新几内亚的美拉尼西亚人》,还没有"发现任何"逃脱导师之眼的"重要细节"(看到这句话塞利格曼应该比较高兴)。总之,他现在"极度渴望"延长逗留的时间。"当然,我尚未真正尝试用自己的能力自己解决问题;在这儿,我依然在您的指导下,经历着您的一种特殊训练。但我已经真切地意识到了可能会有的困难,并已克服了自己原先的不自信。"

那天夜里,他在莫尔兹比港的这个新兴小镇里,和麦格拉思夫人在她的宽阔走廊上跳着"蓝色多瑙河"的华尔兹和探戈,只是"跳得不太好"。

一周后,马林诺夫斯基在日记里对自己的工作及身心状况,做了一个比给塞利格曼信中所言更为谨慎的评价:"我不能说我感觉自己身体舒适……失眠(不太严重)、负担过重的心脏、(尤其是)精神紧张似乎都远走了。"除了骑马带来的疲倦,他将疲惫归咎于高强度的智力工作及缺乏锻炼。砷酸盐是"必不可少的"补药,定量的奎宁也是不可或缺的保障。对于工作,他陷入了他的"民族学探险"中。"有两个基本缺欠:(1)我很少接触那里的野蛮人,没有对他们进行足够的考察,(2)我不会说他们的语言(另一个翻译:他们操着他们自己的语言）。即便我正在试着学习莫图语，第二个问题还是很难解决。"[36] 这些重要的方法论观点在迈鲁岛将变得更加清楚，并给他带来新的力量。

远赴拉罗奇

比起以前的日子，马林诺夫斯基习惯了简单的日程。他从近海村庄 Elevala 雇了一名莫图"小厨师"伊瓜·皮皮（Igua Pipi），他也将在迈鲁岛担任马林诺夫斯基的翻译。他从政府高官那里获取信息。他还从劳伦斯和亨特（Robert Hunter）上校（一位娶了个当地女子的商人和探险家）那里收集了少许巴布亚传说。他遇到了"美丽的科里人"，他们激起了他"对有着古铜色皮肤的永恒女性的羡慕和渴望"。[37] 他沉溺于逃避现实的小说阅读中，直至厌烦。他爬上小镇上面的帕加山坡，赫伯特法官和辛普森医生住在那儿。他经常早睡。对于波兰的命运，他试着不去想太多，他所感受到的思乡的悔恨是"自私自利的"。他经常想起母亲，但是他的身体却渴望着托斯卡。

在不知他下落的情况下，约瑟法那周从克拉科夫写信给他。好几个月后他才收到此信。

我最爱的小宝贝！

我每隔一天都给你寄一张卡片，但最近它们全被退了回来……我一直都在想你，出于某些原因我感到难过，但出于某些原因我也为你不在这里而高兴。总体上我认为今年你能成此行是幸运的，因为凭你的体力和视力你是不可能入伍的，而且否则你的科学工作也就不可能进行了……我只是极其担心没有收到你的消息，哪怕是一封你亲手写上地址的空信封……我们的所有朋友都离开克拉科夫了，甚至包括尼奇教授……或许我也早该离开，但我没钱了。由于不符合所有的官方条件，从6月起我就没拿到抚恤金……就如我很多封信中所言，你的

第十六章
"应许之地"

> 工作是受人瞩目的。艾斯特莱歇尔教授……对你的书的出版和价值，还有你的未来，都抱有极大期望，但他有一点乐观了……瑞廷格尔被软禁在法国……托拉和她母亲待在一起……如果你写到这场战争的话，记住所有信件都会被检查。
>
> 拥抱你一百万次，向斯塔斯问好，我最爱的小宝贝！[38]

这周马林诺夫斯基最重要的事情是去拉罗奇探险，拉罗奇是与一个低矮冈峦后面那条海岸线相平行的一条河流。穆雷给了他一匹马，由伊瓜和一位哈努巴达男子陪同，他骑马穿过很多座花园，来到一个点缀着露兜树的河谷。他看到"一片片很深的青黑色草地，正渐入深红与紫色，在太阳下摇曳、闪烁，就如天鹅绒被一只无形的手抚摸着"。无所不在的阿胡亚加入了他们，他指出了马林诺夫斯基在一张简图上标出的地界。在一条"从树丛中缓慢穿过的幽暗小河"边，他第一次看到西米棕榈树。阿胡亚说一位祷告者告诫他不要喝这条河里的水，因为这一片是祖先灵魂所在之处。最后他们穿过一片擎天的热带榕树林来到了拉罗奇。马林诺夫斯基匆匆看了一下那些花园，然后他们就到了河边的一个小定居地："四所围绕着一块平坦干燥空地的小房子"。那儿住着一些科伊塔人和他们的孩子，还养着猪。马林诺夫斯基那天晚上和他们待在一起，可能就住在其中一个屋子里，和伊瓜等聊至深夜。

第二天早上他睡过了头，从而错过了狩猎的开端。和阿胡亚穿过那条河，他看到几只袋鼠在一个台子上被烟熏着，女人们用石油罐子煮饭。他照了一些佩戴网袋和长矛的猎人照片，并和他们一起坐在那片树林边，其他人在焚烧草地。这场火小多了，基本上看不见浓烟。一个袋鼠窜进张开的网袋，挣破袋子逃回了灌木丛；另外一只在附近落入陷阱并被刺伤，阿胡亚杀死了一头猪。他们穿过烧焦的草地返回定居地，热气和烟雾冲向他的脸庞。后来，马林诺夫斯基和早上从小镇骑马过来的穆雷一起吃了午餐。

在小镇的最后一周，马林诺夫斯基有点精神崩溃而且经常沮丧不已。他试着通过读书来治愈，但却又深深思念和安妮在伦敦的生活。他显然也在思念托斯卡。战争反而变得很遥远。在巴布亚的生活与波兰所发生的事情之间存在一种"无法通约之感"。"当一些可怕的事情发生在家乡时,我却和妈妈完全失去了联系,我不想也不敢去想象那不可预测的结果。"[39] 有时他也会想起斯塔斯,想念他的这位伙伴。

在一篇有趣的笔记中,他享受着麦格拉思走廊里那些美妙的月夜,将自己投向舞艺,"试着随着探戈徐徐进入阿什顿小姐的灵魂和心中"。除去这样的调情,他和莫尔兹比地区的澳大利亚人始终保持一定的距离。他高傲地写道:"我极其厌恶这些普通人,他们无法在一些让我欣喜的事物中找到一种诗意和时尚的微光。"[40]

"英联邦的负担"

穆雷自然不是个普通人,除了是个强有力的社会人物,他还是一位饶有涵养且重要的知识分子。他可能是巴布亚岛唯一一位让马林诺夫斯基觉得有必要表示顺从的人。而在他边,穆雷依然用自己的方式来应对这位外国科学家的不安全感及其可疑的国家忠诚。在马林诺夫斯基登上 *Wakefield* 号的前一天,他在政府大楼吃午餐,并和穆雷讨论一封"写给亨特的信"。

这封信证明是重要的。"一旦我开始探险,"他提醒亨利,"我打算在巴布亚至少待两年。为了展开这个计划,我有一笔400英镑的存款,此外还有一些基金。"400英镑"存款"有一半是伦敦政治经济学院许诺给他提供的1915—1916年度的奖学金;另外一半是他自己的钱,但是现在在俄属波兰"完全无法获得"。遗憾的是,大学里的奖学金也存在严重问题,因为英国的奖助金不会给予那些和英国交战国家的公民:这就是他在经济上的窘迫之处。"虽然我还没有失去所有希望,但要是拿不到这个奖学金,我会发现自己处于更加困难的境地……而且就如我在这里被作为战争的俘虏,我害怕不管怎样都将成为英联邦的负担。"之后他大胆申请了120英镑,他估计这笔钱够支撑他在巴布亚一年的

第十六章
"应许之地"

工作。作为回报,他将让自己发挥最大作用。[41]

若不是穆雷的支持,马林诺夫斯基或许不敢向澳大利亚政府提出如此鲁莽的请求。在给亨特的一封便笺中,穆雷的助理写道:"我想他知道他的工作,政府可能会以较少的代价让他在战争期间待在这里,并让他研究民族学。我承认我个人不喜欢他,但是供给他与让他工作是一样的,或许让他待在这里与让他去别的地方的成本一样低廉。"[42]虽然可能对穆雷的讽刺腔调有所不满,但亨特还是同意了,并在便笺底部签名写道:"很高兴讨论此事。我觉得我们应该给这个穷家伙一个继续的机会。我们无论如何也要留下他。"

这个穷家伙最终从困境中较好地走了出来,而且他那厚颜的请求成功地得到了250英镑,这笔钱他在1915年期间分几批取到。亨利和穆雷相信他们会从支付一位非官方的政府人类学家中获得经济利益。马林诺夫斯基给予了他们这一信念。但是后来穆雷厌恶地发现:亨特欺骗了他,后者将马林诺夫斯基的"薪水"记在了巴布亚地区的预算上。

马林诺夫斯基写信将自己对亨特的顺从告诉塞利格曼,他认为伦敦政治经济学院的负责人也应该支持他,去呼吁伦敦的澳大利亚高层官员。[43]直到1915年1月,塞利格曼才回信(这一次是去掉了他名字里的第二个"n")。马林诺夫斯基的厚颜触动了他,他责备马林诺夫斯基将自己视为"不是一位工作中的人类学家,而是一个持有容易被理解为无礼的明确要求的外国敌人"。在塞利格曼看来,马林诺夫斯基在整个田野期间都要保持好姿态。如果他真的遇到了麻烦,那就应该找一位召唤师来证明"这个世界上没有一个国家会收你为军人"。同时,话说得越少越好,他建议不要向伦敦政治经济学院提起马林诺夫斯基的"鲁莽行为"。[44]

等到这一警告送达马林诺夫斯基那里时,事情已经处于他满意的状态。塞利格曼是从一般的规则展开论证的,没有考虑到当地的情形,没有考虑到马林诺夫斯基准确判断和冒险经历的那些政治上的细微差别。这些信件的交流依然证明了两人间迥异的个人风格,以及他们对待行政权威和官僚礼仪的不同态度。在以后的日子里,他们在很多类似的手续上经常产生分歧。马林诺夫斯基运用

马林诺夫斯基

一位人类学家的奥德赛，1884—1920

魅力或甜言蜜语造就的厚颜利己、冒失的机会主义及对障碍的有备而战，和塞利格曼那种传统的谨慎，以及对礼节和应有程序的英国式关心，形成了鲜明对照。

航向迈鲁岛

连接莫尔兹比和萨马赖这两个重要港口的巴布亚南部海岸的水上交通，在1914年的时候远比现在繁忙得多。复杂的地形使巴布亚十分依赖海洋，现在它则成为依赖航空业的国家的一部分。无论身处哪里，马林诺夫斯基都难以抱怨这是一个与世隔绝的地方。

Wakefield 号船长是一个粗鲁的德国人，他挺着个巨大的肚子，总是虐待和欺辱巴布亚船员；轮机长是苏格兰人，粗俗而傲慢。旅客中有个个子很高、长相英俊但双眼斜视的英国人，他喜欢咒骂澳大利亚人，认为他们没文化。还有一个叫格林纳威的年长的庄园主，他是个性子温和的贵格会教徒；还有个爱尔兰贵族的儿子德·莫林斯，自认为"虽然好酒贪杯而且游手好闲"，但"受过严格优秀的训练"。另外一艘船上载满了傻瓜，等三天的航程结束时，马林诺夫斯基已经十分厌倦他们。

整个行程中，尽管沉醉于欣赏沿岸村庄变换的景致和各异的特色，但是沉迷于莫泊桑短篇小说中的马林诺夫斯基仍然觉得十分迷茫。莫尔兹比地区所属的干燥气候带从属于一个更大的湿润区域，随处都有海湾的海岸线，明亮而苍翠。他常常由此想起在日内瓦湖中的航行："沿岸一片繁茂的植被，沉浸在蓝色中，斜倚着高耸的山墙"。然而在欧洲人眼中，这里的热带风景却有些危险和不友好："一点都不像我们的塔拉斯，在那里你可以随意躺下，拥抱周围的风景……在这里，这些令人惊奇的绿色深渊却是难以逾越、充满敌意、不容于人的。"[45] 看上去"很美的红色丛林满是地狱般可憎、散发着恶臭的"纠缠不清的植物的根茎和烂泥，"你难以触摸它们"。这片丛林"满是各种污秽物和爬行动物；闷热、潮湿，令人沮丧和厌恶；充斥着蚊子和其他各种昆虫。"

第十六章
"应许之地"

在 Abau，政府驻地不可思议地建在一个满是岩石的小岛上，马林诺夫斯基遇到了地方治安官阿米特（Armit）——"友好，随意，不是很有教养"——他邀请马林诺夫斯基上岸休憩。第二天早上马林诺夫斯基开始了他此次旅行的最后一程。10月16日星期五，在驶入亚马逊湾之时，他晕船晕得很厉害。但他仍然登上了迈鲁岛，他宣布自己"在这神奇的地方感到十分开心"。覆盖着峭壁和青草的岛屿环绕着棕榈树和木麻黄。开着玫瑰的陆地，绿紫相间地延伸到欧文·斯坦利山脉那高耸的群峰。

马林诺夫斯基是这样叙述他抵达特罗布里恩德群岛的，这段文字十分著名，对后来的人类学家来说，它将成为一个十分常见的比喻："想象你自己突然卸下了缠绕着你的所有装备，独自一人站在紧挨着土著村落的炎热海岸上，直到承载你的小船或汽艇驶出视线。"[46] 孤独的民族志学者的英雄形象，或者说"老式漂流者的形象"[47]，是一种文学手法，但更吻合马林诺夫斯基作为一个典型的民族志学者神话般开放形象的经验真相。他把这一幕抵达场景置换到了特罗布里恩德群岛，但其实应该属于迈鲁岛。

沿岸上岛，从 Wakefield 号上卸下行李，第一个来迎接他的人是村警欧马佯。马林诺夫斯基刚刚歇下来，传教士们就出现了。法国人塞维尔（Rev. William Saville）牧师夫妇来迎接他。他欣然接受了和他们待在一起的邀请。很快他就会知道：如同穆雷统治着莫尔兹比，传教士塞维尔主宰着迈鲁岛。

第十七章

迈鲁岛

在传教士的王国里

终于,马林诺夫斯基感觉到自己正"置身于田野之中",这个田野是其他人类学家从未涉足过的。不过他也知道塞维尔是个业余的民族志作者。塞利格曼1904年末的时候曾在莫尔兹比港见过他并和他一起短暂工作过一段时间。应该正是因为有他在迈鲁岛,塞利格曼才为马林诺夫斯基选了这里作为田野地点。传教士能让他更容易进入当地文化。无论如何,马林诺夫斯基住到迈鲁岛都等于是把自己放到了一个相对来说不太为人所知但又甚为重要的地区,因为迈鲁的东面与民族志作品中经常出现的马辛地区接壤。

塞维尔的领地坐落在迈鲁岛植被掩映的一侧。他那敦实坚固的"英式"传教宅——带有清漆硬木装修的胡桃木书房、将海景和山景尽收眼底的宽敞阳台、桔树林、树木掩映的槌球与板球场——都让穆雷在莫尔兹比港的陋室相形见绌。教师住所和一间能收五十个孩子的寄宿学校(村办学校收有另外一百二十三名孩子)被周到地布置在传教宅的视线范围之外。塞维尔编写教材并亲自讲授英语课,但让他沮丧的是"我们无法让孩子们跟我们说英语"。[1]

马林诺夫斯基并没有记录关于迈鲁岛传教所的这些情况,也没有言明自己的田野工作在多大程度上受到了它的影响。这个有着四五百人口的村子离海岸

第十七章

迈鲁岛

有十分钟的步行路程。这里有"两长排房屋,和大海平行,形成了一条宽街……从海上看,这个村子就像一片沙滩,总是有孩子们在玩耍、妇女们在制陶罐、男人们在修船。"岛上人的食物不能自给自足,需要从大陆上输入,"所以他们主要的行业就是贸易"。[2] 第一天夜晚,马林诺夫斯基觉得自己有义务参加塞维尔在传教宅旁的小教堂里主持的礼拜。他被"用野蛮语言嚎出的赞美诗的滑稽效果"逗乐了,"费了好大劲儿才完全习惯了这种荒唐行为"。这种不屑一顾的态度对于他和传教士之间能否建立亲密关系来说,显然不是什么好兆头。

塞维尔 1873 年出生于萨里,是个传教士的儿子。1900 年,他接受伦敦传教士协会的派遣来到新几内亚,在迈鲁岛上一住就是三十五年。塞维尔从未对自己从事的这项职业有过真正的迟疑,尽管一开始也曾因为他那些"骄傲、忘恩、自私"的教众而感到绝望。他认为巴布亚人"在人类发展阶梯上处于可怕的底端",于是制定了与迈鲁人相处的十条"戒律",它们体现了一种高高在上的家长作风,以及对白人等级制遭受污染的恐惧。"不要戏弄当地人"、"不要跟当地人没话找话"、"不要碰当地人,除了握手或鞭打"、"警告一次,之后便付诸行动"。[3] 塞维尔的偏执还延伸到他自身种族、信仰与民族之外的所有地方。不仅是澳大利亚人的粗鲁让他震惊,而且从英国的公团主义到法国人的贪婪,到罗马天主教的背信,再到巴布亚人的粗俗,都让他无法接受。这也难怪抱有世界主义的马林诺夫斯基会觉得他思想狭隘:"一个自以为是的小菜贩子自我膨胀成一个滑稽可笑的小君主"。[4] 不过随着时间推移塞维尔也慢慢成熟起来,也对他这群不知感恩的教众越来越宽容。他教他们打板球,还让他学校里的男孩们用玩具来复枪进行操练。他在其出版的关于迈鲁岛的《不为人知的新几内亚》(1926)里,流露出对岛民们深切的尊重,甚至可以说是一种父亲般的慈爱之情。

在 *Wakefield* 号上看见的迈鲁岛,给马林诺夫斯基留下的第一印象是:宝石蓝色大海中一座边缘布满礁石的火山岛。散布着独木舟的海滩后面,是一排整齐的有着哥特般尖顶的屋子。这一景象唤起了一种快乐与自由的感觉:"我想象在棕榈丛中的生活会像一个永恒的假日一样美好"。不过这种初来乍到时的快乐很快就消失得无影无踪。仅仅过了几天他就开始"与小说《名利场》中那些伦敦的势利小人们为伴"并借此逃离这里的现实生活,并沉溺在塞维尔那些过期伦敦报纸上的广告中想入非非。他责备自己:"我无法全心投入工作,无法接受这种自我束缚状态并最大化地利用它。"[5]

情绪上的突然崩溃归因于塞维尔,他答应帮助马林诺夫斯基,但是之后又忙于一些更重要的事情。开始的时候情况还不错,塞维尔领着他的这位客人参观了自己的领地,"去了插旗处,去了村子里,还去了那些园子里"。但接下来几天都浪费在等待终未出现的帮助中。不耐烦的情绪使他感觉很糟,传教士没有让他免费食宿也让他颇为不快。他试着独自在村子里开展工作,但是这样做难度很大,不过塞维尔还是为这位人类学家召集了一群长者在晚上来传教宅和他交谈。在这个星期剩下的时间里他记了一些关于舞蹈的笔记,这一视觉场景给他留下了深刻印象,此外便遁入小说世界,这时他读的是康拉德的《浪漫》:"我无法摆脱它,就像服了麻醉剂一般。"他对小说的突然着迷,是应对不安和今天所谓"文化休克"的良药。他同时也遁入了对托斯卡的思念中,为失去爱她的机会而耿耿于怀。对托斯卡的思念也让他想起了妈妈,他此时在灵魂深处感受到了一种对母亲的"深深的、强烈的思念"。[6]

不过他在第一个星期还是努力做了些工作。尽管塞维尔的种族优越感让他恶心,但他也承认这个英国传教士对待当地人的方式还是给了他们"一些体面与自由"(他提到板球在当地很流行),而且也没有太过摆布他们;他还设想塞维尔要是个德国人,"一定会是个彻头彻尾的讨厌鬼"[7],马林诺夫斯基在不经意中亲眼目睹过塞维尔与巴布亚人保持距离的这些原则的几次实践,都是因为迈鲁人不听话而生气。每当他们挫败他的企图、回嘴或者对他不够尊敬时,他都会瞬间暴怒;不过他也不敢"鞭打"他们,也还没有学会称他们为"黑奴"或"黑鬼"。

马林诺夫斯基不喜欢塞维尔的原因与其说是意识形态上的对立,不如说是个人性格上的厌恶,只不过在当时马林诺夫斯基倾向于用前者去解释后者。他

第十七章

迈鲁岛

其实还是可以适度地忍受不同宗派的传教士的。他似乎已与伦敦传教士协会的威廉·劳伦斯及莫尔兹比港的英国国教会的阿瑟·齐涅尔（Arthur Chignell）有过很融洽的相处，而且很快也会愉快地结交苏澳岛的查尔斯·齐涅尔（Charles Chignell）和萨马赖岛的拉姆西（Frederick Ramsey），此外还有他在 Orontes 号上结识的、1915 年初将再次遇见的牛津人、英国国教会的亨利·纽顿。再后来，他还会与卫理公会在乌布亚岛上的吉尔摩（Matthew Gilmour）和基里维纳群岛的约翰斯（Ernest Johns）保持友好关系。再往后数，他还会在 1930 年代和国际非洲研究院的埃德温·史密斯（Edwin Smith）及奥尔德姆（Joe Oldham）在伦敦建立友谊。事实上，他的很多基本信息都是从这些传教士口中间接获得的。除了塞维尔这个例外，马林诺夫斯基最初对传教士们的谴责更多出于意识形态方面而非针对个人。后来他俩的关系发生倒转（塞维尔拜倒在这位伦敦经济学院人类学教授脚下）时，马林诺夫斯基不仅原谅了塞维尔所犯的那些错误，甚至还将其赞誉为一个"能将自己塑造成一位人类学家的现代式传教士"。[8]

马林诺夫斯基因为自己不得不依赖塞维尔而苦恼不已。这不仅仅是因为他必须自付食宿费（一周 25 先令）及对自己痛恨的人以礼相待——这对一个脾气火暴的人来说尤其困难——而且因为他必须靠塞维尔帮自己介绍当地的信息人并为自己带路。这位在岛上生活了十四年的传教士马基语已经说得很不错，甚至还出过一本语法书。依照当时的标准，他已是一个称职的民族志学者，也正属于英国那些摇椅人类学家们所依赖的"实地调查者"。

第一代的田野工作者通常都会咨询传教士，而且自从托雷斯海峡探险以来哈登就鼓励传教士们变得更加具有人类学意识，并在他们的主业之外更好地为民族学服务。他认为传教士们所需要的是"好的人类学基础、木工手艺和医术"，他还在剑桥讲授专门为他们开设的职业课程。尽管对于他们麻木的宣教方式和其工作所具有的破坏性效果不无批评，但他还是认为他们值得培养，因为他们可以收集关于那些他们致力于摧毁的宗教的相关信息。因此，对行走于田野的民族志学者们来说，培养传教士以便从他们那里汲取关于地方习俗的知识实为明智之举。此外,尽管具有像科德林顿(R. H. Codrington)和莫里斯·林恩哈德(Maurice Leenhardt)那样成就的传教士-人类学家在美拉尼西亚实属少见,但在很多地方传教士的确要比政府官员更多。[9] 马林诺夫斯基的另几个导师,如里弗斯和塞利格曼,都曾在很大程度上借助过传教士,因此他如果如法炮制也应是情理之中的事。

"和传教士合作的最大问题在于这个传教士个人观察中存在的误差,"塞利格曼在次年曾向他提出过这样的忠告,"有些方面你无论如何都必须依靠自己来完成;研究社会关系体系时不能相信一个圈外人,不管他是信仰上帝还是魔鬼。但在另一方面,一旦你已掌握大致情况,一个好的传教士会非常有用,能帮你节省大量时间……但你必须教会你的合作者正确使用术语……你还必须在才智上胜过你的传教士。" [10]

不过等到马林诺夫斯基收到这些忠告时,他已几乎全然抛弃了来自传教士的帮助。事实上他终结了存在于英国人类学家和传教士之间的历史性关系,而且这种职业上的相互脱离也可以说就是始于迈鲁岛。不过,当下他仍徘徊在传教士的小领地中。

疏离感

马林诺夫斯基雇了村警欧马佳领着他在村子里转,伊瓜充当翻译。他的访谈对象还包括卡瓦卡(Kavaka)、帕帕里(Papari)、维拉维(Velavi)和丁姆丁姆(Dimdim),这些名字常常出现在他的田野笔记与日记中。他发给他们黑色的卷烟,以便从他们那里获得关于舞蹈、季节、葬礼和技术的知识并记入笔记。有几天从清早起来就颇为不顺。他先是起床起晚了,情绪低落,读了些旧报纸和过期杂志。他的信息人有时同样"懒惰而不情愿"。他将《询问和记录》一书常备手边,不时用到它并直接按手册上列出的主题向当地人提问。他还有一个

第十七章

迈鲁岛

访谈对象是椰子种植园主巴克斯特·贝（Baxter Bay）。出身于肯特郡工人阶级的贝是个"极体面且有同情心的乡下人；访谈总是进行得很糟：他发不出'h'音；娶了个当地女人为妻；在有身份的人前觉得抬不起头，特别女性化"。不过他仍然提供了一些有趣的信息：比如关于清洁，马林诺夫斯基在11月12日按照《询问和记录》上的提示就问过他相关的问题。"老的椰子会被掏空。然后他们会把椰肉捏在手里，在上面倒些水，然后把水挤到头上，用力擦。这可以除虱。然后再用剩下的椰肉擦身。"[11] 这很可能会让马林诺夫斯基想起母亲用硫黄治疗他的脱发的方法。

10月最后一天马林诺夫斯基和塞维尔一起去大陆上转了转，那天晚上在德雷拜他在日记中描述了月光对周围景观神奇的提升作用："一种异域情调从熟悉之物的遮蔽之中轻柔地凸现出来。"不过他仍然感到沮丧。"我正从事的工作与其说是一种创造性表达，不如说是一种麻醉状态。我不会尝试为其寻找什么更深层次的源头……读小说简直就是一种灾难。"[12] 他对自己的工作感到失望，这让人想起他以前日记中的那些抱怨。然而现如今，他正身处地图上的一处空白点，一个探索中的民族学者们此前从未踏足的地方。很快他就认识到了田野工作可能如此乏味，认识到了正是这种陌生感在日复一日的面对下也足以引发倦怠与疏离感，继而促发一种"文化休克"与无聊的奇怪化合物。为了与之相抵抗，他遁入回忆与读小说中——借助小说中他时他地的精彩生活聊以自慰。几乎没有人比马林诺夫斯基更加详尽地记录了面对陌生之地的这种不适及在困惑中产生的疏离感。最好的缓解方式就是睡觉，或许是为了做梦，为了逃避必须每日面对的关乎个人存在的可笑境遇——因为只要我们是文化与社会环境的创造物，一旦没有了对自我身份认同的频繁确认，我们的生活就会显得可笑。人类学的学科教育并不能让一个人对这种经历做好足够的准备，而冷漠的英国人一旦不像他们所想的那样得到尊重就会尤其容易感到受伤，因为他们认为自己生来就是统治者，生来就应受到尊重。马林诺夫斯基的情况甚至更为尴尬：他是个波兰人，而且是在牧羊人和农民中度过的童年，这一切都让他不一定能应付得了在一个美拉尼西亚村庄中的生活。

在迈鲁岛对面的大陆上他参观了种植园。"我询问了关于土地划分的问题。这将有助于了解原来的划分机制,而把现在的情况当做一种与时俱进的适应形式来进行研究。"[13] 这显示他的思考自有创造性之处,而不是一味地遵循《询问和记录》的指导。他还思考了一些关于政府法令的问题:"养猪禁令和关于集中村庄的法令的不合理性;还思考了想要向统治者提出的建议"。他在这次短暂旅行中去过的一些村庄并没有为他提供什么信息,在其中一个村子他还因为遇到的窘境而被笑话。不过其他一些村子提供了不少信息:在波烈波村,"当地人非常聪明",提供起信息来"滔滔不绝",他不得不飞快地记录。他也逐渐意识到这种流动式田野调查的成功完全取决于能否碰到一批乐于回答问题的既耐心又善于表达的当地人——当然也取决于他自己的精力及是否感觉舒服。

事实证明这是一个糟糕的星期。大部分时间他都感觉很差,想待在传教宅里看报纸。当他去村子里的时候,总难找到信息人。他于是开始读《基督山伯爵》,在跟随塞维尔再次向西航海旅行时陷入这个复仇故事中不能自拔。在格拉斯哥港"遇到一位老人,面容和善,眼神中满带从容与睿智",他侃侃而谈,介绍着相关信息。但是很快马林诺夫斯基就生气地发现"这位老人开始撒关于葬礼的谎"——或许是因为他怀疑这个好问东问西的民族志学者是禁止在村庄管制范围内举行葬礼的政府打发来的探子。种植园中的漫步或是异域奇花的香气都没能让他从气愤中平静下来。他后来只能在回想中享受这次漫步的快乐,"就像一次并非直接的而是封存于我记忆中的经历"。[14] 通过回忆来捕捉那些记忆,恰是他日记的主要功能之一。

10月29日寄来了一批信件。除了来自布里斯班的马约夫妇、珀斯的苏埃夫夫人和在 *Morea* 号邮轮上的戈尔丁夫人的信件,斯塔斯的一封语带责备极伤感情的信让马林诺夫斯基痛苦了好些天。这批信件中最让人高兴的是安妮寄自南非的五封("这是把我和过去相连的唯一线索")。接下来一周他决定写篇工作进展报告给塞利格曼。

第十七章

迈鲁岛

尽管必须依赖塞维尔的帮助，他认为自己还是可喜地完成了不少工作，"收集了颇为丰富的信息"。他在莫尔兹比"学了一些莫图语"，现在正在提升自己的语言能力。村子里的男人们正在忙着为即将到来的名为"戈维马杜纳"的"盛大节日"制作西米，他希望能在12月或1月观察到这个节日，只不过今年这个节日规模应该不大。这很可能是因为干旱的原因，不过马林诺夫斯基也将其归因于战争造成的恐慌，"这甚至扰乱了新几内亚的生猪交易"。迈鲁人还没有为了生猪而进行他们传统的沿海岸而上的航行，他们交换的东西包括西米、当地制作的陶罐等容器及贝壳饰物。在向塞利格曼呈报的观察总结中，他还描述了房屋结构、家庭生活、亲属称谓、宗族、种植园、男人屋和在独木舟上进行的交易，此外还有"盛大节日"。他最后写道："我还做了一些关于如何对待死者……季节划分及一些技术方面（如制罐、建房、划独木舟）的笔记。但我觉得还没有进入'当地人的心灵中'。"[15]考虑到他此时在当地的工作时间还没超过十四个全天，可见他显然是期望太高了。不过马林诺夫斯基称自己已经抓住了迈鲁文化的基本轮廓。他告诉塞利格曼，自己现在想要"在迈鲁岛的东西各部做一些远足"。

几天之后他在写给妈妈的信中告诉了她一些会令她引以为傲的消息。"我开始了我的民族志工作——第一次全靠我自己，在一个全新的领域，迄今为止还没有人出版过关于这些土著人的作品。"他还向她详述了自己是如何向当地人提问的。"我只能通过二次翻译来进行工作。我的'男孩'或仆人是个莫尔兹比人（他叫伊瓜，长得极像一只黑猩猩），他说……莫图语，这是新几内亚的通用语言……他将我的英语译成莫图语，另一个当地人再把他的莫图语译成迈鲁语，之后老者们回答我的问题，答案再通过这个受过教育的迈鲁人和伊瓜译回给我。这个过程已经慢慢地变得简单起来，因为现在我已能懂很多莫图语了，我也在开始学说莫图语，所以伊瓜的一大功能就是充当我的'袖珍字典'。"[16]马林诺夫斯基后来会在他关于迈鲁岛的专著的序言中重复这段叙述，包括"袖珍字典"这个词组。

马林诺夫斯基

一位人类学家的奥德赛，1884—1920

"哈登一行"

在给塞利格曼的信中，马林诺夫斯基提到哈登仍在巴布亚湾地区。因此，当这位四处游走的剑桥导师 11 月 8 号在迈鲁上岸时，还是让马林诺夫斯基有些"手足无措"。这次造访应该是事先安排好的，不然马林诺夫斯基的日记里一定会有更多的大惊小怪。显然，哈登的目的是要收集关于独木舟制作的资料，作为其对大洋洲地区独木舟全面考察工作的一部分。他那位文静却勇敢的女儿则忙于收集"翻线游戏"方面的资料（她最终出版了一本相关书籍）。

马林诺夫斯基刚刚经历了几个月的航程来到地球的彼端，所以这位当时在世的关于美拉尼西亚民族学最伟大的权威的造访一定让他颇为不安。无论如何，哈登都是英国人类学界最有影响的人物，也是马林诺夫斯基自己的导师兼保护人塞利格曼的导师兼保护人。哈登的这种专业权威地位和作为身处英国殖民地中的英国人身份都是一种安全保证，因此他的出现本身对马林诺夫斯基来说都是一种刺激，让他不快地联想到自身境地所带来的那种不安全感。尽管"哈登一行"在迈鲁岛只停留了几天，这也足以让马林诺夫斯基对他们产生敌意。他或许觉得自己的田野领地在自己还没有机会声称对其拥有主权之前就已被人侵占。他在日记中坦言自己"恨哈登，因为他让我不快，因为他和那位传教士合谋对付我"。[17]

不过，哈登的到访确实还是带来了好处，而且从历史角度看，这件事对英国社会人类学来说犹如灵光一现，成为重要性难以估量的决定性一刻。当时世界正处于大战边缘，这个时代正虔诚或者说愚蠢地被西方文明的各种乱七八糟的发明和活动所唤醒，例如马林诺夫斯基在日记中所提到的：留声机、手摇风琴、台球、唱颂歌及把砷注射当成神经强壮剂。在这个帝国最边缘的遥远海岸上，汇聚了"一个小蔬果商人"般的传教士、一个"成天烂醉如泥"的爱尔兰贵族的儿子、一个工人阶级的且发不出"h"音的英国种植园主、一个杀死了自己母亲的混血儿，以及几百个无名的"野蛮人"，后者是这两个人类学家来这里的

第十七章

迈鲁岛

唯一原因。巧的是，哈登与马林诺夫斯基的相遇，再完美不过地体现了新旧两种人类学的并置：翻线游戏与家户调查相对，独木舟的相关技术与交易的经济学相对，总之，是哈登的巡回游走式调查与马林诺夫斯基停留在一地进行深挖的方法论热情之间的对立。[18]

马林诺夫斯基在11月24号给母亲写了封信。"我每天都去村子里……我的工作有条不紊，从不过度劳累——到目前为止我各方面都感觉相当不错，除了些许懒散之外。"尽管工作本身并非十分困难，但它们却需要有极大的耐心。"因为传教机构与政府的法令，这里的'野蛮人'疑心很重。我已慢慢获得了所有的信息，但在葬礼、往生信仰等方面他们还是守口如瓶。"[19]

他在同一天也给塞利格曼写了封信，这次的进度报告显示他正乐此不疲地按照塞利格曼的模式进行着人类学调查。"我的进展步幅并不大，但却是稳扎稳打……我认为现在已经获得了关于迈鲁的一幅相当完整的图画——不过它还只是一幅黑白素描，对其中色彩的描摹要困难很多。我正在尽可能多地完成这些任务。"

他也列出了近期的工作计划："我会去东部——会有一个传教的工作在萨马赖展开——我会在回来的路上在一两个地方停留，尤其是在迈鲁人和苏澳人相接触的地方。这只是一个粗略的尝试，但这对于发现东部文化（如马辛地区）的影响将会很有帮助。"

他承认自己的薄弱环节在于摄影和录音方面。"我目前拍的照片很少——不过我还是很希望能记下他们舞蹈、儿童游戏与经济活动（捕鱼、开辟种植园等）以及技术方面的很多内容。但是一到需要使用技术的时候，我就不大在行了。"[20]

他此后也一直没能精通摄影，对技术的要求常常让他因受挫败而恼怒不已。作为一个动手能力不强的人（修个保险丝或换个灯泡都会让他为难），摄影对他来说只是笨拙地装装样子。尽管他已认识到摄影在田野中只算是一种次要工作，但他还是在这上面花费了大量时间和金钱，认为其方法论上的价值让自己有义务这么做。至于录音,他似乎在迈鲁经历了一场彻头彻尾的失败。

塞利格曼 1915 年 2 月 14 日的回信虽然姗姗来迟,但却足以让马林诺夫斯基为之振奋。哈登已经回到了剑桥,他在给塞利格曼的信中对马林诺夫斯基在莫尔兹比港和迈鲁岛的"优秀工作"称赞有加,并断言"我认为他会成为一个优秀的田野工作者"。这是来自英国田野工作鼻祖的高度赞扬,正是这个人把"田野工作"一词引入人类学,而转达这番称赞的人也是后来被哈登称为帝国内最坚持不懈的田野工作者塞利格曼。然而,终有一天,马林诺夫斯基作为一名田野工作者的名望,将会完全遮蔽这两个人的光彩。

色彩描摹

尽管向塞利格曼有所抱怨,但是马林诺夫斯基在迈鲁岛的田野笔记中还是有不少色彩丰富的描摹。1914 年 11 月 13 号,他询问丁姆丁姆有关婚姻的一些问题,试图找到确切例证。他的访谈笔记部分地记下了当时的内容:"D. 对它的描述有点怪异。每年都要给女方家一头猪。这叫 AVEUSA 和 VOEVOE。这头猪的一部分被返还给送礼人,他的妻子会烹饪它。如果不给猪,妻子他哭 [原文如此 (if pig not given, wife he cries):访谈时显然使用的是洋泾浜英语]。丁姆丁姆的妻子是 BOILADUBU 族的乌达玛……如果 Boiladubu(氏族)和 Maradudu 都没有 [马杜纳] 节日宴的话,D. 就不送猪。"

显然,新几内亚较为通行的模式是在重大的一年一度的节日中交换作为新娘嫁礼的猪。马林诺夫斯基在笔记中画出了丁姆丁姆妻子的谱系图,还列出了与过去几年马杜纳节上丁姆丁姆送猪的收礼者有关的人员名单,以及他们与收礼者之间的宗亲关系。他的笔记之后还提到了"切罗舞",他将于当晚在库雷雷看到这种舞蹈:"切罗舞——这是我在这里听到的最美的旋律。我在科学上和艺术上的好奇心都得到了满足。不管怎样,舞蹈中有大量的原始人形象,回到了磨制石器的年代。"不过访谈不知怎的出了点问题,马林诺夫斯基开始变得不耐烦,"合上了笔记本"。[21]

丁姆丁姆是个"混血儿和现代的俄瑞斯忒斯",他在一种被称为"奥奥"(o'o)的近乎癫狂的着魔状态中杀死了自己的母亲。马林诺夫斯基几天前从普阿纳(Puana)和阿尔夫·格林纳威(Alf Greenaway)那里记录了有关奥奥的情况,这堪称另一笔色彩描摹。确切的实例显示了他对这一概念的民族志探索:

> 迈鲁语中称为"卡拉温尼"(KARAVENI)的流星进入男人或女人体内使他们进入奥奥的状态。无需任何起因;没有愤怒 [angry,原文如此],没有歉意 [sorry,原文如此]。他们就这样被这种情绪所控制。旧时他们常会杀死一个男人或女人,破坏财物,砍坏独木舟;朝房屋扔矛……劳洛洛(LAURUOLO)女人,名叫维拉(Vaila),原来常常这样发作;她常将杂草穿戴在头上和腰上;常带着一支矛或鼓,表演一些传统舞蹈。[22]

因为哈登还在左近,所以去和"下流的迪克"——尊贵的德·莫林斯(Richard De Moleyns)待一段时间或许是一种放松,他是在莫古布种植园里工作的靠汇款度日的贵族。马林诺夫斯基在11月14号和查理与丁姆丁姆一起坐独木舟到了那里,他用断断续续的语句记录了看到的诗一般的景色:"在一顶展开翅膀的黄帆之下……在绿色的水面上——如绿松石般,不过是透明的——山岩紫罗兰色的剪影……海水在船身和桨间轻拍——灌入小洞眼,在船身边激起浪花。"远远地望向迈鲁岛,"火山岩壮观的侧影在薄雾中隐约可见"。在莫古布度过的这个周末相对于传教宅的生活来说是一个令人愉快的变化。和不修边幅、成日穿着睡衣的德·莫林斯在一起的生活是原始的。马林诺夫斯基在这座没有墙壁的房子里享受到了肮脏的殖民享乐:"有一群男孩子服侍你是件乐事"。只要有威士忌,他的这位主人就会烂醉如泥。幸运的是,马林诺夫斯基到达后不久他就喝光了自己的最后一瓶酒,所以能和马林诺夫斯基进行交谈。清醒的时候,"下流的迪克"品行极佳,不过马林诺夫斯基还是断言他没好好受过教育,"没什么知识文化"。两年后,这个上流人物在萨马赖的医院里割喉自尽。

之后马林诺夫斯基生了一星期病。"疲倦，精神混乱，感到痛苦，无法工作，觉得自己病了，孤独，绝望。"他于是服用了奎宁和砷，看报，读吉卜林的小说。他被《基姆》的魔力所折服——考虑到他目前的尴尬处境这的确是一本适合一读的书，因为这是吉卜林最具民族志描写色彩的一部小说，而且书中的主人公孤儿基姆也是在寻找种族与语言上的身份认同。[23] 传教宅的气氛在塞维尔短暂离开期间轻松了下来，马林诺夫斯基发现塞维尔夫人比她丈夫"活泼很多"。后者的回来又让马林诺夫斯基陷入颇带恼怒的思索中。"我思考过很多反对传教活动的论点，而且在考虑发起一个切实有效的反传教运动。论点是：这些人破坏了土著人快乐的生活；他们破坏了当地人的心理动因。他们所返还的东西完全不能被野蛮人所理解。他们一味无情地破坏老的东西并创造新的需求，无论是物质上的还是精神上的。毫无疑问，他们是有害的。"[24] 不过当他准备好去萨马赖时，还是要依赖塞维尔。

马林诺夫斯基 11 月 24 号所写的信中有一封是给亨特的。刚在田野中待了五个星期，他就已在盼着离开了。"哈登博士来过这里还给了我一些提示和鼓励。他的建议正和我原来的计划相合，按照这个建议我打算去南边待过 2 月和 3 月，以便整理我的调查结果，消化我的田野经验，并在一段距离之外来看待我的工作；之后当然在重返巴布亚时再重新处理相同的材料。"

他说，想回澳大利亚的另一个理由是要在澳大利亚的博物馆中研究自己在巴布亚收集的材料。他接下来所说的这些可能受到了哈登建议的影响："田野里有很多标本都在迅速消失或已绝迹。我很想看到它们，继而尽可能多地收集关于它们的信息。有很多标本甚至都还没有被识别出来，令人满意的技术性及社会学描述都还极少。"[25]

亨特对这一要求持同情态度，甚至试着为马林诺夫斯基争取一张从布里斯班到阿德莱德的免费铁路通行证。"据我所知，"亨特在给国防部秘书的信中写道，"没有理由怀疑这位绅士会有任何不当之举，当然我也并非在建议允许他离开澳大利亚政府管控的范围。"[26]

萨马赖与苏澳岛之行

在晕船的折磨下,马林诺夫斯基躺在传教船中开始了向东的旅途。在伊苏勒勒湾的水域里,他遇到了塞维尔的同事查尔斯·李奇神父,鞋匠出身的他是个"友善、坦率、快活的家伙"。和塞维尔一样,他也是1900年来新几内亚的,而且一待就是四十年。

马林诺夫斯基马上就发现这些村庄给人一种不一样的感觉。他现在正位于马辛地区,这个地名是哈登在对巴布亚尾端的这个岛屿地带进行民族志描述时所采用的名词。马林诺夫斯基之前曾在迈鲁岛上对马辛有过遥望遐想,对迈鲁人来说这里是高级货物(篮子、装饰漂亮的木雕用具、武器和装饰品)的来源之地,还有最动听的歌曲和最美丽的舞蹈。这里还是食人族与最恶毒的巫术之乡。[27] 在伊苏勒勒湾上岸后,他所面对的是"一个新的文化圈"所带来的各种审美感受。[28] 他注意到这里鞍背形的屋顶比迈鲁岛上的要"漂亮一些",他带有浪漫色彩地将马辛南部的这些村落居民称为"航海者"。

> 在炎热的一天,当我们走入果树与棕榈的树荫,发现自己置身于隐没其间的设计精巧、装饰美丽的房屋之中,它们一组一组不规则地散布在绿荫间,周围环绕的是贝壳与鲜花装饰的小花园,有鹅卵石镶边的小径与用石头铺出的座圈,这就仿佛原始、快乐的野蛮人生活突然出现在眼前一般,即便只是一种稍纵即逝的印象。[29]

花园和镶边的小径与英国传教士的影响有很大关系,不过正如马林诺夫斯基提醒自己的那样,那些引人注目的石圈与那些难以言说的活动相关。因为这些"友好的、外表柔弱的人们"曾是"有食人陋习的猎头族",他们"背信弃义地对那些沉睡中的村庄发起偷袭,杀死男人和妇孺,尽情地以他们的身体为食"。他发现马辛人在体格上比起在西面与其相邻而居的真正的巴布亚人要矮小,也不像他们那样强壮,头发也不像他们那么毛茸茸的,肤色也相对较浅,鼻子"似被压扁",眼睛"斜斜的"。在举止上,他们"害羞且缺乏自信,但并非不友好——很爱笑,甚至有些卑躬屈膝,这和阴沉的巴布亚人及不友好的、沉默寡言的南部沿岸迈鲁人形成鲜明对比"。乍看起来这些南部马辛人"并没有给人留下什么野蛮人印象,反倒有些像自鸣得意的资产阶级"。实际上他们是"勤劳能干的手工制造者和很好的商人"。[30]

船只沿着苏澳岛海岸微微凸起的壮观山岩前行,马林诺夫斯基"陶醉在这美景之中"[31]。当他们到达大陆最尾端的时候,看见眼前漂浮中岛屿的剪影,马林诺夫斯基感到一种缘于发现的震撼。贯穿新几内亚的山脊在这里终于走到了尽头,尾端断断续续从水中凸起,形成一串由珊瑚礁围成的群岛。当你从苏澳海角一转过来,所罗门海便在你面前豁然敞开:展开一幅由小岛、波光海色与陡峭的火山岛混合而成的全景图。这个建在岩石与珊瑚岛屿之上的殖民王国的首府就在小小的萨马赖港,这里是通往马辛地区、德属新几内亚港口及(最早的探险者们所相信的)遥远的中国的门户之地。萨马赖是一个国际港口,也是巴布亚东部的商业枢纽,其重要地位不亚于莫尔兹比港。除了干椰肉,主要农作物、金子、珍珠、海参、龟甲都通过这个小小的海上首府进行贸易流通。殖民政府也通过这里管理无数有人居住的岛屿。后来当马林诺夫斯基在特罗布里恩德群岛安置下来以后,Burns Philp 公司也正是从这里向他运送补给的。塞利格曼曾在他的日记里提到过萨马赖"虚假的魅力",并将它比喻成"星期四岛 [位于托雷斯海峡] 的一块被搬起来扔到了一个更怡人的环境中"。[32] 这里当然要比莫尔兹比港美,"一个神秘的海岛,一个玩具般的迷你王国……棕榈和巴豆树,还有清澈如水晶般的大海。"[33] 马林诺夫斯基在之后几年中将多次来到这座岛上。这也在他心中激起一种矛盾感:"如画的风光与这座海上岛屿诗般的神韵和这里的悲惨生活形成了一种矛盾。"[34]

塞维尔一家与他们的随行客并没有在萨马赖住下,而是选择了中国海峡中的另一座小岛科瓦托上的传教站。从 1890 年开始,这里就是阿贝尔(Charles Abel)和他庞大家庭的居所。马林诺夫斯基坐在传教宅的阳台上,下面正在进行一场板球赛。他翻着一本书，作者是最后死在弗莱河食人族手里的早期传教士查尔莫斯（James Chalmers）。阿贝尔一家，像李奇家一样，都给马林诺夫斯基留下了很好的印象，不过后来他曾批评阿贝尔的《新几内亚的野蛮人生活》一书"文笔轻快但肤浅，而且总是显得不可靠的一本小册子"，这本书流露出传教士们对"没有规矩、缺乏人性"的野蛮人的固有看法。[35]

马林诺夫斯基耐着性子在科瓦托参加了一回由阿贝尔主持的礼拜。"我们坐在长方形的小教堂或看起来像个圆形大厅的小草屋里，那里恶臭阵阵。礼拜时间很长，颂歌也重复了好几遍。"午饭过后，他借了塞维尔的小船，让伊瓜划船载他"在这个美丽星期日午后的懒散静谧中"渡过海峡。在萨马赖，他去见了常驻行政官希金森（C. B. Higginson），对方草草地接待了他。他之后又去拜访了另一位传教士，待人热情且爱好体育的英国国教会牧师拉姆西，后者从1906年起就在萨马赖任教区长。马林诺夫斯基帮他对其石器收藏进行了分类。次日，常驻行政官让他进入了监狱。在那里，囚犯们排成一排，他"为了下午的工作从中挑出了几个"——这就是所谓的监禁中的信息人。塞利格曼1904年时也在萨马赖的监狱中对囚犯们进行过询问与测量。

接下来一周，马林诺夫斯基形成了一套固定的工作日程。他早上跟着塞维尔在科瓦托研究迈鲁文的文章（"我尽量保持礼貌并避免摩擦，但这并非易事"），下午他会去萨马赖探访挑出的狱犯。有几天，他会和当地的肖医生一起吃午饭，另几天他又会大嚼着巧克力棒在岛上闲逛。尽管有些厌烦传教士们，但在萨马赖他还是"感觉很自在，像在一个文明之邦"。[36]

两艘英国驱逐舰驶入港口，马林诺夫斯基瞥见上面的英国国旗。另一个战争的讯号是监狱里新关进六个当地犯人，他们因为殴打一位传教士而在德属新几内亚被抓。*Morinda*号将他们从拉布尔远送过来。船上有些"野蛮的德国人面孔"，他估计这些人是战犯。塞维尔一家会乘坐这艘船开始为期六个月的度假。马林诺夫斯基的道别很冷淡，而且直到最后一刻他和这位传教士之间还是在闹不和：这回他们又因要雇载他返回迈鲁岛的小艇而发生了争执。

12月7号星期一，马林诺夫斯基踏上了回程。他计划花几周时间探访一下沿途的几个苏澳村庄。和迈鲁一样，这里也正在准备一年一度的节日，他十分想看看当地的食物分配方式和苏澳人所说的"索伊"(so'i)生猪交换仪式。在巴克斯特港的那瓦布村，他遇见了一个当地的传教老师，同时也发现了类似于阿贝尔在科瓦托建起的那种模仿出的文明图景："一个瘦得皮包骨的萨摩亚女人用一个椰子款待我；桌上铺了布，上面还放着花。"但他注意到屋外的石头座圈都被传教士们毁了。人们正在为索伊节做准备，当晚的情形让他想起了康拉德的小说《黑暗的心》："我第一次听到了海螺号吹响时那种长长的、尖厉的声音……伴随的是可怕的猪嚎和男人们的喧嚣。在黑夜的寂静之中，这一切都让人意识到某种神秘的暴行正在发生，它让人猛然间痛苦地想起那些已被淡忘的食人仪式。"[37]

他在下一个村子待了三天，那是法母湾的伊苏伊苏村。他在这里目睹了索伊节另一阶段的活动并拍了照。穿着节日服装的人们太过专注于自己的节日，以至于很少注意到这个在次日一早穿着睡衣在村子里逛来逛去的白人。他那天一直在等待人们屠宰猪只的仪式，不过后来才发现这是徒劳的，因为他们交换的是活猪。第二天他乘船来到李奇的传教站。在这个晴朗无风的下午泛舟平静的海面让他心生惬意，他决定给自己放一天假。李奇夫妇热情地接待了他，他和他们又愉快地待了数晚，一起探讨关于索伊节的问题。一天晚上，看着玫瑰色的夕阳，他心中突然一阵哀伤，"大声哼唱起歌剧《特里斯坦和伊索尔德》的主旋律"。思乡的他想念起了自己的母亲。[38]

再次起航向西，他来到了另一个说苏澳语的村庄，这是位于一个几乎全被陆地包围的海湾中的西罗西罗村。西罗西罗也正在举行它的索伊节，男人们正用杆子吊着猪只进村。他说服一个名叫"六便士"的当地信息人安排了场舞蹈——估计是给了舞者们烟草作为酬劳——并记下了歌曲和舞蹈动作。之后他在杜布（dubu，即男人屋）里度过了难受的一夜，醒来时"感觉就像是刚被从十字架上取下来一样"，于是又开始生病。他重又读起康拉德的小说，但是瞬即就被在意识边缘打转的一种可怕的灰色愁思所淹没。"我努力把目光从书上移开，简直不能相信我现在正置身于一群新石器时代的野蛮人当中，不能相信那边正在发生可怕的事我还能在这里安然静坐。"[39]

那天他搬入卡罗卡罗的另一户人家，他在那里住了三个晚上，没有一天是让他愉快的。臭气、烟熏、嘈杂的人声与猪狗叫，都让发烧的他更加烦躁不安。他强迫自己四处游逛以便观察索伊节的活动，但是完全没法集中注意力。一个本可以硕果累累的民族志机会正在从他身边溜走，这完全归罪于他的身体弱不禁风。扛着猪只的男人队伍来来去去，每个队伍都有打扮漂亮的舞者相迎送。时而也会发生争吵，甚至会发展成斗殴（"一队看起来确实很野蛮的人闯入显然被吓坏了的人群中"），因此马林诺夫斯基并不惊讶过去争执常会导致战斗。有一队的首领咄咄逼人地送给他一只猪。他想把它还给他们却遭到拒绝。这让他十分不安，只好回去睡觉，也因此错过了一个送猪仪式。

第二天他在马林斯湾的达乎尼村买了一些家用物件。从初到迈鲁岛开始，他就一直在收集民族志标本，而且显然对哈登能在如此短的时间里搞到大量工艺品的卓绝技能很是妒忌。马林诺夫斯基1914—1915年间在巴布亚南部海岸地区田野工作所留下的一个不解之谜就是他收集的所有这些工艺品的最终命运。它们全都消失得无影无踪。[40]

一行人就此离开了马辛地区，继续向橘园海湾的加代苏村航行，他在那里拜访了一位当地种植园主。马林诺夫斯基开始和自己的"男孩们"有了矛盾，他们越来越不听话。和一个船员的摩擦终于让他怒不可遏。第二天他参观了一个坐落在环礁湖中的墓地，那里成堆的白骨与骷髅头被摆放在岩石中。他们继续在海雾中航行，于当天下午抵达了迈鲁岛。"突然间，我的心中一片空虚，未来是一个问号。"[41]

重返迈鲁岛

马林诺夫斯基怅然若失。"我来到一个空寂无人之地，感觉很快就会不得不终结这里的工作，不过眼下我还必须在这里开始一段新的生活。"[42] 事实上这是他在迈鲁岛收获最丰富的一段时间。他搬进传教站的传教宅中。塞维尔一家已经吩咐人为他整理好了这里，他第一次在这座岛上体验到了真正的独立。不过那天晚上穆雷和他的侄子乘坐的轮船就在迈鲁岛靠岸了，这似乎是要提醒马林诺夫斯基他不可能长时间逃过监视管控的目光。马林诺夫斯基不请自来地登上 *Elevala* 号吃晚餐。"我和他们关系依旧；友好地畅谈，是我让场面欢快起来，而不感觉到突兀。"[43] 穆雷对此未必会有相同的看法。

这艘船也带来了他的一些信件。有两封安妮的，"第一封有些简短生硬，对我没写信有些恼怒"，第二封则带着更多爱意。她收到他的信后乐不可支。他从卡恩斯和莫尔兹比港寄出的信终于到了她的手中，里面还有船上拍的一些照片。她在其中一些照片上发现了他的胡须。"你又在留小胡子了？它不像我初识你时那般柔软光滑了！"她认为拍照的人是斯塔斯。有一张照片把他拍得"一脸可怕的病容"。在她最喜欢的一张中"看不到穿了什么衣服——你的脖子和肩膀光光的。我以前常常看见你就这样向我走过来——只'穿'很少的东西，这让我全身充满一股暖流！"[44]

在一丝惆怅中马林诺夫斯基觉得安妮是他和一个友好世界间唯一的联系，不过他又瞬即认识到这种想法不甚公平。他在日记中承认："我在这里遇到的人们大体上都很热情友好，因此我也有一种身处朋友之中的感觉"。他在之前几周内遇到的欧洲人都对他不错。但他没有提及那些对他展现了友好态度——或者至少是忍受了他的巴布亚人。

圣诞节期间，他去了位于莫古布的考利（Campbell Cowley）的种植园。考利性格外向，开朗健谈，是一个喜欢讲非洲猎象故事的"典型的澳大利亚人"。他们谈起传教士们的家长里短，两个人对塞维尔都没什么好话。马林诺夫斯基之后又迷上了大仲马的另一部小说直到普阿纳在圣诞节次日来接他乘船返回迈鲁岛。接下来几天他都沉迷在大仲马的世界中，同时也与发烧和剧烈的牙痛作斗争。

此时此刻，他的母亲刚刚收到他经过荷属印度尼西亚转寄来的一封信。"我

第十七章

迈鲁岛

不会告诉你什么时局消息，"她回信道，"尽管我肯定你无法从你的那些英文报纸中知道任何事……战时的所有报纸都在撒谎。"她也仍然没有在边境俄属一侧"雅尼斯佐夫"庄园中居住的妹妹的消息。"现在我们不能离开克拉科夫，因为他们会让我们出去但却不会让我们再回来。"她对儿子声称有足够的钱表示怀疑："我最亲爱的儿子在信中有点吹牛地说有 220 英镑和政府对临时工作的保证……这是为了安慰母亲而编造出来的。我觉得还是我的保证更为可靠，我正在为你节省每一分钱，尽管眼下所有东西都很贵，有时你甚至无法买到基本生活必需品（牛奶、面包），存钱很难。"[45]

新年伊始，她又通过意大利的菲诺港寄来一封信。"几周的恐慌过后，克拉科夫变得十分平静。似乎攻城并不会发生，不过战争期间任何可能性都不能排除。无论如何，我们英勇的军队会出色地保护我们的。……欧洲遭受最大破坏的国家有比利时，还有法国的一部分，而情况最糟的就是我们可怜的祖国！唯一的安慰是我们的军队还在英勇奋战。"为信件检查官提供了这些投其所好的内容之后，母亲转而说起更私密的话题。"你的头发怎么样了？你有没有好好保养它们？"[46] 母亲对儿子日渐严重的秃顶的担心甚至超过了儿子自己的关注。

新年的第一个星期还算顺利。他问了普阿纳、帕帕里和皮卡纳（Pikana）一些关于亲族与禁忌的问题。村子里现在是一片欢腾，每晚都有穿着插满羽毛的节日盛装、佩戴着装饰品并在身上涂彩的人们尽情舞蹈。不过当风向突然转向东面时，人们便离开迈鲁岛向西边的多玛拉航行，去获取一年一度节日中所需的猪只。马林诺夫斯基想和他们同行却因他们索要 2 英镑而放弃了这个念头。这是一个严重的决策失误，他也因为意识到自己错过了一个宝贵机会而感到恼怒与沮丧。接下来几天，他将自己沉浸在大仲马的《布拉热洛纳子爵》中，不分晨昏地读着它。"我的头开始嗡嗡轰鸣，眼睛和脑子都开始充血——但我还是在继续看书，不停地看，就像要阅读致死一样。"[47] 他最终决定，在新几内亚期间再不碰任何一本小说了。

懒洋洋的炎暑天仍在延续，他所做的唯一有价值的工作就是拍照和东扯

马林诺夫斯基

一位人类学家的奥德赛，1884—1920

西拉地与伊瓜做访谈记笔记。剩余时间，他又在快速翻阅莎士比亚、勒南、诺曼·安吉尔的作品。他还重读了安妮的信并思考了自己的过往生活。"有时我感到就像是在写作自己生命的故事"，不过他已渐渐发现所有这些生命的阶段都已变得遥远而陌生。他的中学时代、他和齐维斯泰克一起读博士的日子，似乎都已与现在的他没有什么关系了。他再次发烧虚脱。他的体温在每天下午升高，这是疟疾的典型症状。由于无法正常工作，他感到无聊，有时疯狂地渴望起音乐来。贝多芬的第九交响曲不断地在他脑海中响起。

托斯卡的照片提醒他，自己仍在爱着她，不过与泽尼娅相比，"我们在精神上没有任何共同点"。即使如此他还是做白日梦般地想，如果现在让他选择其一共同生活的话，他还是会选托斯卡。尽管他仍对另几个女人抱有性幻想，但他觉得自己一夫一妻的本能还是更为强烈。虽然他还爱着托斯卡，但她仅仅只是"'那个独一无二之人'的临时替代品"。[48] 不过几天之后他做了一个梦，内容显示他在潜意识里还远没有做好接受一夫一妻生活的准备。他昔日的三个情人——泽尼娅、托斯卡和安妮——睡在一间屋子里，"彼此之间有瓦垅薄钢板相隔"。[49] 梦醒后的他有一种枉费幸福感。几天后他在日记中连篇累牍地回顾了3月里和托斯卡吵架的情形，再次下定结论："感到一种强烈的一夫一妻生活的愿望，并对不纯洁的思想与情欲感到厌恶"。他自问："这是因为孤独，因为灵魂真正的净化，还是只不过是在热带生出的疯狂念头？"

阅读里弗斯的作品让他有工作的冲动并令他能"以一种全然不同的方式"从自己的观察中受益。他并没有解释这种方法到底是什么，也没有说明他所说的过去没有引起他足够重视的"里弗斯式问题"究竟是什么意思。难以置信的是，他甚至考虑在前德属新几内亚政府内寻求一个职位，不过他也怀疑哈登希望莱亚德得到这个工作。果不其然，哈登已在9月初写信给亨特，称自己希望亨特"等到事情有所进展时不要忘了莱亚德"。他指的是二人在墨尔本时的一次交谈，哈登后来在一封给亨特的正式备忘录中又扼要表示了一遍，他建议向巴布亚和前德属新几内亚派遣两个民族学者，连带开销的薪资为200英镑。[50] 他

第十七章

迈鲁岛

大概是在考虑巴布亚的这个职位时告诉亨特说:"A·R-布朗已在昆士兰展开了工作,我十分坚信他是这个职位最合适的人选。"[51] 后来,莱亚德在新赫布里底斯群岛的田野工作后遭遇了精神崩溃,因此是哈登的另一个学生,澳大利亚人钦纳里(Ernest Chinnery)在1924年得到了新几内亚的这个职务。[52] 巴布亚的那个职位也是先被哈登的另一个剑桥学生阿姆斯特朗(W. E. Armstrong)得到,而很快就在1922年由马列特在牛津的澳大利亚籍学生威廉斯(F. E. Williams)接任。鉴于马林诺夫斯基在1915年时的敌国侨民身份,即使有这样的机会,也很难想象他会被考虑成为这两个职位中任何一个的合适人选。

一个由独木舟组成的船队于1月16号回到了迈鲁。不顾发烧和连日阴雨,马林诺夫斯基在接下来一周频繁来到村子里。他认认真真地拍摄了几天村民们准备戈维马杜纳节的场面。这些照片包括烹饪西米、掏空椰子和没完没了的舞蹈排练。他的发烧来来去去,脾气也不止一次在背着沉重设备拍照时失控爆发。尽管感到"可怕的疲惫"——他每天早上9:00–10:00起床,下午又会倒到床上呼呼大睡——他还是尽量和欧马佳、皮卡纳等一起做些工作。他在日记里很少提到这些迈鲁男人,例外的是:当他们说好参加某项工作却又不来时,或是当他在地上摆弄棋子来代表舞者站位而他们又无法领悟他的用意时。这时他会发怒,气氛也会随之紧张起来。我们不知道这些迈鲁人是如何看待这个戴着墨镜而过早谢顶的爱抱怨的白种男人的,不过他们似乎乐意宽恕他的暴脾气,就像他也乐意宽恕他们的愚钝一样。

他在迈鲁岛的最后几天满是倦怠,显得黯淡无光,他又一如既往地在疯狂般的工作与充满愧疚的懒惰之间摇摆。有时光色斑斓的风景会让他诗兴大发,当他在海湾清澈的水面上泛舟时又会感受到自由与欢畅。他把烟草送给当地人,这样他们便会在相机前排练他们复杂的转圈舞,但无论他怎么教,他们都无法摆出足够长时间的姿势以便相机曝光。有一次他在这样的情况下发火了——那些拿了他烟草的人就这样散了。在记录这段经历时,他写下了在迈鲁的日记中最不光彩的一段话。"总体上,我对土著人的感觉是坚定地想要'消灭这些畜生'。"[53] 或许值得一提的是，正是在这段时间里他读了普雷斯科特（William Prescott）的《墨西哥征服史》，这是描述帝国视野中的野蛮人的另一部经典。

在等待一艘能把他从这座岛上带离的船到来期间，他暂时陷入一种进退不定的状态。他给传教站里的小孩子们送了礼物，哼着泽尼娅的乌克兰小曲，披着星光在海边散步，有时又会对未来抱有一丝紧张与恐惧。他梦到了旅行，梦到了和泽尼娅一起度蜜月，也梦到了和埃瑟尔·伊顿住在一座宫殿里。"我已经越来越完整地领略了这块领地上的一切，毫无疑问，如果我能在这里多待上几个月（或几年），我会更好地了解这里的人们。但仅就这次短暂停留而言，我已尽可能做得够多了。"[54]

为什么他没有在迈鲁待更长时间我们不得而知——马杜纳节正在向高潮发展，如果他待在这里进行观察的话，他的民族志资料会丰富很多。或许他感到他和迈鲁都已耗尽了对彼此的耐心，感到他已在其不断提到的"糟糕的环境"下做了够多的田野工作。那位传教士正在度假，几个月后才会回来，不过马林诺夫斯基无疑确信自己已经榨干了这个信息源。无论如何，除非他学会迈鲁的马基语，他的工作不会有任何进展，不过他似乎并不打算这么做。他的健康状况则是另一个原因。他仍像一贯那样密切地注意着自己的身体状态，近几个星期他饱受"典型的无力"的折磨。这种迟钝与倦怠使得即使最轻而易举的动作（例如更换相机的银版）也成了"生活中一个无比巨大的十字架"。注射砷和铁能让他多一些精气神，同样有效的还有伊瓜为他做的全身按摩，但是这些缓解都只是暂时性的。

从萨马赖过来的 *Elevala* 号于 1 月 24 号星期一的早上在迈鲁岛短暂停留。马林诺夫斯基匆忙收拾好自己的行李，划着一艘独木舟离开了海岸。总督"明显是冷淡而矜持地"对待了他。不过他还是不请自来地和伊瓜一道上了船，要去莫尔兹比港。他和迈鲁岛的人们告别了，和"这一大群野蛮人及传教站里哭哭啼啼的人们"告别了。他为离开而感到高兴，并体验到"一种自由的感觉——就像是要开始一段假期一样"。[55] 而就在三个月前他刚刚登上这座小岛的时候，他也曾描述过相同的快乐。

第十八章

西瑙格洛

莫尔兹比港的间奏曲

返回莫尔兹比港旅程中的两件事证明了马林诺夫斯基对大海的惧怕。他并不适合海上航行，经常晕船。偶尔他也会声称自己已经习惯了船上的颠簸——直到下一次的事实证明这只是个错觉。他曾像孩子般故作大胆地攀爬 *Elevala* 号的主桅杆，有"一种让人兴奋的、自由与恐惧相夹杂的感觉"，不过最后他还是失去了勇气。不久他再次鼓起勇气攀爬。不过这一次，在多玛拉以外的海域，*Elevala* 号在一片珊瑚礁上搁浅了。他惊慌失措地从桅杆上爬下来加入自救队伍中。他甚至想到了失去田野资料的可能性——这是一个人类学家的噩梦——他对穆雷生出了一种少见的同情，同时也对 *Elevala* 号失去了信心。当船在礁石上左扭右摇时，他也对运气不佳的船长同情起来。他们最终让船摆脱了礁石的纠缠，感到一种解脱的快乐。不过这次经历也让马林诺夫斯基从此对海难抱有一种"歇斯底里的恐惧"。[1]

回到莫尔兹比港，马林诺夫斯基在汤姆·麦克兰酒店与一个芬兰水手共住一屋。一帮醉汉"晚上总是吵吵嚷嚷"。在这里等待他的有来自斯塔斯和华沙的努斯鲍姆的信；他为他们在困境中的彷徨而动容。他还写信对塞利格曼说自己能从他那里得到母亲的消息放心多了，并就此感谢塞利格曼帮助他们母子保持联系。随后他还向自己的导师汇报了在迈鲁岛工作的完成情况,并贬低了来自塞维尔的帮助。"事实上这个传教士是在尽其所能地暗中干涉我的工作,在他离开后我和土著人的关系无疑比原来好多了。"他还照了一些相当不错的照片,此外他仅仅忽视了人体测量学,即"学科中那些测量方面的工作"。[2]

在这个炎热潮湿的小城中,马林诺夫斯基所作的是包括在 Burns Philp 公司的店里翻寻必要的补给品,此外还有一些必要的社会活动。首先他向常驻行政官做了汇报,之后他去拜访了钱皮恩、莱斯利·贝尔、赫伯特法官及塞利格曼的老朋友兼合作者斯特朗。他和斯特朗聊了一整晚,但已不再对他的知识感冒了,他觉得斯特朗对巫术及"巴布亚灵魂"的看法"并不恰当"。而且作为医疗官员及非官方政府民族学家在这一区域已经待了十年多的斯特朗竟不会说莫图语。

其后几天,马林诺夫斯基和伊瓜与阿胡亚一起去了当地的几个村子。晚上他会和那些欧洲人进行社交,谈谈战况,听听音乐。他也会喝喝雪利酒,喝啤酒的量也超过了平时的习惯。尽管在潮湿的气候下冰啤酒是一种"纯粹的享受",但他还是不喜欢喝醉的感觉,更不喜欢必然随之而来的宿醉。相较于啤酒,马林诺夫斯基一生都更喜欢葡萄酒,而且始终保持饮酒适度。

2月1号他再次被政府秘书钱皮恩接谈,对方暗示他即将获得经济资助。为这个消息所振奋,马林诺夫斯基给自己放了一下午假,读起威尔斯的小说《新马基雅维利》,这本书深深地震撼了他。"他和我在很多方面都很像,一个有着完全欧洲式思维与欧洲式毛病的英国人。"此外,主人公与伊莎贝尔之间的恋情也让他想起了自己与泽尼娅的感情,那段"在心智上相互理解与交融的爱情"。而在另一方面,主人公的妻子玛格丽特的"永远的顺从,以及来自于她的肯定、期望与'超人的预见力'",则让他想起了托斯卡。[3]

利戈的英属领地

1915年2月2日傍晚,马林诺夫斯基登上了史密斯提供给他的小船 *Puliuli* 号。他再次踏上了向东航行的旅程,这次是要去利戈,这是莫尔兹比港东南方向四十英里外的一个执政站。此前他已去过迈鲁文化地理区的最东缘,即和苏澳岛接壤之处,现在他要再次按照塞利格曼的建议去西瑙格洛,它位于科伊塔人与莫图人部落的东边。按照塞利格曼的说法,他们是"一个强大且有影响力的部落,他们的村庄从卡帕卡帕后面的海岸之外约三英里处的山地开始向外延伸",那里是东莫图的最后一个村庄。[4] 塞利格曼只对西瑙格洛做了粗略的信息收集,不过他还是觉得这些自称发明了杜布建筑的人十分了不起。杜布是一种巨大的典礼用的男人屋,其中有巴布亚海岸这一带十分典型的雕刻柱。

马林诺夫斯基有约一周时间可用。这次除了伊瓜,他还带上了阿胡亚,确信有后者在工作会完成得更快。小艇扬帆启航时,他重新感受到了自我的重要性:"我现在在'我的船上'——强烈地感觉到这艘船就是专为我一人而开。"他无比开心——直到他走下夹板头又开始晕起来。夜幕降临,小船在月光下行进,他对刮擦船体的暗礁与更可怕的厄运的恐惧再度袭来。他睡得很不好,吊杆摩擦船桅的声响让他不安地跑到了甲板上。[5]

次日清晨他们在利戈安全登岸。英格利西(Albert English)骑着自行车赶来时,他正在勘察一座已被毁坏的带有精美雕刻立柱的杜布屋。英格利西曾是一位执政官,后来成了种植园主,他属于最早一批来英属新几内亚的人。他的种植园是在这片殖民区域最早种植橡胶与剑麻的,不过和其他种植园主一样,他最保险的投资还是椰子种植。马林诺夫斯基看到这里的道路两边都种了椰子树、鸡蛋花和含羞草;迷人的香味和干掉的椰肉的恶臭混杂在一起。这里也有树篱与藤架,就像在一座公园一般,白花的香气让他想起了泽尼娅身上的香水味。在这个地方住了三十年的英格利西已经用他的这些奇花异草改变了这里的景观。此外他还有一个兴趣:收集石棒与石斧,他从整个巴布亚地区收集到了大量这类玩意儿。英格利西以脾气暴躁著称，斯特朗之前也建议马林诺夫斯基迎合迁就他。于是马林诺夫斯基便帮他对其石器收藏进行了分类，英格利西也因此明显地变得和蔼起来。马林诺夫斯基在日记里写道："一个典型的男人（和我一样）——他不会无私地做任何事，他对其他人的认识与欣赏只会取决于他们眼下能满足他的需求到什么程度。"享受着英格利西这片文明王国般的种植园环境，马林诺夫斯基觉得自己身处"政府的荫庇之下，和利戈人关系又融洽，环境又怡人，身体也好了起来"，感觉十分放松。[6]

接下来几天，马林诺夫斯基由阿胡亚和一位年轻翻译陪同在附近村子里工作，翻译叫迪科（Diko），是他向地方执政官借用的人。马林诺夫斯基很快就喜欢上了迪科（"是个非常好的男孩，尽管或许不那么诚实"），他还在日记里坦承自己明显地感受到了来自迪科的同性间的吸引力。[7] 他发现西瑙格洛人比迈鲁人和善许多，相处起来也更容易。"他们毫无尴尬地谈论所有事情，还能说很好的莫图语"。在一系列主题中，他们还谈到了"性事"，不过他的田野笔记显示，他们的谈论仅止于非常宽泛的水平。[8]

他的田野笔记也提到了自己在利戈十分依赖又当信息人又当翻译的阿胡亚。在关于科伊塔和科伊阿里的田野笔记之外，他现在开始对东莫图的情况进行了解记录（他早先在莫尔兹比港的工作涉及的是西莫图）。他记录的主题包括哀悼与葬礼习俗、取名礼仪、希利贸易、神话与神话英雄、对神灵和来生的信仰，以及各种与丧葬相关的节庆。他的许多研究调查也再次与塞利格曼早前收集的材料相呼应。他此前就已可喜地开始用莫图语逐字记录相关描述，这也在他的笔记中显得越来越流利顺畅。

不过他来利戈的一个主要目的是收集关于西瑙格洛的相关资料。正如他后来所写的那样，他在这方面得到了"很多知识丰富、聪明且言无不尽的当地人的帮助"。[9] 他关于西瑙格洛的笔记记了约七十页，除了上述主题，他还涉及土地所有、种植园艺、狩猎、所有制类型、社会组织、多种巫术体系、求爱、订婚，以及性与婚姻方面的问题。后来他声称自己获得了关于西瑙格洛求爱活动的"非常出色的材料"，因为他"获得了一群聪明的年轻利戈男人的信任，他们当着他的面用莫图语谈论这些事，他们的莫图语说得就像第二母语一样好"。[10]他从未出版过早期田野笔记中的这些材料，不过他后来曾在和迈鲁人及特罗布里恩德人做比较时提到过它们（通常是以长长的脚注形式）。他告诉塞利格曼，他认为自己获得的关于西瑙格洛、科伊阿里和伍德拉克的零碎资料与"他在迈鲁岛上得到的那些东西"相比，"尽管数量少，质量却要好很多"。[11]但事实上，他的笔记中的内容几乎只够用来写一两篇文章。

一天晚上在种植园的阳台上，马林诺夫斯基体会到了他所称的"对土著女孩，对英格利西的仆人们难以抑制的性冲动"。这种冲动打断了让他"融入风景"的"那些专注与精神升华的时刻"。于是他开始思考性欲与日落景色所带来的感官刺激之间的关联："在风光之美中我发现了女人之美。"反之，一个美丽的女人也可以体现大自然的美。

那天晚上他和迪科经历了似可称其为某种同性情欲的遭遇。他们当时在讨论求爱行为，迪科一边兴致勃勃地解释"好的"性行为，一边做姿势向这位民族志学者示范莫图与西瑙格洛男孩按照传统是如何坐在姑娘的膝盖上求对方与其性交的。马林诺夫斯基被撩拨了起来，跟着迪科来到厨房。"我问他是否知道当地有同性间的性爱。他说不，那是一种'kara dika'[坏传统]。"马林诺夫斯基语义隐晦地写下了迪科补充说的一句话："我不会再说了。很快我们就会去睡觉。"[12]

在哈登的文件中有一份未注明日期且未签名的打字机打印的报告，几乎可以肯定是出自塞维尔之手。"您问我关于马林诺夫斯基①的事（我忘了您如何写他的名字）。我只是听到了一些传言，或许跟您听到的那些相同，即关于他在一些地区跟政府官员不和的事。传言并不值得太多关注，但我必须坦承我希望我们再也不必接待这位绅士了。我觉得，因为他是一个外国人所以我们无法很

---

① 此篇报告中这一名字的拼写均为 Malinowsky 而非正确的 Malinowski，即作者所指的误拼。——译注

好地理解他。我很欣赏他对工作的热忱,但他辜负了这种欣赏,因为他并不能聪明地领悟到他人也有权力拥有自己热衷的事,这对他人来说同样合情合理,而且其热衷程度可能丝毫不逊于他。他还无法理解的是,我们作为公仆必须考虑对我们的主人们所应尽的义务。不幸的是,马林诺夫斯基博士似乎认为我们的时间和人手都应无条件地由他支配。他极有可能并非故意如此,但他与人打交道的经验似乎少得可怜,他看起来就像一个摆弄新玩具的小男孩。我对于他试图解答的问题也十分感兴趣,但是我们中的一些人必须通过处理其他问题的方式将自己的思维从单一的主题中解脱出来。要是他能设身处地去理解他人的立场与想法,无论是土著人还是白人,他都能只花十二分之一的时间而获得两倍的信息。土著人不是教室里的学生,他们喜欢趣味与游戏,而 M 博士似乎既不理解这些,也不理解那些能理解这些的人。或许这该怪我们,或许这是因为我们很不幸地太英国化了。"[13]

尽管他肯定没有看到过这篇报告,但要是看过的话,马林诺夫斯基定会为这些不公正的评价而感到委屈和气愤。无疑,这些和他打交道的殖民地官员及传教士对他有所误解,不过同样可以肯定的是,他对他们也苛求纠缠太多。他的另一次言行不慎直到很晚才被人披露出来。钱皮恩后来回忆过自己与马林诺夫斯基在莫尔兹比港进行的一次交谈,他被这位人类学家的话吓了一跳,当时马林诺夫斯基说:"巴布亚人的生活水平比东欧的农民还高。"这番话本就够天真了,不过钱皮恩还写道:"马林诺夫斯基一定是个异性恋,因为穆雷的侄子告诉我说马林诺夫斯基曾跟他说过,要想得到性满足,找个男孩比找个女人更强,或诸如此类的话。"这位老人肯定是把"同"(homo)字错写成了"异"(hetero)——不过尽管是句玩笑话,马林诺夫斯基跟这位总督的侄子说这种话还是言语失当的。[14]

第二天一早他登上了 *Puliuli* 号,船在大风中左摇右晃,他的目光越过船顶投向了层层远山。尽管很快就开始晕船,他还是很快乐,感觉这是他生命中最美好的时光。他们当天没能抵达莫尔兹比港,而是在土普塞来亚停船抛锚。这里和卡帕卡帕一样，也是通过木桩在海上建起的村庄。金色和灰色的茅草屋看起来就像"蓝色环礁湖上的无数个干草堆"。他决定就在这座不同寻常的村庄中过夜，它从外面看有"一种威尼斯环礁湖的感伤色彩——一种被流放与监禁的感觉"；事实上，他在日记中的草图上也用威尼斯的主运河的名字标注了这里的两条"运河"。不过，村子里面却是一番拥挤的生活图景——走廊上的人群、"贡多拉小船"、吵嚷的孩子和狗。那天晚上退潮后，他小便的高度离水面足有十二英尺。第二天一早涨潮后茅草屋就像刚刚漂在水面上，"它们长长的茅草胡须已经浸入水中"。在回莫尔兹比港的途中，马林诺夫斯基像个帕夏般舒服地坐在船尾的坐枕上，问船上的一个科伊阿里人关于陆地部落的事。

接下来几天在莫尔兹比他和阿胡亚一起只是稍微工作了一下。他们的合作已经差不多到头了，因为马林诺夫斯基在这里并没有再继续研究莫图与科伊塔，而是和一些人聊天，其中包括史密斯、辛普森博士、阿什顿夫人、杜波依斯夫妇（请他喝冰啤酒的当地种植园主）、斯特朗与钱皮恩（这一次他似乎和他们相处很融洽）、当地"博物馆"的布拉梅尔，以及东南部地区伍德拉克岛的地方执政官西蒙斯（H. A. Symons）。

伍德拉克岛

2月16日星期二，他从莫尔兹比港启程向东航行。这一次他是独自一人（没带伊瓜，也没带阿胡亚），不过同船的还有布拉梅尔和西蒙斯。在航程的第一天他列出了一篇关于莫图与西瑙格洛的文章的大纲（这篇文章最终没有完成），还读了塞利格曼的书，看着海岸被渐渐甩在身后。第二天一早，他们再次经过苏澳海滩，如诗般的景色涌入眼中，让马林诺夫斯基沉醉其中："群山间时雨时晴。绿色葱茏的、潮湿的、天鹅绒般的光泽……雨中灰暗的岩石被洗刷一新。山峦的剪影轮廓透过雨幕——好似被投射在表象之银幕上的真实影子。"[15]

在萨马赖他恭恭敬敬地向希金森做了汇报并和纽顿进行了长谈。纽顿是英国国教会的主教，他送给马林诺夫斯基一本自己的新书：《在遥远的新几内亚》。第二天中午，马林诺夫斯基再次启程向伍德拉克岛进发——那里在欧洲人将其变为金矿前叫"穆尤"或"穆鲁阿"。马林诺夫斯基登上甲板，兴奋地欣赏着中国海峡的海景：到处是金字塔般的火山和珊瑚岛，"幽灵般的森林漂浮在融化着的蓝色空间里"。他一如既往地责备自己现在手里还抱着一本书（吉卜林的《山中故事》），责怪"这个从现实中逃离的没有创造力的恶魔"。

第二天一早醒来，那座密林繁茂的小岛已经进入视野。塞利格曼也曾到访过伍德拉克岛，还曾描述过这里用本地绿岩打磨的石斧的古老贸易活动。西蒙斯领着马林诺夫斯基乘坐一艘捕鲸艇登岸，进入这片气氛有些阴郁的采矿聚居区，这里也是库卢马道地区的行政中心。天气奇热无比，西蒙斯也不甚友好。马林诺夫斯基在岛上碰见了一些传教士与采矿者，此外还有一个喝醉的英国人和"两个小犹太人"。他在一家破烂的、恶心的、"男人的妓院般的"[16]旅店里喝啤酒喝到醉。

第二天，尽管极其疲惫，他还是步行穿过了丛林，其中很多时候都是被他的"搬运工们"半抬着（"我简直就是把自己挂在两个男孩身上"）。幽暗的森林让他倍感愉悦，他仔细地研究了"像烛台般展开的蕨类植物"和参天巨树粗大的枝干。能够单独和巴布亚人待在一起让他十分开心。他们穿过小岛来到迪科亚斯，这是北部沿海一个村庄，他晚上睡觉的地方是一个临时用棕榈叶搭起的小茅屋。由于服用了砷，他的精神好多了。

据他后来回忆，1915年2月23日星期五是一个重要日子。那天早上他在迪科亚斯工作时听到了螺号声，紧接着是"一阵很大的骚动"。让他无法理解的是，他看见自己的向导奥斯（Aus）给了另一个男人一只巴吉贝壳项链，奥斯说对方是"一个朋友"。事实上这是马林诺夫斯基第一次目睹库拉交易。[17]但他当时并没有继续研究这件事，而是转而做起关于神灵与葬礼方面的笔记。在迪科亚斯的所有事情都进行得相当顺利，这让他决定在回库卢马道之前再在这里待一天（再被两个"男孩"半抬着）。他在最后关头赶上了回萨马赖的 *Marsina* 号，一场慌乱后，总算松了一口气。

第十八章
西瑞格洛

"无疑我赢得了一场胜利"

马林诺夫斯基醒来时，船正航行在中国海峡瓷蓝色的水面上。他"透过热带丛林欣赏这片沉浸在暮色中的淡红色的裸露土地"。这种形象化的感官描述或许是被他对船上一名女乘客的情欲所激发的。他环岛漫步，欣赏萨马赖周围的美妙海景，"海滨优雅至极，海涛拍岸，把银色的泡沫推到美丽的棕榈树下"。他想给安妮写信告诉她自己的经历。中午，他邀请肖医生夫妇和纽顿夫妇一起吃了顿午餐，傍晚时分重又上船向莫尔兹比港进发。

他又幸运地有女士相伴：这回是苏代斯特岛上澳大利亚种植园主的女儿、漂亮的克莱格小姐。在登岸的短暂旅程中，他和布拉梅尔讨论了工艺品的收集与存放问题，还和从萨马赖来的副地方执政官伯罗斯交上了朋友，并向对方建议进行"可行的探险及不定期的合作"。这一年马林诺夫斯基几次尝试让其他人参与到自己的民族志研究工作中，这便是第一次。这样做不仅仅是因为他怀疑自己独立工作的能力，还因为他在好一段时间之后才彻底抛弃了他的导师们的观点，他们认为和"当地人"一起做的田野工作比起缺少他们帮助的工作能获得更多成果。[例如，塞利格曼1904年时就曾将一批当地人拉入自己的团队，其中包括巴顿（Francis Barton）、贝拉米（R. L. Bellamy）、E. L. 吉布林、纽顿和斯特朗。]

抵达莫尔兹比港之前，马林诺夫斯基给亨特写了一封热情洋溢的感谢信，说自己很快就会再次拜访他。[18] 他在莫尔兹比港只待了一个晚上，和杜波依斯夫妇畅饮了啤酒，第二天一早在登船前拜访了穆雷、钱皮恩、阿胡亚和阿什顿夫人。在第二天的航程中，他望着眼前的珊瑚海倍感欢愉——疲倦却兴奋。他田野研究的第一阶段就此告一段落。他取得了不少成果，身体也经受住了热带环境的考验，现在也能更好地应付晕船了。"诚然，这一切都还没有完全结束；但是对于过去的那些恐惧与彷徨，我毫无疑问赢得了一场胜利。"[19]

为自己而感动的他想给斯塔斯写信，在一封保存下来的未写完的信中（可能是草稿）有他一贯的虚张声势，也有着这两个朋友间互诉经历时常有的做作与夸张。他最近在巴布亚的这段冒险经历的一个意外好处便是让他进入了一种自给自足状态。他在人生中第一次被投入一个完全依靠他自己的环境中，而且他也发现自己能够应付得了这个挑战。他写道：

> 让我没有想到的是——考虑到我对未来的成功曾是多么悲观，你对我再了解不过，我身上的许多问题都让我这样悲观——我回来时要比临出发前健康与坚强得多，而且还带着令人欣喜的成果。新几内亚"野蛮"之地的工作与生活太吸引人了。我之前完全没有想到它蕴含了如此丰富的可能性。当然也有一些艰难时刻。尤其是生病——我病了几回，这可不是闹着玩的。然而这种零距离接触信息来源本身的工作——而非仅仅是消化整理既有的观点，或简单地加工常识性的构想——实际上非常困难，它需要保持头脑敏感与主动性，对土著人的完全把控，对交通的安排，以及对食物补给的保证等等，这些是可以完完全全改变一个人的。除了可怕的孤独感还有独立及必须完全依靠自己的感觉——所有这一切都产生了一个十分有益的效果。到目前为止，我还只在小范围内体验了丛林中的真实生活。不过我终归认识到，在二到四个土著人或推或拉的协助下我有能力穿越最艰险的地域。所以我计划明年对丛林腹地进行更大胆的探险。澳大利亚政府已经承诺在大战期间给我提供经济资助，地方政府（新几内亚）也帮了我很大忙。关于我就说到这里。原谅我喋喋不休地写了这么多，但我相信，无论如何，你都没有对我的事失去兴趣。[20]

凑巧的是，就在马林诺夫斯基给斯塔斯写信的同一天，约瑟法也从克拉科夫给她"最亲、最可爱的小儿子"写了一封信。"昨天我收到一封努斯鲍姆的来信……她说你10月15号时还一切安好，精神不错，对自己的工作也很满意。如果这是真的话我会非常高兴，但我也知道如果情况不好的话你也不会写信告诉我……'雅尼斯佐夫'遭到哥萨克人的劫掠，不过老宅还是保住了，因为姨妈［伊利奥诺拉］、舅舅［卡奇米尔兹］和沃尔斯基一家［斯蒂芬尼亚表妹和丈夫及孩子］都还住在那里。我还知道斯塔斯在彼得堡，他一定是以俄国国民的身份去了那里。他显然十分抑郁，所以肯定无法回他母亲那儿。"[21]

让人吃惊的是，战争已经开始六个月约瑟法仍不知道她儿子所在的确切位置。"你去了塔斯马尼亚和新赫布里底斯没有？你现在真的在新几内亚吗？我宁愿你和里弗斯一起待在新赫布里底斯，那里对你的身体会好一些，而且你也不会孤单。"事实上，里弗斯博士已经把倒霉的莱亚德扔在马勒库拉岛上好久了，他也马上就要返回相对安全的英国，即将在震弹症心理治疗研究中扮演他那著名的角色。

第十九章

阿德莱德的秋天

一场引人注目的欢迎式

1915年3月的第一天，*Marsina*号靠近了凯恩斯，马林诺夫斯基也在这一天又恢复了记日记。他激励自己："现在最重要的事不是浪费我在澳大利亚待的这段时间，而是要小心地利用它，使它能产生最大的成效。我必须写一篇关于迈鲁的文章……我还必须尽可能多去些博物馆。所以没有时间胡闹！我必须向亨特先生做一次详细汇报，以求给他留下印象。"他果真说到做到。他奋笔疾书六个星期，让这篇关于迈鲁的"文章"发展成一部长达二百一十二页的专著。此外他也去了几家博物馆，尤其是给他的资助者兼保护人亨特留下了印象。不过他还是找到时间"胡闹"了一番——他恋爱了。

在去布里斯班的旅途中，他整理了在迈鲁做的笔记，读了《在遥远的新几内亚》，访谈了从西部地区过来度假的资深地方行政官莱昂斯（Arthur Lyons）。此外还有一些让他分心的困扰。"我对克莱格小姐产生欲望并不是件值得炫耀的事"，他语带酸楚地说。他的铺位上有跳蚤，没完没了的颠簸也让他晕船。他服用了奎宁并迷上了一本小说。3月4号，看着像木筏般滑入视野的珊瑚岛，他开始写一篇航海散文，不过仅仅写了两段就放弃了，日记也随之戛然而止。这些文字中情绪与海景的融合，让人想起两年前他写给阿涅拉的游记："当我凝

第十九章

阿德莱德的秋天

视的时候,所有东西都在我的体内得到共鸣,就像是在听音乐的时候……还是蓝色的,吞噬了一切,和蓝天融为一体。有时,群山的剪影在雾中显露,像是蓝色潮汐中现实的幽灵,也像是洋溢着青春创造力的、未经打磨的思想。"[1]

马林诺夫斯基向布里斯班军事指挥官办公室进行了申报。之后他坐上了去悉尼的火车并又一次提交自己的文件以供检查。他在大学俱乐部待了几天,写了几封信并拜访了澳大利亚博物馆的赫德利。3月14号,他给母亲写了一封长信,信中说收到她去年11月8号的那封信很高兴,不过也发现她信中的那些消息已经过时了。其间他还收到了来自斯塔斯佐夫斯卡姨妈和表妹曼西亚的信,里面都提到了"雅尼斯佐夫"庄园遭劫这一令人悲伤的消息,不过利索夫的房产到目前还是保了下来。得知母亲在克拉科夫和朋友们待在一起让他放心了许多,但他也知道她是不会把最坏的情况告诉他的。"透过你信中所表达的乐观,我还是可以看到各种各样可怕的事。"他还向母亲转述了从圣彼得堡的斯塔斯和开普敦的安妮那里传来的最新消息。之后他也粉饰了一下自己这边的乐观状况,告诉母亲自己身体健康,在新几内亚的工作也很成功,而且得益于澳大利亚政府的资助承诺,他"未来的前景远超预期"。巴布亚的执政当局也"帮了很大忙,非常宽厚可敬",他还和"总督及所有官员相处融洽"。"至于那些土著人,人们只需要手里拿着棍子,准备好四磅烟草就可以毫不识疑地走遍整个大陆(除了西部地区)。疟疾四处肆虐,不过只要不喝醉(这里百分之九十五的白人常都处于半醉半醒状态),这里的情况还是不比欧洲的流感差。"[2]

他又补充道:他真希望能够确定妈妈"至少能够享受到相当于他的十分之一的舒适与安全",那样他就可以安心了,这也是他"在这样一场争吵中所能聊以自慰的"。信的通篇他都用婉语"风雨"、"争吵"或"吵闹"避开了"战争"二字,他还用英文加了段给信件审查者看的说明:"用波兰语写成,不含任何对公共事务的讨论,也不涉及近期发生的任何事件。"他正在学习遵守各种规章制度。不过他与军方最不快的一次接触就在眼前。

3月18日,当他从悉尼赶往墨尔本时,他犯了一个愚蠢的错误:没向墨尔本当局进行申报,于是在抵达阿德莱德不久就被捕了。在给亨特的一封致歉信中他解释了事情的来龙去脉。他抵达墨尔本时因为疟疾而发起了高烧。得知亨特不在城中,他为自己订了一张当天下午去阿德莱德的卧铺票,"全然忘了"要为自己做申报并获取一张新的旅行通行证。他被送到地区军事指挥官那里,并被告知将被关入一座集中营。两年前时常出现在他脑海中的那个关于军人的梦境现在突然成为一个醒来的梦魇。幸运的是,他被接待他的斯特林夫妇救了,他们给地区指挥官打了电话,请求放人。在这封卑躬屈膝的道歉信中,马林诺夫斯基不仅向亨特强调了自己在法律上的中立身份,还声明了自己在个人感情上的"亲英反德"态度:

> 我在英国期间总是更骄傲于自己波兰人的身份,所有人都知道这意味着我不可能在民族的意义上是一个"奥地利人",尽管我碰巧住在波兰被奥地利吞并的那一片国土上而有了奥地利国民的身份……我已在英国生活了四年,在英国的大学里做过学生也当过讲师,我也不必多说,虽然我是波兰人,但我仍为我在大不列颠帝国所经历的一切而抱有深深的感激之情。即使我并不是作为一个波兰人而同情地站在协约国一方,我也仍是一个因为从英国文化与科学中收益颇多而感恩的人。[3]

"我并不认为我是个可被视作危险的人",他语带期望地在信的结尾处恳求亨特向国防部说情。没有他们的允许,他将无法离开阿德莱德,更不用说回到巴布亚了。

亨特及时地照办了("他不会做任何有损大不列颠帝国利益的事"),并在一封语带讥讽的回信中称,他相信马林诺夫斯基不会再经历更多的不便。国防部的秘书只对马林诺夫斯基略为责备:"无疑,以后他会更小心一些。"[4] 如果说这是马林诺夫斯基最接近被关押的一次,那么在澳大利亚的其他敌方国民就没那么幸运了。到战争结束前,近七千人被关押,其中二百人死亡,五十人疯掉,只有五十九人逃过一劫。[5]

澳大利亚人的官僚体制效率的才能还远未成熟,因此马林诺夫斯基可以逍

第十九章

阿德莱德的秋天

遥法外也要部分归功于行政上的笨拙低效。事实上,1914—1917年间,几个官员都曾填报了马林诺夫斯基的战犯申报表。根据表中所填情况,他的身高在6英尺与5.7英尺之间波动(准确身高是5.1英尺)。他眼睛的颜色也从灰绿变到棕色,然后又被写成淡褐色,他的头发("开始秃顶"或"头顶头发稀疏")则被描述为浅黄色或棕色。他的体格从中等到纤弱,脸色从白皙到蜡黄。他1916年的那场病很可能是他体格与脸色变化的原因,但却不可能改变他的身高或眼睛的颜色。这些文件还有其他方面的错漏。在其中一份文件中,他的名字被写成"Branistau Malinawski",国民身份被写成"澳大利亚籍波兰人";而在另一份文件中,他在墨尔本的地址也写错了。官员们在他的信因"地址错误"被退回后也懒得去查清他的真实地址。有位官员记录他于1917年10月23日下午4:00搭乘 *S. S. Mindini* 号离开悉尼赶往伍德拉克岛。事实上,他是坐的 *Makambo* 号离开悉尼去了莫尔兹比港。不过至少日期是写对了。

从马林诺夫斯基在军事情报部门的档案(外国人第11612号)来看,他们只是大略知道他是谁、长什么样及住在哪儿。如果他真是一个间谍,像穆雷愚蠢地怀疑的那样,要想逃脱这帮无能军官们马虎的监控也并非什么难事。在他这方面,马林诺夫斯基对待这些官员们则是带着一种夸张的礼貌,他在签名时自称"您顺从的奴仆",这似乎是在嘲讽他们。[6]

书写迈鲁

无疑是来自斯特林爵士的邀请让他来到了阿德莱德。1914年8月,当这位好心的教授带领来访的大英学会的人类学家们游览亚历山大利娜湖时,马林诺夫斯基曾经见过斯特林的小女儿,不过那一次他"并没有因为有她相伴而兴奋异常"。[7]然而,她似乎正是他这次直奔阿德莱德的原因之一。

出身名门的斯特林一家居住在一派田园美景中的圣维京斯,这是城北罗夫特山中的一处庄园。斯特林爵士于1882年建造了这处庄园,又按照他父亲在

马林诺夫斯基

一位人类学家的奥德赛，1884–1920

苏格兰的出生地为它起了名字。[8] 他们家在城里还有一处房产，可以便利地通达北部台地。城市建筑师们在那里修建的南澳大利亚州的议会、博物馆、图书馆、艺术馆和大学井然有序地排列开来。斯特林的五个女儿中的四个（他的两个儿子都夭折了），在马林诺夫斯基遇到她们时都已事业有成。其中三个都从事慈善行业。哈莉特与玛丽还未婚；简嫁给了一位大学生理学教授，安娜则嫁给了一个悉尼的律师。小女儿尼娜身体较弱，比起几个姐姐来受到了更多的呵护。马林诺夫斯基慢慢地也喜欢上了这对夫妇。斯特林爵士"尽管有时稍显古板和颇具家长作风"，但一般情况下还是能像一个绅士般对待他，斯特林夫人对他也非常好。

《迈鲁》的大部分内容是对传统实践与技艺的技术性描述。自此以后他便再也没有对技术给予如此大的书写空间。不过在描述那些他没能亲眼目睹的东西，或是因其性质而无法直接观察的东西时，他会不那么自信。当他感觉到自己的发现可能会有争议时就会直接引述当地权威（无论是白人还是土著人）的话。不过他的语气通常都会带有一种谨慎谦虚的试探意味，诚实地向读者承认他所提供的信息中的不足。这是他这本专著最突出的特点之一：坦诚和勇于被纠正。在这里，他实践了自己最崇尚的里弗斯的工作模式，即事实与观点相分离。他知道：一个敢于坦承自己无知的民族志作者，一旦声称自己知道什么时是会得到人们的信任的。这至少是他精心培养的一种修辞表达上的技巧。他还一丝不苟地告知自己的读者哪些事件是自己亲身经历的，哪些不是。通过这种做法，他将自己作为一个民族志观察者的权威标志诉诸"观看着的眼睛"。

当他抛弃了《询问和记录》中千篇一律的格式，他的民族志就变得更加具有创造性和"马林诺夫斯基风格"，其独特的修辞混合了生动的观察、当地人的评论、研究者自身经历的逸事，以及理论性的旁白。这本书中最具原创性的部分（关于法律制度和仪式）恰恰都是那些突破了《询问和记录》上条目限制的内容，他将有关这些主题的材料以一种启发思考的挑战方式提出，为日后的进一步研究开创了可能性。谈到这一点，值得我们关注的是 1914 年 8 月他与哈特兰

第十九章
阿德莱德的秋天

的一次交谈。哈特兰是位英国民俗学者,也是大英学会派往澳大利亚代表团的成员,他借给了马林诺夫斯基一份关于原始法律的手稿草稿。马林诺夫斯基从莫尔兹比港给哈特兰写了回信,说自己会"特别关注"哈特兰提出的关于"究竟是什么构成原始社会的法律"及"避免将西方的法律观念强加到原始社会规范性制度之上的必要性"等诸问题。"不过,我认为对某个特定法规所受到的约束进行分类十分重要,这些约束的性质极大地反映了一个法规所享有的社会重要性。"十年之后,他将会在特罗布里恩德的田野材料基础上对这一观点进行发展,不过他在《迈鲁》一书中对约束(包括微妙的禁忌概念)的讨论,为他日后在《野蛮社会中的犯罪与习俗》里对这一主题进行更有深度的处理打下了基础。[10]

如果说采用常规格式有助于"详尽的书写",那么他忠实地按照自己田野笔记中的条目进行写作也起到了相同的效果。简言之,在其笔记的"初级民族志"和其专著的"次级民族志"之间存在着引人注目的相似性。这也是他所受到的"必须尽快写出所有东西"这一制约所产生的功能。他没有给自己什么时间来消化并重新思考自己的材料。日后他会写道:"单纯的信息材料……和最终提出的权威性结论之间常常存在巨大差距",但在其关于迈鲁的这部民族志中,这一差距事实上非常小。[11]当然这也有它的好处,即田野笔记的即时性使得专著中的正式文本变得生动起来;这也让他的个人风格得以为枯燥的观察增彩添色。或者换种说法,在马林诺夫斯基作为一个民族志学者所生产的三种文本里,不同的描述类型之间存在一种连续统一。序列的一端是个人化的日记(其本身和他进入田野前的其他日记具有连续性)。尽管作为一种文学性的人工作品具有自我陶醉的试验性,但它仍应被看成他田野经验中最"真实"、最形象的表达而被给予优先关注。序列的另一端是正式的、谨慎的、经过打磨的、相对来说不带个人色彩的出版文本,无论是论文形式还是专著形式。在这两极之间是田野笔记,这里作者留下的印记没有日记中那么主观,但比起正式出版物来又要更加口语化和不受约束。在《迈鲁》一书中,他笔记中的内容不时在文字中冒出;英语也很顺畅,进入了更加得体的境界,不过他草草记下的笔记与他最终出版的报告之间还是常常有些相似之处。

有趣的例外情况出现在他认为有义务删减笔记以迎合一般道德标准时。例如，他没有公开笔记中关于除虱的详细内容，或许是考虑到英国人在这方面的过度敏感。此外，尽管他许诺会"详尽描述迈鲁人的性生活"，他还是没有写出他记下的那些充满淫欲色彩的细节。[12] 比如格林纳威曾告诉过他一个故事，说的是"一个父亲架住自己的女儿，以便让她和她不喜欢的丈夫性交"。此外，"在马杜纳期间，群交比比皆是。通常发生在跳舞时。两个人勾搭上便会溜开。有时十二个男孩和一个女孩性交。"在专著中马林诺夫斯基回避了这样火爆的细节，漠然地声称自己在苏澳经历的节庆中并没有亲眼看到"任何仓促的性生活迹象"[13]。

只要他的报告是或多或少直接照搬其笔记本上的民族志事实材料再对其进行汇编，写起来就会很容易。他可以整页整页地誊写而不用停下来思考。不过对于某些主题，罗列事实材料就要让位于阐释。比如亲族、土地所有权、法律、禁忌和节庆就必须在论述性和理论性的框架中进行讨论，因此写作这类主题需要更多的脑力付出。他的书中关于更复杂的制度那部分篇幅最长，包含的理论内容也最多，同时也和他在笔记中记录的零碎事实"相距最远"。他一次又一次地在有机会的时候讨论这些问题，也正好证明了在田野中这些问题是如何让他一再"牵挂"的。

《迈鲁》一书中出现了很多他尤其喜欢探讨的主题，他日后也在特罗布里恩德对它们继续进行了研究。这些兴趣直接指向他个人"非专业"生活中对某些问题的固执与迷恋。他似乎下定决心要弄清迈鲁人对生物学意义上父亲身份的无知，这个问题也在其日后对特罗布里恩德人的研究中得到了更好的证据。此外也正是他自己对黑暗迷信般的恐惧（如1912年在扎科帕奈反复经历的），促使他在迈鲁和基里维纳对其进行研究并连篇累牍地进行了书写，此间他甚至利用烟草的诱惑来欺骗性地获取经过歪曲加工的材料。在《迈鲁》一书中，他通过貌似合理的方法论论称来为自己的观点辩护："主要的是不仅要研究土著人关于鬼与灵魂的观念，还要了解他们对这些观念的情感反应。"他发现迈鲁人"极其惧怕黑暗"是源于他们对巫师的信仰，但是他的解释与他对这种恐惧的生

第十九章
阿德莱德的秋天

动描述比起来要更加缺乏说服力。[14]

马林诺夫斯基民族志书写的修辞法在这部专著中还处于萌芽状态。在借用来的模板与有限的思考时间的制约下，篇幅上只允许偶尔包含一点轶事和精巧的插画，但这已为这本书增色不少，还让马林诺夫斯基能在这些绚烂生动的色彩中一展自己的文学天赋。他用自己田野经历的故事对一些民族志主题进行了丰富与润色，也显示了他和迈鲁信息人之间的互动是如何带来了额外（通常是未曾预料到）的信息的。他所描述的有些实验性的干预手段在今天看来在伦理上是有问题的（用烟草条去笼络年轻人并臆测他们对黑暗的恐惧）；而他的另一些做法在当时看来又谨慎得让人吃惊（忍住没有公开关于巫术魔咒的内容以防其被不善者利用）。这样一些轶事展现了马林诺夫斯基作为殖民者群体一员的身份，同时也展现了他所研究的被殖民群体的身份。他在作品中将自己的"小厨师"皮皮称作"人肉专属字典"和"贴身男仆"绝非出于笔误；正如我们看到的，马林诺夫斯基也像其他那些白人一样为自己拥有"成群的男孩子来伺候自己"而感到欣慰。他在很大程度上把殖民文化看成一种自然而然的东西；这恰恰是这部民族志未被言明的背景，也正是我们仅能从他的这些轶事中瞥见的东西。

马林诺夫斯基在《迈鲁》一书中的自我呈现还是忠实的，不过他也偶尔会在一些地方表现出在其日后作品中所热衷的对自我人格形象的夸大。一种形象是从"聪明的"土著人那里挤出有价值信息的、不断求索的民族志学者。另一种形象则是一位风度翩翩的旅行者，无论是在巴布亚的村子还是在巴黎的沙龙都一样能进退自如。为了解释迈鲁习俗中的强制力量，他有效地运用了修辞方法，对欧洲人奴隶般顺从荒唐的着装标准进行了远距离的客观审视。[15] 不过他所使用的另一个典型的修辞方法则成为众矢之的，他在这里将一个过分夸大的论点倒转了过来，例如"广为流传的土著人对黑暗的恐惧"。在这样的例子中，修辞方法的运用和其目的之间显得并不相称。

另外一个较为忠实的形象则是精通语言，这一主题由于方法论的原因占据了序言的后半部分。他发现官方莫图语是"一种十分令人满意的研究工具"，而且在离开迈鲁前他已经几乎能流利地说这门语言了。他在提及自己的语言能力时显然带着自豪。"我恐怕不得不要直白地自夸一下我学习外语会话的能力,因为我知道我学说莫图语的时间对于掌握一门外语,尤其是一门土著语言来说实在是太短了。"这样的自夸与他对于偷听的方法论作用的阐释相比起来要更加让人难忘:"一次又一次,我通过听我的男孩皮皮与他的迈鲁朋友间的谈话而了解了一些土著人社会与民俗方面极其重要的信息。"[16]

他在序言中还用了一部分篇幅描述了"工作条件"。众所周知,他后来在《航海者》中再次展示了这一民族志写作的重要方法。他习惯性地夸大了自己在田野里停留的时长,称"在12月、1月和2月的大部分时间里,除了两三天,自己都独自和土著人待在一起",这显然不是事实(他的日记提供了最好的证据)。实际上,他在迈鲁度过的七十多天时间里,只有一半时间可被看成未受到与其他欧洲人进行的社会交往的影响,而且即便他希望如此,他也无法完全躲过他们的影响。不过,带着一种强烈的个人发现的感觉,他意识到"在这种条件下所完成的工作,与那些在白人居住区或者在白人陪伴下完成的工作相比,要集中有效得多"。[17]

即便还没有达到完全投入当地生活的标准,他也已经做得比他的导师哈登、里弗斯及塞利格曼要好多了——他们中没有谁曾特别强调过要在工作中尽量避免欧洲人的陪伴。他此前已经知道,近距离观察村庄生活可以带来意想不到的民族志成果。"参与观察"将成为描述他日后民族志风格的关键词,不过他在迈鲁并没有怎么进行这样的尝试。他在田野中学到的另一点是:直接提问并不是从信息人那里获得信息最有效的方式。事实上,"与之相比,更能透彻了解他们对事物观点的方法应该是:对一种习俗进行直接观察并讨论与之相关的事实,或者讨论那些与各参与者都有实际关联的具体事件。"[18](这与他日后喜欢采取的教学方式如出一辙:因为学生们喜欢个人互动,所以讨论课比讲座课更有效。)由于牢记着里弗斯的第一法则,即"抽象总是只有通过具体才能达致",马林诺夫斯基把对"具体事件"与"真实案例"的记录当成其民族志方法的基石。在唯一一封保存下来的写给里弗斯的信中,马林诺夫斯基在1915年10月写道,他正在遵循对方的忠告"通过具体事实来了解一切"。他在信的附言中语带自嘲地提到了《迈鲁》一书："由于这是我的第一次尝试，这本书肯定写得很不怎么样，如果您看到它，请别因为它而责骂我。"[19] 显然，他并不打算给他的这位田野"主保圣人"这本书。同一日，他还给哈登写了一封信，信中把自己在迈鲁的田野工作形容为"是一次方法上的尝试与学习，当然犯了不少错，还浪费了一半时间"。[20]

近二十年后，马林诺夫斯基在为自己最终未完成的教科书所写序言的草稿中重新审视了自己这段田野见习经历："作为一个专业田野工作者我都有过什么样的经历？"他在一个被暂时定名为"田野工作的文化现实"的章节开头如此向自己发问。他显然随意地选取了对那段混合着"狂喜、颤栗、胜利与失望"的时期的一些回忆。在迈鲁，那是"在钻燧取火和缺水的环境中待的六个月。依赖传教士——绞尽脑汁——有智慧、有不错的材料，但是没有时间！"至于他的那本专著，其中包括了"平淡无奇的内容：亲族称谓（毫无用处！）、技术、禁忌、图腾崇拜、装饰、些许民俗"。他在经济制度方面的研究"失败了"，"因为在语言和观察上没有足够自由，而且缺少理论支撑"。他在法律方面的研究也"失败了"，因为没有理论关注的焦点。[21]

尽管远未达到后来民族志写作的标准（这个标准很大程度上是由马林诺夫斯基自己确立的），但与同时期其他关于巴布亚的专著相比，《迈鲁》毫不逊色。《马夫鲁》、《北部当特尔卡斯托》和《奇威岛》都是在马林诺夫斯基区区数月的迈鲁之行几年以前在至少一年的田野工作经验基础上写成的。令人惊讶的是，虽然写作时间有限，马林诺夫斯基的民族志却包含了相当丰富的细节。尽管他对自己的这部专著不无贬低，称其为"论文"、"文章"、"手册"、"短论"甚至是"小册子"，但它还是帮他获得了伦敦大学的理学博士学位。

部分源于其在殖民地科学研究群体中的平凡地位，这本书并没有在视野广泛的英国人类学期刊中引起什么注意，倒是《自然》杂志刊登了一篇迟到的书评。语言学家雷对它的称赞显得不温不火：出版《迈鲁》一书是皇家学会做的一件好事，这是"一部不错的作品，对新几内亚的民族志研究作出了极具价值且引人关注的贡献"。[22] 而在它的出生地澳大利亚，这部专著没有得到任何评论。

出版的政治学

马林诺夫斯基在4月底之前便完成了其报告的写作。或许是为了督促对其手稿的准备，他到阿德莱德住了几天。他住在墨尔本街58号，这是一幢有着丑陋门廊的低矮平房。从那里到南澳博物馆只需步行十五分钟。他雇了博物馆的两个员工来帮忙。克拉克小姐帮他重新绘制了插图与表格，另外一个速记员则帮他将手写稿用打字机打印出来，其间顺带打出来的一些复写稿被马林诺夫斯基当成便笺纸用了好几年。《迈鲁》一书约有八万字，此外还有三十四幅照片和超过五十张插图。考虑到马林诺夫斯基最多只在阿德莱德待了四十天，他每天的书写工作量应该不少于两千字——这对一个声称自己很多时候都"不舒服"的人来说是一个巨大的成就。不过打印稿也显示，为出版而做的编辑工作也费了很大精力，而且最重要的加工工作并非出自马林诺夫斯基之手。他需要感谢斯特林为其文稿所作的最认真严格的编辑工作。"这是一部完整而认真的作品，诚实可信，"斯特林在8月的时候写信告诉哈登，"他在抽象问题方面写得非常好，但在技术性描述方面还有一些问题，我希望能帮他校正。"[23]尽管马林诺夫斯基显然对记录技术细节缺乏兴趣，但是他的专著后来还是被一位博物馆人类学家赞誉为"一个汇集了各种物品基本数据资料及其制作过程与功能的名副其实的宝库"。[24]另一个称赞者则说马林诺夫斯基绘制的插图与说明"包含了高度准确的文化细节，这能让一个热切的重建者根据这些信息真的建起房屋，造出独木舟，甚至是去捕鱼"。[25]

正是斯特林这位南澳大利亚首位皇家学会会员建议马林诺夫斯基在当地通过《南澳大利亚皇家学会会报》来出版他的这本报告。这个出版机构并不太像是可能出版这样长度篇幅的人类学专著的地方（这也意味着在英国很少有人能看到这本书），不过马林诺夫斯基很快就被说服，并相信这样做的确能带来一些好处。他在给塞利格曼的信中用一种混合了歉意与忤逆的幽默语气写道："在目前的纷乱时局中，它[他的专著]在英国的灰暗天空下能见天日的可能性微

第十九章

阿德莱德的秋天

乎其微。"而南澳大利亚皇家学会则"张开双臂迎接了这个巴布亚的新生儿"。斯特林"在这里对我很好,简直就像您在英国时对我一样好。他读了我的手稿,修改了我的英文与逻辑方面的风格,并对这些内容非常感兴趣。"[26]

在澳大利亚出版这本书有几个好处。除了在当地有一个愿意润色他英文的编辑,出版速度也是一个优势——这就无需麻烦地将打印稿寄到海外,然后无尽地等待回复。但最重要的还有外交原因:"因为我是在这片土地上得到的经济资助,让我的汗水能够滋养这片土地是唯一公平的选择(更重要的是,这对未来而言也是明智的)。"他还指出,伦敦经济学院"虽然规定了对我工作成果的出版优先权,但在这个成果上并没有这一权力,因为我完成这项工作并没有依赖他们的帮助";不过他还是会在书中鸣谢蒙德的资助。虽然如此,他还是顺从地表示,"最终决定"由塞利格曼来做。[27]

马林诺夫斯基在信中并没有言明自己已经开始着手交由南澳大利亚皇家学会出版这本书的工作,因此如果他的导师否决这个建议的话会造成很大的尴尬。4月27号他来到墨尔本并与亨特面谈。第二天他就上交了一份关于他在迈鲁所作研究的书面报告,为了得到政府支持,他将自己的工作精明地推销了一番。他称自己"特别关注了土著人生活的经济与社会层面,以及他们的信仰与一般心理特征"。他还关注了由于和欧洲人接触而产生的社会变迁带来的问题,"研究了极其有趣的对新环境的……适应过程"。换句话说,他强调了自己对巴布亚殖民当局所关注问题的兴趣。[28]

亨特的行动十分迅速,立即就将这份报告转给了他的部长,并在附加的一份备忘录中清楚地写明:在澳大利亚出版马林诺夫斯基的研究成果的建议,是为其提供更多研究资助具有决定性的理由。这就像是马林诺夫斯基为了得到一年资助而把自己关于迈鲁的专著当成期货卖给了联邦政府。亨特的备忘录还暗示,如果马林诺夫斯基只从事塞利格曼或哈登期望的那种类型的民族学研究的话,他就不会给予如此强有力的支持。"他并没有关注那些更为技术化的学科分支,比如身体测量等,而是研究这些人群的观念与特定风俗。"尤其重要的是,马林诺夫斯基研究了"对政府来说在处理土著人问题过程中可能十分有用的"

问题。例如,"土著人的土地所有权,对这个问题的无知过去常给我们带来很大麻烦"。亨特继而建议按照马林诺夫斯基"极为适度的"要求"为今年的工作"拨给他 200 英镑。[29] 几天之内部长就批准了这一请求,不过亨特也明确告诉马林诺夫斯基,他的研究必须包含"土著人的土地所有权体系",他的研究成果也必须在澳大利亚或巴布亚出版。[30]

接到首笔分期支付的 50 英镑后,马林诺夫斯基在鸣谢信中表达了自己对从事"实用性"工作的责任感。"我将特别关注土著人生活中的社会、法律及经济问题,这些都将对行政与立法实践产生效用,我也会就我所得到的研究结果编写一份报告。"[31] 这番笼统的宣誓给他从事自己的研究留下了充裕的空间。此外他还为自己留了一个可钻的空子,预先提醒说在澳大利亚出版"一个大部头"可能会遇到"一些技术难题",这样一来不管怎样都会需要资金补贴。

5 月初在墨尔本的几天里,马林诺夫斯基住在"达利",这是斯宾塞位于大学附近的家,他们一起将《迈鲁》的手稿过了一遍。"他超凡的能力让我吃惊……我认为他的工作非常出色",斯宾塞在这一年的晚些时候这样对哈登说。[32] 极为巧合的是,当哈登的一封询问马林诺夫斯基近况的信被送到亨特的办公桌上时,马林诺夫斯基正好坐在亨特的办公室里。"我浏览了一下手稿,"亨特用安慰的语气回复哈登,"我能肯定这将为我们了解南部沿海诸部落的社会作出宝贵贡献。这个可怜的家伙在财政上捉襟见肘,不过我很高兴自己今年为他从政府那里争取到了 150 英镑。这些钱能使他继续进行工作,而且可能还会成为我们日后扩大我们人类学研究规模的一个有用的先例。"[33]

马林诺夫斯基似乎是亨特与哈登之间一个更大的游戏计划的一部分,这个计划将为在巴布亚与新几内亚开展人类学研究寻求政府资助。别有意味的是,在询问马林诺夫斯基情况的这封信中哈登还因为有传言说亨特将就任前德属新几内亚总督而向对方欣喜地表达了祝贺("我不知道有谁比您更适合这个职位")。尽管传言并未成真,这还是显示了亨特的野心与哈登的希望所在。

《迈鲁》一书在政治上的重要性,可从没有收到该书的穆雷大发脾气一事上窥见一斑,不过马林诺夫斯基还是"出于礼貌"送了一本给政府秘书钱皮恩。[34] 尽管《迈鲁》一书的出版时间是 1915 年 12 月，但是直到第二年 8 月穆雷才向亨特抱怨此事，并直接索要十二本样书。斯宾塞代表马林诺夫斯基答复了亨特，说他也只收到二十五本，其中有二十多本都分送给了"一些科学家与科研机构"。因此马林诺夫斯基只剩下仅有的一本。不过这可不能平息穆雷的怒气，他在给亨特的回信中尖刻地说："我荣幸地建议，因为政府支付了马林诺夫斯基博士的工资，他应向我们提供不止一本样书。我并不认为这位先生已经认识到是巴布亚政府付给了他工资，而且我可以肯定，如果向他指出这一事实，他会承认亏欠我们一些回报的。"[35]

马林诺夫斯基在重返巴布亚之前接受了《悉尼每日电讯》的采访，他的表态并没有减轻穆雷对他"亲德"立场的怀疑。不过他对协约国一方的支持已经表达得够直白了。作为一个波兰人，他相信"波兰精神……完全站在协约国一边，支持弱国与受压迫国家的自由"。谈到波兰与澳大利亚之间"特殊的同仇敌忾的纽带"时，马林诺夫斯基提到了斯切莱茨基伯爵（Count Strzelecki），他曾在"澳大利亚的阿尔卑斯"上探险，并用曾为波兰自由与美国独立而战斗过的同胞的名字"科修斯科"为这块大陆上的最高峰命名。之后他还列举了为协约国作战的波兰军团。虽然没有明说自己对俄国人的不信任，他还是对沙皇让波兰人在战后自治的承诺表示欢迎。在击垮普鲁士军国主义这一大业中英国与波兰的利益是一致的，因为只要受压迫民族还继续存在就无法进行所谓的"和平发展"，而两千万波兰人的自由将是"一个和平的未来不可或缺的先决条件"。[36]

"一位绝代佳人"

在阿德莱德的最后一个星期，马林诺夫斯基与尼娜展开了一段注定要失败的糊涂恋。这段恋情给双方都带来了很大痛苦，而由此事引发的流言蜚语，则将破坏居住于两个城市的三个声名显赫的知识界家庭间业已存在的和睦关系，事实上也就是破坏了作为马林诺夫斯基在澳大利亚的庇护人的"王国骑士"们之间的关系。这几乎让马林诺夫斯基付出了整个事业的惨痛代价。

尼娜年方二十六。尽管马林诺夫斯基只和她相处了四周时间（此外在 1917 年还有一周尴尬的相处时间），他却为她魂牵梦绕、饱受了不下四年折磨。他们彼此写了很多信，但除了一封，无一留存（它们都在 1919 年被有意销毁）。在这封充满悲情的信中，尼娜最后一次责备了马林诺夫斯基。和他以往的恋爱对象不同的是，尼娜与其相遇时既非已婚也没和谁有稳定的感情关系。她性格直率，天真，心智年龄要比她的实际年龄小。在他们的关系中，无疑有一些师生教化关系的意味：他们一位共同的朋友曾一针见血地指出，尼娜好比伽拉忒娅，她的皮格马利翁就是马林诺夫斯基。

马林诺夫斯基曾向安妮提到过这段刚刚萌生的友情。她在回信中一如既往地鼓励道："我很有兴趣听到关于尼娜小姐的事，也希望你们的关系有所进展。你了解我对你未来的期望，而且一个条件优秀的殖民地女孩可不容鄙视……我敢肯定她对你也不会太无动于衷——我觉得只要你'敞开心扉'，任何一个姑娘都不会无动于衷的。"[37]

至于尼娜怎么看马林诺夫斯基我们就只能猜测了。她或许会和安娜-米有相同的看法："他极富魅力，幽默，有激情；他是个不折不扣的波兰人，忽而豪情万丈，忽而忧郁沮丧"。不过无论如何，他都让尼娜爱上了自己，而且通过书信在她的心灵面前展开了一片新天地。她对摄影有浓厚的兴趣，她的许多出色的桉树林风景照都被马林诺夫斯基列入了自己的收藏中。[38]她本人也有一张拍摄于以杜鹃花闻名的圣维京斯花园的照片，照片中的她手拿阳伞，臂弯中抱着一捧紫苑花。她穿着全棉裙子，上身是带泡泡袖的白色衬衣。高领和黑色的领结让照片中人的身上带上了些许拘谨。她的鼻子长得不算秀气，面颊和嘴唇都很丰满，眼睑厚重。稍稍卷曲的棕色头发盘成了一个松松的发髻。她的嘴有些微微撅起，举止中带着忧郁。按照热恋中的布罗尼奥对母亲所说，"尼娜是我遇到过的最美丽的女孩子之一"。[39]

他的爱情之花正是在圣维京斯花草繁茂的花园里怒放开来。他在三年后曾告诉斯特林夫人（言语生硬，因为他在为自己辩解），他第一次见面就对尼娜留

第十九章

阿德莱德的秋天

下了"十分强烈的印象",不过只是"在最后几天才有一封私密的、带有主观感情色彩的短信进入我们的关系中"。他们分开后,正是因为"意识到我们喜欢彼此,才开始通信",而在通信期间,"我们发现彼此的友谊中弥漫着一些更深层次的东西"。即便如此,"我们也都意识到有一些不可逾越的鸿沟,它们来自于我们在观念上、教育上、脾气与生活方式上的差异"。他自己也产生了怀疑,"因为我总是觉得无论现在以后我都命中注定要过一种居无定所的漂泊生活,而且我认为自己甚至都没有权力奢望任何确定的未来规划"。[40]

1915年8月1日,在马林诺夫斯基第一次在基里维纳进行田野工作时所记的唯一一段日记中,他预言般地宣称:"今天是个重要日子……我已清楚地意识到一个曾长期模糊存在的想法,它一直徘徊在希望、梦想与不确定的混合体中——它现在终于清晰地出现了——我在郑重地考虑和N.结婚……如果最终我和N.结婚了,1915年的3月与4月将是我感情生涯中最重要的两个月。"[41]

通向田野之门

"下周早些时候我就将开始N. E.海岸之行了",马林诺夫斯基在6月13号给塞利格曼的信中写道。他已在萨马赖待了两个星期,一边登船一边为他的《迈鲁》手稿做最后润色("我迫不及待地想尽早恢复田野工作",他已写完前言,落款日期是1915年6月9日)。他还告诉了塞利格曼自己最近的一些计划。"或许我会经过特罗布里恩德群岛。贝拉米即将去田野,我想尽可能多地从他那里获得资料,并通过他的帮助确保得到一些特罗布里恩德的东西(标本)。特罗布里恩德人在物质与艺术文化方面在这里属于领先水平,因此了解他们的情况相当重要。我会在那里待上大概两个月,之后会乘坐B. P.公司的小汽轮*Misima*号去曼巴雷河,我这个季节的大部分工作都将在那里展开。"[42]

斯宾塞也请他为墨尔本博物馆收集一些工艺品。这一要求足以成为他到访特罗布里恩德的理由——这个群岛的名字是由法国探险者当特尔卡斯托所起,

马林诺夫斯基

一位人类学家的奥德赛,1884—1920

以纪念他所认识的一位军官——不过马林诺夫斯基并没有告诉塞利格曼他其实自己也想去看看这些群岛,因为其异域情调极为有名。每个人,从执政官麦克格雷格(William MacGregor)和皇家调查委员会的麦凯(Mackay)到总督穆雷本人,都评价基里维纳"不同一般"。旅行作家格林姆肖更是称其为巴布亚"最文明的地方之一"。所有人都认为那里的种植园最肥沃、番薯最大、他们的首领更加高贵威严、舞蹈更加丰富多彩、装饰艺术更加赏心悦目、姑娘们也更漂亮——荷叶边短裙比巴布亚任何地方的都短——而且也更性感撩人。("贞操是一种无人知晓的美德",就像马林诺夫斯基后来描述的那样。)[43]来自基里维纳的诱惑对于一个充满好奇的民族志学者来说是不可抗拒的,于是马林诺夫斯基满怀憧憬地从萨马赖向北启航了。

带着一封给吉尔莫神父的介绍信,他穿过了位于大陆与萨利巴岛之间的"通向田野之门"。乌布亚是卫斯理循道宗传教会的总部所在地诺曼比岛西北角外的一个小岛。当马林诺夫斯基这位穿着"束腰宽松外衣、长裤和靴子"的人类学者在小码头登岛时,和他相仿的布斯(John Wesley Booth)正在修一艘汽艇。[44]布斯陪他沿着陡峭蜿蜒的小路登上了山顶,吉尔莫夫妇就住在那里的一栋迎向清凉海风的大宅子里。

作为一个移民新西兰的苏格兰人,吉尔莫在1901年来到巴布亚并在独断专横的布罗米洛(William Bromilow)手下工作,直到后来继任成为新几内亚传教会主席。不像布罗米洛,吉尔莫是个实干者,喜欢修理发动机而且相信传播工业理念所具有的教化价值。[45]他的土著学生们在一间装备精良的车间里造了一艘汽艇。他也不像布罗米洛那样偏执地坚信原始的巴布亚人属于一个退化的、婴儿般的种族。1905年时他还曾对穆雷说他认为基里维纳儿童比起白人儿童"学东西更快",这番言论让后者大吃一惊。[46]作为一个某种程度上的人道主义者,在与基里维纳人相处了一年之后,吉尔莫就将他们描述成"聪明、伶俐、可爱的人们"。他们"易激动、勇敢、报复心重",不过"十分热情与忠实"。[47]1903年他把板球这项绅士运动介绍给当地人,原因之一也是想借此疏导发泄他们过

第十九章

阿德莱德的秋天

强的性精力。不过这位肌肉发达的传教士的初衷却被特罗布里恩德人成功地推翻了,他们把这项运动转变成一个色彩斑斓的仪式性竞技活动,并为之配上了展现色情主题的舞蹈,其淫荡程度丝毫不亚于任何一个传教会所极力禁止的。不过令人有些不解的是,马林诺夫斯基波兰人的偏见使他没有把这种游戏视为一种文化创新,而是仅仅把它当成一种"借用"。他似乎并未注意到基里维纳的板球运动和阿贝尔那严厉的家长式注视下的科瓦托的板球其实存在着不同。不过在那个时候,正如他很久之后在一个自嘲的旁白中所写的那样,"对另一种野蛮人即波兰人来说",板球也是"没意思的——是一种浪费时间的乏味方式"。[48]

马林诺夫斯基跟和蔼的吉尔莫一起待了几天,从他那里得到了一些关于死亡与葬礼、巫术信仰的信息,此外还了解了土大伐神话的一个较长的版本,他后来用这个神话作为一个倒转了的弑父恋母结构挑战了弗洛伊德的理论。[49]吉尔莫在菲罗斯(S. B. Fellowes)神父于1896年在基里维纳建立的传教站奥雅比亚待了几年,因此他对马辛地区和特罗布里恩德群岛的了解不容小觑。塞利格曼在他的专著中大量地引用了他的话,而马林诺夫斯基对他所写的关于以卡法塔利亚村为起点进行的独木舟上的贸易远征的文字也很熟悉。他日后称吉尔莫"对库拉了解得非常透彻"。[50]事实上,1918年初,马林诺夫斯基曾和吉尔莫商量过一起合作,据猜测是为了出版一本关于特罗布里恩德语法的书。[51]后来在给艾尔茜的信中,马林诺夫斯基用他不常用来形容传教士的同情笔调描述了吉尔莫其人:"他聪明、精力旺盛、热心、思维开阔、文化知识丰富,在很多问题上我的所想所思都能跟他产生共鸣……他还能非常好地理解土著人的想法(这些想法常被传教活动所限制),他对基里维纳的了解超过了任何人(甚至连我也不例外,至少在某些方面)。"[52]

因此,马林诺夫斯基穿着皮靴的脚所踏上的绝不是一个"无人知晓之地",而是副地方行政官贝拉米"博士"管辖的这片已被传教与巡视的领地。贝拉米正是为马林诺夫斯基的田野工作塑造了殖民背景并创造好了各种条件的人。

第二十章

基里维纳

政府官员的特罗布里恩德群岛

传教纵帆船 *Saragigi* 号（这是一个多布语名字，为了纪念布罗米洛令人惊讶的拔牙方法）将马林诺夫斯基最终带到了罗苏亚，这是基里维纳以西的平静泻湖中的政府管理站。1915年6月27号，这位人类学家带着他的所有装备踏上了宽阔珊瑚礁围堤的登岸木梯，这是狱中犯人一年前完成的工程。同样也是由犯人们将他的六十个盒子与箱子扛到了地方执政官的官邸。这栋建筑有宽阔的阳台，还有带拱顶的、新被漆成氧化铁红色的瓦楞铁屋顶，是特罗布里恩德群岛上最大、最宏伟的建筑。[1] 从这栋房子可以俯瞰养殖珠贝的海床，这也是欧洲人对这些岛屿的商业兴趣之所在。越过礁石就是当特尔卡斯托诸岛（传说中的科亚岛，即食人族与巫师之乡）上群山的灰暗轮廓，如用硬纸板剪出一般。接下来数月，思乡的马林诺夫斯基时不时会沿着码头的围堤漫步，感到"如此的空虚与郁闷，望向南方"。[2]

他现在置身于一个草木繁茂、面积达二十六亩的大院中，四周由结实的珊瑚墙围起。这里除了他保存行李的执政官官邸，还有一些警察营房、一所监狱与狱卒宿舍、一家分了男女病区的医院、一间药房及几家食品货栈。成排整齐的椰子树横穿半个大院。这里还有橘树园和菜地，巴豆、木槿和其他一些装饰性灌木也让这里的景观赏心悦目。

一手创造了这个热带居住区的贝拉米是个百事通,他比马林诺夫斯基大十岁。这个金发碧眼的英国人出身斯塔福德郡,像个小男孩般可爱,但"极为沉着淡定"。在远航赴新西兰追寻淘金梦之前他在剑桥和爱丁堡大学学过医(不过直到1917年都还没有参加结业考试)。淘金梦碎后他来到英属新几内亚。他走遍了这片殖民地上的每个角落,试图找到淘金的机会,但却并未成功。其间他也给生病的矿工们治病,并为《灰河阿耳戈斯报》零星地写过报道。塞利格曼曾在萨马赖碰到过他,并对他留下深刻印象。1905年行政长官巴顿给了贝拉米特罗布里恩德副地方执政官兼医疗官一职,那时当地正在专门修建一所医院来遏制疯狂蔓延的性病。这些性病19世纪时就已传入,带来它们的据推测是来自美洲的捕鲸者和捕捞海参的马来人与马尼拉人。贝拉米推迟了自己返回英国的计划,乘船来到罗苏亚,成为一名公共医疗卫生的先锋。在马林诺夫斯基到达这里之前,基里维纳已经是巴布亚境内行政效率最高且最健康的地方之一。

"我想让我的这个区成为所有其他地区效仿的榜样",贝拉米这样声称。他能将这个新的政府管理站变成一个井然有序且固若金汤的聚居区,的确要归功于他非凡的精力与决心。[3] 作为一个英国人,他对塑造景观有一种典型英国式的热衷,而他在地方行政上的权威和监狱中使任由他随意使唤的劳力,都让他拥有了一种古波斯总督般的权力。这一权力让他发挥到了极致。他下令围绕传教站修起一堵由珊瑚碎片砌成的围墙,高六英尺,墙体和其根基一样厚实。修建这堵围墙表面上是为了防止野猪侵袭,不过当地村民们却对此有些疑惑不解。

马林诺夫斯基初次进入贝拉米这块领地的时候,他正在用两个指头在打字机上敲打自己的年度报告。这将是他从特罗布里恩德发出的最后一篇报告。他在里面写道:"干旱对土著人来说是今年最重要的事件。"这场干旱始于1914年6月,一直持续到12月,所以今年种植谷物的时间也比往年迟了很多。这一年还进行了六十英里的路况改善工程。珍珠养殖业"几乎垮掉",原因是大战导致巴黎的珍珠价格剧降。低价格意味着低工资,采珠人也没了热情,现在只有八个有许可证的买家;不过贝拉米也在被腾空的珠贝海床上发现了一种新的复苏可能。海参捕捞业正在弥补珍珠养殖业不景气受到的损失。1914—1915 年度的狱犯为一百八十六人（较前一年的三百四十六人有所下降），贝拉米利用他们扩宽了码头，平整了政府管理站前用珊瑚堆建而成的空地，还又增种了几亩椰子树。特罗布里恩德一共有十三个欧洲人。除了九个商人，还有四个白人传教士：约翰斯神父夫妇和两个从事教学的修女。岛上还有三个斐济教师和一个罗图马人；十五个基里维纳教师负责其他各村办学校的教学。那年去世的人包括臭名昭著的希腊商人明斯特（Nocholas Minster）（不过关于他传奇的探险开发经历及其贪得无厌的嫖妓丑行的种种传说依然被人谈论），以及从古迪纳夫岛来访并死于黑水热的巴伦泰恩（Andrew Ballantyne）神父 [他是人类学家杰尼斯（Diamond Jenness）的姐夫]。尽管经历了一场痢疾大流行，据贝拉米估计，区域内的土著人口仍然稳定在八千五百人。[4]

至于贝拉米眼中的特罗布里恩德人，他这样评价道："他们热衷于经商，在家庭内部的关系上显得和善仁爱，父母也很宠爱自己的孩子。传统上习惯于承认村庄首领的权威，认为政府至高无上的地位是必须接受的事实，也服从其命令……思维很有活力，但未经开发。他们学东西很快。近来他们对生活舒适度上的一些小改善显得很满意，例如火油与马灯、用于屋顶的瓦楞铁，以及马口铁罐的运用等。"[5]

作为一个模范的行政管理者，贝拉米在罗苏亚工作了十年，他很满意自己给当地带来的变化："村庄更加清洁，疾病更少，住宅更舒适，生活习惯更卫生，而且当地人也认识到在白人监狱的背后有白人司法的公平正义。"这便是马林诺夫斯基初次抵达时的特罗布里恩德区。

在一定程度上，基里维纳算是马辛地区的粮仓。除了主要作物泰图（taitu，或称小番薯），这里还出产大量的番薯、芋头、甘蔗、香蕉和甘薯。丰收之年他们会将盈余作物用于出口：每年政府、传教会和商人们会收购多达三百吨作物，后者会将它们转卖到其他岛上。贝拉米的政府工作站本身就是一个小粮仓，1911 年严重干旱期间他就曾号称自己种植园生产的粮食足够供工作站与医院里的八十五个人维持六个星期。

第二十章

基里维纳

可能贝拉米本人并未完全意识到的是,他的行为处事就像一个特罗布里恩德的首领——这些首领囤积食物财富,一旦需要就用它们支付服务的报酬,或是作为慈善品进行施舍。他所做的是分发这些东西,这样的捐助可以提升他的声望。不同的是囤积这些物品的方式:这些一夫多妻的特罗布里恩德首领通过他们无数姻亲每年的"敬供"获取盈余食物,贝拉米则是通过犯人们的劳动获得这些东西。政府工作站的经济收入依赖于他监禁那些违反了《土著人管理法》的村民的司法权力,这一权力让他能够支配他们的劳动力。不过贝拉米医生利用这些劳动力的主要目的是为了公共设施。他通过十七个村警实行"间接统治",他们每周都会向他进行汇报。雇用和解雇这些人都由他一个人说了算。此外他还有一个由两名武警组成的小分队,是由莫尔兹比港派遣与训练的,为他提供了仅有的可以直接支配的武装力量。罗苏亚如此小规模的警力正好诠释了穆雷的"徒有其表的政府"的说法。

贝拉米极度热衷于要求村庄保持清洁卫生。他命令人们每周专门抽一天时间打扫村子。他承认,有必要用"一定程度的强迫"手段来让他们遵守这一命令。有几年足有一半的判刑案例都是由于违反了村庄清洁条例。另外一项"文明工程"是修路——贝拉米让村民们为当地并不存在的马车专门修建了道路。不过他最大的一项工程还是种植椰子树。传统上只有首领阶层有独占椰子的特权,但是贝拉米废除了这一特权。1912年他全面禁止椰子消费,然后在各村内部和村与村之间开展了椰子种植竞赛,向优胜者授予烟草交易权。不种椰子的人会被关入监狱——1913—1914年有二百人因此入狱。他的这种胡萝卜加大棒政策的成果是:在这几个有人居住的岛屿上沿着二百四十英里道路共种了十二多万棵椰子树。贝拉米为地方"发展"而顺利施行的计划在当时来看尤为先进。椰子不再是一种被首领们独霸的稀缺资源,而是成为一种经济作物。这项工程的一个事先未曾预料的结果便是推动了特罗布里恩德社会的民主化进程。[6]

贝拉米另一个标志性的成就是控制住了性病传播。1906年,巴布亚的皇家调查委员会主席麦凯上校曾短暂到访罗苏亚,他眼中的贝拉米"精神饱满得像个初来乍到的家伙"。这个医生作为"巴布亚最有用"的两个人之一,工作"出色极了"——另外一个是萨马赖的医生。他们是"土著人最好的朋友,或许也是他们的大救星"。麦凯所指的是性病造成的"化脓性瘟疫"。[7]据估计,感染率介于总人口的百分之六至百分之十之间。

一开始,贝拉米的治疗方式是惩罚性的。他必须战胜"土著人的偏见和迷信"。病人们被收治并监禁在医院里,直到他们要么病死要么痊愈。后来掌握了当地语言并学着在"坚持中注意讲究策略"之后,他开始吸引病人主动求治。他所遇到的困难之一就是要劝说心存怀疑的岛民相信性病是通过性接触传播的。他也发现了马林诺夫斯基后来证实的那种情况,即特罗布里恩德人否认男人射精与女人怀孕之间存在关联。贝拉米诊断记录了性病的五种临床种类,不过他也有可能夸大了梅毒的发病率,因为梅毒很容易和雅司病相混。特罗布里恩德人专门编了一套歌舞动作来模仿纪念他通过注射针剂来治疗他们的情景。

1908年贝拉米开始发起了常规医疗巡查,目的是为村子里的所有男人、女人和小孩都进行检查。这样的检查并非只进行一次,而是一直坚持到性病被消灭。这简直堪称一个英雄般的壮举,到1915年之前他已让感染率下降到百分之一。在他记录每一个受检查者的名字时,他的记录已经具有人口普查的形式。1913年,他命令村警们记下各区所有的出生与死亡情况,并通过整理这些数据开始编撰一部总人口记录。相当长一段时间,贝拉米的人口记录都是这一地区最可靠的人口数字,而且他也是第一个开始计算出生与死亡率的人。此外他还记下了如痢疾等流行病及如疟疾等地方疾病的发病率。(在持续的雨季里有多达半数当地人都会遭受疟疾侵袭。)进行普查的过程中,贝拉米还记录了人们的图腾归属,以及大量的其他民族志信息,这其中有很多都被塞利格曼出版了。此外他还写过一篇关于特罗布里恩德"风俗"的文章。[8]

由此人类学和人口统计学及流行病学一起构成了贝拉米的科学视野范围。初次见面的一个月内,马林诺夫斯基就邀请贝拉米共同编著一本关于特罗布里恩德人"社会学"的书。尽管这或许只是一种心血来潮的、带有讨好意味的提议,贝拉米还是很把这当成一回事,以至于对他姐姐说:"我认为我比任何一个在世的白人都要更了解特罗布里恩德人，但和战争比起来，社会学似乎太微不足道了，所以我没有接受这个提议。"[9]

和执政官们之间的矛盾

"他原本是来自克拉科夫的波兰人，不过也是个还不错的小伙子，非常聪明……"马林诺夫斯基登岛后不久，贝拉米就在给妻子的信中这样描述他。在从基塔瓦岛到访这里的商人卡梅伦（Cyril Cameron）的眼中，马林诺夫斯基就是一个拿着笔记本和铅笔跟在贝拉米后面的人类学家，总是在忙着记基里维纳词汇。马林诺夫斯基睡在贝拉米的房间里，卡梅伦睡在阳台上，贝拉米则睡在桌子下。[10] 在这些初来乍到的日子里，马林诺夫斯基还记录了一些从卡梅伦和另一位住在卡法塔利亚的商人布鲁多（Sam Brudo）及武警布努瓦格拉（Corporal Bunuwagola）那里了解的信息。他还说服了两个传教的修女，普里斯克（Ethel Prisk）和贾米森（Margaret Jamieson），帮他翻译了一些方言文字，并希望"这些文字里没有下流内容"。[11] 他甚至还请卡梅伦与贝拉米直接将一些信息写到自己的笔记本上。卡梅伦是个年轻的苏格兰人，因为在自己的种植园里建起了一座名副其实的"后宫"而远近闻名。他向马林诺夫斯基讲述了基塔瓦人的转世信仰。他翔实地向马林诺夫斯基提供了长达十八页的关于一年一度丰收节庆"米拉玛拉"（Milamala）的起源的相关信息，这一内容也成为马林诺夫斯基次年完成的关于"巴罗马"的论文的主要灵感来源。在那篇文章中他鸣谢了卡梅伦，而且令人惊讶的是，他的言辞中不无对卡梅伦的维护，说他"完全没有失掉白种男人的那种'身份地位'和尊严，实际上他是一个非常温和友善的绅士；不过他也沾染上了某些当地土著的古怪习性，例如嚼槟榔这种白人很少染上的习惯。"他还"娶了一个基里维纳女人"，并时常雇用当地的种植园巫师为自己的种植园施法术；马林诺夫斯基的信息人告诉他，这就是为什么卡梅伦的园子比其他那些白人的要好的原因。[12]

马林诺夫斯基

一位人类学家的奥德赛，1884—1920

贝拉米也热心地写了几页关于首领权力的内容，所描述的范围深浅"只达到了打发白痴的程度"，此外还加上了一些关于首领一夫多妻制的笔记内容。后来马林诺夫斯基用紫色铅笔在这几页的空白处写上了："贝拉米了解的情况并不多！"[13]他在从特罗布里恩德寄给塞利格曼的第一封信中也这样说。"我来到这里的首要任务就是打探各种信息——人们告诉我贝拉米无所不知，只要问他就可以获得源源不断的信息。我一开始也觉得，若是还没来得及从他那里了解信息就让他被残忍的德国人杀了（他将会上前线）就太遗憾了。他知道的事情的确比一般地方执政官多，但并没有什么让人惊奇的信息……我又一次发现依赖他人毫无用处，不过这里有一个商人，一个土耳其的犹太人，还是帮了我不少忙的。"[14]

这个"土耳其的犹太人"便是从巴黎来的布鲁多。特罗布里恩德人立刻发现了他们两人之间的相似之处："人们问我为什么我和布鲁多属于同一个'达拉'（dala），因为我们说同一种语言[法语]，还都留了大胡子。"（据他了解，达拉的意思是母系的次级部落，是特罗布里恩德社会认同中最主要的单位。）在他下一次特罗布里恩德之行中，马林诺夫斯基将会发现自己和布鲁多的弟弟拉斐尔之间有更多相似之处。他的另一个伙伴是商人汉考克（Billy Hancock），他在古萨维塔租了一英亩地。正是在汉考克的"院子里"，马林诺夫斯基在受不了"因为见到太多土著人而心生腻味"时找到了一处"避难所"。尽管他们成了很要好的朋友，但汉考克从未改掉称对方"博士"的习惯。

根据贝拉米的传记作者所述，他"逐渐对马林诺夫斯基产生了深深的厌恶……起因是他们在对待性的态度上的根本分歧"。事实上，贝拉米曾在1926年告诉过一个同事，他"在特罗布里恩德群岛上十年间取得的许多成绩都被马林诺夫斯基破坏了"。[15]这个令人惊讶的指责或许并不是指在他回到岛上后发现性病的发病率又上升了，而是指的这位人类学家在其他一些方面的颠覆性观点，其中包括村族葬礼、为了占卜而掘尸、巫术、首领的传统权力和一夫多妻制——所有这些"传统"都是贝拉米尝试镇压或改良的。马林诺夫斯基的自由派观点认为政府的干涉是没有正当理由的，而且严重破坏了土著人的制度。就

第二十章
基里维纳

像在迈鲁时一样,他总是无法回避一个事实,即土著人总是会尽量对其掩盖他们的一些习俗,他由此准确地推断这是因为他们害怕政府。他后来还会很快发现,贝拉米如何通过一系列行政手段来削弱首领们的权力。而且在1912年,他还为了贬损土著首领至高无上的威望做了一件臭名昭著的事:他指控首领图卢瓦从事巫术活动,将其投入监狱,并禁止其他犯人依照传统对其表示臣服。对贝拉米来说,这一切都是为了对抗威吓以及首领们建立在巫术与恐惧基础之上的恶权;但对马林诺夫斯基来说,这是殖民政府傲慢的干涉。这种干涉是短视的,因为它破坏了"土著部落的法律",引入了"一种无政府精神"。[16]

如果说贝拉米对他的"深深的厌恶"得到了马林诺夫斯基的"回报"的话,这也就可以解释为什么后者从未对这位执政官的帮助和款待作出鸣谢,为什么他从未引用过贝拉米关于特罗布里恩德习俗的文章,以及尤为重要的是,他为什么从未提及正是贝拉米为他的田野工作创造了相当舒适的条件——行政上的及医疗卫生上的。几乎可以肯定,如果不是这位精力充沛的、苛求的、有着会计师般耐心的人的努力,基里维纳绝不会在那些能吃苦耐劳但缺乏想象力的平凡官员的散漫管理之下成为现在这样一个舒适宜人之地。不过若干年后,马林诺夫斯基在给穆雷的一封信中还是正式地承认了贝拉米的至少某些功绩:"我认为他是我在这里生活期间所遇到的最好的官员之一——他对土著人和土著文化充满热爱,是一个极富智慧的人。"[17] 贝拉米在10月从军参战,经历了法国前线的战役,之后去爱丁堡完成医学学位研究。获得学位后,他放弃了军职并于1918年11月返回了巴布亚——正好因为晚到了几个星期而没有和马林诺夫斯基碰上面。之后他只是断断续续地回到过特罗布里恩德。由于接受了更高的职务委派,他在莫尔兹比港当上了斯特朗的副手,并于1929年继任成为地区首席医疗官。

贝拉米在罗苏亚的继任者坎贝尔(John Norman Douglas Campbell)对工作就没那么勤勉投入,人们对他的印象也不像对他的前任那么好。他1907年初到莫尔兹比港时只是个文员,是大战给了他晋升机会。因为了解他那平庸的个人能力,马林诺夫斯基和汉考克给他起了个外号叫"百分之三十"。刚开始马林诺夫斯基和他的关系还很友好。刚到任之际，坎贝尔曾礼貌性地往奥马拉卡纳写信，告诉马林诺夫斯基他的个人文件都能安全地存放在罗苏亚的办公室里，而且他也可以继续让以前陪同过他的犯人充当他的信息人。[18] 不过当他第二次来特罗布里恩德时，马林诺夫斯基就用了最贬义的词来描述"那位令人厌恶的官员"。"他是个低俗的畜生，"他在1918年时如此对艾尔茜描述道，"不过显然他是嘴上嚷嚷得凶，行动起来却不然，所以只要他没给我造成什么麻烦，我就对他敬而远之。"[19] 马林诺夫斯基可能并不知道坎贝尔其实已经给他造成了一些"麻烦"：他向穆雷汇报了马林诺夫斯基不经意间对这场大战发表的一些评论。

基里维纳的首府

马林诺夫斯基到后没几天就被奥马拉卡纳像块磁铁般吸了过去，这是最高的次级氏族及至高无上的首领图卢瓦的所在地。所有早期造访过特罗布里恩德的欧洲人都谈到过貌似在巴布亚独树一帜的奥马拉卡纳的酋长制度（尽管按照波利尼西亚的标准，图卢瓦实际上只是一个小酋长）。与各地方酋长们相关的礼仪传统及特权构成了一套复杂的世袭地位体系的一部分。他们的权威得到了心腹亲信们的拥戴并受到了具有强制性的巫术的支持。然而，奥马拉卡纳酋长的权力却是最终得自于他对太阳巫术的控制（即招致或消除干旱及饥荒的能力）。图卢瓦1915年时有十六个妻子（数量已从他刚开始"统治"时的二十四个降了下来），此外他的财富除了来自于亲属们作为传统丰收礼物的番薯之外，还有在库拉交换仪式中因为他的显赫地位而得到的东西。尽管他的权力有所削弱，但是图卢瓦的"名字、威望与名声"还是"在群岛中传得很远"，不过他在政治上的权力就仅仅只限于北部基里维纳地区。[20] 据说在白人到来之前，地位最高的酋长有六十多个妻子，她们各来自于一个"敬供的社群"。[21]

有着贵族虚荣的马林诺夫斯基对次级氏族塔巴鲁（Tabalu）有种自然而然的亲近感，因为他们是地位最高的特罗布里恩德人，也是"土地的所有者"，这

第二十章
基里维纳

也能够解释为什么他立刻就被群岛中最富裕、最肥沃的区域奥马拉卡纳所吸引了。如果选择其他地方安营扎寨,对他来说就会因为貌似平等主义者而显得有些反常,而且图卢瓦本人也会因为他这么做而十分不快。塔巴鲁家族在这个约有三百人口的村子中占了一大半,而且毋庸置疑,这位人类学家与他们在一起的这段长期生活,对他针对特罗布里恩德社会的观察产生了影响。他用来描述奥马拉卡纳政治体制的术语:"贵族"、"平民"、"奴仆"、"法庭"、"贡赋"、"徽章",都更适用于封建时代的欧洲而非美拉尼西亚。不过如果他是想通过使用这些词来夸张地描述这些身份地位并放大所谓至高无上的酋长的权力的话,那也并非因为在描述特罗布里恩德酋长制时缺乏详尽具体的实例,其实马林诺夫斯基记录收集的信息远比他实际出版的要多。

甚至当地的白人也会向图卢瓦交纳贡赋,不过并非以他所期望的那种顺从的态度。汉考克在给马林诺夫斯基的信中谈起他时所用的那种蔑视口吻很能说明情况:"一天老图卢瓦来了……他把船尾系在阳台上,嘟囔了两声。我当时正忙着,没看到他;过了两分钟,他又嘟囔开了。我看着他,他平静地说道:'TAPWAK BUA'[烟草,槟榔子],我于是给了他一支和一些槟榔子,他边起身边说了声'Bili Kaione'[再见],自此我就再也没有见到他的尊驾了。"[22]

作为村里的客人,马林诺夫斯基不得不向图卢瓦酋长更明白地展现出自己对他的尊敬。他们之间的关系并非总是一帆风顺(让这位民族志学者不快的是,图卢瓦拒绝让他参与库拉远征),不过马林诺夫斯基在提到他时大致还是不无爱戴与尊敬的。这个身材高大但有些驼背的老人精明中带着威严。"只要他在场,就是村子中的焦点,他有时蹲在自家茅屋或仓库前的空地上,有时高高地坐在他那'kubudoga'(抬高的平台)上……这样就可以让他的臣民们自由地四处走动",因为他的身份地位令他必须在身体上也处于一个较高的位置。[23]不过,自从他被贝拉米关进监狱那一次开始,"他的自尊就备受打击……他也不再履行自己的大部分职责"。其中最重要的一个职责就是监督种植园巫术的复杂体系,他把这个工作交给了自己理所当然的继承人,即他姐妹的儿子巴吉度(Bagidou)。

巴吉度也深得马林诺夫斯基的喜爱,他是"一个有着出众能力与智慧的男人",但是得过"某种内科的消耗性疾病,可能是肺结核",这或多或少是他必需常待在家的原因,也就此让他很容易地成为住在这里的民族志学者的利用对象。巴吉度有"特罗布里恩德最聪明的头脑"和非常出色的记忆力,简直是一个传统知识的宝库。他在关于巫术的知识方面显然成了马林诺夫斯基最丰富的信息来源:"因为他不仅允许我参加在种植园里举行的每一个仪式,还常常提前数日就通知我,向我解释他大部分安排的理由,并请我上他家看他背诵庄严仪式表演上用的那些咒语,并以异乎寻常的耐心和能力把它们一字一句念给我听,之后还帮我翻译它们——这对他对我来说都绝不是一件轻松的工作。"[24]

巴吉度的妻子抛下他跟一个年轻男人跑了。"这个悲惨故事好笑的一面是:巴吉度素有最伟大的爱情巫术专家之称。"[25] 他的弟弟托维塞(Towesei)和米塔卡塔(Mitakata)是他的助手,后者最终继承了图卢瓦的酋长之位,并一直在位直到 1950 年代去世,那时已比马林诺夫斯基预测这个职位消失的时间晚了很久。

有不少于十八个由不同妻子为图卢瓦生的儿子住在奥马拉卡纳。他最喜欢的大老婆的五个儿子是尤其有用的信息人。其中最大的纳姆瓦纳·古幺(Namwana Guyau)教给了马林诺夫斯基巫术咒语。二儿子吉雷维雅卡(Gilayviyaka)是个"和蔼、聪明的土著",死于 1916 年。他在当地臭名昭著,因为和自己父亲的一个老婆偷情而被自己的妻子抓奸在床,于是在"可怕的传言四起之后"被父亲放逐了好一段时间。三儿子尤布夸奥(Yobukwau)被马林诺夫斯基称作"我所认识的最漂亮、最有礼貌、最令我满意的人之一",他和自己父亲最年轻的老婆、"美拉尼西亚美貌的典范"依拉凯丝有过一段私情。[26] 另外还有两个儿子是卡洛古萨(Kalogusa)与迪帕帕(Dipapa),"可爱、聪明、迷人且有魄力"。事实上,所有这些年轻人都因他们的"贵族"身份和文雅举止而让马林诺夫斯基感到愉快。另外一个在初到基里维纳时的日记中常常出现的名字是托梅达(Tomeda),"一个来自卡萨耐的英俊男子,是个众所周知的大力士、种植好手,舞技出众。"[27]

第二十章

基里维纳

于是就在这样一群人中间，马林诺夫斯基度过了他首次特罗布里恩德之旅的大部分时光。在介绍性的预热之行之后（如果他画的村庄素描上写的时间可靠的话，他6月29号就已到了那里，那是在他抵达特罗布里恩德仅仅两天之后），他在7月中就回到了这里。我们可以想象的是，一队罗苏亚监狱里的犯人随行而来，帮他扛着行李。尽管奥马拉卡纳离东海岸不远，但是这里并没有可停船的地方，所以他不得不步行十英里，穿过一眼望不到头的低矮灌木丛生的中部平原地带。他沿途经过了几个小村庄，而偶然路过的番薯园里的篱笆上爬满藤蔓，看起来就像"一个枝繁叶茂的蛇麻草园"。

被一丛丛果树包围着的奥马拉卡纳是按照一种看上去很舒服的对称型布置建造起来的。外圈的居住茅舍和内圈更为坚固的番薯储藏屋包围着一个宽阔的中央广场。广场被称作"巴库"，其功能包括集会地点、舞场及墓地（至少是在贝拉米禁止在村庄范围内埋葬去世者之前）。酋长的巨大番薯屋位于巴库正中，那里是整个村镇最重要的位置。而他那装饰精美、带着哥特式尖顶正面的居住屋则稍稍偏向一侧。[28] 他的妻子和孩子们在外围的一个地段拥有自己的房屋。两排屋子之间那条绕村的街道被马林诺夫斯基描述为"家庭生活和日常事件发生的舞台"。如果中央地带和男人们的活动相关，那么这条街道就是女人们的领地。

这位民族志学者被指示将自己的帐篷安扎在外圈的居住屋一线，就在图卢瓦的大屋几码之外。巴吉度是另外一个近邻，这样的安排符合外来客人的地位。和村里所有屋子一样，他帐篷的门朝向中央广场。这个帐篷就像一个"来自文明欧洲的脆弱的帆布制工艺品"，后来不仅成为马林诺夫斯基传奇田野工作的著名标志，也成为一次恶作剧的对象。它其实是从贝拉米在罗苏亚的商店里借来的，因为马林诺夫斯基认为他自己在伦敦买的那个实在是太小了。[29] 在奥马拉卡纳的这个住处将成为他之后六个月中家的所在，而后他还在1918年回到这里住了几个星期。如今也正是在这个原址上，人们树起了一根从珊瑚溶洞顶上敲下的阳具状钟乳石，别有意味地纪念这位《原始人的性生活》一书的作者。

马林诺夫斯基

一位人类学家的奥德赛，1884—1920

走进民族志学者的世界

在《航海者》开篇浪漫的"初到场景"中，马林诺夫斯基让他的读者想象"第一次步入村庄的情景"。[30]在这场"最初的相会中"，一群观众聚拢在这位来访者的周围，他分发着烟草，营造出"一种和谐融洽的气氛"。展开工作后，民族志学者从一些不太会招致怀疑的主题入手，例如关于技术的问题。在这种情况下，初期问询工作中使用的洋泾浜英语很快就让人"感觉到这样将永难实现自由交流"。不过在马林诺夫斯基能用当地人的语言与其交流之前，他说"我清楚地知道对付这种困境最好的补救方法就是收集详尽的数据，于是我在村里搞了一次普查，写下家谱，画出示意图，收集各种亲属称谓术语。"不过这些仍是"死材料"，"要真正理解它们只能通过对真实生活的了解。"[31]"至于他们关于宗教和巫术的观点，除了一点点被洋泾浜英语弄得不成样的民俗知识，并没有什么唾手可得的收获。"[32]然而，马林诺夫斯基最初在特罗布里恩德的田野笔记显示，尽管他知道这样获得的材料很肤浅，但他还是很热衷于收集它们。洋泾浜英语造成的影响在每一页笔记上都有所呈现。[33]

尽管他自称在奥马拉卡纳的爷们儿中交了不少朋友，但他关于"土著人并非白人天生的伙伴"的感觉或许也得到了印证。他们之间也能勉强建立起相互间的容忍和偶尔的"融洽"（这个流行词代表了能与被研究的主体建立顺畅的民族志互动）。不过他从不幻想这些土著人能真心实意地欢迎他来到他们中间。"其实他们知道我会打探所有事情，甚至会涉及有礼貌的土著人做梦都不会想到要谈及的主题。他们最终把我视为其生活不可或缺的一部分，一个挥之不去的、邪恶的讨厌鬼，我只有通过不断提供烟草来减轻招人烦的程度。"[34]烟草在他田野工作中的角色至关重要。这些澳洲产的烟草在用糖浆熏制过后被捻成黑黑的棒状，是巴布亚殖民地通行的货币，被用来购买白人所需的大多数商品和服务：马林诺夫斯基则用它们来购买当地食品及信息。他在4月曾向亨特汇报过自己在迈鲁之行中必须节省开销，"我必须在烟草开销上十分节省，这是土著人十分不乐于在一个白人身上看到的品行。"[35] 在特罗布里恩德做田野调查时他在经济上有了更大自由度，因此在萨马赖购买烟草补给时他没有再小心翼翼地控制开销。发票收据显示，他每年在这上面的花费几近 50 英镑，约占他田野总预算的五分之一。

他很快就成为好奇的村民们关注的对象，他也对基里维纳人自信而缺少矜持的举止有所评论。"每当有趣的陌生人到来，半个村子的人就会聚到他周围，大声说话，对他评头论足，常常还语带贬抑，总之会装出一种玩笑般的亲密语调。"[36] 或者就像他在笔记中写的那样："总有许多人围在帐篷两端。男人和女人。女孩更容易接近，在公共场合被观看甚至被触摸（民族学意义上的！）都不会生气。整个巴库在有人来村子里时都聚满了人。"[37] 最终这种持续不休的关注演变成了一种烦人的东西，他也会抱怨起"原始人实在太多了"。

土著人眼中的他是一个高个儿、秃顶、年纪不好确定的白种男人。他的络腮胡和令人不安的淡绿色眼镜会给人一种缺乏吸引力的印象。秃顶被视为老年的征兆，络腮胡"非常难看——留络腮胡的男人简直就不想和女人发生任何事。"[38] 他自己那时的络腮胡则昭示了他的独身状态。后来他曾写道："土著人坦诚地说，欧洲人并不好看。直头发……鼻子'尖得像斧刃'；薄嘴唇；'水坑般的'大眼睛；布满斑点的白皮肤就像得了白化病 土著人说（他们无疑也是这样觉得的）所有这些都难看至极。"不过马林诺夫斯基身上的波兰人特征让他部分地幸免于这些负面评价。"更加出于礼貌而非诚实"，他们"值得赞许地"将他"排除在一般白人之外"，讨好地告诉他，他有"厚嘴唇，小眼睛"和不那么尖的鼻子，因此"看起来与其说像一个普通白种人倒不如说更像一个美拉尼西亚人"。不过他们并没有恭维他的额头和头发，在这些方面他们倒是显得"足够谨慎和诚实"。[39]

至于他的行为举止，拉斐尔 1918 年的描述和西纳克塔人的观感一致，即这位博士相当怪异。"这个人从遥远的国度来到这里是为了实现一个在他们看来毫无意义的目的。他既非传教士也非行政官，既不买东西也不卖东西，总是问这问那，用烟草换信息……然后通常在夜色降临前的那几个钟头他会去海边，演练一些如神秘咒语般的动作（这些其实是体育锻炼）。所有这些都让他们满腹狐疑，而且我也常要回答他们关于这个怪人的种种好奇的问题……总而言之，在他们眼里他有些不太正常。"[40]

许久之后，一个在1930年代来到这些岛屿的天主教传教士会报道称："土著人记得马林诺夫斯基最拿手的就是提一些傻傻的问题，例如，你们播种时是块茎与根朝下还是芽朝下？"当地的白人则"不客气地把他称为人类愚蠢学家（anthrofoologist），同时把他的学科称为人类愚蠢学（anthrofoology）"。他们所有人，不管是土著人还是白人，都被他弄得有些不安，因为"他们不知道他到底想干什么"。[41]

部落生活的万花筒

如果说北部基里维纳人在7月的这几个星期内一门心思地忙着泰图收获的话，马林诺夫斯基的兴趣就要广泛得多。他所涉猎的方面包括战争、石器、辱骂、求婚远征、舞蹈、神灵、巫师、葬礼、服丧、烹饪方式、吃饭时间、土地类型、数数方式、香味与颜色分类——这只是他问询主题中的一部分。他还大致描述了特罗布里恩德社会最突出的特点：当地的和建立在血统基础上的集群、宗族图腾、园艺、土地所有制、族长地位。但若他是在按照一个调查计划进行工作的话，这从他笔记中一大串被毫无规则地并置在一起的主题中丝毫看不出来。和在迈鲁岛一样，他是机会主义的，只要有谁愿意就任何事发表权威的意见，他都会记下来。当没有"专家型的"信息人可供使用时，他就会借助《问询和记录》一书，刻板地提出那些设定好的问题。时间短暂，他希望不久就能启航去曼巴雷，因此他的主要目标就是让问题涵盖广泛，尽可能多地"了解"特罗布里恩德的文化。他的调查策略并未与他的导师们有多大区别，他所用的模型就是塞利格曼与里弗斯二人的综合，他极其广泛的兴趣使得他的一页页笔记有一种万花筒般的效果。琐碎记录不计其数："我看见一位女士在准备食物之

第二十章
基里维纳

前洗手：她弄了些水到嘴里，然后将水用嘴喷出来洗手。"

马林诺夫斯基最初的田野工作把战线铺得很宽。他那时已经正式放弃了体质人类学，而他在柏林购置的那些量尺、卡钳、肤色尺和其他一些工具都还放在帐篷中未曾使用，之后也会被遗忘在汉考克的仓库中。他并没有收集多少哈登和塞利格曼热衷收集的人体测量学数据，不过他尚未抛弃他们对技术与物质文化的"古玩研究"兴趣。他在基里维纳的第一本笔记显示了他对石器及其分类的浓厚兴趣，他收集了石器生产工序中不同阶段的大量样品。脑子里想着墨尔本博物馆的榜样，他在最初一两个月中尽可能多地收集了他所接触到的手工艺品——这可能得到了执政官的帮助，可能是执政官下令让人们把这些手工艺品拿到管理站来售卖。在他计划去北部地区的行程推迟之后，这阵疾风暴雨般的手工艺品收集工作有所减缓，不过在汉考克的帮助下他还是时刻留意着那些不错的样品。到他最后一次特罗布里恩德岛之行结束时，他已收集了近三千件手工艺品。依照当时的民族学家们和博物馆人类学家们的严苛标准来看，他的收集有些草率粗心。[42] 他最严重的失败在于其收集工作是"管家式的"，他的记录归档工作也草率不全。管家工作是仆人们的活儿。他对摄影的兴趣同样不输于收集工作，他把这二者都视为"田野工作的次级职业"。[43] 他对艺术与手工艺品（"原始技术"）的兴趣主要在于它们的经济与社会层面，他也拒斥了那些"博物馆鼹鼠们"的做法，即只研究那些被从其文化背景中剥离出来的、不再有真实生活意义的物件。这样的一些观点的形成与马林诺夫斯基的禀性密切相关，他最初对其所最感兴趣的人类学的模式（是"原始社会学"而非"民族学"）的种种设想即反映了这些观点。

作为民族志学者，马林诺夫斯基最重要的工具还是他的笔记本。他在伦敦定做的便条簿是他在基里维纳田野工作第一阶段的特色，就像大开本活页笔记是第二阶段的特色一样。便条簿由一百张没有线格的白纸黏合而成。便条簿是竖着翻开的（抬页而非翻页），而且由于纸张顶端呈锯齿状，它们看起来就像发票簿。每本便条簿的首页都有一张索引页，马林诺夫斯基都认真地进行了填写。页码也是连续的，当他开始其在特罗布里恩德的田野时，他的第七本便条簿已经用了一半，页码为748。这一页的抬头上写着"乌布亚，23.vi.15"。他的笔记大多是用一只尖头钢笔写成，偶尔也会用铅笔去写。

马林诺夫斯基在1915年6月至1916年2月共写完了十三本这样的笔记本。从这些笔记中，我们能够重构他当初在田野中的所作所为，因为他通常都记下了村庄的地点及研究日期。7月初他访问了卡法塔利亚的布鲁多及在奥雅比亚传教的修女们，那里的贾米逊小姐向他解释了如何制作妇女们的蕉叶裙。7月19日他来到奥马拉卡纳，观看人们为了米拉马拉的丰收展示将泰图运进村里。关于米拉马拉的活动，他在"巴罗马"的论文中进行了生动的描绘。在图卢瓦酋长的亲自指导下，他还常去珊瑚园（潦草的笔迹和用起了铅笔都证明了他工作环境的恶劣），他也开始为各种活动拍照并写作关于园艺的详细的第一手观察笔记，这一工作最终在《珊瑚园及其巫术》一书中结出了丰硕的果实。

奥马拉卡纳是马林诺夫斯基1915年7—12月的田野根据地。从那里出发，他短暂造访了北部基里维纳相邻的一些村庄。11月他在汉考克家待了几个星期，在附近的特亚法村和图克瓦乌克瓦村开展工作。在和汉考克共度圣诞之后，他新年伊始就去了没有酋长、级别较低的布沃伊塔鲁村和巴乌村，那里是最恶毒的巫术之乡。在1916年1月中旬到来之前，他回到了奥马拉卡纳并在那里又待了一个月。2月中旬，他去了基里维纳南部，为的是去看看那些放置死人头骨的珊瑚岩洞。2月25号，他回到了罗苏亚，等着 Misima 号搭载他去萨马赖。在基里维纳的总共八个月时间里，他在奥马拉卡纳待了将近六个月，这比他后来声称的时间要短得多。[44]

他早期记录的很多信息都存在着瑕疵，而且不甚完整。不过他日后又会重新阅读这些笔记，检查其中的论断，修改最初的观察记录，这有时是在几周之后，有时是几个月之后，有时则是几年之后。他把这一检查程序称为"控制"，"已受控"一词出现在他笔记本的许多页上，就像保证真实性的印章一样。与其一同出现的还有用红、蓝、橙或紫色铅笔标注的日期及信息人的名字或缩写。通过这种方式，这些笔记本用不同颜色的铅笔记录了不同时间的积淀。他对不同颜色的选择似乎有些随意，不过我们也能做一种有趣的假想，即他采用了一

第二十章
基里维纳

套与颜色相关联的编码系统,以此来对不同的主题及重新阅读的时间进行归类。

这些笔记本中并未出现多少波兰语,他只在极少数情况下使用了波兰语词组。(有趣的是,他在描述杀猪过程时由于找不到合适的解剖学词汇而放弃了英语。)早期的一段文字显示了他曾下过的一段愚蠢的推论,他不久就因为"实实在在"的反例而抛弃了这个推论:如果一个已婚男人想和另一个姑娘性交,他就会和她去"布库玛库拉"(bukumakula,单身汉之屋),但他妻子在得知此事后会变得非常疯狂,而且极可能会痛打"对方",即被怀疑的那个姑娘。[45]

"库拉"一词在他到达几天之后就在他的笔记中出现了,他当时对此的解释是"巴吉(贝壳项链)的循环传递"。[46]他在贝拉米原来为塞利格曼所画的地图上描出了它们的一般路线,他还在相反的方向标注了姆瓦利(贝壳臂镯)的线路。"这种交换原则是彻头彻尾的虚荣。"这些笔记在几周后通过奥马拉卡纳的一个信息人进行了"控制":"两种珠宝:一种是个人拥有的,不参与库拉圈的;另一种则是不断流动着的。"

他居住在奥马拉卡纳附近期间出现的第一个死亡案例是 7 月 6 日发生的青年齐迈(Kimai)之死,他是在瓦开鲁瓦村从一棵椰子树上掉下来摔死的。具有表现力的服丧仪式所展现出的情绪感染力给他留下了深刻印象。他不惜篇幅的清晰叙述,展现了他个人风格的一些典型要素:敏锐、翔实的观察配以对自身旁观者角色的清醒认识。(当然,那时他还只能理解当地语言中的只言片语。)日落之前,男人们"啜泣感伤,女人们哀恸哭嚎……我注意到男人们在擤鼻子,把鼻涕涂在地上。"他观察死去青年的"养母",并"被混合在一起的真实的悲痛以及她赋予其的仪式性框架所震撼。她确确实实是在哭,但她从头至尾又都是通过一种仪式性的歌唱形式来哭,具有那种典型的旋律。"他也简单记下了这首哀歌最后结束部分渐弱的变化,从延长的 G 旋律到 D,再回到 G,再到 D,最后到 G,或者有时也以 F 结束。"她抱着一块毯子,就像抱着个孩子一样,唱着……'我的孩子啊,我的肚子痛啊。'在她的痛苦中真与假之间无法画出一条明确的界线……她带着一种沉默的端庄接受了我的烟草。"[47]仅仅数月之后,马林诺夫斯基就得知齐迈是自己跳下来死的。

马林诺夫斯基

一位人类学家的奥德赛,1884—1920

在 9 月开始用第四本特罗布里恩德笔记之前,他就已经开始使用当地语言的词组了,还间或插入了一些短小的段落文字。正如期望的那样,用基里维纳语的比重逐渐增大,不过马林诺夫斯基并没有完全弃用英语。11 月时,他正在向他的奥马拉卡纳朋友收集巫术咒语(希拉米,silami):"他们都害怕我的帐篷被希拉米感染。我只要开始唱咒语他们就全都害怕起来……力量就在声音中……人们不应该面对面地传递它,而是要在一棵树的两边各站一人。"[48]

马林诺夫斯基范围广泛的主题间的并置常常显得毫无规则。人类社会的全部都被包括进来,而且马林诺夫斯基这一年的笔记和他 1917—1918 年的笔记存在着呼应与相似。他并没有根据事物的特点或相关重要性对其区别以待,主题之间没有等级排列。没有什么是太琐碎的以至于不值一记。每种感觉、每次观察都是这位日记作者－民族志学者磨坊中的可用谷物。观察的丰富及其关注事物的庞杂在这两类记录工作中都尤为明显。他的眼睛就像一个有着可变景深的照相机,或者像一个双焦点透镜,同时兼具了一只关注主观细节的日记作者的眼睛和一只关注社会语境的人类学家的眼睛。他能够整合这两者是他作为民族志研究者的一项最根本的天才本领:即以特写的视角观察一个行动,记录其特征,然后再后退得以理解其一般背景(即赋予这个行为其意义的语境)。他最强烈的关注,无论是对民族志还是对日记,无论是对人类学还是对他自己的生活,都是要进行深入探索。"通过日记的形式注意日常观察,积累足够数量的'微小的事实',例如关于日常惯例……力求发现这些事物更深的层面(土著人的心理学)。"[49] 关于日记,"原则:除了外部事物,记录感情和本能表现;此外,对存在的形而上特性要有一个清楚的认识。"[50]

他田野笔记中叙述最详尽的一些篇章来自 12 月一个晚上在奥马拉卡纳发生的一个戏剧性事件。[51] 马林诺夫斯基赋予这个事件很大的重要性。现在看来,它几乎产生了神话般的意义,而且他后来曾两次详述过这一事件——一次在《犯罪与习俗》中,一次在《原始人的性生活》中。事实上,它可被称为"个案研究方法"的一次先锋性运用。根据它,可以通过分析具有类司法性质的范例来帮助理解习俗规则。[52]

对马林诺夫斯基来说,他对奥马拉卡纳酋长的爱子被驱逐这一事件的着迷有其个人方面的原因。古幺(酋长的大儿子)和米塔卡塔(酋长姐妹的儿子)之间恶毒的对抗导致前者被该村塔巴鲁的"拥有者们"仪式性地驱逐了。这是一个复杂的事件,包含了通奸、极端的侮辱,以及发生在儿子们与母亲一方的侄子们之间的对抗,后者是母系继承制度中真正的继承人。马林诺夫斯基提出的理论认为,这是两种原则之间内在冲突的体现,这两种原则是法定的母亲权力和情感上的父爱。这场纷争造成了"基里维纳整个社会生活中的深刻分裂",而且它在政治上的余波一直持续了好多年。这一事件也意外地影响了马林诺夫斯基的田野工作,因为他显然很同情古幺,这是他最好的信息人之一。事件过后,酋长陷入冥思苦想,他最心爱的妻子(古幺的母亲)也因"心碎"而亡,而米塔卡塔则回避了马林诺夫斯基。

这一事件除了其戏剧性、政治意义及人类学案例作用之外,还映射了马林诺夫斯基本人作为一个外来者在巴布亚所处的困境,即一个潜在的不受欢迎者。他怀疑穆雷也巴不得驱逐自己。古幺的放逐让他想起自己作为一个敌对国民的脆弱处境;另一方面,他正陷于从波兰被痛苦地流放状态中。他该身归何处?他到底是何种身份?这种种身份包括了战犯、临时政府雇员、尚未成功的科学家、受挫的艺术家和苦恋的情人。

声色诱惑

一两个月后,一些恒久的主题、一再让他操心的主题,就在他的笔记中出现了。它们包括巫术与宗教、园艺、性与库拉交易。性是特罗布里恩德人的一种健康的关注,无论是对年轻人还是老年人,马林诺夫斯基都几乎无法回避这个主题。无论健康抑或病态,这也是他自己关注的问题,而且我们也不必假想他笔记中与性行为相关描述的频率(及其淫秽用词)会在某种程度上算是一种升华。他显然对这种观察乐此不疲,就像他对下流用语乐此不疲一样。("我想你会首先学习所有的'邪恶'词汇",安妮曾在信中写道。)[53] 几天后他就开始记下那些色情的细节,它们将在十五年后让《原始人的性生活》一书的读者们啧啧称奇。

外出求偶会"带来麻烦"。"当姑娘们回来时如果被本村的男孩们抓到就会发生争吵:'你为什么要到别的村子去干!'从前男人们的妒忌可能会随之引发一场强奸。这会公然发生在路上;一些男孩架住一个女孩,然后轮奸她。"[54] 关于在爱的嬉戏中咬睫毛和抓伤彼此后背[齐马里(kimari)]的习俗:"汤姆说他们并不在交媾时做'齐马里'",只在之前或之后;贝拉米也告诉他背部的抓痕常被用来指证通奸罪——因此,它们对于这位有着医学头脑的执政官来说具有法医学意义。

马林诺夫斯基欣喜地发现,当地的欧洲人也是下流故事取之不尽的源泉。汉考克告诉过他有一个顺从讨好的丈夫(西纳克塔的一个小酋长)曾经带着他的妻子到行商的白种商人船上,然后在汉考克的厨房里一直等到这些客商和他妻子完事——马林诺夫斯基后来在《原始人的性生活》中引用了这个事例来质疑妒忌的存在。[55] 弗格森岛上的商人哈里森和他谈起过诺曼比的修瓦海湾上尖顶的番薯屋。"屋子的形状从前面看象征了女性的外生殖器,从侧面看则让人联想到勃起的男性生殖器,只有漂亮的女孩才被允许进入这些屋子",在那里她们接待一个又一个男人,"直到受不了为止"[56]。为了给自己找乐,马林诺夫斯基时不时会把特罗布里恩德人当成欧洲人来描写:"G 先生在花园里和 D 夫人交媾时被捉奸。G 先生深感丢脸,用图伐(tuva,鱼藤根鱼毒)自杀了。"[57] 白人自己也躲不过这些下流的饶舌:"传教士里没人凯塔(kaita,和当地女人交媾)过。布鲁多对白兰亭先生的指控被认为说了谎。麦克格雷格从来没有干过。[地方执政官]莫雷敦干过,贝拉米也干过。"[58]

在基里维纳过了六个星期之后,马林诺夫斯基已经开始用地方话和人开起下流玩笑。"当我在布鲁多妻子面前使用维拉(wila,阴道)这个词时,她哈哈大笑起来。当米塔卡塔夫人听到托库鲁巴奇奇关于交媾的下流笑话时,她也被逗乐了。昨天我当着女人们的面叫戈马亚（Gomaya）'苏瓦索瓦库伊姆'（suvasova kuim，'乱伦的鸡巴'）时，他装出一副生气的模样。"[59]或许是为了让自己有别于那些拘谨的传教士，马林诺夫斯基有意让自己粗鲁一些，藐视了这个他还几乎没有开始理解的文化中的礼俗。不过他的这些东道主们似乎很享受他的这种下流。后来有一次当他在谈话中突然提到一个被人砍掉奇长阴茎的传奇英雄的名字时，听众发出"一阵笑声，就像吸烟室里的一群绅士一样"。[60]公平地说，戈马亚向他吹嘘自己的性冒险经历时还是有些惹恼了他，这其中还包括和氏族"姐妹们"的经历。长着"一张狗脸"的戈马亚让马林诺夫斯基既感好笑又觉有趣。[61]"当我用唐璜的故事来揶揄他时，他无比坚定地告诉我这是知晓吸引女性魔法的结果。"正如马林诺夫斯基通过自身经历所了解的那样，男人不一定要靠非凡的英俊外貌来赢得女人的青睐。戈马亚作为一个"非常能干和有用的信息人"在《原始人的性生活》一书中被反复提到，他也正是"因为其性格中的某些缺点"而可贵。他"自负、傲慢且任性"，懒惰、不诚实，是个"无可救药的大话王"，但也是一个"女人堆里的风流人物"。有着滑稽模仿的天分，他出色地模仿过欧洲人交媾的方式，"用一种笨拙的卧式体位，还粗粗描画般地做了几个松松垮垮的动作"。[62]

马林诺夫斯基从戈马亚那里了解到"违反异族通婚……是一种令人期待的有趣的色情经验"，这在村庄生活中扮演的角色在很大程度上类似法国小说中的乱伦情节。[63]这也是许多能让他颠覆传统人类学知识的实例之一。行为规范形塑了人们口中所说，但却不一定是他们实实在在所为。关于戈马亚让人难以抗拒的爱情魔法："我很丑，我的脸并不好看。但我有魔法，因此所有女人都喜欢我。"或许脑子里想着自己的经历，马林诺夫斯基评论道："一个有智慧，有强烈意志、人格与气质的男人，会比一个没有灵魂的蠢蛋更能在女人那里获得成功——在美拉尼西亚一如在欧洲。"[64]

什么是马林诺夫斯基在这个有着性自由的岛上的"声色诱惑"（安妮之语）呢？这里有这么多漂亮、娇小的年轻女人——如此养眼地袒胸露乳，裙不蔽体，身上散发着薄荷与鲜花的甜甜清香——举手投足间带着"朋友般的亲密"。他曾带着几分揶揄之意寄给安妮（坦承感觉自己"太中年味儿、老气、古板"的安妮）一些他第一次远征的照片，其中可能包括了几张苏澳美女的照片。凭着直觉，安妮就像能理解当时处境下的任何人一样地明白他的意思。她对其性处境语带讽刺的评价一语中的。"那些土著女孩似乎都发育得非常好，非常漂亮——我想知道圣约瑟夫迄今为止是否护佑了你。我担心自己对他的祷告能否奏效——特别是当这些'货'如此廉价时。一个不变的忠告：她们都没病吧？我觉得'你的年轻梦想'尚未在她们身上实现，或至少在你写这封信时尚未实现都是一件好事。我不知道现实是否会超越预期——我觉得事后都会感到恶心！"[65]

会有一些症结，包括天主教道德思想的残余、对种族与阶层受污染的害怕，尤其是对疾病的恐慌，让他对这些性感的奥马拉卡纳妖女们敬而远之，尽管他会对她们燃起一阵阵欲火。马林诺夫斯基所需要的正是特罗布里恩德人所没有的——禁欲的魔法。

亲爱的塞利格曼

马林诺夫斯基给塞利格曼写第一封信时已经在基里维纳待了一月有余。他已经可以说自己对特罗布里恩德文化的理解比其导师更为全面了。1904年9月，塞利格曼只在基里维纳待了一周，大部分时间都是在吉尔莫居住的、有传教士的卡法塔利亚村。他所获得的信息很大一部分来自他与贝拉米之间的通信，其余信息来自《英属新几内亚年鉴》中菲罗斯神父和行政官麦克格雷格所写的报告。不过，马林诺夫斯基断言，"仍有大量工作可做，也有太多极有趣的事情。包括他们'仪式性园艺'的整个体系——几乎是一种农业崇拜……有些关于神灵的信仰与庆典……一年一度的丰收节米拉马拉……定期举行的万灵日。此外还有第一眼看上去就会觉得更为奇特与有趣的交易活动。不过我现在只是泛泛这么一说，此外我还建议去做北部马辛人，以及米西马人和帕纳亚提人，或许还有多布人的研究……他们从某些方面来说属于一个整体。"关于自己的计划，他说："我将乘下一班船去曼巴雷，会在那里待上至少六个月——之后如果身体太不舒服我就会再回南部。"[66]

几周后他在写给亨特的信中确认了这个计划。"如果战事持续下去，我会非常愿意在结束澳大利亚的图书馆工作后回到巴布亚。"他的附言写得颇具外交技巧："我几乎不必赘言我正特别关注土地所有权、土著权力、法律，以及那些可能具有普遍现实意义的问题。"[67]

由于他的这封信，墨尔本与莫尔兹比港两地之间的官方意见交换一度频繁起来。亨特把这封信视为"一份要求将补助延长至1916年的申请"，于是他找了部长，后者又寻求穆雷的建议。已对马林诺夫斯基丧失信任的穆雷之前就反对将他的"合同"延期到1915年之后，因此这次他建议"现有安排不应被延长"。[68]他觉得由于马林诺夫斯基是由巴布亚的预算花钱资助的，因此他应该受其控制。他这样抗议道："我仅仅只是偶尔能听说他在哪儿，他在干什么。"[69]官方意见交换的结果是，马林诺夫斯基被允许在第二年返回巴布亚，但是不会再从巴布亚政府得到资助。

将近9月末的时候，马林诺夫斯基再次写信给塞利格曼，几乎是带着歉意告知他自己计划有变。"在您曾经做过田野研究的地方工作我没有半点牢骚。如您所知，我是被环境逼迫陷入这种状况的。"他或许指的是轮船航运被打乱事。不过他也告诉塞利格曼，曼巴雷英国国教会传教站的金被调任至多古拉，即巴布亚英国国教会传教总部来接纽顿的班。纽顿则被任命为昆士兰卡彭塔利亚教区的主教（"我的运气就差些！"马林诺夫斯基轻轻地骂了一句。"该死的所有这些主教职位！"）。无论怎么说，他已经开始说地方话了，而且正在基里维纳"收获那么好的资料"，因此他希望塞利格曼能在其他任何事上原谅他。

他在信中还提出想向塞利格曼提交一篇为《皇家人类学研究所学报》所写的文章。他会喜欢关于土地所有权或包含了种植园巫术的园艺内容吗（"质量极优的信息；百分之六十为亲眼所见"）？或者他会更喜欢关于死亡、葬礼、服丧及来世的主题（他已"看过三个死亡事例，其中一个是人刚咽气，两个是在哭丧阶段；一个葬礼及大量"丧葬期间的交流")？他聪明地指出"这个信息可能会侵犯到您所做过的研究"，虽然他觉得塞利格曼关于死亡的章节是"唯一需要扩充的章节"。最终他提议写一篇"关于重生，以及关于受精与怀孕观念的短文"。结果，他一年后完成了开创性的论文"巴罗马：特罗布里恩德群岛上的亡灵"，该文从某种程度上探讨了所有这些主题。

至于近期计划，他目前打算在特罗布里恩德待到 11 月。他认为基里维纳也"极有必要"，如果他下次将对路易西亚德群岛的主要岛屿如米西马、苏德斯特和罗塞尔进行研究的话。因为迄今还没有民族学家研究过它们，而且塞利格曼尤其期望他能去罗塞尔岛。马林诺夫斯基建议 1916 年"做罗塞尔"，并补充道，"杰尼斯只做了古迪纳夫，我则乐于去做多布和与基里维纳相连的阿姆弗莱特。"[70]

塞利格曼收到信的时候已是 12 月，因此直到马林诺夫斯基启程返回澳大利亚，他才获知自己导师充满鼓励的回复。"这是一个极重要的地区，我很高兴你正在那里工作；我在当地略有涉足与你的工作并无关系。千万不要认为这'侵犯了'我的研究，我在马辛所做的所有工作只是一点预调查，即使那些成果站不住脚，我也不会感到丝毫不快。你的任务就是勇往直前，将正确的成果公之于世，不要管你的发现与谁的相冲突，不过我也同意在出版问题上不用太急。"[71]

这的确是有雅量之举。直到今天人类学家都是一种极其在乎领地的动物，一旦他们的同行或学生闯入他们自己标记的领地就容易感觉受到威胁。不过在收到这封让他倍感安慰的回信之前很久，马林诺夫斯基就已经又写给了塞利格曼一封带去圣诞祝福的信，而神奇的好运竟然让这封信在圣诞节那天早上抵达了目的地。在获得塞利格曼明确的许可之前，他仍为自己在特罗布里恩德群岛上开展工作而感到不安。此时他已在基里维纳待了四个月，工作"进展相当顺利"，除了刚刚解雇了他的翻译（一个在"人际关系方面十足的无赖"）。他仍计划在新年去曼巴雷"看看大陆上纯种的巴布亚人"。他的健康状况也"相当不错"，不过"有时我觉得实在'恶心'（隐喻意义上），而且盼着逃离。要知道，

第二十章

基里维纳

我在黑鬼中极其孤独,有时他们真能让你心烦意乱,再外加一点发烧上火——任何人在这种情况下都会喝威士忌的。现在我既不用威士忌也不用另外那种'白种男人的慰藉'——这样的双重禁欲让生活少了快乐。"[72]

尽管因为到得太迟而没有起到太大的安慰效用,塞利格曼的回复还是提供了一些颇具同情心的建议,"我懂你写的那种'心烦意乱';尽管我在新几内亚一个人待的时间不太长,但我在婆罗洲经历过长时间的孤独。我希望,如果你去南部一点,吃些像样的东西、看看杂志、在夜总会和人聊聊天会对你好些。"[73]

10月,马林诺夫斯基也给里弗斯写了封信,向他汇报自己"在特罗布里恩德群岛上的密集工作"。他用一种半遮半掩的夸耀语调补充道:"我的语言能力在这里派上了用场,不过我的经验也告诉我,与翻译合作也能作出几乎同样出色的工作,只不过这样会浪费很多时间;当你开始理解土著人彼此之间的聊天时,理解那些老者是如何讨论你的问题时,理解人们在晚上的那些说长道短时,很多意想不到的东西就会自然地出现。"里弗斯或许会为此感到一阵不安,因为他在做田野调查时从未学过当地语言。似乎是想对他稍作安慰,马林诺夫斯基接着写道:"我随身带着您的上一本书[《美拉尼西亚社会史》],而且注意了您提出的许多要点。至于问询方式问题,我当然遵从了您'通过具体事实了解一切'的建议。研究谱系、村庄普查及土地所有权的地图等,都是让我获取可能知识的方法。"[74]

哈登在7月末也给马林诺夫斯基写了封信,恭喜他关于迈鲁的研究得以出版;他也给亨特写了信感谢他的资金支持,"这是一次好心且明智之举"。他敦促马林诺夫斯基再继续工作"一段时间",以便将自己的注意力限定在东部的巴布亚-美拉尼西亚人地区。他同意塞利格曼的意见:"罗塞尔岛十分有必要进行研究"。他认为在那里有一个民族学谜题亟待解开,"因为史密斯、里弗斯和佩里现在都对史前巨石问题十分感兴趣——或者如他们所称的'太阳巨石碑',因为他们确信这些史前巨石和太阳崇拜有关……由于这个问题如此紧迫,如果你在新几内亚从事这方面的研究将是个好计划。"念念不忘这个主题,他甚至建议道,马林诺夫斯基就是重做塞利格曼做过的调查都是值得的。[75]

马林诺夫斯基

一位人类学家的奥德赛，1884—1920

马林诺夫斯基对自己的努力得到这样一位权威的肯定一定倍感欣慰，对方实际上是在鼓励他在塞利格曼曾经工作的领域内下工夫。不过马林诺夫斯基已经开始按照自己的日程表向前推进了，他可没打算为英国传播学派对远古太阳崇拜的追溯而分心。他给哈登回信时的那种逢迎拍马的语调从他第一次遇见对方起就始终如一。"您能用这样鼓励的话语给我写信而且表达了对我工作如此浓厚的兴趣真是太好心了！我对此无比珍视，因为这样的鼓励来自于您，而且我也十分清楚，关于这次旅行，我有多么需要报答您。"他许诺，"这一年的工作应会结出比迈鲁岛更为丰富的成果"。[76] 至于史前巨石（巨石圈），他也会"尽力在当特尔卡斯托群岛上研究它们"。他并没有如此照做，但如果他知道大约二十年后在基里维纳和基塔瓦岛上也会发现几座巨石的话，他当初就不会对它们如此漫不经心了。

"我最亲爱的小儿子"

战争的消息逐渐传了过来。通过罗苏亚，坎贝尔传给他关于法国境内发生的几次惨烈战役的简短消息。11月，马卓丽（Marjorie Peck）从墨尔本写信给他："你一定觉得很难过——痛苦——因为你饱受战乱折磨的国家现在又一次一次地被攻打……我们在加利波利的男人们发来的信让我们哭泣——他们如此悲壮地欢呼着——在一场令人可悲的战事中竭尽全力——我们的街上随处可见伤残的男人，他们直到现在都还在把生命多少当成一件好玩的事。"[77]

约瑟法定期都会给她"最亲爱的儿子"写信，但她一直担心自己的信根本到不了他手里。塞利格曼尽其所能让她得到最新消息，而且只要一有消息从巴布亚传来，他都会直接给她写信。她时不时会收到这些安慰的信息。其中一封信中说哈登在迈鲁岛见到了她的儿子，她充满感激地致谢道："即使是这样短小而不甚确切的消息也让我感到莫大的快慰。"[78] 她在8月又欣喜若狂地收到了两封来自布罗尼奥的信，一封绕道华盛顿，花了三个月时间才到她手里，另一封只用了一半的时间。不过她又担心，因为他现在已经回到了新几内亚信件又会被无限期地拖延。她妹妹那里的消息最后也传来了，但却并非好消息，而且还讲述了她贫困的现状。祖瓦夫斯基博士在华沙去世了，泽西·祖瓦夫斯基在一家军医院死于斑疹伤寒。唯一的好消息来自艾斯特莱歇尔教授，他许诺她儿子关于原始宗教的书不久就会摆在书店的橱窗里。

10月，她告诉布罗尼奥他有六封信都在前一个月寄到了，每封信都经过了一条不同的路线才到达。最后一封是"作为一封官方文件从外交部转过来的"——这只可能是乐于助人的亨特帮着寄的。她情况不错，只不过"因为很多很多原因而感到难以名状的悲伤"。她最后还是设法去雅尼斯佐夫的庄园看望了妹妹，那里的情况令人心痛。马厩、猪圈和鸡舍都被付之一炬，磨坊也被严重损毁，马和牛都没了。尽管宅子未受损坏，但也几乎被洗劫一空。"不能拿走的都被毁了、烧了或捣烂了。齐格蒙特[马林诺夫斯基的表兄，卒于1912年]和其他一些人的肖像被撕了——眼睛被刺穿。我们的东西都没有保留下来。我们失去了所有那些美丽的亚麻布、被单、大量重要文件、书籍、我的衣服、两件毛皮大衣、一些银器和珠宝，还有一大箱子瓷器，所以我们现在一无所有。还有我父亲留下的一些非常重要的家庭文件也丢了，所有你父亲和我父母的大照片、斯塔斯给你画的漂亮的肖像，还有我数都数不过来的很多其他东西。"[79]

在后来的一封信中她又补充道："所有的劫掠都是我们那些乡民们干的！他们在一场战役中把姑妈带走了，几乎是强行的，等她一走，这些农民就洗劫了房子，搬走了整车整车的东西！我们失去的东西要花数千才能买回，但最令人心痛的是那些没法买的东西！就连你的博士学位证也被撕得粉碎。"他那枚国王授予的金戒指倒是安全地在华沙被保留了下来，一起留下的还有一小箱子其他珍贵物品。[80]

到1916年2月时，她已有八个月没收到任何从她儿子那里传来的消息了。"如果你……搬到南部的话，我会很高兴，那里的环境更有利于健康！毕竟你在那里已经做得够多了！而且斯特林小姐人真好！"[81]她可能并不知道的是，他此时正准备乘船返回澳大利亚。她收到了他一封没有标注日期且辗转从加利福尼亚寄来的信,为此她还小小地责怪了一下他:"求求你,亲爱的,一定写上日期。尽管我知道你并非因为健忘而是故意这样做,好让我觉得信是更近期的,但这恰恰是为什么它对我来说不那么重要的原因。"[82] 在另一封信中,他向她谈起特罗布里恩德人,说他们"比迈鲁人要好,更聪明,雕刻手艺很出色,总的来说文化发展得比迈鲁人更好"。"所以总体上来说,他们比当地的'原始人'要更有趣。现在如果我用'原始人'这个词来形容那些被我当成好朋友来对待的人的话,这个词就看起来很可笑。他们中有些人非常和善而且体面。"[83]

妈妈 1916 年 4 月 3 号的信告知他已经为他的回程准备好了一百个金币。(他们在俄属波兰的货币已贬值一半。)她又喋喋不休地告诫他用硫黄洗头:"我担心你会有一百条理由不这样做。"[84] 之前的一年,他顺从地执行了这种散发怪味的治疗程序:"我治疗了我的头发,而且天天坚持,但是硫黄放在酒精里,因为有油膏,尤其是在夏天,会融化、滴水,还会腐坏。"[85]

缪斯尼娜

马林诺夫斯基曾跟母亲提到过自己对尼娜的感情。他也告诉过安妮,而安妮则想知道更多。"我非常乐于听到关于她的事情,听说你爱上了这个一定很不错的女孩也真心实意地为你感到高兴。"[86] 安妮坦诚地提出了自己的意见。"我料想你有一天总会不再那么喜欢改变,而且更容易对某人付出真心,尤其是当你爱上她时——尽管我必须承认,我所认识的你并不是一个坚定而真诚的爱人……新几内亚的'诱惑'情况如何了?对'英国女孩'的想念应该足够阻止你屈服于那些诱惑——我猜想你有时一定会觉得这很难——孤独会让事情变得更糟。"[87]

就像小别胜新婚一样,孤独也能让他的心变得越发温柔。在田野中忍受内心孤独的同时,能在脑海中保留一个让他渴望的女性对他来说尤为重要。不过奇怪的是,尼娜的信满足了他的渴望,但却并没有激发他重拾自己的日记。他

第二十章

基里维纳

在 8 月 1 号的一段日记中发誓要"开始记另一本日记,要将过去五个月的空白页都补上",但他最终并没有实现。[88] 不过迄今为止他所有重要的感情经历都伴随了其通过日记对自己灵魂所作的细致入微的审视。或许是阿德莱德和基里维纳之间的距离消除了他所有其他情史中的那种感情摇摆的可能。他认识尼娜的时间太短,还不足以编织出憎恨与嫉妒的情感,所以他躲过了太过亲密所产生的情感上的疾风骤雨与压力。

作为他在这段时间内主要的爱情对象,尼娜是缪斯这一角色唯一的竞争者。他写给她的信件(或许就像他曾写给安妮和泽尼娅的那种日记型的信)可能成为一种令人满意的私密日记的替代品,不过日后我们也听到他抱怨说她的信并不能满足他对"主体深度"的渴求。几乎可以肯定,他也在脑海里幻想和她之间的对话。这是一种自得其乐的陶醉而且还能使他的爱始终保持热度,不过有时他也把这种习惯蔑称为"远程情感偏执狂"。[89] 始终支撑着他走过田野工作这一多产时期的这个想象中伴侣的荣誉非尼娜莫属。他需要这样一个精神救助者:一盏指引他的明灯,一个他愿为之工作和希望给其留下印象的人。他的母亲不再能满足这个角色的需求,尽管是她塑造了最初的模型。对托斯卡的记忆也在渐渐淡去;她遥不可及,而且他们的爱情因为缺少滋养已然凋零。安妮现在已经是"过去"了,而且同样遥不可及。

他在墨尔本短暂而繁忙的停留期间也交了几个女性朋友,值得一提的是佩克五姐妹,她们和最近才开始守寡的母亲住在齐尔达街一栋叫"沃顿"的大房子里。马林诺夫斯基可能是通过尼娜认识了佩克一家,因为她是这家人的密友,在幼年的一次生病期间由这家的大女儿穆丽尔照顾过。马林诺夫斯基喜欢身材丰满的三女儿莱拉。即使在将身心都交付给艾尔茜后他还曾秘密地保持过对她的欲望。"马林纳亲爱的",她在信中如此称呼他,这显示他们曾经很亲密地调情过。就像她的很多女性朋友一样——未婚、中上阶层英裔澳大利亚人——莱拉涉猎绘画与泥塑,喜欢读流行小说,听音乐会和公开演讲,帮别人照顾小孩,一年中的部分时间在莫宁顿半岛或丹丁农山的乡间宅子里"休养"。这些年轻女人接受过适度的文化教育,思想严肃,被培养成那个时代期望她们成为的妇女。她们渴望自身的完善，对游手好闲有着略带茫然的不满，在各种"照顾别人的职业中"寻求有用的工作。欧洲的这场战争为她们提供了新的当务之急，甚至似乎为她们送来了机会——比如穆丽尔就已乘船去法国当了一名战地护士。然而诸多年轻男人的失去也相应地留下了大量的老姑娘，莱拉和她的一个姐妹就将成为其中一员。

佩克一家十分了解马林诺夫斯基对尼娜的追求，正是佩克太太把尼娜称为他的伽拉忒亚。二女儿马卓丽一开始并不赞成他们的配对。在 1915 年 11 月给马林诺夫斯基的信中，她坦言在这段恋情中，她只看到"他们的悲剧"。[90]他在基里维纳的那几个月，还忍受了其他一些人对此事表示忧虑——他甚至还同意其中的一些意见——所以当马卓丽承认自己"有误解"时，对他来说这一定是一种令他愉悦的宽慰与正名。"你看，尼娜那时并没有告诉我你对她意味着什么，以及她对你意味着什么——我真是个傻瓜——我一度觉得你只不过是被她深深地吸引了——是的，或许我指的是外表上的，但这无论如何并非事情的全部。不过那时你并不理解的是，她毫无疑问正在被唤醒……遇见你之前她还是个什么都不懂的女孩。"尼娜让身边的其他女人有一种保护她的本能。在追求她的过程中，马林诺夫斯基踏上了一片十分危险的领地。

在六个月的时间内尼娜被他殷勤的书信改变了。"你为她做了任何别人都不可能做的事，"马卓丽告诉他，"她现在独立起来了，还甜蜜地恋爱了……你给她的信以及她能大方地跟你说话都促成了她的改变……她简直正在出落成一个出色的女人。"不过马卓丽仍对这段关系有所保留，她要马林诺夫斯基"体会一下言外之意"即是一个暗示。他也满怀热情地照做了，但是后来他会在信中向他那些女性友人们抱怨说，根本读不出什么言外之意。马卓丽其实没有留下什么未言明的东西。她试图在恭喜他成为唤醒尼娜的白马王子的同时也警告他为她而进行的战争还远未结束。在她送上的赞美中就暗藏着责备之意。"尼娜告诉我说你 2 月要回来，我不知道这会意味着什么。她如此害怕又一次分离，而这对你俩来说都很艰难。我和她观点一致，爱情到来其实是如此可怕的一件事，以至于只有结婚才是唯一的解决办法。——结婚就是这样一种最终任务，

第二十章
基里维纳

我猜你会说'庸俗的英国人',但是现在这就是唯一的解决办法。请你原谅我写得如此粗鄙直白。"[91]

为了帮他度过自己的"黑暗时光",马卓丽给他寄来了康拉德曾经的朋友兼合作者福特(Ford Madox Ford)的新作《好兵》,这是一个被激情毁掉的正直男人的伤感故事——在这个"令人悲伤至极的故事中",一场可怕的背叛之后三个人死了,一个纯真女孩疯了。"我不知道这本书会让你怎么想",马卓丽带着恶作剧般的语气写道。

1916年3月初,马林诺夫斯基在开往莫尔兹比港的船上给塞利格曼写了封信,"您的信是最令我期待的了——因为我最近很消沉。我在奥马拉卡纳的生活已够磨炼人的了,正如我告诉过您的那样。我已开始对那些土著人感觉'怪怪'。我对他们如此厌恶,以至于都无法工作了。"[92] 他或许指的是在酋长的儿子被流放后奥马拉卡纳的混乱局面。

尽管安妮的表达略显拙劣,但她还是准确地道出了马林诺夫斯基所取得的一项重要成就。用今天的话说,这就是他所获得的"民族志权威"。"你不觉得吗,既然你已到过实地并亲自做过研究工作,那些从未离开过'文明'(!)欧洲的人要在你这门科学中建立权威就会是一件近乎荒谬的事。你还记得吧,过去我就曾为此而嘲笑过你。无论如何,你应该意识到你现在所写所说的一切都比以前要有分量得多。"[93]

的确如此——他到过那儿。

第二十一章

墨尔本病

"只有整合"

1917年11月,马林诺夫斯基因为要等一艘载他去特罗布里恩德的船而在萨马赖耽搁了下来,这段时间里他做了两个新的尝试。他发现了自己设计雕刻龟壳梳子的天赋,不过这只是一个他很快便放弃了的消遣。他的第二个尝试却是意义重大。他构造了一种回顾性、提纲性的日记形式,这种形式对他的特罗布里恩德民族志研究以及随后的功能方法的发展都在技术层面具有极大的重要性。这种"日记"内容的重要性远逊于其表述模式:他画出了一系列设计精巧的表格,它们在不同的条目下都包含了数个栏目。它们其实是对所记忆事件的一种提纲性图表。[1]

从1915年3月回到澳大利亚他就一直没有记日记。这段时间对他来说实在太长,让他无法对过去发生的事件作出详尽的总结而不漏掉那些对他理解自己生活中相互缠绕着的诸多线索来说尤为必需的细微末节。他的折中方案就是在他特罗布里恩德田野工作的第一阶段下面画上一条想象的线索。为了便于回忆,这一阶段留下了大量的田野笔记。他总是能够体会任何一天及在任何一地记下的笔记内容的言外之意,并回忆起"当天的情景"、当时情绪上的基调和思想上的暗流。他在特罗布里恩德的生活围着民族志研究的需要打转,不过到了

第二十一章

墨尔本病

1917年11月他感到有必要整理一下自己在墨尔本度过的这三十个月。这段时间将比他总共待在巴布亚的时间还要长。这段时期中的每一点一滴对其未来的重要性都不亚于他在基里维纳的"采煤工作面"上挖掘他日后专著所需的材料时所花费的那段时间。首先,他锻炼了自己的记忆力,按月画出了所经历事件的记事表。其次,他对事件进行了分类,并将它们排列在不同的标题下。最后,他还将它们发展变形成三个成系列的图表。运用这种方式,他对自己在"墨尔本生活的回顾"(这是他第一张表的标题)进行了系统化,他大致按照时间先后顺序,并将事件分列到几个不同的方面之下。第一张表涵盖了他所称的"第一时期,4—11月[1916]"的内容,共分6栏。由左至右的标题分别是:"科学工作"、"外部事件"、"健康"、"N. S."、"M. W."和"E. R. M."①。

他设计出这些类别范畴为的是对自己生活中彼此独立而又相互依存的组成部分进行分类,这些类别从分析角度来讲是"功能的"。从这个角度来看,他是把自传视为民族志的一个标本,反之亦然。认识到这一点让他眼前一亮。1918年新年第一天,他在日记背面写道:"要做的主要事情就是反思两个分支:我的民族学工作和我的日记,并从中找到线索。它们简直太互补了。"对其所谓的概要表的发展与运用,是他的田野方法中最具重要意义的创新之一,而且这也与他日后的功能主义实现了完美的契合。事实上,他的这些包括两个轴和无数小格的表就是诸多功能关系的图表化示例。它们最终在《文化的科学原理》一书中被公式化与神圣化,蕴含了他的宏伟计划。此外,在客观的、不受个人影响的类别如"食物供给"、"娱乐"、"繁殖"与他日记表格中那些主观的、个人的类别之间存在一种类比关系。"只有整合"可能就是马林诺夫斯基的格言。

为了用另一种方法详述它们的互补关系,对生活经历进行分类的尝试与对民族志事实的分类被并列了起来。它们同为回顾性工作,因为要在生活的当下理解生活就像要在民族志记录的过程中理解一种文化一样困难。不过值得研究的是,马林诺夫斯基的直觉是如何与以表格形式呈现的那些模式趋同与一致的。他的创

---

① 以上分别为尼娜·斯特林、米姆·维嘉尔和艾尔茜·罗萨林·马森的缩写。——译注

造性行动在于合成的方式:"功能主义"是一种同时观察他的经验以及他的人类学材料的合成方式。图表让他能将"破碎的主题"整合为更高的理解合成物。

同样重要的是,他是在萨马赖想到的这种创新方法,当时他正处于一种静修状态,有大量时间用于反思。正是这段所有田野人类学家们都了解的停顿的阈限空间,成为介于"家"与"田野"之间的地带:一段等待的时间——焦躁不安地,抑或是听天由命地——处于"真实"生活的门槛之上。

"第一时期"

搭乘 Marsina 号返回澳大利亚途中,马林诺夫斯基对尼娜产生了疑问。欲望与期待已经凝结在她周围,但他却在基里维纳感受到了"强烈的波动"。她的信件并不总能令他满足。不过在2月之前他又开始想念她,甚至"预期着在罗夫特山上的生活"。在马卓丽东一句西一句的那封信的鼓励下,他或许觉得他们的爱情如果有第三方了解的话会证明它的真实性,甚至是它的崇高。

旅途中的很多时间他都情绪很差,这让他饱受头痛的困扰。3月15日星期三在悉尼下船后,他在大都会饭店开了一间房。其后两周,他上午会去米歇尔图书馆,下午会和赫德利一起待在澳大利亚博物馆。赫德利是个健谈的海洋动物学家,他和马林诺夫斯基大谈美国的"大好机会"。他后来在给老朋友哈登的信中这样描述马林诺夫斯基的到访:"他被军方的监控弄得有点烦,他似乎有足够的经费生存下去,不过再没有别的什么了。他上次旅行一定赚了些钱。从科学角度讲,他的工作做得似乎很透彻。不过这里公众的态度很冷漠,我担心可怜的马林诺夫斯基有时会感到很不舒服。"[2]

1916年3月27号,马林诺夫斯基向军方司令进行了报告,请求允许自己去墨尔本。军官记下他有"棕色头发(头顶稀疏),棕色络腮胡子和小胡子"。两天后他抵达了墨尔本并在柯林斯街的联邦旅馆登记入住——信笺上的介绍称这是澳大利亚最大的旅馆和咖啡馆。他被安排在一间小巧精致的房间,里面可

第二十一章

墨尔本病

以闻到樟脑丸味。被马林诺夫斯基称为人生中最糟糕一年的生活就此开始了。

带着刚从异域奇境返回的旅行者的光环，马林诺夫斯基在头两周还是社交圈里的香饽饽。他周五刚在"达利"跟斯宾塞夫妇吃了饭，周六就在"沃顿"和佩克一家吃饭，周日又和马森一家在"香农里"吃了饭。玛尼还记得这个在英国协会会议上遇见过的"通晓世故的优雅男人，而且他还是个舞场高手"。[3] 在这个社交旋流中，马林诺夫斯基无疑用新几内亚的故事取悦着他的那些东道主们，或许这也是他在日记中提到的那种晕晕乎乎的"喝香槟般"感觉产生的部分原因，他写道："气氛非常棒；干干的、洁净的空气。"原因或许还有一个。在日记的这一页上"喝香槟般"一词与一个名字"米姆·维嘉尔（Mim Weigall）"之间有一个箭头相连。玛丽安娜（即"米姆"）当时正在念大学，她那日益成熟的思想让马林诺夫斯基感到无法抗拒的吸引力。她写十四行诗，这重新唤醒了他对诗歌的热爱。他重新拾起了和全是女人的佩克一家的交情，成了每周"沃顿"的座上客。然而经历了两年的惨烈战事及可怕的损失之后，澳大利亚人对外国人的态度日渐冷酷。中上阶层墨尔本人对请"敌对国民"来自己家越来越迟疑，仅仅几周之后，马林诺夫斯基就开始感受到被拒绝的沮丧。

一到墨尔本马林诺夫斯基就通知了亨特，3月31号他便现身这位行政长官斯普林街的办公室。马林诺夫斯基的一个当务之急就是要躲过国防部讨厌的种种要求。他请求免除每周向警察局报告的义务。亨特检查了马林诺夫斯基的出生证和护照；满意地注意到马林诺夫斯基的父亲是大学教授，母亲是"前波兰王国一位参议员"的女儿。亨特的结论是，他没有理由怀疑马林诺夫斯基的忠诚，因为他表达了"强烈的反德同感"。现在他再次成为一个相对自由的国度里相对自由的人。他仅仅被要求在离开所居住的墨尔本区时通知警察局或军方，以及想要离开维多利亚州时要提出许可申请。[4]

马林诺夫斯基已经处于他自己所能允许自己的最自由状态了。还有很多工作要做。他有一大堆田野材料要重新阅读、分类和思考。他到墨尔本的第一天就在博物馆见了斯宾塞。他们相谈甚欢，斯宾塞让他使用隔壁办公室，不过在

马林诺夫斯基

一位人类学家的奥德赛, 1884—1920

某段时间他被分配的位置是相邻图书馆一个角落里的桌子。"阅览室太棒了,"他告诉母亲,"有跟伦敦一样的大圆顶,甚至更大,采光更好。"[5]

4月19号,他离开联邦旅馆搬进东墨尔本格雷街128号的出租公寓。这座房子俯瞰菲茨罗伊花园,离斯万森街尽头的博物馆-图书馆的距离也很合适,步行十五分钟就到了。米姆后来回忆称他的房间很"狭小",不过马林诺夫斯基在描写这间挂上了他从特罗布里恩德带回的"战利品"的房间时却满带感情:"墙上覆盖着带有图案的浅绿色和黄色的布条;窗子朝向东面和东南面;有一个带镜子的衣柜……一个铺着红布的桌子;床靠着背面的墙。"

无论狭小与否,马林诺夫斯基都在其后的这段墨尔本生活中满意地将格雷街当成自己的大本营。他很快就养成了一套日常生活规律。在墨尔本的"第一时期"中的典型一天是这样的:在图书馆一直工作到下午6:00,中饭是在食堂"花一个先令"吃的。之后他坐电车到齐尔达街,在菲利普湾港口的平静海水旁漫步。7月中,他在给母亲的信中写道:"这里非常冷,我住在一间没有供暖的公寓里,所以我过去六周感觉不太好,不过这几天我感到好多了,也开始努力工作。几天前我往伦敦发了篇稿子给塞利格曼,有好几百页,是我最近这次探险的成果。我觉得稿子很不错。除此之外我在这里的生活非常单调。我有几个朋友,不过没有一个像阿德莱德的斯特林一家那样。"[6]

他为什么没有抓住一开始的机会到阿德莱德去看尼娜呢?一封来自她姐姐哈莉特的信显示他们2月就欢迎他去了,但到他抵达墨尔本前局面发生了变化。[7] 他在回忆体日记中标题"N. S."下写的那些话又故作隐晦,不过它们暗示了一个感情困境。"我不顾一切地想她,很多次,我保持了'灵魂的纯洁'……我爱上她了,而且在她理想的性格和个人魅力的基础上想象出了一个理想的 N. S.。"

斯特林爵士在他到墨尔本后不久就来信表达了对他这段感情的理解同情,并称赞了他"高尚的意图",但他也请求他今后"不要太频繁地与他女儿通信,而且信里不要写任何可能再次造成为难局面的内容"。这是来自一个意欲卫护自己孩子的家长的礼貌而严厉的信。"如果她在今后岁月中必须面对任何类似承诺的东西,而你又不得不承认其实现看起来几乎没有希望,这对她来说,或

第二十一章
墨尔本病

者对任何一个涉世未深的女孩子来说都将是不公平的,我坚信这一点。"[8] 这里并没有任何迹象表明这位追求者越过了言辞得体的界限;实际上,这位谨慎的父亲完全信任他的高尚,还为此称赞了他。然而很清楚的是,斯特林一家已经因为女儿和一位"敌对国民"订婚的谣言而产生了警觉。马林诺夫斯基似乎也促成了这一困境的形成,因为斯特林的信事实上是对他上一封信的回复(该信写于 3 月 30 日,现已遗失),他在信中写到了自己目前微妙的处境。

从马林诺夫斯基两年之后写给斯特林爵士夫妇的信中可以搜集到更多线索。他这些信的草稿保存了下来,它们是用蓝墨水写在"迈鲁"一书打字稿复写页的背面。[9] 这些信证实,来自父母的反对奏效了,或许从一开始就是如此。尽管他在 1915 年给斯特林夫妇留下了不错的印象,但他们显然对招一个波兰女婿的想法有所迟疑。就像他的朋友、随着战争的推进变得越来越反德(因此也反奥)的斯宾塞一样,斯特林觉得马林诺夫斯基是个不能接受的追求者。尽管他和斯宾塞都称自己为有科学思想的开明人士,但他们都不能对普遍流行的偏见免疫。

斯宾塞在头一年 11 月给哈登写了封长信,语带苦涩地谈到了加利波利这个"灾难之地",他的许多老学生都在那里白白地倒下了:"墨尔本和你曾看到的时候相比已经发生了非常大的变化。满街都是穿着卡其布军装的男人……人们除了战争不再想别的事,而且他们也逐渐意识到澳大利亚的战争正在遥远的欧洲打响,意识到澳大利亚应该把她的男人们送回家。另外,人们对帝国总是怀有一种强烈的情感。"[10]

莱亚德已经完成工作,正在回英国的旅途上,他"显然在马累库拉干得很出色",而他现在正打算"做些和这场战争有关的事"。至于马林诺夫斯基,他惹恼了巴布亚当局,"把自己变成了一个讨厌鬼"。这封信谈到了澳大利亚英雄般的参战,谈到了这个国家年轻人的牺牲,还谈到了送这些子弟去前线赴死的老者们的无助。在斯宾塞提到的这所有人中间,只有马林诺夫斯基(这个为谁效忠还模糊不定的外国人)受到了含糊的批评。在这些高尚的爱国者们中间,他就是个局外人。

马林诺夫斯基

一位人类学家的奥德赛，1884—1920

患难友谊

安顿下来投入工作的马林诺夫斯基也结交了几个新朋友。他在图书馆认识了皮特（Ernest Pitt），一个有爱尔兰血统的高级图书馆管理员。皮特为人拘谨、讷言敏行，后来成为澳大利亚最杰出的图书馆管理员之一。马林诺夫斯基后来回忆说，他的友谊"厚重，忠诚，就像一个笨笨的女人。我说话，他要做的就是赞成和理解；他也会有所反应，但不会有任何创见。不过见到他总是能让我感到高兴。"另外一个朋友是布罗意诺夫斯基（Robert Broinowski），是他有一天在街上偶然认识的。高高、瘦瘦、秃顶——他俩在外形上有些相似。布罗意诺夫斯基是联邦参议员的一名公务员，后来晋升为堪培拉参议员高级官员。他的父亲从俄属波兰逃出来，以做工抵船费于 1854 年来到澳大利亚。[11] 尽管马林诺夫斯基比他小几岁，他还是在布罗意诺夫斯基的身上看到了自己年轻时的影子，他的行为举止就像十五年前的自己："浪漫的理想主义，轻视生活的务实层面；情感强烈但精神空虚；涉世未深；容易太把自己当回事。"他也写诗，这让马林诺夫斯基崇拜不已，此外他还热衷于在丛林徒步旅行。他俩喜欢在一起嚼舌根、开下流玩笑，有时皮特也会和他们一起在佛罗伦萨咖啡馆吃午饭。

比起跟男人们交朋友，马林诺夫斯基更用心于跟女人们的友谊，这也是他一贯的作风。他觉得自己对佩克姐妹中的三个都有一种"眷恋"，尽管这是一种"混杂着抗拒的吸引"，而且她们有时也让他感到无聊。他尤其喜欢莱拉，有段时间他们之间的友谊形成了一种愉快的常规程序。每周她都会来图书馆找他一两次，然后他们会一起在街上散步、吃晚餐、听音乐会。他喜欢她的原因之一是她让他得以"发泄自己的反英情感"。后来他在基里维纳的蚊帐下，还会不经意地想起"L. P."（莱拉·佩克的缩写）充满情欲的形象。

米姆似乎是马林诺夫斯基在墨尔本的第一个女友，他们险些闹出一段绯闻。他们的关系足够重要，以至于他在日记表格中专门为他列了一栏。米姆的父亲是著名的高等法院法官维嘉尔（Theyre à Beckett Weigall），他有着"朴素的爱好和男孩般的热情",喜欢打网球和到处骑车旅行。[12]她的母亲是塔斯马尼亚总督汉密尔顿爵士(Sir Robert Hamilton)的女儿。米姆有可能爱上了马林诺夫斯基,而且他也承认,在自己认真和艾尔茜交往之前"有那么一刻"可能是爱上了她。

五十年后,米姆回忆是她父亲邀请马林诺夫斯基来他们在吉尔达街的家"圣玛格丽特"的。这件事尤其让她记忆深刻,"因为我父亲很少会把一个男人带回家"。[13]"布罗尼奥来了——纤细、严肃、衣着得体、腰杆挺直——在客厅站住,主动握手前庄重地向母亲鞠了一躬。他轮廓分明的脸显得苍白,面部表情也很严肃。他的头发似乎快掉光了,肯定不年轻了(我们当时想!),不过要看清他究竟长啥样还挺困难,因为他的眼睛完全躲在那副有着厚厚圆形镜片的巨大浅绿色眼镜后面(大眼镜在那个年代很少见)。他极其礼貌,操着完美的英语,一开始说话并不多。"

米姆的妹妹当时也在,日后她会以林赛(Joan Lindsay)之名写出畅销小说《悬崖上的野餐》。林赛和另外一个年轻朋友给这位聪明的外国人起了个外号叫"波波夫教授"。维嘉尔夫人也邀请了"一个博学的、十分书呆子气的朋友"。他是阿奇博尔德·斯特朗(Archibald Strong),一个任教于墨尔本大学的牛津毕业的作家,他在当地文学圈很有影响。体型敦头、有着公牛般粗脖子的斯特朗在身材上有些居高临下,他也比马林诺夫斯基大八岁。作为大英帝国的忠实拥趸,他不仅在征兵集会上演说,还为义务兵役制奔走。他后来成为阿德莱德大学英文系教授并获颁王国骑士荣誉。[14]米姆回忆道:"阿奇谈论文学的方式有些呆板,不过他的学识还是给我留下了很强的印象,而且他还是我幼年与青年时期的偶像之一呢。妈妈谈起话来很放松,也是个亲切和蔼的女主人,很快就让我们围着餐桌讨论了起来……布罗尼奥表现得不错,说笑的时机也很得体,让妈妈和我都很开心。"

后来在客厅,妈妈和阿奇又讨论起一些文学主题。"我记得布罗尼奥话不多,但我开始有一种可怕的感觉,就是阿奇所说的并没有让他很感兴趣。我慢慢地发现这个陌生人所说的话比阿奇显得更加睿智,更有启发性。这对我小时候崇拜的偶像来说是个糟糕的场合……[斯特朗]就在我的眼皮底下静静地、以一种微妙的方式被拉下了宝座。"[15]

马林诺夫斯基很快就和米姆培养出了一种精神恋爱关系。"我为她思考，发展明确的理论……一开始她在身体上并不吸引我。后来有一种强烈的喜欢：她甜美的笑容，她的诚恳及对我无私的同情。我把她当成一个伙伴来喜欢，她能激发我思考。"他们在雅拉河畔散步，探讨诗歌问题。后来当他们一起在博物馆为标本画素描时，因为"一些肢体接触，开始有了一种淡淡的吸引"。米姆让他不要忘了他来图书馆找她的情景："穿过那扇弹簧门，戴着你的毛毡帽和绿眼镜，穿着那件最旧最旧的西装，胳膊上挎着雨伞，肩膀挺得直直的，下巴抬起，表情严肃，眯着眼快步疾行；你走到我面前，停住，鞠躬，然后不引人注意地微微一笑。"[16] 他们交换十四行诗，一起去听音乐会。在一场帕岱莱夫斯基的演奏会上他"全然一副孤高的派头，目不转睛地聆听着，仿佛置身于另一个世界"。她对他在思想上的帮助心怀感激，并折服于他的思维能力。他也教她以一种规范的方式进行阅读。一次，她请他参加大学里举办的一场哲学讲座。他们坐在前排，像其他学生一样在讲座过程中互传纸条，马林诺夫斯基在纸条上草草地写道："你们的这个人是个傻瓜。"米姆吓了一跳。"后来布罗尼奥非常有礼貌地感谢了这位讲师，随后我们就和其他人一道走出去了。"

米姆最老也是最好的朋友就是艾尔茜，玛尼的妹妹。5月初马森一家邀请马林诺夫斯基来"香农里"吃晚餐，这是他们位于教授路上的哥特式宅子。这次见面并不是个好开端。艾尔茜不过是把他看成"英国协会留下的老古董"和"玛尼的一个有趣的朋友"。她看到的是"一个有着几乎留成方形的淡红胡须的高个男人，戴着大大的眼镜，表情深不可测，岁数可能是三十到四十之间的任何数字"。他的外表非常"外国"。如她后来告诉他的："你给人的印象是一个非常庄重而有智慧的人，彬彬有礼，非常诚恳且言之有物……我并没有在你身上发现幽默或活泼，当然也全然没有多愁善感或浪漫。"[17]

在他回忆表格的"E. R. M."一栏，马林诺夫斯基列出了他们关系的开端。

第二十一章

墨尔本病

"在一个美好的星期五我读了她的书[《野性之地》]……听了她的故事……"说的是去年8月在加利波利牺牲的未婚夫的事。在另一些小纸片上他做了详细描述:"5月初:一天晚上在马森家;她的黑连衣裙。……很好、很深的印象。深深的尊敬,矜持中带着掩饰得很好的爱慕。"[18]他发现自己"对苦难有种宗教般的尊敬"(这无疑是罗马天主教教育留下的影响),这种尊敬是他初期每次和艾尔茜见面时的情感基调。马林诺夫斯基也知道她正要修完在墨尔本医院为期四年的严格的护士课程。他当时看到的应该是一个年方二十六的娇小女人,容貌精致,有着高高的颧骨和大大的绿眼睛。她长而浓密的头发盘在头顶,是鲜艳的红色。不过丝毫无疑的是她散发出的悲伤气质。"茫然而悲惨"是她当时形容自己生活的用词。

不过主动出击的是艾尔茜:6月11日,她写信给"马林诺夫斯基博士",要求看一看他的那些给米姆留下深刻印象的"新几内亚的照片"。他马上就回复了,称赞了《野性之地》,这是艾尔茜前一年出版的关于达尔文这座城市以及北领地的回忆录。[19]他还记得那周晚些时候他们在图书馆的见面:"一条海军兰连衣裙。精致、优雅。很深的印象。我尽量燃起她的兴趣。在茶室里看照片……在资料室我进一步谈论最深奥、最伟大的社会学理论……我努力让她对我的这些资料感兴趣……我把'迈鲁'借给了她。"艾尔茜则记住了这次会面中很多不同的地方:"一开始我有点害羞,不过还没有局促不安,后来马上就有兴趣了。我想是在你给我看了那些收藏之后我们一起到雅拉岸边散了步,你还说这对你来说就相当于贝多芬的四重奏。我们轻松诚恳地聊天,回来时你说你觉得自己话说得太多了,我说'你太会分析了',你还取笑了我的这句话。"[20]

那一夜她哭了,原因是她发现自己"重又和一个男人散步了,还和他快乐而亲密地聊了天"。不过马林诺夫斯基还是比不上她心目中查尔斯的形象,那是来自利德维尔的一个从军的农民,他对她来说仍然是"温柔、激情及理想外貌"的代表。马林诺夫斯基对他来说似乎"只是一个能够很好地刺激她自己思想的思想罢了。"

自那以后他们每周碰面一两次,喝咖啡或散步,通常是在傍晚艾尔茜去上夜班前。他给了她"巴罗马"的手稿,她会在深夜医院安静的病房里阅读。"我简直不能相信我的批评会有什么用",她后来告诉他。在那些最初的日子,她在他身上发现了"一种冷漠的自我中心主义——我不认为考虑我的感受会让你作出任何你自己不喜欢的事"。[21] 她把他想象成"一个对女人有十分明确想法的那种人,有过很多情史,曾经做实验般地与伯爵夫人和奶场女工们都恋爱过。"她喜欢他对待女服务员时那种高贵的率直,她更喜欢听见他有天在图书馆因为资料被弄乱了而用波兰语骂人。当他动情地诉说自己的流亡和波兰所处的困境时,她的心越发对他有好感,她对他渐生怜爱,因为他看起来是那么"孤独与忧郁"。

不过她也仍然乐于和他开玩笑。读手稿时,她发现了他的一个节俭的习惯,就是重复使用旧信纸来打草稿。7月24号她给他写了一封信,把要写的内容全都密密麻麻地写在信纸上端四分之一的地方,她在结尾处写道:"这封信拥挤的写法是源自于我的慷慨与体贴。这样你就可以在所有空白的地方和信的背面写字了。事实上,你可以提示所有跟你写信的人以我为榜样。"

他们7月26日的碰面出了点问题。马林诺夫斯基剃掉了自己的大胡子以便看起来"不那么像外国人",他的眼睛也给他带来了困扰。艾尔茜感觉有些累,也有点傻,于是他们就此分手而没有约好下次见面的时间。他回忆道:"她说'必须适应'我的新脸。我们去喝了一杯咖啡……她没有说她想见我……我可怜巴巴地跟她说了再见,之后带着一颗破碎的心去找斯塔维尔大夫。担心我的眼睛。我感到气馁无助。我极其怀念她的友谊。"

后来她告诉他,他剃光胡子后的面容改变了她对他的印象:"我看到你更年轻了,你的脸在我看起来也变得表情丰富多了。"他们在月底又开始了会面,不过后来还会有更多的误解。一天晚上他们在"警官咖啡店"吃晚餐,他以一种在艾尔茜看来不带个人感情色彩的方式交代了自己的一些"弱点"。被他"严肃冷漠的态度"所欺骗,她怀疑他"根本就还处在一段激烈或浪漫的情感纠葛中"。[22] 马林诺夫斯基对那天晚上事件的描述版本透露出他俩的性格差异。这个差异可被略带夸张地描述成一种对种族差异的老生常谈,即充满感

第二十一章

墨尔本病

情的斯拉夫人（或热情的波兰人）遇到了审慎的苏格兰人（或现实的澳大利亚人）。"我努力想摆出一副陀思妥耶夫斯基式的英雄模样，或者说我更想用这种方式引起她的兴趣。一天晚上在'警官咖啡馆'，我向她'交代'了一些严重的过错。她宽恕了我，一种让我振作的力量，以及深深的智慧。在我眼里，她在社会意义上更为'高等'；她是一个被痛苦清洗过罪孽的人，并因拥有精神上的禁忌而美丽。"

这些禁忌清晰地标示出艾尔茜正在服丧的状态。查尔斯·马特斯（Charles Matters），艾尔茜合法的未婚夫，在她每次和马林诺夫斯基会面时都幽灵般地在场。第一次被告知他的故事时，马林诺夫斯基感到了"深深的悲伤"，尽管他还是花了一段时间才从艾尔茜那里问出故事的全部内容。她的故事就像一个激起矛盾情感的寓言。他为这个故事所着迷。他在脑海里构建了一个理想化的悲剧性年轻军人形象："一个非凡的人，朴实、纯洁、英勇。"在炮制出查尔斯的这个形象之后，他又把悲剧性的女主角形象赋予了艾尔茜。

作为一个"经历了痛苦洗礼、因为拥有精神禁忌而美丽"的人，艾尔茜有些遥不可及。马林诺夫斯基在查尔斯阵亡一周年的整个8月都对她保持了一种带有敬意的距离。9月末，艾尔茜坐船去了趟西澳大利亚看望他的家人，并向即将去英国的玛尼道别。在他的日记表格中，马林诺夫斯基总结道："她离开后，我在脑海中只把她当成一个精神实体。"艾尔茜当时对此并不知情，不过他很难受，"接近那种冷淡与漠然得让人恶心的状态"。[23]

大约就在这时，一位神秘的卡明斯夫人出现在马林诺夫斯基的视野内。她来自新西兰，丈夫是一名犹太律师，他们育有一女；她的其他情况不甚明了。她租住在与马林诺夫斯基相邻的格雷街130号的一幢房子里（那段时间马林诺夫斯基有时也会使用这个地址）。"我和她朝夕相处，"他在回忆日记中如此写道，"和她调情。她去了医院，我住在她的房间里。"一段罕见的大段记录让这段关系显得稍许有血有肉起来："她常常在四五点钟过来，这时我正好刚回家，感觉虚弱、头痛，无法工作。她爱抚我，帮我盖上毯子，喂我吃东西，拿给我热水瓶。坦率的交谈，非常私人的、思想上的。这个女人并不傻，情绪不受控制，缺少管束与修养。我们发展到了接吻和爱抚。我几乎和她睡觉了。我并没有浪漫地爱上她，不过我喜欢她，她对我挺下工夫的，魅惑我，她对我也挺好的。"

简而言之，这是一段对他有所帮助的关系。马林诺夫斯基又找到了一个能照顾他的好女人。如果她又聪明且外貌又迷人，那就更好了。而如果她已婚，但又和丈夫关系疏远，那就最好不过了，因为她会足够成熟，可以理解男人的需要，同时比起单身女人来又不会那么倾向于寻找一种复杂的情欲关系。

写作"巴罗马"

正如向塞利格曼承诺的，马林诺夫斯基首要的学术任务就是为《皇家人类学会学报》写篇文章。塞利格曼已提醒过他，如果想透彻地研究丧葬活动，就必须对这些人们的"一般社会学"进行描述；而"如果不是实际上写出一部专著的话"，这项任务将很难完成。[24] 马林诺夫斯基并不是一个能被文章长度问题吓倒的人，他决定写一篇关于特罗布里恩德信仰的社会学的论文。"巴罗马：特罗布里恩德群岛上的亡灵"将会以大量翔实的细节探讨性、死亡和宗教这些具有普遍性的主题。这篇论文印出时占掉了该本期刊七十七页的篇幅——他"实际上"是写出了一部专著，这部专著比他之前出版的任何作品都更有助于他确立起一个有抱负、有前途的理论人类学家的声望。这部作品产生自他之前对巫术与宗教及对"繁殖生理学的无知"这一诱人主题的着迷。它也同样产生于他对田野方法的执著。"巴罗马"一文在方法论上的自觉，实际上标志着它将成为一篇历史性的基础文本，成为"第一部真正的现代民族学专著"。[25] 尤其值得一提的是，尽管它探讨了弗雷泽爵士看重的主题，但它却推翻了这位大师的方法。"巴罗马"是一场辉煌的展演。马林诺夫斯基找到了他自己的民族志之声。

上一年他曾匆忙地在六周内写出了迈鲁的专著，这一成果得益于他对田野笔记的参考及对传统的"问询和记录"写作模式的追随。现在，同样是要开始一阵密集的写作，也同样是被至少一次生病打断，在大致相同的一段时间里他开始快马加鞭地赶写这部"巴罗马"专著。在这种情况下，他这次的成就更加令人瞩目，因为他这次并没有亦步亦趋地参照自己的笔记，也没有任何指引他的写作模板。"巴罗马"从一开始就是一次创造。民族学史上从未出现过类似作品，它首创了一种新的民族志分析类型，这成为所谓的社会人类学古典时代的一大特征。尽管功能分析在"巴罗马"的理论基础中只扮演了一个次要角色，它仍可被看出是这篇论文的潜台词，同时也是一种构成性工具。

论文开篇，通过对比特罗布里恩德人的鬼（kosi）、巫（mulukuausi）和祖先灵魂（baloma）的观念，马林诺夫斯基探索了特罗布里恩德宗教的意识形态和社会学。他在跟不同制度相关的各种信仰集合中追踪面貌模糊的巴罗马。他在丧葬实践中，在图玛岛上关于重生的教条中，在神话与巫咒中，在和活人通过梦与幻想进行交流的观念中，在米拉马拉"万灵日"丰收节上他们一年一度的参与中，都找到了巴罗马的存在。他在关于重生的信仰中找到了它们的踪迹，并研究了它们在人类繁衍中的角色。这篇论文的诸主题从巴罗马这个主概念发散开来，就像车轮上的辐条一样。

马林诺夫斯基的分析精妙而复杂。他在这里并没有描述什么独有的信条，而是记录了信仰的多种变体。这不言自明地揭示了当时大行其道的粗糙的人类学假设实属多余，这种假设称 A 部落信奉 X 而 B 部落信奉 Y。这种相信每个部落各信奉一套信条的研究假设在他的分析下土崩瓦解。他的调查目标指向了新的方向：向内指向了同一文化内部发生的变化，而不是在不同文化间的各种粗略变化间抢风调向。他让他的信息人直面别人关于同一主题给出的信息，同时向他们展示他们所声称的信仰中存在的种种矛盾，通过反复诘问他不断对信息人的陈述进行挑战，这使他在方法上超越了"单维描述"民族志（简单记下信息人所说的内容）这一方法。

他在质询中采用的具有侵犯性的方式方法（他曾说过要把他的信息人"逼向一堵形而上之墙"）包括提出《问询与记录》里警告过的那种"诱导式问题"。

马林诺夫斯基对这一常规论断的背叛体现了他在方法论纷争中的典型立场:"对'诱导式问题'的害怕……是一种最具误导性的偏见"。依照他的经验,诱导式问题"只在面对新的信息人时是危险的……任何新的(因此也是被弄糊涂的)信息人提供的资料都不值得记录。"之后,一个好的信息人会"反驳并纠正你"。面对那些"懒惰、无知或寡廉鲜耻的信息人时",诱导式提问也是危险的——"这种情况下最好的办法就是彻底抛弃这样的信息人"。再者,民族志研究工作的推进依赖"对事实细节的陈述",在这个过程中也不存在来自诱导式提问的危险。事实上,"如果一个人想要了解信息人关于某事的看法,或是当问题涉及无法直接观察的事物时,如战争习俗或私密的性行为时",诱导式提问"至关重要"。其策略就是训练信息人采用"一种'民族志视角',这样有朝一日你就可以问他们'你对这个或那个仪式有什么样的解释?'"[26]

关于他自己参与观察过程的小故事也让马林诺夫斯基的描述变得生动起来。他采用了克拉克洪(Clyde Kluckhohn)日后提到的所谓"牢牢根植于一个已被拆分的背景中的记录翔实的逸事"。[27]马林诺夫斯基将自己观察的眼睛定位于村里各种活动的中心位置,另一只眼睛负责对观察者的科学身份进行反思性监督。事实在理论对其进行确认之前并不存在。他从不让自己的读者忘记,他对事件或社会事实所进行的描述是建立在一定的认识论基础之上:它们由他选取并表达,在特定的时间与地点,当时手边可用的信息人也是有名有姓的这个或那个。实证主义者和冷静的实验室研究者们常用的被动语态在这里全无用武之地。读者不断被提醒:精密的人类学是被一个受过学科训练的观察者所操控着的,这个观察者和他的研究对象有着相同的人性。当然,作为观察者的民族志作者在某种意义上是一个虚构物、一种文学手段,它催生了权威,同时也压制了对其可信度的任何怀疑。

马林诺夫斯基的表述方式也具有创新性,例如他对戏剧性讽刺的运用。他首先平铺直叙地呈现了很多信息人关于伊奥巴(ioba)仪式的描述:回村的巴罗马在收获季节的尾声被轰出村子,被"赶"回图玛上的阴间。随后他便详细描述了自己在奥利维列维村亲眼看到的一幕,他在那里"为了观察这个仪式作出

第二十一章

墨尔本病

了早上 3:00 就起床的牺牲"。他注意到信息人的报告与现实大体一致,但是这场活动上的感情"基调"却与料想的完全不同。与敬畏和虔诚的预想相反,他在伊奥巴的仪式上全然"没有发现一点神圣甚或严肃的踪影"。这里并没有聚集大批一脸庄重的村民,"留在那里送别巴罗马的只不过是五六个拿着鼓的顽童,还有我和我的信息人"。在一场"毫无庄严感的表演"中,是几个小男孩击鼓轰退了祖先的灵魂并吟唱了套路刻板的送别歌(哦,灵魂们,走吧,我们留下)。"他们说话时带着典型的傲慢与害羞相混合的态度,他们在接近我要烟或开玩笑时一贯是这种态度,实际上,这就是男孩子们在干了一些习俗所允许的讨厌事时典型的举止态度。"[28]

马林诺夫斯基从中得到的一个明白的教训就是,这样的活动必须由民族志学者亲自见证后才能被准确地描述与理解;依赖道听途说可不太好。参与观察成为其中的关键。这次经历所带来的大量细节还使他能对一些关于原始人的浪漫化想象进行去神秘化。例如在种植园的焚烧仪式上,主祭火把的点燃过程"并没有什么庄严仪式(用民族志学家制作的蜡制火柴,还伴着一阵剧痛)"。因此参与观察成为马林诺夫斯基田野方法的口号。这让那些完全只依赖二手报告的摇椅人类学家们所得出的推论被抽空了基础,摇摇欲坠。

这篇论文的核心内容是巴罗马在人类繁衍中的角色。早在 1906 年贝拉米就对特罗布里恩德人不知道生理学父亲这一事实得出了观察的结论;有鉴于他所从事的医疗与人口普查工作,贝拉米比任何传教士都更有条件发现这一民族志事实。塞利格曼曾把贝拉米写给行政官巴顿的一封信的副本给过马林诺夫斯基,他在信中称:"或许看起来在土著人的脑子里生孩子并不一定和性交相关联"。马林诺夫斯基从一个相对狭义的角度证明了贝拉米的误解,因为土著人都知道处女不可能生孩子,而且性交也是公认的一种"打开"女人身体,以便让来自图玛的灵婴进入其体内的方式。他带领着读者进入了这个研究中经历的不同阶段,领略了看似毫无希望的"信息上的矛盾与晦涩",进入又走出了"民族志田野工作常常面对的绝望的死胡同,在这个死胡同中人们会怀疑土著人是否可信,怀疑他们是否有意在编故事"。[29] 他的诸多信息人之间最终并没有形

马林诺夫斯基

一位人类学家的奥德赛，1884—1920

成一致意见，不过马林诺夫斯基还是找到了信仰的共同特性。

马林诺夫斯基认为对生理学意义上父亲身份的无知并没有什么太大神秘可言，而且它并不需要那些"牵强附会的解释"。[30] 毕竟我们必须想象一下，"如果一个土著的'自然哲学家'要想理解类似我们胚胎学的知识的话，他必须克服何种不可战胜的困难"。而且，性交与怀孕之间的因果关系也绝非一目了然。马林诺夫斯基在后来的出版物中微调了自己的观点，不过他从未向汉考克的"发现"（在他1918年离开特罗布里恩德后写信提交给他的）作出让步。后者称巴罗马并不是通过妇女实现自身循环的。马林诺夫斯基对妇女们的提问方式可能恰恰适得其反：她们告诉他她们认为他想听到的话——即证实他从男人们那儿听到的一切。[31] 马林诺夫斯基最终的理论表述调和了一些难点："我们面前展示的是一幅混合而成的图画，尽管某些细节模糊不清，但若在一段距离之外看的话，它仍呈现了较强的轮廓。因此，所有的灵魂都会重生；所有的儿童都是得到化身的灵魂；次级氏族的身份就在这整个循环中被保存了下来；孩子降生的真实原因是来自图玛的灵魂的动力。"[32] 更近期在特罗布里恩德进行研究的民族志学者并未发现反驳这一普遍论断的理由。事实上，第一位在那里展开工作的女性人类学家维纳（Annette Weiner）（她接触女性信息人的规模和方式均是马林诺夫斯基望尘莫及的）构建的对特罗布里恩德文化的意识形态解读，很大程度上都要归功于巴罗马投胎转世的理论。[33]

马林诺夫斯基的论文以一段方法论叙述结尾。他详述了自己在试图深入了解土著信仰时所遭遇的种种障碍。最开始时，他遵从了里弗斯的基本原则，即"只收集纯粹事实，将事实与解释分开"，不过他意识到，为了区分重要事项和无关紧要的资料，有必要做一些预备性解释。他将矛头指向了自己导师的民族志方法："现今的很多民族学资料常有的碎片化、不连贯及非有机的特征应该归因于对'纯粹事实'的崇拜。这似乎允许我们将一大堆'事实按其被发现时的样子原封不动地裹进毯子里'然后将它们带回，供家里的学生们根据它们进行推论并在它们的基础上建立自己的理论架构。"这种程序是"非常不可能的"，因为"排序、分类和解释需要在田野中根据土著人社会生活的有机整体来进行"。这其实暗指了他日后所称的"功能主义视点",这一视点要求田野工作者具有理论家的技巧,即既能综合又能分析。

在田野中一个人必须面对混乱纷杂的事实,它们中的一些如此细小,显得无足轻重;其他一些又如此巨大,以至于泛泛一眼根本无法将其尽收眼底。然而在这种原初的形式下它们根本就不是科学事实;它们极易稍纵即逝,只能通过解释、通过永恒的视角观察、通过发现其中的本质并捕捉它才能将其固定住。只有规律和推论才是科学的事实。因此,田野工作仅仅只包括对混乱纷杂的社会事实的解释,并使其服从于普遍规律。

这是一个勇敢的声明,它为无条件地抛弃他的老师们常常采用的那种乏味的、经验主义的"收集式"工作法的田野工作模式提供了认识论基础。与他和前辈们通信时那种令人愉快有时甚至是逢迎的态度形成鲜明对比的是,马林诺夫斯基在发表东西时似乎不怕对他们发起攻击。里弗斯的"具体法"无疑就是一个目标,在这个较量上的得分让马林诺夫斯基证明自己已是能和里弗斯分庭抗礼,甚至是超过对方的理论家了。

所有统计数据,每个村子或土地的平面图、每个族谱、每个仪式庆典的描述——事实上每个民族学文献其自身都是一个推论,有时还是一个十分困难的推论,因为在任何情况下人们都必须首先发现并构想出规律:要计算什么、如何计算,每幅示意图都必须被用来表达特定的经济或社会模式;每个族谱都必须表达人们之间宗族的联系,这也只有在关于该人群的所有相关数据都被收集起来的情况下才有价值……这可能几乎看似真理,不过对"仅仅是纯粹事实"的强调却成为所有田野工作指南的指导原则。[34]

在整篇论文中对信仰的社会学研究都让马林诺夫斯基伤透了脑筋。他声称自己在对付在基里维纳所遭遇的"诸多困难与矛盾"时根本没有得到什么理论指引。现今在提出了更为棘手的关于信仰本质的认识论问题之后,他粗略论述了解答它们的方法论程序。田野中形成的是一个理论上的方案,"一点一点地,通过实际的经验"。他发现有必要在"社会观念或信条"与"神学或关于信条的解释"之间作出区分。前者包括镶嵌于传统习俗、制度、巫术-宗教性的准则、仪式及神话，它们引发情感反应并在行为中得到表达。后者包括三种类型的解释：关于专业人士，如巫师的正统观念；大多数村民所持有的"流行的"或公开的意见；最后是个人的独特思维。区别似乎足够明显，但是那个时代的民族志学者们很少有人愿意劳神去对它们进行区分。在一段长篇幅的脚注中，马林诺夫斯基粗略地对涂尔干的理论发起了一击，再次拒斥了他的"社会学的哲学基础"，认为其对"集体灵魂"的形而上学推断是站不住脚的。（在日记中，他语带嘲弄地说自己"从未碰见过"什么集体灵魂。）"在田野里……人们必须研究处理集合在一起的众多个体灵魂，这些方法与理论概念必须在考虑到这种多样性的基础上进行特殊设计。对一种集体意识的假想，对民族志观察者来说是难有成果、毫无用处的。"[35] 理论中还必须考虑到难以对付的矛盾问题。"彼此间存在着很大矛盾的两种信仰有可能共同存在，而从一个非常确凿的原则中得出的貌似再明显不过的推论却尽可被忽视。"因此对民族学研究者来说，唯一安全的方法就是研究调查土著信仰的每一个细节并怀疑任何仅仅通过推论获得的结论。弗雷泽和其他一些热衷于泛泛的比较研究的人被这样的方法论要求弄得失去了根基。

然而，马林诺夫斯基关于信仰究竟发现了什么？除了展示异域的、有趣的内容，他还发现在诸信仰中存在相当大的变体情况；发现各信条（制度化的信仰）被划分开来，并不一定与其他信条一致；此外他还发现特罗布里恩德人太具有人性的弱点了，即说一套做一套（声称的规则与实际行为之间存在落差）；他还发现，习俗从意识形态角度上讲并非一张完整的大饼。这最后一个"发现"成了他通过理论来理解原始社会的一个重要支撑。这与他本身的自由主义也相互呼应。他似乎是在玩味人类的任性多变，玩味他们嘲弄规则的冲动。他后来论称，文化的制度王国永远都在不断地被为自由而挣扎的个体所颠覆与买通。信仰上的变体只是它的一个例子而已。文化也并非同质的，在规则和冲动之间、结构与情感之间总会存在冲突。社会永远都在向其自身妥协以适应其内部争斗。"原始社会并非一个连贯一致的、合乎逻辑的规划结果，而是一个由相互冲突着的各种原则翻腾混合而成的合成物。"[36]

第二十一章

墨尔本病

祖先的许可

塞利格曼实际上已经确保了这篇论文的出版。他不仅代表马林诺夫斯基将"巴罗马"发给了皇家人类学会学报的编辑,还作为读者报告了自己的读后感。之后他就和自己忠实的研究助手乔纳斯(Mary Jonas)一道对文章进行了编辑。他"对文章非常满意",他告诉马林诺夫斯基:"我应该说这篇论文很好,其中某些部分尤其好。你的语言学能力使你的论文在巫术问题上对我们深有启发,你所写的内容在我看来是迄今为止关于美拉尼西亚巫术最重要的论断。我认为你在这方面甚至超过了里弗斯。"[37]

塞利格曼也曾考虑过将文章发给《民俗》,不过他认为文章太长了(而且"太好了",乔纳斯补了一句)。此外,"我估计……它会太让人震惊。它们刚刚拒绝了兰德曼的一篇小短文,原因是它让委员会里的男女评审们的那种老女人般的贞操感受到了惊扰。"他或许是考虑到了马林诺夫斯基的直白描述:"在基里维纳,六岁以上的未婚少女就被允许几乎夜夜放纵。情况是否果真如此其实无关紧要;重要的是,对基里维纳的土著人来说,性交几乎跟吃饭、喝水或睡觉之类的事一样稀松平常。"[38]由于这篇"巴罗马",塞利格曼在近期的一次英国协会的会议上"不遗余力地"提及马林诺夫斯基的名字。[39]他还给哈登看了这篇手稿,后者写信给马林诺夫斯基称赞这是"一篇非常好的作品"。[40]

不过在一个问题上塞利格曼对马林诺夫斯基的文字进行了修改:"我有意软化了你说斯特莱劳(Carl von Strehlow)的那些话;我允许你说他是无能的,但我没有允许你称他不聪明。"[41]塞利格曼在对文字进行润色后称斯特莱劳"思维训练不足",不过他保留了马林诺夫斯基尖锐的批评:"你不再能指望比起一个作出地理论断的矿工或者一个总结出液压理论的司机来,一个未受训练的观察者能够更出色、更全面地完成田野工作。能把诸多事实收集到面前还不够,还必须有处理它们的能力。"[42]

"巴罗马"一文准时地出现在了这一期刊阵容壮观的一期上,许多声名显赫的作者都让马林诺夫斯基的名字黯然失色。这其中包括了皇家人类学会的主席基斯（Arthur Keith）、弗勒（H. J. Fleur）、皮克（H. Peake）、塔尔伯特（P. Amaury Talbot）、斯金纳（H. D. Skinner）、罗斯（H. Ling Roth）、哈登及拉特雷（R. S. Rattray）。巧合的是，这一期上还有一篇马林诺夫斯基同辈的芬兰学者兰德曼关于巴布亚战争巫术的论文，但那是一篇传统的民族志报告，完全无法和"巴罗马"相提并论。最引人注目的是，这一期上还刊发了弗雷泽爵士在赫胥黎纪念演讲课上的关于"大洪水的古老故事"一文。马林诺夫斯基曾将这篇作品称为"老掉牙"，但当弗雷泽写信给他并热情地称赞他"方法全面及结论稳健"时他还是喜出望外。弗雷泽似乎并未在意这个年轻的民族志学者推翻了自己的比较方法。他写道："社会人类学无疑还处在起步阶段，而随着不断发展，它将运用更为精确、更为全面的探索方法。我从你的论文判断，你将是朝着这个方向领军前行的人物之一。"[43]

自己的研究努力得到这样的权威肯定，马林诺夫斯基一定倍感欣喜。这封信的一个副本最终被放到了亨特的部门里马林诺夫斯基的官方文件之上，所以我们可以想象它的收信人是何等骄傲地把它交到其澳大利亚庇护人的手里的。弗雷泽并非无端地大方赞美，而是欣喜地发现他自己钟爱的关于对生理学父亲身份的无知理论在田野中被马林诺夫斯基这样具有研究能力的民族志学者进行了确认。除了学术上的这一点之外，能有弗雷泽在其事业这一阶段如此坚定地站在他的一边（有鉴于目前所遭遇的所有不确定），就足以值回他在"巴罗马"上曾经花费的精力。弗雷泽用其典型的抑扬顿挫的散文调调，继而评论了马林诺夫斯基对涂尔干的攻击："我也很高兴看到你戳破了曾被一些法国作者和（我只是猜想，因为我并未认真关注过这样的异想天开）他们在这个国家的追随者们吹上了天的'集体无意识'的泡泡。简单的事实就是，并没有一个什么集体的意识；这是一个并没有具体事实与之相应的抽象概念，因此所有从其假设的现实推导出的结论都一定是充满谬误的。简而言之，这是一个由有学识但并非有智慧的学者们发明出来的神话。"

在其几个月之后的回复中，马林诺夫斯基称很高兴弗雷泽赞成自己对"集体意识"进行的"攻击",而且他也继续了自己在"巴罗马"一文中发起的进攻,他所使用的混合隐喻的弹药胜过了弗雷泽。"这些形而上的概念,穿着黑格尔式宏大理论破旧不堪的裹尸布,仅仅只是稍作修剪与涂饰就来满足现代人对清醒理智的渴求,它们终将对田野工作带来破坏:它们遮蔽了真实的问题,而且一旦盲目追随,就会导致虚假变形的观察方式。"[44]

弗雷泽还谈到了斯宾塞,斯宾塞前一年冬天来伦敦拜访过他,让他"非常开心和振奋"。"斯宾塞对你在特罗布里恩德群岛所做的和正在做的工作大加赞赏,这让我无比期待你的著作的出版"。

言行不检点、中伤与限制

马林诺夫斯基8月写信告诉了母亲自己的计划。自从把"巴罗马"发给塞利格曼以来他就一直在草拟一本专著,期望能把关于特罗布里恩德的材料都包括进去。"我会在下次出发前写完这整部书,所以我或许会在这里过夏天,直到3月秋天到来时,冬天我会在新几内亚度过。我已得到足够用两年的钱,因此我并不担心这个。今年冬天这里的天气很差,这也阻碍了我的工作……现在已经暖和多了,所以我又能开始工作了。斯宾塞教授(现已授勋为鲍德温·斯宾塞爵士)和我一起阅读了我的手稿且对我帮助很大,据我了解他对这本书也很感兴趣。"[45]

尽管持支持态度,斯宾塞对马林诺夫斯基还是不够诚恳。1915年11月他写信给哈登,警告说他的波兰学生近况不太好。"我听说马林诺夫斯基和地方政府关系不佳,已经让他自己有些不受欢迎。"[46]2月初,他详细解释道:"他是个奇怪的家伙——我在和他一起阅读其材料时发现他非常有能力——工作做得非常好。他显然知道要寻找什么,但我很遗憾地说,他有些言行不检点,而且在新几内亚碰上穆雷的结局是他们不再支持他在那里开展工作。我猜想他与其说同情俄属波兰不如说同情德国。不过他不久就又要来墨尔本了,我会尽

马林诺夫斯基

一位人类学家的奥德赛，1884—1920

我所能对他加以限制，让他免受牢狱之苦。"[47]

各种传言在伦敦大学的走廊里回荡，事情开始对马林诺夫斯基变得不利。他在1916年期间写给塞利格曼的信都没有保存下来，因此我们只能从塞利格曼的回信中推测马林诺夫斯基告诉了他什么，不过他似乎对自己与巴布亚"当局者们"关系上的困境并不知情——或许他也对哈登遍布全球的"监控网络"并不了解。即便身处遥远的南太平洋小岛之上，马林诺夫斯基也仍然让英国的思想警察操心。

哈登向塞利格曼转达了斯宾塞的警告，后来当塞利格曼从马林诺夫斯基那里得知澳大利亚的资助不再被延长时他便由此得出结论，这一定和马林诺夫斯基的"言行不检点"有关。塞利格曼很失望，因为在马林诺夫斯基的敦促下他已经写信给阿德莱德方面，希望斯特林能运用自己的影响帮助延长对马林诺夫斯基的资助。（他当然并不知道斯特林和这个俘获了他女儿芳心的男人之间的紧张关系。）马林诺夫斯基也曾暗示过哈登能帮上忙，因为他"对亨特有很大的影响力"。[48] 不过，在并不了解马林诺夫斯基"言行不端"的确切性质的情况下，哈登似乎有些犹豫不决，不愿贸然行动。伦敦大学管理委员会不久就知晓马林诺夫斯基"和当地政府的人有些矛盾"，现在伦敦和剑桥的这些人在惊慌中担心他是否会被禁止继续在那里进行田野工作。塞利格曼还是一如既往地持忠实的支持态度，他对哈登分析道："我们也许能确信他有言行不检之处……但他不可能做了什么太可怕的事，因为政府所做的也就是取消了他们超出常规的大笔津贴。没有什么迹象表明如果他能得到资助有人会不准他在新几内亚工作。而且我必须说，在得到相关证据之前，如果您帮他从斯雷登基金会获得资助的话，我不认为这会在任何情况下对人类学产生危害，或者对您协同澳大利亚政府推动人类学的努力产生危害。"[49]

伦敦经济学院的秘书、承认自己对马林诺夫斯基怀有"某种感情"的麦克塔嘉特小姐也请求哈登给斯雷登信托基金的主席写信。[50] 塞利格曼也再次向哈登请求："我十分强烈地感觉到，如果能在这个国家找到资助的话，他将有可能被允许继续其工作。"[51] 大学也联系澳大利亚当局，询问是否反对马林诺夫

第二十一章

墨尔本病

斯基获得资助以继续从事其在巴布亚的研究工作。亨特友好地答复道："不反对。"[52]

至于各委员会都急于想了解更多的马林诺夫斯基的"不检点"，塞利格曼最近刚从莫尔兹比港的斯特朗那里得到了一些信息，于是他将其中的相关段落引述给了哈登。尽管说得仍然有些含糊，但这已让传言有了一些实质性内容。斯特朗在1月的信中写道："我十分有理由相信他表达了一些观点（一些在纯粹的科学医学圈子外不受欢迎及不被理解的观点），而且相信这些观点可能被以一种夸大其词的方式传到了当局者那里，他们可能受此影响而停止了对他的帮助。我不认为他的奥地利籍波兰人身份与此相关。"[53] 这显然暗指了马林诺夫斯基关于同性恋的不谨慎的言论，钱皮恩曾在很多年后回忆起过他的这些言论。那全是"令人遗憾的胡说"，塞利格曼评论道。

与此同时，塞利格曼也写信给马林诺夫斯基，告诉对方自己正在争取从迪克森基金会为他申请100英镑。如果这个努力失败的话，他会转而寻求蒙德的支持，后者"高兴地承认自己就像其他那些大制造商一样正在大发战争财"。如果能得到经济支持，他期望马林诺夫斯基"能尽一切努力去罗塞尔"，这是"现在在新几内亚最重要的任务"。[54] 从迪克森基金会要钱的努力失败了。在被沃拉斯称之为"令人耻辱的"关于马林诺夫斯基的国籍问题的讨论之后，塞利格曼的申请被"理事会的人扔了出来"。斯雷登信托基金也作出了对他不利的决定，不想把"100英镑送到国外去进行有可能不被许可的工作"。[55] 游说战争的获益者蒙德为马林诺夫斯基提供150英镑的努力也以失败告终。

5月之前，塞利格曼已经听说了马林诺夫斯基关于自己"不检点言行"的说法，他把这立即转达给了哈登："他的麻烦显然部分来自贝拉米的离任，新任行政官 [坎贝尔] 是一个澳大利亚'爱国主义者'，没什么地理知识，历史知识就更少，他坚持把波兰人看成'血腥的奥地利人'。我能想象他会如何为难马林诺夫斯基。"[56] 但是"言行不检点"可不只指这点，正如哈登、塞利格曼、斯特朗和斯宾塞很清楚的那样。

塞利格曼决定，现在已经到了尽可能委婉地告诉马林诺夫斯基斯特朗写的关于他的那些事的时候了:"斯特朗说你工作得很出色,不过你也和人们有些矛盾,如他所听说的,这和你的国籍无关,而是出于你表达过的一些关于科学的医学主题的观点,按他的话说……哈登也曾暗示过你被认为有些言行不检点。我希望整件事中,真正发生过的和你真正说过的都没有什么大不了的东西,只不过人们,无论是人类学家们也好还是政府官员也好,总是容易因为这样的一些主题而被激怒,尤其是在现在这样的节骨眼上。我觉得你应该放慢步伐、谨慎从事,若有必要,现在要准备好接受羞辱与丢脸。"[57]

后来,马林诺夫斯基提到了"中伤"。[58] 当这封令人不安的信还在抵达途中时,他也给哈登写了封信,同时寄去了他自己关于迈鲁的"小文章"的单行本。他在信中写道,自己目前正在忙于处理有关特罗布里恩德艺术的材料,他也发现哈登对马辛装饰艺术的研究"极其有用和具有启发性"。而关于自己取得的小小成绩,他说道:"我在特罗布里恩德的一个村庄中待了八个月有余,这段经历向我证明了一个事实,即只要能将自己置身于一种正确的观察状态中,即使是我这样差劲的观察者也能获得一定量的可靠信息。"[59]

马林诺夫斯基 6 月写信给塞利格曼,讲了自己的计划。他说在 1917 年 1 月或 2 月回基里维纳"待两个或三个月"之前"处理完"这些数据资料"绝对有必要"。之后他肯定会尝试开展罗塞尔岛的工作。[60] 他的节省让塞利格曼印象深刻:"我认为按照您说过的自己在澳大利亚时的开销水平,即一个月 10 英镑或 12 英镑,会需要在花钱上极其谨慎且考虑周到。"[61] 尽管在经济上遇到了麻烦,马林诺夫斯基还是延续了自己的好运。不仅蒙德的 150 英镑现在超出了期望,斯宾塞也代表马林诺夫斯基提出了申请。他直接写信给外交部,称赞了马林诺夫斯基的工作("迄今在巴布亚完成的最出色的工作")并敦促他们向他提供 100 英镑的后续资助。[62] 执政官穆雷受邀对此进行评价。他的答复不出意料地带着敌意:"我并不觉得有理由反对马林诺夫斯基博士返回巴布亚,不过我也听说了一些让人不安的关于他品德的传闻……我怀疑马林诺夫斯基博士所表达的对协约国的支持——不过这无疑应该是国防部应该全面考虑的问题。如果马林诺夫斯基博士回到巴布亚,我认为他应该被限制在特罗布里恩德群岛,他的

第二十一章

墨尔本病

居留许可也应该受限，比如说在十二个月之内……我强烈反对由巴布亚政府支付马林诺夫斯基博士工资或开销中的任何部分。"[63]

亨特及时地和自己的部长进行了商谈，建议再提供100英镑的津贴。选择站在了亨特而非穆雷一边，部长最终批准了这笔津贴的发放。[64] 8月底，亨特写信给斯宾塞正式通知他马林诺夫斯基获得了这笔"补助津贴"。"津贴发放条件是他只在特罗布里恩德范围内继续从事研究，而且他在巴布亚的居留不超过十二个月。"[65] 穆雷的意见也赢得了些许认可；对于这个讨厌的可能还有些变态的波兰人，网子可以收得紧些。

满怀感激的马林诺夫斯基通过斯宾塞正式向亨特进行了答谢。不过他还在继续争取更大的自由度，要求在完成自己的工作后可以获准遵照塞利格曼的建议去罗塞尔。"马林诺夫斯基将返回特罗布里恩德，"亨特在给穆雷的电报中写道，"希望在四个月内结束当地的工作，之后想遵照塞利格曼的指示到罗塞尔岛进行工作。有没有反对意见？"[66] 穆雷的确反对："强烈敦促遵守既有安排，他必须在结束特罗布里恩德的工作后离开巴布亚。"[67]

塞利格曼同情地说："从理论上说穆雷无疑是正确的，因为他在战时拥有最高权力，不过我简直想象不出有什么能比和你作对、不给机会让你顺利开展工作更下作刻薄的。看着这场战争如何慢慢地磨蚀人们对同胞的信任，或者至少是磨蚀对诸如公平公正原则的抱持是一件令人倍感可悲的事。"[68] 不过公平公正原则跟这事并没什么关系，而且穆雷也肯定没把马林诺夫斯基当成自己的同胞。事实上，还有另外一个原因让他感觉受委屈。他还没有收到《迈鲁》一书的答谢样书。他是不会对迟迟才从斯宾塞那里转来的那独独一本感到满意的。[69]

马林诺夫斯基并没有气馁，而是继续为获得许可而努力争取。在接受了无法去罗塞尔的现实之后，他礼貌地询问是否可以造访"达尔文海峡以北的那些岛屿"：多布、萨那罗阿和阿姆弗莱特。"这些地方都处于萨马赖和特罗布里恩德群岛之间，而且从民族学角度看，对它们的研究将对特罗布里恩德群岛本身的研究形成至关重要的补充。"[70] 这个理由很充分，正如穆雷可能早已了解的，因为在他自己的书中也暗示过,这些岛屿加入了"固定"的仪式贸易"圈"。[71]马林诺夫斯基最终获得了特许,但是他的活动将比此前受到更多的限制——不过如果说他是被"扣留"在了特罗布里恩德,如他的一些传奇故事版本中所述,还是有些言过其实。从事后眼光来看,通过限制马林诺夫斯基的活动范围,穆雷其实是帮了社会人类学一个大忙。

"健康:基本要素"

马林诺夫斯基1917年3月时就应做好了返回巴布亚的准备,但他渐渐发现自己的健康状况不允许他这样做。"健康"是他表格式日记中的一栏。他在其中所填写的就是健康问题与病痛折磨的日志,开篇就是令人同情的一段:"健康:基本要素。让我在墨尔本的这整段生活及这一整年成为我有生以来最糟糕的经历。人与人之间的排斥加深了积怨。因此一种被抛弃感及友好氛围的丧失都让人痛苦。"

虽然他作为"敌人"的耻辱身份要几周甚至几个月后才能完全显现(他曾记下斯宾塞不再请他吃饭的事),他的健康状况在他初到墨尔本不久就开始出问题了。第一次得流感让他进了联邦宫酒店。以潮湿阴冷著称的墨尔本的冬天不久就到来了。像往常一样,一生起病马林诺夫斯基就为自己倍感伤怀。"不断的粘膜炎和流感……推测患有风湿病和关节炎。日光浴与盐浴。推测有精神疾病;头疼,兴奋。"他还单开了一页进行详述:"感冒让我难以忍受。一个星期日我在维嘉尔家染上了感冒。我去佩克家时,头疼。我服了奎宁(怀疑有痢疾)和砷。不断头疼。我有长时段的抑郁,伴有头疼与眼痛(不能弯腰,无法写作……)。8月15号左右我去看了眼科医生。"

他的健康状况在南半球由冬季进入春季时愈发恶化。9月之前他每天下午都会睡觉,到了10月他觉得"情况越来越差;更加无法做事,对未来与工作的可能性失去了信心"。他开始有自杀念头。到了11月:"很清楚我病了,我待在家。去看了斯塔维尔医生。肺病？"斯塔维尔（Richard Stawell）（日后受封骑士）是墨尔本最著名的内科医生之一，是神经系统疾病专家，同时也是社群内的重要人物。他在斯普林街有一间诊所，诊疗费不菲。[72]

马林诺夫斯基告诉艾尔茜自己头疼和眼痛的事，她警告他"生活方式很不健康"。作为一个好护士，她建议他没有比阿司匹林更强的药物（"她不断地建议我用阿司匹林让我有点烦"，他坦言）。眼科医生并没有发现什么疾病的确切证据，这让他稍有安心，不过头疼依然持续。马林诺夫斯基为解释自己不断恶化的健康状况想了好几种假设的原因，他否定了患上痢疾的猜想，因为觉得不太可能。其他那些则是严重恐病症的症状："精神疾病的猜测。我用牛奶送服了大量的碘。风湿病的猜测；盐浴；它们有些效果。缺乏性交的猜测；我变得容易发怒，像老处女一样脾气不好。抑郁的时间越来越长。和在伦敦时一样的难以名状的头疼。"

他发烧在床上躺了几天，不再有卡明斯夫人的照顾（尽管他还在用她的屋子），因为她也在生病住院。不过他的其他一些朋友还是很热心："莱拉和布罗意诺夫斯基每天下午都来，我们聊天、读诗——我还在发烧；持续的兴奋与懈怠的状态；头像在燃烧，每想一件事都要花很大力气。"朋友们充满同情的照顾并没有让他的情况好转。他忍受着"可怕的抑郁与绝望"，"失明的威胁一度回来"，同时还有"精神崩溃的威胁"。他"有时陷入完全的沮丧与毫无意识的失神状态"，怀疑自己永远无法完成在特罗布里恩德的工作。他"渴望自杀"。"每一个好转的征兆都让我充满乐观情绪，但病情一次又一次地反复。我一好转就不再相信疾病，而情况一不好我就似乎能看到自己在半年内死亡、腐烂。"9月初，他觉得自己已经足够强壮，能和厄内斯特与布罗意诺夫斯基去丹丁农山里走走，但他又感冒了，病情再度恶化。"我的感觉极其可怕；'肺病'……之后我事实上完全放弃了工作，我向疾病屈服，待在家里。我去看了斯塔维尔。身体在日渐被销蚀的过程中。我不能走路。持续发热。"

他也把情况告知了安妮，安妮在信中对他现在的这段"烂时光"深表同情。"我能想象你在白天出门的情景，看上去可怜而沮丧，而且像你所说的，没有洗

马林诺夫斯基

一位人类学家的奥德赛, 1884—1920

漱……正如你在伦敦时的样子——苍白得像个幽灵, 围巾裹住了脖子, 看着这悲惨世界的图景。生病了又没有朋友真不是开玩笑的。"[73]

对马林诺夫斯基倍加鼓励的安妮自己也在经受着痛苦的煎熬：她亲爱的侄子布莱恩6月初在伊普勒战死。他在参加行动的第一个小时就被爆炸霰弹的碎片击中头部。安妮万分悲伤, 不过"仍为布莱恩从军的勇气感到骄傲"。[74]她无法再忍受听音乐, 尽管她还有很多学生要教。之后安妮又为布莱恩孪生兄弟贾斯汀的安危而焦虑得噩梦连连, 他仍在法国的"枪林弹雨中"。他11月身受重伤对安妮来说简直就是一种宽慰, 因为他不再能参战。[75]这还不是安妮烦心事的尽头。她的养老金随着通货膨胀而减少。她的兄弟的妻子也病了, 她八十高龄的母亲也痴呆了。尽管有这么多事要操心, 她还是在内心中为马林诺夫斯基留了一片关怀。"我希望能有什么人可以照顾你一下, 你这样一种好胡思乱想、不切实际的个性尤其需要这样的帮助。"[76]她在得知他关于"肺病的猜测"之后越发痛苦了。"我简直不能多想你的状况：你病了, 但是只能独自支撑, 没有一个你真爱的人在身旁, 给你提供一个虚弱、沮丧的人在病中最渴望的关爱, 以便努力让你振作起来。要是你和我离得近些就好了, 我就可以为你做些事, 这将让我倍感快慰！记住, 牛修, 你最需要的是好的营养食物和新鲜空气。不要把头埋在被子里面睡觉、呼吸坏的空气, 要保持开窗通风。"[77]马林诺夫斯基从来不缺好女人们对他健康的建议。

10月, 墨尔本让马林诺夫斯基尝到了这里天气的多变。"你无法想象这样的一种气候, 前一天还有热带的酷暑……后一天气温就会降到十度, 下雨、泥泞, 风从这些建筑质量不佳的房子中吹过, 就像吹过漏风的筛子。对我造成的结果就是染上流感, 还有一点痢疾。"[78]凑巧的是, 他的母亲也在同一天给他写了封信。她告诉他表妹曼西亚又生了一个男孩, 波利基神父则去世了。她也听到了一些关于斯塔斯的传言, 说他"遭受了一种较为普遍的伤病", 正在一所军医院疗伤；不过据说他还在画画, 所以估计情况不太严重。她伤心地补充道, "你回来时会发现很多朋友都不在了。"[79]为了不让她担心, 马林诺夫斯基没有把自己的困境告诉母亲。他在11月中旬写的信提到了墨尔本不宜人的天气,

第二十一章

墨尔本病

这封信以不同寻常的速度寄到了她的手中。她在1917年1月底所写的回信中表达了对最糟糕情况的怀疑。"我求求你,别考虑再回北部了,还是在澳大利亚中部开始一些部落的研究吧……如果你染上痢疾的话,你就要更留意秃顶问题;希望你至少能在两边留住一点头发。我求你了!"[80]

10月底来自议会的一个邀请从某种意义上略微分散了一下马林诺夫斯基的注意力。或许是在亨特的建议下,马林诺夫斯基被邀请在一个调查英国在南太平洋地区贸易情况的州际间委员会面前针对巴布亚的劳动力状况提供证言。他在1916年10月27日星期五宣誓并被征询,其证言被随后出版。[81]他的回忆性日记中并没有提到这次经历,不过正是在这段时期他开始沉溺于关于自杀的想法中。他的坏情绪或许能够解释他所表达的一些刻薄观点,不过这些观点也和同一天参加征询的那些澳大利亚种植园主和制造业主们所表达的根深蒂固的家长式的、甚至是彻底的种族主义的观点相一致。

马林诺夫斯基告诉这个委员会的人他亲眼看到了很多种植园,还和许多土著人谈及他们在这些种植园工作的经历。他的证言中的那些粗糙的论断(以他典型的断断续续的短句方式,以"我认为"、"我料想"、"我知道"或"我相信"这样的词组开头)主要围绕工作与性的主题展开。

例如关于劳动力,他说:"我认为土著巴布亚人并不太热衷于为白人工作……我的结论是,这与这些土著人在种植园里被管理的方式有很大关系,因为他们显然喜欢一些种植园超过了另一些。"在性的问题上:"我不能说种植园的男孩和其他[当地]女人交往是否属于普遍情况。但值得指出的事实是,他们之间有私通行为。这是一种反常状态,而且性方面的问题是重要的,因为很难想象一个年轻的当地人如果在一生中的三年时间里没有性交的话,他会不退化到一种性反常状态中。"(那么一个年轻的波兰人类学家还没有退化吗?尽管他们很礼貌地没有公然这样说,尽管除了马林诺夫斯基自己不谨慎的玩笑之外并没有丝毫证据,穆雷和巴布亚的那些人显然还是认为马林诺夫斯基自己也退化到了一种"性反常"状态。)

马林诺夫斯基

一位人类学家的奥德赛，1884—1920

关于巴布亚的工业发展潜力："我相信他们有能力生产干椰子肉。我并不认为有可能引导这些土著人从事任何其他形式的工业。没有土著人会主动去种椰子，但是这个 [贝拉米的] 在特罗布里恩德岛 [原文如此] 上的试验显示他们对这样做了还是极其开心的。"关于他们的贫穷及做事缺乏动力的原因："这些土著的巴布亚人甚至无法设想七天或八天以外的事，尽管他们可能在很多方面都很聪明；他们的脑力无法掌握对更远未来的规划……对这些土著人来说，除了一些眼前的欲望就没有什么行动的动力。"这样的古怪论断不仅让马林诺夫斯基蒙羞，也与他自己收集的关于农业圈、库拉交易及葬礼宴的证据相左——这一切都要求复杂的策略性规划和相当强的预见能力。关于人口减少问题，"如果不管他们的话，土著巴布亚人以及其他太平洋岛屿上的人不太可能灭绝……一般来说，我认为最好还是让他们保持其本来状态。"

理科博士学位的到来大大提升了他摇摇欲坠的自尊。这一次又是忠实的塞利格曼通过提交《澳大利亚土著家庭》和《迈鲁》这两部作品为他推动了这个程序。"可能在一两个月内就能通过程序，"他在10月的信中写道，"不过可以肯定，只要有任何拖延的借口，他们都会好好利用。"[82] 多达20英镑的费用（两个月的生活费）被从他的大学奖学金中扣除，不过马林诺夫斯基并没有吹毛求疵地深究。而且这一次又是塞利格曼指导自己的门徒。他被任命为考试导师之一，另一位是大英博物馆的乔伊斯。[83]

在12月被授予科学博士学位时，马林诺夫斯基非常高兴地收到了斯宾塞"最诚挚的祝贺"，他曾去英国接受了国王的骑士授勋，而且到其在牛津的学院接受了荣誉奖。斯宾塞带来了令人高兴的消息：他和蒙德共进了午餐，并鼓励他在接下来两年提供给马林诺夫斯基每年250英镑的资助。"这会减轻您在金钱问题上的顾虑。"他还和麦克米兰"长谈了"关于马林诺夫斯基著作的事情。"我十分肯定，战争一结束他就会出版你的书。与此相关，我还见了弗雷泽爵士，我敢肯定，当他看过你即将问世的论文之后一定会支持我给麦克米兰先生提的建议的。"[84]

第二十一章

墨尔本病

12月初，马林诺夫斯基的医生安德鲁（Frank Andrew）建议他在乡下小待一段时间。他的一个新"时期"就此开始了。他在第二张日记–表格中的"奈欧拉"（Nyora）条目下总结道："我过着一种单调而有规律的生活"。他坐火车来到了希尔斯维尔，这是城东北山区的一处度假胜地，其后几个星期，他都是在一家时髦的客栈里度过的。他刚到的时候"极其疲惫，几乎不能走路"，所以必须坐下来刮胡子。他一觉睡了十六个小时。那时正值夏天，他每天都躺在草地或帆布折叠躺椅上，凝望着"迷人的"山谷。在散发着黄樟香气的、温暖的雾气中，树木看起来都"浸没在顶着细小树叶的灰绿色薄雾中"。在"阅读与思考"这一条目下，他回忆道："我既无法阅读也无法清晰地思考。米姆给了我[康拉德]《在西方的注视下》及李柯克的《小镇艳阳录》。我带着欣喜阅读了它们。还有一大堆廉价杂志上读到的垃圾。渐渐地，我对盎格鲁撒克逊式的思维方式产生了兴趣：对坦率的、被法式优雅装饰的粗鲁及愚昧的解剖。对软绵绵的伤感歌曲的兴趣。"

在"奈欧拉"时，他开始了一段"对肺结核的细心治疗"，每天数次测量体温及对鼻喉进行喷雾治疗。但是情况并没有什么改善，于是他停止了对这些治疗规程的严格遵守。痰液分析的结果呈阴性，因此他这些不适症状应该另有原因。砷起到了一些作用，就如同客栈里出现了一帮漂亮女人一样。其中，凯西·约翰逊（Cathie Johnson）尤其让他着迷。圣诞节到来前，他已有足够的力气调情，甚至跳起了舞。"女人和娱乐"是他"奈欧拉时期"的概括表中的另一个条目。这一栏包括了大量的名字和绰号（"苍蝇拍"、"两个聪明的犹太小姑娘"、"西班牙人"）以及对一些"事件"的言辞含糊隐秘的提及。最连贯通顺的一句话揭示了某些东西："我被一个事实弄得垂头丧气，那就是女人并不了解我的智慧和我的'优越'。"新年夜他不修边幅，无人陪伴。"我感觉非常失落，'包裹在我自己的痛苦中'"，他后来告诉艾尔茜。尽管到处都是"欢乐与吵闹的人群"，但他还是"只想一个人待着，无所事事"。[85]

不过他住在"奈欧拉"期间经常会想念艾尔茜。"你的存在对我很重要，但你总在我遥不可及之处，在一个你无法给我安慰与怜悯之处。"她已重新投入了医院外科病房的工作，沉浸在她那些病人的破碎的生命中。工作加班加点、沮丧及疲倦的状态让她觉得"似乎一个人青春的全部都被抢走了"。她的父亲难以理解她的痛苦，"认为每个人的义务……就是保持乐观情绪"，但在12月间，她生龙活虎的年轻表亲斯特拉瑟尔斯（Jim Struthers）的死讯从法国传来。她说听到消息时她都傻了。

第二十二章

艾尔茜

马森一家

艾尔茜生动地将自己描述为"荷兰葡萄酒商人、诺森伯兰的家纺品制造商及苏格兰高地偷牛贼的后裔"。[1] 马森与斯特拉瑟斯家族更晚近些的从业背景就显得较为无趣一些,都是苏格兰学者。艾尔茜的父亲奥尔默·马森(1858—1937)在澳大利亚科学界是一个极有影响的人物。他退休那年画的肖像展现了一个身穿黑色西装、一脸公司董事般严肃神态的男人。和他的两个教授同事[斯宾塞和莱尔(Thomas Lyle)]一道,马森为墨尔本大学带来了国际声誉。他的其他成就包括组建了澳大利亚国家研究委员会及澳大利亚化学研究所。长达二十年的时间里,他直接参与了南极探险的英雄时代的活动,这些活动关涉澳大利亚的国家利益。当马林诺夫斯基在巴布亚挥汗如雨时,马森的朋友莫森(Douglas Mawson)正在南极挨冻。[2]

奥尔默(他喜欢人们这样称呼他)来自一个汇聚了杰出学术成就者的大家庭。他的父亲大卫·马瑟·马森(David Mather Masson)曾是伦敦大学学院英国文学教授,从1865年起在爱丁堡任修辞学与英国文学钦定讲座教授,他在那里还任苏格兰皇家历史编纂家。在为颇具权威的六卷本《米尔顿的一生》辛劳写作了二十一年后,他写出了一部十三卷的苏格兰史。他的妻子,艾米莉·罗

马林诺夫斯基

一位人类学家的奥德赛，1884—1920

莎琳·奥尔默（Emily Rosaline Orme）（其母亲家祖辈是声名显赫的牧师，是约翰·卫斯理的远亲），是一个富裕的啤酒与蒸馏酒酿造商的女儿。奥尔默的两个姐妹弗洛拉（Flora）与罗莎琳（Rosaline）后来成为著名作家。最小的妹妹奈尔（Nell）嫁给爱丁堡大学医学教授格兰德（George Gulland）。孩提时代的奥尔默就被一些文坛名人所包围，尽管他是家里少有的没有写过书的人。这些拜访过他们在汉普斯特德的家的名人包括丁尼生、卡莱尔、爱默生、罗塞蒂兄妹、霍尔曼·亨特、科芬特里·帕特穆尔（奥尔默的姨夫）及流亡中的意大利革命者马志尼。身为爱丁堡大学的学生，奥尔默也和 T．H．赫胥黎、勃朗宁、开尔文男爵和罗伯特·路易斯·史蒂文森等人相识。

转入化学行业后，奥尔默进行了关于硝化甘油的博士论文研究并在物理化学家拉姆齐爵士的指导下任教于布里斯托大学。他在 1886 年娶了玛丽（莫莉）·斯特拉瑟斯 [Mary (Molly) Struthers] 为妻，她是阿伯丁的另一位著名学者约翰·斯特拉瑟斯（John Struthers）的小女儿。小两口几乎是刚一结婚就远渡重洋来到了墨尔本，奥尔默在那里当上了化学教授。这一职位的选拔标准中包括"品德"与"绅士举止"。奥尔默在四十五岁时被选为皇家学会会员。

莫莉·马森的姐姐克里斯蒂娜（Christina，"蒂娜"）嫁给了一个音乐教授；另一个姐姐露茜（Lucy）嫁给了一个英文系教授，她们学医学的哥哥约翰·斯特拉瑟斯（John Struthers）则成为皇家外科学院的校长。奥尔默和莫莉也有三个孩子：欧文（Irving Orme）、马卓丽和艾尔茜，这也延续了家族的传统。欧文娶了自己姨妈的女儿，当上了化学教授，后来作为谢菲尔德大学名誉副校长被授予骑士勋章。玛尼（马卓丽的常用名）写了多部小说、回忆录、行记及一部颇有名气的关于澳大利亚羊毛贸易史的著作。她于 1923 年下嫁巴塞特（Walter Bassett）。兄妹之中最小的艾尔茜嫁给了"不名一文的波兰人"马林诺夫斯基。出身于这样一个浸淫在显赫学术与科学声名中的家庭，艾尔茜很容易对马林诺夫斯基这样来自中欧的博学之士留下深刻印象，但也并不会心生敬畏。在马林诺夫斯基这一边，他或许可以把艾尔茜庞大的家族想象成波兰语中的"知识分子阶层"以及失去土地的、会在扎科帕奈避暑的"施拉赫塔"。

第二十二章

艾尔茜

墨尔本大学从 1889 年开始招收女生,而且是最早在医学部招收女生的大学之一——奥尔默为这项具有政治意义的成功作出过贡献。通过这项努力,他也是在延续这个家族的另一个传统,因为他自己的父母和莫莉的父母都是允许女性接受高等教育的积极支持者。不过令人不解的是,马森夫妇并没有鼓励自己的女儿们念大学。马森家、维嘉尔家及他们认识的大部分家庭都由家庭教师在家里教育他们的女儿。马森家的女儿和斯宾塞的两个女儿有相同的家庭教师。哥哥欧文上了墨尔本文法学校,不过他们的母亲认为让玛尼和艾尔茜穿过整个城市去莫顿·霍尔上学并不合适,这是那所男校的女校部。

米姆和艾尔茜十一二岁时就已是好朋友,常坐来同于卡尔顿与齐尔达街之间的电车到对方家里玩。两个女孩都爱好文学,常模仿诗歌和流行小说写些小东西。她们的父母告诉她们要多呼吸新鲜空气,等再大时再搞这些涂涂写写的事。米姆发现马森教授"和蔼可亲",所有人都认为他有强大的人格魅力。"抽雪茄上瘾"的奥尔默爱骑自行车时这项运动正热,但他打高尔夫时却没赶上时髦(他是皇家墨尔本高尔夫俱乐部的创始成员)。米姆也很喜欢马森太太,但"有时有点怕她",因为她很强势。她是"香农里"令人生畏的管家婆,会用不同颜色给女仆们的抹布编号。

1906 年莫莉带着女儿们去了趟欧洲。她们在苏格兰高地待了一整个秋天,又在冬天去德国学习了音乐和语言。春天,她们又来到意大利北部学习绘画与建筑。回到墨尔本,女孩子们开始了一小段学校学习。玛尼在大学里选修了法语和历史课。她还学了打字与速记,当了几年父亲的秘书,那时他正担任教授董事会及 BAAS 组织委员会主席。

此间,艾尔茜在 1912 年去北领做了新任行政官吉尔鲁斯(John Gilruth)女儿们的家庭教师与伴护。吉尔鲁斯也是奥尔默的教授同事。对二十二岁的艾尔茜来说,这次北领之行就是个成年礼。在和吉尔鲁斯一家到灌木林区远足的过程中她初次接触了土著人(大多数墨尔本人从未见过这些土著人),她还因为看到了蛮荒的殖民之城达尔而倍感兴奋。她在写给家里的信中生动地描述了自己的经历,之后还为报纸撰写了一系列文章。以此为基础,她带着年轻人的自信写出了一本书。她无视父亲在文学方面的建议导致他们之间第一次意见不合，她的父母也就此意识到自己的女儿有多"倔强"。伦敦的约翰·麦克米兰（可能是在斯宾塞的建议下）于1915年出版了这本《野性之地》。这对那些出版处女作的作者来说是一个运气不佳的年景，正如马林诺夫斯基从他的书在波兰的境遇中所了解的那样。然而，这本书的确超出了她未来丈夫的想象，他后来告诉艾尔茜，如果不是因为这本《野性之地》，他们或许不会相遇。[3]

大战的爆发使艾尔茜考虑当一个护士。她"固执地"开始接受为期四年的培训也与父母意见相左。他们担心她的身体并未强壮到能应付两班倒工作制，他们或许是对的。她的工作包括打扫卫生，照顾伤病。课程结束前，许多受训者要么退却，要么精疲力竭。"时常生病、几乎总是疲惫不堪的艾尔茜最终顽强地坚持了下来，不过我觉得她的健康最后还是受到了影响"，米姆回忆道。[4]

1916年10月3日，玛尼搭乘 *Arabia* 号从珀斯出发去伦敦。船在离开苏伊士运河后撞上了鱼雷。乘客获救之后安全地到达了马赛，玛尼的主要损失是她的一把心爱的小提琴。在伦敦，她为国防部工作，她的哥哥欧文则在伍尔维奇兵工厂做军火。与此同时，他们的父亲正在为军方开发毒气面罩而进行实验室研究，他们的母亲则参加了和战事相关的社区工作。1918年，马森一家有三人获得荣誉：莫莉和奥尔默获颁大英帝国司令勋章（CBE）、欧文获颁元佐勋章（MBE）。玛尼写信给父亲时难掩愤怒："您受得起任何荣誉，而不是一个傻傻的老司令勋章。"五年后他被授予骑士头衔。

病区里的托洛茨基

女权主义那时刚在澳大利亚扎根。维多利亚州1908年允许妇女参加投票已够开明的（这比南澳大利亚晚了六年），不过妇女参政权论者在1916年仍很活跃，她们的领导者是激进的阿黛拉·潘克赫斯特（Adela Pankhurst），著名的埃米琳之女。在1850年代的劳工运动中扎下根的社会主义运动也在发展壮大，

第二十二章

艾尔茜

各种商会除了具有工业界的影响外也在树立一种社会形象。马林诺夫斯基应该也支持这场运动中第一场成功斗争提出的口号:"八小时劳动、八小时娱乐、八小时休息"。多年后他称澳大利亚是他住过的最有社会主义色彩的国家。

马林诺夫斯基在墨尔本的"时期"是一个不同寻常的政治动荡期。工团主义革命运动,即广为人知的"世界产盟盟员"们(世界产业工人联盟)的工作重点是,要在激进的左派思想引导下对改革派的澳大利亚工党政府放弃幻想。(大战开始之初工党总理安德鲁·费舍尔曾许诺说澳大利亚要保卫自己的祖国"直至穷尽我们的最后一个战士和最后一先令"。)世界产业工人联盟也得到一些反战活动人士的支持。马林诺夫斯基和艾尔茜把这一日益声势壮大且影响力渐强的政治运动称为"那些社会主义运动"。尽管他的敌对国国民身份让他无法积极参与党派之争,但是作为日常新闻的关注者,马林诺夫斯基还是不可能忽视这些让澳大利亚这个国家陷入分裂的政治纷争,例如对征兵问题的大争论。不过值得注意的是,在日记中除了那些艾尔茜有所反应的政治事件之外,他很少提到政治。简而言之,他自己对政治的兴趣主要受到艾尔茜的政治活动的激发。

艾尔茜天生就是一个原则性很强的政治动物。她的父亲很难接受这一点,她参加的那些活动也引发了矛盾的回应。尽管他为女儿的勇气与独立精神而感到骄傲,但他同时也为她表达见解时的激动举止和她结交的那些可疑朋友而感到不安。1917年2月他写信给玛尼,告诉她艾尔茜如何不知不觉间变成雅拉河畔的"一个政治演说家"。那里是"墨尔本演讲者之角",持不同政见者每个周日下午都会在那里站上肥皂箱进行街头演讲。"艾尔茜开始的时候还是问些被演讲者回避的拙劣问题,之后她似乎就鼓起了勇气,爬上桌子开始对人群宣讲;她真的这样做了!……不过——尽管我佩服她的勇气(这需要很大的勇气)……我还是告诉过她我非常希望她不要经常这样干……再说世界产业工人联盟是一个很有势力且不择手段的组织,应该通过法律来争取而不是通过我们的小艾尔茜。"[5]

艾尔茜坚信"工作的人们"是被激进社会主义者们愚弄了,他们坚称发起战争是为了资本家的利益。他们的论点首先就把德国军国主义排除在外。奥尔默认为应该保持高高在上的姿态，站在其优越的社会地位之上对世界产业工人联盟的那些傻子们进行谴责，而艾尔茜则相信，她可以"让他们知道他们是在和自己的利益作对"。她公开和阿黛拉进行辩论，后者也持公开的反战态度。

艾尔茜在进行了几番尝试之后还是放弃了为政治奔走的道路，只是在一些不那么喧闹激烈的场合参加一些正式讨论。她开始参加在展览街的社会主义大厅里举行的各种持反战政见者的会议，并在经过大量准备之后于6月15号星期五进行了演说。一张传单将她的演说宣传成"我们对战争的意见"。她支持社会主义的人道主义原则，以及"为了争取自由的斗争而谋求全世界团结的必要"。尽管马林诺夫斯基帮她进行了演讲的准备工作，但是按照《敌对国国民法令》的要求他必须远离这样的会议。

7月19日，奥尔默再次写信给玛尼："艾尔茜又要向社会主义者们演讲了……我相信她能讲得很好，我也想去听听，但我恨那些人和他们的做派，所以我下不了决心去那儿。"他在这场阶级之战中站在哪一边不言而喻。他在俄国革命胜利的局势明朗起来后变得更加反社会主义。他怀疑社会主义者、工会主义者"和其他一些不忠诚分子"正合谋要搞垮澳大利亚政府。

玛尼从伦敦向她的父亲发出了抗议。"亲爱的爸爸，你在艾尔茜是否该做这种事的问题上犹豫不决，但你不能阻止任何人参与这场宽泛意义上的全世界的战役……雅拉河岸上的人们应该得到更多的关注，多过您那挑剔的、闪着银光的贵族气所能容忍的。"[6] 在这件事上左派与右派之间的区别不甚清晰。尽管在许多议题上艾尔茜与玛尼都倾向左派，但她们在支持征兵上还是和自己的阶级站在了一起。

不过奥尔默还是怀疑有组织的密谋："过去对工会的态度太过温和。它们（至少是它们的领导者）除了纯粹自私的阶级斗争没有任何政策可言，现在可是给他们沉痛教训的时候了。"他认为，总理休斯（Billy Hughes）"除了会说没有别的能力"。"我们的不幸大多数来自我们容忍不满者自由发展的致命习惯。这是一种懦夫的品性——英国品性。因此就有了爱尔兰的纷争，有了各种各样的劳工问题。至于艾尔茜的那些社会主义者朋友，他们中的四分之一应该被投

第二十二章

艾尔茜

入监狱,四分之三应该待在精神病院。"[7] 奥尔默要是看见马林诺夫斯基待在监狱或精神病院,一定会感到高兴。

身为州公选议会的一员,奥尔默的观点却是反民主的:"事实上,我并不相信所谓民众的声音,也不期望看到他们这一诉求的结果。"[8] 在另一封谴责激进的天主教大主教玛尼克斯(Daniel Mannix)的信中,他得出结论:"如果我们能赢得这场战争,那是由于我们克服了民主,而非因为归功于民主。现在你们怎么想?"[9] 几个月后,玛尼在伦敦告诉了他自己是怎么想的:"是的,我相信民主,这并不是因为我认为在大多数中存在着神性,而仅仅是因为我认为这应该是一个在道德上合理合法的政府应有的唯一形式。"[10] 奥尔默回敬道:"现在的俄国又怎样,混乱的革命还有各种层次的腐败的社会主义者?那个国家需要独裁政体,只要没有这种政体,它就不会好过……你有没有开始发现民主制度内生的弱点——或者在这个名义下发生的东西?厨子太多(反而做不出好汤)!"[11] 战争接近尾声时,玛尼说出了最终的意见:"我们每个人都乐观地要么左倾么右倾:认为任何地方都不会有希望的完全的悲观者几乎不存在。不,我所要求的不过是对你所称的'失败者'的一些同情以及慷慨地给予他们一些信任。只要人们有一颗敞开的心,他们就可以戴上任何他们想戴的政治标记,或者什么也不戴。"[12]

没有足够证据表明马林诺夫斯基在这段动荡时日所佩戴的"政治标记"的颜色。但他可能会同意玛尼所说,虽然他的阶级天然地让他有些右倾,但他的性格又让他有些左倾。此外他年少时在波兰也曾接触过那种躁动的革命氛围。他在普若宁曾和列宁一起喝过茶,并在扎科帕奈和他的那些抱持社会主义思想的朋友争论过。在伦敦经济学院他也和韦伯夫妇、霍布豪斯、沃拉斯及其他费边社成员混在一起。尽管他鄙视党派间的政治诡计而且从未加入哪个政党,尽管他或许从未在大选中投过票,马林诺夫斯基却是一个民主人士,他呼吸过充斥在伦敦的霍尔本与汉普斯特德区的香槟社会主义的气息。在澳大利亚,他的政治信念在他待在墨尔本的"第三时期"里"结晶了"(这是他用的词)。这很大程度要归功于艾尔茜和那些社会主义者的关系,不过这同时也归功于他与其知识分子友人如保罗·库纳、埃尔顿·梅奥及布罗意诺夫斯基之间没完没了的讨论。许多年后,玛尼还记得他是如何以一个波兰人的身份痛斥俄国人的:"他们就是畜生!""他用欧洲人特有的发音方式说出了最后一个词(animals),几个音节分得很均匀,最后一个's'发出'嗞'声……他喜欢的是澳大利亚人,能忍受的是德国人,但是俄国人——不。"[13]

在与社会主义者交锋之后,艾尔茜转而又在1918年与医院董事会斗争起来。她的"顽固"令独裁的主管、护士长贝尔(Jane Bell)不安。贝尔的严苛管理让护士们的生活极其痛苦。艾尔茜痛恨制度的不公,于是她冒着被解雇的危险煽动改善工作条件,最重要的是将两班倒改为三班倒。她带领一群有相同想法的护士向州议会提交了请愿书。她们的意见遭到了贝尔护士长的强烈反对。她们的行动有些类似于激进的工会主义,而在医院的病区里艾尔茜得到了"托洛茨基"的绰号。

马林诺夫斯基1917年2月11号在雅拉河畔与艾尔茜碰面之前就已对她在政治上的首次表现知道一二。那是她在上年10月去珀斯后他俩第一次见面。"她告诉了我她的新爱好,我鼓励她,而且自己也决定加入这些社会主义者的活动。"至少是在精神上他决定"为她工作"。艾尔茜对他的"理解"和他对她的严肃态度印象深刻。在她看来"具有讽刺意味的是,我在工作上唯一的帮手,这个被我看成充满爱国心的人并不是个英国人。"[14]慢慢开始了解他后,他的形象也变得不那么冷漠,"有生气了很多,更活泼,更机智"。

2月底他去了索伦托,这是莫宁顿半岛上的一个海滨度假胜地。艾尔茜给他写了信,还附上了一张剪报,上面报道了玛尼在地中海死里逃生的那次事故。在去索伦托的船上,另一个自我揭露了他:"我虔诚地读着她的信,随后我就抚弄并吻起一个无精打采、臃肿的女裁缝。"接下来一周,仍然感觉欠佳的他在3月6日回墨尔本动手术前在"奈欧拉"与新朋友库纳夫妇汇合。安德鲁医生建议他拔掉牙齿。在上一年的8月塞利格曼就在信中写道:"你可不要对这些事漫不经心……你在新几内亚很容易患上牙痛或脓毒吸收症,一旦那样你的健康就会崩溃。"[15]

失掉一半牙齿是马林诺夫斯基所称的墨尔本生活的"第三时期"开始的标志。这一时期以他在 10 月 20 号离开墨尔本赴巴布亚为结束。他在表格式日记的五个栏目下所记的事件无疑揭示了在他看来哪些事是重要的。他在表格顶部列出了"重要主题：健康与治疗；和库纳夫妇的友谊；与 E. R. M. 一起明确的政治与社会观点的出现；重新开始工作；以及最重要的，对 E. R. M. 的爱及 N. S. 的悲剧"。在这最后一张表中，艾尔茜的一栏最宽最长。艾尔茜，他此生最重要、最深的爱，以及日后他的孩子们的母亲，就是他对未来进行的投资。

小集团

他们的爱情缓慢而迟疑的开端，和艾尔茜在雅拉河畔的政治奔走，以及她与社会主义者之间的争论是分不开的。在这几个月里，面对来自父母对他们之间友谊的反对，艾尔茜的政治活动为她和马林诺夫斯基一起在公共场合出现提供了一个借口——如果不是完全具有合法性的托词的话。对他们的恋爱起到帮助作用的还有一个重要因素：他们和库纳夫妇的亲密友谊。

尽管马林诺夫斯基不再被要求每周向警察局报告，做敌对国民的那种感觉还是令他挥之不去。各种微妙的排斥行为让他的社会生活受到了限制。就像对战争的偏执狂引发了排斥一样，这些被排斥的受害者们也感染上了由这种排斥而引发的偏执狂。这种偏执狂的一个结果就是：本来不太可能产生的友谊却在这种情况下发展起来，因为同样被边缘化的敌国公民可以在相互的同情怜悯中成为彼此最好的伙伴。对马林诺夫斯基来说，在他与男人之间建立的所有友谊中带来了最深的快乐和最实质性益处的一段友谊，就以这样的方式展开的。他是在 1916 年年底认识保罗的，他们之间的友谊持续了整整一生。这是两个人之间心灵与智慧的不期而遇，在他们相互之间的好感所营造出的巨大空间中，他们为彼此性格互补而感到欣喜。在马林诺夫斯基善变的性格面前，保罗展现出一种更为沉稳的天性；他的沉稳成为布罗尼奥聪颖戏谑的一个映衬。他们极大地影响了对方。

保罗是维也纳的一个犹太企业家，是一个名为库纳罗尔的成功的家族企业的生意伙伴。这家企业生产肥皂、人造黄油和巧克力。他和妻子海德维希（海德）在大战爆发时正在参观德属新几内亚的干椰子肉种植园。几天之内，一个营的澳大利亚部队就占领了首府拉包尔，随即所有德国与奥地利公民都被围捕转运到澳大利亚。库纳夫妇的商务旅行文件让他们免受牢狱之苦，不过作为敌对国民他们的行动在此期间还是受到了限制。他们的相机被充公，军队当局一度禁止他们使用电话。1915年9月他们从悉尼搬到墨尔本，依靠来自瑞士的汇款过上了相对舒适的生活。他们八岁的儿子被留在维也纳，由一个姨妈照顾，他再次见到自己的父母已是六年之后的事了。[16]

保罗和马林诺夫斯基第一次见面是通过一个俄国尤物，朱丽叶·格列宾（Juliette Grebin），马林诺夫斯基曾和她在图书馆调过情。"库纳夫妇出现了"，他在回忆日记中记录到。但是直到他在1917年2月第二次来"奈欧拉"，他们的友谊才真正发展起来，并成为他在墨尔本生活的"重要主题"之一。3月底，他把艾尔茜介绍给了库纳夫妇，他们之间日益深厚的友谊也与他对艾尔茜逐渐加深的爱意相辅相成地发展起来。如果没有库纳夫妇，他对艾尔茜充满了各种矛盾不快的追求会遇上更多障碍。保罗和海德在东马尔文堪培拉小树林6号租住的屋子"卡林雅"，提供了一个中立的碰面地点，同时也是一个庇护所般的大本营。

艾尔茜还记得马林诺夫斯基把她介绍给保罗时的情景，他说保罗能帮她写演讲稿。他们在阅览室外面见的面，当时她看到的是"一个小个子男人，有点像拿破仑那样，但是脸上的表情展现出善意"。他们一边在小布尔克街上走着一边聊天，"他正批评着德国和德国人"突然就抱歉地一头扎进一家商店买了根德国香肠。艾尔茜后来在电话里向米姆谈起"那些十分可爱的人，一对奥地利夫妇——他带我去他们家，想不到吧，他们喝下午茶时吃香肠！"[17]

第二十二章

艾尔茜

艾尔茜对保罗的第一印象观察很敏锐："他很聪明，理解一切事情，是一个反应快、热心、同时也可靠的聪明人，非常诚恳，非常有同情心，喜欢看见自己周围的人快乐，但也有些冷淡，难以接近。"[18] 他们帮她准备演讲时，艾尔茜惊讶于布罗尼奥和保罗对细节的注意以及他们所费的脑筋，他们如何"赋予每件事其应有的重要性……不忽视任何东西，不论有多琐碎。"探讨新鲜事物时，她的那些同胞们总是易于"啪的一声关上他们的脑子"。

在"卡林雅"，好客的库纳夫妇营造出了一个郊区沙龙——这里就像一个位于南半球的伦敦布鲁姆斯伯里区的贫穷版——在这里一小群朋友们聚到一起聊天，听音乐。后来他们把自己的这个圈子称作"小圈子"。它的核心是库纳夫妇、马林诺夫斯基、米姆和艾尔茜。这个小圈子的外围包括布罗意诺夫斯基、爱德华·皮特、卡门与皮埃尔·泰培马夫妇（Peirre Teppema，佛兰德－荷兰外交官）、弗兰克尔与亨利·夏珀尔夫妇（Henry Schapper，学校教师）、伊万诺夫（Olga Ivanov）、杰西·马森（Jessie Masson，钢琴演奏家）和莱拉·佩克。站在背景中的还有艾薇·佛尔赛莎（Ivy Forsythe），这是马林诺夫斯基偶尔会偷吻的漂亮女仆。有时会以库纳家的钢琴为中心举行音乐之夜。保罗会和艾尔茜弹贝多芬与舒曼的二重奏，杰西会用圣桑的作品让人惊叹，或者卡门·泰培马会带来她的小提琴，坚持要演奏帕格尼尼及（让保罗恶心的）"一点点亨德尔"的作品。

更常见的活动是谈话之夜，马林诺夫斯基这时会如鱼得水般地让自己那生动的雄辩、大胆的概括、粗野的幽默充斥拥挤的起居室。谈话中睿智沸腾。挑战公认的观点是谈话的一大主题，米姆和艾尔茜常被这种活动的"欧洲"味儿所深深吸引。她们有时也会因为对原本不容批评的人或事的攻击而感到困窘（比起艾尔茜，米姆更容易这样）。米姆回忆道："布罗尼奥，这个天生的老师，从我们一认识他就开始'提升我们的思维能力'，告诉我们这些女孩，我们沉迷的那种谈话方式未受训练，没有意义——我们必须学习'公式化'地表达我们的思想。"这是他常用的一个词。

马林诺夫斯基

一位人类学家的奥德赛，1884—1920

"老古板"（wowser）是另一个他们常常讨论的词，它指的是故作正经的煞风景之辈，他们总是自以为占据了道德的制高点。亨利·夏珀尔就是一个老古板，他对马林诺夫斯基当着众人面咒骂的习惯进行了抗议，艾尔茜顽皮地说，"可能他对'血腥'这个词的反感与使他成为素食者的那种观点有关。"[19] 另一方面，布罗意诺夫斯基则会通过咒骂来证明自己不是一个"老古板"。就像保罗后来在给马林诺夫斯基的信中所写的："可怜的布罗意诺夫斯基被吓惨了——可能主要是被你吓的——所以他会做任何事来避免自己被叫做'老古板'……他竟然为此写了一首弥漫着淫欲的十四行诗——就是想显示这种事怎样做才对。我已经可以想象出一个未来的墨尔本大学教师写出一篇关于马林诺夫斯基对澳大利亚诗歌的影响的论文。"[20]

保罗和马林诺夫斯基共同营造出一种思想上火热的兴奋状态。这并不是仅指他们在很多问题上意见不同，而更是在于他们很享受这种思想交锋的本身。保罗对英文的精通程度和马林诺夫斯基差不多，但他们常会用其他欧洲语言来辩论。米姆还记得马林诺夫斯基如何坚称"一个观点只能通过利用多种语言的资源才能得到真正确切的表达"。

马林诺夫斯基和米姆之间带有情色意味的友谊在1917年逐渐转淡。他们在新年还一起阅读物理书籍，他还和米姆一起去听了一些大学讲座。随着越来越全神贯注于艾尔茜，他发现自己也"越来越不需要"米姆。她甚至开始让他感到一点点厌倦，到他准备启程奔赴巴布亚时，他们彼此"无疑已渐行渐远"。对此，马林诺夫斯基的观察是："米姆小小地抱怨过一两次，不过她还是像个真淑女。"当然，米姆对他们之间的疏远看法大有不同，后来她曾因为马林诺夫斯基向她隐藏了对其老朋友艾尔茜的感情而指责过他。她认为这对他们的友谊是一种伤害，"那种愚蠢的装模作样我俩谁都骗不了"。[21] 有意无意间，他又制造了另一段三角恋。

艾尔茜和米姆在马林诺夫斯基返回新几内亚后还继续和保罗与海德来往。不过马森一家和维嘉尔一家并不赞成他们女儿和库纳夫妇的交往，也从未邀请

第二十二章

艾尔茜

这对来自维也纳的夫妇到他们自己家。艾尔茜为自己的母亲感到可悲,她徒劳地与自己所认为的那些"有害的影响"作斗争,但是"唯一的效果就是把我更猛地推向库纳－米姆－马林诺夫斯基的阵营"。[22] 海德"一想到老马森夫妇就有些感伤,他们二十多年来都在思念着自己的故国……在古老的英国狭隘传统思想中都变得有些顽固不化了。"[23] 回想起那些令他不安的人("普鲁斯军官、宗教狂热者、思想顽固的怪人"),保罗也为马森夫妇感到遗憾。"父母看到自己的孩子和他们不喜欢或至少是不赞成交往的人成天待在一起,肯定会觉得很可怕。"[24] 后来艾尔茜和米姆便不再在自己家里提库纳夫妇的事了。

惹麻烦的三角关系

在马林诺夫斯基第一次牙科手术的恢复期,艾尔茜到格雷街探望了他。她记得当时看到他躺在床上,一副病容,垂头丧气。"你不想听什么让你高兴的预测,不管是真是假,你也不想为此装模作样……我想为你做些什么时你抓住了我的手,望着我的脸……我对你深感怜悯,你就这么孤独地待在自己的房中。"[25]

他并没有孤独多长时间,感恩节时他就回"奈欧拉"过了两周。他感觉好多了,忙着看起了心理学方面的书籍,以便帮米姆完成大学课程。在"奈欧拉"有"很多陌生人、漂亮女人、饮宴和舞会"。在和凯茜·约翰逊一起"下山"时,他感觉身体已经恢复正常。不过眺望山谷时,他还是常常想起艾尔茜和她在雅拉河岸上的"初次亮相"。4月中旬回到墨尔本,他就开始更为频繁地去见她。她回忆道:"你告诉我在奈欧拉碰到的各种复杂情况,我们讨论了'荣誉'意味着什么。你拒绝任何意义上的道德责任(这一点我并不相信),不过你也说自己至少不会和其丈夫正在前线为她而战的女人上床。"[26]

这些是敏感的话题,既私密又有政治意义,而马林诺夫斯基完全意识到了这些。他自己偶尔产生的对艾尔茜的"憎恨与厌恶",以及他起伏波动的"陀思妥耶夫斯基式反应"都是被第三方所激发：那就是第六营的查尔斯·马特斯中士，他在龙柏（Lone Pine）的军事行动中和其他两千 ANZAC（澳大利亚与新西兰军团）士兵及五千土耳其士兵一起战死。艾尔茜的悲痛如此明白可见，查尔斯的英雄精神也如此实实在在，以至于马林诺夫斯基对此既感敬畏又觉恐惧。这是一个不同一般的三角关系；艾尔茜死去的心上人如幽灵般的在场带来的障碍是他此前从未遇过的。她的服丧不仅将她置于一种禁忌之下，还令她被尊奉为"神圣不可冒犯之物"。带着一种怪异的、有些低三下四的心理意向，他把死去的查尔斯奉为偶像。对这个英雄形象的想象成为他强烈痛苦的来源，也是他回忆日记中一些最心酸的段落的原因。

第二次手术中，马林诺夫斯基剩下的牙齿也全被拔除。手术后，他住到库纳家疗养康复。艾尔茜在那里见到了他，头上"裹着毛巾毯，什么话也没说"。[27] 其他人会评论马林诺夫斯基一生起病来就深感自己可怜、把自己的病戏剧化、赖在床上诉诸一些夸张表演的能力。米姆回忆道："布罗尼奥一生病就会用毛巾包起头，在库纳夫妇的家里游荡，他会夸张地呻吟，直到库纳夫妇把他送回他们家永远舒适的客房的床上。一天傍晚，我记得他身穿保罗的晨衣和拖鞋，头上包着毛巾，闷闷不乐地嘟囔说他刚洗过澡，正要起床，但是'瞧这库纳夫妻俩，他们都不给人整理床铺！'"他的抱怨成了小圈子里的一个老笑话。

从6月开始，他就几乎天天见艾尔茜。第二次手术康复后，他重新开始为基里维纳的专著打草稿。空闲时艾尔茜也会来和他一起待在博物馆的一间小房子里，他的文稿和笔记在那里散了一屋。她坐在他的身旁，阅读他写的那些章节并根据材料提出问题；他们把这叫做"干基里维纳的活儿"。作为回报，他则帮她准备那些针对社会主义者的演讲。

他们之间的亲密关系缓慢地向前发展着，就像马林诺夫斯基所希望的那样。他们对彼此的了解日渐增多，"总是对一些个人私密保持渴望，但不会太容易就得到"。他认为这便是"完美友谊与深爱最可靠的基础"。他觉得具有讽刺意味的是，他和艾尔茜的友谊竟然是伴随着他对查尔斯的英雄记忆所产生的"崇敬"

第二十二章

艾 尔 茜

而开始的。他甚至凭借想象经历了那种痛苦，以及一种"对苦难的宗教般的敬意"。让艾尔茜从悲痛的恍惚中被唤醒过来的一件事是，马林诺夫斯基有一次用率直的目光看着她，"形而上的阴影究竟在哪里？"艾尔茜坦承，"我感到一种很奇怪的恐惧……我并不认为你爱我……从你说的话来看，你是一个情感多变且游荡四方的波兰人。但我确实被弄得有些意乱情迷，都是从你剃胡子后的那次变样开始的！"一天在卡林雅，他俩单独在一起读书，她靠向他，轻轻依在他的臂弯。他们的初吻会深深铭刻在他的记忆里。13 号星期五在有点迷信的他看来是走霉运的一天，但他记得正是在这一天他第一次吻了艾尔茜。

另一次"初吻"是在 7 月 21 号一场音乐会之后。他日后会用这次经历说明自己写日记时在内容选择上遇到的困难——这是他在民族志写作中同样碰到的问题。"海边，一个凉爽潮湿的夜晚；雨云匆匆地从绿色的海面上飘过；船只在远处的雾霭中摇摆——这相同的景象，如果重复一千次的话，会给你带来一千种不同的经历。如果在你的记忆里重复，也会让你产生一千个不同的联想。——这晚，我和她坐在防波堤上；初吻。和这段记忆相连的是多么深邃无尽的感情啊。最重要的是不要丢失真实的细节。要记住所有物质的、客观的环境；这夜、这月、这海的气息。在生活的过程中我们受到了不可预见的心理事件如此强大的限制：一个极其表面化的细节都会妨碍我们对一段经验的基本洞见。当她突然搂住我说'可怜的查尔斯'并啜泣起来时，我注意到有人走近了。"

艾尔茜也记得这次经历，但并非分析性的，而是仅仅将其作为那一段痛苦时日中他俩最快乐的时刻之一。"我们走得很早，在海滨漫步，坐在了小布莱顿码头，你吻了我。我当时也早有准备；我简直觉得就像我俩的灵魂交融在了一起。我几乎不觉得我俩还有身体。"她并没有提到在他怀里哭的事。

"我仍然感到困扰，"她后来告诉他，"我看不到我俩的出路；似乎没有希望，我们多么无助。"按照传统，他们在开始热吻之前必须先正式订婚。"但这一切发生得那样自然，我不觉得自己的行为有什么不对。那晚你在最后告诉了我阿德莱德的事，还说你打算去那里。我深感沮丧，不过也当然希望你去。我觉得这简直就像说了道别一样。"

6月13号,马林诺夫斯基收到了斯特林夫人的来信,邀请他去罗夫特山。尼娜得了肺结核,家里希望马林诺夫斯基的到访会让她高兴起来。上次见面至今已过了两年,不过他们还是保持了稳定的通信交流,还情意绵绵地作出一副他俩仍有婚约的样子。尽管他现在对去阿德莱德举棋不定,但这对他来说可能会是个把事情理顺的机会。

4月,他曾向艾尔茜"交代"了自己和这位艾尔茜素未谋面的尼娜的复杂关系。那时艾尔茜有些心不在焉地表示理解:"许多男人都有这样的感情瓜葛。"不过到了6月,第二次"交代"让她有些目瞪口呆,尽管他还隐匿了一些细节。她甚至开始无端地怀疑他已结婚了。对艾尔茜来说这是个危机,这之前就已有些东西横亘在他俩之间。不过当他似乎准备就当什么都没发生过一样维持下去时,她还是震惊了。她当时考虑应该放弃他:"仅谈友谊没有用,我们可能太不诚恳了。"[28]

洞察力敏锐的她猜想马林诺夫斯基对她也一定有相似的疑惑。"我仍不能同时想到你和查尔斯,你们彼此排斥。"让她惊讶的是,布罗尼奥的故事和查尔斯的故事也彼此相似,尽管查尔斯在和他分手的女人面前表现得"像个男人应该的那样"。不过艾尔茜已不再说服自己她并不爱布罗尼奥。"我几乎是带着警觉意识到这一点。这不仅仅是一种把你当成伙伴的快乐,而是我开始爱上你了,你的举止、你的声音、你的抚摸……我不知道你到底有多爱我;我觉得这一切随时都会戛然而止。所以我仍然深深地想念着查尔斯。"[29]

那还是1914年1月,因为伤寒发病而神志不清的查尔斯住进了墨尔本医院。他是艾尔茜的第一批病人之一。他在她的照顾下康复了,并和她堕入爱河。他向她求婚,并在1915年4月出发上战场。被留下的艾尔茜感觉这一切都只是个梦。他从加利波利给她写了一封封长信,突然在8月的一天,电报中传来了他的死讯。

一点一点地,马林诺夫斯基了解到查尔斯的故事其实更加复杂。他在珀斯和另一个女人好上了,那个女人不想放弃他。在他死后,那个女人声称自己已和查尔斯订婚,这让本就痛苦不已的艾尔茜又多了一分愤怒。"这是一段多么

第二十二章
艾尔茜

肮脏的感情啊！"她的父亲鄙视地评论道。她的母亲则显示出更多的同情，不过就连她也说，艾尔茜的订婚"真不该发生"。

马林诺夫斯基被她故事的这个最新版本深深地打动了。她最后和"另外那个女人"在珀斯相见时，她表现出了对对方的理解，这让马林诺夫斯基钦佩不已。事实上，听过了她的打动人心的坦承告解后他更爱她了；查尔斯的圣人形象上的一些光环被就此抹去。他的那种"温柔而纯朴的殖民地英国男人"的形象也变得不再那样逼真。不过马林诺夫斯基对查尔斯的崇拜还是压倒了他的这种矛盾情感。"他对我来说是那样的高尚，他就是我的英雄，所以我宁愿将他奉为偶像。"

"我们有时也会陷入极端的对抗关系中"，艾尔茜回忆道。他们用"对抗"这个词来形容彼此疏远、不和谐与相互激怒的状态。尽管这种对抗部分归咎于两个有着不同国家与家庭背景的独立灵魂间产生的摩擦，但是促成这种对抗的还是他们各自过去的秘密所带来的不安。实际上，他俩仍都处于被别人抓住了感情人质的状态中——在马林诺夫斯基这边是一个生病的女人，在艾尔茜那边则是个死去的男人。就像一些世纪末小说中描写的那样，疾病与死亡的主题在他俩最初几年的关系中一直阴魂不散。

关于他的那些阴郁的、陀思妥耶夫斯基式的情绪，艾尔茜写道："直到现在我都不能确切知道它们指的是什么，不过有时我会以某种方式，精神上或身体上的，让你心烦意乱……我能感觉到你的情绪不稳定，但你自己也控制不了。"[30]通过把这些情绪称为"陀思妥耶夫斯基式"的，他将它们从本质上认定为斯拉夫人特有的。那些血液稀淡的英国人可不会有这样的烦恼。它们属于他的阴暗面，或许只有斯塔斯能理解，因为它们也需要一种戏剧化的摆姿态成分。通过简化的形式，他现在尝试向艾尔茜说明，这种情绪其实就是他们各自因为对尼娜与查尔斯念念不忘而造成的难以排解的矛盾所引发的郁郁寡欢。"我能肯定，所有的陀思妥耶夫斯基式情绪都是以此为基础。"不过他的语气听起来并不十分确定。[31]

他仍然迷信地认为她处于禁忌中,如果他和她做爱他就会"冒犯或亵渎神圣"。他觉得自己不可能打破这个禁忌而不被惩罚,因此他正追求的或许是个"复仇女神"。他第一次在自己的租住屋脱艾尔茜衣服时就想到了这一点。她戴在脖子上的那个椭圆金饰常让他"失去勇气"。他们拥抱时,链子突然断了,掉到了地板上。之后她再也没有戴过它。禁忌破除了,查尔斯可以被忘掉了。"E. R. M. 成了我的,她的过去就让它过去吧。"

阿德莱德的考验

8月5号,艾尔茜和母亲一起去丹丁农,要在那里的一家宾馆度假一周。舍布鲁克以其高耸的花楸与温顺的琴鸟闻名。在临行前夜的细雨中,马林诺夫斯基在雅拉河畔搂着艾尔茜,口中喃喃着艾尔茜"甜蜜的波兰名字"。他送给她的临别礼物是一只手表链和价格不菲的巧克力。他们在这段短暂分别期间的来往书信显得有些羞涩忸怩。这是他们第一次持续的通信。

他随信寄了几首诗给她,不过也事先声明不希望她对这些诗太认真。在匆匆看了一眼之后她便开玩笑道:"我希望它们后面还附有传记体注释。'这首诗是诗人在其十九岁时染上一场重感冒时所写'等等。我认为我可以说这些诗比布罗意诺夫斯基先生的诗要写得好。"事实并非如此,正如马林诺夫斯基和米姆了解的那样。布罗尼奥无趣的诗文总是带着一种了无生气的浪漫,这证明了他每当要提笔写诗时都会借助一种伤感的怀旧情绪。《黄昏气氛》中的对句这样写道:"过去躺在那里已被遗忘,如死朽之物一般/取之不义的快乐已化为幽灵,爱,也已失却意义。"在这首诗的最后他写道:"沐浴于梦的光芒,沉没于静止的深邃/闪烁的当下正在为生命徒劳的索求而赎罪。"

艾尔茜在信中还讲述了一个故事,说的是一个印度王侯被允许加入高傲势利的墨尔本俱乐部但没有被"贵族的"悉尼俱乐部接纳的事。马林诺夫斯基对这个故事的评论,表现了他不屑于加入任何一个意欲接纳他为成员的俱乐部的

第二十二章

艾尔茜

想法："比起那些自认为高级者（在一个任何人的祖父都有可能是罪犯的地方）还有些更傻的家伙，这些家伙想加入那些将他们一脚踢出的社团。所以我没时间关心悉尼俱乐部里的那些印度王侯和西班牙绅士。"

在这封信上他签上了自己名字的全称（"以证明我也是个贵族，尽管我甚至曾被墨尔本俱乐部拒之门外"）。[32] 艾尔茜在回信中继续和他开玩笑。她描述马林诺夫斯基"带着尼采式的轻蔑看待那些雅拉河畔的情侣们"，以及后来她如何在图书馆瞥见一个男人"迈着得意洋洋的步子，头仰得后后的，就像马林诺夫斯基博士一样（我怀疑他近视，还被链球菌感染了）。"[33]

现在是查尔斯阵亡两周年，正当她觉得已经准备好忘记他的时候，她又开始为布罗尼奥担心了。他就要去阿德莱德了，决心去和尼娜做一个了断，但她也不知道他会不会反而重燃对尼娜的爱火。她把即将到来的重遇看成"一场考验"。她下定决心，如果事情还是老样子的话她就必须离开他。

他在那天早上装上一套新牙后嘴就一直疼个不停，带着疼痛他在8月9号离开了墨尔本。之前一天他去了维多利亚兵营，申请离州许可。有他签字的"外国人"表上将他描述为身材纤弱、浅棕色头发、面色蜡黄；他的身高现在的记录是5英尺7英寸——比1915年少了4英寸。[34] 望向东边车窗外的丹丁农山脉，他突然感到一丝伤怀，希望自己是要去那里找艾尔茜，而不是坐上这相反方向的列车。他觉得自己就像正在"向一座悬崖靠近"，事实上，罗夫特山之行预示着一场道德沦陷。尼娜没有怀疑任何事，一如既往地信任他，而且（他猜测）还继续抱着对未来的期望。斯特林夫人也一如既往地好客，亲切热情地款待着他，还好心地问起马森一家的近况。在斯特林爵士的书斋，他看见艾尔茜的书和自己的书紧紧地挨在一起。

感受到尼娜脆弱的状况，他对自己的决定有些迟疑。欺骗继续，他们之间的通信也将沿着错误的方向发展，直到终将无可逃避的一天，她会发现他的背叛。他没有成功地通过艾尔茜未言明的"考验"，而是带着深深的自责于8月17日返回了墨尔本。在雅拉河畔他们常坐的椅子上，艾尔茜听他讲述在阿德莱德发生的一切。她回忆道："当你说一切照旧时，我的心口一沉，几乎有种受骗上当的感觉。"但她还是接受了他的托词:尼娜病得太重,以至于不能让她面对这个真相:"我们到此时已对彼此太重要了,所以我必须妥协。"几天后的一个晚上,一起听完一场交响音乐会后,他第一次和艾尔茜做了爱。后来她说,"我们就像两个从海难中昂首走出的人,不是吗?" [35]

"基里维纳",一本没有诞生的专著

马林诺夫斯基的健康在 8 月有所恢复。他坚持服用砷和其他一些补养药品,到了月底他觉得自己又强壮起来了。他重拾工作,莱拉也帮他完成了特罗布里恩德手工艺品的分类工作,他日后会以蒙德的名义将这些手工艺品捐赠给墨尔本博物馆。

正是在这段时间里他告诉艾尔茜:"我的工作已经完全被你的人格所浸透,每次当我计划什么事或者写什么东西时我都发现自己是在对你说话。" [36] 简而言之,她已被树立为他的缪斯女神,并在慢慢成为他的文书。她同时还是他的主编。在舍布鲁克时艾尔茜就编辑了一篇三千字的文章,这是马林诺夫斯基受邀为澳大利亚百科全书写的。他之前的几个月就已开始尝试写这篇稿子,还寄了一份给塞利格曼,供他"对用词进行润色"。[37] 这篇以"巴布亚-美拉尼西亚人"为标题的文章是一篇特罗布里恩德民族志的简明版。艾尔茜读了两遍,之后向马林诺夫斯基提交了四页评论与纠正意见。这些意见在展现她如何通过编辑干预马林诺夫斯基的写作方面犹有价值,因为她日后对马林诺夫斯基所写文字进行评注时所采用的方法在这些意见中得到了典型体现。

留意到他对批评的敏感,她提建议时带着一些颇具幽默的圆滑。她的编辑风格果断而细致;她对他的风格进行把控,纠正拼写与用词上的错误,偶尔还对他平淡的行文进行润色。她会十分有策略地先称赞他,然后再建议他如何能够通过"更干净利落的"写作让文章得到提升。"我觉得你能在如此有限的空间里阐发一个如此全面的观点真是太棒了……写作时不要老想着通俗流行的写

第二十二章

艾尔茜

作风格：与风格上的精致相比，更重要的是对意思的精确表达，即便这样会让句子显得有些生硬。"在日后的年月中，马林诺夫斯基会致力于以一种既流行又学术的手法进行写作。艾尔茜的建议帮助他实现了一种平衡，让他的文章也能被外行读者所接受。这一次，她鼓励他避免使用被动语态（"猪被饲养"），并取笑了他笨拙的句子结构（"'在民族学意义上有兴趣的旅行者'……我能肯定斯特朗和其他人会更愿意你说'那些对民族学感兴趣的旅行者'"）。马林诺夫斯基之后还做了一些修改，不过终稿直到1926年才得以出版。[39]

马林诺夫斯基从1916年年中就开始断断续续写作的那本书日渐成型，它将成为一部宏伟巨著——"至少有一千页"，他这样告诉亨特。"基里维纳：一部关于特罗布里恩德群岛土著人的专著"是他在1917年11月的日记中为这本书想的标题。[40]书里会包括他所了解的关于特罗布里恩德人的一切。"这部作品的目的是对一个土著部落进行清晰而完整的描述"，这是后来一个版本中以"岛民"为标题的第二章的开篇文字，由艾尔茜拟写。写作工作占用了他在墨尔本"第三时期"的大量时间。正如他在回忆日记中所写："我全面地回顾了这些材料。艾尔茜越来越多地帮忙。我对几乎所有东西都进行了编辑，一段接一段地疯狂工作。"

他的文件中留存下了几份手写大纲。[41]其中最详细的一份概要约写于1918年末，根据这份大纲，该书将由八部分构成。在介绍方法论的"绪论"之后，六个部分分别被用来阐述社会结构（或社会学）、部落生活、经济、巫术-宗教观念与实践、知识、巫术与艺术及语言。第八部分会有五到六篇篇幅庞大的附录，此外马林诺夫斯基还想设计一个"文件袋"贴在封底内页。"基里维纳"的诸部分将由细分到节的许多章组成。

或许看起来有些奇怪的是，在完成了《巴罗马》这篇具有创新性的、在理论上有侧重、在方法论上有警觉的"迷你专著"之后，马林诺夫斯基会想要重新走回传统民族志宏大巨著的老路。这些大纲预示了无所不包的涵盖范围，忠实地履行了哈登式民族志对全面性的要求，甚至一直深入到了鲜为人知的技术层面。在这本书的构想之上隐隐显现的是《问询和记录》长长的阴影。不过"基里维纳"一书的完整手稿并不存在,任何在此基础上进行的推测性的批评都有失公允。马林诺夫斯基自己似乎相信他的"基里维纳"一书会开辟一片新天地。当艾尔茜去舍布鲁克时,他寄给了她左拉的《土地》,并有些词不达意地解释了推荐这本书的理由:"这本书让我有一种认同感,它的旨趣与我在基里维纳所做的努力相近"。[42] 当艾尔茜开始阅读这本关于 19 世纪法国农民艰辛的"民族志式"小说时,她也产生了同感:"它有一个非常强大的核心思想,所有事都表达了这个主题,且都与其相关。因此没有什么描述是琐碎而无意义的……它并不是仅仅呈现给读者一大堆事实……而是不断地在他们面前展现一种哲学思想……这就像在你的作品中一样,当然不是仅仅选取你想要的东西,就像这个小说家那样,你必须呈现所有事实,之后更难的是要让它们与核心思想相关联。"[43] 尽管这些可以说在《航海者》里得到了很好体现,但在"基里维纳"一书的大纲中,这个"强大的核心思想"是什么却一点也不明确。除非,像左拉一样,马林诺夫斯基在写作时脑海里模糊地想着受制于大地母亲的季节的轮回,无论是在农耕角度还是在人性角度。这更可能是《珊瑚园及其巫术》的"核心思想"。左拉曾将自己的艺术界定为"通过某种气质所看见的自然的一角"。其在小说中运用的现实主义预示了马林诺夫斯基的民族志现实主义,而马林诺夫斯基的气质则为他所写的一切打上了标记。

尽管"基里维纳"一书的写作大纲几乎没有预示什么创新,但它还是至少有两个独到之处。首先,方法论介绍几乎可以肯定就是要写成一篇田野工作者宣言,这就是数年之后《航海者》一书中具有开创性的序言的蓝本。第二个创新是通过马林诺夫斯基为一个名为"黑与白"的大篇幅附录所汇集的详细笔记所体现出来的。它从总体上重现了专著中的八章式结构,马林诺夫斯基重新回到各章所探讨的主题,重点关注了殖民接触在基里维纳引发的社会与文化变迁。尽管是以一种电报的形式,但在这区区十多页纸上所包含的关于这一主题的内容却要比马林诺夫斯基发表过的多得多。那个时代的人类学项目,"主要兴趣在于那些作为石器时代代表的'真正的原始人'"。[44] 对后-接触时期的变迁进

第二十二章

艾尔茜

行记录研究还未列入学术议程。在他最后一本关于特罗布里恩德的巨著结尾，马林诺夫斯基不无惋惜地承认，对这一主题的忽视是他田野研究中"最严重的缺陷"。[45] 尽管"黑与白"这一附录从其定义上并非这部专著计划的核心，但是马林诺夫斯基意欲对欧洲人带来的影响以及土著人的反应进行的系统涵括，至少从构想上已经具有深刻的创新性。他在笔记中写道，重要的是，"被新的状况所形塑"的种种变化既不应"被忽视，也不应被掩饰"。对民族志作者来说，说明什么是其所见正在发生的和说明什么是经过重构还原的，以及是如何重构还原的具有同等重要性——而非像斯宾塞与吉伦那样用不正大光明的手法重构那些已不存在的传统习俗。他意图从几个不同视角来观察所发生的变迁，包括政府官员、商人与传教士，以及土著村民的视角。民族志研究者的视角将是客观公正的，它将各方偏颇的观点聚焦合成。更令人遗憾的是，他从未在基里维纳实现这个目标，即系统地写作由接触引发的变迁。

就像要显示他并未完全放弃那些古老的民族学兴趣，马林诺夫斯基建议在"黑与白"附录之前用一章来对特罗布里恩德文化进行拟构，把它看成是以一种连续不断的方式由澳斯特罗尼西亚航海移民所创造的。"文化圈与历史"学派会试图将特罗布里恩德文化放置在范围更大的马辛文化背景中。这一附录的草拟笔记后来也一直没有写到可出版的地步，不过鉴于最近在基里维纳进行的考古学调查，它们在今天又引起了专业人士的兴趣。

马林诺夫斯基为劳神费力地草拟"基里维纳"一书的各个章节所花费的十多个月时间并没有白费。这本未完成的专著被拆分开来，其各个章节也从它们所属的各部分脱离出来，最终散见于他的那些论文中。它们为他的其他著作提供了经过预先消化的民族志材料。"基里维纳"一书的准备工作更快便能显现出的意义有两个。写作此书对他重返特罗布里恩德来说算是一个长时间的准备。通过这一工作他发现了自己材料中的空白并列出了长长的清单，清单上除了问题还有他需要在文字中进一步阐述的要点。不过这部草拟专著更大的意义在于，当马林诺夫斯基返回田野之后，它会为其研究工作扮演明确的指南角色。有了这些文件及其产生的问题来武装自己，马林诺夫斯基只需要核对事实、检验解释并填补空白。由于有固定的条目分类,"基里维纳"一书为马林诺夫斯基限定了调查范围;重新思考整个调查安排简直是不可能的。在这个意义上,"基里维纳"这本流产的专著决定了他下一次考察远征的路线

马林诺夫斯基向穆雷坚持他只能在特罗布里恩德和附近岛屿活动的决定妥协了。这个命令对马林诺夫斯基来说却又是一种解脱,因为他就此摆脱了满足塞利格曼和哈登愿望的义务,不用再按他们一再重申的去"做罗塞尔岛"的研究。相反,他会将这种限制转化为优势,更深地投入特罗布里恩德的生活中;他将学习像一个特罗布里恩德人那样思考与感觉。为了实现这一点,他将需要提升自己对语言的掌握能力。还在墨尔本时他就已经开始草拟一本语法书并编撰一本带注释的基里维纳语词典。他写信给塞利格曼谈这些书的事,塞利格曼则咨询了雷,不过这二人都没有帮上什么忙。"事实是我们这儿的这些平常人都不太习惯语言天才,"塞利格曼告诉他,"雷无疑有丰富的语法与构词学知识,但我和他一起在田野待过,我也知道他哪怕只是要学几个新语言的词都极慢。"[47]

根据他自己的说法,马林诺夫斯基在最初试图分析这门语言时经历了"彻底的失败";正是这一"流产"让他开始进行"大量的语言学阅读与思考"[48]。当他回到特罗布里恩德时,他只需要"一两个月的练习"就能轻松地跟上当地人的谈话并直接用基里维纳语记笔记。[49] 他已经发现了当地文字的价值,因此他会越来越多地记录它们,记录关于所有主题的文字。这便是他田野工作主要成就之所在:其所涵盖的深度与广度以及完美的文献记录,只有通过对地方语言的精通才能实现。

不情愿的离别

他启程的时间日渐临近。皮特组织了"一个送行式"。马林诺夫斯基在9月5号拜访了亨特,确认他在那周的晚些时候会搭乘 *Marsina* 号从悉尼出海。

第二十二章

艾尔茜

事实上,他并不情愿离开墨尔本。尽管身体已经康复、麻烦不断的假牙也已第三次也是最后一次被装好,但他和艾尔茜的感情已经达到了一种离开她即意味着痛苦的地步。他们一起度过了最后一晚之后,她帮他在临行那天打包行李。他心不在焉,脑子里想着"旅程中的清单与细节",而艾尔茜担心的则是他"复杂的情感",她对马林诺夫斯基仍然有些捉摸不定。[50]

艾尔茜、米姆、库纳夫妇和莱拉来为他送行,之后他坐上了9月27日开往悉尼的火车。艾尔茜那天晚上给他写了一封充满爱意的信,信后附言中写道:"我忘了告诉你——圆滑些。"不过这只是一次假离别:他忘了预订卧铺,当他到达悉尼码头时,Marsina号已经满员。9月29日星期六,带着一种缓刑的愉悦,他回到了墨尔本的爱人与伙伴们身边。为了以示庆祝,他与艾尔茜和佩克两姐妹一起去听了一场勃拉姆斯作品音乐会。"我在墨尔本安顿下来,就像要在那里过一辈子似的。"[51]

从斯宾塞那里得知马林诺夫斯基没坐上船的消息后,亨特很不高兴。他写了一封言辞冰冷的信要求马林诺夫斯基前来当面向他作出解释。[52] 所发生的事又一次给人一种感觉,即这位宽厚善良的官员出于对对方工作的尊敬而尽其所能地帮助一个敌对国民,但是对方似乎并不知晓确保其自由的信任之弦有多纤细脆弱。亨特曾经竭力保护马林诺夫斯基,确保他的自由并为他争取继续研究所需的资助;对他来说,马林诺夫斯基似乎对自己受到的优待显得漫不经心,而且对亨特做这些事情会在多大程度上危及自己的地位毫不知情。在10月9号的这次面谈中,亨特坚持让马林诺夫斯基订妥下一班开往莫尔兹比港的轮船卧铺。被一个澳大利亚官僚命令返回田野,这位高贵的波兰人类学家陷入了一种滑稽的境地。

马林诺夫斯基在墨尔本停留的这额外几周让他可以阅读一些关于经济方面的书籍,继续和小圈子成员往来并加紧向艾尔茜求爱。他会和她一起度过傍晚前后的时光,然后步行送她回医院。一个快乐的下午,他们一起乘电车去了墨尔本港。他们在海边漫步并为壮观的日落而惊叹。看着"远处被薄雾笼罩的船只的剪影",他们幻想着乘坐帆船向着南美洲航行。这是"极少见的场合之一,我们装出已经和对方订婚的样子"。他开始叫她"Złotko"("金子")。[53]

按照计划要走的前一个星期,马林诺夫斯基又感觉状况"极其不好",并在10月16日去看了斯塔维尔医生。"我对马林诺夫斯基博士进行了体检,我发现他现在的情况还没有好到能在新几内亚立即展开工作的程度。在我看来有必要建议他推迟开始工作的时间,直至炎热季节结束。"[54]这封信后来是在马林诺夫斯基的文件中被找到的,这暗示马林诺夫斯基曾经两次考虑装病怠工。如果马林诺夫斯基暗自希望能将离开的日子推到次年4月,那么正是斯宾塞阻挠了他的这个计划。他非常反对马林诺夫斯基与艾尔茜的关系,现在只想让他快点走。

离开的那一天,10月20号,事情变得异常尴尬,艾尔茜用"噩梦"一词来形容那天的情况。为了"最后一次在一起",她直接在值夜班时跑到了格雷街。护士长贝尔自有其监控方法。她打电话到"香农里"要求跟艾尔茜通话。警觉的莫莉说女儿并不在家,但也猜到了她在哪里。这个丑闻成了医院里好几天的谈资。马林诺夫斯基就是在这样一场"庸俗"闹剧的阴云之下启程去悉尼的。在马森家和斯宾塞家,他的名字将成为禁忌。[55]

第二十三章

萨马赖

Makambo 号的海上航行

马林诺夫斯基凝视着"波澜壮阔的太平洋"冲击着悉尼的曼利海滩。这让他的精神为之振奋,但却也让他的胃部感到不适:晕船眼看就要发作。感染了艾尔茜讲求实际的作风,他处理自己的行李、货物及办理离岸手续都很麻利。六个军人护送他上了船,"便衣警察"询问他是否随身携带了信件。空气中弥漫着暗中监视的味道。正如他告诉艾尔茜的,"你会觉得所有的水手、服务员和乘客都用怀疑的眼光看着彼此。"(有可怕的传言说8月失踪的 *Matunga* 号被德军的突袭队击沉。)当他们的船从海港驶离的时候,他注意到一种康拉德式的反差对比,这种反差存在于"对文明世界的最后一瞥"、悉尼码头上保证着布坎南威士忌质量最优的拥挤的仓库、还有超出人们想象的广袤大海[1]。

Makambo 号载重量一千多吨,是一艘笨拙缓慢的"小短船"。由于船幅不够宽,即使在最风平浪静的水域它也会颠簸。马林诺夫斯基此时并不知道的是,他此刻想起康拉德是最合适不过了,因为 *Makambo* 号沿澳大利亚东部海岸线而上的航行线路恰巧重复了1888年康拉德驾驶铁制三桅帆船 *Otago* 号由悉尼启航去毛里求斯的航线。[2] 马林诺夫斯基一如既往地被海岸风光所吸引。这就像"听某些音乐一样,你无法捕捉它们的深意"。[3]

一位人类学家的奥德赛，1884—1920

1917 年 10 月 25 日晚上，船在布里斯班靠岸，他被六个海军陪同从甲板上登岸。他乘出租车来到了大学，梅奥邀请他参加了一堂关于宗教社会学的讨论课。"我没有刮胡子，脏脏的而且很疲惫，所以我不太觉得自己是个装饰品，尤其是当时只有四个女孩和一个男人……[不过]我还是无比镇定、沉着而自信地胡言乱语了一番，梅奥说我给我的听众留下了极深的印象！"[4]

当 Makambo 号在大堡礁海域内向北航行时，马林诺夫斯基不由得想起了荷马史诗中充满了神话传说的希腊海岸，他将大陆上的山脉想象成躺卧着的男女众神。并非巧合的是，他利用在船上的这几天时间给弗雷泽爵士写了一封久被耽误的回信，答谢他对"巴罗马"一文的祝贺。[5] 他对弗雷泽爵士极尽赞美，因为他想要表达弗雷泽为他自己如何看待民族志写作带来了何等重要的启发。"主要是通过研究您的著作，我明白了在对土著生活进行描写的过程中生动鲜活的笔触具有至高无上的重要性……事实上我发现，描述中所提供的风景与'环境气氛'越多，该地区的民族学研究就越可信、越容易激发想象。我应该尽力赋予当地事物以生动色彩，并尽我所能地对环境的特征以及事件发生的背景进行描述。"马林诺夫斯基日后会在《航海者》一书的写作中体现他是如何深刻地领会这一点的。

他随后还通过将自己的归纳运用到英国社会的实例中向弗雷泽简要介绍了自己的参与观察方法。"对一个异国的制度的理解可以通过个人在那个国家里'生活'的能力来衡量，这意味着适应其制度。一个生活在英国的外国人，如果不能理解这里的语言、这里人们的禀性、流行的观念、这里的社会风貌中所体现的爱好与时尚的话，他就无法在英国的各种制度中生活：无法享受他们的体育与娱乐、进入英国的学校与大学体系，以及在英国的社会生活中自得其乐并参与英国的政治生活。另一方面，如果他和这些英国的制度保持距离的话，他也将无法深入到英国式的思想方法中。在我看来，相同的道理经过必要的修正之后也适用于土著人社会。"

马林诺夫斯基略带夸张的类比听起来有点自认为高人一等，因为他知道弗雷泽对同时代的异族"他者"的知识仅限于法国、意大利和希腊。有鉴于此，

第二十三章

萨马赖

树立一种类似实施严密监控的第五纵队间谍的田野人类学家形象看起来似乎很讨巧。如果一个人无法取得当地人的身份,那他(她)至少可以——通过学习这些外国人的语言并努力照他们的方式行为处事——作为一个圈外人尽可能多地了解他们。对这一方法的洞悉早在希罗多德那时就已存在,但这却被当代的民族学者们所忽视。他们运用其注重标本收集的自然 – 历史模型及其"野蛮人的民族志"方法进行研究,忽视了社会存在中错综复杂与难以估量之物。马林诺夫斯基所要做的正是重新发现这些错综复杂之物并将它们作为一种新的人类学的基础,这种新的人类学针对的是日常与现实的关注。比如说,我们一定要研究魔法下潜在的那些看似古怪的观念,但是我们也要——甚或是必须首先探求——魔法是以何种方式来帮助人们谋生的。("魔法助自助者"成为他不朽的名言之一。)弗雷泽此前还根本没有按照这些路径思考过。对马林诺夫斯基来说,在全球框架中拟构人类思维的进化,并不比研究人们此时此地所想更有趣;或者从更具可观察性的角度上说,更有趣的是研究人们看待其此时此地所做事情的方法所能带来的结果。这样他就可以开发出一种研究原始经济学的新方法,这一方法避开了那些拟构的进化发展阶段的束缚。

带着讨好的驯服语气,马林诺夫斯基继续写道:"我个人对当地人的精神生活、他们的信仰及宇宙观极感兴趣。不过我也认识到这些东西只有在研究了具体的表现形式之后才能被理解。研读您的著作,尤其是《金枝》,让我对巫术宗教和如园艺、渔业及狩猎等经济活动之间的密切关系深信不疑。"[6]

他忠诚于"心理学方法"(他是从冯特和韦斯特马克而非弗雷泽那里学到的这一方法),不过他最终将抛弃这个名词并将自己的欧洲大陆理论之根隐藏起来。他将推翻旧的体制:这不仅仅包括了哈登、里弗斯和史密斯,甚至还有神圣的国王弗雷泽本人。人类学界的宫廷革命就这样以一种奇特的方式在这封写于布里斯班和凯恩斯之间的信中展开了。觊觎王位者向在位者发出了秘密的警告,此刻他正重新出发,准备去探寻日后能将人类学至尊权威的衣钵传于他手的民族志财富。伊阿宋将带着金羊毛归来。

马林诺夫斯基神话的诞生与北部马辛地区流传的一个故事存在极有趣的相

似点。传说的主人公托克西库纳（Tokosikuna）是一位具有前后两种身份的库拉英雄人物，他来自特罗布里恩德以东的迪古曼努岛。托克西库纳原本是个瘸腿赖皮，丑陋的长相让女人们退避三舍。他出海寻找让无数男人都无功而返的魔笛。经历过许多艰难险阻，"智勇双全"的他终于成功地得到了魔笛。他于是回到了迪古曼努，那里的每个人都为他着迷，因为他完完全全变了一个人——现在年轻的他皮肤光滑，身材强壮。村子里的酋长让位于他，女人们纷纷抛开丈夫奔他而去。在和他的对手展开的库拉航行中，他赢得了最好的贝壳珍宝。迪古曼努心怀妒忌的男人们设计要杀死他，但是无论他们使出何种诡计，托克西库纳似乎都不可战胜。最终他们弄沉了他的独木舟，将他放逐到一个珊瑚小岛。他游到了临近的阿姆弗莱特，诅咒了他的敌人，愤懑地过上了流亡生活。[7]

神话的第一部分讲述了英雄赢得魔笛以及他从一个有病的、残废的、被社会抛弃的人变身为魅力四射的诱惑者（马辛神话中数个有着双重身份的英雄人物之一）的过程。[8] 第二部分讲述了他在库拉交易中面对对手的挑战如何取得了成功，由此爱的魔法与库拉的魔法形成了关联。这个神话的功能，在马林诺夫斯基看来，就是为库拉魔法的体系提供一个宪章式的框架，其中托克西库纳的名字被当成力量的象征。除了它具有的弗洛伊德式象征意义，魔笛还是个人魅力的象征，这使他能诱惑女人并得到库拉交易中伙伴的支持。历经坎坷的英雄得到魔笛后"凭借他对魔法的知识被赋予了非凡的力量"：这就像马林诺夫斯基自己最终凭借他所称的"民族志作者的魔法"成为拥有非凡力量的、充满个人魅力的人类学领导者一样。"民族志作者的魔法让他能够唤回当地人真实的灵魂，勾勒出部落生活的真实图画。"[9] 他的《航海者》就是一个写照。无论我们把它视为一个木笛还是一片金羊毛，如果说马林诺夫斯基的成功有任何一个标志的话，那都一定是关于库拉的这部富有魅力的民族志，它可能也是社会人类学史上最有影响力的专著。不过此时此刻，当他最后一次坐船奔向他的"福地"时，能否成功都还是个未知数。就像托克西库纳一样，他渴望褪掉自己斑驳的皮肤，获得一种纯粹的、完整的、具有不可抗拒之力的身份，这个身份将会让他打败敌人，赢得女人、财富和声望。

第二十三章

萨马赖

重踏险途

第一缕热带的气息在凯恩斯迎接了马林诺夫斯基，不过莫尔兹比港却是热得让人难以忍受。经历了几天"糟透的晕船经历"后，他现在真想诅咒"那些觉得自己'有义务'让我违反所有常识的该死的'保护人们'。"[10] 他对斯宾塞（"秃子"）和亨特（他俩给他起代号为"内斯特"，取自《伊利亚特》中喜好老生常谈的皮洛斯国王的名字）连生了好几个星期的闷气。他责怪他们在这个最热的季节把他送到热带。他和艾尔茜坚信这个季节只能完成干冷季节一半的工作。除了对健康的威胁，他还为和艾尔茜突如其来的分离而泪丧。"我忽然意识到我曾是多么的快乐，尤其最后，当我不择手段要留在墨尔本时。"[11] 带着无可救药的伤怀，每次想到墨尔本他都会有一种"失落的天堂感"。[12]

首席医疗官斯特朗在 Makambo 号停靠时上了船并陪同马林诺夫斯基登了岸。船会向西短暂绕行然后返回莫尔兹比港并继续向东边的萨马赖进发。尽管斯特朗给他留下的印象并不好（"冷淡、无聊、典型的热带进行性麻痹人格特质"），马林诺夫斯基还是在他家的阳台上露营休息。[13] 斯特朗这个东道主当得有点不情不愿："他给我吃的，也在其他很多地方帮我的忙，但我总觉得我轻松愉快和争强好斗的性格让他不安。"[14] 还有一个原因可能就是马林诺夫斯基曾经提议的合作并没有实现。他曾在 1916 年 4 月写信给斯特朗，提议进行"合作研究"。斯特朗的答复是肯定的，建议在比南德尔（位于曼巴雷区）和路易西亚德群岛中最大的苏南岛之间选择一个。如果考虑到人口减少和传统消失的因素，对苏南岛的研究更为紧迫，不过比南德尔有着更为丰富的民族志材料。然而到了 1917 年 11 月，所有合作计划都因斯特朗被任命为首席医疗官而早已被放弃多时。几个月后，马林诺夫斯基从基里维纳写信给斯特朗征询医疗方面的建议。后者的回复看不出他们之间发生过争执的痕迹。斯特朗怀疑马林诺夫斯基"不过是受到了疑病症的折磨"，他也对马林诺夫斯基担心得上钩虫病表示怀疑。他提供了一些可有可无的建议："我认为特罗布里恩德群岛是个非常孤独的地方；不过你应该每天做些运动，保持肠胃正常蠕动；尽可能多和意气相投的人交往。这样你会感觉好很多。"[16] 这充其量也只是些居高临下的建议。

至于他"在新几内亚的野蛮与危险岛屿上的奥德赛"，最初的工作就是要检查自己的补给并向当地政府借一个新帐篷。每到城中一处，她的形象都会陪伴着他，他很快就会将其称为"她的替身"。"我总是能看见你，一个人划着一艘捕鲸小艇穿过海湾，在满是灰尘、反射着阳光的道路上徒步跋涉，开心地、但也热切地看着这些黑人，更加开心地看着那些白人。"[17] 一天他远足塔塔那，这是位于海湾一角的一个莫图人的村子，那里的人会做精致的贝壳碟子。这是近两年来的第一次田野工作。他由老信息人阿胡亚陪同，"很开心又能坐上土著人的独木舟航行……还能听到莫图人吟唱旋律简单重复的划船歌"。[18] 塔塔那从外观上看还保持了传统特征，这和有着现代锡铁皮屋顶、垃圾四散的哈努巴达形成了令人愉快的反差，后者被称为"这片属地上最可怜的村子"。在这次远足中，马林诺夫斯基和想象中的艾尔茜的替身以一种教导的语气说话，并为她"详细解释这个和那个"。想象中艾尔茜对他工作的参与（"我们共同的战线"），将成为他日记中一个持久不变的主题。"你跟着我一起进行身体上的漫游与精神上的远足"，他这样对她说。[19]

不过艾尔茜并不是他唯一的想象中的伙伴。大约在这段时间里，他对之前的一段工作进行了总结，将其归纳到了"科学工作"的条目下，并就此向一群想象中的、人数更多的听众们说道："我开始清楚地意识到我做此类工作的天赋。雄心抱负是我行动的强大动力，同时还有构造材料、创造新事实及在社会学中发现新方向的愿望……艾尔茜、米姆和斯宾塞的角色都是我的听众。塞利格曼则是预备和实施阶段主要的同谋。"[20]

第二十三章

萨马赖

良心的犯人

　　Makambo 号在 1917 年 11 月 6 日把马林诺夫斯基带到了萨马赖。这个如明信片上的照片一样的小岛有着椰树夹道、用碾碎的珊瑚铺成的道路,有着令人陶醉的鸡蛋花与木槿的香气以及鲜红的九重葛,这一切都让他又一次被迷住了。他再次惊讶于东部新几内亚表里不一的热带氛围。"所有东西都喜气洋洋,带着欢笑和天真",但在这一切的后面他觉察到了"隐藏着的邪恶动机"。[21] 关于萨马赖本身,"这个浸泡在光与海之中的美丽小岛……和与这一切完全不和谐的白人的可悲存在形成了对比。"[22] 这便是康拉德式的对道德双重性的理解:玫瑰里的溃烂,微笑下面潜伏的罪恶。

　　入住萨马赖旅馆后,他就等着即将载他去特罗布里恩德的船。他此时感觉自己"身体强壮、办事得力",而且很享受做那些他一般会看成浪费时间的务实的事:"列清单、购物、安排等等。"[23] 不过他还是在考虑设法错过几天之后离岸去特罗布里恩德的船。保罗对此觉得有些难以置信:"你简直是个错过轮船的专家,从豪华的 Burns Philp 邮轮到最小的摩托艇。这次你在船离开前几天就已到了那儿,看你怎么还能错过?"[24] 海德怀疑都是因为她没有在那里"帮你打包、拆包然后再打包你的那些七零八落的东西"。[25]

　　现在他在等待从基里维纳开来的奥尔巴赫兄弟的小艇。泰德·奥尔巴赫(Ted Auerbach)也在等,"在阳台上来回踱步,叫骂着、抱怨着,望着北边艾萨卡的方向。"[26] 在小小的萨马赖岛上游荡,马林诺夫斯基有种被捕的感觉。在实用主义的心态下,他会把此刻的禁锢当成"既是不可避免的也是有用的,因为我可以用这个时间来让自己镇定下来,为接下来的民族学研究作准备"。[27] 而在形而上的心态下,他会觉得是被禁锢在了自己的身体内,小岛只不过代表了"物质意义上的禁锢"。他每天沿小径围着小岛走三次,就像在监牢里踱步的犯人一般。[28]

　　一周之后他就已经开始习惯岛上的生活了。每天 8:00 吃早饭:"米饭、牛

马林诺夫斯基

一位人类学家的奥德赛，1884—1920

排、果酱——常见的难以消化的、带着胡椒味的热带早餐；为了败坏你的食欲，他们还会在你面前放上一大堆瓶瓶罐罐的伍斯特沙司、辣腌菜和其他一些可怕的东西。"[29] 他每天的日程包括和旅馆里的女人们一起喝早茶与下午茶，听她们飞短流长，偶尔也会和她们打打桥牌。尽管他在日记里用波兰语对她们的称呼（baba）有些微贬义，但他还是很享受她们的陪伴。不过他对自己在她们面前的言行还是深感自责。"我对她们极尽甜言蜜语，说话做事流露出自己最原始的欲望。"[30] 他每天花几个小时写日记，有即时性也有回忆性的。这是一种冥想形式。在重新开始写日记的那天，他对艾尔茜写道："不再烦躁焦虑，不再把时间浪费在读小说及东跑西颠和那些长舌妇们聊天上，我决心'集中精力'把我去年在墨尔本的经历写成日记，'好好梳理一下我自己'。"[31] 其后几个星期，他将日记按照提纲表格的原型进行排列重组，这种方法后来为他的民族志提供了一种重要的分析性辅助手段。

艾尔茜和马林诺夫斯基一样也崇拜康拉德。她也在尝试着写一些她喜欢称之为"康拉德式的"小故事。在信中，马林诺夫斯基常用一些他所遇到的殖民者的小故事来满足她这方面的兴趣。他们还讨论过有朝一日写一本热带行记。为了这个目标，他开始不断积累一些不同一般的人物形象，收集一些生动的奇闻轶事。泰德·奥尔巴赫就是这样一个人物："一个瘦小干枯的家伙，容易让人联想到猴子；他是一个酒鬼、骗子、吹牛大王，毫无责任感，是个龌龊但并不一定卑鄙下流的家伙。"[32] 另一个人物是来自罗塞尔岛的商人哈利·奥斯本恩（Harry Osbourne）。他是个身材矮小精瘦的狡黠男人，"常用狐疑的眼光打量你，眼里布满血丝，你能肯定他头天晚上喝高了。实际上他是一个神智学信奉者；每天都会一动不动地看日出；吃素；认为土著人拥有神秘知识。"[33] 马林诺夫斯基对美拉尼西亚人的描写相形之下就苍白多了，而且充斥着陈词滥调。他向奥斯本恩的那些"男孩们"提问题，为提起自己的民族志研究兴趣而了解了足够多的关于罗塞尔岛的事（不过他发现罗塞尔口音的发音音位极难掌握）。"我非常喜欢这些男孩子的长相和举止：认真，不无礼，但也不阴郁，体贴而聪明。"[34]

在萨马赖的这几个星期，马林诺夫斯基花在日记上的时间远多于花在民族学研究上的；事实上，他花在制作龟壳梳子上的时间也比花在民族学研究上的多。这对一个几乎从未对任何手工艺活表现过兴趣的人来说是一种完全出人意料的着迷状态。这就像他要开始打网球一样让人觉得不可能。但是这个自称笨拙与毫无动手能力的男人真为自己在加工薄薄的、半透明的龟壳方面所获得的成功而陶醉不已；令他如此高兴而惊讶的是，他竟然为此还发明了一个合成词：szyldkretomania（"龟壳狂"）。[35] 他告诉艾尔茜，最初的动因来自她常弄丢梳子的习惯。他之前看见过一位"史密斯先生"如何雕刻龟甲，于是受到启发要效仿他。很快他就为保罗做了一把裁纸刀，为海德做了一个鞋拔子；随后他就开始为艾尔茜雕刻梳子。他计划和史密斯一道开发"一种新的巴布亚风格"，并一家店接一家店地跑，为龟甲原料讨价还价。为自己的梳子倍感骄傲，他就像手捧新玩具的孩子一样满世界向人炫耀。

如果说他在做这些梳子时脑子里一直想着艾尔茜，那么他也一样想到了尼娜，因为他也由此发现了手工艺品给独处的人带来的愉悦，而且发现了"小物件的快乐，就像她，可怜的女孩，曾经的那样"。[36] 不管这种情感转移在潜意识层面有何种意义，它通过让马林诺夫斯基对马辛雕刻工艺的欣赏研究更加敏锐而获得了民族志意义上的回报——孜孜不倦的哈登曾在世纪之交之前描述过马辛人这种优美的曲线雕刻风格。[37] 在一次造访罗吉亚的途中，马林诺夫斯基在草绘出海独木舟挡浪板上的雕刻图案时，注意到自己的科学兴趣与艺术兴趣合二为一。后来他将这些图案中的一些运用在了送给艾尔茜的梳子与发卡上。"我觉得我应该穿跟它们配得上的衣服，"她跟他开玩笑说，"它们比我的档次略高。"她会把这些梳子和发卡珍藏多年，女儿们也都还清楚地记得它们。这些梳子似乎象征了马林诺夫斯基的决心：他要赢得她，要配得上她。

马林诺夫斯基

一位人类学家的奥德赛，1884—1920

日记

就像被隔离的犯人被允许采用的方式那样，马林诺夫斯基和自己的日记交流，同时也和自己分裂的性格打交道。他为自己最近的这一本日记设计了一段题词。在黑色日记本的扉页上他题写了"一本严格意义上的日记"，并紧接着在下面写道："日复一日，毫无例外，我将按时间顺序记录我生活中的事件。——每天都对之前发生的事做一个记录：一面反映各种事件的镜子，一个道德上的评价，为我生命的原动力定位，为每一个明天做计划。"在这段的下面："总的计划首先依赖于我的健康状况。现在，如果我足够强壮的话，我必须让自己投入工作，对我的未婚妻保持忠诚，而且要实现为自己的生活与工作增加深度的目标。"这本日后名声远扬的日记就此开篇了，它的英文翻译版在马林诺夫斯基逝世二十四年后由他的遗孀瓦莱塔在稍作删改后出版，日记内容让他的朋友和学生们震惊不已。

日记第一段标注的日期是"萨马赖 10.11.17"。[38] 文中不断可见典型的道德训诫。首先是对过错的罗列，之后便是评价。性诱惑被列在最开始的位置。这些事发生的地点既有护士长"漂亮妩媚"的医院，也有凯特·扬夫人的女儿们帮其经营的旅馆。女儿们中最大的是比马林诺夫斯基小两岁的弗洛拉·高夫顿（Flora Gofton）夫人。随着丈夫在法国去世，她即将成为萨马赖快乐的寡妇。他在日记开篇交代了自己所犯的三个过失：他"在精神上抚摸了"护士长；他还对莱拉·佩克产生了"淫秽的想法"；此外他还向弗洛拉·高夫顿示好（"我想象着爱抚她、剥光她，还盘算过把她弄上床要多长时间"）。"一句话，我在思想上背叛了'Złotko'［艾尔茜］。"他因为这些过失而给自己判了负分，它们抵消了他不让自己看小说而得到的正分。

还有一种"灾难性的倾向"要用想象的羞辱去惩罚那些阻碍过或骚扰过他的"无赖们"，尤其是斯宾塞、穆雷、斯特朗、Burns Philp 贸易公司经理，还有地方行政官坎贝尔和希金森。他也认识到这是一种可笑的心理报复形式，并决心抛弃这种想法。[39] 当然，还有由"懈怠"造成的注意力减退，因为他实在是太放松太漫不经心了。自由散漫是一个主要的敌人，因为它能造成一种内在的空虚，正如前一天下午他完全无所事事一样。一如既往，日记成为一种自我规训的工具，一种将他的"道德无政府状态"置于管控之下并实现自我整合的方法。不过自我反思也让他的缺点显得更加分明，写日记也让他更想向艾尔茜坦承他"最深层"的经历。他对她"最根本的感觉"具有一种毋庸置疑的宗教色彩："我对她怀着深深的信任，我坚信她能带来财富，而且具有宽恕罪行的神奇力量。"[40]

"写回忆性日记促发了许多反思，"马林诺夫斯基在11月13日写道，"一本日记就是一部能被观察者完全接触到的诸事件的'历史'，但是写日记要求具有深厚的知识与全面的训练……我们不能谈客观存在的事实：是理论创造了事实。结果是，并没有一门作为独立科学的'历史'。"[41] 他日后关于历史是一种为现实目的服务的"宪章"的理论在这里找到了其雏形。历史事实并不能独立于理解它们的理论而存在。他在之前一年的"巴罗马"一文中也表述过类似论点，这也会成为他后来成熟的功能主义的一个重要基石。他对历史的认识论层面上的怀疑当然也是出于这个理由。日记的本质就是"对过去的一种探寻，对生活的一种更深的认识"。写这样一本日记本身就是一种创造性活动，因为"通过日记对理解生活日复一日的消逝过程进行训练，可以实现对生活技术的改变"。[43]

他把自己和艾尔茜的相识过程编成了一篇大事记。这部个人历史中的"诸事实"则由他现在对她的感觉所定义。正如他后来告诉她的那样："记日记意味着记录事件发生的日期、它们的外部形态，以及一些能让生活相关的片段被回忆起来的标志。当你再次读它时，在你脑海中激荡的并不是你所写的东西，而是你在彼时经历过的一些复杂的画面，以及许多其他的联想。如果我第一次在市政大厅附近的街上遇见你时就写了一篇日记，那我只不过会记下：'一个外表纤弱的蓝衣女孩，淡色的头发'，以及前前后后发生的一些事情。而现在再读它时，我会看到那个闪亮的时刻，它带着未来的丰富色彩，焕发着彩虹般绚丽的光芒。"[44]

为什么马林诺夫斯基认为他的日记与他的民族志之间的关系"几乎是再互补不过了"?[45] 作为文本,它们的特征差别巨大:一个极其主观,一个力求客观。两种记录文本都由各种描述组成:一个描述的是各种内在自我难以控制的总和,另一个描述的是一个陌生的"原始"社会。不过通过自省,马林诺夫斯基尽可能客观地描述了自己(这里显现出他惊人的直白和近乎忏悔般的诚恳)——就像他置身于一个陌生人群中,他必须专注于对其进行问询并实现理解。反过来,他相信如果他能"从内部"来描写特罗布里恩德人,就能创造出一种深刻而详尽的民族志,这样的民族志可以揭示他们文化的心理动因。日后他会声称在自己的专著中实现了这一目标,尽管在私人告白式的日记与公开的科学民族志之间还存在不小鸿沟。

关于日记的议题具有双重的自反性。他不仅将自己在墨尔本的生活拼合成一部回忆性日记,还"深化了"对他在萨马赖生活的记录。与此同时,他还力劝艾尔茜也写一部起始时间为他们初见面时的回忆日记(一部关于他们之间关系的私密的编年史),外加一封叙述她目前活动与感情的日记体书信。他的计划是要交换彼此的日记。但是这个交换并不完全,因为他的日记是用她根本看不懂的波兰语写的。("为什么你要用波兰语?这对我来说是个陌生的世界,我在那里根本无法跟随你。")[46] 不过他会写出日记的节选版,将其附在信中——就像他曾为之前那些情人们做过的那样。但是这一实践被自我审查所限制,文字段落被缩减很多,以至于没有为主观分析留下多少空间。不过他对"被检视的生活"的胃口却总是显得欲壑难填,他督促艾尔茜告诉他每一件事,不要吝啬于她生活中的那些小细节。"我们所做的事情有许多不同层次,生活之河也有不同深度的水流,尽管最深的一股最重要,而且我也希望你总是能尽量给我你最内心的情感以及你真实的形而上生活的那一股水流,但水面上的涟漪也总是能让我感兴趣的。"[47]

想起了自己的"尼采时代",他相信日记的价值就如同罗马天主教"静修"的一种世俗替代物。"不管怎么说,如果宗教在这方面有作用的话,其作用主要

第二十三章
萨马赖

在于能够迫使人们对自己进行更深层次的反思,并在日常生活中稍作停顿。如果它所引发的是对良心的自由的检查的话,这对人类灵魂来说将是一种巨大的裨益。"[48] 不过他也承认,记日记也有一种危险。"它们会干扰生活的正常技术:发展出自我心理分析、对自我不断的批评,以及价值观的持续变化。"[49] 他自己的自我分析有时就很极端,以至于变得有些病态:"我不仅总是试图触及事物最底层的衬里,去翻寻本能与动机以及潜意识反应的最模糊的几角旮旯,而且在这个过程中我会有一种病态的夸张倾向……我对最反常的、耸人听闻的、古怪的东西有一种渴望,而且我的想象(可能还混合着轻微的装腔作势)总是朝着这个方向发展。我总是易于怀疑别人,想象可怕的可能性,容易受到受迫害狂热症的折磨。这与我糟糕的健康相关,尤其与我脆弱的神经相关……只要我觉得很强壮很健康,所有这些就会几乎消失得无影无踪。"[50]

手淫对他来说带有罪恶的色彩;颇具讽刺意味的是,他为手淫起的暗语竟是"圣经"。屈从诱惑时,他有时会找一些生理原因来为自己开脱:吃了太多太辣的食物,或者感觉不是很好。除了他所说的"头和身体感觉沉沉的——在热带比重增加了",在萨马赖的这几个星期他感觉健康状况还是不错的。[51] 但是一小段持续几天的发烧导致"道德崩溃"和"淫欲发作"。他对这种负面状况的描述对于他所认为的其相反状况来说是具有揭示性的:即他一生都在追求的健康。他列出的这些症状常常是心理上的而非身体上的。对马林诺夫斯基来说,正如思想和情感是互补可分的一样,精神与身体的各种疾病也是如此。"冷漠、疲惫、发烧、情绪上几乎毫无张力";又一次,"身体上和精神上的懈怠",易怒,"对现实的理解力变弱,狭窄的想象力或思考能力的缺失;完全没有形而上状态"。[52] 为了抵抗这种倾向,他念了一段具有哲学味道的祷告:"把我自己浸没在更深的形而上生活之流中,在那里你不会被暗流卷走,也不会被波涛抛来甩去……在那里,我就是我自己,我能够拥有我自己,我是自由的。"这次祷告并未奏效:他被淹没在"过量的淫欲想象和通奸的渴望"中,并大胆地幻想以温柔的方式夺取女人的贞操。[53]

回想起他在墨尔本时的陀思妥耶夫斯基式的情绪,他大胆地作出了一个和过去存在着某种不同的解释,这个解释将艾尔茜放在了有双重标准的两难境地:"通过和我结交私密关系,她失去了无上忠诚的魅力,也失去了不可接近之物与客观之物的魅力。另一方面,她太突然地作为情人站到了我面前,以至于当我拥有她时还没有对她产生足够的欲望。"[54] 可怜的艾尔茜从他为她准备的神坛上滑落下来。他身上的浪漫情怀希望她能继续处于禁忌之下,做一个有着处女美德及对死去男人的记忆抱有坚定忠诚的完美典范。

替身们

在这几个星期,马林诺夫斯基很多时候都是在旅馆的卧室里写日记。从他的阳台上可以清楚地看到海湾、船只、萨利巴岛和向北的航行通道——也就是他"通向田野的门户"。当他写日记时,梳妆台上镜中的他望向自己。他日常的一举一动都有艾尔茜的替身陪伴,这个替身就住在他心里。他很清楚像这样将所爱的人理想化会带来的风险,"因为'替身'肯定会随着时间推移越来越和它的原型不一样"。不过他还是很倾慕艾尔茜强烈的个性,也很肯定不会把自己的形象投射到"那些在心理学意义上尚未成型的空间,投射到一个纯粹被动的、接受性的心智中"。[55]

"我已经妒忌那个替身了,"艾尔茜答复道,表现出对他如此严肃对待的东西有些轻视,"小心她吧。我敢肯定她是只猫。不要让她令你背叛我。"后来她还想知道"这个替身是比我漂亮还是比我长相更一般。我猜更漂亮,这个小畜生。"尽管她也和他留在了墨尔本的替身进行交流,但"他不像真实的你那么好","每当真正的布罗尼奥写信来时,我就会发现他从任何一个方面看都比他的替身强。"[56] 她已经开始意识到,从性格上讲,比起她"亲爱的恶毒波兰人"来,她是一个更开心、更乐观的人。她更多地活在当下,因为"仅仅只在回忆中品味快乐有什么用?"[57]

他所写的想象中的替身是激情渴望的投射物,是通过一封封情书滋养起来的。然而马林诺夫斯基所经验的双重性则是一个自身内部的现象。"这就好似我们在自己身上怀有双重人格一样",他如此对艾尔茜写道,但脑子里却在内疚地想着尼娜。现在他提升了那个想在思想与行动上都保持对艾尔茜忠诚的、卫道的、有着一夫一妻制思想的自我,并以此来对付那个"想象着剥光"甚至是"抚弄"每一个与其不期而遇的漂亮女人的、道德败坏的、淫邪的自我。重读自己写给她的信,他可以预见到,她并不会怀疑他的这种双面性,因此他决定告诉她。他想迫使他们的爱情进入深水区域,向她揭露自己的替身,吐露自己所有的怀疑、厌恶和"情感低潮"。[59] 在这种告解的冲动中带着一种自傲,他似乎也想用这种为了保持忠诚而付出的英雄般的努力来打动她。事实上他想进入的是一片危险水域,而他则不顾危险地前行,指望艾尔茜的爱是无条件的。

他离开萨马赖的当天还在写一封告解信。[60] 他提到了"记忆中一些过去经历的强烈回归",他承认,"我在这里受到了一些诱惑:当然不是棕色皮肤的女人。"在没有指名道姓的情况下,他描述弗洛拉"非常漂亮",尽管"正开始走下坡路","在这些'殖民地'环境中变得粗糙而平庸"。他又忙着补充道:"我没有再往下发展,不过我还是情不自禁地倾慕她而且觉得她被浪费真太遗憾了。"[61] 他并没有提自己任何其他的情色幻想,也在尼娜和莱拉的问题上保持了缄默。当然,理想的状况是"根本没有其他任何女人"能让他觉得受到了吸引(也没有任何其他男人能吸引艾尔茜),但他也觉得"我俩都有太丰富的想象力,太多的对故事的好奇,太强的对人的兴趣"。尽管他觉得自己曾有过"比她多太多的过去的'生活'",这对她来说有些不公平,不过在这个问题上男人和女人之间存在差异,即一个男人或许能在某种程度上重拾"贞操"。[62]

11月25日,艾尔茜去医院切除了扁桃体,因此马林诺夫斯基的信可能直到12月底才到她手中。他的告解让她深受伤害,情绪低落。在回信中她没有理会明显的双重标准,而是解释她现在对他的爱情所感受到的强烈的不安全感。她从来没有想过他会有可能"在思想上再有出轨"。"我并不满足于不完全的给予……我不想要什么虚假的忠诚,我有些怀念和查尔斯在一起时那种置身于安全港湾中的感觉。我感觉到似乎将会突然发现自己处于漂泊不定的状态中。这让我害怕。"她已经有了一种想法，或许是模糊的，即嫁给马林诺夫斯基将会给她带来危险。"我感到，如果我对你来说不能在肉体上成为你理想女人的代表的话，这就会为将来埋下危险的种子。无论其他时候如何，现在我都应该是唯一占据你脑海的那个人。如果不是的话，那就存在某种至关重要的原因。因此我开始怀疑，你爱上我的主要原因是否是恋爱对你来说近乎一种必要，而我正是那个最现成、最适合的人。"[63]

如果马林诺夫斯基对这些疑虑做了直接回应的话，那封信也未能被留存下来。而他在日记中则继续强调自己对她强烈的爱，说自己带着"柔情、深刻的友情，以及激情"想念着她。当他读她的信时，她的人格魅力让他的脑海中"充斥着美妙的音乐"。如果他确实偶尔自问过她是否就是他的那个"完整女人"，他也只是把这种疑问埋在了心里。[64]

11月21日，穆雷和他的侄子莱昂纳德突然出现在萨马赖。马林诺夫斯基的第一反应就是想躲开他们。岛上的人们曾经谈论过珍珠商人维雷贝尔伊（C. A. Verebelyi）的事情。他是一个有着匈牙利出身的英国公民，之前在特罗布里恩德经商。由于受到秘密告发，穆雷不准他离开萨马赖，因此他事实上是在大战期间被拘禁在了那里。[65] 对马林诺夫斯基来说，维雷贝尔伊的命运令人不安地提醒着他，他的自由也是岌岌可危。

尽管穆雷第二天就礼貌地欢迎了他，马林诺夫斯基一定还是显得很紧张。"我说话太快，而且有些张扬。我像变了一个人。有失尊严，太巴结了。他没有提到我的工作和任何严肃的事情，除了我的健康。"不过莱昂纳德对他工作的评价却"近乎吹捧"，马林诺夫斯基也回报以对澳大利亚的赞美。莱昂纳德的友好让他松了一口气。这消除了"不愉快的人际紧张关系"，还为他获得居住许可的延长带来了一些希望。他在 *Makambo* 号上给塞利格曼与弗雷泽写信时就曾提到过这种可能性，并希望他们能够运用其影响力让他能在巴布亚多待六个月。

对穆雷来说，他仍然怀疑马林诺夫斯基是一个亲德的鸡奸者，不过他显然没有证据。正如他对其嫂子梅·穆雷（May Murray）承认的那样："我对他的反感有一部分缺乏理智，有一部分则是因为他被怀疑在土著人中间传播了——或者至少是像要传播——一些他们最好不要染上的习惯。"[66] 幸运的是，这个恶毒的影射并没有妨碍梅的丈夫吉尔伯特·穆雷在日后与马林诺夫斯基建立友谊。

在萨马赖的这最后一周里遇到的另一个老熟人是从迈鲁来的传教士萨维尔。马林诺夫斯基自从1914年12月和他不欢而散之后就再也没有见过他。这次相见"双方都带着明显的尴尬和夸张的礼貌"。在谨慎地为过去的行为相互表达了歉意之后，他们谈论起了马林诺夫斯基关于迈鲁的报告（"我贬低它，他则不太诚恳地称赞它"）。马林诺夫斯基之后陪同萨维尔夫妇去了趟科瓦托，甚至还提出了继续在迈鲁民族志研究中进行合作的计划。但是他们重新建立的友谊第二天就又崩溃了。在讨论这场战争时，萨维尔不合时宜地说："我很惊讶你没被关起来。"马林诺夫斯基"非常尖刻地"回敬了他，后来又在日记中痛骂了这个令人鄙视的"小菜贩子"一顿。[67] 他们之间的关系直到萨维尔1924年来伦敦经济学院上课才真正得到恢复。

"签约受雇"

尽管马林诺夫斯基在萨马赖操着"可耻的"洋泾浜英语零零散散地开展了一些田野工作，但他对此却有些漫不经心。这种站在真实行动的舞台门槛上等待"某事发生"的悬而未决状态，对研究来说并无益处。他从巡回航海的土著人那里了解了些许关于库拉的知识，不过大多数时候他都不太愿理会他们。"这些在萨马赖游荡的半文明土著人在我看来不用说都是些讨厌、无趣的家伙，对于研究他们我一丁点儿兴趣都没有。"[68] 不过他还是在当地范围内收集了一些关于库拉的信息，这些信息根据他此前已经了解的情况来看都是"非常有用的"。[69]

他还去临近的罗吉亚岛进行了几天关于独木舟的研究。那里有一艘来自伍德拉克岛的独木舟，他进行了测量、素描和拍照；但是当地村庄"毫无特色"，并未给他留下什么印象,所以他也不打算在那里待到按计划将要举行的托雷哈(toreha)猪节。他注意到自己对"这些零星工作的徒劳无功"有些无动于衷。另一天,他雇了一艘摩托艇载他去了萨利巴。坐在一座房子的阳台上,他有一种"失去方向"感。这种感觉每当他置身于"土著人群中新的、不熟悉的地方时"就会困扰他。这个村庄的景色激发了他的兴趣,不过他又因为造访时间太短而有一种挫折感。成果丰硕的民族志需要有充足的时间做基础。

他到萨利巴最直接的目的是要招募一个能当他"管家、厨子和贴身侍从"的人。泰德·奥尔巴赫推荐了德鲁西拉(Derusira),说他是"一个有一定文明程度的萨马赖男孩"。[70] 因为一头蓬乱的浅红色头发和金棕色皮肤而得到"生姜"外号的德鲁西拉,基里维纳语说得还行,但是洋泾浜英语却很糟。不过因为现在正是准备索伊节的时候,"生姜"并不情愿离开家。马林诺夫斯基和他讨价还价了一番,最终说服他"签约受雇",酬劳是一个月十五先令。这件事让他思考:"什么是我的研究最深刻的本质?是要发现他[土著人]主要的情感,他行为的动机,他的目的吗?(为什么一个男孩'签约受雇'?是不是每个男孩,在一段时间之后,都会准备好'签约辞工'?)他本质的、最深层的思考方法。在这一点上,我们也有自己的问题:什么是我们的本质?"[71] 对于这个最根本的问题,这个以各种面貌与其弗洛伊德及马赫理论的潜台词一道贯穿马林诺夫斯基日记的问题,他并没有简明或最终的答案,不过对这个问题的回答肯定需要讨论爱与劳动,以及性与工作的组合问题,他认为这是普遍的人类动机。[72]

他自己是否能够"签约受雇"、延长六个月的田野工作时间也是此刻困扰他的问题。他也在权衡工作与抱负和爱与快乐之间孰轻孰重:对这两组需要他都只能给予延期的满足。12月26日他给亨特和政府秘书钱皮恩发去了正式的延期申请。他在申请中解释道,造成延期的原因包括他糟糕的健康状况、即将到来的雨季,以及8—10月在基里维纳错过的一些重要的季节性活动。他称延期可以让他在4月之前完成其工作。同时考虑到他脆弱的健康状况,他也迫切希望能够避开巴布亚的夏天而在墨尔本过冬。[73] 按照他对艾尔茜的解释,他对这次申请的结果抱着一种"哲学的"态度:"如果他不批准,那真是……遗憾透了，不过无论如何我都能很快地过一遍这些材料，这样就可以避免犯任何明显错误。而且从个人角度讲，能早六个月回墨尔本也真太让我快活了（你理解的，这个公式是：哲学意义上的泰然处之＝在本能和情感上的期望方面极其高兴＋在抱负与思想计划方面极其遗憾）。不过我感到关于这件事我已经非常淡然了。总的说来，我估计他们是会批准的。"[74]

他们也确实这样做了。在亨特的建议下，部长忽略了穆雷的反对意见，批准了延期。[75] 由于马林诺夫斯基的田野成果是积累性的，而且依赖于突发事件而非策略性计划，这额外的六个月（实际上只用了五个月）对其田野资料的数量与质量来说都可谓至关重要。

尽管马林诺夫斯基4月回不来让她感到失望，但艾尔茜还是接受了他的这个决定。她处于悬而未决境地的时间比马林诺夫斯基还长。"我感到似乎我处于一种等待状态，所有事情都被悬置了起来，我现在过的生活根本就不是生活；它看起来就像是在混日子。"[76] 她承认他的工作要比自己的重要。这构成了他们不断发展的关系的"由不同阶段所组成的链条上的连接环节"，而且培养了他们彼此之间在精神上的亲近感。然而，这个问题还是牵涉到她的独立性及在今天会被称为其女权主义信念的东西。他直截了当地表达了希望她放弃原则、不再争取妇女参政权的想法，对此她给予了尖锐的回应。"亲爱的，我希望你在内心深处不再有妇女参政权论者的想法。如果你能成为他的亲密伙伴，而且在共同的不平等问题上超越彼此的平等关系，那又为什么要把一种斤斤计较的平等强加给男人，而不是在这些情况下选择被接纳，从而进入一种真正的亲密伙伴的关系中呢？"[77] 她的回应也用了一个反问句："为什么一定要让妇女参政权论者和妇女对立起来呢？当然，我并不认为两性就是平等的。我现在比过去更强烈地感到性别深刻地影响了心理学，诚如两性使然，这导致一种类型的不平等。这种不平等或许令男人必须在某些事情上扮演主导角色。但我并不认为选举与此有关。这似乎只是一种技术层面的差异。"如果妇女可以接受与男人相当的教育，那么阻止她们在牛津剑桥或者说阻止她们在法庭上运用她们的这种资格就是不合逻辑的了。"在这些实际问题上我将一如既往地做一个妇女参政论者。"[78]

马林诺夫斯基

一位人类学家的奥德赛，1884—1920

从萨马赖的禁闭状态中解放出来，马林诺夫斯基和泰德·奥尔巴赫一道在 11 月 29 日深夜坐上了 *Ithaca* 号。他在《航海者》一书里对多布地区的浪漫描写中将会回溯这段海上航程。[79] 米克·"希腊人"·乔治是 *Ithaca* 号的原主人，他出于怀乡之情用自己出生的岛屿名给这艘艇起了名。当马林诺夫斯基在破晓时分醒来时，这艘艇已在东角以外海域，他现在已经可以看到布维布维索——死者之地，这是阴森地蹲伏在诺曼比岛上的一座散发着不祥之气的秃山。马辛的海陆景观中"饱含着传奇意蕴"，所罗门海这一段多岛的海域就像爱琴海一样，也是超自然神灵们聚居之地。马林诺夫斯基将在《航海者》一书中写道："曾经就是一块岩石，现在却变成一个人；曾经是地平线上的一个小点，现在成了一盏指路灯塔，因为和英雄们的浪漫联想被神圣化了；毫无意义的景观组合获得了意义，无疑是模糊的，但也饱含了强烈的情感。"[80]

进入道森海峡时，他草绘了当特尔卡斯托山峦起伏的岛屿的剪影。人口众多的多布地区"镶嵌着许多有着特殊神话价值的地点"，这里是"晦暗不明的历史中闪烁着神秘灵光的水手与英雄们展现其英勇与力量的土地与海域"。次日，小艇沿着弗格森东部的海岸向上航行，经过了萨那罗阿岛。那里有两块黑色的岩石突起，那是阿图阿因和阿图拉莫阿兄弟俩。不远处是他们丢失了梳子的姐姐西纳特姆巴迪叶伊。[81] 他们继续航行，经过了遍布岩石的特瓦拉岛，那里有已化成石头的另一个变了皮肤的库拉英雄卡萨布维布维锐塔，他站在那里，作势要为穆于瓦而跳进水中。他们继续在雄伟的科亚塔布（或称奥亚塔布，即"禁忌之山"）双峰下朝着阿姆弗莱特群岛行进。傍晚，小艇在古马希拉抛猫，这里是满怀仇恨的托克西库纳诅咒他的敌人并化身为石的地方。

马林诺夫斯基为阿姆弗莱特的如画风景所陶醉。他准备好要上岸去查看那些小巧的、灰色中带着桃红的屋舍和那些为它们挡潮的石墙。从人类学角度讲，这些微小的、多岩石的岛屿还是处女地。正是怀着这种想法，他在日记中写道："拥有者的感觉：将要来描写它们或者'创造'它们的人正是我。"[82] 对于这一声明所有权、甚至是有帝国主义意味的主张，许多评论者详述的二次神话都推测他指的是基里维纳。某种程度上，他的确是通过自己的民族志为后来几代人类学者"创造"了基里维纳。不过更狭义的事实是,他的这一主张直指阿姆弗莱特,这是他计划在不久的将来就要进行研究的地方。

当他们在暴雨中向基里维纳航行时,马林诺夫斯基将自己裹在船帆的帆布中打盹——他竟意外梦见了那些库拉英雄,或许还梦见了托克西库纳在希腊神话中的类似人物伊阿宋,他正驾着独木舟向科尔基斯前进,准备去夺取金羊毛。巨大泻湖中的海水立刻变成深绿色,"细细的地平线"碎散开,"就像是被一支粗铅笔画过一样"变粗了。[83]这条线溶解成几个低矮的灰绿色珊瑚岛,岛上微微发光的棕榈树就像直接从水里长出来一样。当他在西纳克塔徒步登岸时,穿着黄衬衫和卡其布长裤的乔治·奥尔巴赫欢迎了他。他的流放已经结束,他回家了——重又回到了那些商人们中间。

第二十四章

重返岛上

商人们的特罗布里恩德

在奥尔巴赫的种植园，戈马亚迎接了他并向他讨要烟草。发现自己这位长着一张狗脸的朋友对自己的感情"与其说感性不如说更为实用性"，马林诺夫斯基向他打听起了新闻。离开二十一个月后他十分热切地想重新拾起最近发生的事情的线索。重返这些岛屿就像是再次进入一个梦境，因为在他生病的那几个月，他已对重拾田野工作失去了希望。"我曾相信我将再也不会看到基里维纳，而且我也并不是太想去那里。"[1]

他乘 Ithaca 号穿过熟悉的绿色泻湖来到罗苏亚，向副地方执政官坎贝尔报到。他似乎不再像以前那么令人讨厌了，不过忌惮于他在这些岛上至高无上的权威，马林诺夫斯基还是有些紧张。汉考克为坎贝尔起的绰号叫"PC49"——这是伦敦人喜欢说的一个笑话。汉考克在一年之前就曾写信给当时在墨尔本的马林诺夫斯基博士，邀他在回来时来自己在古萨维塔的总部看看，于是马林诺夫斯基离开罗苏亚后又去了汉考克那儿。[2] 他在那里待了一周，整理好自己的装备，试着重新适应基里维纳的陌生环境。他也重又熟悉了汉考克和他那鼻音浓重的伦敦腔。在澳大利亚，汉考克曾在铁路上、矿上和商店里干过；在巴布亚，他曾在曼巴雷的金矿里赚过钱也赔过钱，最后他才在古萨维塔经营起自

第二十四章

重返岛上

己的珍珠生意。他通过娶另一个商人米克·乔治与一个村子里的女人生的女儿巩固了自己的生意。"我总是想着汉考克最根本的问题:他和玛丽安娜的婚姻;他对孩子们的爱。他像对一个土著人那样对待玛丽安娜,强调她古铜色的皮肤……我觉得这对他来说或许是聪明之举,因为他早已做好最坏的打算。"[3]

不情愿就此开始工作的马林诺夫斯基被"慵懒情绪"打倒了。他开始服用奎宁和甘汞,并在无聊的小说中寻求消遣。"最初几天我沉浸在自己的世界中,达到了令我自己都反感不已的地步。"第四天他强迫自己去了临近的图夸乌夸村,尽管"无法想象"自己要在那里干什么,他还是开始和人交谈,而且马上就被一群叽叽喳喳的村民围了起来。在他的唆使下,一个老妇开始讲一个内容淫俗的民间故事;其他人不断插话,讲一些下流笑话,"整个村子笑声阵阵"。马林诺夫斯基觉得"有点庸俗",不过这至少是个开始。[4]

第二天他研究了一些渔网,做了些关于捕鱼技术的笔记,沮丧地发现自己之前收集的信息并不充分,现在再想对已发给皇家人类学会的期刊《人类》的那篇短文章进行补充已经来不及了。从抵达之日起就一直困扰他的那种"荒谬感"开始渐渐淡去,不过令他尴尬的是,他得知特亚法的村民正在猜测他的身份——他就是那个曾经来过的丁姆丁姆还是他的兄弟?

在古萨维塔的最后一天,一个民族志意义上的好运不期而至。特亚法举行了一次瓦西(waxi),即用鱼换取芋头的仪式,他细致地观察了仪式并拍了照。后来汉考克还对他的笔记做了"修改与补充"。[5]汉考克在马林诺夫斯基的这最后一次田野之行中提供了更大的帮助,有他在基里维纳或许是马林诺夫斯基好运中的好运。正是他为这个受够了土著人的民族志学家提供连续数周的庇护之所,为那些他们在一起畅饮啤酒,谈论嫖妓所带来的刺激的"在卡普安(Capuan)的日子"提供了场所;充当了马林诺夫斯基收集和保存那些"小奇珍"时的代理人、保管员和包装工;提供了寄收信件、自由使用小艇的服务;同样是他当这位博士在奥布拉库住下时,定期供给他新鲜鸡蛋与牛奶、家中自烤的面包、成袋的槟榔子与烟草棒。此外,汉考克在马林诺夫斯基勤勉以对但绝少从中获得享受的摄影工作方面给予了技术建议并提供了暗房设施,如果没有他,这位民族志学者就不会留下那些在特罗布里恩德的工作照。这些装饰了其数本专著的经典照片都是出自汉考克之手，这些照片包括：姿态傲慢的马林诺夫斯基与戴着假发的巫师托古瓜（Togugua）在一起；戴着太阳帽的马林诺夫斯基蹲在地上观察游戏中的孩子们；打着绑腿、穿着白衣的马林诺夫斯基和他的塔巴鲁贵族朋友们在一起，手腕上挂着价值连城的索乌拉法（soulava）。[6]这些照片诠释了参与观察的方法论原则，它们传达的信息值得用数页文字来叙述。因为这些帮助以及"那么多友谊之举"，马林诺夫斯基在《航海者》一书中对他进行了鸣谢，之后又在《野蛮人的性生活》中再次感谢，称其为"一个拥有非凡智慧的商人，是我认识的最高尚的人之一"。[7]

当然尤其重要的是，汉考克还和马林诺夫斯基分享了他多年来在基里维纳所得到的民族志观察成果。不过后来将自己在特罗布里恩德进行的业余民族志尝试撰文出版的则是另一位珍珠商人：拉斐尔·布鲁多。拉斐尔和他来自巴黎的妻子西蒙妮在特罗布里恩德生活了几年，拉斐尔来这里是为了作萨姆·布鲁多的合伙人，在潟湖的另一侧进行工作。"商人是和土著人的生活离得最近的人，"拉斐尔写道，"由于工作需要，他们不得不说附近村庄的语言……他无疑占据了对他们进行民族志调查的绝佳位置。"然而即使对于意愿最强烈的商人来说，因为缺乏从事民族志研究的训练而且最终会屈服于热带的"习惯性懈怠"，他们的胜任也只是个幻想般的期望。政府官员也并不更适合做民族志研究，因为"他们代表了可以进行处罚及宣判关押的权威，他们比任何其他行业的人都更难了解土著人，因为后者不得不总是在他们面前卑微行事"。鉴于这些原因，布鲁多总结道："在马林诺夫斯基博士到来之前，特罗布里恩德群岛上的许多细节都逃过了观察者的眼睛"。[8]

马林诺夫斯基会自恃清高地贬损其他白人，说他们"绝大部分都满怀一般人难以避免的偏见与臆测，不论是行政官员、传教士还是商人。然而这对一个对诸事物抱持客观、科学态度的智者来说是极其令人厌恶的"。[9]（他意欲"欣慰地"将汉考克、拉斐尔和吉尔莫神父"排除在外"。）后者的这些观点面向普罗大众，也设想了一群支持人类学目标的读者群体；不过马林诺夫斯基对与他的这些同类交往感到不舒服还有别的原因,尽管他们拥有建立在共同欧洲遗产之上的"身份认同的团结"。他曾对艾尔茜解释过,他总是在"官方"白人和土著人这两个世界中来回摇摆。那些政府官员代表了"繁文缛节、缺乏想象力、滥用权力、化机会为平庸",那些传教士则代表了"老古板、对生活的主要目标持固有的谎言态度"而且"给土著人带来了极坏的影响"。与白人交往还能令他分神、销蚀他的宝贵经历。"热带禁社交"(tropical non-sociability)是他用来解释自己对在他帐篷门前出现的白人表现出的怨恨反应的词组:"原因纯粹而简单,有其他白人在周围出现会让我不快,尤其是在'我的'地盘上。"[10] "我去找这些人时完全没有我那些棕色皮肤的朋友陪伴,我会带着期待有事发生的冲动,希望自己能被拉出惰性状态。之后我会逃离他们,因为他们'让我反感'。"[11]

如果土著人"不是白人天生的伙伴",那么政府官员或传教士也不是人类学家天生的伙伴。当坎贝尔顺道来访时,就像"边境上的海关检查一样"让马林诺夫斯基不爽;"有些担心他会给我造成一些不愉快"。[12] 商人也不爱和他们来往,通常也很憎恨那些管束他们行为活动的官员。"除非是有公事,我从来都不接近他",汉考克谈到坎贝尔时这样说,这种感觉有可能是相互的。

关于传教士,汉考克通过他们的非传教行为进行评判。提到戴维斯神父时,他语带赞许地写道:"一个真正的好人,完全没有老古板的作风,像约翰一样,他更感兴趣的是他的那些母牛和牛犊子,而不是那些黑鬼灵魂的健康。"[13]

马林诺夫斯基通过一个精炼的小故事刻画了商人–传教士之间关系的一些特点。泰德·奥尔巴赫的阴茎上长了些脓包,于是找到吉尔莫神父寻求治疗。"我得了淋病。""什么是淋病?"天真的传教士问道。"流血的梅毒!"泰德不耐烦地答道。[14] 全十人类学家–传教士关系,玩世不恭的马林诺夫斯基向艾尔茜描述了他少有的几次去奥雅比亚传教站的情况。"三个男人穿着一尘不染的白色短祭袍……我穿着破烂的裤子,袜子卷在裤子外面,睡衣,没有领带,睡衣外面是一件脏脏的外衣……谈话很快就渐入沉寂,在这个年长的和两个年轻的老手之间开始了一种精神交流,带着一种神秘的、虚情假意且言有未尽的色彩。一种井然有序的秘密社会的令人窒息的气氛……为了维护彼此的利益。他们谈了很多关于战争的事……结束用餐后开始祷告，吉尔莫发自内心地说出了一小段现编的祷告词，'保佑上帝'因为他让一切如此舒适与安全，而且你向来知道在事物的最底层总会从盒子里弹出个玩偶小人。之后是对总督及所有立法者的祷告，希望这些法律是良法，此外还有为英国军队进行的祷告（希望他们能够行为得体）等等。"[15]

马林诺夫斯基对当权的白人（包括传教士们）充满鄙视的批评和他对商人那种一般情况下略带困惑的容忍形成了对比。尽管他知道自己在社会地位上高于这些商人，但是他的外国人身份让他和他们在不信任政府这一问题上相互同情地走到了一起。他们组成了受压迫者的反击同盟。不过他与商人们的联系也让他暴露于他们无可救药的种族主义观点与恶言的影响之下。穆雷与吉尔莫都不会在他们的家信中使用"黑鬼"这样贬低的字眼。很能说明问题的是，马林诺夫斯基和艾尔茜似乎都毫无内疚地使用过这个词。

为了迎合艾尔茜，马林诺夫斯基倾向于把这些当地的商人描绘成康拉德小说里那些在热带的肮脏环境中勉强维持着痛苦的、被背叛的生活的人物。例如，诺曼·坎贝尔在二十年前刚来岛上时曾是个"漂亮、阳光、精力无限的苏格兰小伙子"。"现在他已成为半个土著人，嚼着槟榔，一有机会就喝威士忌，完全和文明脱节了，而且（就像大多数可怕的黑鬼一样）腿上伤痕累累，以至于他以坐姿就能在阳台的地板上移来移去。"坎贝尔仍然很和善、好客、大方而诚实，尽管他娶了"最恶心的土著婆娘，她把他的商行变成了特罗布里恩德的妓院"。[16] 艾尔茜则在这样的殖民边疆的废墟中看到了"康拉德式的罗曼史"。

汉考克的老丈人米克·乔治是另外一个这样的人物形象。这位曾经的岛上最成功的商人现在已被哮喘折磨得几乎没了行动能力，他屈膝蹲坐在阳台上，"就像维斯皮安斯基画作中的阿喀琉斯"。[17] 根据现在流传于奥布拉库的说法，米奇·古马吉里奇（Miki Gumagiriki，即"希腊人米克"）用一把钢斧、一整袋衣服和一盒子撮烟草买下了基里比的地。[18] 除了采珠，米克还开商行、种椰子和建养猪场。他养的欧洲肥猪很快就需求量猛增——尽管这引起了基里维纳酋

第二十四章

重返岛上

长们的不满。米克用小猪换珍珠，剩下的猪让当地人代养，并允许他们每一窝留下一到两只。如果政府官员贝拉米通过打破对椰子的垄断而破坏了酋长们的特权，那么商人米克·乔治同样打破了他们对生猪的垄断。到目前为止，酋长们还拥有对槟榔的控制权，不过白人珍珠商不久就通过从其他岛上进口槟榔来应对普通村民难以满足的需求。酋长们自然反对这些对他们的特权进行的经济攻击，但是政府官员又否决了他们的反对。

米克通过娶当地女人伊露美多瓦为妻巩固了自己和奥布拉库的关系，也由此保证了自己可以在当地的泻湖采珠。慢慢地，村民就依赖起他商店的货物和他的馈赠了。马林诺夫斯基发现他和他妻子的村子之间形成了"一种封建的依赖关系"。米克还唤起了马林诺夫斯基年少时代对希腊的梦想："我对地中海有一种潜藏的向往，他那高大、纤瘦、微弯的身形以及憔悴、粗陋但却具有典型轮廓线条的面庞，让我想起那种史前希腊的氛围——那是奥德修斯的追随者和同志们的时代……米克也有他的向往，因此我们能够感受到一种建立在地中海文化影响基础之上同舟共济的灵魂共同体的感觉。"[19]马林诺夫斯基从来没有对任何一个基里维纳人做过如此细致入微的描写。他对这些特罗布里恩德朋友们的漫画般的浅薄描写显示，文化差异与殖民关系造成的隔阂如此深刻，以至于无法让他们形成任何"灵魂共同体"。

尽管米克·乔治渴望回到一个所有商人都"亲如兄弟"的"美好过去"，但令人怀疑的是他们之间是否存在一种团体精神。[20]马林诺夫斯基常常注意到他们之间的相互诽谤。米克称拉斐尔是"那个血腥的犹太人"，而拉斐尔则回敬他为"血腥的希腊人"。珍珠商人们还经常偷入彼此的采珠领地。汉考克在1919年初这样描写过他在卡法塔利亚的经历："我去到那里并在那小块地界上抛猫，几乎采光了那里的珍珠。布鲁多快要疯了，他还告诉那些男孩们他要在下一季打败我，可怜的布鲁多，他完全是个输不起的家伙。"[21]

一项明智的政府管理条例禁止商人们自己潜水采珠贝。马林诺夫斯基发现，对于位于泻湖上的五个村庄来说，潜水采珠提供的收入来源"引发了一场地方经济革命"。买珍珠的钱以现金支付，或是以欧洲商贸货物与土著珍宝结合的形式。"质量上好的珍珠，商人必须用土著的贵重物品来交换——臂镯、仪式用的大斧刃、海菊蛤贝盘子做的装饰品……因此，现在每个商人都有一些土著随从负责磨大斧刃，把海菊蛤贝磨成小碟子形状，偶尔还会解开并清洗臂镯——这样就可以在野蛮人的装饰与文明人的'珍宝'间进行交换了。"[22]

汉考克写给马林诺夫斯基的信中清楚地显示，就像库拉一样，珍珠工业也被狡猾的讨价还价及口是心非的欺骗行为所驱使。商人首先要为土著劳动力竞争，接下来为最好的珍珠竞争，最后要为宗主国珍珠买家所能提供的最高价格竞争。如果了解与库拉相关的实用知识的话，就能很好地把握交易机制。珍珠商人彼此之间直接竞争，就像同一个特罗布里恩德村庄的库拉交易者在访问他们的交易伙伴时为了贝壳珍宝而彼此竞争一样。这是一个使他们既能相互关联又能彼此区别的相似的体系——这一点马林诺夫斯基在当时似乎并没有意识到。对白人商人们来说，他们无意中通过让"一般人"接触他们生产或进口的有价值的物品并让他们可以"买进"库拉而让库拉大众化了。用不了一代人时间，库拉就不再是有地位的男人们独有的追求。

12月9日星期天，马林诺夫斯基和汉考克一起乘船穿过泻湖来到基里比。米克布局杂乱的家被椰子树包围着，高高地坐落在朝向海滩的斜坡上。马林诺夫斯基的来访又有些意想不到的收获，因为米克正准备在奥布拉库举行一次萨嘎利（sagali）食物分发仪式，意在赞助一场卡亚萨（kayasa），即采珠比赛。尽管有这样一件新鲜事发生，在基里比的几天里马林诺夫斯基还是感到了对土著人"与日俱增的厌恶"。

很多人从岛上各处聚集到此，不过他还是对自己的民族志研究感到失望。"我发现自己的方言知识远没有我想象中的那样完美；所以突然间出现了很多我一点也不理解的事，我和我的信息人一道也没法弄明白它们。"[23] 如果他在汉考克那里被弄得有些灰心丧气的话，他在米克这里就更是这样了。

汉考克陪他去了奥布拉库，他们打算在那里照些萨嘎利照片。带着"混杂着残忍与愤怒的情感"他观看了嚎叫着的猪被活烤的过程，当它们被宰杀时他用了一些解剖学术语。在壮观的萨嘎利分发仪式上，他发现基里维纳、瓦库塔甚至是基塔法的大多数村子都被叫到这里来领取他们的那份猪肉与蔬菜。那天晚上米克夸耀说"在基里维纳从来没有看见过这样一场萨嘎利"。马林诺夫斯基并没有评论这样一个有趣的民族志事实，即一个当地的白种男人为了促进自己的商业利益而成功地利用了特罗布里恩德的两个仪式制度（卡亚萨和萨嘎利）。

十分清楚的是，商人们已经成为这些岛屿社会景观中一个重要而且不可或缺的组成部分，而且马林诺夫斯基与他们待在一起的时间比起他后来屑于承认的要长得多。尽管这群出身混杂的欧洲人（德国出生的澳大利亚人、巴黎来的"土耳其"犹太人、苏格兰人、伦敦佬和希腊人）被包括在了他那段时日的康拉德式幻想中，但是他们在他自己炮制的神话中却是缺席的，这个神话讲述了他作为一个人类学家在基里维纳的生活。可以理解的是，从后来的眼光来看，他们似乎的确与对他成就的评价无关。但从记录史实的角度看，马林诺夫斯基自己关于他与这些商人们之间关系的最终陈述是应被质疑的。

在《珊瑚园及其巫术》一书的结尾他写道（无疑指的是他这两次特罗布里恩德田野之行）："仅仅只在满打满算不超过六个星期的短暂期间内，我享受了我在古萨维塔的朋友汉考克及在西纳克塔的布鲁多夫妇的热情款待。其余时间我都是支开帐篷，生活在土著人中。"[24] 因为缺乏日记记录，无从核实其1915—1916年的田野之旅，但是根据他1917—1918年的日记（没有日记时可从写给艾尔茜的信中得到信息），他在古萨维塔和汉考克一起过了八个星期，在西纳克塔和布鲁多夫妇过了三个星期。他还有另外五个星期是在西纳克塔的汉考克的一间老屋舍里度过的，那里离布鲁多夫妇家只有一小段步行距离，他会在晚上和他们一起吃晚饭。他在基里比过的几夜加起来又是一个星期。鉴于这些数字，我们可以宽厚地猜想马林诺夫斯基声称的"满打满算不过八个星期"中的"六"其实是"十六"的误拼。可以计算出来的是他在"土著人中间"住帐篷的时间不过是二十二个星期，而他在1917年12月至1918年9月在这些岛上居住的总时间是四十一个星期。换句话说，他在基里维纳期间有近一半时间帐篷是收起来的。

马林诺夫斯基

一位人类学家的奥德赛, 1884—1920

在奥布拉库住帐篷

12月13日星期四,马林诺夫斯基回到了奥布拉库。由村警带路,他选择了离泥泞的红树林海滩几码远的一处作为自己搭帐篷的地方。这里紧挨着托幼达拉(Toyodala)和他漂亮妻子因内科雅(Ineykoya)的房子。米克的妻子介绍了自己的三个兄弟帮他完成了第一项民族志任务:画出了具体到每个家户的村庄地图。奥布拉库并没有奥马拉卡纳那样令人赏心悦目的同中心对称布置,而是由七个以达拉为基础的小村子不规则地聚集而成。这个草拟的地图是将要断断续续持续数周的详细人口普查与族谱绘制工作的前期准备工作。他不久就对艾尔茜抱怨说这个普查工作"累极了,才做了两个小时我的头就要裂开了。"他还在日记中写道,这是个"单调、愚蠢的工作,但又必不可少"。[25]

正是在这个靠近基里比的居住区,马林诺夫斯基居住了近三个月时间。他主要的民族志目标似乎有三方面内容:在一个没有地位的村庄和奥马拉卡纳的酋长制村庄之间进行比较;研究一个依赖渔业的泻湖村;以及探寻奥布拉库和奥马拉卡纳之间在园艺以及相关的巫术系统上的细微差别。[26]此外,他还力图提高自己的方言水平,更加严格地管理自己对信息进行收集与分类的方法。"我过去工作中的一个重要失误就是没有对完成了什么工作、还有什么需要完成进行控制……我将会在每周留出一天时间,回顾材料,按照我们的'计划与问题'对其进行检查,看看还有哪些是空白,哪些是最迫切需要被填写充实起来的。"[27]他指的是自己在艾尔茜的帮助下编写的许多页问题。这些问题通常是以一种祈使命令的口吻提出(例如"描述现场景观,以便准确得悉氛围"),他还列出了检查清单,写出需要收集哪些工艺品,需要照哪些相,需要去哪些地方,以及每一处需要完成哪些工作。

他在热带麻木感面前的脆弱将会受到严重考验。奥布拉库地处这座岛屿的背风一侧,在西北季风控制的季节,温热的空气"带着黏湿与慵懒滚滚而来",营造出一种"土耳其浴室般的"气息。[28]他这一次更享受"帐篷中的生活"——

第二十四章

重返岛上

上次旅行他"简直恨透了"帐篷。"醒来时从帐篷的一端可以看到蓝色的潟湖和对岸的博伊马坡岛上绿色的红树林带,还可以越过另外一边的尖顶看到村子里的情况。"[29] 不过潟湖也有一面的景色具有一种令人郁郁寡欢的力量,让他渐渐感到压抑。奥布拉库引发了他的忧郁,不过天空的景色是一种视觉补偿,所以他乐此不疲地用文字描绘出如画般的"带着暗古铜色反射的云彩",以及清晨"带着一小片一小片茶玫瑰色的玉髓色天空",还有落日"燃烧着的红砖色"。[30] 潟湖上的月光似乎"为思考与感觉"营造出了一个"巨大的空间",远远地凝视它会让他的思绪融化在缥缈无形的幻想中。

经过小岛狭长的中部地带步行到海边的瓦维拉需要一个钟头。他第一次去时看到"远处带着暗色钢铁般光泽的透明水面,以及一条黑白相间的碎浪花时高兴得叫了起来"。开阔的视野"为度假般的神清气爽营造出一种背景",这在潟湖上是没有的。昔日的瓦维拉是一个大而繁荣的村庄,现在已经萎缩到只有区区二十个屋舍的规模;它有一种可怜的、荒芜的外观,被过度繁茂的椰子林所包围。即便如此,还是有望从这里寻获民族志珍宝。瓦维拉是建立在"占星"基础上的历法知识的一个重要中心地,这里的仪式专家们也涉足祈雨魔法。瓦维拉还是著名的飞妖之乡,于是那天晚上步行回奥布拉库时马林诺夫斯基和着瓦格纳的一段音乐旋律唱起了"吻我的屁股吧!"希望以此来吓退穆鲁夸巫西(mulukwausi)。[31]

渐渐克服了对黑暗的恐惧,他会在黄昏时分在潟湖里练习划米克借来的无篷小船。"这里的这种忧郁而伤感的情调总是让我很喜欢,我能自由自在地梦想与渴望……我还能更自由地思考,并对我的工作有一种更'全面'的认识。"除了给他带来思考的快乐之外,划船还让他得到了一种身体上的巨大满足感。这是一种近乎体育的活动——这是他在通常情况下所鄙视的。"在有点小风浪的海上使用简单的桨与桨架划无篷小船感觉太好了……航行在一艘小帆船上,一想到我在生命中的三十三年都错过了这种美好感觉,而且可能还会在余生里错过它,我险些伤心落泪。这和登山(对我来说也是一个失去的天堂)是我最爱的两种运动。"[32]

12月20日他参加了欧洲人可能会认为是另一种运动的活动,不过捕鱼对泻湖里的居民来说就是一种生计。马林诺夫斯基非常高兴能在抵达这里不久就参加"这个季节里最重要的民族志活动",他也因为能"和这些真正生活于大自然里的人在一起"而感到一种快乐而浪漫的震撼。他也向艾尔茜大致讲述了参与观察的原则:"我过往工作中的另一个重大失误是相较于我所看到的东西,我说得太多了。这次调查中……我所获得的关于基里维纳捕鱼者的知识要比之前从所有谈话里听到的还多。这也是一种更有吸引力却不一定更容易的工作方法。但,这就是方法。"[33]

把剩下的事交给时间

圣诞节开始得并不顺利。他在12月24日醒来时发现,所有的男人都出去捕鱼了。他想照些妇女做丧裙的照片,但他操作相机时笨手笨脚,白白浪费了一卷胶卷。他的挫折感转变成"暴怒与受辱感",吃午饭时他进入了一种慢性恼怒状态。当他使唤"生姜"时,声音里带着哭腔。傍晚时分,两个从萨马赖来的白人到访小岛。在步行去古萨维塔的途中,闷闷不乐的他必须长时间忍受那两个人,"穿过红树林的诗一般的旅途被他们的聊天破坏了"。更糟的是,他的想法也被他所想象的那两个人的想法所影响:"我所看到和感受到的是基里维纳村庄那十足的乏味感;我从他们的眼睛里看到了这些,但我却忘了用我自己的眼睛去看。"[34]

他到汉考克家时发现那里简直被要去奥雅比亚的村民们包围了。无论他们是在巴布亚的哪一处地方建立的传教站,卫理公会的传教士们都会在圣诞节当天举行体育比赛;在奥雅比亚这个传统至少延续了十二年。马林诺夫斯基生气地向艾尔茜抱怨道:"汉考克家下面聚满一大群人,被选出来的参加者甚至睡在阳台上,打鼾的、聊天的、嚼槟榔的,真是一群讨厌鬼。"没有接到信件,他的

第二十四章

重返岛上

圣诞节注定要变得"灰暗、单调和漫无目的"。他在那天晚上尤其思念艾尔茜，还想起了年少时在波兰经历的那些色彩斑斓的圣诞狂欢。"一想到母亲，想到在波兰的友人和我的国家，我就有一种难以排遣的潜意识的痛感。我指的是我用来将自己包裹起来的那种冷漠……每次有信来我都在等候坏消息从波兰传来——我以一种阴郁、沉默和哲人的方式担心着。"[35]

马林诺夫斯基的预感将会变成现实。他的母亲身体出问题了。家族内的说法是她在杀鸡时切到了手指，伤口化脓感染。在她留下的最后一封写于1918年12月6号的信中，她写道："我很虚弱，我的手出了问题——现在我不能出门，也不能自己写东西了。"她急切地想知道他现在是在新几内亚还是在澳大利亚。"你在做什么？怎么样？给我寄张你的照片吧，自己照的也行。给你百万个拥抱！"[36]命运残酷的捉弄让马林诺夫斯基在获知母亲死讯的几个星期之后才收到这封信。

圣诞节当天，汉考克去奥雅比亚观看运动会。马林诺夫斯基则留在古萨维塔，一天大部分时间都用来给艾尔茜写信。为了躲避吵闹，他坐到外边的一把安乐椅上，疲惫的奥吉西（Ogisi）为他撑伞遮阴。他的这个多布男仆一定也想去传教大院，去看那里的独木舟竞渡和拔河比赛，尤其是去看那些穿着节日盛装、裙子短短的姑娘们在传教士们痛苦的注视下调情。错过这样的盛大场面一点也不让马林诺夫斯基有什么困扰。他对体育一贯的冷淡，以及拥挤的人群和传教士都足以让他远离奥雅比亚。不过他放弃自己的民族志研究职责、对那里正在发生的事情不闻不问而仅仅依赖于汉考克的描述来了解这个已经成为一年一度"传统"活动的情况却让人觉得有些奇怪。通过将自己的民族志兴趣完全限制在"传统的"特罗布里恩德文化范围之内，他也在不知不觉中坚守了他所鄙视的那些"只研究古物的"民族学家们的老路。

12月27日，他向罗苏亚的政府管理站作了汇报。坎贝尔和他的顶头上司——来自伍德拉克岛的西蒙斯就马林诺夫斯基的奥地利国籍开了些"愚蠢而令人不快的玩笑"。他在日记里进行了还击。"这些家伙有那么好的机会——

大海、船、丛林、管理土著人的权力——却什么也没干！"[37] 他当天晚上返回奥布拉库，四个小时的步行给了他一个机会来思考他对自己工作的不满意。"在民族学方面：我认为土著人的生活完全无意义和不重要，它们离我很远，就像狗的生活一样。"重新振作起来，他把思考自己将要在那里做什么"看成与自己的荣誉休戚相关"。"我对他们的生活有一个总体认识，还对他们的语言有所熟知，如果我能用某种方式'记下'这一切的话，我就会有宝贵的材料——我必须将精力集中到我的抱负之上，为某种目的而工作。"[38]

思想超出工作之外，他感觉到了一种强烈的"精神冲动"要"和我的伙伴E. R. M.一起过一种纯心智的、与世隔绝的隐居生活。我对拥有她抱有强烈的向往，以至于另一个自我竟害怕如此完美之事真正降临。"[39] 正如他对艾尔茜所说："命运不会对我们太好而不设计一些可怕的报复。"不过他也模糊地、同样也是不理性地相信，他们"已经向命运交了赎金"。[40] 像这样的一些自省也透露出他的人类学宗教理论思想。他的理论相信天意与不朽是最基本的元素。如果他发现后者不可信的话，他就会含糊地相信前者。

圣诞假期结束后，马林诺夫斯基在奥布拉库的生活不可避免地进入了一种有规律的状态。尽管乏味单调，这样的生活确实有助于出成果。典型情况下，他会在六七点之间起床，早餐喝过茶、吃过饼干他会到村里转转。他坚持写了一两周村子生活的民族志日记，流水账般记下人们做的事。不过他很快就对此不满，因为"它并非足够细致，而且没有像记录反常情况那样详细记下正常情况，而后者才是真正重要的"。[41] 有几天早上他参加了卡雅库（kayaku）——男人们商议园艺、捕鱼及即将到来的交换与其他庆典之类社区事务的会议。之后他回到帐篷里写自己前一天的私人日记。大约从10:00开始，他会和挑选出的信息人一起工作几个小时。他尽可能地收集了关于巫术规则的知识（这些在特罗布里恩德文化中极其丰富），通过不辞劳苦地和他的信息人们一起一字一句地翻译它们，许多不同的知识都呈现在他面前："大量迷信、信仰、禁忌、术语和传统镶嵌其中。"[42] 他相信，巫术规则是通往美拉尼西亚人心灵的康庄大道。

第二十四章

重返岛上

吃完"生姜"做的中饭，他会读读小说，小睡一会儿（在懒洋洋的日子里他会小睡几次）；他会在下午稍晚时候再度拿起纸笔开始工作，之后会干劲十足地去划米克的无篷小船。暂时停下来让小船飘荡时他会想起艾尔茜，还有墨尔本的"小圈子"。另一些下午他会和"生姜"步行去来布瓦格，在石灰岩山脊上的蓝色水塘里洗澡。他更常在村外一个僻静处做瑞典式体操。晚上通常是在一顿简单的晚餐之后（有时他只喝茶），他会再和信息人一起工作一两个小时，直到10：00或11：00进入蚊帐，接着或许还要再读会儿书。一周他至少有一次会回顾笔记，把记录"整理得有条有理"；每星期也至少有一次他会因为这样或那样的原因去当地其他村子：或是因为一次萨嘎利，或是那里有人死了，或是为了寻找一个通晓某种特殊的神话或巫术咒语的人。他偶尔也会划船去基里比找米克，当晚再在一顿丰盛的晚餐后返回。

他经常抱怨在奥布拉库工作的单调与无聊。"记下信息时，我有（1）一种迂腐感，我必须数着（3页，2小时，填满第X或Y章的空白之处），（2）一种十分强烈的愿望尽可能地跳过能省略之处。"[43] 当他的兴趣尽失，这样的得过且过就成了民族志研究工作中更大的一部分。"工作进展得并非出色，不过我毫无压力地继续着，我把剩下的事交给时间。"[44]

他已经用完了前几次旅行中使用的笔记本，现在是更有效率地使用活页纸。他开始按照回忆日记的形式系统地练习绘制提纲表或概要图。这样的图表让他能将材料直观化并识别漏洞。他现在记录文字使用12×8英寸见方的速写本。他把本子横过来写，在左手边留出很宽的空白——就像他1912年在扎科帕奈做读书笔记那样。每一张上都仔细地按照其在草拟专著"基里维纳"大纲中的位置用罗马与阿拉伯数字混合进行了复杂难懂的编号。随着时间推移，每张纸左手边的空白处都积累了丰富的民族志与语言学方面的笔记与评注。用蓝色、红色、橙色或紫色的铅笔做记号，马林诺夫斯基将这些内容与他笔记本中编过号的内容或其他文字进行了相互关联。通过这种方式，这些由逐字逐句记录的文字组成的一页页笔记成了内容厚重的、留下了不同时间点痕迹的记录。由于一遍遍的加工添补，这些文本有时都被埋藏在评注与扩展的旁注下。似乎没有

马林诺夫斯基

一位人类学家的奥德赛，1884—1920

什么细节对他来说是太微不足道的；到处都可以看到地方术语的闪现——在空白处和行与行之间。这些表面上看起来显得凌乱的记录其实揭示了马林诺夫斯基下细致工夫的超卓能力。正如他许多年后所写的那样，民族志学者"至高无上的天赋"就是"将日常生活中无限细微的不可估量之事实整合到具有说服力的社会学归纳概括中"的能力。[45]

他这次重返特罗布里恩德已比两年前在学术思维层面准备得更充分。他的方法更加完善，他也发现了提纲图表所具有的整合力。他的理论也被打磨得更加细致。语言成为开启一切知识的钥匙，成为"巴罗马"一文基础的知识社会学方法也大有前途。他的目标也定义得更清晰了，即用西方读者可以理解的方式来呈现"土著人的观点"。其最终的理论目标则是系统阐述社会心理学"法则"，这些法则能够精确地描述以任何文化面貌出现的人类状况。

与民族志记录相辅相成的是他对方法论的一贯思考。12月18日，"昨天走在路上我想了想这本书的'前言'：库巴利（Jan Kubary）有明确的方法论[即里弗斯式的]。米克罗霍－麦克莱（Miklouho-Maclay）是个新型民族志学者。与马列特的比较：作为探矿者的早期民族志学者。"[46] 俄国贵族、科学家麦克莱应得到更多赞扬。他除了曾在殖民前的新几内亚待过一年（1871年，当时的艰险是马林诺夫斯基所无法相提并论的），后来又在1879年造访过特罗布里恩德几天。不过马林诺夫斯基还是鸣谢了这位同为斯拉夫人的先行者，称他是位"新型民族志学者"——他的另一个贡献就是在日记中详细记录了新几内亚人的困苦生活。[47]

到这个时候，马林诺夫斯基已完全认识到了自己田野工作的开创性。他不是轻刮地表试图找到一些民族志线索的"探矿者"或勘察者，而是一个正在深挖寻找主矿脉的矿工，这个主矿脉就是文化的源泉。还在伦敦上学时（他以里弗斯为目标）他的博大目标之一就是要将民族志放到科学的基础之上，给予它像化学与物理一样的权威。他会超越里弗斯，他现在认为里弗斯已经背叛了这条道路，而将民族学看成一种准历史学科。在日记里，他还在不断思考历史与社会学之间的区别。历史学的观点是要探讨"关于非凡、杰出之物的因果关系",社会学的观点则是要"依照物理与化学法则的方式来探寻规则"。用类比法来比较,"里弗斯式的'历史主义者'通过把诸社会视为在时间长河中由相分离的文化沉淀构成的地层学意义上的分层结构"来研究"地质学式的历史"。而对马林诺夫斯基来说,"历史与民族志的物理学与化学"便是社会心理学。[48] 由此奥布拉库也就成为一个实验室,他想象自己在这个实验室里正在进行一种人类学试验。

"表演者的条件"

"人类学是幽默感的科学,"马林诺夫斯基在他为利普斯(Julius Lips)的《土著人的还击》(1937)一书所写的序中写道,"因为要想做到像他人如何看待我们那样地认识我们自己,其实需要我们把实事求是并如对方所愿地看待他人的天赋做一种反转与对照。这便是人类学家的职业。"[49] 在这个行业里有一句玩世不恭的警句,即人类学家找到的研究对象是配得上他的人(这句话反过来说 样有效)。在马林诺夫斯基的实例中,他在特罗布里恩德找到的这个社会满是要诡计的和有着令人好奇的性生活的、爱卖弄的家伙,他们有对跳舞的热情,对巫术魔法也很热衷。

奥布拉库的人们给他起的几个绰号之一是"Tosemwana"。这是个有揶揄意味的诨名,而且不太像会当着他的面使用,因此他可能并不知道自己这一绰号。前缀"to-"是"人"的意思,动词"semwa"表示"放在一边"。"放在一边的人"指的是一个人为了获得一种不同的身份而暂停使用自己的身份,就像演员那样。不过"Tosemwana"还有一种嘲弄的含义。它也被用来指那些模仿社会地位更高级者的人——就像一个小男孩趾高气扬地攥着嚼槟榔用的加工工具到处游荡一样,或就像一个并不会英语语法的村民装出一副对此很精通的样子。因此"Tosemwana"可以用来指一个幼稚的模仿者、一个可笑的小丑或是一个装出一

马林诺夫斯基

一位人类学家的奥德赛，1884—1920

副别人样子的令人鄙视的傻瓜。[50] 马林诺夫斯基在努力和当地人打交道的过程中或许扮演过所有这些角色，装模作样地嚼槟榔、讲下流淫俗的"kukwanebu"，以及用其他方式效仿和讨好他的东道主。更可怕的是，他们还看到他如何在每一次有人向他念巫咒时关上帐篷的帘门。尽管奥布拉库的人们或许并无疑对他的这些表演进行嘲讽，但这个绰号却可能是对他的参与观察进行的一种尖锐的或许也是坦率的评价。如果这种对他的看法在二十年后被写进《土著人的还击》，马林诺夫斯基还会被此逗乐吗？

马林诺夫斯基还在另一个意义上可被视为演员。"巫术由三种基本成分构成……规则、仪式和表演者的条件。"[51] 它"需要满足严格的条件：对咒语一字不差的记忆、对仪式无可指责的演出、对束缚巫师的禁忌与规则的严格遵守。忽视其中任何一条，巫术的失败就会随之而至。"[52] 作为巫术的容器及其流动的管道，人体必须保持很好的条件并保持纯净。"因此巫师必须遵守各种各样的禁忌，否则咒语就会被伤害。"[53] 按照规矩，这些禁忌涉及饮食与性行为。

马林诺夫斯基十分清楚自己思想中的迷信倾向和对巫术魔法的爱好。他对自己潜意识的冲动所进行的自省式监控滋养了他关于巫术与宗教的理论。他相信这二者都是在情感紧张状态下产生并起作用的。巫术是一种"伪科学……建立在特定情感状态的经历上，在这个状态中，人们不观察自然[像在科学中那样]，而是观察自己。在这个状态中，真理不通过理性揭示而是通过情绪在人类机体上的表现来揭示。"[54] 另外，巫术"可以让个体在精神上变得更强大，而且可以在群体面对困难或无法通过知识与技能进行掌控的任务时为群体提供行为规范及应对准备。"[55]

扮演着一个开路先锋般的民族志学者，在前行中不断塑造着自己的角色而且完全不确定结果会是什么样，马林诺夫斯基实际上也是面对着无法通过知识与技能进行掌控的困难任务。因为马林诺夫斯基把自己看成一个研究的工具（一个热切的亲眼见证者、参与观察者），"演员的条件"就成为他作为一个民族志学者获得成功最关键的要素。从他在加那利群岛度假时起，他就为了服务于

第二十四章

重返岛上

一个刚萌芽的精神上的远大志向而开始磨练自己的生理机能、控制自己的身体并让它服从于意志的控制。他的理想是有一个健康的身体服从于一个机警的、注意力集中的及完美地适应其环境的思想。他的手段同样具有道德维度:"为了实现魔法般的效力,我们必须毫不分神地集中精力于我们的精神交流,这就要求我们拥有一颗每个神学家、人类学家甚至是一般人所说的'干净的心灵'"。就像他在日记中提醒自己的那样,他"有能力过一种近乎禁欲的生活"。肉体享受在合适的地方是可以接受的,但重要的是"不能让它影响到本质的东西"。[57]这些最本质的东西包括为整合而奋斗、主观生活的"深化"及思想上的胜利,这个胜利从思维的经济到理论的清晰再到最终的"佛的微笑"及涅槃般的满足。[58]

为了实现表演者的完美化,他把记日记当成一种监控工具。记日记的目的"一定是巩固生活,整合思考,避免主题分散"[59]。调查的主要工具就是他不断进行观察与分析的自我。他也知道自己这一人体工具中的有些部件出了问题。他的身体并不听话,时常倦怠或是被难以捉摸的情绪所分散精力。他的健康(最根本的天资)也不能得到保证。(他在奥布拉库时经历了两次让其失去工作力的病痛,他至少有一周完全没法工作。)他的语言能力还不能满足需要。他的精神状况(研究仪器中另一个至关重要的部件)有时也会出问题,他的工作动力变化无常。艾尔茜既是他的精神支持又是一个令他分心的人。他希望在基里维纳获得成功部分是出于她的原因,但在很大程度上也正是因为她,他渴望身处别的什么地方。然而共同作用让他无法完全浸入田野的还有其他烦心事:关于他政治身份的困扰、白种商人的打搅、让他无法理解的信息人和不听话的仆人们。一种错位感从未离开过他——在他文明的梦想和每天与"野蛮人"为伍的生活之间存在着极不和谐的反差。[60] 不管他后来如何声称自己的田野工作的情况(他把自己写成是一个"把心都留在了美拉尼西亚"的人)[61],他对特罗布里恩德文化的融入都只是尝试性的、不完全的。对他来说违背职业规范变成一个土著人是不可能的,哪怕是试一试对他来说也是不可想象的。这不仅仅是因为"黑人恐惧症"(委婉的说法就是"受够了土著人")常常钳制住他的手脚,而是因为他无法为了民族志的原因脱掉他那层欧洲人身份的外皮。从这个意义上说，他只是个不完全的耍诡计者，一个失败的托克西库纳。

"人类有一个屈从于各种生理器官需要的身体"这个不容辩驳的事实，是他成熟的文化理论的基本规律。[62] 他在田野中也曾用一些工具性的方式对待过自己的身体。他必须吃、睡和锻炼，而且他可以在某种程度上控制对这些需要的满足。尽管他的身体经常背叛他，但目的还是让它保持良好的健康状态。为了这个目标，他对医疗似乎抱有无边的信任。他用甘汞、泻盐和灌肠器来管理自己的肠道，还常服用奎宁、阿司匹林和砷，而且每天都点眼药水。适度的体育锻炼可以防止倦怠、让他机敏："这能让我的神经平静下来，重新达到平衡状态，让我有一个不错的心情。"体操也是"一种独处与集中心智的基本形式"，但要过量的话也会导致"某种神经紧张"甚至是失眠。[63] 他还做海水浴，尽管带着一些迟疑。他享受盐与阳光给他的皮肤带来的感觉，想象着已经感觉到了"盐对骨头与肌肉产生的作用"，不过自从他在加那利群岛险些溺水之后，他就成了个胆小的游泳者。"一旦意识到脚碰不到底我就会慌神"，他告诉艾尔茜。对鲨鱼的恐惧让他不敢在平静的泻湖里享受海水浴，因为"众所周知，尽管黑人几乎都能免于被咬，但对一个白人来说还是有风险的"。[64]

他吃的东西丰富多彩，既有当地食品又有欧洲进口货，不过他似乎很少吃在伦敦大量购买的那些罐头食品。他在12月19日写道："我现在吃的东西：早上，可可，午饭相对多样一些，几乎总是新鲜食品。晚饭非常少，香蕉果盘，木瓜；有一次我吃了很多鱼也没觉得有什么不良影响。"[65] 他（"边喊边骂着"）教"生姜"如何用猪油炒鸡蛋，除了汉考克每周送来的面包还有炸芋头、蟹汤、黄瓜和米饭。他最喜欢的三样新鲜食物是香蕉、鸡蛋和木瓜。[66] 他也喜欢芋头："非常棒的东西，我要感谢上帝创造了它，不过即使最好的东西，吃多了也会显得单调乏味。"

管理其身体功能是一回事，控制其性冲动就是另一回事。他的激动想象在酒神般的沉溺与太阳神般的平衡之间摇摆。不断重复出现的"蚊帐下肮脏的念头"常有严厉的决心紧随其后:"要绝对避免一切淫邪的念头并实现精神纯洁"。[67] 不过他也原谅了自己不涉及活生生的女人的手淫幻想——它们并非对艾尔茜的"背叛",而仅仅是一种生理发泄,尽管他对这个弱点并不持赞成态度,但它在道德意义上是中性的。他所痛斥的色情想象中出现了他过去的情人和其他一些他认识的迷人女人:安妮、泽尼娅、托斯卡、尼娜、莱拉,还有最近的弗洛拉。只有偶尔几次他想反叛自己强加给自己的道德约束:"我对自己说:'我不后悔过去犯下的罪过,我希望过去犯得更多!'"[68]

"死亡的阴影"

在奥布拉库的第一个晚上,马林诺夫斯基就被附近一家传来的丧歌吓了一跳——这是瓦拉姆西(walamsi):"一种旋律动听但缺乏变化的歌唱形式"。一个女人刚刚失去儿子,她的哀鸣打破了夜的寂静。第二天大雨倾盆,电闪雷鸣;两天后马林诺夫斯基又被"两个声音一同演唱的震耳欲聋的瓦拉姆西吵醒"。他在奥布拉库居住期间一直被死亡的阴影所笼罩,湿热的季节和狂野的暴风骤雨也为此提供了感情误置的对象。[69]

奥布拉库和临近村子里的死亡事例为对丧葬事务进行透彻的研究提供了机会。他早就在墨尔本准备好了一系列问题。问题清单证明了他思考的详细周全。"仔细核对关于死亡与服丧的连续过程的叙述,探寻每个细节背后的土著人的心理学机制。"有些细节令人侧目:为什么服丧者迫不及待地要展示他们的鼻涕;为什么尸体要清洗,由谁清洗;为什么尸体上的洞窍在下葬前要被填塞;为什么某些亲属不能接触尸体或墓地;为什么服丧者拍打尸体并抚摸鼻子和嘴;为什么一些贵重物品要陪葬;为什么一些遗骨尤为珍贵另一些则不是。在传教士们的压力下,有些更骇人听闻的仪式程序被放弃了,他在笔记中提示自己:"仔细研究一次模仿的死亡过程,以便了解那些老传统、重新填塞洞窍等。"我们无法想象马林诺夫斯基本人会来扮演这个角色,更有可能的是可怜的奥吉西被劝说来扮演死人。而有关丧葬期间进行的大量分配，需要"仔细研究"的问题还有很多，而且当与他第一次田野之行收集到的材料相互关联起来时，积累的问题就更多了。他给自己的另一个提示是："构建起具体的死亡及服丧程序的提纲图表。"[70]

不断受到怀乡之情的困扰，1月3号他被斯温伯恩（Swinburne）的诗"提瑞西阿斯"（Tiresias）所具有的魅力所降伏。"这是关于英雄之死情感的最有说服力且最清晰明白的表达"，他向艾尔茜赞美道。他想起了查尔斯，这让他的情绪陷入了低潮。那天他看周遭的一切都像来自于一个内心的遥远之乡。一叶独木舟划过他的视野，隔壁女人又在哀鸣："所有这一切都遥不可及，脱离我的生活之外，带着一种难以名状的忧伤——而我却受困于此，远离所有这些构成生活之物。"[71]这是一种周期性出现的疏离感和"强烈的不真实感"。

那一夜在蚊帐下，他又开始担心自己是否再也见不到艾尔茜了。"死神，这个眼花的来客，我已准备好见你了"，眼瞎的提瑞西阿斯唱道。第二天马林诺夫斯基告诉艾尔茜他"感觉有些歇斯底里……现在的情绪就像一个喜怒无常、哭闹的孩子"。一场倾盆大雨浇散了他的信息人；伴着滚滚雷声，沉重的厚云在低空爬过。那些在他帐篷周围游荡的"没用的黑鬼"让他恼怒。这里吸引着"瘸子、傻子和其他一些不务正业的家伙，就像（文明的）罗马天主教国家里那些教堂的大门一样"。[72]第二天，他反思道，"悲观的情绪"从不允许他"以一种简单而质朴的方式享受生活"，而他总是满怀对未来的不祥预感。"人处于生活的低潮时，总是会害怕各种各样的邪恶及死亡与毁灭。"[73]

表面上看，他的工作似乎进展顺利；他在不断记录巫术的规则并和出色的信息人一起翻译它们，这些人包括"towosi"那瓦维尔（Navavile）、村警约萨拉·嘎瓦（Yosala Gawa）。不过他还是对自己的"系统"方法不满意，而且缺乏一种"彻底掌控各种事物"的感觉。得过且过是一部好的民族志的敌人。"在一天的工作将要结束时，潜藏的渴望又浮现出来了"，他渴望墨尔本那些"衣着漂亮、举止优雅的女人们"，尤其是艾尔茜。[74]

第二十四章

重返岛上

前一天他看到了一些年轻的奥布拉库女人，她们剃光了头，身体也在服丧期间被木炭涂黑了，其中一个"有一张动物般的、充满野性肉欲的脸。一想到和她交媾我就浑身颤抖。"[75] 而关于自己的脸，他则诚实得有些残忍。"有天当我打量没有刮胡子和剪头发的自己时，我看见了一副不修边幅、粗鲁无礼的德国战俘的样貌：鼓起且光秃的前额、戴着近视镜的小眼睛、缩进去的短下巴、没生好的鼻子——没形状、没线条、没内涵。只有工具般的机械智慧才能为这张脸增色。'一张长得像某种科学仪器似的脸'。"[76] 这与斯塔斯对以马林诺夫斯基为原型的人物"永不复焉公爵"的嘲讽如出一辙。

1月19日，科瓦布罗有个男人死了，尽管身体不舒服，马林诺夫斯基还是乘船去了那儿。"我去了墓地，还谈论了当有男人去世后要砍树和毁家的事。"第二天，他邻居妻子的情况急转直下。年轻的因内科雅是个悲剧人物，身患肺结核的她现在几乎不能呼吸；她大口吐血，"可怕地呻吟着，显然即将死去"。这让他想起了同样得了肺结核的尼娜，顿时觉得自己抛弃了她。"我愿意不顾一切地陪伴她，减轻她的痛苦。"他也想到了艾尔茜："我告诉自己'死亡的阴影就在我们中间，它将使我们分离'。我对 N. S. 的背叛是个无可回避的事实……卡布瓦库 [kabwaku，一种代表厄运的鸟] 婉转而明亮地唱着歌。——死亡——就像是退潮，流向虚无、毁灭。"[77]

1月23日，另一袋信件寄到了，带来了"情感上的一阵混乱"。艾尔茜的一封长信附上了记录他们相识、相知到相爱过程的日记。第一次热切的阅读中，这些日记让他感到有些垂头丧气："里面对我的描写并不讨人喜欢，在我看来。我不喜欢这个家伙，我觉得她也不喜欢我。"[78] 尼娜的信则让他被罪恶感深深刺痛了。乘着独木舟飘荡在泻湖上的他感觉到"这个重大错误在我的生活中以及我和 E. R. M. 的关系中投下了阴影。我不该在跟 N. S. 彻底分手前与艾尔茜开始任何事。"尼娜的信写得"很美，充满爱意"，而他则在"绝望地哀嚎"。[79]

人们让因内科雅躺在屋子里，等待死亡的降临并踏上赴"图玛"（阴间）的航程。她被人们用贝壳珍宝装饰起来，嘴用槟榔汁涂得红红的。她的丈夫托幼达拉蹲坐在她后面，可怜地抓着她的手臂拍打她。她几乎已经没有了意识，当周围的人们设法让她保持清醒时，她只是含糊地喃喃。"你可以想象，"马林诺夫斯基告诉艾尔茜，"这个场面中纯粹人性的层面强烈地吸引了我，远超过其民族学研究的层面。""这是一种可怕之物和令人感动之物的混合，是它的一种展现，人类信仰的成分使自然事件悲剧性的深度被扭曲和庸俗化，它混合了无可回避的真实情感以及由传统所规定的做作的表演。此外，看到这两个人，彼此紧靠在一起的两个人（是出于真爱还是服从于部落的规矩？），如此不经意地但又如此强烈地促发了我自己对爱与感情的思考。两个人，彼此相爱的两个人，一个将要在另一个的臂弯中死去，或者在远离爱人的地方死去，至死都还在渴望与想念着她或他。"[80]

因内科雅又在弥留中撑了几天。她的嘶喊撕扯着马林诺夫斯基的心。"月亮努力挣脱云层的遮蔽，在高高的棕榈树顶照耀着村子……但不知怎的，这静谧美丽的图景似乎突然隐退到黑暗中，被渐渐逼近的死亡之影吞噬。"[81]他想到了"临阵脱逃"，而且觉得如果尼娜的生命必须以此为依赖的话，他将不得不牺牲艾尔茜（和他自己），回到她的身边。此刻的他既困惑又沮丧。"我比之前更清楚地感觉到她们两个我都爱……从审美的角度看，我应该永不回澳大利亚。死亡，真实的退潮，并不像几天前看起来那么可怕。"[82]

1月24日星期四，他母亲在波兰去世的同一天，他记录了关于独木舟雕刻的一个秘传神话，午饭后他为正在烤鱼的人们拍了照。之后他便去了古萨维塔。在汉考克的家中感到烦躁不安的他第二天就回到了奥布拉库。因内科雅那天晚上去世了，而在她死的几个小时之前，约瑟法也去世了。不过马林诺夫斯基几乎是在六个月之后才获知她的死讯。马林诺夫斯基为这个年轻漂亮的巴布亚女人的死而悲伤不已。凌晨3:30他去看了因内科雅的遗体。"印象深刻。不知所措。我所有的绝望，在那么多的战争杀戮之后，都悬在这座悲惨的美拉尼西亚茅舍之上。"[83]

第二十四章

重返岛上

"与疾病的英勇斗争"

艾尔茜给马林诺夫斯基寄来了一个版本的罗伯特·路易斯·史蒂文森的信札。他立刻就对这位苏格兰人产生了认同感。史蒂文森曾和他的妻子与母亲在萨摩亚度过一段热带田园生活，这段生活体现了"与疾病和劳累进行的英勇斗争"。[84] "史蒂文森对自己健康与工作的那种自恋般的关注简直和我太像了，我不断能读到我自己曾说过的话……我非常震撼地读到了一段，他在其中称赞了自己在面对疾病、抑郁及失败时与健康问题进行的不懈斗争，以及在努力工作中表现出的英雄主义。我自己就常有类似感觉，而且如果不是体会到了这场容易被忽视的战役中的英雄主义内涵的话……很难坚持下去。"[85]

1月27日星期日，他起床时感到脑壳在痉挛，觉得有些不对劲。"主观上我很淡然，不相信有什么危险的可能性，但是如果我死了，这也是解脱的绝好方式。"星期一的时候，他感觉更差了，到了下午便彻底崩溃，开始发烧。这时他开始相信自己要死了。"感觉到现在的状况对死来说很完美——一个人、冷静、有一种结局已定的气氛。"[86] 他吃了几种药，结果可能是奎宁救了他，尽管他倾向于相信奎宁是一种泻药。到了星期四，他的感觉已经好到让他认为能够恢复了。他也感到了一种对艾尔茜的莫名的恨，以及和尼娜之间复杂关系带来的重压。星期五又来了一批邮件，其中又有一些来自艾尔茜的充满爱意的信。不过她对斯宾塞的那些"诋毁"的讲述再度让马林诺夫斯基倍感恼怒。她在信中表达谨慎，所以马林诺夫斯基还不知道最糟的情况。通过这次的邮件马林诺夫斯基还获知穆雷已经批准将他在巴布亚的居留许可延长至10月31日。直到这一刻之前他都一直处于一种前途未卜的状态中。

喝着牛奶，吃着其他一些新鲜食品，马林诺夫斯基在古萨维塔恢复了几天之后，2月5日已能重新集中精力并恢复了记日记。这离他上次给艾尔茜写信已有两周时间。"这段时间简直就是日复一日得过且过。有一种读垃圾小说的冲动。在所有这一切中，还是对E. R. M.有一种强烈的、难以名状的渴望。现在我真的可以说她是唯一适合我的女人。"[87] 有天晚上他梦见自己和尼娜在一起生活。"妈妈惊讶地责备了我,因为我还没有和 N. S. 结婚。'她还只能再活两个星期。'我,也,非常难过。"[88] 第二天晚上他又做了另一个透露出矛盾情感的梦。他在德国和两个残废的骑兵军官"交朋友"。他表达了自己对德国文化的同情,还告诉他们他曾在英国做过战俘。几天后,在一次想象的与斯特朗的聊天中,他谈到了英国人的缺点:"自信的体现……全世界都在他们的手心,不过他们太缺乏热情、理想主义和意志。德国人就有意志,或许是坏的且被挫败了的,但是他们有一种活力,有一种使命感。"斯宾塞对其事务的插手正在磨蚀马林诺夫斯基对英国的热爱。[89]

尽管他一开始觉得自己回到奥布拉库已经"好多了",但是他的发烧症状很快就又回来了。他禁食了几天,又开始大量服用阿司匹林和奎宁,并用盐和灌肠剂通便。他还把热敷布放在胸口,突然升高的温度可以对他的肺部产生作用。这一次他告诉艾尔茜他怀疑是得了"多发性痢疾性发热",然而在日记里他却更具想象力地怀疑自己是得了败血症。不过他也思考道,高体温"也是上天的一个绝佳发明:它让你的意识缩窄为细细的一条线,这样即使它'啪'的一声断掉,你也不会在意。"[90] 到了 2 月 11 日,他已恢复得不错,既能吃吐司面包,还能把自己沉浸在夏洛蒂的小说《维莱特》里。就像《傲慢与偏见》一样,这部小说吸引他的地方在于其"女性的圆滑、直觉、对事物内在层面的把握,以及对生活的渴望"——不过该小说不那么令人高兴的效果之一就是提醒马林诺夫斯基他有多"邪恶"。[91]

之后一个星期,他依然虚弱、晚上盗汗、受到失眠的折磨。他感到疲惫易怒,好像失掉了那根"生命之线"。《维莱特》是他唯一的安慰。不过他还是强迫自己和园艺巫师那瓦维尔一起工作,而且发现即使很短的集中注意力的咒语也能消除他的抑郁并帮他从那种"坐牢般的情绪"中解脱出来。他还和莫里拉克瓦(Molilakwa)一起研究巫术经文,与尼尤法(Niyova)研究飞妖。尼尤法"安静,有礼貌,没有那种'邪恶'或任何形式的自大……说话和气,乐于提供

第二十四章

重返岛上

信息,相对而言非常不爱索要这索要那。"[92]一天晚上他去拜访了托姆瓦亚·拉科瓦布罗(Tomwaya Lakwabulo),这是一位让他想起洛奇爵士的先知。这位老人正处于阴魂附体状态,声称正在和自己在图玛的妻子兼女儿的幽灵交流。马林诺夫斯基曾记过一段托姆瓦亚声称是巴罗马所说的话,他试图确定这到底是一种被发明的语言,还是如他所怀疑的那样仅仅只是胡言乱语。托姆瓦亚和阴间的交流让他很感兴趣,以至于他后来在多部出版作品中都谈到了这个主题,通常是带着一种幽默的怀疑口吻。[93]似乎在潜意识里想象着灵魂在图玛和现世之间的往来,他在第二天想,如果查尔斯"回来"要艾尔茜将会发生什么。这也让他惊讶地发现她对自己有多么重要。[94]

接着又是一轮身体衰弱和心智迟钝。有几天他都起得很晚,感觉就像"被放到洗衣服的扭绞机里刚绞过水一样"。但是出于自尊他还是强迫自己密集地开展工作:还需要借助信息人的解说观察分析葬礼上的交换活动。对死亡的民族志研究将会得出成果,他也为自己专著中的"疾病与死亡"一章草拟了一个全新的大纲。"我告诉自己,尽管我的工作既不有趣也不光鲜,但它并非毫无意义。"[95]他同时也在彻底重写关于巫术的材料,他告诉艾尔茜之前的信息并非不完全,"而是彻底错误"[96]。她吃了一惊,继而在回复中用寥寥数语点出了他田野工作方法论的要义。"这让我认识到,在几乎所有的民族学研究中,一定存在着多少彻头彻尾的谬误。很少有人了解当地语言并在当地长待,在那些黑鬼中间露营,更少有人能重返当地并在现实中检验他们的构想。"[97]

"我的确很厌恶这整个村子和它所有的居民",他在2月21日告诉艾尔茜。这是一种"单调乏味而且空洞的生活",他简直无法想象自己还要再做八个月田野工作。他直到现在才刚从"可怕的阵发性精神抑郁"中恢复过来,工作已经成为唯一的治疗方式。[98]在他的抑郁之外现在又加上了严重的悲观情绪,而且他偏执狂般的神经过敏也对田野工作带来了不利影响——对此他心知肚明:"在这里,在我和这些土著人打交道的过程中,要是有一个该死的黑鬼不想来提供信息或是说我给的报酬不够(这是事实,因为我付给他们的很少),这就会毁掉我的一整天,而且我会立刻想象整个村子都会背叛我,于是我会变得多疑易怒,咒骂所有的黑鬼们,这毁掉了我得到好信息人的机会。"[99]

民族志工作本身也开始让他感到厌烦,他期望能回到图书馆做"一些理论工作":"我从性格上看是一个哲学家,我喜欢'纯粹的思考'超过任何其他事,而且我也相信它的价值。正是这里的工作教育了我,普遍概念是唯一能让观察与实验研究授粉结果的东西。"[100]

2月22日星期五,他和"生姜"划船去了古萨维塔。这个地方看起来有种悲伤与荒凉的气氛。米克·乔治和玛丽安娜在,不过汉考克到萨马赖照顾生病的儿子去了。米克应该是在照管古萨维塔,但是马林诺夫斯基发现这里一团混乱。"黑鬼们已经完全占领了阳台走廊,嚼着槟榔,吐着痰,把他们涂黑的皮肤贴到任何可以想得到的地方。"[101]

他一直在思索自己对艾尔茜那封日记信的反应:为什么它如此让他"不安"?一个原因是,他在她的描写中发现自己"非常不浪漫且不好相处",因此无法理解她为什么会在乎他。"就像是这个笨拙的外国人施展了什么'魅卦'(megua)[魔法],而且他也没有按照他本人的个性行事。"不过他也意识到艾尔茜开始爱他恰恰是因为他觉得自己配不上她。他对她的爱仍有些错综复杂,模棱两可。这会一直维持到他赶走查尔斯的幽灵,在此之前他会用想象中的查尔斯的英雄气概来衡量自己。至少他可以对自己承认,他缺乏英雄气概就是她看低自己的原因:"我对她的爱和查尔斯相关,而且我相信她永恒的忠诚。"[103]

信件的混乱

1—3月,马林诺夫斯基在奥布拉库的单调生活被不规律的邮件递送打乱了。他神经紧张地等待着它们的到来,因为它们总是能让他焦躁不安。当他一遍又一遍地读这些信时,岛屿外的那个世界就向他涌来。尽管它们满足了他所

第二十四章

重返岛上

称的"对强烈和复杂印象的渴望",还让"朋友的脾气秉性浓缩于纸上"被传达过来,但其他人如此闯入他的世界还是能够引起他深深的不安。[104]"信件具有一种非常神奇的功效,远程的:刹那间所有可见可感的东西都消失了。围在我帐篷外的黑鬼们变得模糊和不真实;瓦维拉和奥布拉库也在时空中失去了位置,我能看到的只是一捆信纸呼出一种独特的精神气流。"[105]

尽管私人信件(尤其是艾尔茜的)能够帮他一再确认自己的身份并保持士气,但它们更倾向于加剧而非缓解他对文明的渴望。保罗就轻轻地挑动起他对墨尔本及其过去生活的怀旧:"如果你现在走入'卡林雅',你不会看到有太大变化。我坐在书房,海德躺在屋前的阳台上正读着梅斯菲尔德的《加利波利》……你的房间,它正式的名字仍然是'马林诺夫斯基的房间',正在等待着你,睡衣就挂在门钉上……你的精神一直都在这里徘徊,家里无论有什么'重要事'发生,'马林纳会怎么说?'都会成为判断与讨论的一面。"[106]

打开邮包,马林诺夫斯基会按阅读顺序把它们进行排列。妈妈的排第一。之后是塞利格曼的信,因为有关于他的经济资助及出版方面运气的消息。再往后是"次等重要的那些",包括莱拉、米姆、库纳夫妇、梅奥夫妇、皮特及布罗意诺夫斯基。(与安妮缓慢的书信往来已近停止,不过他也把她的信归入这一类。)最后他会打开艾尔茜整齐编号的信封,每封信上都盖有审查者阴险的印戳。或者他会把尼娜的信留到最后,因为害怕信中那种充满天真爱意的讯息。读完所有这些信后,他会感觉一阵泄气,"一种典型的不满足感和焦躁感"。[107]米姆在信中捕捉到了这种情绪:"你有时不会觉得看完信把它放下后比没看前感觉更差吗?读完信后有一段可怕的沉闷期,这时你刚才一直热切倾听的声音戛然而止,而沉默无声又会持续一个月。"[108]米姆是他曾经指责没有向他袒露灵魂的人之一。她幽默地回敬了他的指责,而艾尔茜一定也会支持她所提出的异议:"我的灵魂不喜欢在没有明确遮盖物的情况下到外国去。请记住,我毕竟是一块英国梅子布丁,在种类上有些令人难以引起食欲的神秘感。足够耐心地戳开我,你就有可能偶尔会得到一颗梅子作为犒赏;不过不要因为它不能像香槟那样流得你满身泡沫而对这个可怜的布丁生气。"[109]

马林诺夫斯基

一位人类学家的奥德赛,1884—1920

到目前为止和他通信量最大的还是艾尔茜。她的信常能使他激动万分。他一遍遍地读它们,"出神地、痴醉地——我甚至茶饭不思。"[110] 之后他会花接下来一整天时间给她写信。他坦承她的信让他"方寸大乱",引发了对她的一种疯狂而焦躁的渴望。[111] 她还给他寄来成袋的报纸。带着墨尔本的气息、满足他怀乡渴望的《阿耳弋斯报》还是一种当地的货币形式,岛民们用它来卷黑烟丝。他告诉她,"你可以用几份报纸买来德行、用它诈取秘密甚至用它把贞操引向堕落。"[112] 邮件的到来还提醒着他自己和时间的错位关系。"这些信打破了我的平静,让我接触到现状,接触到战争和外面的世界。"[113]

马林诺夫斯基以这种方式接收的新闻常常过时了几个星期,甚至几个月。这样的滞后增加了他的陌生感并带来了一种置身于时间纹丝不乱的流动之外感。"我就这样等待着、忍受着,时间从我的身边流过。"[114] 他对艾尔茜的渴望让情况变得更糟。"有时我可以让自己达到一种哲学式的平静淡泊状态,感觉到在这样的分离期间焦虑烦躁毫无用处。但随即我又无法平静了:我觉得我在这里不是在生活,而是在等待。"[115] 这种处于困境的感觉在奥布拉库的穷乡僻壤中体现得尤为强烈。在奥马拉卡纳他至少还可以想象自己处于小岛上的政治主流中;在古萨维塔和西纳克塔,他与其他欧洲人的日常交往还能让他通过时钟与日历,通过惯例与常规与一种缓慢而有节奏的殖民地时间相连。

在萨马赖,他曾身处等待进入田野的不确定状态;而在奥布拉库,他又身处等待离开它的不确定中。他田野工作中最明显的矛盾状态之一便是他长期经历着一种对"在哪儿"状态的矛盾态度。他有一种难以排遣的担忧,即"真实的生活"在缺少他的情况下正在别处进行,而他则受困于一个牛轭河湾中,被"现实"甩在了一边。他身处战争之外,身处文明生活之外,时间之流绕过他缓缓流淌。他就像自己的祖国一样处于等待中,等待着解放,等待着生活重新开始。然而毋庸置疑的是,他最好的民族志研究就是在此期间进行的,也即在他感到时间被抹除,在他能够暂时悬置起对任何其他地方生活的想象而全心全意地进入这些岛民们的当下的时候。这是一种难得的、可以实现全心投入的时机,此时一种对民族志的巨大热情让他从自己身上抽离出来。

同样毋庸置疑的是,打开其划时代民族志及理论人类学大门的钥匙即是一种建立在时间悬置的错位经验基础上的观念。同时性是一种无时间状态,这是其功能主义的基石。现在时,而非过去时,也是他关于"此时此地"的民族志的精髓。共时性,而非历时性,为他对社会制度的描述性探索提供了方法论上的杠杆与阿基米德支点。功能主义将历史置于社会学之下,因此他在田野中经历的那种出离时间之外的感觉让他得出了自己对完美的科学民族志的理解。他认为这样的民族志需要经验性地建基于民族志现在时,即一种无时间的社会学构造而非拟构的历史序列之上。马林诺夫斯基自己后来也称"功能方法……很大程度上诞生于田野"。[116]因此我们必须承认,个人经历也使他将神话与历史理解成当下社会与政治格局的意识形态意义上的"先章"。

马林诺夫斯基清楚地知道,历史正在世界的另一端被激烈地创造着。当他在这里研究航海与巫术的魔法规则时,战场上正战火熊熊。除了为母亲感到的苦楚担忧之外,最让他烦恼的还是"英雄气概问题",以及一种因为不能让自己经受战争考验的"极度懊丧"。每次艾尔茜信中提到查尔斯他都能感到一阵剧烈的刺痛。"我还记得我的那种迷信感:如果艾尔茜爱上了我,我会在新几内亚碰到厄运——我一度认为在查尔斯的英雄形象的遮蔽下她的心里没有我的位置。我曾希望他当时从战场上回来,希望我从未遇到过她。"[117]

"是命运安排她给查尔斯带来快乐,并让她在他生命的突然终结面前绝望",艾尔茜对此将信将疑。而对马林诺夫斯基来说,他从中得到的教训来自于对比之下的自惭形秽:他在这些小岛上经受的折磨与加利波利战场上令人难以想象的恐怖比起来简直不算什么。"我知道如果我也必须上战场,我不会有太多惊慌,只会平静而去。现在:我要用那种英雄气概来衡量自己的日常生活;对欲望与虚弱冷淡以对;不要向抑郁与不会拍照这样细枝末节的事屈服。抛掉愚笨、渴念和多愁善感。我对艾尔茜的爱能够也必须建立在她对我的英雄气概的信念之上。"[118]

他在这一时期写给艾尔茜的许多信里都包括了经过删改的日记内容。这就像是邀请她偷听他每日和他自己的交谈一样；不过他当然只允许她听到其中只言片语，而且真正的日记是用她无法看懂的语言写成。无论是在日记还是在书信中他都时常思考自己的波兰人身份，并由此间接地对自己的爱国心进行检验。"我一定会成为'一个杰出的波兰学者'"，是他划着无篷小船在湖上飘荡时常让他感到欣慰的念头。"这将是我最后一次民族学探险。在这之后，我会全心投入具有建设性的社会学研究：方法论、政治经济学等中，而且在波兰我可以比在任何其他地方都更好地实现我的抱负。"[119]

有时会让他烦恼的是：如果和艾尔茜结婚自己会"和波兰作风渐行渐远"。[120] 他一度因为艾尔茜不是个波兰人而感到遗憾，不过之后又觉得这不会是个问题："我会回到波兰，我的孩子们会是波兰人。"她对他可没有这样的顾虑。"我真高兴你是波兰人，我简直无法想象你还可能是别的什么人。"[121] 最终，艾尔茜会帮他实现自己的抱负，关键是，帮助他认识到波兰根本不是他实现这些梦想最好的地方。不过他也认为她感染波兰作风的程度应该与他已经感染英国作风的程度相当。那时候，他正在试探她去波兰生活的意愿："你代表了我最喜欢的英国文化中的一切，全无其缺点……我总是觉得我俩可以让彼此的祖国收养，即进行一种爱国心的交换……我想知道，你是如何看待自己的收养国的？你看，波兰比澳大利亚更需要'人'。不过另一方面，那里的生活一定会更艰难，所做的工作也会更缺乏回报。"[122]

伴随收信而产生的情感混乱，很大程度上都要归因于斯宾塞。从1月8号起，每次信件中都会有更多令人不安的新闻从墨尔本传来，都是通过艾尔茜转述的"敌对的秃子"散布的消息。旧年最后一天，她写信告诉他斯宾塞如何跟她说起马林诺夫斯基的多角恋。"其中之一是尼娜，而且他说还有其他的——你和另外三个女孩有关系，或是不久前曾有关系。他认为，而且希望我也认为，我是这些傻瓜中的一个。你对她们一个接一个地交代过你的'过去'。"[123] 斯宾塞一向对她情有独钟，而且希望保护她不受任何他认为的坏蛋的侵扰。艾尔茜知道马林诺夫斯基可能会对他"大为光火"，不过也求他不要采取任何行动——一封给斯宾塞的抗议信只会把事情弄得更糟。"我必须说，一想到在他

第二十四章

重返岛上

的那些弱点面前你是如何宽宏大量地对待他时我就会感到一丝义愤。但我不希望在你和这些会影响你前途的人之间出现公开的裂痕……因为战争的关系你现在处于非常不利的地位,因此我迫切希望能避开这些拦路石,而他就是其中之一。"[124]

艾尔茜暗指的"弱点"与斯宾塞的酗酒有关。这一点自从大战开始时的英国协会大会上起已经变得越来越明显——至少在马森一家看来是这样。他承受着巨大的工作压力,兼着几份工作,在大学里担任几个重要职务,还有博物馆和艺术馆的工作,此外还要履行一些他强加在自己头上的公民义务。他的婚姻也处于紧张状态,斯宾塞夫人似乎不能给他带来慰藉。于是威士忌成了他的安慰,不过这也让他本就火爆的兰开斯特人的脾气更加容易被点燃。马林诺夫斯基只是众多点燃他怒气的原因之一。

马林诺夫斯基在2月初给艾尔茜写了回信,坦言这个消息让他深感郁闷,但他也向她保证自己不会鲁莽行事。不过一想到自己的私事被"四处兜售"就让他感到愤懑,他甚至怀疑斯宾塞是不是雇了个侦探在监视自己。艾尔茜因为尼娜的事而责备他并没有错;至于其他三个女孩,他已告诉过她在上一个复活节期间他在奈欧拉没有"以清教徒的行为规范"来约束自己。最后他以一段宣言结束了自己的告解:"你是我在这个世界上唯一的女人。我并不指望自己从未犯过错或有过遗憾。但是按照我对忠诚抱有的理想来看,两个人之间一定要有这种互为'唯一'的感觉。"[125]

艾尔茜的下一封信带来了更令人不快的消息。她听说斯宾塞现在已经收集了马林诺夫斯基几段风流韵事的证据,而且打算为了他们的女儿,告诉斯特林和奥尔默他是如何看待马林诺夫斯基这个人的品行的。"他还在慎重考虑写信回家[英国],宣布解除个人对你负有的责任,而且要阻止对你的后续[资金]供给。"她请求马林诺夫斯基立即写信给尼娜或是她的父亲。"现在没有什么犹豫迟疑还能让她免受痛苦了,对我也是一样,你这样简直是在毁掉自己在这里的地位。"他看到了她建议中的智慧之处,但还是采取了拖延。

马林诺夫斯基觉得斯宾塞的行为出于恶意——可他为什么会这么恨自己?

他如此告诉艾尔茜，带着些许不坦诚："我一向是非敌即友，而且有时让我吃惊的是，在我并没有任何挑衅的情况下突然在我周围就会出现一些不共戴天的敌人，一些存心故意要伤害我的人。"[126] 他害怕斯宾塞已经向蒙德和弗雷泽，甚或是塞利格曼写了一些"中伤的影射之词"。他还因为自己的良心痛苦地被人翻检而感到抑郁，他认为这是强加在他身上的对其私生活"毫无同情心的闯入"。它又正好和因内科雅的临终时日、尼娜令人心碎的书信的到来，以及他自己的得病几乎同时发生。现在，仅仅是为了艾尔茜，他坦承了自己在道德上的弱点："我或许会因为那个男人而恼怒不已，但无论如何我必须承认，我对尼娜及对你的行为实在令人唾弃……我早就应该结束另一段感情。但我是如此犹豫不决、感情用事和软弱——而且如此以自我为中心：对我来说，很难明白地告诉别人我必须放弃他们的爱或友谊。这与天生的善变一起形成了可怕的组合，我就是一个范例。"[127]

民族志学者的传说

1918年3月11日，马林诺夫斯基收拾好自己的东西并拆掉了帐篷。他后来还酸酸地回忆，自己对于离去没有半点伤感："我很高兴奥布拉库的黑鬼们被我抛在了身后，我再也不会在这个村子里生活了。"一群"友好的"村民头一天晚上来过他的帐篷，或许算是跟他道别，不过当天下午他离开村子时并没有什么送别仪式。他因为难于找到一艘能运送他的装备去古萨维塔的独木舟而恼怒，最后让他称赞的只有莫洛伐托（Morovato），"他忠诚地帮助我直到最后"。[128]

马林诺夫斯基对这些曾当了他三个月东道主的人们的态度似乎既冷漠又无礼。他不请自来，然而他们却向他提供了关于他们生活方式的宝贵信息。他们领他进入自己的屋子和种植园，带他出海捕鱼。奥布拉库的老人和仪式专家们将自己的秘密知识传授给他：关于园艺、村庄前途、捕鱼、独木舟制作及其他技

第二十四章

重返岛上

艺的神话与复杂巫术规则。比起任何一个单个的村民,他收集的巫术咒语的总量都要更多,种类也更丰富。他还被允许深入到他们关于宇宙信仰的神秘观念及丧葬传统中。尽管受到周期性的热带困乏、疾病的侵袭及精力水平的起伏波动的困扰,他在奥布拉库这几个月还是成果丰硕。然而他在日记中并没有对村民们这些知识上的礼物报以一丝谢意,而且他最终还明显是带着轻松与欣慰离开了他们。

奥布拉库的人们在 1918 年时是如何看待他们的这位民族志学者的还未可知。不过在近八十年后他们的子孙后代还能说起口口相传了三代的关于他的故事。尽管这种说法的真实性还有疑问,但让人惊讶的是这些轶事的基调还是正面的。奥布拉库的人们看起来还是喜欢这个曾在他们中间生活过的"丁姆丁姆"的。1995 年 6 月,第吉姆里纳访谈了一位名叫科外亚比希拉(Kewaiyabisila)的年约七十的奥布拉库老人。[129] 他是卡迪拉库拉(Kadilakula)母系一方的孙辈。卡迪拉库拉是马林诺夫斯基的一个信息人,曾经三次被马林诺夫斯基在日记中略微提起。1918 年 2 月 25 日狂风大作:"椰子树随风摇曳、叶子像手臂般狂乱挥舞,或者像激情中甩动的头发……卡迪拉库拉勇敢地坐着,[在风中仍然]表演着'魅卦'。"两天后,疲惫得已经头疼欲裂的马林诺夫斯基在他那里记下了巫术规则。3 月 6 日他们讨论了凯图维(Kaytuvi)的一次萨嘎利。[130] 以下的叙述是科外亚比希拉从祖父和其他老人那里获知的说法,它们与马林诺夫斯基在日记中记录的情况形成了鲜明对比。

是"希腊人米克"将马林诺夫斯基介绍给奥布拉库的村民。他们帮他在离海岸几码远的地方依着一棵早已倒伏的高高的那图(natu)果树搭起了帐篷。大帐篷的位置人们记得很清楚,尽管没有像在奥马拉卡纳那样弄个标志进行纪念。马林诺夫斯基的语言知识据说有缺陷,而且他刚来时还带着一个"翻译",据认为是一个苏澳人。("生姜"其实是萨利巴人,不过他可能也说苏澳方言。)情况属实的是马林诺夫斯基大部分时间都和"towosi"那瓦维尔一起研究园艺技术和巫术。人们告诉科外亚比希拉,这位民族志学者并没有解释过自己来这儿的目的,而只是想当然地认为每个他所询问的人都会说出他想了解的一切。科

马林诺夫斯基

一位人类学家的奥德赛，1884—1920

外亚比希拉耐心地列出了从渔网捕鱼仪式到库拉的"姆瓦希拉"（mwasila）魔法的"每件事"。马林诺夫斯基据说还陪同卡迪拉库拉、莫里拉克瓦和那瓦维尔参加库拉旅行到了基塔法——不过根据他自己的说法，他从未去过基塔法。人们还记得他观察了因内科雅的葬礼队伍、下葬过程及服丧仪式，拍了她被装饰过的遗体。他的确这样做了，并在《野蛮人的性生活》中发表了其中一张。证明其叙述确有真实性的还有年轻人如何划船载他去科瓦布拉拜访"先知"托姆维拉（Tomwela）以及陪他去瓦维拉请教占星者。

马林诺夫斯基这个名字对于科外亚比希拉来说没有任何意义，因为人们只知道他的绰号"托利立波戈瓦"（Tolilibogwa），意思是"libogwa 或 liliu（神话、传说、民间故事）的人"。[132] 一种更为简明的翻译应该是"历史学家"。正如我们所知，另一个绰号是"托森瓦纳"，可被不那么严格地译成"表演者"、"炫耀者"或"好自我表现者"。这个名字暗示了他"骄傲于"自己模仿某些特罗布里恩德人言谈举止风格的能力。据说卡迪拉库拉还送给了他一个装饰精美的食火鸡骨制石灰铲。这个礼物表明马林诺夫斯基被授予了"古尧"（guyau）的尊贵地位，而且据说他还很喜欢在人们面前显摆这把铲子。[133] 据说他还带着一个椰树叶的篮子，里面装着他的槟榔和嚼槟榔用的工具。事实上，他在日记里鲜有提及食用这种麻醉品，而且他并不牢固的假牙也会让嚼槟榔成为一种有风险甚至是不舒服的事。他当然也可能是先在研钵中碾好槟榔、酸橙及胡椒叶，就像那些没牙的老人们那样，不过他从未提到如此做过。另外一个有意思的绰号暗指了他的一个可笑的习惯——在看相机镜头时他总是希望提裤子：因此他是个"好笑的人"，"托普维吉吉拉"（Topwegigila）。

按照奥布拉库流传下来的说法，马林诺夫斯基与其他白人不一般的地方在于他没有雇用厨子和其他佣人，他的"苏澳"翻译除外。多布人奥吉西和那一批非正式随从（"男孩们"）似乎被忘记了。没有太多仆从（至少在传说中）让他受到村民们的喜爱，不过科外亚比希拉坚持说，由于远远没有达到自给自足状态，马林诺夫斯基还是依赖村中的妇女们帮他煮番薯和芋头，给他送来香蕉和鱼。"她们照顾他"，他说。不过日记中另有说法。除了那些可以和村民们分

第二十四章

重返岛上

享节日食物的日子,都是被过度使唤的"生姜"去购买或交换当地产品并帮马林诺夫斯基每天做饭。

即便如此,马林诺夫斯基的传说中的一个重要部分还是他用烟草换食物时表现出来的大方,以及他对待当地人体贴周到的态度(与商人、政府官员、传教士们让人愤怒的威逼利诱手段相比)。科外亚比希拉说:"人们很喜欢他。因为每次他问问题,他们都会回答,因此他们也喜欢一次又一次地来拜访他。他是个好人。他不责骂人们,也不打他们。"

问到马林诺夫斯基在奥布拉库的性行为时(这在基里维纳并不算不恰当的粗鲁问题),科外亚比希拉断言这位来访者确实和村里的女人们有过一些私通。他的原话直言不讳:"他在这里住了很长一段时间。他有风流事。他给女人们烟草作为性交的报酬。因为他是个新人,所以女人们都很喜欢他。"然而,在他的日记中(包括在出版前应其遗孀要求删改的部分中)并没有任何证据说明除了"爱抚"、"轻拍"或"摸弄"过那些不经意间撩拨起他的特罗布里恩德迷人女人之外,他还做过更多别的事情。他对自己那些生理反应产生的恶心感足够诚实可信,他对不同阶级间"性污染"的害怕也是显而易见——更不用提他为了艾尔茜而作出的"纯净"承诺——这些都很有说服力地回应了奥布拉库的传说。

然而,最引人注目的虚构还是关于马林诺夫斯基的离别。在其日记中这段离别被令人信服地描述成毫无感伤而且是令他发脾气的。人们可能会估计他的离去在奥布拉库的村民们这边看来同样没有什么好觉得悲悲戚戚的。但是他们的宽宏大量令他们想象出彼此相互宴请,于是他的离别就被重构成一个充满强烈情感的盛事。由卡迪拉库拉发起,村民们为他准备了盛大的送别宴。科外亚比希拉津津有味地描述着当时的情景:大量的芋头被收割、煮熟并被碾碎,用来做"摩纳"(mona)布丁;成捆的黄色槟榔被堆放在蒸煮罐旁,人们还为送别宴杀了三只猪。宴会结束时,马林诺夫斯基向亲爱的朋友们分发临别礼物。卡迪拉库拉得到了一把短柄小斧、一把灌木刀和这位民族学者帐篷上的帆布。最后,和马林诺夫斯基本人笔下不屑的离别叙述相去甚远,科外亚比希拉说:"托利立波戈瓦"上船时,奥布拉库的人们"就像有人去世一样号啕大哭起来"。

第二十五章

恐惧、爱和憎恨

"创造"阿姆弗莱特

1918年3月13日周三,马林诺夫斯基在汉考克那里收拾好行李,在罗苏亚从坎贝尔那里得到许可,搭乘 Kayona 号前往阿姆弗莱特岛。他的行李里有一包药物。他设想了最坏的结果:"苦咸水、大群的蚊子和白蛉,没有邮件,没有新鲜食物。"但是只要他身体健康,他相信他受得了这种挫折,甚至还会将其"作为某种嬉耍享受一下"。[1]

"生姜"和奥吉西陪伴着他,船长是莫那亚(Monauya),一个萨利巴岛民,船员来自苏澳。Kayona 号驶向南部跨过皮鲁的浅海湾,径直来到科亚,"一个梦幻般的小岛",马林诺夫斯基欣喜地生出一种自由感。傍晚他们接近了阿姆弗莱特。古马希拉是"一座高而陡峭的山,有着拱形线和巨大的山崖"[2]。在它左边隐现出巨大的多姆多姆金字塔(Domdom Pyramid)。

夜幕降临,Kayona 号在古马希拉和多姆多姆之间航行,一股强烈的西北风推着它往前飞驶。甲板上响起吵闹声。马林诺夫斯基躺在令人窒息的小屋里,晕船让他呕吐,他又听到喊声:"小心暗礁!"很快他便陷入全然怯懦的状态。"生姜"和莫那亚看到女巫在桅顶上忽隐忽现,当风撕碎主帆,马林诺夫斯基意识到情况已经十分严重。他有生第一次惊恐地颤抖着。他的第一个念头就是在

第二十五章

恐惧、爱和憎恨

第十三个月去航行实在是太莽撞了,他回想起关于阿姆弗莱特梦魇似的征兆:几年前传教士约翰斯曾在奥雅比亚告诉马林诺夫斯基险些让其丧命的船难。它突然就像"命运绝对的逻辑":他将被淹死在这里,就像他的生命的全部进程在引导他走向这里。他的第二个想法就是关于他的母亲和艾尔茜。他自身的悲观情绪想象出另一个迷信:他害怕乐观因为他秘密地相信乐观会带来霉运。度过一个昏沉灰色的下午,"结局已定……我无法应对,因为我在晕船……我只能躺在那里,不住地颤抖。"[3]

他为自己的怯懦感到耻辱。"我已彻底丧失了勇气!"在适当的时候艾尔茜回复他只有不会想象的人才不会感到恐惧。她自己也是"只会靠着某种蠢笨的、自我防卫的乐观主义,或许也是某种迷信的宿命论"阻止自己失去勇气。她怎会鄙视他?要是要求他去做某件事他却没有勇气去做她可能会介意,但她相信不会发生这样的事。"你的自控和自尊会征服你的想象。"[4]

船难具有一些人类学价值,让他得以体会库拉交易者在他们脆弱的独木舟里所面临的危险。他在写《航海者》时,单列一章描述皮鲁海上航行所遇到的自然和超自然危险,又单列一章去写船难的故事。他引及自身经历去说实际情况并非装腔作势,因为他想呈现对于会飞的女巫的恐惧。"除了我自己,所有船员都清楚地看到了会飞的女巫化身一团火焰出现在桅杆顶端。我无法判断这是否是圣埃尔莫之火,因为我在晕船,我对危险、女巫乃至人类学上的发现都漠不关心。"[5]坦诚自己的虚弱或许正是对英雄主义的讽刺。

船难的危险,还有吞噬挣扎着的船员内脏的女巫的危险,那夜如影随形地伴着小艇达几个小时。"被晕船折磨得失魂落魄",马林诺夫斯基醒来发现他们已经被带到了阿姆弗莱特的南部,正在萨纳罗阿低矮的绿岛岸边徘徊。船在平静的入口找到了避难处。他们已经在去往多布的中途,已经可以望见南边诺曼比岛上的群山。

睡到接近晚上,马林诺夫斯基发现白种人停泊在附近的汽艇,他们是芬兰商人。他们有着金色的头发,面容憔悴,低垂着麻线色般的胡子,马林诺夫斯

马林诺夫斯基

一位人类学家的奥德赛，1884—1920

基由此想到"垂死的高卢人"这一经典人物形象。他们一起喝茶，讨论政治，听着留声机。赞歌和华尔兹舞曲荡漾在冷冷的红树林上。这些天还遇到其他一些流动的白人：往返于萨马赖和特罗布里恩德之间的商人和招募者。这里远未与世隔绝，马林诺夫斯基苦涩地想道。[6]

大海平静下来后，小艇开始了返回阿姆弗莱特的航程。暴风雨驱使的改道让马林诺夫斯基得到一些人类学补偿。在萨纳罗阿他观察到通向特罗布里恩德岛的库拉探险准备，并首次目睹了西米制作。现在他被允许去看偶然发现的东北弗格森岛民，特罗布里恩德岛人视他们为食人族。他们认识的巴斯马人生活在雄伟的"神山"下。莫那亚船长发现一处锚地，马林诺夫斯基上岸去看几对居民点。直到最近在政府命令下被迫从山麓丘陵迁移下来的人们看起来矮小，病态，胆小害怕。他们给他一种"野蛮"的感觉。男人们能懂多布语，他通过奥吉西跟他们说话。第二个小村庄有四五家房子，他看到人们身上带着癣菌病，他们还有他们的狗身上都被划伤。他们的房子建在高处，比基里维纳的更为原始，在和欧洲人接触后有所改进。他和巴斯马村民坐了一会儿，但"并不试图做很多人种志调查，我的一些打探被报以微笑，意思是说'不要跟我们开这些愚蠢的玩笑'。"[7]

马林诺夫斯基与迄今空白而神秘的弗格森岛民短暂的相逢，呈现出一种人性的看待。当特罗布里恩德岛人说到瓦考亚时，他会记起那些面孔和地方。十二年后，新西兰人福琼（Reo Fortune）——哈登和马林诺夫斯基的学生——花了一个月时间和巴斯马人生活在一起。在马林诺夫斯基到访七年后，一个年轻的特罗布里恩德人类学家第吉姆里纳，进行了更为全面和密集的研究，他采用的是他的导师在《航海者》中所倡导的方式。[8]

3月19日，小艇在和煦的东南风中驶向阿姆弗莱特。今天是约瑟法的主保圣人之日，她的儿子相信今天会给他带来好运。崎岖的小岛上有一小群金丝雀。在怀想金丝雀时，他想起了他的母亲。[9] 他不知道她已离开人世有两个月了。

当他们从南部靠近这些岛屿时，就像从北部看起来一样优雅。这是有人居

第二十五章

恐惧、爱和憎恨

住的岛屿——少于三百人居住。莫那亚在古马希拉的西南边发现了一处掩蔽的抛锚地，到了午后时分，马林诺夫斯基已登上努阿加斯。村庄是一排房子，交织在山海之间。狭窄的海滩缺乏支帐篷的空间。"生姜"和奥吉西借助小舢板和他一起上岸，Kayona 号则带着船员驶向萨马赖。陌生人的突然出现惊动了整个小社区，他们中断正常生活，女人和孩子争相逃往灌木丛中。

这些民居使马林诺夫斯基着迷。就像巴斯马的房屋一样，他们的房屋"更为古老"。在基里维纳他已经很熟悉阿姆弗莱特的陶器。女人是制陶专家，造出了巴布亚岛最精心装饰的厨罐。男人跨越整个地区交易黏土，换来花园产品、西米椰子、猪和槟榔。从特罗布里恩德他们进口木制碟子、石灰盆、三层结构的篮子和女人精巧的羽毛裙子。[10]

刚开始，严肃的人种志工作难以展开。村里的男人不愿当被访谈人。图瓦萨那（Tovasana）是这些岛的首领，"看起来就像老土地神，一副鹰钩鼻在巨大的穆斯林头巾似的假发下分外突出"。他的外形让马林诺夫斯基想到斯特林爵士。季培拉（Kipela）是一个穿着汗衫的小伙子，他为白人服务过，并在那里学会了说洋泾浜语和撒谎。第二个年轻人是阿奈布图那（Anaibutuna）：面容甜美，诚实体面，积极文雅，但是人并不太聪明。虽然他们都说特罗布里恩德语，但是马林诺夫斯基说得更好。然后图巴瓦纳（Tobawona）加入其中。至于古马希拉的其他人，日记中的一句话就已足够："这些人沉闷地坐在石头上，独自待着，闷闷不乐，并不友好——他们是真正的岛民！"[12]

马林诺夫斯基的目标很明确：记录语言和当地技术，勾勒居住类型和姻亲关系，调查阿姆弗莱特在库拉当中的角色，他们的宗教信仰和死亡实践。简言之，他致力于为一般人种志描述收集信息，作为他的巨著的附录（这些材料后来成为《航海者》中关于阿姆弗莱特一章的基础）。他向艾尔西解释说，他尽力让风景烂熟于心。他确实被新鲜环境和新的人种学挑战所激励。"这项工作——粗略观之，不用深入细节——很好做，比不上在基里维纳的工作。"现在他明白了里弗斯所说的"'调查研究'的魅力就是将广阔区域包拢在内视为一个整体"[13]。

马林诺夫斯基

一位人类学家的奥德赛，1884—1920

艾尔茜尽情想象自己和马林诺夫斯基一起做田野调查。充满浪漫式的吸引力，她欣然接受他梦幻般的建议，阿姆弗莱特将是他们初次作为团队进行田野调查的理想场所。"我们一起住帐篷，离其中一个村庄不远，我从其中一个妇女那里学着怎样制陶罐。"[14]"我感觉我们有权利从这个悲哀混乱的白人世界里退却到一个属于我们自己的小岛上，这样我们就可以一起工作。"[15]艾尔茜可以成为一个重要帮手，但是马林诺夫斯基认为这些岛屿"只是一个基里维纳的侧面写照"，如果他们二人真要合作，他们可以对付更大的岛屿，比如罗塞尔岛。[16]但是艾尔茜则梦想着："我会写一本畅销书，书名就叫《田野里的一个女人》，出版商将会说：这个勇敢的女人在澳洲新几内亚同类相食的野蛮人那里从事了不可思议的冒险，记述了一个独特的故事。……摘要：在我的小帐篷成为特罗布里恩德的焦点不久，白人商人频繁来访，送我珍珠和玳瑁壳。他们会待上一两个小时，向我吐露他们寂寞的生活，这时一堆土著人在我们周围出现充当保镖，等着翘鼻子的魅力女士一句话或一个微笑……你不认为我们会赚大钱吗？"[17]

有时马林诺夫斯基绝望地想着艾尔茜："我感到我需要她，就像孩子需要妈妈。"他在日记里也坦承对她有"一种强烈得近乎宗教的渴望"。他称之为"婚床的神圣性"，加上引号是用来表示措辞的禁忌。[18]这是一种精神上的"塔里斯曼"（驱邪物），为的是抵制夜里冒出的不请自来的"肮脏思想"。对他来说，"精神纯洁"是一个不可能做到的目标："我意识到，行为纯洁有赖于思想纯洁；而我则看到自己沉入了最深的本能中。"[19]

好的民族志要求对每种感觉都很敏感。被这些岛屿的浪漫魅力所吸引，马林诺夫斯基对周围环境有高度的意识。就在离海几步远，他能从帐篷里听到"温柔的泼溅声，激流在绿墙上方的响动"。他和"生姜"每天都划桨远行，在漂流的小船上享受美景。他的日记中充满画家般的描写。各种关于"快乐"的表达跃然纸面。很多天他都感到开心、强壮和健康。散布的小岛与弗格森紫色的高山形成对比——视觉上的大海、天空、岩石和丛林的韵律使他狂喜，并投入到这悦耳的感受中。在暴雨中，他听到了瓦格纳的音乐；还有一次他想起了一个老朋友，作曲家钦别斯基。他感到音乐和海景之间的默契合奏。他很想把这神奇之光告诉艾尔茜，"这真像一场交响乐"。气味的感觉也增进了他的愉悦："昨日，苔藓、海草和花朵，风从岛上吹来；今日，海滩上的夜来香散发着迷人的芬芳。"[20]

民族志学者的首要感官就是视力。虽然视力受损，马林诺夫斯基仍旧沉浸在颜色形状的辨识中。黄昏村庄上的天空显出"黑色的阴影，缓缓地扼住混合着云后银色月晕的黄光"。有天傍晚他看到了日落时分泛起涟漪的海面上的金银色彩。他是如此迷醉在阿姆弗莱特景色的荣耀里，他总能有所体悟，在改变意识的瞬间他看到了柏拉图的理念世界跃出这个世界的外观。一天晚上他静静地划着船，月亮躲在多彩的云后。他看到，在这个实际存在的海洋那边，"存在一个绝对的海洋，多少正确地被标示在地图上，但却存在于所有地图外"。[21]

在一个飘着薄雾的日落时分，绕着古马希拉划船，探险者的顿悟不时发生。"生姜"收起桨橹，马林诺夫斯基开始研究无人居住的海岸。他"在赏识的感觉中愉悦起来"，"这个岛屿虽不是我发现的，却是第一次被艺术地体验和智识地掌握的。"[22] 这种帝国主义式的傲慢漠视了马辛地区居民难以解释的关于他们所在岛屿的不同感知；是什么样的欧洲中心主义标准让他得以宣称他们既不会有审美体验也不会认知性地把握这个岛屿？

谎言和迷信

3月24号周日，六个人从特罗布里恩德岛抵达古马希拉。马林诺夫斯基观察他们的库拉交易。研究需要礼物交换的原型。马林诺夫斯基坐在他们中间聆听他们的谈话、他们鼓吹自己贝壳价值所进行的"诙谐的讨价还价和创造性的撒谎"。[23] 古马希拉的人们第二天突然投入库拉交换驶向特罗布里恩德。虽然有人告诉他远行即将来临，这种突然还是让他吃惊。"不管是否出于保密或迷信，他们总是对我隐藏他们的出行",他抱怨道。在迈鲁和奥马拉卡纳也是这样,这经常让他生气。看上去似乎他认为他有权知道他们的计划,但却遭到背叛。他若是好好反思一下自己对第十三个月上出行会遭遇"不幸"的迷信,他也许就会明白:马辛人的信仰是宣布离开就是威胁出行——女巫和活着的人的病态意志会对他们的出行构成威胁。通告别人关于你的旅行计划会给你带来霉运。

关于古马希拉大多数男人的出行,找不到"一个好的访谈人"。他自抵达就努力工作,智力和情感都很疲倦。一个格言给他的懒惰提供了理由:"休息是最重要的工作形式之一。"[24]第二天从那布瓦格塔附近岛屿传来的消息说,他们也会离开此地去往基里维纳。他对自己突然要走的计划很是恼火,感到"对黑鬼的恼恨"并强压住一起离开阿姆弗莱特的怨恨。[25]然后他惊喜地发现了那布瓦格塔"搏动着热烈的生活"。男人们不会离开太多天,于是他决定就地扎营。他清楚地知道,古马希拉的男人们想要他从岛上离开。他们并不信任他和他的"男孩们",他们不想让他们和女人单独待在一起。

不管怎样,那布瓦格塔的访谈人都让他很失望。他们不懂凿独木舟设计元素的术语,也否认他们有任何花园戏法。他变得无比愤怒,再找其他访谈者,结果却是一样。任何时候他去询问巫术问题,他都感到他们正在"撒谎"。想被告知真相的他,不断抱怨阿姆弗莱特男人的谎言——就像他在迈鲁和其他地方遇到的人一样。虽然他对奇怪随意的谎话并非一无所知,他仍会让那些人接着讲下去。在这样做的过程中,他偶然发现了阿姆弗莱特的同类相食。[26]

他在阿姆弗莱特逗留的第十三天正是 4 月 1 日——在他看来这是一个本就不幸的日子。几年来的这一天,命运跟他开了几个恶心的玩笑。1914 年的这一天,他和托斯卡在伦敦痛苦地争吵;1915 年的同一天,他在阿德莱德被捕并被暂时羁押;1916 年的这一天,他和斯特林一家关系破裂;1917 年 4 月 1 日,他得知他必须去除其余牙齿。[27](他从墨尔本回来时,艾尔茜开玩笑道:"不要在第十三天回来,否则你很容易带来不幸……不要在 4 月 1 日,要不你会失去另一个女人。")[28]

第二十五章

恐惧、爱和憎恨

几乎可以肯定,是迷信使他难以和 *Kayona* 号一起航行,它在那天早上返回古萨维塔。这并非一个简单的"错过航船"事件,而是故意拒绝在4月1日上船。(他的日记里只是含混地记着起初的恐惧:"船和噪音让我紧张,所以我退却了。")当船驶离,他又后悔自己的决定。避开了这一风险,他又碰到了另外一个,因为他可能孤立无援地陷在阿姆弗莱特几个星期。这在做民族志方面也是一件蠢事,因为那布瓦格塔的船会跟随多布人的船队而去,他有可能会错过一个重大事件:在西纳克塔,最大的海外库拉远行汇聚一起,这是他最想亲眼目睹的。以后他在《航海者》里坦率地承认了这一"错误":"我和几个残疾人、女人和一两个照看村子的男人被留在村里,他们特别要监视我,确保我不会干出坏事。"[29]

又过了焦躁的一天,马林诺夫斯基获得了一次未曾预料的短暂自由。仿佛天意,奥尔巴赫兄弟乘坐 *Ithaca* 号拜访那布瓦格塔。他慌忙收拾上船,唯一遗憾的是没能拍下更多照片,对陶器制作进行更好的研究。他在阿姆弗莱特待了正好两周(并非像他宣称的是"一个月")。[30] 尽管有着近乎灾难的开端和突如其来的收尾,尽管有他非理性的恐惧和一些被访谈者故意的回避,他的旅程还是收获颇丰,他也享受巴布亚岛如画般的美景。虽然他将这些岛屿斥之为"人种志上的荒地",他还是收集了允分的材料足以对阿姆弗莱特进行简明的解析。[31] 更重要的是,他了解了大量库拉的信息,能够将其与多布人的观点分开,这是一项他在基里维纳通过参加船队完成的任务。

期待着回到"事物中去"的快乐,转眼却变成了沮丧:他得知德国刚刚发动西线攻势。这唤起了他的亲英情感;考虑到他那些并不光彩的经历,他想知道艾尔茜是否会继续爱他,这已不是他第一次这样去想。然而,人类学的后辈们会将他的田野调查成就视为一项英勇行为。这个英雄驶向无名的岸边,面对自然和超自然的危险,用计谋和巫术克服重重障碍,带着赢得的宝物平安归来。这是否让他想起了:他对做民族志调查的请求,映照了围绕这些岛屿航行的库拉交易者对名利的勇猛追求呢?

马林诺夫斯基

一位人类学家的奥德赛，1884—1920

西纳克塔的亲法情绪

急于收到邮件的他首先航行到古萨维塔。只有一封来自艾尔茜的信，另有几封尼娜的信。第二天他驶向基里比，然后再去西纳克塔，来自南部的库拉船只和来自基塔瓦的库拉船只将在那里聚合。他住在汉考克破旧的老房子里，让自己尽量过得舒服些，然后温习他将目睹的库拉交易材料。日后他将其发展成为方法论上的一条经验："……就像民族志田野调查中经常发生的那样，如果调查者只有一次目睹公共仪式的机会，事先很好地解剖这一事件很有必要，然后集中观察这些纲要如何具体落到实处，判断一般行为的基调、情绪情感的接触，许多小而重要的细节，这些细节只有通过观察才能揭示，它们可以很好地说明当地人制度中真实内在的关系。"[32]

4月5号，人们在地平线上看到了多布人的船只，"他们的三角船就像蝴蝶翅一样"。马林诺夫斯基加入了来自阿姆弗莱特和基塔瓦的小型船队，这些船超过八十艘，正在驶往西纳克塔。怀着巨大的"人类学热情"，马林诺夫斯基拿着相机，慌忙跑向海岸，说服图瓦萨那划向附近的海角。[33]在那里他能看到船队的停靠，每个独木舟的男人都在做靠岸仪式的最后巫术准备。西纳克塔很快就像一个"避暑地"，几个小岛和数十个村庄的男人们混杂在海滩上——总共超过两千人。[34]这个事件是他田野调查中的一个亮点。他作为人类学家全神贯注于所有的进展中。几天后他写信给艾尔茜，将库拉比作一个巨大的花园聚会，字里行间带着一种厌倦玩乐后的傲慢语气："典型的英国花园聚会对我来说经常毫无乐趣，单调乏味，就像库拉一样。"[35]他能理解为何人们纵情于这类社会活动中，"但就我而言，我却从中既没找到幸福也没发现快乐。"[36]

但它仍是一个少有的机会，他狂暴地拍摄照片（"这是我最憎恨的事"）。他也画了无数的制作独木舟的素描。到了4月7号星期天，他精疲力竭，差点晕厥。记笔记成效不大。他也不能和航海者们很好地工作，因为他们全都"陶醉自我，兴奋不已"，"陌生人永远不会在遥远的村庄里敞开心扉"。想到偷听谈话，他也不具优势，因为每个人都在说着多布的混用语，但他还是对他的所见所为感到愉快。"我想我对它的解释会有更多的'机体'。"[37] 这是当然，他在《航海者》中关于这一事件的描述，体现了近距离人类学调查的特征。[38]

多布人走了后——如同往常一样突然——马林诺夫斯基返回古萨维塔，在汉考克的暗室里冲洗他的照片。然后他坐上独木舟返回西纳克塔，并在下午重读了一遍他的日记。这激励他进行道德反思。他现在的生活模式并不令人满意："上床睡觉很晚，起床毫无规律。观察接触当地人的时间太少，收集了太多空洞的信息。我经常休息，就像在那布瓦格塔一样放纵堕落。"他也考虑了"记日记的问题"："在生命的洪流里想要穷尽事物的无数类型何其困难！记日记也是一种心理分析；隔离关键要素进行归类（从什么角度呢？），然后通过描述，清晰展示在既定状态中何为实际上的重要事实。"[39]

什么是他理想日记里最具有分析性的报告？他列出了四个关键部分。第一，具有"外部印象，风景，色彩，气氛和艺术通感"。第二，"关于自己、爱人、朋友和事物的显著感受"。第三，"思想形式，特殊思想，松散关联和癖好"。第四，"有机体的动力状态；集中程度；较高意识程度；项目/计划"。[40] 据他观察，他的日记和民族志互补，典型日记的这四个关键心理学要素，都可以在《航海者》这样的民族志典范里找到。

他返回汉考克废弃的房屋。在狭窄的走廊里，他坐在桌旁写信给艾尔茜，他所说的长礼服"成了他的睡裤和袜子，其余的都暴露在新鲜空气和飘飞的蚊子下"。[41] 他告诉她："我喜欢思考我所有的工作都是为了你，出版只是次要的事。这种态度导致更大的诚实和真诚，因为不管是我确定或不确定的东西，我都不会骗你。"[42]

民族志里有不同的诚实度，他继续说道，"对于措辞和事实的安排等只有一些小的润色，以便赋予事物一些色彩"。斯宾塞的书里有很多这样的润色。"我的两个短篇也是充满润色，虽然巴罗马里的润色相对要少。在我的代表作里我尽量像贵格派教徒一样严厉，我的艾尔茜也会帮助我。"科学顾虑所秉持的异议让她回复:"如果我们当真能将绝对的诚实作为我们的目标,那才是真好。我觉得不准确的民族志工作越来越多,想来真是让人绝望。如果你懂得当地语言又经过训练,发现当你回来在你的工作中当真存在诸多漏洞,你想回来绝对不可能。"[43] 这表明,要是没有战争环境和穆雷限制移动的决定,马林诺夫斯基也许会缩短在特罗布里恩德的工作,取而代之去往罗塞尔岛。他在1916年的意外生病和在墨尔本的被迫停留,从长远看也对他的工作有所助益。

虽然他睡觉工作都在汉考克家,但他每晚都会和布鲁多一家吃饭。在奥布拉库和阿姆弗莱特没法烹饪,法国餐的诱惑难以抵挡。在他从古萨维塔回来的4月11号,他告诉艾尔茜:"拉斐尔家为我做了一顿丰盛的饭菜(美妙的调味汁、新鲜豌豆、巧克力牛奶冻和柠檬炖鱼),然后我们讨论法国文学,拉斐尔读了缪塞的一些作品。这是一个非常不同于基里维纳的夜晚,我们说了很多关于巴黎、拉辛和高奈依的事。"[44]

他觉得艾尔茜喜欢布鲁多一家,因为他们在某些方面都是"库纳夫妇的复制品",值得被同宗所承认。拉斐尔"高大有型,前额突出广阔,秃顶,亮黑的眼睛……苍白的肤色,面容紧张"。西蒙娜是个法国人,矮小肥胖,有攻击性——其他人暗讽她是土耳其人。拉斐尔"聪明,受过一定教育,有着许多天然有趣的想法,有真正独立思考的本能,对事物拥有真正的兴趣。他的基里维纳语说得相当好,他能用一种别人做不到的方式建构本地问题(如库拉)。"[45]

马林诺夫斯基告诉艾尔茜,他比在奥布拉库心情更愉快。他已进入田野调查中一个新的、更具流动性的阶段:"经常搬家无疑更具吸引力,一个人可以彻底逃避被整个世界所遗弃的那种孤独感和绝望感。……很可能我会在西纳克塔待上两个月。"[46]

在西纳克塔他享受到两个世界的美妙之处。田野的严酷抵不上美味和智慧的谈话带来的舒适。布鲁多一家提供了一个能够放松的环境,他可以阅读拉辛、雨果、夏多布里昂获得乐趣。他甚至和他的主人打板球。虽然调查是密集的,但他在西纳克塔的七周田野工作并未达到他想要的那种全心投入状态。这让他回想起在迈鲁的时间,而不是在奥马拉卡纳的几个月;他退回到走廊上,沉浸于"摇椅工作"。

站在 1932 年的视角来看，拉斐尔把他们的友谊和异国情调的背景给浪漫化了："你能想象我们在一起的那些夜晚吗？当我们完成日常任务后，他准备他的笔记，我做着我的商人工作，我们一起坐在餐桌前……我大声读着诗歌段落或者某位著名作家的作品，然后一起评论。有些晚上，对音乐的幻想紧紧攫住我们的心，我们低声哼起瓦格纳的乐段或者贝多芬的奏鸣曲，我的当地男孩们痴痴地看着我们。"[47]

虽然马林诺夫斯基与布鲁多的相识成就了他们一生的友谊，但是没过多久，他就发现有这个法国商人为伴并非全是好事。另一个人的个性的引力正在破坏他的心理平衡。"一切都在阴影下；我的思绪不再有自己的特色，它们只有通过与布鲁多交谈才能显露出其价值。"他的个体性被削弱，他再次注意到过多的社交让他难以抽出时间去写日记。他需要重回孤独。[48]

提比略在瓦库塔

4 月 14 日星期日，马林诺夫斯基离开西纳克塔一个星期去访问瓦库塔，这是一个回旋镖形状的岛屿，位于基里维纳的底部。他想和基塔瓦的库拉商人一起航行，他们将要经过瓦库塔返回自己的小岛，但是他们担心他会带给他们厄运因此拒绝了他。一个瓦库塔独木舟的船员不情愿地接受了他。旅行一开始并不顺利。那天早上马林诺夫斯基和"生姜"发生了激烈的争吵，愤怒之下还打了后者的下巴。他们之间并非经常发生暴力，他有些惧怕，担心动武只会带来人吵。"生姜"的下巴被打了，可想而知他心底有多么怨恨。[49]

仅仅两个小时后，马林诺夫斯基便收拾好东西，在下午 3∶00 左右带着他的伙伴离开了。独木舟撑篙划行，在破旧的岸边登上浅滩。这是他迄今为止第一次有机会冒险到基里维纳的南端，他用心观察着海岸。"这种热望里有某种吸引力，将一个极其抽象的思想、地图上的一个地点，转化为具体的经验。"[50]

他分秒必争地描绘着缓缓变化的场景。"伴随骇人的云和远处的雷声",黑暗降临,他感受到而非看到珊瑚屋脊在基里维纳的终端变得越来越多,蟋蟀的窸窣声取代了成群的蛙鸣。降雨来临前,他们赶到了基里布瓦,这是一个"只有十一间房的村庄",位于中心岛和瓦库塔之间。他在一个部分建成的小屋里休息,那天夜里,故意怀着情色的意图,他读了孟德斯鸠的《波斯人信札》。[51]

次日清晨他坐船跨过瓦库塔的泻湖到了一条潮溪,然后穿过一片红树林,到了一片被乔木林荫蔽的空地。附近是一个破旧的传教所,马林诺夫斯基征用过来作为自己的住处:旧房子成为他的厨房,废弃的教堂是他的卧室。几步远是当地传教士塞姆索尼(Samsoni)的新房子,远处正是瓦库塔主村的一部分。那天晚上他访问了一个当地古尧。尽管他的地位低于基里维纳的首领,库里嘎嘎(Kouligaga)并不是一个坏家伙,他只接受你会给他的香烟,从不鲁莽地索取更多。索要烟草为大多数古尧所不齿。

马林诺夫斯基陶醉于领受新的观感。他走到考拉卡,这是一个内陆村庄,美丽如画,坐落在一个棕榈叶夹道的洼地中。他获得了如期的快乐,"多变的意识,新事物的浪潮从各个方向涌来,相互拍打着,交织着重又消失"。[52]就像听一首新音乐,或是遇上新的爱情的那种兴奋紧张。第二天他满足于自己的孤独和对敏锐的专心的期望中。至少在此刻,田野调查是颇有回报的,在智识生活中占据更大的范畴。"自从我离开奥布拉库,我很享受这种自由独立的即兴演奏的存在,充满挫败和微恙,但是饱含创造性的智力拓展,同时还能产生奇妙的艺术印象。"[53]

他现在着意于比较瓦库塔和基里维纳的异同,特别是关于园艺、神话学、宗教、涉及库拉的航行巫术。瓦库塔是岛屿中最重要的独木舟制造和木雕中心之一,马林诺夫斯基也热衷于了解更多关于雕刻大师在新独木舟上的图案设计。哈登和塞利格曼都敦促他在马辛进行这一调查,但是虽然他在瓦库塔比在阿姆弗莱特对雕刻巫术和装饰图案的意义有更多了解,但让他失望的是这些信息比较零碎。跟他的英国导师一样,他也想发现一个巫术宗教符号系统。但他可能也只是徒劳。"我现在很确定,当地人既没有神话的解释也没有个人的解释,去

第二十五章
恐惧、爱和憎恨

说明他们的作品的意义。"虽然他们能命名图案，但却说不清为什么他们会以特定方式去做。"对我来说，他们的装饰艺术是一个真正的奥秘，我私下的解决办法是认为这一艺术生活是被更优越文化里的成员传下来的。"[54] 这一解释默认了他的失败。如果他能更耐心，做雕刻大师的学徒，他就会学到更多，但他仍不会发现他所意想的宏大的解释系统。[55] 当他绝望于找到他们艺术的思想关键所在时，他还是通过画草图、拓印、照片将其认真记录下来，并记下任何所能得到的注释。他从未找到发表这些材料的机会，所以它们也就被遗忘在他的存档里。

这周头儿天天天气持续潮湿闷热，"所有东西都飘浮在雾和烟的浓汤里"。它诱发了幽闭恐怖情绪的紧张，"精神表层过于敏感和易怒"。[56] 难以忍耐雨天的禁锢，周三晚上他走到考拉卡，这一活动证明是令人鼓舞的。返回路上经过湿漉漉的植被墙壁，他构想出"新人文主义"，它基于人类学的"活的人、活的语言和活的事实"。新人文主义的"两大支柱"是哲学和社会学，他告诉艾尔茜，后者是一门关于"你的人类同胞的科学"。它将"从民族志，主要是对现存社会的研究，而不是从考古学、历史等，或灰尘和死亡中获得灵感"。[57] 他的想法是从垂死僵硬的古希腊罗马传统中拯救人文主义。在瓦库塔，他开始想象一个更广泛的、充当公共角色的人类学。他的"革命"不只发生在学术界。尽管一种人文主义"皇家学会"的成立是一种太过奢侈的希望，但在返回英格兰途中所写的一篇开创性文章中，他的这一想法，一种建立在社会学基础上的人文主义，已经浮现出来。[58]

星期四天色晴好，他连着工作了好几个小时，下午晚些时候漫步到考拉卡之外的海滩。"一个身材姣好的漂亮女孩走在我前面。我看着她背部的肌肉、她的身材、她的腿和美丽的身体，和我们白人如此不同，令我着迷。与这一小动物相比，甚至跟自己的妻子也永远不会有机会这么久去观察其背部肌肉活动。有时我真为自己不是一个野蛮人、不能拥有这个漂亮的女孩而难过。"[59]

很快他也"欣赏起一个英俊男孩的身体",并在日记中写道:"考虑到人性中残留的同性恋成分,对人体之美的崇拜,呼应于司汤达的定义。"美是对幸福的承诺。那天晚上,他在村里"抚摸"另一个漂亮女孩,这是一次失误,他受到了惩罚。那晚他在日记里后悔地写道:"这糟糕的女孩……一切都很好,但我不该粗鲁地摸她的……解决措施:绝对再也不碰任何基里维纳妓女。除了艾尔茜,精神上不要拥有任何人。"[60] 他所有这些心理失误在他的日记信件里都没告诉艾尔茜。另一个事故发生在几周后。一天晚上他访问了奥尔巴赫,在留声机旁与当地一位叫加布罗娜的妇女跳舞。他在日记里承认他抚摸了她。之后他为自己感到可耻,并将这个失误归因于主要是"渴望给他人留下印象"。他特别想给奥尔巴赫一种印象:他对女人有吸引力。说他喜爱"男孩"的谣言可能已经传到了特罗布里恩德岛,他可能会感到需要反驳这一谣言。他这一年的日记提到了数次道德缺失(他碰了年轻女性),但却没有单独指出他"触碰过"年轻男人。如果他在野外工作确实显示出任何同性恋倾向,动机也很微弱,他更渴望女性肉体。只有一次在新几内亚日记里,他隐约提到一个同性恋插曲:迪科。[61] 更能说明问题的是马林诺夫斯基1914年9月20日在莫尔兹比港记下的梦。它设想自己和自己有同性恋行为。"奇怪的是手淫的感觉;我想有一张像我一样的嘴去亲吻,一个像我脖子曲线的脖子,一个跟我一样(侧面看)的额头。"[62]

4月19日星期五是另一个有成效的日子——少有的民族志工作获得情感回报的日子。那天晚上他沿着海滩散步,洋溢着乐观情绪。奥吉西在海滩上点起火,他们坐看火焰闪烁,映红树干。"我也有真正的创造性工作的快乐,克服障碍、打开新视野的快乐;雾气渐消,我看到眼前的道路一直向上延伸。在奥马拉卡纳我有同样的快乐感。"[63] 依照目前的工作进度,他认为回到墨尔本时他将会"像骆驼一样驮满东西"。他现在很健康:"我再也不读世上无聊的小说了,我怜悯一直服药的人!健康!!"[64]

星期天的早上他罕见地进了教堂。他懒得去描述它,认为它只是一次"民

第二十五章

恐惧、爱和憎恨

族志体验"。然后他继续给艾尔茜写信。"我很爱瓦库塔,信息不是滔滔不绝地涌入而只是简单地流出。不用担心因为没有黑鬼而找不到信息人或失去时间。机会多得难以选择,我几乎被太多的机会粉碎了。"[65] 他在喝茶时间的谈话里获得的信息,比他在奥布拉库努力工作一天还要多。他怀疑这种差异是由于当地传教士文明化的影响,瓦库塔人想被雇用为白人工作。他们没那么神秘,更少倾向于回避和掩饰。矛盾的是,殖民接触的灭绝效应也影响到人类学工作,马林诺夫斯基承认自己"与传教工作几乎没什么两样"。事实证明,萨姆索尼是传统宗教方面一个优秀的报道人。

周一他的注意力开始动摇,他觉得"恶心"。他的喜悦转为敌意。他打算第二天离开瓦库塔。他以烟草为交换已雇好一个独木舟,但在早晨船员们提出了种种借口("孩子病了、头痛或脚痛")拒绝过去。"这让我异常愤怒,仇恨古铜色皮肤,心情抑郁,想'坐下来哭',暴怒得想'要摆脱这里'。"他决定妥善处理这一延迟。然而他却花了一整天在村里工作。第二天"经过许多麻烦",他成功地召集到了船员。但他是如此生气,根本"无法忍受面对黑人"。他花了四个小时赶往西纳克塔,一边阅读,一边闷闷不乐地看着海岸线从身旁滑过。[66]

在写给艾尔茜的信里,他甚至比在自己的私人日记里更加激动地描写了这事件。"今天我快气死了,反对所有的黑鬼、传教士,反对纵容黑人的英国制度……它肯定会让你觉得你想用一把左轮手枪把这些猪都赶走。"[67] 针对这一白人至上主义者对"宠坏的原住民"的愤恨的爆发,艾尔茜在回应中不露声色地指责了他,虽然她努力想原谅他的态度。"当然,英国法律的存在,就是为了保护黑鬼免受类似的来自白人的愤怒,在热带地区,他们必须被视为顽皮的孩子。我知道热带地区的人很容易遭到这样的攻击……当然,在你的情况下,一项非常重要的工作一时被傻孩子所阻挠,但下次阻扰你的可能会是一个商人。"[68] 这是一个足够温和的发泄,但在 7 月初返回奥马拉卡纳后马林诺夫斯基又带有挑衅意味地提到了这个主题。"我和黑人吵架——他们聚在帐篷边:要求他们离开纯属白费力气,愤怒地咒骂或打他们是危险的,因为他们会回骂或打架。你损失得更大,比他们更丧失尊严。在战斗中你是更弱的一方。不,艾尔茜，我认为没法解决这个问题；要么他们是奴隶，要么我们两个是。我更喜欢他们是奴隶。这对新欧洲很有好处……你是没和黑鬼们住在一起过。汉考克在这里是唯一像样的男人，他像我一样公开渴望鞭打黑人的制度。非常抱歉，我这样说你肯定不会喜欢我，但我是在精神上犯罪，而不是在事实上（之所以这样只是由于缺少机会）。我要是生活在明智的哈尔博士的统治下，我就会把'生姜'送去鞭打，这不是我第一次有这种想法。或许我也不会这样去做，因为'生姜'会作出不同的行为。这就是问题的症结所在。当黑鬼们害怕时，他们将是可控的。但是认为他们会尊重一个白人而不惧怕他，则是一种幻觉。"[69]

马林诺夫斯基主张立法鞭打持反对意见的原住民，完全不符合他的人类学职业承诺和新人文主义的设想。虽然在这两个场合下，他都是在一种挫折感和愤怒的情绪下写下的这些话语，但他所用的言辞却流露出种族主义。无疑他在这里说出这样一些话是非常严肃的，数月间接触狭隘的白人商人似乎强化了他的态度。在他写给艾尔茜的信里，他没有为他的冷酷道歉，只是想要通过他的血统进行解释。"记住，普鲁士人是条顿人和西方斯拉夫人的杂种。我是一个生活在条顿文化中的西方斯拉夫人。再次：我确信，如果我生下来是一个罗马皇帝，我就会像提比略或尼禄，或者充其量像哈德良，他只有短暂的开明，仁爱中伴着残酷的专制。我的民族（通常是斯拉夫而不是波兰）英雄是伊凡大帝。"[70] 这里的所言并非只是夸大其词——而是想要让人感到震惊——它们将会使得他被穆雷厌烦，并引来斯宾塞的诽谤。

语言学小插曲

4月24日周三返回西纳克塔，他与布鲁多待在一起，同他睡在游廊上享受极妙的物质舒适。他也从法语及文学中重获享受。布鲁多绝对是个"聪明的同伴"，也的确是一个有才华的语言学家。在这一两个星期中，马林诺夫斯基每天都会与他就基里维纳语法集中探讨数小时。

第二十五章

恐惧、爱和憎恨

这时碰巧来了一封令人鼓舞的信,这封信来自与他意气相投的古埃及学家加德纳(Alan Gardiner),信里有十二页有关语言学的建议。马林诺夫斯基觉得他俩的观点惊人的相似,并认为他自己在理解上又前进了关键一步。他在日记本背面记下加德纳的话作为指导。[71]最重要的是:一个人应该"陈述确切的原文。试着找到那些能描述土著信仰中最基本想法的警句,那些对自然的独特见解或是独特的社会学见解;并逐字逐句地给予典型回答。"其次,一个人应该特别注意话语中体现出的抽象概念,比如分类的词汇,因为它们能显明语义。

马林诺夫斯基对他的语言学作品的价值越来越有信心。正如他对艾尔茜说的:"我一点也不确信我是否能够贯彻我的语言学原则。也就是说,我不知道我是否有能力收集到足够的材料去证实我大体上的断言。但若我成功了,即使有点不完美,那些作品也应该能在语言人类学或在一般语言学理论中引起轰动。"他从一般的日常语言文本的分类开始,对语法作了一个粗略概述。"如果你想分析作为工具的语言,这种工具性指用它可以传达思想、情感等,你就必须首先发问:什么情况下会出现语言的传输功能,在多大程度上语言的使用是必要的,以及有什么其他方式也可以来传输这种意义。"虽然这个大纲是试验性的、暂时性的,但这也已经使马林诺夫斯基注意到了之前被他忽略掉的语言行为的许多方面。"从现在开始,我每天都要去收集一些本土语汇和说明,我还要完成我的字典编纂。"[72]

在4月的最后几天,他开始与中年男子蒙塔古(Motagoi)一起工作。蒙塔古非常称他心意,以至于马林诺夫斯基决定7月重返西纳克塔在那里待上更长一段时间。他激动地告诉艾尔茜那个蒙塔古是"到目前为止最好的信息提供者,他能精准地回答问题,也能恰如其分地猜到我努力想要提出的问题或论点。"他擅长讲述贸易关系及复杂的萨嘎利。他是那么的难得,这个负责任的信息人好像有着"导师的头脑",能将事情条条有理地告诉他的学生们。[73]

虽然马林诺夫斯基对这项工作很满意,但他在西纳克塔的第二段时光中却感受到一如既往的不满。"我一点也不能把心全都收到民族志问题上来。我生活在基里维纳外面,生活在底层,虽然我很反感黑鬼。"他宝贵的个性一样受到威胁，威胁来自于他所说的与布鲁多的"灵魂进行的多余的交流"。他写下了他的道德准则："在各种困难与变迁中保持内在的本真自我：我永远不能牺牲道德原则或丢失本质的工作惺惺作态，去沉浸在酒宴的欢愉情绪中。我现在主要的任务一定是：工作。因此，工作！"[74]

第二十六章

该死的缺乏性格

特亚法的孩子

5月7日马林诺夫斯基离开布鲁多一家去古萨维塔,与经常在一起狂欢的汉考克一家再次见面。在瓦库塔时他就已经想要"结束在西纳克塔和古萨维塔的那种卡普安生活",他含蓄地把自己比作被罗马奢侈生活击垮的征服者汉尼拔。[1] 从他的记录来看,他好像并不把在古萨维塔的时光看做在做田野调查。许多地点都被欧洲的商人破坏了,像古萨维塔、基里比和西纳克塔,因而也就与他的田野无关。他本想跟汉考克待上两个星期,结果一待就是一个月——不过这并不能归罪于舒适的生活和卡普安式的自我纵容。

与布鲁多一家文明开化的环境比起来,"汉考克住的这个地方有一种单身汉家庭的味道,某种程度上这显得很美妙……但这两者是互补的。"[2] 他对汉考克的喜爱并不能增加他对汉考克家其他成员的喜爱,而且马林诺夫斯基发现他不能在一直吵闹的环境中工作。"汉考克从来不会烦我,因为他自己没有烦心事,我也不会去烦他让他不安。"但他也有自己性格上的不足:太善良、逆来顺受、溺爱孩子,那些孩子都"被惯坏了"。五岁的乔治是个小害人精,他的动物本能使神经衰弱的马林诺夫斯基恨不能想让他受到残酷的惩罚。"当我看到这个小捣蛋鬼在我的论文、床单等前徘徊时我就十分痛苦。我们应该要个什么样的宝宝?他们应该像天使那般,不能让人心烦。"[3]

在古萨维塔,"放纵的灵魂和对现实的渴望"逐渐抓住他,比如阅读杂志虽然无害但却空耗时日。"我现在的工作不能再浪费一分钟,"离开西纳克塔前他这样告诫自己,"太多停滞不前不会有好结果。"但他要花更多时间待在奥马拉卡纳、里鲁塔和卡布瓦库。之后他计划在卜沃塔鲁待一星期,在西纳克塔再待一星期,然后在基塔瓦和卡杜瓦格岛上住上几天。[4]

以上就是未来五个月内他在特罗布里恩德其他地方的确切计划。他依旧关注绘制当地在社会组织、库拉参与、神话传统上的多样性,也即伴随园艺实践而来的各种花园巫术系统。另外,这里还有关于土地使用和土地所有权的重要话题。但是他的计划也有灵活性,事实上他改变了计划。他不能去开鲁拉和基塔瓦岛了,但他想要在奥马拉卡纳待一个月,在西纳克塔多待几个星期。现在他也将在古萨维塔待上一个月,频繁地去附近村落特亚法和图克瓦乌克瓦。

这是他的研究中没有想到的曲折,因为至今为止他都对库鲁马塔狭长的海岸区域没有太多兴趣,而且他在墨尔本的计划中也没有包含这些村落。他极有可能倾向于忽略库鲁马塔,因为它受到殖民事务的严重影响。除了在罗苏亚的政府驻地和在奥雅比亚的传教士,还有坎贝尔、布鲁多和汉考克的贸易场所。这一区域夹在基里维纳庞大的头部下方的脖颈处,直接受到来来往往各色人等的影响,这些人包括传教士、教师、护士、政府官员、当地武装部队、医疗勤务兵、商人、珍珠商人以及其他来往的人。马林诺夫斯基一点也不想关注他们,但这确是殖民地生活的一个事实。

部分多亏汉考克在场,他能花大量时间和精力拍照。他也做了一些准备活动去研究儿童游戏,在这期间他记下了很多关于特亚法儿童的嬉戏场面。大多数游戏只是在他的邀请下的示范,他们为了他的相机而进行表演。[5] 他同样很仔细地描述这些游戏,为它们写下伴奏的曲子和小调。在他的"巴罗马"论文中,他称赞能和小孩子们在一起的民族志工作:"滔滔不绝的谈话,没有一点点的怀疑和诡辩,或许是因为在教会学校接受了一定量的训练,他们在很多场合下都成了无与伦比的信息提供者。"[6]

他的调查常常并不符合他的计划，为此他很苦恼。一天在特亚法，他说了一些粗俗的笑话，"一个该死的黑鬼说了一些反对的话，我便诅咒他们并非常恼火。" 5月的某天，当他拍照时，不知怎的他上面一颗假牙破了（"惊恐过后，我又表现出哲学家式的沉着：毕竟我都已经在没有牙齿的情况下活了两个月了"）。除了这些恼人的事，他还是能保持一种良好的精神状态："我只是在我的工作里生活，我的生活也是为了工作。"[7]

一天夜里他去特亚法记录卡萨苏亚（kasaysuya），那是一种包括歌曲和舞蹈在内的游戏。为了积极主动地进行参与式观察，他自己玩起了卡萨苏亚，然后又请别人参加进来。"我需要锻炼，而且当我参与进去时我能学到更多东西……这里至少有运动、旋律还有月光；还有竞争、角色扮演、技巧。我喜欢人在运动中裸露的身体，那时他们总能将我唤起。但我有效地抵制了所有想法，告诉艾尔茜这些会使我感到羞愧或害怕。我想到了她，当我想到人的肉体时我经常会想到她。"[8]

每样事情都引向艾尔茜。早先他曾看到一些特亚法女人在泉边打水。"其中一人十分有吸引力，她激发了我的肉欲。我想我是多么容易就能与她发生关系。我后悔这两不相容的事物竟能同时存在：身体上的吸引力和个人观念上的厌恶。"他尾随她进入村中，称赞移动着的人体的美。洛日和夜晚的诗情四下弥漫。"我想象着艾尔茜会如何奇妙地对此作出反应，我意识到了周围的人和我之间的深渊之别。"[9] 这正是典型的对他心底欲望的压制。后来这种不合理的欲望服从了他理智的监督，并纯化为一种对自然美的庆典——这种审美不可避免地促使他把艾尔茜放在心中。他与她开玩笑地说起他当时花哨俗丽的想象力："你的想象是道德的、感伤的，保罗的想象是浪漫的、理性的，我的则是卑鄙下流的，它纵情于妓院、恶臭和污辱中。"[10]

这个月第十三天又产生了它迷信般的魅力："我不敢计划任何事情，实际上我确信无论今天我做什么，它们都会受到诅咒也会受到摧残。"[11] 这天送达的两封信也让他产生了快乐感和沮丧感。在那之前他在古萨维塔的感觉还是不错的,现在他因为"眼睛干涩和压力,缺少能量和主动性"而觉得糟糕。与往常一样,尼娜的信又唤起了他的悔恨与良心不安。他希望他能将他的生命全部投入到她身上,"去安慰她,去减轻她的痛苦";但他很明确地知道那将会是一个错误:"住在一个粉刷一新的房里的快乐"不是为他准备的。[12] 同时,也像平常一样,艾尔茜的信中也有使他难过的话语。"只有再把它们读过两三遍我才能恢复平静。"她的信晚了六七周,他很担忧她是不是病了。"如果你发生了什么事,在我剩余的人生道路中,我会是不完整的。我对稍纵即逝的事物有一种强烈的感觉,比如青春、健康、安全——我也仅仅希望我能和你在一起,永不分离。"[13]

信从来没能让他忘记他在战争中被抛弃的耻辱,但是之后会有一些小小的机会让他从中恢复过来。正如他对艾尔茜说的:"我听说波兰军团有时会在美国被组织起来,我想我有参加志愿兵的责任——比如可以做做书记这类工作,因为我的眼睛和身体状况无法使我到前线去打仗……总之我衷心地、深深地相信该死的德军必须被打败,这是为了波兰、澳大利亚,以及其他人类,甚至包括他们自己。但我们不允许我们自己'投身其中',就像你说的,除非那是必须的。"[14]

他更愿相信他能继续他的学术生涯。"我相信基里维纳及其他研究出版后我应该就会有一个很好的机会得到一些资助,这样也好为未来谋求工作。""一旦战争结束,我就会在波兰获得一个学术地位,尽管资助有些寒酸……但我们的精神并不贫困。"而且,他不时地想象他们会落入一种吉普赛人的生存境地。"我们可能会将如此迁徙的生活作为我们共同生活中最好的部分。"[15]

他依旧苛求于艾尔茜的书信,提醒她"还是有点太客观了"、"依旧带着很多英伦口吻中的冷静,缺少人情味"。虽然他也悲叹他自己的信缺少他想象中与她谈话时的急促的热情,但是她的信却将她的替身带入他的心中。"她[她的替身]从来没想过取笑我,但她经常让我对我自己的吹毛求疵感到羞愧……她没有你那么诙谐,她可以看上去姿色平平但也能十分美丽,她可塑性十分强,她有吸引人的率真。她很甜美,贪玩,难以捉摸,她的来去就像一首曲子。我非常非常喜欢她。我想:如果你突然进入这个房间,待了一两个小时后,我会不会不想从这位小姐的陪伴中逃离而去寻找我自己的艾尔茜呢?"[16]

"我极有野心"

马林诺夫斯基计划5月16日去奥马拉卡纳。他提前一天开始打包,让"生姜"提前准备,但重感冒和喉咙肿痛把他撂倒了,发烧好几天,他在古萨维塔无精打采,甚至不能写他的日记。他饿自己,回忆艾尔茜的理论,他可能肠道感染。他也被他腰部新的疼痛吓到。他"神经"紊乱。他最多是一个脾气坏爱抱怨的病人,"在这一片混乱的孩子和黑人中受苦"。[17]

发热退去,他又变得抑郁。但他重又开始记起日记,决心不向惰性投降。他告诫自己:"没有努力和英雄主义工作就会很轻松。对你来说,工作应该是理所当然的事和有趣的事。你应该喜欢看到你的工作变成论文,深入工作最核心的部分。再次,不要受到旁门左道的诱惑,也不受虚构的流浪小说和摆满食物的餐桌的诱惑。现在最主要的事情就是回到你的全部工作状态上来。"[18]

他感到内疚的是减弱了科学兴趣,对浪费时间具有"形而上学的懊悔"。毕竟他有义务为艾尔茜和他们未来的孩子努力工作,为了"有所成就",成为"这个世界彪炳史册"的人。他担心他的背部疼痛令人泄气,在写信给她的那一周,他身体麻木,精神萎靡。他宣称他害怕自己会永久地病下去,害怕失去她。[19]在日记里他则表现得更倔强,带有一丝滑稽的悲观色彩:"如果我是一个无用的跛子,我将自杀,无论如何都不会娶她。"[20]他也被实际任务所压迫,因为汉考克的走廊和存储室堆满了他的行李和收藏品。他的解决办法是拖延,或者说句"真是遗憾",或者读小说。一天读上两三本一点问题没有,接下来的一周他恶心读得太多了。[21]

到了5月24日,他感觉好多了,他翻了翻里弗斯的书作为热身开始工作。

《美拉尼西亚社会史》现在看来似乎"并不那么荒谬"。[22]不久他就要谨慎地同意布伦达的评论:"这是我读过的书中最精彩的一部……每一页都会有一些新东西供你去思考。"[23]他对布伦达的回应也反映了他自己的观点:"现代民族学看上去忽视了,对于真正的科学观念来说,事实并非很重要,只有能挤出事实的概括才是真正重要的。作为一种事实序列的历史,是材料而不是理论。历史什么也不能解释。我不能接受格雷布纳、费伊和里弗斯想要构建的基础。"为了避免让人觉得他的论断听起来对事实太过武断和轻蔑,他补充说:"目前我像奴隶般拘泥于事实,尽可能详细。我相信我不会让你怀疑我只会带回一口袋概括!事实上我感觉我几乎淹没在细节里了。"[24]

5月28日他又写给艾尔茜一封长信。他还在古萨维塔,"部分因为直到现在我都没有全部恢复过来,部分因为我可以在这里做很多有用的工作"。但他用尽了借口,天气已经好了好几天,路也很干了。"我一直倾向于该死的拖拉,'错过公共汽车','做事不够干脆利落'",他告诉艾尔茜,详述他的失败、他的自相矛盾,以及他对自我反省的沉迷。"我当然需要一个女人来管我。你将成为我的一个高效的管理人,不是吗?我总是要让自己控制自己,自然我的懒惰倾向于让时间溜走。我有一个天生可怕的嗜好,总是喜欢躺着做梦。我可以成为一个理想的土耳其人,一天到晚吸着水烟筒,晚上在我的屋里享受好几个小时的欢悦,睡觉或在其余时间里悠闲地聊天。"

另一方面:"我是非常雄心勃勃的……我有发展和自我表达的需要,有对停滞不前和视野不开的恐惧。我不认为每个人都深受这些激进矛盾的侵害。对我来说,懒惰和活动(或主观能动性?)可能也因我可怜的健康状况加上一个天才的头脑而被助长……时刻保持警醒、保持控制对我来说至关重要,不论事情进展是否一切顺利,身体是否达到最大限度的健康。"

因为这个原因,他补充说,"写日记是绝对必需的"。它迫使他对他的良心和性格进行日常检查。"这再次让我意识到,经常会有一双命运之眼打开,它给了我一个额外的动力,让我保持自我。再次,通过记日记进行反思、反悔或者想要改进,我被迫去分析我失误的心理机制,可以更好地控制它们。我认为'性

第二十六章
该死的缺乏性格

格'可被定义为'一个人对同一真实自我的坚持'。"[25]

在汉考克家的最后一周,他继续研究特亚法儿童的游戏,虽然当他成为猎物而不是猎人时这会变得无聊。"我对有些小女孩很生气,经常想赶走她们,但她们就是不走。"[26] 在图克瓦乌克瓦他集中研究巫术。这是一周的知识发酵。"我读里弗斯,他的理论工作吸引了我。我满怀渴望地想着:我什么时候能在图书馆静静地冥思从而产生一些哲学思想。"他对艾尔茜阐述道,里弗斯的观点刺激了他的思想。这个练习反过来给了他一个想法,写一本"比较社会学入门","语气将不同于通常教科书——更加自由,更加非正式⋯⋯风格强劲,引人注目,富有乐趣。"如果他必须在墨尔本待上一年,他就会写出这本书的提纲,每周举行一次研讨会进行讨论。[27] 在他的日记反面,他列举了写这样一本书的理由。其紧迫性部分来源于"研究即将灭绝的种族的必要性",也需要提出新概念展示社会学的实用性。"民主国家的社会行动取决于公民意见,观点必须建立在事实之上。"他概述了他会写在书中前言的内容;他决心用通俗的话写,提供"书中通常不会明说的重要信息"。他有意打破古板的学术陈规,坦陈他的错误,暴露他的材料与事实的差距:"我想让这本书成为值得信任的、通俗易懂的和有吸引力的。"[28] 他的《航海者》前言和《珊瑚园》的附录,部分地践行了这些早期方法。

尽管他的健康状态飘忽不定,但在6月6日他准备动身前往奥马拉卡纳。他思考了调查对象和方法。像以前一样,他决心深入研究。"我的田间工作的主要原则:避免人为简化。为此尽可能收集具体材料:注意每个信息人,与孩子们、外来人和专家一起工作。考虑多方意见。"[29] 思考给"基里维纳"一书增加一方法论介绍时,他在背面补充道:"解释笔记的细节。展示标本⋯⋯说出田野调查方法。"这些想法使他再次反思他的野心和他想要完成的东西的本质:"野心源于我爱工作,我陶醉于我的工作,我信仰科学和艺术的重要性⋯⋯野心来自不断观照自己⋯⋯我思考我的工作或作品,我想在社会人类学领域引发一场革命——这是一个真正有创造性的野心。"[30]

· 585 ·

马林诺夫斯基

一位人类学家的奥德赛，1884—1920

在奥马拉卡纳默哀

6月7日星期五，马林诺夫斯基终于离开了古萨维塔，他走了八英里赶到了奥马拉卡纳，同行的是一小队运营商。这一行走驱走了他的惰性，很快他就感到"非常健康"。他兴奋地期待着回到基里维纳的首府。自从他第一次访问这里以来，已经过去了三年。

看到所有的老地方和熟悉的面孔让他很激动。"我认出了几乎每个人，"他告诉艾尔茜，"一些男孩已经长大，他们在这三年的变化相当令人困惑……曾经还是孩子的女孩们现在'开花'变成了妓女。"[31]村民们注意到他的方言更好了，他看起来也老了些，更接近秃顶，牙齿也少了。有些人甚至怀疑他是否真的是以前的那个"丁姆丁姆"，或者是他的哥哥。他的许多老朋友都欢迎他回来：诚实的图库鲁巴基基，贩卖烟草的图鲁瓦，有病的巴吉度和曾从他那里敲诈钱财的恶棍汤姆。他参观了村庄，分发了烟草，人们邀请他参观他的帐篷。收获已经全面展开，村民们已经开始为首领图鲁瓦建造一个巨大的新的甘薯房。马林诺夫斯基承诺支援这一事业五条烟草，如果他们提供旧甘薯房精细雕刻的梁枋，他会给他们十五条。由于他先前的帐篷住地附近是图鲁瓦雄伟的房子（现在巴吉度住在那里），所以人类学家不得不接受一个较低的位置，它位于其中一侧几米远，不过从那里仍能俯视村子中央的巴库。那天晚上他写信给艾尔茜，一些古尧在他的帐篷内徘徊，"坐在我的箱子上，围着我的桌子，看着我在写作，不时低声议论我的东西"。[32]

那天晚上他睡得很沉，做了两个"可怕的"噩梦。一个是"弗洛伊德式的"，伴随着"罪恶感，邪恶，稍不情愿——又带着欲望——排斥和恐惧"。[33]某种程度上他那残留的天主教的良心在困扰着他。这个梦是他多年来最糟糕的情感危机的前奏。6月11日星期二，他收到姑妈艾丽奥诺拉的两个挂号信，信中是他母亲去世的消息。

第二十六章

该死的缺乏性格

茫然无助的他跌跌撞撞,"不住地抽泣"。然后他回到自己的帐篷,写信给艾尔茜。"我不知道我该怎么度过这接下来的日子。生活对我来说已经完全改变,我漂泊无依……我的过去和现在之间的联系已被打破,我的生活将是不完整的。哦——所有那些可怕的遗憾,回顾过去那么多年,那时我能给予母亲和从母亲那里获得的远远超过我所做的一切!"他同样悔恨大战爆发后没有试着带她到澳大利亚,没有经常给她写信;她将永远不会知道艾尔茜;"那本会让她幸福的命运欺骗了她。"他心烦意乱,无所适从,无法继续再写日记。"我的母亲在我的生命中是一个至关重要的元素,尽管我甚至没有明确地感觉到。我那该死的性格,将我所拥有的视为理所当然,实际上我所渴望的并不存在。我觉得我已隔绝于自己的国家,隔绝于所有稳定和永久的事物,甚至被地球所抛弃。"[34]

一连许多天他都无法工作,在《卡拉马佐夫兄弟》和《简爱》里寻求逃避。他疲惫地漫无目的地走着路,盲目地走动着,偶尔停下来在灌木丛中哭泣。他随机走访了奥马拉卡纳周围的村庄,村庄的名字非常特别:Okaykoda, Obweria, Kabwaku, Kwaibwaga, Kaulagu——就像是在嘲弄般地回应他的痛哭。

阴谋和反阴谋

母亲的死打破了关于尼娜的僵局。自从12月以来他一直告诉自己他必须写信给她,告诉她有关艾尔茜的事。5月,他尝试了一次,但他因为害怕那些事会害了她而没有告诉她全部真相。他心事重重地警惕着也许是斯塔斯的未婚妻自杀的惨剧。"我最主要的罪,"他向艾尔茜坦白,"在于没有分清我自己和尼娜小姐情感的不同内容:我能进入一个真实、真切甚至是美好的情绪中,也能从中毫发无损地走出,但她不应经受这样的考验。"[35]

正是这样的经历导致雅德维嘉之死。收到母亲死讯的那天,他下定决心写了两封长信告诉尼娜的父母——每人一封,不过语调和内容基本都相似。(那

马林诺夫斯基

一位人类学家的奥德赛，1884–1920

悲伤的草稿还能在他留下的文章中找到。）他把信的副稿原原本本地给了艾尔茜一份，艾尔茜赞成信的写法并把这些信给了保罗，让他打成文字稿，最终这些信加急在 8 月下旬发往了阿德莱德。虽然他感到比之前的信更为内疚，但他依旧表演得好像斯特林已经知道事情的真相——他对尼娜的迷恋，他作为一个无用的外国人的绝望，还有尽管斯特林先生反对他们依旧频繁地书信来往，他礼貌而坚决地与阿德莱德保持距离，他一旦待艾尔茜如友却又陷入困境的状态，他听到尼娜小姐的病情时遮掩的沉默，以及之后他延迟的反应。但是，还有一样微妙的事情必须透露：斯宾塞的阴谋。

6 月 21 日他写信给塞利格曼。当艾尔茜读到他严厉责备斯宾塞所用的词汇时，她大吃一惊，那些词汇都"绝对是损害名誉的"，但她还是服从地让保罗把这封信打出来。[36] 保罗曾经读过塞利格曼写给马林诺夫斯基的上一封信，他被塞利格曼的善意所感动，同时也觉得他的宿命论有些好笑。[37]

马林诺夫斯基提出了他的辩护："你可以把斯宾塞是我的敌人这件事当成是真实的。因为一些个人原因他是不喜欢我（更不要指望他能信任我），他看上去十分不快地讨厌我，还决定妨碍我和我的工作。他在我身上玩了一些肮脏的把戏，那可真够肮脏的，甚至更甚，因为很明显他一直在等待机会直到我离开墨尔本，然后开始在我背后大放厥词。什么能使他平静下来，我并不知道……我还想告诉你的是，他甚至威胁我要一步步地使我因为反英言论而被拘留。我也不必再说，后者是他（长期酗酒后）的想象。但这将会让你看出他会在这件事上走多远。"

他现在最主要的担忧，并不是他将会被监禁或被禁止离开巴布亚岛（他在墨尔本也有一些有影响力的朋友，比如亨特或马森），而是对斯宾塞的伤害也许在英国会影响到弗雷泽、蒙德及出版商麦克米兰。弗雷泽是关键，因为他的观点比别人的重要。马林诺夫斯基因此祈求塞利格曼去查明一下弗雷泽是否曾被斯宾塞影响过，并把马林诺夫斯基的例子摆给弗雷泽看。他又画下一个关于斯宾塞阴谋的大纲，那是耸人听闻的谋划，简直比得上狄更斯小说里可怕的情节，或是出自一本廉价的惊险小说。没有指出尼娜和艾尔茜（他把他们称作 A 小姐

第二十六章
该死的缺乏性格

和 B 小姐），马林诺夫斯基道出了整个令人遗憾事情的脉络，其中他把更多的爱给了 B 小姐（当 A 小姐病得不轻时，他无法当面告诉 A 小姐事实真相）。密谋中关于斯宾塞的部分如下："他厚颜无耻地在我的私人信件中搜查他想要的东西……他发现了一些 A 小姐的信（那是三年前她在巴布亚岛写给我的信！），那封信被我错放在与科学有关的手稿中……在控诉我玩双面游戏的情况下，他把那些传来传去……两位小姐的父母都受到了警告……斯宾塞又改变了他的控告策略转向一些巴布亚语的留言，或是捕风捉影地说我是一个德国的间谍、一个虐待狂等。"

能让塞利格曼站在马林诺夫斯基这边唯一能打的牌就是他的作品的价值。"我知道如果因为刻薄的密谋而使我的作品受到牵连的话那会是一个遗憾。如果你不介意做一点伪证的话，你可以将那部作品描述成'关于太平洋最好的民族志'，并且你不用去掉标号。"[38] 马林诺夫斯基也先发制人地给哈登写了信，这次他略去了细节，只是模糊地告诉他要警惕斯宾塞的不诚信。[39]

过了几个月塞利格曼回信了。他巧妙地建议说，虽然"事实是你那位墨尔本的民族志朋友是一个对你很无礼的人，正如你想的那样，但我依旧有一些怀疑"。虽然如此，马林诺夫斯基不需要担忧斯宾塞会影响他在英国的名誉。蒙德绝对可靠，弗雷泽也是坚定地赞美马林诺夫斯基的作品。除此之外，斯宾塞也让"我们都知道了你的作品将会是有关太平洋的经典。"[40] 这几乎不可能是一个内心充满仇恨与嫉妒的人所期望的裁决。

正如斯宾塞的传记作者所呈现的，一些材料确实表明他是完全支持马林诺夫斯基的，他通过自己的努力促使亨特抽出一些资金来帮助马林诺夫斯基，虽然穆雷对此是反对的，并提升了马林诺夫斯基作为"一个具有才华的民族志者"的声誉。有研究者评论说"没有证据可以表明斯宾塞在这件枳怨仇视事件中反对马林诺夫斯基"。[41] 但艾尔茜的证词又显露出斯宾塞真曾威胁过马林诺夫斯基，说要使他陷入不名誉的境地，而且她说这一学术仇视案件绝对不是马林诺夫斯基的偏执幻想。在 4 月 10 号她写给他的警告信中，艾尔茜证实了这种怀疑："我想当你说这是个人嫉妒，或可能不仅仅是柏拉图式的时，你已经想过这件事了。我去年就知道这件事,但是没有告诉暴躁易怒的外国人……但这使我感到悲伤,因为我觉得好像有什么不幸的事就要发生在你身上……"[42]

艾尔茜在与斯宾塞一系列不友好的对峙中为马林诺夫斯基辩护。斯宾塞坚持说与这样的坏蛋绝交是她最好的选择,但艾尔茜回应说如果他还认为他是她的朋友的话,就不要再伤害马林诺夫斯基。他说:"啊!真是荒唐,孩子!"然后马上走进自己的研究室继续他的演讲。当艾尔茜知道斯宾塞已经向阿德莱德发出控告的信使,艾尔茜突然变得警觉起来。"我觉得 B 先生会利用他的影响力来行使这次控告,"她告诉马林诺夫斯基,"而且我还认为他有可能试图在新几内亚扣留你,或无论如何都要阻止你回到墨尔本,或是至少也会阻止你获得任何奖助金。"她再次公开反对斯宾塞,"如果这伤害了他的话,那也是在直接伤害事实上是毁坏我,这样你就没有借口说你做这一切都是为了我。"斯宾塞回复说:"你真是太顽固了。"

> 我说:"你喜欢怎么做就怎么做,我也会照我的意思去做。"他说:"你这会把我们都陷入一种十分尴尬的处境。"我说:"陷入就陷入。如果你要伤害他,你要对很多事情负责。"然后他说他从来没想采取什么政治措施……他只是想让你尴尬。[43]

关于马林诺夫斯基感情上有二心的证据,斯宾塞展示了他在控告信中发现的那个污点,那封信他已给斯特林先生看过了。"亲爱的布罗尼奥,"艾尔茜写道,"信是在儿童博物馆一个房间的窗户边缘找到的,那里是你藏东西的地方……我确信那绝对是偶然的,而且无论结果如何粗心绝对不是一项罪行。"[44]后来她知道斯特林先生烧了那封信,没让他女儿看到,尽管那时尼娜已经知道了艾尔茜。也是在那时,显现在艾尔茜眼前的斯宾塞是一个"衰老、虚弱,仅仅只是他外表躯壳的自我"。她的怒气平息了,剩下的只有遗憾。[45]

第二十六章
该死的缺乏性格

真的我缺乏真正的性格

　　让人痛苦的问题是：尼娜拒绝离开。母亲的死使他感到他的背叛更加残酷。他努力维持的三角恋如此糟糕，几乎毁了他的职业生涯。1915年在他的田野调查期间尼娜一直是一个空灵的缪斯；两年后，艾尔茜已经取代了她，成为一个更实际和持久的合作者。事实上，在这方面她像是他的爱好交往脚踏实地的母亲。他怎能用对待"艾尔茜－妈妈"的方式去为天真烂漫的尼娜效力呢？

　　他因此转向艾尔茜寻求安慰，希望她能理解他对尼娜持续着的是"柏拉图式兄妹般的感情"。他为他们的气质差异提出了笨拙的解释，他们彼此不适合是由于他们本质上的弱点："我的生活将会是粗糙的，我真的知道我需要保护而不是给予保护。"至于他明知爱上了艾尔茜为什么没有停止写信给她："整个事情表明我缺乏性格和远见。"然而，尽管他不希望再次看到尼娜，他却想"不时"听到她的消息，他问艾尔茜是否介意他接着与尼娜联系。[46] 7月1日从尼娜那边发来一封绝交信终止了他们的友谊，他因此而被再度摧毁，"在道德上被人看不起"。就像他悲惨地向艾尔茜承认的那样："我感到一种绝对的残忍，我不值得任何人的友谊，更不要说爱。我几乎觉得，如果你离开我，那不是因为其他所有人都是这么做的，而是因为我的性格所致……在我内心深处，我意识到与尼娜的情感和性格相比，我的性格是多么悲哀的肤浅。她有权认为我无耻，她的家人也是，他们这辈子都不会饶恕我。"[47]

　　但他很快便发现，尽管感到悲哀和耻辱，"我并不是一个彻底不快乐的人"。他非常宽慰，欺骗终于结束了。"滥用她的信心一直欺骗她是可怕的……我真的无私地爱她就像爱任何人一样。"[48] 直到8月，艾尔茜才告诉马林诺夫斯基，自4月以来，尼娜还给她写了三次信。当尼娜首先得知了他的口是心非时，尼娜承认它是"不可思议的"，因为他上次还在向她承诺"什么都会告诉她"。尼娜的信穿透了艾尔茜的心。她钦佩尼娜有足够的勇气给她写信："在某些方面你有一个高尚的灵魂，是一个女英雄"。艾尔茜补充说，"你不会因为我是'得到者'而不爱我,对吗?"[49]

马林诺夫斯基对尼娜的忏悔同样加入了他对母亲的深深的悔恨。悲伤和内疚笼罩了一切,几个星期来他一直怀着一颗沉重的心,呆头呆脑,对一切都很冷淡。他对未来所有的希望、方案和计划都已被削弱。他是在数着与艾尔茜团聚的日子,但一想到要回墨尔本他就无法开心,因为"每种新感觉、每种情感都会涂抹上遗憾和悲伤的毒药,我母亲永远不会与我分享它"。当哀痛的最严重阶段过去后,他又写信给艾尔茜,说他似乎生活在虚幻世界。他经历了一场分离,这一分离让他行使职责,虽然他的一部分对他自己的麻木不仁感到吃惊,无法面对每一刻的可怕的事实。他收到艾尔茜写的慰问信已过去了数月时间,她在信尾写道,她希望能拥抱他,化解他的悲伤。她凭直觉就知道,他可能会对她就像他对他的母亲一样:"有时我觉得你有如此多的母性,布鲁牛。"失去查尔斯使得她对此时的他有了更多的同情:"生活和思考是我们可以让死者不朽的唯一方式。"[50]

经过一周痛苦的哀悼,马林诺夫斯基已经深入了工作。推进因素是相邻村庄争抢食物,争抢如此激烈,险些酿成流血冲突。[51]这一事件的爆发,也让他的世俗野心重新返回。它们"像虱子一样"爬向他,因为他又梦到他发现了新人文主义,梦到荣誉随之而来:英国皇家学会会员,印度之星勋章会员,骑士,被载入名人录。(他最终得到的只有最后一条。)但他知道这样的野心华而不实,这样的头衔对他并无意义,实际上他鄙视区隔。[52]

至于田野调查,"虽有兴趣把事做完,但是真正的野心已被削弱,"6月19日他告诉艾尔茜,"我正在用新视角去看待旧材料,真是不可思议,事情获得了可塑性,获得了新的生命和新的深度。"[53]第二天巨大的风暴冲击了他的帐篷,图鲁瓦的小房子面临被掀翻的危险("对一个民族志者来说这真是意外之财!"他开玩笑道)。图鲁瓦宣布公开竞相展示番薯。人们带着满篮子的泰图入村,途中吹着海螺壳在狂欢。[54]

悲伤和不幸再次回来,浸透一切事物。他开始写日记,6月24日,"我知

第二十六章

该死的缺乏性格

道,如果我现在失去了视力或健康,我很容易自杀。"想到自己的死亡是个痛苦的安慰。[55] 村民仍在收获泰图,晾晒在大金字塔堆上,他为他们拍照,替他们干活,"直到疲惫不堪"。忙碌是一件防御悲哀的利器。"现在我让我自己和我的思绪回到波兰,回到过去。我知道我面前有一道黑色的深渊,我灵魂空虚……感觉存在的邪恶——我不停地思考宗教信仰那肤浅的乐观主义:我愿用任何东西去相信灵魂不朽。"[56]

野外工作变得毫无意义而又荒谬。要是没有艾尔茜支撑着他,他可能已经收拾好行囊,离开了特罗布里恩德。他在日记里继续沉浸在悲伤和自怜里。最后几页写得就像挽歌一样,笼罩着阴影和童年的记忆,无限的遗憾,关于死亡的想法和贫乏可怜的宗教慰藉。他在退回从前。"晚上,难过,悲伤的梦,童年的感受……到处都能看到母亲的身影。"[57]

7月2日他写了四页信给艾尔茜。"我失去了幸福的感觉。我几乎已能正常工作,有着浓厚的兴趣,我无法压抑一阵阵开心(和黑人一起工作)。甚至时时如此,但我觉得我像是一直缺乏坚实的基础。"艾尔茜曾提到他的性格类似于《约翰·克利斯朵夫》一书的同名主人公,后者是个音乐天才。马林诺夫斯基表示反对。"我不是一个艺术家,我不进行创造。我必须在我心中对我的生活进行艺术构造,这完全不同。对我来说,生活不能仅仅是物质杰作,它必须是作品本身。"他乞求艾尔茜原谅他的错并接受他,也许他以后仍能变得更好。"我知道,我的性格不是很深刻。有点野心,爱慕虚荣,有阴谋感,怨恨,比真正、真实的感受更加狂放。这是否会改变呢?只要健康好,我的性格也会改善,我知道这点。"[58]

想起母亲总是不可避免地会把他带回他在克拉科夫的学生时代,带到粉白的教室、棕色的长凳,想起学校里的同伴。她的死使他丧失了过去:"只要母亲还活着,我从不觉得我过去的生活不见了,她带着它和所有的未来可能性来弥补和取代过去的日子。"这一领悟让他获得成熟的新鲜感,能够更新自己,但他还没有做好准备放开悲伤。他仍像以前一样关注他未完成的、支离破碎的自我,他微弱的"完整性"。

他的工作"开始圆满结束",他告诉艾尔茜。手稿已经写好了几章:"战争,社会学的所有部分,装饰艺术,魂灵。其他的如园艺、巫术、呼风唤雨的魔法、性和婚姻、孩子、游戏、库拉等,每个主题只需投入两天精力就可成型。"[59]他身体健康,工作顺利。他的热情已经高涨,有图库拉巴基基在,他在"魔术和语言学方面取得了很大进步"。[60]

他正要回到西纳克塔。"我在奥马拉卡纳正在做着杰出的工作,"他向艾尔茜解释说,"但是我想修改/润色库拉、外部交易、独木舟建造,我在西纳克塔更容易做到这些。"基里维纳北部的单调景观让他感到压抑。泻湖的绿水更有魅力,一如在布鲁多家谈论文学美景的那些晚上。这次他要彻底放弃记日记。自6月回到奥马拉卡纳,他的每日一记已难以为继,到7月开始已有两周没记。

马林诺夫斯基在其最后一篇日记里反思了生活中失去的和把握自己生活之间的矛盾。里面满是对他童年时代在波兰的一些记忆,对他的亲戚和他的老师的记忆,尤其是跟母亲一起在伦敦最后那些日子不开心的时刻。他自己的死亡也变得越来越真实:"去找母亲,和她一起进入虚无。"然而并不是所有的都已失去,有时他觉得这只是他心中某物的死亡。"我的野心和欲望强烈地占据着我,将我与生活联系在一起。我将在我的工作中体验到欢乐和幸福(?)、成功和满意"——尽管这已没有意义,世界也已失去色彩。他在对过往的追忆中结束了日记:"我的童年所有的柔情回来吧:我感觉就像我离开母亲几天,从兹维日涅茨与父亲一起归来。——我的思绪回到安妮。——一切都从我的生活中消失得多么彻底!斯塔斯的背叛,尼娜。我实在缺乏真正的性格。"

不稳定的形而上状态

1918年7月19日星期五,马林诺夫斯基离开奥马拉卡纳去古萨维塔。他在那里生了两天病。米克·乔治也病了,他们躺在相邻的床垫上,呻吟着,叹息着，彼此"用一种非常黎凡特、东欧式的、完全非英国的方式抱怨着"。在罗苏亚他向坎贝尔作了报告；为了补偿长期受苦现在失业的"生姜"，他坐上船去了西纳克塔。[61]

怀着很高的期望到达那里，他花了几天时间来重新发现他还是喜欢布鲁多一家。他更清楚地看到，他们的魅力主要是因为，在一个他人不会渴望音乐、戏剧、大教堂和咖啡馆的地方他们的欧洲趣味。"我跟拉斐尔谈话，我们争论着，我是'肤浅的'……我只是聊天，开玩笑，忘记了我的悲伤和我的现实生活。"[62] 他的痛苦的自我比他的交际的自我更加真实，为了找到这个自我，他从自己的快乐同伴的"临时的家"中抽身而出。

他花了五个星期在西纳克塔，玩命地研究库拉和花园魔法。他写了几封信，甚至很少再与艾尔茜交流，从5月底以后他已经跟她没什么话说。他不能说出为什么写不出来。他也没记日记，他一直"生活在表面"。失去母亲将他置于所谓的"形而上的不稳定状态"。但他一直身体健康，以前所未有的状态投入工作。正如他在8月14日告诉艾尔茜的："在很多方面我已到了尽头，我什么也看不到，除了清理或多或少的无关紧要的细节……我将离开基里维纳，临走时有一种一半事还没做完的感觉，但也无能为力。"[63]

8月21日来了一大邮包，这是7月1日以来第一次收到信。吃得过多引发了他通常紧张时的抱怨，感觉就像晕船的最后那些日子那样。他通过斋戒三天治好了自己。尽管他的迷信心理使他担心会有更多坏消息，但这个邮包里却没有太严重的内容。收到母亲的最后一封信，他又大受悲伤震动，这封信花了八个月才寄到。他被米姆的信弄得心烦意乱，她在信中夸张地赞誉一个士兵朋友最近刚从西部前线归来。他告诉艾尔茜："这样的私人来信使得在战争中'退在落后'的耻辱更加痛苦。所有这三封信，让我感到沮丧——非常沮丧，甚至保罗的奥林匹亚式安宁和友好也不能消除我心中的毫无价值和孤独的绝望感。"这些信件都令人不安地提醒了他的弱点、他的背信弃义和缺乏"性格"。直到这时他才开始读艾尔茜的信，他又变得沮丧起来："我有一种顾虑，在任何一页信纸上我都会发现你在断绝我们的关系，只是纯粹地鄙视我，我读这些信就像是在虚假的伪装下接受了你所有的爱和友谊。"[64]

他现在的田野调查已经"近乎足够",他渴望做一些理论工作。至于他的基里维纳专著:"我会尽全力让它做到完美。我不会在这里再过一个夏天,即使我有钱,得到许可去做。但这几个月很凉快,非常适合工作,我考虑更多的是如何把我的材料整合起来。事实上如果让我今天就离开特罗布里恩德,我会怀着一种轻松的心情走开。"

8月30日周五他重又写信给艾尔茜,那是他在西纳克塔的最后一天。他将再次前往古萨维塔,并计划在10月去澳大利亚之前再在奥马拉卡纳过三周。但经过与汉考克谈话,他改变了想法,不过他没有解释"为什么他现在已别无选择,只能在9月中旬前离开特罗布里恩德"。在决定缩短润色他的民族志之后,他兴奋得不能入眠。"我将在两周内动身,然后稳步向你靠近。"[65]

九个月后,汉考克向艾尔茜祝贺了他们订婚:"我可以向你保证,博士的秘密保守得很好,直到他要离开的前一天,他才告诉我关于你的事;当时我给了他几颗小珍珠,他说:'我把这些送给我的未婚妻。'在我好奇的注视下,他告诉了我关于你的一切,几个月前我就怀疑有一个'涉案女子',后来博士坐在前面走廊几个小时,看着对面海洋,朝向南方,忽然他跳起来,向我走来,对我说他希望现在是10月,这样他就可以向南出发。有一次我说'为什么不在这里再待十二个月,还有很多工作要做',他看着我,大声向我喊道:'你说什么!'我再未提起这事。我猜想,在你收到我这封信之前,你将会让他成为一个幸福的男人。"[66]

第二十七章

婚　姻

离开田野

坐上行驶于萨马赖和莫尔兹比港之间的 Morinda 号后，马林诺夫斯基开始给艾尔茜写一封长信。她现在已经清晰地出现在他心中，虽然比她预期的时间提前了三周返回，马林诺夫斯基还是觉得焦急。他搭一班更早的汽船的决定使得自己陷入狂乱，"不同于平常的基里维纳岛人的节奏"，在岛上的生活"如同快速切换的电影画面"。[1]

马林诺夫斯基在奥马拉卡纳度过了最后忙碌的一周，其间用钓鱼调剂繁忙的工作。用艾尔茜的话说，"他已差不多扫空了基里维纳"。9月12日，在"并非很感伤地最后环视过奥马拉卡纳之后"，他步行前往古萨维塔，并在接下来几天向罗苏亚的坎贝尔报告了近况，向奥雅比亚的传教士道了别，与他最喜欢的信息人图库拉巴基基聊了最后一次天。汉考克估计，天好的话，一周左右就能到达萨马赖。"不要错过你计划中的汽船"，艾尔茜请求，为了确保10月3日赶上 Morinda 号，他们9月16日就从基里维纳出发了。

汉考克先带他去了基里比种植园，在那里他和乔治吃了饯别餐。"我坐在乔治的店里，突然间看到希腊、美拉尼西亚和盎格鲁撒克逊贸易文化的混合物，就像看着过去的回忆———一下子退入了记忆的世界。"[2] 接着他们沿泻湖下行到了西纳克塔,在那里马林诺夫斯基最后一次在小镇里散步。布鲁多一家也举办了一场钱别宴。然后他们在当晚乘坐 Kayona 号前往萨马赖。路上花费了十三天,当中经历了一些痛苦的延迟。在诺曼比岛滞留的一天使得他十分焦躁,认为自己肯定要错过汽船再次被困在萨马赖。[3]

船至昆士兰海岸,他甜蜜地考虑着自己与艾尔茜的未来。他俩的命运即将交叠,他感到一阵剧烈的感情浪潮正在将他带到艾尔茜身边。他把自己想到的计划都写在给艾尔茜的信中。如果蒙德持续再资助他几年,他和艾尔茜每年250英镑足以过上好日子。他的银行账户里有一笔钱,不过蒙德承诺1918年继续提供的资助却还没有到来。"借助我们的经济头脑,这些钱足够我们生活了。战争结束后我便能出书。到时我也能在波兰或美国得到好的机遇。"他表示不会寄希望于从未来的岳父那里得到金钱资助。

他在旅途中起草了一封寄给塞利格曼的信,大致报告了自己在田野工作中取得的成功。

> 我已完成了一些工作,结果令人可喜。语言材料很丰富,是通过用基里维纳语描写几乎所有信息人的话语的副产品。这些内容可以丰富书稿内容,展示出他们在几乎所有主题上表达自身看法的方式。
>
> 在与土著的接触中当然有很多隔阂,非常多且深。我发现了隔阂并决定在另一个领域展开,我预期会深入调查两次。但是现在我需要十八个月来将调查资料写成文,并思考原始材料。我的原始材料很是冗杂,让我一想到要完成这些整理就浑身颤抖!
>
> 当然,就如我所说的,我想为美国的任何关于波兰语工作献力,虽然我怀疑它们对我是否有帮助。所以等我到了南方,我会将我的计划的更多细节告诉你。另外,如你在上封信中所知,发生了一些复杂的事情,这些事情将会影响我个人私生活的未来规划。[4]

他个人的私生活自然就是他即将到来的婚事,他所说的复杂的事情则跟他与奥

第二十七章
婚　姻

尔默和莫莉的关系有关。如果实在不行，艾尔茜准备单独回去解决这件事，但他认为如果自己不是他们喜欢的人选，他希望能够自己去获得他们的认可。他的外籍身份是主要问题，他的社会地位也有所影响，因为莫莉人很势利。不过那时他对艾尔茜承认他自己也很势利。"我也常常戴着有色眼镜看人，看写信的人是否是名人，看他上的什么学校……爱上你时我也被你的马森家族传统所吸引。不过现在，这一切外在的影响都已一起消逝了。"[5]

艾尔茜仍很担忧他们迥然不同的情绪。"你的忧伤已经不仅仅是种暂时的状态而是形成了你独特的气质，"她在信中这样说，"也许改善健康可以改变，但是那天我突然明白，你可能仍然将生活看成没有意义的空洞，只是被你的兴趣爱好、工作、艺术还有友谊隐藏起来。"她不知道他妈妈的死是否能将他的不真实感打消，她又说："让我们快乐地在一起吧，抓紧在一起的时间吧，亲爱的，因为我们可能会在某一天失去彼此。"[6]归途中的马林诺夫斯基回复道："我的情感生活总是跌宕起伏……我渴望你成为我的全部，将母亲在我心里的位置也一并给你。但我开始明白，自从母亲死后，我再也无法与她分享我生命中所有的幸与不幸，这样的生活空洞无力。"

去悉尼的旅程十分顺利：气候温和，海面平静，他也没怎么晕船。汽船公司也还不错，但是马林诺夫斯基并不热衷于参加社交活动。在船上，他和梅奥一家相处了几小时，和梅奥的交谈则给了他一个想法："我感到自己内心的哲学圣火又点燃了！如果可行的话，我们俩回去后可以和保罗、米姆组织一个类似于学习会的小组，阅读一些心理学的东西。"梅奥允诺寄给他一些自己的讲座讲义。[7]

继续南行的途中，马林诺夫斯基被内心的爱意和焦虑填满。一切还是有可能出错，艾尔茜父母对他们婚姻的反对态度仍有可能让婚事泡汤。他会依循艾尔茜预想的对战方针，英勇地坚持二人的情谊，但是如果她的爸爸仍然冷嘲热讽，又说起斯宾塞的诽谤中伤，他们可能真的要选择去留了。他对艾尔茜的父母别无他求，只希望能娶到他们的女儿。如今他终于对奥尔默的观点感同身受了，他终于明白了中产阶级家庭父母特有的偏见，对阶级外的闯入者带有的鄙视和怀疑。"那是一种本能的轻视,好像我是一个肮脏的犹太人,一个可悲的杂种。"他情绪激烈地补充道:"你的父亲本能地甚至是神经质地认为我污染了你,因为你和我身体上的接触而被污染了。他的这种担忧反而使我感到'骄傲'(就像一个有野心的混血儿那样的感觉)。我因此拒绝从他们手里得到任何物质利益。"他承认:"我已完全放弃入赘马森家族的念头,说真的我希望你离开那个家庭。但是为了你,我愿意承受任何代价的赌博、争吵,或是那些对我们的未来、现在、过去的侮辱和奉承等评论。"

马林诺夫斯基对斯宾塞做的事越想越气,"那个人根本就是不负责任,你等着看他的承诺有什么价值吧……他就是个可耻的骗子,一个我的龌龊的对手。"他对斯宾塞的愤怒和敌意已经到了快崩溃的边缘:"我恨透了中产阶级式的骄傲自满,就像斯特林、奥尔默、斯宾塞、亨特等那样。另一方面,为了反抗这种感觉,我的公正的哲学精神起了作用,起来反抗这种不公平,反抗不稳定情绪里深深的绝望。"他补充道,他不准备改变他性格中的这一方面。艾尔茜需要在他面前显得很有耐心,鼓励他"放下怨恨的负担——每次爆发之后我都会很悔恨,然后变得友善。但你一定知道怎么管住我。"

他在10月11日从悉尼给艾尔茜发了一封电报,告诉她:"明天到墨尔本。"[8]

一个不合适的求婚者

在他们分开后再团聚的一年里,没有什么可查的档案资料。情况好像是,正如他所要求的:10月12号在斯宾塞街站遇到他的时候,她只身一人。在艾尔茜的想象里,他们将会"像扑克一样面无表情、浑身僵硬",但很快就会恢复原样。[9]或许还是马林诺夫斯基曾浪漫地想象到了他们的见面,但他的悲观颠覆了想象:"见面可能毫无诗意可言——行李丢了,搬运工喝醉了,没有出租车,不知道要去哪里住宿,或是别的一些不幸的事。"[10]

第二十七章

婚 姻

信到这里就结束了,两个人消失在墨尔本的街道中。马林诺夫斯基出现在他那灰暗的老格雷街的房间里(他曾发电报让艾尔茜给他预定一间屋子,如果可能先前的老屋也可以,一周租金不超过1.3美元),这样艾尔茜就又开始去那里拜访他。在他回来的这几天里,他得了重感冒,只好躺在床上。艾尔茜的母亲给他写了一封深思熟虑的同情信:"在热带待了这么久,肯定更容易受感染。"[11]

在一封大量修改过的信(马林诺夫斯基写给艾尔茜的父亲)的草稿中,马林诺夫斯基请求把艾尔茜嫁给他。正本可能已于10月17日发出。写得僵硬,有防御性,但却庄重,这封信诚实地评估了他作为一个未来女婿的价值。他明智地省去了所有提及斯宾塞的地方。他表述了他所知道的马森会认为是"缺陷"的反对意见:他的外国国籍,经济相对贫困,职业前景不明,健康欠佳。他能付出的最大资产是对艾尔茜的爱——虽然"爱"字并未出现在这封信里。他划掉了其他透露自卑感和对她的崇敬的短语,也删除了一个开头不幸的道白:"我从未想过会让自己……"这份稿子散发出一丝轻微的绝望。"我认识到自己多么不配又多么荣幸能获得您女儿的友谊……我只能努力达到我的目标,那就是和您的女儿结婚。"

艾尔茜的父亲在10月18日坦率地回复:"如果选择在我,国籍不同将是一个致命缺陷,因为无论对错我强烈反对异族通婚。但艾尔茜有权为自己决定,更重要的是——当她和你已经下定决心在一起,这时再提出反对意见未免太迟了。艾尔茜的幸福真的是我和她的母亲唯一关心的事,现在这取决于你。所以星期天过来吧,我们讨论一下。当然,我所说的意味着我们将会把你当成我们中的一员欢迎你的到来。"[12]

做父亲的宽宏大量表示同意,所有对马林诺夫斯基抱有的更多的敌意,即便不能消除,也会礼貌地沉默。马森家族勉强接受他为未来的女婿。他加强自身力量以抵御异议。他就像一个人紧张地穿过一扇锁着的门,却发现它,如果不是敞开着,至少也已半开。社交邀请紧随其后。最早是斯宾塞女士来看艾尔茜:"你和马林诺夫斯基博士能在周五下午4:00来Lyceum喝茶吗?""亨特略显冷淡地表示："我收到了你10月27日的信,很高兴得知你和马森小姐订了婚。"[13] 梅奥家发来贺电表达他们的喜悦,"如此著名的人类学家已经加入了人类多数"。这个幸运的人"注定要在墨尔本娶最迷人的女士。我们伤感的是你们都将'搬家',留下我们这对郁郁不乐的盎格鲁撒克逊人——凝视着汽船在地平线上冒出的烟。请转达我对马森小姐的感谢和祝福。从此以后你们将踏上阳光之路。"[14]

然而,婚姻之路既不阳光也不顺利。他的多疑症树起了一个新的障碍。他回来后的几周内,他怀疑艾尔茜和保罗在"挤兑他出去"。他想象着他不在时他们已经彼此"眷恋"对方,一旦这个想法成熟,每个眼神和手势他都会当成证据。他陷入了绝望,周日11月17日他与困惑的艾尔茜争吵不休。第二天他写信给她,提议分开冷静两天。她即刻痛苦地回复他。"你的信让我很伤心……你一定要记住,我们已经深思过我们的未来,我们的关系不允许现在按照你的建议这样的人为分离,如果这在我们之间是必要的,这不是一种好的警戒。"她在信尾落款处径直签上了自己的名字"艾尔茜"。

11月20号,他在给她的信中反复发泄他的嫉妒之心和怨恨之情——对这封信他很敏感地决定不寄出以免事态更加严重。然而,这封信不仅反映了马林诺夫斯基的过度敏感,还反映了他倾向于与他的朋友作对。"这种情况绝对是不可能的,"他写道,"你强迫我粗鲁地说出我的嫉妒——这种事本就让人不快,但你不能平淡地看待它吗?"他尽力掩盖自己的愤怒,并不想去冒犯保罗。"一直以来我的牢骚都是因为对发生在你和他之间事情的敏锐的感觉……难道你不能理解、不能预见到那是对我有害的感觉吗?你就不能理解在我希望的蜜月期我不希望有一个三角恋的悲剧吗?"

不管怎样,事实上,根本没有任何客观根据让马林诺夫斯基去怀疑他的未婚妻和他最好朋友的背叛——而且那看上去一点都不像——在这件事上有一个原型。或许这会对在田野工作而在其他场合缺席一两年的人类学家来说成为一种职业上的危害。他们得冒着他们的爱人不再坚定不移的危险,尽管他们心底暗自期待这个世界静静地、耐心地等待着他们回来。

第二十七章

婚 姻

"一个明确的方法学使命"

离开基里维纳之前,马林诺夫斯基曾与布鲁多打赌说这场战争年内不会结束。他输掉了他的 1 英镑。停战协议签于 1918 年 11 月 11 日,正是他返回墨尔本后四周。12 月 2 号,塞利格曼从利物浦附近的 Maghull 陆军医院写了一封信给马林诺夫斯基,问他是否想要回到新几内亚。他说,要想让蒙德的基金继续下去,就需要进一步的田野调查。和平条约签署后"你就可以自由行动,"塞利格曼猜想,"如果喜欢你可以去新几内亚,你将成为一个同盟国成员。"[15]

信件发出三周后,塞利格曼收到了马林诺夫斯基表明他结婚意向的信。塞利格曼急忙送上他腼腆的祝福:"在这种场合人人都难说出什么实际的话来,但你知道,布兰达和我真心祝福你和马森小姐能拥有有情人之间所有的快乐。"他又匆忙加了个附言:"很高兴你又在写你的书——你越快结婚也就能越快工作。"[16] 不久,塞利格曼就告诉马林诺夫斯基说弗雷泽会把他介绍给他的出版商,但是"除非能看到投入资金的回报,否则很难说服麦可米兰支持出版。"塞利格曼提醒他说伦敦大学依旧有首先拒绝他的权利,所以他不可以在美国向任何人保证出版他的"巨著"。[17] 结果,马林诺夫斯基试图让美国人对基里维纳感兴趣的努力也落空了,美国自然历史博物馆的人类学馆长维斯勒拒绝他说,博物馆的出版基金"不允许我们出版不基于我们自己探索发现的文章"。[18]

马林诺夫斯基对塞利格曼让他回到新几内亚的期望有些沮丧,但他也担忧,如果他不回去的话,蒙德的钱就会被花光。1919 年 1 月 31 日,他给塞利格曼写了一封相当长的信。"我很抱歉,我给你的信中总是在担忧肮脏的金钱问题,但在你的上一封信中我的确又感到脊背发凉。"他不能再放弃蒙德基金的最后一期分期赞助。在他的书稿交付出版之前,他不能终止他的工作。"我记得,里弗斯花了四年时间去书写和出版他的美拉尼西亚人。我的材料更庞杂,我相信我的理论野心,我对我的文风的投入度绝不会比里弗斯少。我希望我能在两年内写完,因为我确信我会得到一些来自我妻子的帮助。"

他重新审视了自己的选择。首先,如果他重回新几内亚,那他就要和妻子一起(妻子的协助远重于携带她的这次额外费用)。但他又觉得返回新几内亚很不明智("除非你坚持要求的话"),会拖延他现有充足材料的出版。他的第二个选择是无限期地留在澳大利亚完成他的手稿。他还能依靠一些财产继续和妻子生活一两年:"然后我就会身无分文,无法回到欧洲,也无法在这里轻松地找到一个不会让我陷入僵局的职位;或许削减一些科研工作时间会好点。"人类学仍在澳洲的大学里找寻属于自己的位置(巧的是,当人类学几年后在澳洲立下足时,很大程度上都得归功于马林诺夫斯基的岳父大人),所以对他来说他得现实一些,把这次在澳洲的旅居视为他正兴旺事业生涯的一个夭折。他的第三个选择是返回欧洲。"因为我的工作的关系,这个选择将会是我最期待的,而且因为我的工作,因为我的职责,我也会被召回我的国家。"只不过这个选择最坏的缺点就是需要大量金钱,而且很有可能出现的情况是,他们在到达英国后发现自己已身无分文。不过若他能收到来自蒙德基金的后续支持,回英国也可成为他可能的选择。

他向塞利格曼请求奖助金。他在那里尽其所能地辛苦工作,"绝对是为了一个科学的目标,而不是在事业期望、资金酬报上使坏脑筋"。以下是他极为自信的断定:"我相信我的作品的价值和重要性,我觉得我有东西要去表达,我想让我的作品有这么一个公平的机会。你知道,我已三十五岁了,我正在努力推出自己第一步重要的成果。我觉得我有道德上的正当性来呼吁一些对我作品的帮助。我也相信我的作品将会证明自己。"他谦卑地认为他有权利去结婚,也觉得这次婚姻并不会在资金上造成太大麻烦。他的妻子作为一个训练有素的护士,也许能够暂时维持他们的生计("她的职业比我的更易兑现成资产")。[19]

他又写信给蒙德,写了许多他曾向塞利格曼用过的真诚请求,为了他的工作而不是他自己。关于他在基里维纳上的志趣,他告诉蒙德:"我估计我会出本大部头书,粗粗估计下也有三卷,每卷都有五百页左右,每一页差不多有五百个词。我可能需要两年时间完成这些手稿,再把它们出版成册。我现在的材料只是混乱的笔记。把它们有条理地整理出来并放在一个理论框架下或许是最困

第二十七章

婚 姻

难、最吃力也是最重要的研究步骤。为了高效完成这些，我必须把我的全部精力投入进去。"他又略带谦虚地说："我相信我作品的价值，我清楚地认为这不是一个不重要的东西。实际上，我还觉得我在方法学上承担了一个明确的使命，我也知道我将会为民族学领域的方法问题添加一个坚实的基础；那可以使民族学不再像是愚蠢的猜想、单纯的因好奇而产出的作品，而使其更明确地成为社会科学理论的一个分支、附属的流派。"最后他总结说："说得再明白些：我很自信地认为那些目前为止以及将来花在我身上的赞助，将会在科学的事实和方法上有一个很丰厚的回报。但是如果我不得不通过其他方式来汇聚资金以维持生存的话，四年前您在我身上慷慨的赞助也会受到深深的损失。"[20]

不过，回信清楚地显示，蒙德并不太明白马林诺夫斯基在科研上的目的。作为一个天真的进化论学者，他认为马林诺夫斯基在新几内亚所做的工作只是获取一些"对进化的观点或习俗有基础意义的事实"。但只要他肯拿出钱来，他的无知并不重要。"我从心底支持你的建议，我知道这些年你投身于发掘有价值的信息，不断地积累素材。这些发现不仅能支撑你的发现，也能为未来有必要的研究提供一些帮助。……不过你应该会很开心，你还能在接下来两年继续研究。"这则在入冬的 6 月听到的消息，必然如同一曲音乐传到了马林诺夫斯基的耳中那样使他高兴。对贫困的科学家来说，蒙德就是他的救星。[21]

依旧不眠

1 月时，艾尔茜在墨尔本医院完成了她的训练。在庆祝会上，她不仅收到了护士资格证书，还收到了一份礼物和签有工党议员莱蒙名字的手卷，因为她曾参加过护理改革。但她的健康再次受损，2 月她发了高烧，她在父母的陪同下在布法罗山度过了三周假期。布法罗山是一座岩石山，有着像角一样的两座山峰，看上去就像一头歇息的水牛。由政府建造的山中小屋，坐落于山峰下的悬崖顶上，它为一些有优越社会关系的游客们提供了极佳的住宿条件。[22] "我在这奇怪的山顶上守护着世界的夜,"艾尔茜那一晚向马林诺夫斯基写道,"一直以来我一直保持这种常规的守夜习惯,而我一整天什么都没吃。"[23] 她和马林诺夫斯基每天都写信,但只有艾尔茜把信保存了下来。

这座小屋里的游客是行动迟缓、受人尊敬的人——"穿戴整洁、蓄着大胡子的绅士和他们的女士"——还有,虽然旺加拉塔小镇经常响起滑稽歌曲,这里依旧有一股慢悠悠的氛围。这里主要的消遣就是散步、骑马、攀岩。艾尔茜也常去山中的湖里划船,并开玩笑说"在澳大利亚没有什么能比跟一个牧师和一个已婚男子一起划船更安全的了,而这对你们大陆人来说,我想,可能再危险不过。"谈话也能消磨时间,很多时候她都与父母谈话。马林诺夫斯基的名字经常会被提到:"爸爸叫你'呃-马林诺夫斯基',妈妈叫你'布罗-尼奥'。"

艾尔茜开始学习波兰语。马林诺夫斯基很高兴,但又提醒她可能会遇到的困难。大约过了一年后他才写道:"首先告诉你个诀窍,波兰语的名词中有一些词尾变化的例子。当你向别人致辞时,你必须使用第五种称呼格。因此,当你对我说话时,不是潘·马林诺夫斯基,也不是潘尼或布鲁牛,而是布鲁尼欧。我别的基督教名字是布鲁尼欧斯,这个'斯(s)'表示要重音。但是称呼格是布鲁尼欧苏。这是一种该死的复杂而难的语言,难道不是吗?"[24]

当米姆加入他们家的时候,艾尔茜的黑夜被照亮了。她们一起散步、读书,每天学一小时波兰语。她不想告诉米姆有关马林诺夫斯基的事以免她去攻击一种情结。因为她在米姆那里感受到了嫉妒,而她则想秘密地把这个裂缝缝合起来。这在知识分子圈中是一种流行的做法,他们想要去识别、解剖"情结"。马林诺夫斯基在他的假牙上又遇到了麻烦,他也承认了"牙医情结";他要把这个宽松的上颚换成更紧促的上颚。艾尔茜向她自己坦白了许多情结。她意识到她并不想让米姆学波兰语,虽然在她的潜意识里形成的情结中她努力邀请米姆一起参加学习。"我讨厌情结,"她写给马林诺夫斯基说,"我同意你说的它们必须被清除,但还存在一种情况,那就是它们必须被丢弃,我相信你的精神分析判断:当这种时刻来临时,我们是把它们当成愉快与令人激动的游戏而去追寻情结,而不是因为它们是好的而去追寻。"[25] 保罗也感到厌倦,并提议说:"这个

第二十七章

婚　姻

群体里任何提到情结的人都将被罚一先令，并要被送去巴布亚。"

不可避免地，马森家的谈话以即将到来的婚礼为主。"比起米姆，母亲更倾向于谈论你，但从实际和客观的方面说，马林诺夫斯基是一个相当可怕的人。"当她母亲摆出一副严肃的表情来面对女儿选择的伴侣时，她感到一种模糊的爱的责备。做父亲的反对"马林诺夫斯基小姐"这一称呼："在这里，你不能拥有与你丈夫不一样的名字，亲爱的。"米姆觉得"马林诺夫斯基夫人"听起来更加国际化。艾尔茜告诉他们，布罗尼奥会决定到底该怎么称呼她。[26]

艾尔茜回忆道："母亲对婚姻的看法，就像是一种体面的伙伴关系，就像是爱的实用借口一样，除此之外其他部分都应被压制；丈夫的事业就是做那些能使他功成名就的事，妻子的职责就是帮他去得到那些东西。"但是艾尔茜告诉马林诺夫斯基，"我确信我对你工作的关注比她对我父亲工作的关注要多，我关心你的工作是因为我相信那些东西有价值，而不是它们能给你带来什么。"他曾说"爱就像是艺术，它就在它自身里结束，它能使生活更有价值"。艾尔茜的父亲紧紧地追随着加尔文主义教义说"只有在抚养孩子时符合纪律地传递爱时，爱才是被允许的"。换句话说，惟一合理的与性有关的行为就是生殖；惟一合理的控制分娩的方式就是禁欲。[27]

奥尔默在战争贷款中给艾尔茜投资了 250 英镑作为结婚礼物，另外一个姨母也在艾尔茜的名下存了 100 英镑。（后来，马林诺夫斯基觉得斯宾塞给艾尔茜 50 英镑作为结婚礼值得羞愧。）保罗也给了这对夫妻一些财务支持，但是马林诺夫斯基愤怒地拒绝了。艾尔茜则很感激地说："但若是我们在困窘中，我更愿向他求助而不是其他任何人，因为他在给予方式上更能让人接受。"[28]

1919 年 2 月 16 日，马林诺夫斯基去奈欧拉住了十天，也骑士般地在那里彻夜不眠守着夜，就像艾尔茜一样，他发觉在人群中守夜很难。实际上，他想要逃离正在城中肆虐的西班牙流感。这些病毒是从欧洲返回的士兵带回的，这一病毒已在澳大利亚的一万两千多人中蔓延开来。马林诺夫斯基留在了墨尔本，艾尔茜告诫他"不要去人多的地方，关紧窗户用纱窗透风"，"不要随便乱走，要穿好大衣,围好围巾,穿好靴子。"她取笑他与奈欧拉的女人调情,将其与她现在的情况进行对比,"要知道,在安静沉稳的山中小屋里是不会有美女偷偷踢你一下,或是教你到处游荡。"山中小屋中曾有整夜的稳重的舞蹈,但是艾尔茜只和米姆跳过舞。她不想让别的男人的手臂把她围在怀里。

灌木丛火灾一直绵延到了奈欧拉之外,马林诺夫斯基向艾尔茜详细地描述了它;他觉得在那愤怒的火灾里有可怕的意图。艾尔茜被他的叙述风格抓住了:"你小心翼翼地堆叠起层出不穷的效果,用最精妙的语言把展现在你面前的故事讲述出来,一个动作一个动作地讲,每次都讲一点点。我的印象很深刻。我真的想要寻求传达出一种印象,就像你能把发生的事情传达出来一样。"[29] 无论马林诺夫斯基的叙述风格是像狄更斯、左拉还是康拉德,它都比艾尔茜的描述更加适合民族志记录。

他们之间因为艾尔茜书信的风格而不愉快地争执起来,或者那是因为艾尔茜把一些事情给省去了。马林诺夫斯基以其惯有的抱怨说他爱人的信没有经过足够的反省。他想要更加主观的东西,更多没有包装或心理上的包裹。艾尔茜没能满足他的要求,并觉得她辜负了他。"可能这不仅仅是因为信件书写问题,而是因为我个人的问题,"她抗议道,"你无法想象,我没有你那样的形而上学危机,你以为只是我的保留或是我的生硬不自然而使我不把它们表达出来。"如果她想要用创造感觉或混合起珍贵的感情来使他开心的话,那代价就会是一封充满情结心机的信。她的信表明了她和他在坚持据理力争上是相似的,而且因为两个独立的知识分子能在那么多重要事情上达成共识,他们的结合也是思想的结合。但她无法与他在波兰语上结合使她很沮丧,而他在精神上的霸道竟使她到了害怕写信的地步。他的爱就像是暴君的占有欲;他想要进入她最深层的灵魂,但艾尔茜害怕他会发现她的灵魂只是浅薄的,她害怕他的失望之情。

她在他俩之间识别了另外一种区别。"我们不在一起时你最爱我。你将事物摆放在想法的平台上思考,进而再觉得它们是否让你激动。"对她来说,事实就存在于现实之中,没有媒介:她在他在身边时最爱他。"那真的使我震惊,亲爱的布鲁牛,当一件事物不再是一个事实或者只是一个想法时,我不知道你到底有多么强烈地感觉到它们。当你不在时你说你感到爱是多么的深刻，这让我想到你曾对我说的，战争结束时你立即觉得你对战争更感兴趣。"[30] 她也曾有过半成型的恐惧，害怕婚后她对他的吸引力会减少。"我好奇的是，'你的妻子'对你的魅力，是否与艾尔茜对你的魅力相同。我相信女人会比男人对爱更加坚定。"[31]

几天后她姐姐的来访缓解了她的失望之情。奥尔默去港口接回了玛米，并带她去布法罗与那里的人愉快地重逢。她在离开伦敦前见过塞利格曼，塞利格曼很高兴能与她谈论马林诺夫斯基。[32] 然而，后来玛米开始不喜欢马林诺夫斯基。她的父母也不喜欢他，她认为"这可能是因为他们性情不合：他的情绪比较复杂，太过内省，情绪化；他们的性情则是单纯的，他们待人的态度也更加友善——而他若是觉得有必要就会在他人面前成为任何一种人。"玛米经常觉得他不受马森家的欢迎。她的父亲曾给她写信说："家庭是双方的，但不是内部和外部！而马林诺夫斯基看上去经常在外面，一直像个外人。"[33]

婚礼

3月的第一个星期，墨尔本爆发了有史以来最严重的干旱。凶猛的降雨淹没了这座城市，雅拉河漫过了河堤，低洼处全是积水。医院也被淹了——里面还有西班牙流感患者。护理人员戴起面罩清理街道，把受灾者运往设在皇家展览馆的临时急诊医院。剧院、电影院、图书馆及其他公共建筑作为预防措施之一都已停业。这显然不是一个结婚的好时候。

马森家直到3月3号都还待在布法罗山。马林诺夫斯基已经回到了墨尔本，并在坡勒特156号租了一个房间。这里离他在格雷街的住处只隔一条街。如果婚后能住在这里他是很高兴的，但是艾尔茜持反对意见；虽然她对格雷街也有感情，但一切都还是从头开始比较好。至于蜜月："我们不会告诉任何人我们将会去哪里，哪怕就在这座小镇中。"

他们决定就在这里办婚礼,这在很多人看来都不够浪漫,但对唯心的艾尔茜来说,"通过从我们切身体会的感情里发展出来的力量,我们可以把无趣的、不和谐的东西转化为十分完美的事物,那可真是一件浪漫的事。我一直希望那里只有你和我,我们可以把经过这条街的陌生人看成我们的证婚人。"[34]

3月6日星期四,他们在墨尔本科林斯街的登记所结为夫妇。这个仪式在马林诺夫斯基的人生中非常重要,它也许和十一年前或者更早时候在克拉科夫被授予博士学位的仪式有相似的意义。但它可能也没有更多不同。在结婚证书上马林诺夫斯基谦虚地在职位一栏中写上"学生",就像十年来他的地位一直不曾改变过。除去几家当地报纸的社会专栏记者外,玛米是婚礼宣词的唯一见证者。"新娘身着浅黄褐色的旅行套装,穿着与肤色相近的鞋袜,这一打扮被花纹草帽衬托得更加美丽。"艾尔茜被描述成一个极具天赋又十分有修养的姑娘。新郎一直在特罗布里恩德岛上做科学研究,研究热带居民,并把点点滴滴有价值的科学事实汇编起来。[35]除了马森家的三个成员、他们忠诚的仆人英格里斯,其他参加婚礼的有米姆、保罗,还有最好的图书管理员皮特。玛米记得"房间沉闷,有灰尘,但我没有一点感觉,看到两个人离开后我的情绪十分低落,虽然我知道那是他们想要的。"她为艾尔茜感到高兴,"但又为冷清的婚礼感到忧伤,并在得知艾尔茜没有得到她父母强烈的支持后感觉更不好受。"[36]婚礼结束后,这对幸福的夫妻手牵手走向科林斯街开始了他们秘密的蜜月之旅。

玛米经常去坡勒特街拜访这对新婚夫妇,她回忆起那些事时觉得它和婚礼一样令人心酸。房间"无疑又脏又乱,马林诺夫斯基不太在乎井井有条,但是艾尔茜则尽可能想让屋里干净起来"。玛米清楚地记得,其他姐妹们站在窗户边上,若有所思地凝视着厨房里的水槽,她不知道艾尔茜是否意识到在嫁给马林诺夫斯基博士时她自己穿的是什么。[37]

还在布法罗山上,艾尔茜就收到过两封尼娜的来信。尼娜的父亲病了,同时尼娜很伤心马林诺夫斯基没有向她保证他已销毁她全部的信和相片。他给尼娜的信被藏在佩克那里。这是一个必要的托辞,她家已经决定不再和他来往。

第二十七章

婚 姻

除了一封特别的信及她的相片,他将会毁掉所有信件。艾尔茜责备他的犹豫延迟。她没有给尼娜写信,但她希望他也不会回信。"我认为你这样犹豫地拖延你的行为十分不好,如果一直这样下去,每个人都会受伤害,而且现在这种伤害已经表现出来了。"[38]

正是在婚礼的前一夜,而不是婚礼那天,马林诺夫斯基给尼娜写了一封信,对她的父亲表示同情。这封信的草稿留了下来。[39]"亲爱的朋友,"他这样称呼她,"我离开家后,你和你的家人都诚心、友好地待我,但不管我如何不友好地对待你们,并不意味着我没有一点感激之情。得知你现在的困境我真的很悲伤,我也为我失去了对一个朋友表示同情的机会而感到难过。"他应该就此收笔,但他忍不住又说了一些软弱的道歉话。"不管我的罪过是什么,我对你的感情和我为你所做的,从来都不是麻木的——这部分是我的错,部分是命运使然——这使我良心不安。"他没有提到他马上就要与艾尔茜结婚这件事。

尼娜立马回信了。这是她的最后一封信,3月8日,她在信中接受了他的同情,也解释了她父亲所受的折磨,以及她母亲对这些苦难的承担(斯特林可能会在两周内死去);但从整封信来看,她是在含恨地责备他。他那不再清白无罪的心一定在折磨着他,但他保存了这封信,可能是想把它作为一个针刺来时时提醒他曾经的背叛。

> [尼娜写道:]我从来不能理解为什么……当你请求我"不要再因为我而单身"时,为什么你没有勇气告诉我实情。很久以前你来阿德莱德时是那么残酷,我不知道你是如何使它变得更加折磨人的……
>
> 除此之外,我们是朋友,那么愉快的朋友,我们曾有这份友谊,除此之外都忘了吧,因为我永远都不会伤害你;还有,当我想到你从未向我吐露过心声我就觉得这将会杀了我;还有,我家人知道你们结婚的事,他们一直瞒了我一个月……
>
> 听到那个消息险些杀了我,可那真可笑。自那以后我就想,如果我不让你走,你会怎样与你的朋友结下另一个契约。

> 我真心希望也祈祷你不会一直留在澳大利亚。我期望你能离开澳大利亚。我知道这样说真的有些自私——但如果留在这里能对你好的话,那你就该待下去……
>
> 你可能觉得你有话要为自己辩护,这样你的良心会好受些,你也会觉得一切都已打点妥当可以好好地过婚后日子,但可能这已经有点晚了。过去的事就必须被完完全全掩埋起来——维基安街和其他一切都意味着,也一定意味着另一个过去——你有另一半要去考虑。
>
> 衷心希望你能幸福快乐。
>
> 尼娜

在今天的南澳大利亚博物馆,我们还能看到那件留有他们过去故事的纪念品——一件来自特罗布里恩德岛的女式叶裙,捐赠人是尼娜·斯特林小姐。

关于"社会观念"的研讨会

适应了婚姻新生活后,马林诺夫斯基回到基里维纳工作,艾尔茜则继续协助莱蒙努力改善护士的工作条件。尽管有一点神经炎症,马林诺夫斯基继续审查他的特罗布里恩德材料,整个4月和5月他开始构建这些材料的理论意义。在莱蒙写给艾尔茜的信的背面,他勾画了"历史的假设:马辛地区的文化圈",他打算在"基里维纳"附录之一里详细论述这一概念。他指出,"各种文化元素的分层从历史视角看是必要的",尽管他意识到这样的假设意义也有局限。他列举了基里维纳总的文化特质(居住类型、氏族制度、酋长地位、农业、战争、宗教信仰、装饰艺术、物质文化等),与马辛其他地区的类似物做了简单比较。他在1918年的日记里提到,这些可能是"里弗斯类型的问题"。他显然对这种民族学分析有所不满,他所宣称的在新几内亚东部发现的文化的四个"图层"被标记上警示问号。他从未发表这些假说。[40]

第二十七章
婚 姻

可能是在1918年底，马林诺夫斯基开始举行"新型研讨会"传播他的哲学、心理学和社会学观点。研讨会在4月重新召开，参加者有库纳夫妇、艾尔茜、米姆，也许还有布罗意诺夫斯基和皮特。他们的会议是在"尼萨"举行的，这是库纳宽敞的家，位于维多利亚大道439号。1月间他们从莫尔文郊区搬了家，恰好之前海德生下了他们的女儿，他们根据艾尔茜和米姆的名字给她取了名字。在这样意气相投的环境下，马林诺夫斯基弄清了他的知识立场。他和保罗带领大家讨论经济学；保罗仍专注于货币理论，可以肯定，保罗的思想影响了这时的马林诺夫斯基，他思考了库拉圈的贵重物品的流通。

1919年4月10日至16日，马林诺夫斯基整理了许多页的笔记，标题为"社会观念"。[41] 它们概述了他当时对"社会学"的思考。虽然他晚年修改了他的术语，这些密集的页面包含了他称之为"文化的科学理论"的要点。因此，秋季的几天里，在"非常肮脏"的住所里，和艾尔茜在东墨尔本一道，马林诺夫斯基建立了他的功能主义框架。这标志着他的人类学思想演变的一个重要阶段。未来几年他会阐释出这些思想，但简而言之这是方法论和生物学功能主义的结合，二十年后其最终形式在美国演变成一座理论大厦。

根据这些在坡勒特街的笔记，他构思了一个理想的民族志，它由无所不在无所不知的"完美人"去做。这个理想的民族志学者会在整体上理解和详细考察社会，扮演一个无所不知的"老大哥"角色。马林诺夫斯基总结认为，他在特罗布里恩德岛完成了这一任务。"想象一个完美人研究社会，运用客观手段收集数据，他能记下所有社会分组和行为的规律，通过这些方式我们的完美人能客观地'定位'文化的不同方面（如宗教、经济、法律、战争等）及其主要分组——事实上所有社会分组都优先于每个特定活动或机构。他还将收集文化的所有物质条目……结合物理环境描述它们：使用了何种天然材料和怎样使用。他当然会学习当地人的语言，收集无数文本。总之，我们的完美人将掌握整个社会学：他记下的所有社会行为和个人行为，将会是有规律的和社会条件性的，而不仅仅是特殊的。"

在第二次研讨会的笔记中，马林诺夫斯基提炼了他的体系，根据五个要点使他的陈述结构化。精神生物学功能主义突显出来。1. 文化是机构的总和，即通过社会合作满足人类需要的手段。2. 文化可被概括性地理解为一系列方面，每个方面在满足需要上都扮演一定的角色。3. 机构。有时这些包含文化的整个方面，有时几个机构属于一个单一方面。4. 每个机构因此都拥有一个物质的、客观的方面和精神的、主观的方面。5. 每个机构都能满足一定的功能，都有其目的论。

在第三次研讨会上，马林诺夫斯基介绍了历史与民族学和社会学的关系问题，这个话题他曾在特罗布里恩德最后的日记里多次探讨过。"历史是不断变化的事件流。它们什么时候发生？以什么作为介质？当然，只有在人类社会中。必须有切合介质的规则或法律，据此历史事件才得以发生。历史是两岸之间连绵起伏的溪流，客观规则不可违逆，人类的精神堤防更具弹性。如果我们想要享受潮流的变迁——小说家的兴趣——那很好；但若我们想要理解历史的一般进程，我们就必须研究其矩阵：陆地分布、堤岸性质……不论我们是研究路易十四的恋情或拿破仑的功绩或俾斯麦的计划和野心，这些总会将我们带回大的社会因素：组织、军事、经济力量等，借此剧中人获得其影响力。"

他以一个预言总结道："历史的发展导向社会学。历史必将没有痛苦地死去。继承下来的一部分将是古物研究，另一部分是煽情主义，还有一部分是浪漫情调。但其科学的继承人将会是社会学。"

第二十八章

离开澳大利亚

在圆屋顶下

终结所有战争的战争最后并没有给澳大利亚带来和平,停战协议预示了历史上最暴力的一年。1919年,列宁宣布无产阶级革命即将取得胜利,并将成功地席卷各国。尽管澳大利亚的动荡比不上德、奥、俄、土四大帝国崩溃的革命性暴力,但是澳大利亚士兵回到祖国后却发现了愈演愈烈的阶级战争,到处都是罢工,暴动和兵变。欢呼的人群,军乐队,狂热的爱国主义和爱国演讲并不能掩盖一个断裂的社会。总理休斯称之为"战争神经官能症"。战争通过征兵使国家陷于分裂状态,带来失业,加剧贫困;现在布尔什维克主义的传播威胁到资产阶级文明。1915年的《战时预备法案》实现了有限形式的戒严,而社会动荡则扩展到1919年中期。在那之前马林诺夫斯基和库纳一家仍将被视为敌国公民。战前的澳大利亚政坛一直专注于福利改革,停战后则被共产主义的传播所占据。1919年男性人均周薪是3.14英镑,而皇家委员会宣布的维持生计的最低周薪则是5.16英镑。在这一点上,马林诺夫斯基和艾尔茜勉强越过了贫困线。

西班牙流感疫情的流行让大众变得十分恐惧,认为澳洲正受困于外国的邪恶势力。这是一个暗喻,它表示布尔什维克主义的瘟疫已经渗透到工厂,正在感染整个社会。医疗辅助设备披着诡异的白色装束在全市巡逻,搜寻着受害者。

马林诺夫斯基

一位人类学家的奥德赛，1884—1920

6月的第二个星期，艾尔茜和马林诺夫斯基也受到病毒感染，此时已有八百名患者住进了墨尔本的医院。

奥尔默派来了家庭医生邓巴·霍伯，后者将艾尔茜送到作为临时医院的皇家展览馆。[1]虽然感觉这里有些"肮脏破旧"，马林诺夫斯基起初还是认为他可能已经逃脱了。他在坡勒特大街住了一个星期，节制饮食，越来越为自己感到悲哀。保罗一天两次来生火和泡茶。然后他将带着马林诺夫斯基的信去看艾尔茜。等她写好，保罗再将信转给他。这短暂分离时间（他们婚姻里多次分离的第一次）内的信件就像他们重复交替的赋格曲，就共同关心的主题演奏着变奏曲。每天两次马林诺夫斯基报告自身监测的症状，艾尔茜也会给出相应的回信；他们的宣叙调交替着爱情咏叹调。[2]

"昨晚我烧到37.6度，伴有轻微的喉咙疼痛，"马林诺夫斯基次日在她获准入院后写道，"我在这里感觉离你更近一些……我服用了一些药物。"此外他只喝奶茶和吃饼干。他穿着睡裤躺在床上，头上裹着头巾。"若非我的迷人的女神离去，我觉得我就像待在甜蜜天堂里的帕夏"，他告诉她。

"我的可怜孤独的爱人"，周二艾尔茜在床上写道，"展览馆一如既往的喧嚣"包围着她："餐室里设备的咔嗒声、洗盘子、擦锅和歌唱者的高声，孩子们大叫大嚷，砸锤声、跺脚声等等。"这是她生病以来第一次能坐起来。她的胃部并发症似乎很常见，"如果除此没有别的问题，就必须去除你那让人痛苦的疑心病，即我得的不是西班牙流感，而是澳大利亚波兰流感"。斯宾塞夫人送来了鲜花："我会让保罗将这些花全都送你。"米姆也患上了流感，现在保罗是他们唯一的链接。她躺着思考他们过去多么开心："我感觉每天我们一起在坡勒特街就像是在天堂。"但她也想起了他们之间的一些差异。"我不知道这样的事情是否必须发生、最该指责谁，或者说我俩怎么错了。"

随着体温上升，马林诺夫斯基偏执的嫉妒又冒了出来。"在我关了灯后保罗是在10:30来的，"他在周三写信给她，"毫无疑问流感带来的抑郁是不满感的主要原因。但换一下我们的立场，假如我是你、玛米是保罗，好好想想：如果当你病好时知道玛米取代了你的位置在我身边作为同伴安慰我，夜复一夜，她

第二十八章

离开澳大利亚

坐在我身边直到深夜,被别人误以为是我的妻子,你会怎么想?……夜里我给你写了一封漫长而痛苦的信,但我又不能寄出。"那天下午当他继续写信时,他升起一股内隐的愤怒,他发表了一篇查拉图斯特拉式的长篇演说:"我的亲爱的。该死的你!该死的保罗!该死的霍伯!你们所有人都该死!它是什么,哦,我的心的光明,把你的头换成一个愚蠢的羊头或一个笨拙的屁股。我从有病的信差那里收到的什么话!那个信差就像一个不幸的污秽的骡子或骆驼在我们之间来回跋涉,打打这里,踢踢那里,到处施虐。"

他的体温已经升到 38.2 度,无疑是高烧,但艾尔茜因他的语气和愤怒的推定而受伤:"我刚刚收到你的来信,真的很不开心……我只知道我一直在想你……昨晚保罗 8:00 来到这里,一直待到 9:45,然后不在了……但是请你在我身边而不是他,不要他在这里,不,不,不,不……我宁愿从开始到结束在这可怜的时间里独自待着,也不要这种事发生。"

马林诺夫斯基感到后悔,他回答说:"写了那些半打趣的愚蠢情书给你后,我感到孤独……如此多愁善感而又不满。"这是 6 月 20 日,霍伯博士最后诊断了他的流感。他被送到展览馆,他睡了十二个小时。虽然与艾尔茜屏风相隔,但他可以看到接合处,知道她就躺在那里。他知道他在一座宏伟的建筑里被照料着,这里开过澳大利亚联邦议会,1901 年 5 月在圆屋顶下宣布成立联邦。作为一个奥地利敌人在外五年,他很快就将成为波兰的自由公民。在伦敦的圆顶下他沉浸在英国学术中,在墨尔本公共图书馆的圆屋顶下,他开始整理他在迈鲁和特罗布里恩德的田野调查材料。现在,在这第三个圆屋顶下,他挖掘的民族志文案放在手头,但写作很难开始。他很绝望,由于再次生病,他在失去宝贵的时间。

马林诺夫斯基和艾尔茜错过了 6 月 28 日的街头庆祝,这一天签订了《凡尔赛和约》。皮特写信给他:"我可以想象你穿着花式(礼服)冲下伯克街,挥舞着一面巨大的旗帜,尽力将一辆电车推出轨道,而你烦心的妻子则在你身后紧紧抓住你的衣角。遗憾的是,这样的事情并未发生。"[3]

一位人类学家的奥德赛，1884—1920

逃向旺加拉塔

出院后，艾尔茜的父亲说服他们在"香农里"休养。他们放弃了他们在坡勒特街的房子，计划逃离寒冷阴郁的墨尔本。7月6日马林诺夫斯基写信给军事当局：医生命令他和他的妻子立即离开墨尔本。他恳求允许他前往新南威尔士的瓦加瓦加。请求立即得到了准许，虽然他还在假释中，许可证禁止他们在任何中间站停留。马林诺夫斯基不满于这琐碎的限制，修改后的许可证于7月8日再次发布："马林诺夫斯基博士在去新南威尔士州前需要通知维多利亚警方。然后他在第一个地方要向新南威尔士州警察报告，并要遵守《战时预备法案》。"[4] 很久以后，玛米记得"布鲁牛从警察的陈述性访谈中获得的快乐和娱乐。……我可以看到他顽皮的脸，听到他和艾尔茜关于礼节的笑声，法律的威严因为澳大利亚的友谊而柔和下来。"[8] 不论友好与否，马林诺夫斯基更希望尽可能少看到警察，所以他和艾尔茜决定留在维多利亚。

他们乘火车去了旺加拉塔，这是奥文斯河上的一座农业小镇，位于新威尔士南部边境。在那里，他们找到了一所坚固的房子住了下来，宽阔的林荫大道两旁都是桉树。他们可以看到无数的水鸟，偶尔还能瞥见鸭嘴兽，听见笑翠鸟喧闹的笑声。他们膝上盖着毯子，在走廊上心满意足地待上几个小时，沐浴在冬日的阳光里。马林诺夫斯基再次拾起他在特罗布里恩德的文本，这次他们一起投入了工作。

这些文本赫然显现了马林诺夫斯基想要发展的人类学概念。两年之后在方法论教义里他确立了"田野调查的第三个戒条"，这就是"发现与给定社区的制度和文化相一致的典型思维和感觉方式"。这样的文本包括："民族志报告、特征叙述、典型话语、民俗条目和巫术公式的集合被考虑作为语料库，作为土著心态的文件。"[6] 这种方法由加德纳倡导，马林诺夫斯基在1917年就已开始响应他的观点。加德纳的妻子是芬兰人，熟悉坦克雷和安娜-米。加德纳和马林诺夫斯基成为了朋友并显著影响了彼此的语用学思想。他们一起鼓舞了弗斯和

第二十八章
离开澳大利亚

伦敦语言学派。他们的合作是非正式的，加德纳是一个独立富裕的学者，没有在学院任职；因此他没有留下任何门徒，他的语言学研究也没有像马林诺夫斯基那样获得认可。

1917年10月26日，马林诺夫斯基在 Marsina 号上给加德纳写信，赞扬他对埃及碑文的研究，解释自己使用方言文本来验证他的特罗布里恩德民族志。1918年1月加德纳回复了他，他写的信有六页保存了下来。[7] 他读过"巴罗马"，钦佩马林诺夫斯基对方言文本的运用。他对一些人类学作品感到失望，这些作品只是逐字引用和翻译信息人的原文语句。民族志者胜过沉默的古文的学生之处在于，他可以反复盘问母语者，求得评论他希望解释的文字文本。

加德纳还倡导不加渲染的本地文本，"你所听到的重要断言，或者针对你的问题的回答"，可以记在脚注或附录中。"这些将随时对你和其他人的观点作出修正……"在《航海者》的方法论导论里讨论他的基里维纳语言材料时，马林诺夫斯基重现了这些方法。[8]

加德纳的第二个要点直接深入到后来所称的语言哲学的核心。他说他读过的哲学家"从不问自己他们正在使用的概念的意义"。他们似乎忘了"所有的语言，即使最简单的，也是大量的抽象物，哲学应该考虑这些抽象物的有效性或其效用"。一些年后维特根斯坦提出的看法与此非常相似。"作为一个语言学家，"加德纳总结说，"我非常不满意整个语义学的地位。"马林诺夫斯基也是一样，他发现加德纳是一个知识分子的灵魂伴侣——一个经验主义者和实用主义者，他认为语言是言说行为的产物，语言是提供其意义的话语的语境。

在旺加拉塔，后来在怀特菲尔德，马林诺夫斯基一直全力翻译文本，他打算将其并入他的基里维纳专著里。也许是为了保护正本的清晰性，马林诺夫斯基手抄了副本。出于吝啬的个性，他常将这些副本记在信件——塞利格曼、斯宾塞、蒙德和其他许多人的来信背面，或记在自己文章的复写纸背面。信封上标明文档的日期，其间马林诺夫斯基转录、翻译并评论了至少一百二十五篇标号的文本。[9]

护理保罗

艾尔茜和马林诺夫斯基刚刚开始享受旺加拉塔的自由天空,就传来消息说保罗病了。7月26日马林诺夫斯基急忙乘坐下午的火车赶回墨尔本。他刚刚错过了市里持续两天的骚乱。这一惊人的市民危机,他在写给艾尔茜的信里也没有提,他一心想着保罗的病。虽然他不确定自己是否能派上用场,但却觉得单是他们的友谊他就应陪在保罗身边,而且这也是一个报答保罗先前对他自己关心的机会。艾尔茜留在旺加拉塔继续康复,四个月的婚姻里这是他们第二次分离。他们的信件(每天两封)满是保罗和彼此的关心。他们的书信二重奏与一个月前相呼应,艾尔茜带着医疗培训的信心进行歌唱,马林诺夫斯基则诉说他的丰富的辛酸经历。[10]

他一离开,她就开始为他担心。"早点睡觉,每天早晨吃点盐,不要去外面。"霍伯博士曾说过,保罗得的不是流感,但艾尔茜不信他,她建议马林诺夫斯基把它当流感对待,并敦促他要确保保罗听从她的指令。"就我自己而言,我不相信早上第一件事就是为病人洗漱,应该先沏一杯茶,休息一下,然后再洗,先量体温。保罗要是真的病了,最好是将他的床放在客厅。"

马林诺夫斯基发现自己在医疗诊断、一些实用建议、他自己特别的民间智慧中陷入一团混乱。他怀疑保罗的高温是由于"流感感染肠胃和肝脏……米姆相信保罗应该睡眠,所以我们都悄悄说话,在隔壁屋里不穿靴子"。

马林诺夫斯基在保罗的房间睡,晚上给他盖被,早上给他灌肠,就像一个男护士。霍伯博士来了,再次"详细检查"了保罗,因为女人们对他一直发烧大惊小怪。霍伯走后,米姆又来了,然后是布罗意诺夫斯基。米姆想再请个医生,莱拉也从她姐姐那里带来消息说霍伯的治疗没有疗效,所以他们决定去找另一个医生。"小圈子"的人围着徘徊在死亡门槛前的保罗,不过在马林诺夫斯基看来,他只是"略微倦怠,绝不是真病"。他也照顾他自己,他向艾尔茜再次保证"我会常洗手"。

第二十八章

离开澳大利亚

艾尔茜也是低烧不退；她仍很虚弱，这让她很沮丧。星期天她写信给她的丈夫，"我记得你曾说过，你想过的生活是让妻子健康，但我从未想过我会是一个病人。"她走到城里，称了一下体重，略微增了半磅。让她陷入困境的是，她没能在保罗身边对其有所帮助。但她为布鲁牛感到骄傲。保罗喜欢被照料，马林诺夫斯基告诉她，"我想，要是我生病你来照料我该多好，亲爱的。到目前为止你还没有照料过我，在严格意义上，对吧？"她回答道："我爱照料你，我可以做到，难道不是吗？"

到了星期三，保罗脱离了危险。医生认为他的病并非流感。[11]艾尔茜等着马林诺夫斯基回来。天气一直很冷，又是刮风又是下雨，无法坐在外面。"因此我生了火，开着窗户。"她写道。

返回旺加拉塔之前，他拜访了一些外国领事馆。墨尔本没有波兰领事馆，想要得到一本波兰护照的努力以失败收场。他在信中向艾尔茜抱怨了一通。8月他给新任命的驻悉尼波兰领事去了信，请求承认他的波兰国民身份："希望能给我一本波兰护照，而不是奥地利帝国公民的护照，以便我可以出行。"[12]不过，这一请求也被回绝了。最终还是塞利格曼在伦敦帮他弄到了一本波兰护照，然后挂号邮寄给了他。[13]

怀特菲尔德的粒子

虽然旺加拉塔比墨尔本更热，但这里也比马林诺夫斯基想象的要有益健康，他们环顾四周想要找到一个地势更高、风景更美的地方。8月下旬他们决定就住在怀特菲尔德，那是一个与世隔绝的农业小村庄，位于从旺加拉塔来的电车轨道尾端的国王河边。艾尔茜和她的父母正是在2月从怀特菲尔德出发乘着四轮马车去往布法罗山的，他们能看到两边绵延的黑色山丘。现在马林诺夫斯基和艾尔茜在特雷尔斯夫人的木质山景旅馆中找到了舒适的住所。库纳夫妇9月也到了这里，他和他们一起从酒店的围场那里租了一个小别墅。两对夫妻的友

马林诺夫斯基

一位人类学家的奥德赛，1884—1920

谊就此加深了，而且得知他们马上就要分开后他们也伤感起来。库纳夫妇等水路已经等了几个月了，他计划 11 月底就坐船去欧洲。与此同时，玛米、米姆和艾尔茜的朋友珍·坎贝尔都去拜访了他们。这对马林诺夫斯基来说是一个愉快的春天，或许是他们知道的最愉快的春天。马林诺夫斯基的身体已经好多了，艾尔茜的烧也退了。11 月间她怀孕了。

这也是马林诺夫斯基精力旺盛的时期。他和保罗又一起研究起经济学和心理学；图书馆的续借记录显示，10 月他们读了马歇尔的《经济学原理》、费雪的《金钱的购买力》、明斯特伯格的《心理学》。[14] 不过，更多的时间都花在了他对基里维纳文本的语言学分析上，此时他也开始为他的文章打草稿。[15]

发现"许多语言学的分支和经典的哲学分析对人类学来说都是没用的"后，马林诺夫斯基开始建立语言人类学理论，但是直到很多年以后他才对这套理论感到满意。雷的首要原则是"语言科学的研究对一份完整的民族志书写来说必不可少"，他便从这个首要原则开始进行他的研究，他援引了自己的一个基本原则，这预示了他后来的功能主义学说。"部落生活的方方面面都是相互影响的；若是把它们中的一小部分切割开来看会导致整体的破碎性，语言在这方面也不例外。语言是必不可少的研究对象，特别是当我们想要理解一个部落的社会心理即他们的思维方式时，因为这受到他们特有文化的支配。"马林诺夫斯基的主要兴趣在意义上，但他只研究那些被忽视的语义。"只有在语义的发展过程中……民族志学者才能得到真正的帮助"。对意义的分析不断地填充着民族志的书写。"因此缺少民族志的语言学，与缺少语言这道光的民族志一样，都是不会发展的。"

在他的文章中，他集中关注基里维纳语言特有的特征，即词语分类和量化名词的使用。"分类"、"构成成分"或（如马林诺夫斯基偏爱的叫法）"分类粒子"从语法上定义了构成说话者指称对象的实体。当他区分烟草时，比如说，"根据我是用手把'条子'拧开，还是把它们撕开，或是用小刀把它们切成一部分一部分等这些情况，当地人会用不同的词语表达他们想要的那些东西。"忽视这种用法就像在印欧语言中用错了性别一样，"会被当地人嘲笑的"。

第二十八章

离开澳大利亚

马林诺夫斯基在建构理论时被没有分类的语义功能迷住了。分类为特罗布里恩德岛民的世界观提供了线索,因为分类使知觉被有序地呈现出来,他发现了分类的实用性,有差别的功能能为经济思想的建构提供帮助,而那是全人类的心灵所需要的。特罗布里恩德人思考所用的范畴都被编码进他们的分类体系中。他们创造了语义的范围,比如说:人、动物、书和木质的东西、山药、身体部位、数字、火、合适的名称、时间、质量、形状、器具、服装和装饰品,还有仪式用品。[16] 马林诺夫斯基比维特根斯坦早二十多年就已认识到,每种语言都提供了一个认识世界的独特窗口。

他面临的主要问题是如何描述特殊分类词的意义。他确定了八组这样的词汇,它们一共包括四十二个粒子,尽管后来这种语言(现在叫基里维拉语)的研究者发现其实还有更多:从1930年代的75个到1960年代的147个,再到最近的177个。这些数字上的差异并不是马林诺夫斯基的研究或话语能力上的问题,而是一个如何去界定分类词的问题,很明显,后期的语言学家比马林诺夫斯基撒了一张更大的网。这里还有一个问题,那就是新的分类词正在被说基里维拉语的人不断创造出来。

通篇文章,马林诺夫斯基都急切地想要建立一套完整的语言学理论,"这套理论能够解释语言的本质,进而解释语言的形式又是如何被生理因素、精神因素、社会因素及其他文化因素影响的;意义与形式的真实本质是什么,以及两者是如何相协调的;这种理论能够提供一套能对语法概念给出可塑性、有根据的定义,它应该还是简练的。"他答应要写基里维纳的语法,但却从未写过一条。不过,这篇关于语言分类粒子的开创性文章却为他后期的工作指示了方向。隐藏其中的是他关于语言人类学的关键概念,正如《珊瑚园》中详细解说的。矛盾的是,他评论道:"这种语言真正的难点不在于它语法结构上的复杂性,而在于它的极度简单性上。这种结构总的来说就像是电报那样简单;词语之间的关系,以及句子之间的关系,主要是从上下文得到的。""情景语境"将成为实用性理论的基石,这一理论则成为1930年代伦敦语言学派的特色。

12月马林诺夫斯基终于写完了他的文章。艾尔茜在"文风和书写计划"上帮了很多忙,她还把文章的一半都打了出来。马林诺夫斯基又把文章的另一半口授给布罗意诺夫斯基。[17]仿佛是为了证明马林诺夫斯基的观点,即人类学家不用太把语言学当回事,这篇文章被皇家人类学会的杂志给拒绝了。1922年它被刊登在新创办的杂志《东方学研究学报》上。

博物馆展览

11月下旬,马林诺夫斯基回到墨尔本向库纳一家告别,他搭乘 *Van Cloon* 号前往瓦尔帕莱索市。他写信告诉保罗:"分别时我十分感伤,事实上,莱拉和我在整个聚会中偷偷地用纸巾擦拭我们的泪水。然后我感到,将我们(艾尔茜和我)与澳大利亚连在一起的主要联系已被切断,我急切地想要尽快离开这个国家。"[18]

12月的时候他们住在香农里,马森夫妇去度假了,无疑这让他们长舒了一口气。马林诺夫斯基有一个更重要的任务去完成。1918年10月,在他刚回到墨尔本时,他给斯宾塞写了一封信,承诺会把1915年交给他的任务做好,即在特罗布里恩德的手工艺术品中分门别类地挑选出一些作品。他提议用塞利格曼的名义把这些作品捐给维多利亚的国家博物馆。他也计划返还博物馆理事赞助他的30英镑,因为"如果那只是一样送给博物馆做样品的免费礼物的话,这件事就会变得十分简单。"[19]斯宾塞回复说如果马林诺夫斯基把这笔钱"看成是博物馆对他所创造的巨大价值的一点小小承认,一切都会很好"。[20]马林诺夫斯基坚持说他不能拿这笔钱。只需看一下他日记里极重的报复心态("我会展现那些作品,我也要责备他没有遵守诺言"),就可以知道他想要"羞辱"斯宾塞。[21]返还那笔钱可能就是报复他的一种方式,报复他对马林诺夫斯基的性格所作出的可恶评价。这是一次曲折狡猾的报复,一个特罗布里恩德人很快就能理解这一点。尽管斯宾塞会失败,但他还是指出返还这笔钱程序上有问题。不过，当马林诺夫斯基说服斯宾塞把这笔钱转给汉考克，他们达成了令人满意的折中方案，"特罗布里恩德的珍珠商花了很多时间，费力气帮我收集、打包、运送这些样品"。[22] 这次汉考克成了受益人。

直到1919年5月，好心的汉考克才为马林诺夫斯基把二十七件珍宝用船运送出去，而且直到11月最后一个星期马林诺夫斯基开始为二百八十二样物品编类时他才开始为博物馆挑选作品。塞利格曼之前曾写信极谦逊地说，他认为这些收藏品不应该纪念他，而应该纪念马林诺夫斯基主要的捐助者蒙德。[23] 收藏品中最精美的部分将会用船运到伦敦的英国博物馆，费用由国家博物馆承担。

在人种学馆长克肖（James Kershaw）的帮助下，马林诺夫斯基能在一个很大的展柜里排列那些样品。他检查并重新起草那些描述性的标签。这些物品和他许许多多很棒的图片一起，都提升了这次展览的价值。离开澳大利亚前他把这些工作都完成了，然后他写信告诉斯宾塞："我可以自豪地告诉您，来自特罗布里恩德岛的人种学收藏品，都已照您的意思安排妥当了。"[24] 3月，克肖跟博物馆的理事说："迄今为止今年人种学中最重要的民族学藏品，是马林诺夫斯基博士在去特罗布里恩德的长途旅行中获得的很多当地物品。"[25] 这是第一个也是最后一个展出马林诺夫斯基策划的博物馆。

1月10日马林诺夫斯基和艾尔茜一起回到了怀特菲尔德，并在那里待了三个星期。那几天十分炎热，他们在山景旅馆外面的柳荫下打发时间。"现在我们在怀特菲尔德了，"艾尔茜向库纳夫妇写道，"或更准确地说是滞留在怀特菲尔德……你们的身影就萦绕在我们身边。我们每天做的只是重复我们以前过的日子。"[26] 马林诺夫斯基也坐在酒店小小的休息室里给保罗写信。他十分想念他的朋友："游廊上没了你和海德的说话声或宝宝的哭声，显得冷寂空落了。"这里的政治氛围也不太友好，因为保守党占据了上风。"说到我们的政治观点，自从保罗离开后，这里没有是否要支持同盟国的原则上的矛盾，我们成了激进的布尔什维克人和兴登堡人……这真可怕，因为我极为拥护巴黎公社。"[27]

在布罗意诺夫斯基和他的新女朋友之后，这几天米姆也加入他们的队伍。

马林诺夫斯基

一位人类学家的奥德赛，1884—1920

他们雇了马匹，在这里四处转悠。第二天，为了要陪布罗意诺夫斯基和珍妮去布法罗山，马林诺夫斯基跟在一匹白马后面。此时米姆则回到怀特菲尔德给艾尔茜做伴。因为艾尔茜怀孕了，她不能和别人一起骑马。

此时却有了这个季节本不该有的寒冷和大风。晚上艾尔茜写信给马林诺夫斯基，"我有那种以前就曾有过的、像被剥夺了什么的感觉"。自从他去年看望保罗以来，这是他们第一次分离。"在外面那么大的床上，他一定会很孤单，我想他正在与跳蚤周旋，正在咒骂这一切，他一定想与他的艾尔茜在一起。"在灌木丛中骑了一天马后，这群人就在一户农家歇脚过夜；布罗意诺夫斯基睡在地板上，把一张豪华的双人床让给了马林诺夫斯基。第二天他们又要爬山，刚开始还很顺利，但后来便是难以置信的陡峭山坡、岩石和大斜坡。有一次他们迷路了，马林诺夫斯基"好想坐下来放声大哭"，不过布罗意诺夫斯基这个经验丰富的丛林中人找到了正路。骑了六小时马后，他们来到一个开阔的山脊顶部，又过了两个小时，他们到了悬崖顶上的山中小屋。"看到了峡谷，这可是一个新发现"，马林诺夫斯基激动地说道，他想到了艾尔茜，一年前她守夜时就是站在这相同的断崖前。第二天，他们在山中的湖边集中，然后又越过它迈向山峰的"角"。攀爬这崎岖的山峰可作为对这个奇怪大陆的告别。在山顶上，那两个"角"无疑让他们想到了18、19世纪时的英雄同胞们：士兵科希丘什科（Kosciuszko）和探险家斯切莱茨基（Strzelecki），这两个伟大的名字已经与澳大利亚最高峰紧紧地连在了一起。[28]

告别澳大利亚

马林诺夫斯基夫妇在2月初回到墨尔本，他们在香农里待了最后三周，除了女佣这里空无他人。他们已准备好要离开，但到最后还是有官方障碍。在英国上岸，他们需要一个许可证，必须由澳大利亚总理府出具。文件工作被推迟了，因为休斯正在度假。困惑不解的艾尔茜气得大叫："这叫什么事，这种小事还要首相本人签字！"[29]

2月25日他们坐上了 *Borda* 号。他们坐的三等舱，马林诺夫斯基告诉保罗，"但我们有一个甲板舱，所以事情还不算太坏"。晚上他们登上了船，"痛苦地离别"，玛米回忆说，她和父母、米姆及"小圈子"里的其余成员来跟他们道别。玛米次日清早再次下到码头，瞥见艾尔茜在跳板顶部："当她看见我时，我永远不会忘记她的脸……我在那里没有看见布鲁牛，船离开码头时我不记得曾见过他，但他应该一直和她在一起——他们确实在一起吗？现在我已想不起来了。"[30] 玛米再未见到她的妹妹。

航行远非田园牧歌，艾尔茜告诉库纳一家。船上太挤了，"步行几乎不可能，到处都能听到六十多个孩子持续不断的响声"。他们航行通过南非，这对夫妇非常喜欢看德班的一些事物。开普敦过后没有港口停靠，但在通过加那利群岛后，他们很快航向特内里费岛。"我们可以看到山峰高耸于一抹云上，缕缕白雪，然后是绿色，树木稀少的山坡一路下到岸边，村庄里白色的房屋，奇怪的不定期轮船和帆船迎风行驶在蓝色的大海上。我们足够接近圣克鲁兹，还能看到大教堂和斗牛环，我们渴望能够上岸。"

同行的旅客中，艾尔茜记得最清的是一个粗野的博士叫博尔盖蒂，他的餐桌礼仪让人厌恶。他对他的孩子非常粗暴，"粗鲁随便到这种地步，以至于布鲁牛畏畏缩缩和局促不安地恳求他是否他可以用意大利语描述他的疾病或对船上的人发表评论！"[31] 马林诺夫斯基正在权衡自己作为父亲的前景。无论他还是艾尔茜都很渴望自己能做父母。"但我想，船到岸时我会喜欢这小鬼，布鲁牛也会喜欢的，虽然也有让人十分恼怒的时候。在船上有趣的是看他非常热心地注视着孩子。我看到一个慈爱的父亲摇着婴儿车哄一个孩子入睡达一个多小时，布鲁牛一直看着他，他那痛苦的表情越来越少，最终转向我，温顺而又用最悲惨的声调说：'所有这些都是必需的吗？'我不得不答应他，他的孩子不会有任何人摇。"[32]

艾尔茜在航行中以为她的精神在恶化。"我读了《墨西哥征服史》，但却提不起兴趣。也许我的脑力在牛津郡时会恢复。"塞利格曼夫妇考虑过请他俩和他们留在牛津附近的塔美村。塞利格曼建议马林诺夫斯基写信给伦敦经济学院的新院长贝弗里奇，提醒后者他作为学院研究员的身份，并告诉他"你有大量材料需要处理，问下你能否在秋季分配一个房间住上几个月"。他也应该去拜访一下麦克塔嘉特小姐，她是学院秘书。"毫无疑问，此事也会涉及我，"塞利格曼说，"当然，我肯定会站在你这边替你说话的。"[33]

在世界另一端度过六年后，回到英国进入一种不确定的未来中，马林诺夫斯基反倒有了更多的自信。他的生活新篇章即将揭开。他将很快成为一个家庭的男人，供养他的妻子和孩子。他很自信，靠着很快就要出版的书，他能在英国获得一个有前途的声誉。这些他曾在一封给亨特的信中提起过，是在他出发前写好的。它被证明是马林诺夫斯基最后的文档，被放在他的厚厚的政府文件里，这份文件讲述了他与澳大利亚官场之间起起伏伏的关系。收到这份最终报告的那个人，超过其他任何澳大利亚人，曾帮助马林诺夫斯基将他的实地考察项目开花结果，从而收下令人满意、近乎大功告成的结尾。尽管多年来他一直都在带着敌国侨民的耻辱身份生活，尽管也流传着关于他的下流的传言，但最终还是他占了上风。事实证明，亨特对他顽固的有时则是矛盾的支持是正确的。

马林诺夫斯基表达了谢意，列举了他的七部澳大利亚著作。除了《迈鲁》和《巴罗马》，还有《人类》上发表的两篇文章和三篇尚未发表的文章，其中两篇是为百科全书而写，一篇是关于分类粒子。他提到了理学博士奖和巴布亚R. A. I 地方通讯员的荣誉称号（1919年12月他得到此奖）。他还提到了人种志标本和图片。他总结说："详细写出我的材料后，我希望它能在两年内作为一本专著出版。"[34]

可能是在为期两个月的航行里，马林诺夫斯基决定放弃论文名为"基里维纳"，并从大量内容中精挑细选，以便一年内写出专著。他没有留下任何线索说明为什么他会专注于研究库拉仪式交易系统，但仅仅是想象一下大海航行本身就是有吸引力的，它与浪漫的康拉德的联系鼓励他去思考马辛地区那些勇敢的海员，他在想象中将其描述为西太平洋的航海者。这里面也有一种情结在内：航行通过加那利群岛时关于母亲的悲伤回忆会被唤醒。他的行李里有汉考克送的礼物：少量珍珠和一个无价的库拉纪念品，这是他所拥有的唯一一个红贝壳项圈。但到目前为止，更宝贵的是他笔记中的民族志财富。伊阿宋带着他的羊毛、托克西库纳带着他的魔笛正在返回。

缩写词

AHPNLA	Atlee Hunt Papers, National Library of Australia
AT	Anthropology Today
BAAS	British Association for the Advancement of Science
HOA	*History of Anthropology*
HPCLJL	Haddon Papers, University Library, Cambridge
JASO	*Journal of the Anthropological Society of Oxford*
JPH	*Journal of Pacific History*
JRAI	*Journal of the Royal Anthropological Institute*
MERNAA	'Dr B. Malinowski, Ethnological Research, Papua', 1914–20, A1 21/866, National Archives of Australia
MFNAA	Malinowski File, Intelligence Section, General Staff, 3rd Military District (Victoria), 15/3/406, National Archives of Australia
MPLSE	Malinowski Papers, British Library of Political and Economic Science, London School of Economics
MPUMA	Masson Papers, University of Melbourne Archives
MPY	Malinowski Papers, Yale University Library, New Haven
NAA	National Archives of Australia, Canberra
NLA	National Library of Australia, Canberra
NMA	National Museum of Australia, Melbourne
PR	*Polish Review*
SPLSE	Seligman Papers, British Library of Political and Economic Science, London School of Economics
WAAA	Westermarck Archive, Abo Akademi, Turku, Finland

注 释

引 言

[1] A. Kuper, *Anthropologists and Anthropology: The Modern British School*, London: Routledge, 1973, p.23.

[2] B. Malinowski, *Argonauts of the Western Pacific: An Account of Native Enterprise and Adventure in the Archipelagoes of Melanesian New Guinea*, London: Routledge, 1922, p. 25.

[3] *Islands 16* (5), 1996. (See also Tony Wheeler and Jon Murray, *Lonely Planet Guide. Papua New Guinea: A Travel Survival Kit*. 5th edition, Lonely Planet, 1993.)

[4] *Oceania* 40 (4), 1970, p. 347.

[5] C. Geertz, 'Under the Mosquito Net', *New York Review of Books*, 14 Sept. 1967.

[6] See Bibliography under Cech, Clifford, Ellen, Firth, Flis, Forge, Geertz, Gellner, Gross, Jerschina, Kardiner and Preble, Koepping, Kubica, Metraux, Murdock, Paluch, Panoff, Payne, Audrey Richards, Skalnik, Stocking, Symmons-Symonolewicz, Thornton, Urry, Wax, Wayne, and Young.

[7] Frazer, 'Preface' in *Argonauts*, 1922, p. ix.

[8] Bronislaw Malinowski, *Dziennik w scistym znaczeniu tego wyrazu* [A Diary in the Strict Sense of the Term], ed. Grazyna Kubica, Krakow: Wydawnictwo Literackie, 2002.

[9] M. Mead, *An Anthropologist at Work: Writings of Ruth Benedict*, London: Seeker & Warburg, 1959, p. 305. A. Montagu, review of H. Wayne (ed.), Story *of a Marriage*, in *Nature* 374, April 1995. R. H. Lowie, *The History of Ethnological Theory*, New York: Farrar & Rinehart, 1937, p.242.

[10] H. Wayne, 'Foreword', in R. Ellen et al (eds), *Malinowski between Two Worlds: The Polish Roots of an Anthropological Tradition*, Cambridge: Cambridge University Press, 1988, pp.xi-xii.

第一章

[1] Dedication to Sir James Frazer, 'Myth in Primitive Psychology', in B. Malinowski, *Magic, Science and Religion*, ed. R. Redfield, New York: Doubleday, 1954, pp.93–4.

[2] South Africa Union Education Department, State Archives, Pretoria. Ref: UOD 1086 (E46/58/I6).

[3] Helena Wayne, 'Bronislaw Malinowski: The Influence of Various Women on his Life and Works', *JASO* 15 (3), 1984, p.193.

[4] B. Malinowski, *Sex and Repression in Savage Society*, London: Routledge, 1927, pp.16–17.

[5] Hilda Kuper, *Sobhuza II: Ngwenyama and King of Swaziland*, London: Duckworth, 1978, p.5.

[6] Jozef Szymanski (ed.), *Herbarz sredniowiecznego rycerstwa polskiego*, Warsaw: Wydawnictwo Naukowe PWN, 1993, pp.222–3.

[7] The phrase is from a poem by Vladimir Nabokov.

[8][9] A. Zajaczkowski to Helena Burke (later, Helena Wayne), 30 July 1972.

[10] Norman Davies, *Heart of Europe: A Short History of Poland*, Oxford: Oxford University Press, 1986, p.332.

[11] Wayne, 'Bronislaw Malinowski', p.193.

[12] B. Malinowski, *Freedom and Civilization,* London: Alien & Unwin, 1947, p.336.

[13][14] A. Zajaczkowski to H. Burke, 14 June 1972.

[15] Malinowski to Elsie Masson, 5 Feb. 1918, in Helena Wayne (ed.), *The Story of a Marriage,* 2 vols, London: Routledge, 1995, vol.I, p.109.

[16] Malinowski to Elsie Masson, 6 Sept. 1918, MPLSE; see Wayne, *Story,* pp.172–3. Stefan Jabtonski to Malinowski, correspondence of 1927–28, MPY 1/301.

[17] Hieronim Lopacinski, 'Lucjan Malinowski (1839–1898)', *Kurjer Niedzielny,* Warsaw, 1898. Translation by Marc Heine. See also Maria Zagorska-Brooks, 'Lucjan Malinowski and Polish Dialectology', *PR* 30 (2), 1985, pp.167–70.

[18] Lopacinski, 'Lucjan Malinowski'.

[19][20] Davies, *Heart of Europe,* p.262.

[21] Among them Boleslaw Prus, Henryk Sienkiewicz, Aleksander Swietochowski, Juljan Ochorowicz, Jan Baudouin de Courtenay (a linguist colleague of Lucjan Malinowski), Piotr Chmielowski, Bronislaw Chlebowski, Adolf Dygasinski and Wiktor Gomulicki (see ibid., p.263).

[22] 'Lucjan Malinowski', in *Stoumik folkloru polskiego* (Dictionary of Polish Folklore), Warsaw, 1965, p.217.

[23] Lopacinski, 'Lucjan Malinowski', p.15.

[24] Although there is some dispute among Conrad's biographers whether it was St Anne's (whose records show no trace of him) or Stjacek's (the other gymnasium in Cracow at the time, whose records were destroyed during the last war), Fredrick Karl argues convincingly in support of Conrad's own claim to have attended St Anne's in 1870–72 *(see Joseph Conrad: The Three Lives,* London: Paber & Faber, 1979, p.90).

[25] Lopacinski, 'Lucjan Malinowski', p.17. See also Ewa Borowska, 'Lata polskiej mtodosci Bronisiawa Malinowskiego', MA thesis, Jagiellonian University, Cracow, 1971, p.3.

[26] Lopacinski, 'Lucjan Malinowski', p.18.

[27] Document dated 30 June 1875, reproduced in Borowska 'Lata polskiej'.

[28] L. Malinowski to J. Goll, 27 Oct. 1887, Stanislaw Sochacka *Listy Lucjana Malinowskiego do Jamstawa Colla,* Opolu: Wydawnictwo Instytutu Slaskiego, 1975.

[29] Lucjan's other pupils of note were Jan Hanusz, Roman Zawilinski, Jozef Kallenbach, Szymon Matusiak, Jan Biela and Boteslaw Szoma among the older generation, and R. Koppens, Jan Rozwadowski, Zygmunt Paulisch, Stanistaw Dobrzycki and Stanistaw Zathey among the juniors.

[30] Grazyna Kubica, 'Malinowski's Years in Poland', in R. Ellen et al, (eds), *Malinowski between Two Worlds,* p.88.

[31] B. Malinowski, review of *Kwartalnik Etnograficzny, Lud* 16, 1910, in *Folk-lore* 22, Sept. 1911, pp.382–5.

[32][33] MPLSE Culture 1/139.

[34] In 1880, according to a gazetteer, Ponice's population of 843 dwelt in 136 houses. There was one Jew; the rest were recorded as Roman Catholics.

[35] Almost certainly Conrad's *A Personal Record,* 1912.

[36] In *Sex and Repression in Savage Society,* Malinowski contrasted the child-rearing practices of

Eastern European peasants with those of the educated classes, and both with those of the Trobriand Islanders (p.14n).

[37] Reproduced in Ellen et al, *Malinowski between Two Worlds,* p.70.
[38] B. Malinowski, *A Diary in the Strict Sense of the Term,* London: Routledge, 1967, p.298.
[39] Malinowski to Elsie Masson, 11 June 1918, MPLSE.
[40] Wayne, 'Bronislaw Malinowski' p.190.
[41] [42] *Sex and Repression,* p.28.
[43] B. Malinowski, 'Parenthood —The Basis of Social Structure' (1930), in *Sex, Culture, and Myth,* London: Rupert Hart-Davies, 1963, p.42.
[44][45][46] *Sex and Repression,* p.27n, pp.37–8, p.38.
[47] Malinowski to Elsie Masson, 12 Jan. 1929, in Wayne, *Story,* vol. 2, p.129.
[48] *Sex and Repression,* p.38.
[49] For a critique see Michael W. Young, 'Young Malinowski: A Review Article', *Canberra Anthropology* 17 (2), 1994, pp.103–22.
[50] MPY II/218.
[51] Cited by G. Kubica, 'Bronislaw Malinowski's Years in Poland', *JASO* 17 (2), 1986. p.141.

第二章

[1] L. Malinowski to J. Goll, 11 Oct. 1882, in Sochacka, *Listy,* p.60.
[2] 14 Nov. 1881, ibid., p.44.
[3] 4 June 1883, ibid., p.64.
[4] 17 Dec. 1884, ibid., p.71.
[5] Adam Dubowski, 'Z tradycji rodzinnej' (From a Family Tradition), *Tygodnik Powszechny,* 8 April 1984. Translated by Annamaria Orla-Bukowska.
[6] Davies, *Heart of Europe,* p.333.
[7][8][9] Wayne, 'Bronislaw Malinowski', p.190, p.191, p.193.
[10] S. I. Witkiewicz, *The 622 Downfalls of Bungo,* excerpted in Daniel Gerould (ed.), *The Witkiewicz Reader,* Evanston, Ill.: Northwestern University Press, 1992, p.53.
[11] Wayne, 'Bronislaw Malinowski', p.190.
[12] L. Malinowski to J. Goll, 17 May 1884, in Sochacka, *Listy,* p.69.
[13] 29 April 1885, ibid., p.75.
[14] 16 Nov. 1885, ibid., p.77.
[15] 22 Feb. 1886, ibid., p.79.
[16] 17 Oct. 1886; 27 Oct. 1887; ibid., pp.84, 95–6.
[17] 14 May 1888, ibid., p.100.
[18] 14 Nov. 1888, ibid., p.105.
[19] 2 July 1889, ibid., p.112.
[20] 19 Oct. 1889, ibid., p.113.
[21] 1 Nov. 1890, ibid., p.117.
[22] 7 Aug. 1891; 5 March 1892; ibid., pp.128, 135.

[23]　25 July 1892, ibid., p.141.
[24]　13 Feb. 1893, ibid., pp.148—9.
[25]　10 Feb. 1894. ibid., pp.158—9.
[26]　13 Oct. 1895, ibid., p.167.
[27]　17 Oct. 1895, ibid., p.171.
[28]　10 Aug. 1897, ibid., p.186.
[29]　11 Oct. 1897, ibid., p.187.
[30]　Malinowski to Elsie Masson, 24 Dec. 17, in Wayne, *Story,* p.76.
[31]　5 Feb. 1918, ibid., p.109.
[32]　Jozefa Malinowska to Bronislaw Malinowski, 20 Aug. 1915, MPY 1/406.
[33]　Janina Marchwicka to Helena Michaniewska, Dec. 1970, MPLSE.
[34]　Witold Truszkowski, unpublished lecture delivered in Cracow in 1984.
[35]　J. Malinowski to J. Goll, 11 Jan. 1899, in Sochacka, *Listy,* pp.194—5.
[36]　Truszkowski, unpublished lecture. Cited by Kubica, 'Malinowski's Years', in Ellen et al, *Malinowski between Two Worlds,* p.89.
[37]　B. Sredniawa, 'The Anthropologist as a Young Physicist: Bronislaw Malinowski's Apprenticeship', *Isis* 72, 1981, p.614.
[38]　Andrzej Paluch, 'Introduction: Bronislaw Malinowski and Cracow Anthropology', in Ellen et al, *Malinowski between Two Worlds,* p.5.
[39]　Robert J. Thornton and Peter Skalnik (eds). *The Early Writings of Bronislaw Malinowski,* Cambridge University Press, 1993, p.258. .
[40][41][42] Paluch, 'Introduction', p.5, p.6, p.28.
[43]　Foreword to the Polish edition of *The Sexual Life of Savages.* (This foreword was written in 1937 but published only in 1980.) Cited by Kubica, 'Malinowski's Years', p.94.
[44]　From an application Malinowski made in 1907 to Emperor Franz Jozef; Andrzej Flis, 'Bronislaw Malinowski's Cracow Doctorate', in Ellen et al, *Malinowski between Two Worlds,* Appendix I.
[45]　L. Malinowski to J. Goll, 27 Jan. 1892, in Sochacka, *Listy.* p.119.
[46]　Borowska, 'Lata polskiej', and repeated by Wayne, 'Bronislaw Malinowski', p.190.
[47]　F. Gross, 'Young Malinowski and his Later Years', *American Ethnologist* 13 (3), 1986, p.556.
[48]　Malinowski to Emperor Franz Joseph, 1907. Flis, 'Bronislaw Malinowski's Cracow Doctorate', p.196.
[49]　Gross, 'Young Malinowski', p.557.
[50]　Flis, 'Bronislaw Malinowski's Cracow Doctorate', p.196.
[51]　On the calculation that each semester of sixteen weeks totalled about five hundred hours of classes, there would have been some six thousand class hours for the six years that Malinowski attended school. His absences (all of them justified' as the record declares) totalled 836 hours, or 14 percent of the optimum. If the number of class hours is increased beyond these rather conservative figures (as one might well expect of a 'demanding and difficult' curriculum), then the percentage of time Malinowski was absent from school decreases proportionately. Of course, if we add the two years for which he was not even enrolled, his total rate of absence from school amounts to more than one-third of the optimum.

[52] L. Malinowski to J. Goll, 6 Aug. 1897, in Sochacka, *Listy*, p.185.
[53] J. Malinowska to J. Goll, n Jan. 1899, ibid., pp.194—5.
[54] 10 Feb. 1900, ibid.
[55] *Diary*, p.297.
[56] W. L. Benedict to Franklin H. Maury, 23 Dec. 1938, MPLSE.
[57] Malinowski to Secretary, New Lodge Clinic, 20 Apr. 1932. MPLSE.
[58] Freud would have been delighted by this uncanny conjunction of events. Oedipus blinded himself in atonement following his discovery that he had slain his father and married his mother. But to follow Freud here would be to assume that Malinowski's temporary blindness was in some sense self-inflicted. Malinowski was handicapped by weak eyesight all his life, and in his fifties was diagnosed with choroiditis: inflamation of the network of small blood vessels between the retina and the sclera.This may cause blurred vision, but is usually painless. Complications such as detached retina and glaucoma are more serious effects, and Malinowski did in fact suffer a detached retina in 1940.
[59] J. Malinowska to J. Goll, 10 May 1901, in Sochacka, *Listy*, p.196.
[60] 7 July 1901, ibid. pp.197—8.
[61] Kubica, 'Malinowski's Years', p.90, citing Truszkowski.
[62] Dubowski, 'Z tradycji rodzinnej'. See also Kubica, 'Malinowski's Years', p.90.
[63] Wayne, 'Bronislaw Malinowski', p.190.
[64] J. Malinowska to J. Goll, 14 Feb. 1903, in Sochacka, *Listy*, pp.198—9.
[65] Elsie Masson to Malinowski, 17 Aug. 1918, in Wayne, *Story*, vol. I, p.163.
[66] Paul Khuner to Malinowski, 17 Aug. 1918, MPY 1/325.
[67][68] *Sex and Repression*, p.17, pp.60—1.
[69] Malinowski to Elsie Masson, 2 July 1918, in Wayne, *Story*, p.159.
[70] Wengle, *Ethnographers in the Field*, p.109.
[71][72][73][74][75] *Diary*, p.253, p.297, p.296, p.293, p.291.
[76] Malinowski to Elsie Masson, 11 June 1918, in Wayne, *Story*, pp.153—5.

第三章

[1] Joseph Conrad to John Galsworthy, 25 July 1914, in Joseph Conrad, *Collected Letters of Joseph Conrad,* vol.5, 1912—16, eds F. Karl and L. Davies, Cambridge: Cambridge University Press, 1996, p.407.
[2] One thinks, for example, of Marx, Shaw, Wittgenstein and Eliot in England, of Joyce, Lawrence and Pound in Italy. Among Malinowski's colleagues and pupils at the LSE were dozens of such exiles.
[3] Joseph Conrad, *A Personal Record,* London: J. M. Dent, 1946, p.122.
[4] 'Rivers is the Rider Haggard of anthropology; I shall be the Conrad' was reported by Raymond Firth on the hearsay ofBrenda Seligman (R. Firth, 'Introduction: Malinowski as Scientist and Man', in R. Firth, *Man and Culture,* London: Routledge & Kegan Paul, 1957, p.6).
[5] MPLSE Language 3/289. The single-page carbon copy is headed 'Biography of Dr B.M'.
[6][7] Gross, 'Young Malinowski', pp.557—8, p.558.

[8]   Conrad, *A Personal Record*, p.13.
[9]   Wayne, 'Bronislaw Malinowski', pp.190—1.
[10] Kubica and Wayne give 1899 as the year of the first trip to Biskra, but in a letter to doll of 10 Feb. 1900 Jozefa Malinowska specifically states: 'Last year was very peaceful for us and we did not undertake anything new. ' It is clear from Malmowski's letter to Aniela Zagorska (see below) that his first visit to the Mediterranean was in autumn 1901.
[11] MPLSE Culture 1/139.
[12] Malinowski to his daughter Jozefa, 17 Nov. 1937, MPLSE.
[13] Gross, 'Young Malinowski', p.557.
[14] B. Malinowski to J. Malinowska, 20 June 1914, MPY 1/408.
[15] 2 July 1914, ibid.
[16] Draft introduction to textbook, MPLSE Culture 1/139.
[17] B. Malinowski, 'Myth as a Dramatic Development of Dogma', in *Sex, Culture and Myth*, 1963, p.248.
[18] L. Malinowski to J. Goll, 19 Oct. 1891, in Sochacka, *Listy*. p.130.
[19] See Malinowski's BBC talk 'Science and Religion', delivered in 1930; published in *Sex, Culture and Myth*, pp.256—65.
[20] J. Malinowska to J. Goll, ll Jan. 1899, in Sochacka, *Lisfy*. pp.194—5.
[21] Seligman to Malinowski, 30 Dec. 1915, MPY 1/565.
[22] Karl, *Joseph Conrad*, p.91.
[23] He understood spoken Russian but did not speak it with any fluency.
[24] Firth, 'Bronislaw Malinowski', in S. Silverman (ed.). *Totems and Teachers: Perspectives on the History of Anthropology*, New York: Columbia University Press, 1981, p.109.
[25] MPLSE Linguistics 3/294.
[26] Introductory notes to 'What Is Culture?', MPLSE Culture 1/139.
[27] Henri Peyre of Yale told Helena Wayne that her father cursed in French with greater fluency than any native speaker he had ever heard.
[28] Unpublished lecture given to the Psychological Society of the University of London, 24 Nov. 1935. MPLSE Linguistics 3/293.
[29] The letter-essay of about twenty handwritten pages was found among those of Malinowski's papers taken to Mexico by his widow. The document has been published by Zbigniew Benedyktowicz in *Konteksty* 54 (1–4), 2000, pp.66—79, and by Grazyna Kubica in her definitive edition of Malinowski's diaries. B. Malinowski, *Dziennik w scilym znaczeniu lego wyrazu*, ed. Grazyna Kubica, Cracow: Wydawnictwo Literackie, 2000, pp.128—41.
[30] This approach to language, following the word 'magic' in the previous sentence, lies at the heart of Malinowski's scholarly analysis of the language of magic in the Trobriands.
[31][32] J. Conrad, *The Mirror of the Sea* (1906), London: J. M. Dent, 1946, p.154, p.152.
[33] Thomas Mann, *Death in Venice* (1912), Harmondsworth: Penguin Books, 1955, p.24.
[34] Wayne, 'Bronislaw Malinowski', p.191.

第四章

[1] J. Malinowska to J. Goll, 14 Feb. 1903, in Sochacka, *Listy.* pp.198—9.
[2] Published in *Za i przcdiv* 38, 17 Sept. 1967.
[3] Plate 7 of Ellen et al, *Malinowski between Two Worlds.*
[4] Peter Skalnik, 'Bronislaw Kasper Malinowski and Stanistaw Ignacy Witkiewicz', in H. F. Vermeulen and A. A. Roldan (eds), *Fieldwork and Footnotes: Studies in the History of European Anthropology,* London: Routledge, 1995, p.140.
[5] *Diary,* p. 29.
[6] Malinowski to Gustaw A. Mokrzycki, 6 Jan. 1941, MPLSE.
[7] Gerould, *Witkiewicz Reader,* p.27.
[8] Karol Estreicher, 'Zakopane — Leur Amour', *Polish Perspectives* 14 (6), Warsaw, June 1971, p.36.
[9] Anna Micinska, *Witkacy: Life and Work,* trans. Bogna Piotrowska, Warsaw: Interpress Publishers, 1990, p.58.
[10] S. I.Witkiewicz to his mother, Jan. 1889. Cited in ibid., p.53.
[11][12] Gerould, *Witkiewicz Reader,* pp.28—9.
[13] S. Witkiewicz, *Listy do syna,* 1969.
[14] S. I.Witkiewicz to Aniela Jatowiecka, June 1903. Cited in Micinska, *Witkacy,* p.74.
[15] S. I.Witkiewicz to Maria Witkiewicz, June 1903. Cited in ibid.
[16] S. Witkiewicz to his son, summer of 1903. Cited in ibid.
[17] Gerould, *Witkiewicz Reader,* p.31.
[18] S. I.Witkiewicz to Malinowski, 10—15 Sept. 1903.
[19] 31 July 1900, in Witkiewicz, *Listy do syna,* p.39.
[20] Cited by Gerould, *Witkiewicz Reader,* p.8.
[21] 17 June 1909. Cited by Kubica, 'Malinowski's Years', p.91.
[22] Karol Estreicher, *Lean Chwistek -biografia artysty,* Krakow: Panstwowe Wydawnictwo Naukowe, 1971, pp.7—8. Cited by Borowska, 'Lata polskiej', p.4; also Kubica, 'Malinowski's Years', p.91.
[23] Dated St Petersburg, Oct. 1914. Cited in Gerould, *Witkiewicz Reader,* p.103.
[24] *Diary,* p.34. (2 Nov. 1914.)
[25] Cited by Gerould, *Witkiewicz Reader,* p.I .
[26] S. Witkiewicz to his son, 1904. Cited by Estreicher, 'Zakopane', p.44.
[27] Estreicher, 'Zakopane', p.34.
[28] Translated by Basia Plebanek.
[29] *Malinowski between Two Worlds,* pp.114, 127.
[30] Wayne, 'Foreword', in Ibid., p.xvii.
[31][32] Gross, 'Young Malinowski', p.561, p.568.
[33] Kazimiera Zulawska's recollection is quoted by A. Waligorski in his appendix to the first Polish translation *of Argonauts,* 1967, p.675. Cited by Kubica, 'Malinowski's Years', p.92.
[34] Estreicher, 'Zakopane', p.44.
[35] T. Micinski, *Nietota,* Warsaw, 1910, p.243.
[36] Plate 76, Sztaba Wojciech, *Stanistaw Ignacy Witkiewicz.*Warszawa: Auriga, 1985.

[37] Arthur Rubinstein, My *Young Years,* London: Jonathan Cape, 1973, p.119.
[38] Estreicher, 'Zakopane', p.43.
[39] Gross, 'Young Malinowski', p.561.
[40][41] Malinowski to Elsie Masson, 5 Feb. 1918, in Wayne, *Story*, p.109.
[42] *Malinowski between Two Worlds,* pp.128–48; Manfred Kridi, *A Survey of Polish Literature and Culture,* Gravenhage: Mouton & Co., 1956; Harold B. Segel, ' "Young Poland", Cracow and the "Little Green Balloon" ', PR 5 (2), 1960, pp.74–97.
[43][44][45] Kridi, *Survey,* p.408.
[46] These appeared in 1902 and 1905 in the elite Warsaw journal *Chimera.*
[47] Joachim T. Baer, 'Nietzsche and Polish Modernism', PR 38 (1), 1993, p.72. See also Kridi, *Survey,* pp.447–8.
[48] Berent, as quoted by Baer, 'Nietzsche', p.72.
[49] Segel, ' "Young Poland"', p.79.
[50] S. Wyspianski, *The Wedding,* trans. Gerard T. Kapolka, Ann Arbor: Ardis, 1990, p.14.
[51] Quoted by Estreicher, 'Zakopane', pp.42–3.

第五章

[1] Stanislaw Witkiewicz to his son, Sept. 1903. Cited in Micinska, *Witkacy,* p.77.
[2][3] Document cited in Borowska, 'Lata polskiej'. In 1905 Malinowski also received the Potocki Foundation stipend for Polish noblemen, worth 315 Austrian crowns a year.
[4] A. Korzybski to Malinowski, 4 Dec. 1932, MPY 1/334.
[5] B. Russell, *Portraits from Memory and Other Essays,* London: Alien & Unwin, 1956, p.20.
[6] Ray Monk, *Bertrand Russell'.The Spirit of Solitude,* London: Jonathan Cape, 1996, p.26.
[7] MPLSE Culture 1/139.
[8][9] Sredniawa, 'The Anthropologist as aYoung Physicist', p.614, p. 615.
[10] W. Matlakowski, 'Wolni sluchacze w Krakowie', *Za i Przediv* 38, 17 Sept. 1967.
[11] Flis, 'Cracow Philosophy', p.109.
[12] Cited in ibid. For 'fop' Feliks Gross translates 'buffoon', 'Young Malinowski', p.559.
[13] Flis, 'Cracow Philosophy', p.111.
[14] G. Kubica, Appendix 2, in *Malinowski between Two Worlds,* p.202.
[15] There is some confusion in the records as to whether Malinowski took several other courses in 1903–04. MPY IV/32.
[16][17] Flis, 'Cracow Philosophy', p.109, p.108.
[18] Sredniawa, 'The Anthropologist as a Young Physicist', p.616.
[19] Flis, 'Cracow Philosophy', pp.108–9.
[20] *Malinowski Between Two Worlds,* p.4; Kubica, 'Malinowski's Years', p.102.
[21] Flis, 'Cracow Philosophy', pp.105–27.
[22] E. Mach, *The Analysis of Sensations and the Relation of the Physical to the Psychical* (1906), New York: Dover Publications, 1959, p.12.
[23] E. Mach, *Popular Scientific Lectures* (1895), trans. Thomas J. McCormack, La Salle, Ill.: Open

Court, 1943, pp.186, 196, 191, 197.
[24] E. Mach, *Knowledge and Error: Sketches on the Psychology of Inquiry* (1905), trans. T. J. McCormack and P. Foulkes, Dordrecht: D. Reidel, 1976, p.120.
[25] Mach, *The Analysis of Sensations*, p.25.
[26] Firth (ed.), *Man and Culture*, pp.121–2.
[27] *The Early Writings*, p.16.
[28] The Early Writings, chapter 2.
[29] Coincidentally, the Austrian novelist Robert Musil (1880–1942) also submitted a thesis to Berlin University on Mach's epistemology and was awarded a doctorate the same year as Malinowski.
[30][31] Mach, *Popular Scientific Lectures*, pp.15–6, p.186.
[32] In Thornton and Skalnik, *The Early Writings*, p.113.
[33] Cited by Flis, 'Cracow Philosophy', p.114.
[34] Paluch, 'The Polish Background', p.279.
[35] *The Early Writings*, p.127.
[36] Manuscript notes, MPY 11/266.
[37] Manuscript notes, MPY 11/239.
[38] A. Asermely, 'Directing Pure Form: "The Pragmatists" ', *PR* 18 (2), 1973, pp.136–7.

第六章

[1] S. Witkiewicz to his son, Zakopane, June 1905. Cited by Micinska, *Witkacy*, p.78.
[2] May 1906. Cited in ibid., p.79.
[3] Malinowski between Two Worlds, pp.201–2.
[4] Jozefa Malinowska to Malinowski, 27 Aug. 1906, MPY 1/405.
[5] 21 Sept. 1906, ibid.
[6] *Witkiewicz Reader*, pp.50–1.
[7] S. I. Witkiewicz, 622 *Upadki Bunga, czyli demoniczna kobieta* (Warsaw: Panstwowy Instytut Wydawniczy) was published in a handsome edition in 1972, with an editorial introduction by Anna Micinska.
[8] Robert B. Pynsent (ed.). *Decadence and Innovation: Austro-Hungarian Life and Art at the Turn of the Century*. London: Weidenfeld and Nicholson, 1989, pp.178ff. Otto Weininger was a misogynistic homosexual Viennese Jew, whose book *Sex and Character* had a baleful influence on Ludwig Wittgenstein. Weininger committed suicide in 1903.
[9] Alien Tate, 'Our Cousin, Mr Poe', in A. Tate, *The Man of Letters in the Moderm World*, London: Meridian Books/Thames & Hudson, 1957.
[10] *Witkiewicz Reader*, pp.55–6.
[11] Passage translated by Cech, 'Malinowski: Edgar, Duke of Nevermore', p. 180.
[12] Estreicher, 'Zakopane', p.36.
[13] MPY 1/146.
[14] According to the *Catalogue of Picture Exhibition and Incomplete List of Zofia Demboivska Romer's Works* (M.K. Ciurlionis State Museum of Art, Kaunas National Museum, Warsaw, 1991), Zofia's

debut was in Cracow in 1909, and years later, under the name of Zofia Romer (in 1911 she had married Eugeniusz Romer, a wealthy Lithuanian landowner), she exhibited in Vilnius, Lwow, Riga and Kowno. Deported to Siberia in 1941, Zofia survived by painting children's toys. On her release in 1943 and following the death of her husband, she lived for a time in Tehran, Cairo, London (where she was reunited with her children), Washington DC. and ultimately Montreal. She died in 1972 at the ripe age of eighty-seven.

[15] Daniel Gerould, personal communication, 9 July 1997.
[16] Witkiewicz Reader, pp.50–1.
[17] MPY 1/146. Translation by Elizabeth Tabaka.
[18] Estreicher, 'Zakopane', p.34.
[19][20] Gerould, 'Review Article', p.151, p.74.

第七章

[1] *Malinowski between Two Worlds*, p.203.
[2] Wayne, *Story*, pp.63–4.
[3] E Nietzsche, *The Will to Power*, New York: Vintage Books, 1968 (1901), p.689.
[4] There are undated and partly illegible jottings on *Zarathustra* towards the end of the diary. The most coherent lines are: Zarathustra *observations*.

  I. The problem of creativity for oneself and for others. In N[ietzsche] one can see a need for comrades …

  II. Living in a new, unusual, undefined state of mind. A basis of artistic creativity.

  III. Image of a man going off to find himself. The camel: the need to assume burdens-my generalized asceticism…. The lion joined with him…. Thread inds us-the life of the appetites, vanity … each of the little threads…. All together they render even a giant powerless.

[5] Malinowski, *Dziennik*, pp.37–9.
[6] Compare Andre Gide's *Journal*, especially that of 1893 when Gide, then twenty-four, was the same age as Malinowski.
[7] Some of Malinowski's phrasing with respect to his objectives is reminiscent of the esoteric teachings of George Gurdjieff and his Russian disciple P. D. Ouspensky. As Gurdjieff did not come to Moscow until 1912 and his teachings were not propagated (in Europe at least) until the 1920s Malinowski could not have known of them in 1908.
[8] After Tylor: British Social Anthropology 1888–1951, p.269.
[9] He later claimed to have been introduced to his theories 'about 1902', but I believe this to be a misprint for 1912 (MPY 11/153), in which year he was exposed to a heavy dose of Freudianism in Zakopane.
[10] Wayne, *Story*, p.64.
[11][12] Flis, 'Bronislaw Malinowski's Cracow Doctorate', pp.195–200.
[13] *Anthropology Today* I (5), Oct. 1985.
[14] Truszkowski, cited by Kubica, 'Malinowski's Years', p.95.

第八章

[1] Grazyna Kubica, 'Bronislaw Malinowski's Years in Poland,' *JASO* 17 (2), 1986, p.146. Her source is S. I. Witkiewicz, 'Listy do Heleny Czerwijowskiej', *Twoczoscg*, 9, 1971, p.49.
[2] Malinowski's Leipzig diary, 13 Dec. 1908.
[3] *Malinowski between Two Worlds*, p.96.
[4] Museum fur Volkerkunde to Helena Burke, 17 July 1973, MPLSE.
[5] Brunton to Malinowski, 6 April 1916, MPLSE.
[6] James Edward McCarthy, Annie's father, died in East London in 1874 at the age of forty-nine, leaving a wife and four young children. Their names—Christopher, Richard, Mary and Annie - appear on their father's death notice, so Annie cannot have been born later than 1874. Her birthday was 21 October, but in her correspondence with Malinowski she never once reveals her exact age.
[7] *Diary*, p.241.
[8] Malinowski, *Dziennik*, pp.70—118.
[9] None of Annie's letters from this period has survived.
[10][11] *Diary*, p.297, p.140.
[12] Malinowski to Elsie Malinowska, 23 Oct. 1933, in Wayne, *Story*, vol. 2, p.184.
[13] The second Leipzig diary covers the period 13 Oct. to 22 Nov. 1909.
[14] Brunton to Malinowski, 2 Sept. 1914, MPLSE.
[15] The Early Writings, p.14.
[16] E. G. Boring onWundt in *International Encyclopedia of the Social Sciences*, vol. 16, London: Macmillan, 1968, p.349. Wundt's chief work was published in Leipzig in 1874: *Crundziige der Physiologischen Psychologic* (translated into English as *Principles of Physiological Psychology*, London: Macmillan, 1905).
[17] University Library, Karl-Marx University (as the University of Leipzig was renamed) to Helena Burke, 11 Aug. 1971, MPLSE.
[18] Wilhelm Wundt, *Elemente der Volkerpsychologie*, Leipzig, 1912.
[19] Malinowski's epistolary essay to Aniela Zagorska, 25 Feb. 1913, MPLSE.
[20] Rene Girard has examined the structure of 'triangular desire' in the novels of Dostoevsky, Stendhal, Proust and others in *Deceit, Desire and the Novel*, Baltimore: Johns Hopkins Press, 1965.
[21] This address is the one heading his letter of 5 Jan. 1910 to Father Pawlicki.
[22] Brunton to Malinowski, 29 May 1914, MPLSE.
[23] Malinowski, *Dziennik*, pp.150—8.
[24] Brunton to Malinowski, Feb. 1915, MPLSE.
[25] Olcza diary, MPLSE.
[26][27] *Malinowski between Two Worlds*, pp.204—5, p.209.
[28] Olcza diary, MPLSE.

第九章

[1] Essay-letter to Aniela Zagorska, 25 Feb. 1913, MPLSE.
[2] Retrospective diary written in Olcza, Zakopane, Sept. 1911, MPLSE.
[3] Number 16 Fitzroy Street and several adjacent houses were swallowed up in the 1960s by a concrete University of London dormitory called Carr-Saunders House. By a happy coincidence the Royal Anthropological Institute is today located at 50 Fitzroy Street where it joins Fitzroy Square.
[4] Robert Skidelsky, *John Maynard Keynes: Hopes Betrayed, 1883—1920,* London: Macmillan, 1983, pp.242, 252.
[5] Saville Street no longer exists. The site is occupied today by the Royal Orthopaedic Hospital.
[6] His letter to Stas Witkiewicz of 12 Aug. 1911 gives this address, 'c/- Mrs A. Brunton, flat G'.
[7][8] Ted Morgan, *Maugham: A Biography,* New York: Simon & Schuster, 1980, p.77, p.78.
[9] Stocking, *After Tylor,* p.98.
[10] *Argonauts,* p. xv.
[11] Cited by A. Hingston Quiggin, *Haddon the Head Hunter,* Cambridge: Cambridge University Press, 1942, p.94.
[12] Anita Herle and Sandra Rouse (eds), *Cambridge and the Torres Strait: Centenary Essays on the 1898 Anthropological Expedition,* Cambridge: Cambridge University Press, 1998.
[13] Quiggin, *Haddon,* p.97.
[14] Graham Richards, 'Getting a Result: The Expedition's Psychological Research 1898—1913', in Herle and Rouse, *Cambridge and the Torres Strait,* pp.136—75.
[15] C. S. Myers, 'Charles Gabriel Seligman, 1873—1940', *Royal Society Obituary Notices,* 1939—41, 3. Raymond Firth, 'Seligman's Contributions to Oceanic Anthropology', *Oceanias* 45 (4), 1975, pp.272—82.
[16] From this point in the biography I shall use the post—1914 spelling of his name.
[17] W. H. R. Rivers, *The Todas,* London: Macmillan, 1906, p.v.
[18] R. Slobodin, *W. H. R. Rivers,* New York: Columbia University Press, 1978, p.29.
[19] Rivers, *Todas,* p.2.
[20] W. H. R. Rivers, 'A Genealogical Method of Collecting Social and Vital Statistics', *JRAI* 30, 1900, p.74.
[21][22] Rivers, *Todas,* pp.11—12, p.465.
[23] E. R. Leach, 'W. H. R. Rivers', in *International Encyclopedia of the Social Sciences*.Vol.13 London: Macmillan, 1968, p.527.
[24] *Man* 10, 1910, p.139.
[25] Malinowski to Haddon, 20 March 1910, HPCUL 3/concertina file.
[26] Malinowski to Haddon, 23 June 1910, HPCUL 5/7.
[27] Malinowski to Haddon, 8 Aug. 1910, ibid.
[28] *L.S.E. Calendar,* 1909—10, p.164.
[29] 'Anthropology', *Encyclopaedia Britannica,* 13th edn, supplement I, vol 29—30, 1926, p.131.

第十章

[1] Michael Holroyd, *Bernard Shaw: The Search for Love, 1856–1898*, Harmondsworth: Penguin Books, 1988, p.176.
[2] Cited by Stocking, *After Tyior*, p.160.
[3][4] Ralf Dahrendorf, *L.S.E.: A History of the London School of Economics and Political Science, 1895–1995*, Oxford: Oxford University Press, 1995, pp.102–3, pp.104–6.
[5] *Argonauts*, p.xvii.
[6] Haddon to G. Howes, 19 May 1901, HPCUL Envelope 3.
[7][8] Stocking, *After Tylor*, p.116, p.172.
[9] R. R. Marett, in H. Balfour et al (eds) *Anthropological Essays Presented to Edward Burnett Tylor in Honour of his 75th Birthday*, London: Routledge, 1907, p.219.
[10] *L.S.E. Calendar*, 1910–11, p.77.
[11] Raymond Firth, 'A Brief History of the Department (1913–63)', Pamphlet published by the Department of Anthropology, LSE, 1963, p.1.
[12] *L.S.E. Calendar*, 1910–11, pp.190–1, and 1911–12, pp.207–8.
[13] Cited by Firth, 'A Brief History', p.2.
[14] *L.S.E. Calendar*, 1910–11, pp.191–2.
[15] MYP 11/245.
[16] Timothy Stroup, 'Westermarck, Edward Alexander', in C. Winters (ed.). *International Dictionary of Anthropologists*, New York: Garland Publishing, 1991, p.750.
[17] Dahrendorf, *L.S.E.*, pp.106–7.
[18] Timothy Stroup, 'Edward Westermarck: A Reappraisal', *Man* 19 (4), 1984, p.582.
[19] B. Malinowski, 'Anthropology of the Westernmost Orient', *Nature* 120, 17 Dec. 1927, p.867.
[20] Malinowskis acknowledgment of Westermarck appears in his 'Foreword' to Ashley Montagu's *Coming into Being among the Australian Aborigines*, London: Routledge, 1937, p.xxiii. Montagu dedicated this work to both Westermarck and Malinowski.
[21] G. C. Wheeler, *Mono-Alu Folklore*, London: Routledge, 1926.
[22] Haddon's reference is dated Jan. 1940, HPCUL 7/9.
[23] D. Collins and J. Urry, 'A Flame Too Intense for Mortal Body to Support', *AT* 13 (6), 1997, pp.18–20.
[24] R. R. Marett, Obituary for Maria Czaplicka, *Man* 21, 1931, p.106.
[25] Borenius's daughter, Clarissa Lada-Grodzicka, gave a lecture to the Anglo-Finnish Society in the 1970s. The quotations are from the unpublished, undated TS.
[26] Much of what follows is extracted from typescript notes of an interview Helena Burke conducted with Anna-Mi Borenius on 4 Nov. 1970. Anna-Mi was then eighty-four.
[27] Anna-Mi Borenius to Helena Burke, 16 Sept. 1971.
[28] London: John Murray, 1910. Westermarck contributed a 'prefatory note'. Malinowskis review appeared in *Man* 11, 1911, pp.25–8.
[29] Westermarck in Wheeler, *The Tribal*, p.v.
[30] B. Malinowski, 'Sexual Life and Marriage among Primitive Mankind', *Nature* 109, 22 April 1922,

pp.126–30. Reprinted in *Sex, Culture, and Myth*, pp.117–22.

[31] B. Malinowski, *The Family among the Australian Aborigines: A Sociological Study*, London: University of London Press, 1913, p.1.

[32] L. R. Hiatt, *Arguments about Aborigines: Australia and the Evolution of Social Anthropology*, Cambridge: Cambridge University Press, 1996, p.139.

[33][34] J. A. Barnes, 'Introduction', in B. Malinowski, *The Family among the Australian Aborigines*, New York: Schocken Books, 1963, p.xii.

[35] Hiatt, *Arguments,* p.51.

[36] Malinowski to Haddon, 19 June 1911, HPCUL 5/7.

[37] Seligman to Haddon, 9 Oct. 1911, HPCUL 5/7.

[38] *Man* 14, Feb. 1914.

[39][40] Malinowski between Two Worlds, p.96, p.97.

[41] Malinowski, *Dziennik,* pp.721–2.

[42] Malinowski, *Dziennik,* pp.702–6.

[43] S. LWitkiewicz, 'Listy do Heleny Czerwijowskiej', *Twoczosc* 9, p.46.

[44] B. Malinowski, 'The Economic Aspect of the *Intichiuma* Ceremonies', in *Festskrift tillegnad Edvard Westermarck i aniedning av hans femtiarsdag den 20 November 1912* (in homage on his fiftieth birthday), Helsingfors: Simelli, 1912, pp.81–108.

[45] *The Times,* London, Thursday, 7 Sept. 1911.

[46][47][48][49][50] 'The Economic Aspect', p.209, p.220, p.224, p.226, p.227.

[51] Firth, *Man and Culture,* p.212.

[52] Slobodin, *W. H. R. Rivers,* p.45.

[53][54] W H. R. Rivers, 'The Ethnological Analysis of Culture', *Science* 34, 1911, pp.385–97, pp.124–5.

[55] Rivers, 'The Ethnological Analysis', pp.131–2.

[56] G. Elliot Smith, 'Preface', in Rivers, *Psychology and Ethnology,* p.viii.

[57] Rivers, 'The Ethnological Analysis', p.132.

[58] *Argonauts,* p.xv.

[59] Malinowski to Westermarck, 14 Sept. 1911, WAAA.

[60] The 'Leipzig to London Retrospect' was written in Polish on six loose folio sheets and labelled 'Records IX-II', i.e. Sept. 1911, MPLSE.

[61] Olcza diary, 25 Sept. to 8 Oct. 1911, MPLSE.

第十一章

[1] Malinowski to Bolesaw Ulanowski, 16 Jan. 1912 and 1 Feb. 1912; Ulanowski to Malinowski, 30 Jan. 1912. Translations byAnnamaria Orla-Bukowska. Archives of the Polish Academy of Sciences and Arts, Cracow.

[2] Malinowski to S. Estreicher, 14 Aug. 1912. Jagiellonian University Archives.

[3] Malinowski to Seligman, 22 Feb. 1912, MPLSE.

[4] Seligman to Malinowski, 29 April 1912, ibid.

[5] Seligman was a poor linguist and relied on Brenda to learn whatever lingua franca was needed for

their field trips.
[6] Malinowski to Seligman, 14 June 1912, MPLSE.
[7] Seligman to Reeves, 20 June 1912, ibid.
[8] Seligman to Malinowski, I July 1912, ibid.
[9] Malinowski to Seligman, 10 July 1912, ibid.
[10] 9 March 1918, *Diary,* p.219.
[11] Malinowski, *Dziennik,* pp.158—292.
[12] The Early Writings, pp.67—88.
[13] Malinowski to Elsie Masson, 8 Jan. 1918, in Wayne, *Story,* p.94.
[14] Malinowski to Elsie Masson, 3 Oct. 1918, MPLSE.
[15] He cites Pustel de Coulanges only once, in his German essay on the 'Sociology of the Family' which he was drafting at this time. He does not cite Simmel at all.
[16] 'Observations', p.67.
[17] Cambridge University Press used this portrait as the dust-cover illustration for Thornton and Skalnik's *The Early Writings*.
[18] Malinowski, *The Family,* pp.305—9.
[19] Stocking, *After Tylor,* p.173.
[20] Review in *Nature* 12, Jan. 1928.
[21][22] *Sex, Culture, and Myth,* p.129.
[23] Gerould, *Witkiewicz Reader,* p.33.
[24][25] 'Observations', p.73, p.76.
[26] Today the ground floor of this building boasts a garish video shop.
[27] Brunton to Malinowski, 24 Nov. 1912, MPLSE.
[28][29] MPY 11/244.
[30] Malinowski to Westermarck, 31 Dec. 1912, as from 16 Fitzroy Street, WAAA.
[31] Karola Zagorska, 'Under the Roof of Konrad Korzeniowski', in Z. Najder (ed.), *Conrad under Familial Eyes,* Cambridge: Cambridge University Press, 1983, pp.230—46 (originally published in *Kultura* 2—3, Warsaw, 1932).
[32] John Conrad, *Joseph Conrad: Times Remembered,* Cambridge: Cambridge University Press, 1981, pp.195—6.
[33] Conrad to Marynowski, 8 Sept. 1921, in Z. Najder (ed.), *Conrad's Polish Background: Letters to and from Polish Friends,* London: Oxford University Press, 1964, p.271.
[34] John Conrad, *Joseph Conrad,* p.196.

第十二章

[1] Adam Kuper, *The Invention of Primitive Society: Transformations of an Illusion,* London: Routledge, 1988, p.121.
[2] Malinowski's epistolary essay to A. Zagorska, 25 Feb. 1913, MPLSE.
[3] Malinowski to Westermarck, 2 Feb. 1913, WAAA.
[4] Brunton to Malinowski, 24 Feb. 1914, ibid.

[5] Brunton to Malinowski, 3 March 1914, ibid.
[6] McCarthy to Malinowski, 20 March 1914, ibid.
[7] *Malinowski between Two Worlds*, pp.205–6.
[8] Malinowski to Nitsch, 30 June 1913, Jagiellonian Library.
[9] Cited by Stocking, *After Tylor*, p.127.
[10][11] *A Scientific Theory of Culture, and other Essays*, 1944, p.181, p.184.
[12] E. Gellner, 'James Frazer and Cambridge Anthropology', in Richard Mason (ed.), *Cambridge Minds*, Cambridge: Cambridge University Press, 1994, p.204.
[13] Raymond Firth, personal communication.
[14] *The Early Writings*, pp.123–99.
[15] Stocking, *After Tylor*, p.150.
[16] Claude Levi-Strauss, *Totemism*. Boston: Beacon Press, 1963.
[17][18] *Nature* 141, March 1938; reprinted in *Sex, Culture, and Myth*, pp.277–82, p.281.
[19] Wayne, *Story*, vol. 2, p.4.
[20] *Sex, Culture, and Myth*, pp.95, 154.
[21] W. H. R. Rivers, *Kinship and Social Organization*, London: Athlone Press, 1968, p.10.
[22] MPY 11/256.
[23] *Sociological Review* 9, 1916, pp.1–13.
[24] *A Scientific Theory of Culture*, p.29.
[25][26] Slobodin, *W.H. R. Rivers*, p.162, p.163.
[27] Rivers, 'On the repression of war experience', *The Lancet*, 2 Feb. 1918; and Rivers, *Conflict and Dream*, London: Routledge, 1923.
[28] W. H. R. Rivers, 'Anthropological Research outside America', in *Reports on the Present Condition and Future Needs of the Science of Anthropology*, Washington D.C.: Carnegie Institute, 1913, p.7. Although Malinowski did not cite it directly, he was obviously familiar with Rivers's statement.
[29] Malinowski to Haddon, 5 May 1916, HPCUP 5/7.
[30] Firth, 'Introduction', in *Man and Culture*, p.6.
[31] Stocking, *After Tylor*, p.268.
[32] Malinowski to Brenda Seligman, 21 June 1918, MPLSE.
[33] Keith to Malinowski, 31 Oct. 1933, ibid.
[34] Evidence for the gift is circumstantial. In *Conrad's Polish Background* (p.21) Najder notes that the book, bearing an inscription in Polish by the author, was discovered in W. Heffer and Sons of Cambridge (Catalogue of Second-hand Books, 1925, No. 251).
[35] *Encyclopaedia of the Social Sciences*, vol. 4, New York, 1931, p.623.
[36] Robert Ackerman, *J. G. Frazer: His Life and Work*, Cambridge: Cambridge University Press, 1987, p.225.
[37] Stocking, *After Tylor*, p.249.
[38] Malinowski's review appeared in *Folk-lore* 24 (4), Dec. 1913, pp.525–31.
[39] *Wierzenia pierwotne i formy ustroju spotecznego* was republished in Poland in 1980 in the first volume of Malinowski's collected works.
[40][41] B. Malinowski, *Magic, Science and Religion, and other Essays*, Boston: Beacon Press, 1948, p.54,

p.57.
[42]　E. Durkheim. *The Elementary Forms of the Religious Life,* 1915, p.225.
[43]　Malinowski, *Coral Gardens,* vol. 2, p.236.
[44]　B. Malinowski, *'Baloma:* The Spirits of the Dead in the Trobriand Islands', *JRAI,* 46, 1916.
[45]　Frazer to Malinowski, 5 July 1917, MERNAA.
[46]　Malinowski, *Coral Gardens,* vol. 2, p.236.
[47]　Malinowski, A *Scientific Theory of Culture,* p.19.
[48]　Approximately 420 pages in Polish to 360 pages in English.
[49]　Malinowski to Nitsch, 18 July 1913, Jagiellonian Library.
[50]　Anna-Mi Borenius to Helena Burke, 4 Nov. 1970, MPLSE.
[51]　Micinska, *Witkacy,* p.26.
[52][53]　Wladyslaw Matlakowski, cited in ibid., p.99.
[54]　Stuart Baker, 'Witkiewicz and Malinowski: The Pure Form of Magic, Science and Religion', *PR* 18 (1–2) 1973, p.81.
[55]　S. I.Witkiewicz, *Metaphysics of a Two-Headed Calf* (1921), trans. D. and E. Gerould, in *Tropical Madness,* New York: Winter House, 1973.
[56]　Malinowski, *The Foundations of Faith and Morals,* London: Oxford University Press, 1936.
[57]　The Early Writings, pp.229–42.
[58]　Postcard, Malinowski to J. Zulawski, 24 Oct. 1913, Jagiellonian Library.
[59]　Brunton to Malinowski, 1 Oct. 1914, MPLSE.
[60]　Brunton to Malinowski, 4 April 1916, ibid.
[61]　*L.S.E. Calendar,* 1913–14, p. 238.
[62]　Malinowski to Westermarck, 23 Dec. 1913,WAAA.
[63]　Westermark to Malinowski, 9 Jan. 1914, MPLSE.
[64]　Malinowski to Haddon, 17 Nov. 1913, IIPCUL 5/7.
[65]　Seligman to Haddon, 24 Nov. 1913, ibid.
[66]　R. R. Marett, Address, 13 July 1942, in *Professor Bronislaw Malinowski: An Account of the Memorial Meeting Held at the Royal Institution in London on July 13th 1942,* London: Oxford University Press, 1943, p.7.
[67]　Malinowski to Westermarck, 23 Dec. 1913, WAAA.

第十三章

[1][2][3][4]　*Diary,* p.133, p.27, p.42, p.133.
[5]　Conrad to Sir Sidney Colvin, n.d. (probably late 1912), *The Collected Letters of Joseph Conrad,* eds F. Karl and L. Davies, vol. 5, Cambridge: Cambridge University Press, 1996, pp.141–2.
[6]　Interestingly, in 1948 Zofia Dembowska-Romer (Malinowski's old girlfriend) painted Retinger's portrait in London.
[7][8]　Joan Givner, *Katherine Anne Porter: A Life,* New York: Simon and Schuster, 1982, p.151, p.152.
[9]　Jeffrey Meyers, *Joseph Conrad: A Biography,* London: John Murray, 1991, p.293..
[10]　See Joseph Retinger, *Memoirs of an Eminence Grise, ed.* John Pomian, Sussex: Sussex University

Press, 1972.

[11] Conrad to Retinger, 19 March 1917, in Najder, *Conrad under Familial Eyes,* p.229; and 22 June 1917, ibid., pp.229—30.

[12] Joseph Retinger, *Conrad and his Contemporaries,* New York: Roy Publishers, 1943.

[13][14] *Diary,* p.65, p.65.

[15] 'Polish Diary', 17 May 1914. MPLSE.

[16] Brunton to Malinowski, 10 Feb. 1914, MPLSE.

[17] *L.S.E. Calendar,* 1913—14, p.239.

[18] Brunton to Malinowski, 19 March 1914, MPLSE.

[19][20][21] *Diary,* p.21, p.21, p.68.

[22] Brunton to Malinowski, 20 Feb. 1914, MPLSE.

[23] As told to Helena Burke in an interview with Anna-Mi Borenius on 4 Nov. 1970.

[24] Brunton to Malinowski, 11 March 1914, MPLSE.

[25] Brunton to Malinowski, 19 March 1914, ibid.

[26] Brunton to Malinowski, 12 March 1914, ibid.

[27][28] Brunton to Malinowski, 28 March 1914, ibid.

[29] White notebook labelled 'Polish Diary T-L', 12 April to 30 July 1914. MPLSE.

[30] Brunton to Malinowski, 7 May 1914, MPLSE.

[31] Hutton Webster, *Rest Days: A Sociological Study.* Malinowski's review is in *Man* 14, March 1914, p.46.

[32] This diary covers his last months in England, a return visit to Poland and the journey to Australia: a total of 108 days. It ends abruptly in Western Australia on 30 July, just before the outbreak of war.

[33] Translation by K. Symmons-Symonolewicz in *PR,* 5, 1960, p.40.

[34] Gerould, *Witkiewicz Reader,* undated letter of March-April 1914, pp.82—3.

[35] Witkiewicz to Malinowski, c. 28 February 1914, in Gerould, *Witkiewicz Reader,* p.80.

[36] Brunton to Malinowski, 28 March 1914, MPLSE.

[37] Gerould, *Witkiewicz Reader,* p.80.

[38] Brunton to Malinowski, 28 April 1914, MPLSE.

[39][40] Joseph Conrad, 'The Return' (1897), in *Tales of Unrest,* London: J.M. Dent 1947, p.172, p.183.

[41][42] Zubrzycka, 'A Son of Two Countries', p.208.

[43] MPY 1/689 and 690.

[44] A. Grimble, *A Pattern of Islands,* London: John Murray, 1952, p.85.

[45] Since Malinowski's day the Army & Navy has shed some of its imperial image while retaining its reputation for quality—a social notch below Harrods, but more upmarket than Marks & Spencer.

[46] Young, *Malinowski's Kiriwina,* pp.275—6.

[47] MPY 1/565.

[48] *Diary,* p.297.

第十四章

[1] D. Gerould, 'Witkacy's Journey to the Tropics and Itinerary in Ceylon', *Konteksty* 54 (1–4), Warszawa: Instytut Sztuki Polskiej Akademii Nauk, 2000, p.216.
[2] Jozefa Malinowska to Malinowski, 18 June 1914, MPY 1/405.
[3] Gerould, *Witkiewicz Reader*, 1992, p.84.
[4] Gerould, *Witkiewicz Reader*, pp.86–7.
[5] Malinowski to Jozefa Malinowska, 17 June 1914, MPY 1/408.
[6] Malinowski to Jozefa Malinowska, 20 June 1914, Ibid.
[7] 18 June 1914.
[8] Gerould, *Witkiewicz Reader*, pp.85–6.
[9] Witkiewicz to Beaurain, c. 20 June 1914.
[10] Gerould, Introduction, *Witkiewicz Reader*, p.9.
[11] Malinowski to Jozefa Malinowska, 26 June 1914, MPY 1/408.
[12] Jozefa Malinowska to Malinowski, 24 June 1914, MPY 1/405.
[13] Brunton to Malinowski, 16 July 1914, MPLSE.
[14][15] Gerould, *Witkiewicz Reader*, p.88, p.90.
[16] Malinowski to Jozefa Malinowska, 2 July 1914, MPY 1/408.
[17] Gerould, *Witkiewicz Reader*, pp.90–1.
[18] Malinowski to Jozefa Malinowska, 18 July 1914, MPY 1/405.
[19][20] Gerould, *Witkiewicz Reader*, p.96.
[21] See Micinska, *Witkacy*, plate 93.
[22] Malinowski to Jozefa Malinowska, 18 July 1914, MPY 1/408.
[23] Malinowski to Jozefa Malinowska, 12 July 1914, Ibid.
[24] Entitled 'Z podrozy do Tropikow' ('A Journey to the Tropics') it appeared in the *Echo Tatrzanskie* (a Zakopane magazine) in 1919.
[25] Malinowski to Jozefa Malinowska, 16 July 1914, MPY 1/408.
[26] Malinowski to Jozefa Malinowska, 18 July 1914, Ibid.
[27] Malinowski to Jozefa Malinowska, 19 July 1914, Ibid.

第十五章

[1][2] BAAS, *Report on the 84th Meeting: Australia 1914,* London: John Murray, 1915, p.685, p.712.
[3] He unwittingly echoed Baldwin Spencer's appraisal of Australia in 1898, 'there is so much that it is new', which D. J. Mulvaney andj. H. Calaby adopted as the title of their biography of Spencer.
[4] Gerould, *Witkiewicz Reader*, 1992, p.97.
[5] Malinowski to Jozefa Malinowska, 27 July 1914, MPY 1/408.
[6] *The Western Mail,* 27 July 1914.
[7] E. Le Souef to Malinowski, 27 Aug. 1914, MPY 1/357.
[8] Malinowski to Jozefa Malinowska, 2 Aug. 1914, MPY I/408a.
[9] Gerould, *Witkieivicz Reader*, pp.91–2.

[10] Malinowski to Jozefa Malinowska, 3 Aug. 1914, MPY I/408a.
[11] Conrad's return to Poland in July 1914 has been documented by several of his biographers.
[12] Anna-Mi Borenius to Helena Burke, 18 April 1972, MPLSE.
[13] Zubrzycka, 'A Son of Two Countries' in Najder, *Conrad under Familial Eyes*, p.207.
[14] E. Le Souefto Malinowski, 27 Aug. 1914, MPY 1/357.
[15] Gerould, *Witkiewicz Reader*, pp.92–3.
[16] Brunton to Malinowski, 6 Aug. 1914, MPLSE.
[17] BAAS, *Report*, p.697.
[18] Ernest Scott, *Australia during the War*, Sydney: Angus & Roberton, 1937, p.32.
[19] Peter M. Last, 'Stirling and the Biology of the Family', 47th Edward Stirling Memorial Lecture, Unpublished TS, Medical Sciences Club of South Australia, Adelaide, 1986.
[20] B. Spencer (ed.). *Report on the Work of the Horn Scientific Expedition to Central Australia*, London: Dulau and Co., 1896, p.2.
[21] *The Adelaide Advertiser*, 12 Aug. 1914.
[22][23] Gerould, *Witkiewicz Reader*, p.96, p. 98.
[24] For example, Malinowski doubted the adequacy of Spencer and Gillen's facts concerning the *pirrauru* ('wife-sharing') institution among the Urabunna tribe *(The Family*, p.108).
[25] D. J. Mulvaney and J. H. Calaby, '*So Much That Is New': Baldwin Spencer 1860–1929*, Melbourne: Melbourne University Press, 1985, p.316.
[26] Brunton to Malinowski, 13 June 1915, MPLSE.
[27] Brunton to Malinowski, 14 Aug. 1916, ibid.
[28] Australian Anthropological Society Newsletter, 73, Sept. 1998, p.14.
[29] BAAS, *Report*, p.532.
[30] Mulvaney and Calaby, '*So Much That Is New'*, p.267.
[31] 'Dr B. Malinowski, Ethnological Research, Papua', MERNAA.
[32] Pemberton Reeves to Cook, n June 1914, ibid.
[33] AHPNLA MS 52/338–42.
[34] Hunt to Murray, 14 Aug. 1914, ibid., MS 52/388.
[35] Strong's letters are all dated 27 June 1914, MPY 1/677.
[36] Ray to Holmes, 29 June 1914.
[37] Seligman to Dauncey, 27 June 1914, MPY 1/677.
[38] Malinowski to Jozefa Malinowska, 23 Aug. 1914, MPY I/4o8a.
[39] Haddon's report to the Percy Sladen Trust, HPCUL 7/10.
[40] Malinowski to Jozefa Malinowska, 24 Aug. 1914, MPY I/4o8a.
[41][42][43][44] BAAS, *Report*, p.522, p.535, p.710, p.713.
[45] *Diary*, p.34.
[46] F. Golding to Malinowski, 13 Sept. 1914, MPY 1/224.
[47] Witkiewicz to Malinowski, 14 Sept. 1914, in Gerould, *Witkiewicz Reader*, pp.100–1.
[48] *Diary*, pp.29–30.
[49] Witkiewicz to Malinowski, i Oct. 1914, in Gerould, *Witkiewicz Reader*, pp.101–2.
[50] *Diary*, p.22.

[51]　Gerould, *Witkiewicz Reader*, p.102.
[52][53][54] Gerould, *Witkiewicz Reader*, pp.102–5, p.103, p.105.
[55]　*Diary*, p.298.
[56]　Rivers Co Hunt, Sept. 1914, AHPNLA MS 52/1960.

第十六章

[1]　*Diary*, pp.7–8.
[2]　J. H. P. Murray, *Papua or British New Guinea,* London: T. Fisher Unwin, 1912, p.46.
[3]　*Diary*, pp.14–15.
[4][5]　Francis West, *Hubert Murray: The Australian Pro-Consul,* Melbourne: Oxford University Press, 1968, p.97, p.34.
[6]　*Diary*, p.8.
[7]　Francis West (ed.), *Selected Letters of Hubert Murray,* Melbourne: Oxford University Press, 1970, p.83.
[8]　L. P. Mair, *Australia in New Guinea,* London: Christophers, 1948, p.xvi.
[9]　West, *Hubert Murray,* p.163.
[10]　See Hank Nelson, 'European attitudes in Papua, 1906–1914', in *The History of Melanesia,* Second Waigani Seminar, Port Moresby: University Press; N.G. and Canberra: R.S.Pac.S., 1969.
[11]　Kenneth Mackay, *Across Papua,* London: Witherby, 1909, p.54.
[12]　M. Staniforth Smith, *Handbook of the Territory of Papua,* 2nd edn, Melbourne: J. Kemp, 1909.
[13]　Ian Stuart, *Port Moresby: Yesterday and Today,* Sydney: Pacific Publications, 1970, p.95.
[14]　C.G. Seligmann, *The Melanesians of British New Guinea,* Cambridge University Press, 1910.
[15][16][17] Murray, *Papua,* p.146, p.114. p.156.
[18]　West, *Hubert Murray,* p.68.
[19]　Seligmann, *The Melanesians,* p.59, Barton's photograph of Ahuia in full regalia is reproduced as plate III.
[20]　F. E. Williams, 'The Reminiscences of Ahuia Ova', *jrai* 60, 1939, p.12.
[21]　*Diary,* p. 9.
[22]　Malinowski to Seligman, 20 Sept. 1914, MPLSE.
[23]　New Guinea Field Diary, 1903–04, SPLSE 1/2/2.
[24]　Williams, 'Reminiscences', p.32.
[25]　*Diary,* p.10.
[26][27] Hanuabada Fieldnotes, MPY 11/197.
[28]　The notebooks were probably transcribed by a research assistant during the late 1920s.
[29][30] Hanuabada Fieldnotes, MPY 11/197.
[31]　Malinowski to Jozefa Malinowska, 20 Sept. 1914, MPY I/408a.
[32]　New Guinea Field Diary, SPLSE 1/2/2.
[33]　West, Selected Letters, p.84.
[34]　Williams, 'Reminiscences', p.27.
[35]　Malinowski to Seligman, 20 Sept. 1914, MPLSE.

[36][37] *Diary,* p.13 (27 Sept. 1914), p.15.
[38] Jozefa Malinowska to Malinowski, 23 Sept. 1914, MPY 1/405.
[39] Malinowski to Jozefa Malinowska, n Oct. 1914, MPY I/408a.
[40] *Diary,* p.21. Translation modifed by B. Plebanek,
[41] Malinowski to Hunt, 12 Oct. 1914, MERNAA AI 21/866.
[42] Undated typed postscript in Malinowski file, Ibid.
[43] Malinowski to Seligman, 3 Nov. 1914, MPLSE.
[44] Seligman to Malinowski, 14 Jan. 1915, MPLSE.
[45] *Diary,* p.24.
[46] *Argonauts,* p.4.
[47] J. Clifford and G. Marcus (eds), *Writing Culture: The Poetics and Politics of Ethnography,* Berkeley: University of California Press, 1986, p.38.

第十七章

[1] *Papua Annual Report,* 1914–15, p.64.
[2] Malinowski to Jozefa Malinowska, 24 Nov. 1914, MPY I/408a.
[3][4][5][6][7] M. W. Young, *Malinowski among the Magi: 'The Natives of Mailu',* London: Routledge, 1988, p.44, p.136, p.16, p.26–7, p.16.
[8] Malinowski, 'Foreword', in W.J.V. Saville, *In Unknown New Guinea,* London: Seeley Service, 1926, p.8.
[9] In Papua in 1908, for instance, of a total European 'workforce' of 516 there were seventy-eight government officials and seventy-five missionaries.
[10] Seligman to Malinowski, 30 Dec. 1915, MPY 1/565.
[11] Mailu Fieldnotes, p.270, MPY 11/194.
[12][13] *Diary,* p.31, p.32.
[14] Ibid., p.35. Translation modified by B. Plebanek.
[15] Malinowski to Seligman, 3 Nov. 1914, MPLSE.
[16] Malinowski to Jozefa Malinowska, 5 Nov. 1914, MPY I/408a.
[17][18] *Diary,* p.36, p.155
[19] Malinowski to Jozefa Malinowska, 24 Nov. 1914, MPY I/408a.
[20] Malinowski to Seligman, 24 Nov. 1914, MPLSE.
[21] Mailu Fieldnotes, p.280, MPY 11/194. *Diary,* p.37.
[22] Mailu Fieldnotes, pp.240–1, MPY 11/194.
[23] See Christina Thompson, 'Anthropology's Conrad', *JPH* 30 (1), 1995, p.68.
[24] *Diary,* p.41.
[25] Malinowski to Hunt, 24 Nov. 1914, MERNAA.
[26] 15 Dec. 1914, ibid.
[27] *Argonauts,* p.54.
[28] *Diary,* p.43.
[29][30] *Argonauts,* p.35, p.36.

[31] *Diary*, p.43.
[32] Seligman, Field Diary, p.62, referring to his first visit in April 1904, SPLSE 1/2/2.
[33] Mackay, *Across Papua*, p.47.
[34] *Diary*, p.112.
[35] *Argonauts*, pp. ion, 31n.
[36][37][38][39] *Diary*, p.47, pp.50–1, p.52, p.54.
[40] M. W. Young, 'The Careless Collector: Malinowski and the Antiquarians', in M. O'Hanlon and R. Welsch (eds), *Hunting the Gatherers: Ethnographic Collectors, Agents and Agency in Melanesia, 1870s–1930s,* Oxford: Berghahn Books, 2000.
[41][42][43] *Diary,* p.58, p.49, p.58.
[44] Brunton to Malinowski, 4 Nov. 1914, MPLSE.
[45] Jozefa Malinowska to Malinowski, 27 Dec. 1914, MPY 1/405.
[46] Jozefa Malinowska to Malinowski, 4 Jan. 1915, MPY 1/406.
[47][48][49] *Diary,* p.63, p. 65, p.66.
[50] Haddon to Hunt, Dec. l914, AHPNLA 52/1965.
[51] Haddon to Hunt, 6 Sept 1914, AHPNLA 52/1959.
[52] Chinnery had already served in Papua as a field officer. After the war he studied under Haddon at Cambridge. In spite of Haddon's support, Chinnery was rejected for the post of government anthropologist because Murray distrusted him.
[53][54][55] *Diary,* p.69, p.72., p.74.

第十八掌

[1] *Diary,* p.75.
[2] Malinowski to Seligman, 25 Jan. 1915, MPLSE.
[3] *Diary,* p.78.
[4] Seligmann, *Melanesians*, p.17.
[5][6][7] *Diary,* p.79, p. 82, p.80.
[8] Mailu Fieldnotes, p.656, MPY 11/196.
[9][10] Malinowski, *The Natives of Mailu,* in Young, *Malinoivski among the Magi,* p.108, p.176n.
[11] Malinowski to Seligman, 4 May 1915, MPLSE.
[12] *Diary,* p.83.
[13] HPCUL 5/7.
[14] H. Champion to Helena Burke, 17 Nov. 1971.
[15][16] *Diary,* p.90, pp.89, 92.
[17] *Argonauts,* p.477.
[18] Malinowski to Hunt, 26 Feb. 1915, MERNAA.
[19] *Diary,* p.97.
[20] Dated 27 Feb. 1915.The letter fragment was discovered among his manuscript poems, MPLSE.
[21] Jozefa Malinowska to Malinowski, 28 Feb. 1915, MPY 1/406.

第十九章

[1] *Diary*, p.98.
[2] Malinowski to Jozefa Malinowska, 14 March 1915, MPY 1/409.
[3] Malinowski to Hunt, 2 April 1915, MERNAA.
[4] Hunt to Malinowski, 7 April 1915; Secretary of Defence to Hunt, 13 April 1915, MERNAA.
[5] Scott, *Australia during the War*, p. 137.
[6] MFNAA.
[7] *Diary*, p.261.
[8] Stirling Papers, Matlock Library, Adelaide, PRG 388.
[9] Young, *Malinowski among the Magi*.
[10] Malinowski to Hartland, 20 Sept. 1914, Hartland MSS 16889, National Library of Wales, Aberystwyth; *Natives of Mailu*, pp.192–204.
[11] *Argonauts*, pp.3–4.
[12] *Natives of Mailu*, p.174.
[13] Mailu Fieldnotes, MPY II/I95, pp.242–3; *Natives of Mailu*, pp.175, 306.
[14] Young, Introduction to *Natives of Mailu*, pp.35–9.
[15][16][17][18] *Natives of Mailu,* p.184, p.109, p.109, p.275.
[19] Malinowski to Rivers, 15 Oct. 1915, HPCUL 129/12055.
[20] Malinowski to Haddon, 15 Oct. 1915, HPCUL Envelope 7.
[21] Culture boxes, MPLSE.
[22] S. H. Ray, review of *The Natives of Mailu*, *Nature* l00, 1917, pp.335–6.
[23] Stirling to Haddon, 28 Aug. 1915, HPCUL 8/24.
[24] Frank A. Norick, 'An Analysis of the Material Culture of the Trobriand Islands Based on the Collection of Bronislaw Malinowski', PhD thesis, University of California, 1976, p.5.
[25] Martha Macintyre, personal communication.
[26][27] Malinowski to Seligman, 4 May 1915, MPLSE.
[28] Malinowski to Hunt, 28 April 1915, MERNAA.
[29] Hunt to Minister of External Affairs, 28 April 1915, ibid.
[30] Hunt to Malinowski, 4 May 1915, ibid.
[31] Malinowski to Hunt, 7 May 1915, ibid.
[32] Spencer to Haddon, 11 Nov. 1915, HPCUP Envelope 3. Cited by Mulvaney and Calaby, So *Much That Is New,* p.322.
[33] Haddon to Hunt, 15 March 1915, AHPNLA MS 52/1975. Hunt to Haddon, 7 May 1915, HPCUL 8/24.
[34] Young, 'Introduction', in *Mahnowski among the Magi,* pp.23–4.
[35] Murray to Hunt, 30 Oct. 1916, MERNAA.
[36] *Daily Telegraph,* Sydney, Wednesday 19 May 1915 .The column bears the double heading: 'For Poland. Why Germany Is Hated'.
[37] Brunton to Malinowski, 13 June 1915, MPLSE.
[38] MPY IV/27.

[39] Malinowski to Jozefa Malinowska, 15 June 1915, MPY 1/409.
[40] Draft letter to Lady Stirling, MPY 1/590.
[41] *Diary*, p.99.
[42] Malinowski to Seligman, 13 June 1915, MPLSE.
[43] *Argonauts*, p.53.
[44] Rev.J.Wesley Booth to Helena Burke, 20 March 1972, MPLSE.
[45][46][47] Diane Langmore, *Missionary Lives: Papua, 1874–1914*, Honolulu: University of Hawaii Press, 1989, p.160, p.119, p.120.
[48] *Coral Gardens*, vol.1, p.212.
[49] The date of the first entry is 23 June l915.Trobriands Fieldnotes, pp.746ff., MPLSE.
[50] Malinowski, *Argonauts*, p.500.
[51] *Diary*, pp.183–4.
[52] Wayne, *Story*, vol. 1, p.105.

第二十章

[1] Plate 8 in M. W. Young, *Malinowski's Kiriwina: Fieldwork Photography 1915–18*, Chicago: University of Chicago Press, 1998, p.49.
[2] *Diary*, p.143.
[3] Robert H. Black, 'Dr Bellamy of Papua', *The Medical Journal of Australia*, II(6), 24 Aug.1957, p.283.
[4] *Papua Annual Report*, 1914–15, pp.37–9.
[5] Ibid., 1911–12, p.125.
[6] Ibid., 1913–14, pp.46–53.
[7] Mackay, *Across Papua*, pp.71–2.
[8] R. L. Bellamy, 'Notes on the Customs of the Trobriand Islander', *Papua Annual Report*, 1907–08
[9][10] Black, 'Dr Bellamy', p.279.
[11] Malinowski to Prisk andjamieson, 8 Sept. 1915, MPLSE.
[12] 'Baloma', p.386n.
[13] Trobriand Fieldnotes, pp.776ff., MPLSE.
[14] Malinowski to Seligman, 30 July 1915, ibid.
[15] Black, 'Dr Bellamy', p.279.
[16] *Sexual Life*, p.28n.
[17] Malinowski to Murray, 19 June 1929, NAA G69, item 16/14.
[18] Campbell to Malinowski, 3 Aug. 1915, MPLSE.
[19] Malinowski to Elsie Masson, 15 Jan. 1918, in Wayne, *Story*, p.104.
[20] *Sexual Life*, p.7.
[21] *Coral Gardens*, vol. 1, p.393.
[22] Hancock to Malinowski, 8 Feb. 1919, MPY 1/245.
[23] *Coral Gardens*, vol. l, p.84.
[24] Ibid., pp. 85–6; see also vol. 2, pp.222, 244.

[25][26][27][28] *Sexual Life,* p.317, p.118, p.266, p.8.

[29] Stocking, 'Ethnographer's Magic', p.97. J. Urry, 'Item #[4]355: Malinowski's Tent', *AT 12* (5), Oct. 1996, p.20. M. W. Young, 'Malinowski's Second Tent', *AT* 12 (6), Dec. 1996, pp.24—5. J. Benthall, 'That Tent', *AT* 16 (3), June 2000, pp.18—19.

[30] *Argonauts,* p.5.

[31] *Sexual Life,* p.240.

[32] *Argonauts,* p.5

[33] Fieldnotes, p.810, MPLSE.

[34] *Argonauts,* p.8.

[35] Malinowski to Hunt, 28 April 1915, MERNAA.

[36] *Argonauts,* p.52.

[37][38] Fieldnotes, p.887, MPLSE; p.1507.

[39] *Sexual Life,* pp.258—9.

[40] *History of Anthropology Newsletter* 23(1), 1996, p.8.

[41] B. Baldwin, 'Traditional and Cultural Aspects of Trobriand Islands Chiefs', *Canberra Anthropology* 14 (1), 1991, p.84.

[42] O'Hanlon and Welsch, *Hunting the Gatherers,* pp.181—202.

[43] *Coral Gardens,* vol.1, pp.461—2.

[44] *Argonauts,* p.16.

[45][46][47] Fieldnotes, p.804, MPLSE; p.764; pp.819ff.

[48] Fieldnotes, p. 1545, MPLSE.

[49] Kinship Boxes 127, MPLSE.

[50] *Diary,* p.130.

[51] Fieldnotes, p.1717, MPLSE.

[52] B. Malinowski, *Crime and Custom in Savage Society,* London: Routledge, 1926, pp.100—5. *Sexual Life,* pp.10—13.

[53] Brunton to Malinowski, 9 Jan. 1915, MPLSE.

[54] Fieldnotes, pp.873—4, MPLSE.

[55] *Sexual Life,* p.272.

[56][57][58] Fieldnotes, p.1001, MPLSE, p.976, p.1400.

[59][60] Fieldnotes, p.1170, MPLSE, p.1583.

[61] *Diary,* p.143. *Sexual Life,* pp. 91, 122, 316.

[62][63][64] *Sexual Life,* p.284, pp.430—1, p.316.

[65] Brunton to Malinowski, 15 Aug. 1915, MPLSE.

[66] Malinowski to Seligman, 30 July 1915, ibid.

[67] Malinowski to Hunt, 16 Aug. 1915, MERNAA.

[68] 15 Oct. 1915, ibid.

[69] 16 Aug. 1915, ibid.

[70] Malinowski to Seligman, 24 Sept. 1915, MPLSE.

[71] Seligman to Malinowski, 2 Dec. 1915, MPY 1/565.

[72] Malinowski to Seligman, 19 Oct. 1915, MPLSE.

[73] Seligman to Malinowski, 30 Dec. 1915, MPY 1/565.
[74] Malinowski to Rivers, 15 Oct. 1915, HPCUL 129/12055.
[75] Letter fragment, Haddon to Malinowski, 30 June 1915, MPLSE Culture 11/166.
[76] Malinowski to Haddon, 15 Oct. 1915, HPCUL 5/7. (Later catalogue number is 7/8.)
[77] Marjorie Peck to Malinowski, 18 Nov. 1915, MPY 1/496.
[78] Jozefa Malinowska to Malinowski, April 1915, MPY 1/407.
[79] Jozefa Malinowska to Malinowski, 20 Oct. 1915, ibid.
[80] Jozefa Malinowska to Malinowski, 28 Dec. 1915, ibid.
[81] Jozefa Malinowska to Malinowski, 3 Feb. 1916, ibid.
[82] Jozefa Malinowska to Malinowski, 31 March 1916, ibid.
[83] Malinowski to Jozefa Malinowska, probably Aug. 1915, MPY 1/409.
[84] Jozefa Malinowska to Malinowski, 2 April 1916, MPY 1/407.
[85] Malinowski to Jozefa Malinowska, 15 June 1915, MPY 1/409.
[86] Brunton to Malinowski, 15 Aug. 1915, MPLSE.
[87] Brunton to Malinowski, 25 Oct. 1915, ibid.
[88][89] *Diary*, p.99, p.181.
[90][91] Marjorie Peck to Malinowski, 18 Nov. 1915, MPY 1/496.
[92] Letter fragment, incorrectly dated 3 Feb. as the *Misima* sailed in early March. Verso of fieldnotes, Language Boxes, MPLSE.
[93] Brunton to Malinowski, 32 Feb. 1916, MPLSE.

第二十一章

[1] The charts and related retrospective diary notes, all in Polish, were found among miscellaneous fieldnotes in MPY 11/204.
[2] Charles Hedley to Haddon, 9 May 1916, HPCUL 5/7.
[3] Mamie Bassett (Masson) to Helena Burke 28 Sept. 1970.
[4] Hunt to Secretary of Defence Department, 2 April (?) 1916, MERNAA.
[5] Malinowski to Jozefa Malinowska, 1 Nov. 1916, MPY 1/409.
[6] Malinowski to Jozefa Malinowska, 15 July 1916, ibid.
[7] Harriet Stirling to Malinowski, 12 Feb. 1916, MPY 1/590.
[8] Stirling to Malinowski, 2 April 1916, ibid.
[9] Malinowski to the Stirlings, 12 June 1918, ibid.
[10] Spencer to Haddon, n Nov. 1915, HPCUL Envelope 3.
[11] Richard Broinowski, *A Witness to History: The Life and Times of Robert Broinowski*, Melbourne: Melbourne University Press, 2001.
[12] *Australian Dictionary of Biography*, vol. 12, p.435.
[13] Mini's letter of invitation to Malinowski (dated 14 April 1916) refers only to her mother, MPLSE.
[14] *Australian Dictionary of Biography*, vol. 12, p.125.
[15] Weigall to Helena Burke, 27 April 1971, MPLSE.
[16] Weigall to Malinowski, 8 April 1918, ibid.

[17] Elsie's diary-letter, in Wayne, *Story,* p. I.
[18] All unattributed quotations in this section are from the fragmentary diary notes written by Malinowski in Nov. 1917, MPY 11/204.
[19] Elsie R. Masson, *An Untamed Territory,* London: Macmillan, 1915.
[20][21] Wayne, *Story,* p.2, p. 3.
[22] Elsie's diary-letter, MPLSE.
[23] Wayne, *Story,* p.6.
[24] Seligman to Malinowski, 2 Dec. 1915, MPLSE.
[25] John W. Bennett, *Classic Anthropology: Critical Essays, ia44–l()ci6,* New Brunswick: Transaction Publishers, 1998, p.173.
[26] B. Malinowski, 'Baloma: The Spirits of the Dead in the Trobriand Islands', *JRAI* 46,1916, p.383n.
[27] Clyde Kluckhohn, 'Bronislaw Malinowski', *Journal of American Folklore* 56, 1943, p.214.
[28][29][30] 'Baloma', pp.381–2, p.412, p.414n.
[31] Cf. G. W. Stocking, 'Contradicting the Doctor: Billy Hancock and the Problem of Baloma', *History of Anthropology Newsletter* 4 (1), 1977, pp.4–7.
[32] *Sexual Life,* 1932 edn, p.152.
[33] A. Weiner, *Women of Value, Men of Renown: New Perspectives on Trobriand Exchange,* St Lucia: University of Queensland Press, 1976.
[34][35] 'Baloma', pp.418–19, p.423n.
[36] *Crime and Custom,* p.121.
[37] Seligman to Malinowski, 6 July 1916, MPY 1/565.
[38] 'Baloma', p.417.
[39] Seligman to Malinowski, 12 Oct. 1916, MPY 1/565.
[40] Haddon to Malinowski, 4 Oct. 1916, MPLSE.
[41] Seligman to Malinowski, 26 Oct. 1916, MPY 1/565.
[42] 'Baloma', p.415n.
[43] Frazer to Malinowski, 5 July 1917, MERNAA.
[44] Malinowski to Frazer, 25 Oct. 1917. Prazer Papers, Trinity College, Cambridge, Ms.b.36/175.
[45] Malinowski to Jozefa Malinowska, 4 Aug. 1916, MPY 1/409.
[46] Spencer to Haddon, n Nov. 1915, HPCUL Envelope 3.
[47] Spencer to Haddon, 2 Feb. 1916, ibid.
[48] Seligman to Haddon, 24 Feb. 1916, HPCUL 5/7.
[49] Seligman to Haddon, 26 March 1916, ibid.
[50] MacTaggart to Haddon, 23 March 1916, ibid.
[51] Seligman to Haddon, 24 and 31 March 1916, ibid.
[52] Memo to Hunt confirming cables of 17 March 1916, MERNAA.
[53] Strong to Seligman, 16 Jan. 1916, as cited in Seligman to Haddon, 26 March 1916, HPCUL 5/7.
[54] Seligman to Malinowski, 3 March 1916, MPLSE. Fieldnotes, verso.
[55] Herdman to Haddon, 9 April 1916, HPCUL 5/7.
[56] Seligman to Haddon, 5 May 1916, ibid.
[57] Seligman to Malinowski, 26 April 1916, MPLSE. Fieldnotes, verso.

[58] Wayne, *Story*, p.113.
[59] Malinowski to Haddon, 25 May 1916, HPCUL 5/7.
[60] Draft of letter to Seligman, probably 14 June 1916, MPY 1/565.
[61] Seligman to Malinowski, 15 Aug. 1916, ibid.
[62] Spencer to Minister, 27 June 1916, MERNAA.
[63] Murray to Minister, 29 June 1916, ibid.
[64] Hunt to Minister, 31 July 1916; Minister's approval, 16 Aug. 1916, MERNAA.
[65] Hunt to Spencer, 30 Aug. 1916, ibid.
[66] Hunt to Murray, 8 Sept. 1916, ibid.
[67] Murray to Hunt, 12 Sept. 1916, ibid.
[68] Seligman to Malinowski, 16 Nov. 1916 (replying to Malinowski's of 26 Sept.), MPY 1/565.
[69] Murray to Minister of External Affairs, 10 Aug. 1916; Spencer to Hunt, 14 Sept. 1916, MERNAA.
[70] Malinowski to Hunt, 29 Oct. 1916, ibid.
[71] Murray, *Papua*, p.125.
[72] Malinowski paid him 4 guineas on i Sept. Verso notes on linguistics, MPLSE Ling. 178.
[73][74] Brunton to Malinowski, 14 Aug. 1916, MPLSE.
[75] Brunton to Malinowski, 25 Nov. 1916 and n.d. (probably Feb. 1917), ibid.
[76] Brunton to Malinowski, 19 Sept. 1916, ibid.
[77] Brunton to Malinowski, n.d. (probably Feb. 1917), ibid.
[78] Malinowski to Jozefa Malinowska, i Nov. 1916, MPY 1/409.
[79] Jozefa Malinowska to Malinowski, i Nov. 1916; also 21 Dec. 1916,
[80] Jozefa Malinowska to Malinowski, 29 Jan. 1917, MPY 1/407.
[81] B. Malinowski, 'Evidence by Bronislaw Malinowski, 27 October, 1916, on Pacific Labour Conditions', in *Parliament of the Commonwealth of Australia: British and Australian Trade in the South Pacific*. Report No. 66. Melbourne 1918.
[82] Seligman to Malinowski, 12 Oct. 1916, MPY 1/565.
[83] Seligman to Malinowski, 9 Nov. 1916, ibid.
[84] Spencer to Malinowski, 1 Jan. 1917, MPY 1/460.
[85] Malinowski to Elsie, 31 Dec. 1917, in Wayne, Story, p.90.
[86] Elsie's diary-letter, MPLSE. Also Wayne, *Story*, p.6.

第二十二章

[1] Wayne, *Story*, p.15.
[2] Len Weickhardt, *Masson of Melbourne: The Life and Times of David Orme Masson*, Parkville, Victoria: Royal Australian Chemical Institute, 1989.
[3] Wayne, *Story*, p.98.
[4] Memoir of Mim Weigall written for Helena Burke, 1973, MPLSE.
[5] David Orme Masson (DOM) to Mamie Masson, 5 Feb. 1917, MPUMA.
[6] Marnie to DOM, 18 June 1917. Cited by Weickhardt, *Masson*, p.100.
[7] DOM to Marnie, 15 Nov. 1917, MPUMA.

[8]   DOM to Marnie, 26 Nov. 1917, ibid.
[9]   DOM to Marnie, 29 Oct. 1917, ibid.
[10] Marnie to DOM, 24 March 1918. Cited by Weickhardt, *Masson,* p.101.
[11] DOM to Marnie, 19 Feb. 1918, MPUMA.
[12] Marnie to DOM, 13 Oct. 1918. Cited by Weickhardt, *Masson,* p.102.
[13] Marnie Bassett (Masson) to Helena Burke. 19 Dec. 1970.
[14] Wayne, *Story,* pp.7–8.
[15] Seligman to Malinowski, 15 Aug. 1916, MPY 1/565.
[16] A substantial file on the Khuners was compiled by the Intelligence Section, General Staff, 3rd Military District (Victoria). NAA 15/3/133.
[17][18][19] Wayne, *Story,* p.8, p.9, p.16.
[20] P. Khuner to Malinowski, 4 Feb. 1918, MPLSE.
[21] Mim Weigall to Malinowski, 11 Feb. 1918, ibid.
[22] Wayne, *Story,* p.44.
[23] H. Khuner to Malinowski, 26 Jan. 1918, MPLSE.
[24] P. Khuner to Malinowski, 16 March 1918, ibid.
[25][26][27] Wayne, *Story,* p11, p.9, p.11.
[28][29][30] Elsie's diary-letter, 1916–17, MPLSE.
[31][32][33] Wayne, *Story,* p.18, p.18, p.24.
[34] MFNAA.
[35][36] Wayne, *Story,* p. 19, pp.14–15.
[37] Seligman to Malinowski, 5 July 1917, MPY 1/565.
[38] Elsie Masson to Malinowski, 7 Aug. 1917, MPLSE.
[39] B. Malinowski, 'The Papuo-Melanesians', in *The Australian Encyclopaedia,* vol. 2, Sydney: Angus and Robertson, 1926, pp.260–2.
[40] Young, *Malinoivski's Kiriuima,* p.25.
[41] MPLSE Coral Gardens Boxes, p.446.
[42][43] Wayne, *Story,* p.13, p.20.
[44][45] *Coral Gardens,* vol.1, p.480, p.481.
[46] It was left to Leo Austen, an anthropologically trained resident magistrate in the Trobriands during the 1930s, to write 'Cultural Changes in Kiriwina' (*Oceania* 16 [1], 1945, pp.15–60).
[47] Seligman to Malinowski, 18 Jan. 1917, MPY 1/565.
[48] B. Malinowski, 'Classificatory Particles in the Language of Kiriwina', *Bulletin of the School of Oriental Studies* i (4), 1922, p.74.
[49] *Coral Gardens,* vol. 1, p.453.
[50] Wayne, *Story,* p.23.
[51] *Diary,* p.105.
[52] Hunt to Malinowski, 5 Oct. 1917, MERNAA.
[53] *Diary,* p.106.
[54] Stawell to Hunt, 16 Oct. 1917, MPY I/28i.
[55] *Diary,* p.107.

第二十三章

[1] Wayne, *Story*, pp. 29–30.
[2] Meyers, *Joseph Conrad*, p.85. Joseph Conrad, 'Geography and Some Explorers' (1924), in Joseph Conrad, *Last Essays,* London: J.M. Dent, 1926, pp.18–21.
[3][4] Wayne, *Story*, pp.30–1, p.32.
[5] See Ackerman, *Frazer*, pp.266–7. Frazer to Malinowski, 5 July 1917, MERNAA.
[6] Malinowski to Frazer, 25 Oct. 1917, Frazer Papers, Trinity College, Cambridge, Ms.b.36/175. 7. *Argonauts*, pp.308–9.
[8] J. W. Leach and E. R. Leach (eds), *The Kula: New Perspectives on Massim Exchange,* Cambridge: Cambridge University Press, 1983, pp.383–94.
[9] *Argonauts*, p.6.
[10] Wayne, *Story*, p.34.
[11] Malinowski to Elsie Masson, 23 Dec. 1917, MPLSE.
[12][13] Wayne, *Story*, p.47, p.46.
[14] Wayne, *Story*, p.35.
[15] Strong to Mahnowski, 7 May 1916, MPY 1/595.
[16] Strong to Malinowski, April 1918, ibid.
[17][18][19] Wayne, *Story*, p.35, p.35, p.47.
[20] Diary notes, Nov. 1917, MPY 11/202.
[21][22][23] Wayne, *Story*, p.45, p.51, pp.44–5.
[24] P. Khuner to Malinowski, 5 Dec. 1917, MPLSE.
[25] H. Khuner to Mahnowski, 6 Dec. 1917, ibid.
[26] Wayne, *Story*, p.49.
[27] *Diary*, p.113.
[28][29] Wayne, *Story*, p.50, p.48.
[30] *Diary*, p.123.
[31][32] Wayne, *Story*, p.47, p.48.
[33] *Diary*, pp.124–5.
[34] Wayne, *Story*, p.63.
[35][36] *Diary*, p.116, p.126.
[37] A. C. Haddon, *The Decorative Art of British New Guinea: A Study in Papuan Ethnography,* Dublin: Royal Irish Academy, 1894.
[38] Guterman transposed Malinowski's dates for the benefit of American readers, so the published diary has 11.10.17, etc.
[39][40][41][42][43] *Diary*, p.109, p. 110, p.114, p.121, p.130.
[44] Wayne, *Story*, pp.94–5.
[45] Verso note dated 1. 1. 18.At the back of Malinowski's 1917–18 diary there are about a dozen pages of notes that were not included in the published version of *A Diary in the Strict Sense of the Term.* I refer to these notes as 'verso'.
[46][47][48][49][50] Wayne, *Story*, p.54, p.50, p.64, p.64, p.64.

[51][52][53][54] *Diary,* p.127, pp.130–1, p.132, p.123.

[55][56][57] Wayne, *Story,* p.53, p.54, p.54.

[58]　Malinowski to Elsie Masson, 6 Aug. 1917, MPLSE.

[59]　*Diary,* p.121.

[60]　Wayne, *Story,* p.66.

[61]　Jan Roberts, *Voices from a Lost World: Australian Women and Children in Papua New Guinea before the Japanese Invasion,* Alexandria, N.S.W: Millennium Books, 1996, pp.50–1,196.

[62]　Wayne, *Story,* p.66.

[63]　Elsie Masson to Malinowski, 27 Dec. 1917, MPLSE.

[64]　*Diary,* pp.169, 266, 196.

[65]　C.A.Verebelyi to Minister for Internal Affairs, 18 Jan. 1917, NAA G76–I9–I917.

[66]　Hubert Murray to May Murray, 30 April 1918, Gilbert Murray Papers, Bodleian Library, Oxford.

[67][68][69] *Diary,* pp.133–6, p.111, p.127.

[70]　Wayne, *Story,* p.61.

[71]　*Diary,* p.119.

[72]　HOA 4, pp.26–7.

[73]　Malinowski to Government Secretary of Papua and Atlee Hunt, 26 Dec. 1917, MERNAA.

[74]　Malinowski to Elsie Masson, 23 Dec. 1917, MPLSE.

[75]　Hunt to Minister, 18 Jan. 1918, MERNAA.

[76][77][78] Wayne, *Story,* pp.67–8, p.52, p.55.

[79][80][81] *Argonauts,* pp.38–48, p.298, pp.331–2.

[82][83] *Diary,* p.140, p.142.

第二十四章

[1]　Wayne, *Story,* p.81.

[2]　Hancock to Malinowski, I Dec. 1916, MPY 1/245.

[3][4][5] *Diary,* p.148, p.144, p.145.

[6]　For a further selection, see 'Picturing the Ethnographer', in Young, *Malinowski's Kiritvina.*

[7]　*Argonauts,* p.xvii. *Sexual Life,* pp.247.

[8]　Bashkow,' "To Be his Witness" '.

[9]　*Argonauts,* p.5.

[10][11] Wayne, *Story,* p.187, p.106.

[12]　*Diary,* p.18

[13]　Hancock to Malinowski, 8 Feb. 1919, MPY 1/245,

[14]　*Diary,* p.165.

[15]　Malinowski to Elsie Masson, 28 May 1918, MPLSE.

[16]　Wayne, *Story,* p. 83.

[17]　*Diary,* p.146.

[18]　Personal communication, Linus Digim' Rina.

[19][20] Wayne, *Story,* p.83.

[21] Hancock to Malinowski, 8 Feb. 1919, MPY 1/245.
[22] *Coral Gardens,* vol. I, pp.19—20.
[23] Wayne, *Story,* p.78.
[24] *Coral Gardens,* vol. I, p.453.
[25] Wayne, *Story,* p.80. *Diary,* p.156.
[26] See *Coral Gardens,* vol. 1, pp.233—9, 291.
[27] Wayne, *Story,* p.84.
[28] *Diary,* p.179.
[29] Wayne, *Story,* p.80.
[30] *Diary,* pp.155ff.
[31][32][33] Wayne, *Story,* p.84, pp.79—80, p.85.
[34] *Diary,* p.163.
[35] Wayne, *Story,* p.82.
[36] Jozefa Malinowska to Malinowski, 4 and 6 Dec. 1917, MPY 1/407.
[37][38][39] *Diary,* p.167, p.167, pp.167—8.
[40] Malinowski to Elsie Masson, 28 Dec. 1917, MPLSE.
[41][42] Wayne, *Story,* p.80, p.91.
[43][44] *Diary,* p.175, p.185.
[45] Malinowski, 'Introduction', in R. F. Fortune, *Sorcerers of Dobu:The Social Anthropology of the Dobu Islanders of the Western Pacific,* London: Routledge, 1932, p.xviii.
[46] *Diary,* p.155.
[47] Baron Nikolai Miklouho-Maclay, *New Guinea Diaries 1871—1883,* trans. C. L. Sentinella, Madang. Kriston Press, 1975.
[48] *Diary,* p.161,
[49] Malinowski, 'Introduction', in J. E. Lips, *The Savage Hits Back,* New Haven:Yale University Press, 1937, p.vii.
[50] Personal communication, Linus Digim'rina, Nov. 2001.
[51][52][53][54] Malinowski, *Magic, Science and Religion,* p.140, p.85, p.76, p.87.
[55][56] Malinowski, *The Foundations of Faith and Morals* (1936), republished in *Sex, Culture, and Myth,* p.324, p.332n.
[57][58][59][60] *Diary,* p.172, p.186, p.176, p.161.
[61] 'Introduction', in Fortune, *Sorcerers,* p.xvii.
[62] *A Scientific Theory of Culture,* p.36.
[63][64] *Diary,* p.187, p.185.
[65] *Diary,* p.156.
[66] Malinowski to Elsie Masson, 13 Feb. 1918, MPLSE.
[67][68][69] *Diary,* p.156, p.204, pp.151—2.
[70] Fieldnotes, MPLSE II/166.
[71][72][73] Wayne. *Story,* p.91, p.92, p.92.
[74][75] *Diary,* p.175, p.177.
[76] Wayne, *Story,* p.103.

[77][78][79] *Diary,* p.192, p.192, p.194.
[80][81] Wayne, *Story*, p.107, pp.107—8.
[82][83][84] *Diary,* p.195, p.195, p.160.
[85]   Wayne, *Story*, pp.75—6.
[86][87][88][89] *Diary,* p.197, p.199, p.202, p.208.
[90]   Wayne, *Story*, p.109.
[91]   *Diary,* pp.200—2..
[92]   Wayne, *Story*, p.104.
[93]   Sec *Sexual Life,* p.364.Young, *Malinowski's Kiriwina*, pp.110—11.
[94][95] *Diary,* p.204, p.206.
[96]   Malinowski to Elsie Masson, 21 Feb. 1918, MPLSE, See Wayne, *Story*, p.111.
[97]   Elsie Masson to Malinowski, 10 April 1918, MPLSE.
[98]   Malinowski to Elsie Masson, 21 Feb. 1918, ibid.
[99]   Malinowski to Elsie Masson, 21 Feb. 1918, ibid.
[100]   Wayne, *Story*, pp.111—12.
[101]   Malinowski to Elsie Masson, 22 Feb. 1918, MPLSE.
[102]   Wayne, *Story,* p.113.
[103][104] *Diary,* p.209. , p.194.
[105]   Malinowski to Elsie Masson, 8 Jan. 1918, MPLSE. See Wayne, *Story*, p.93.
[106]   P. Khuner to Malinowski, 24 Jan. 1918, MPLSE.
[107]   *Diary,* p.194.
[108]   Weigall to Malinowski, 9 April 1918, MPLSE.
[109]   Weigall to Malinowski, 27 May 1918, ibid.
[110][111] *Diary,* p.178.
[112][113] Wayne, *Story*, p.95, p.98.
[114]   *Diary,* p.242.
[115]   Wayne, *Story*, p.93 (11 Jan. 1918).
[116]   *Coral Gardens,* vol.1, p.480.
[117][118][119][120] *Diary,* p.179. , p.180. , pp.160—1. , p.174.
[121]   Wayne, *Story*, p.86.
[122]   Malinowski to Elsie Masson, 15 Jan. 1918, MPLSE.
[123][124] Wayne, *Story*, p.88, p.89.
[125]   Malinowski to Elsie Masson, 2—9 Feb. 1918, MPLSE. See Wayne, *Story*, pp.108—10.
[126]   Wayne, *Story*, p.113.
[127]   Malinowski to Elsie Masson, 21 Feb. 1918, MPLSE. See Wayne, *Story*, p.112.
[128]   *Diary,* p.220.
[129]   Personal communication, Aug. 1995.
[130]   *Diary,* pp.210, 2ll, 217.
[131]   *Sexual Life,* plate 32.
[132]   See Wayne, *Story*, p.128.
[133]   See Young, *Malinowski's Kiriwina,* Plate 14.

第二十五章

[1] Wayne, *Story*, p.94.
[2] *Argonauts*, p.267.
[3] Malinowski to Elsie Masson, 15 March 1918, MPLSE. See Wayne, *Story*, p.115.
[4] Elsie Masson to Malinowski, 30 April 1918, MPLSE.
[5] *Argonauts*, p.233; see also p.377.
[6] Malinowski to Elsie Masson, 15 March 1918, MPLSE.
[7] Malinowski to Elsie Masson, 17 March 1918, ibid.
[8] Fortune, *Sorcerers of Dobu*, p.280.
[9] *Diary*, pp.225–6.
[10][11] *Argonauts*, p.287, p.270.
[12][13] *Diary*, p.230, p.229.
[14] Elsie Masson to Malinowski, 19 Jan. 1918, in Wayne, *Story*, p. loo.
[15] Elsie Masson to Malinowski, 29 Jan. 1918, ibid.
[16] Malinowski to Elsie Masson, 15 March 1918, ibid., p.114.
[17] Elsie Masson to Malinowski, 30 April 1918, MPLSE.
[18][19][20][21][22] *Diary*, p.237, p.181, pp.230–2, pp.234–5, p.236.
[23] *Argonauts*, pp.270–2.
[24][25][26] *Diary*, p.237, p.238, p.239.
[27] Wayne, *Story*, p.122.
[28] Elsie Masson to Malinowski, 30 April 1918, MPLSE.
[29][30][31][32] *Argonauts*, p.385, p.284, p.386, p.387.
[33] *Diary*, p.244.
[34] *Argonauts*, p.390. His first estimate for Elsie was a thousand. Wayne, *Story*, p.124.
[35] *Diary*, p.244.
[36][37] Wayne, *Story*, p.124, pp.123–4.
[38] *Argonauts*, chapter XVI.
[39][40] *Diary*, p.247, pp.247–8.
[41][42] Malinowski to Elsie Masson, 12 April 1918, in Wayne, *Story*, p.126.
[43] Elsie Masson to Malinowski, 19 May 1918, MPLSE.
[44][45][46] Wayne, *Story*, p.126, pp.123–5, p.127.
[47] Cited by Bashkow, 'To Be his Witness'.
[48][49] *Diary*, p.244, p.250.
[50] Malinowski to Elsie Masson, 16 April 1918, MPLSE.
[51][52] *Diary*, p.251, p.253.
[53][54] Wayne, *Story*, p.128, p.133.
[55] See S. F. Campbell, *The Art of Kula*, Oxford: Berg, 2002 and G. Scoditti, *Fragmenta Ethnographica*, Rome: Giancarlo Serafini Editore, 1980.
[56] *Diary*, p.253.
[57] Wayne, *Story*, p.135. See *Diary*, p. 255.

[58] B. Malinowski, 'Ethnology and the Study of Society', *Economics* 2, Oct. 1922.
[59][60][61][62][63][64] *Diary*, p.255, p.256, p.84, pp.12–13, p.257, p.259.
[65] Wayne, *Story*, p.130.
[66] *Diary*, pp.261–2.
[67] Malinowski to Elsie Masson, 24 April 1918, MPLSE.
[68] Elsie Masson to Malinowski, 1 June 1918, MPLSE.
[69][70] Malinowski to Elsie Masson, 4 July 1918, ibid.
[71][72][73] Wayne, *Story*, p.136, pp.145–6, p.136.
[74] *Diary*, pp.264, 265, 268.

第二十六章

[1] *Diary*, p.259.
[2] Malinowski to Elsie Masson, 10 April 1918, MPLSE.
[3] Malinowski to Elsie Masson, 20 May 1918, ibid.
[4] *Diary*, p.269.
[5] See Young, *Malinowski's Kiriwina*, chapter 11.
[6] *Sexual Life*, pp.44–6. *'Baloma'*, p.428.
[7][8][9] *Diary*, p.272, pp.280–1, p.273.
[10] Malinowski to Elsie Masson, 14 May 1918, MPLSE.
[11][12] *Diary*, p.274, p.275.
[13] Malinowski to Elsie Masson, 14 May 1918, MPLSE.
[14] Ibid. (Wayne, *Story*, p.147, with elisions restored).
[15] Malinowski to Elsie Masson, 24 May 1918, in Wayne, *Story*, p.150.
[16] Malinowski to Elsie Masson, 14 May 1918, MPLSE.
[17][18] *Diary*, p.276, p.277.
[19] Malinowski to Elsie Masson, 23 May 1918. See Wayne, *Story*, p.149.
[20] *Diary*, p.278.
[21] Malinowski to Elsie Masson, 24 May 1918. See Wayne, *Story*, p.149.
[22] *Diary*, p.280.
[23] Brenda Seligman to Malinowski, 19 March 1918, MPLSE.
[24] Malinowski to Brenda Seligman, 21 June 1918, ibid.
[25] Malinowski to Elsie Masson, 30 May 1918, ibid. *Diary*, p.284.
[26][27][28][29][30] *Diary*, p.284, p.286, p.286, p.290, p.289.
[31] Malinowski to Elsie Masson, 7 June 1918. See Wayne, *Story*, p.151.
[32] Wayne, *Story*, p.153.
[33] *Diary*, p.290.
[34][35] Wayne, *Story*, pp.153–5, p.156.
[36] Elsie Masson to Malinowski, 21 Aug. 1918. See Wayne, *Story*, p.164.
[37] P. Khuner to Malinowski, 17 Aug. 1918, MPLSE.
[38] Malinowski to Seligman, 21 June 1918, MPY 1/565.

[39]　Malinowski to Haddon, 25 June, HPCUL Envelope 7. Cited by Mulvaney and Calaby, 'So Much That Is New', p.3326.
[40]　Seligman to Malinowski, 24 Oct. 1918, MPY 1/565.
[41]　Mulvaney and Calaby, 'So Much That Is New', p.325.
[42]　Elsie Masson to Malinowski, 10 April 1918, MPLSE.
[43]　Elsie Masson to Malinowski, 14 April 1918, in Wayne, *Story*, p.142.
[44]　Elsie Masson to Malinowski, 14—16 April 1918, ibid., pp.141—2.
[45]　Elsie Masson to Malinowski, 8 and n July 1918, MPLSE.
[46]　Malinowski to Elsie Masson, 12 June 1918, ibid.
[47]　Malinowski to Elsie Masson, 2 July 1918, ibid.
[48]　Malinowski to Elsie Masson, 4 July 1918, in Wayne, *Story*, p.161.
[49]　Elsie Masson to Malinowski, 21 Aug. 1918, MPLSE.
[50]　Elsie Masson to Malinowski, 17 Aug. 1918, ibid. See also Wayne, *Story*, p.163.
[51]　*Coral Gardens*, vol.1, pp.181—7.
[52]　*Diary*, p.292.
[53]　Malinowski to Elsie Masson, 19 June 1918, MPLSE. See also Wayne, *Story*, p.157.
[54]　Wayne, *Story*, p.158.
[55][56][57]　*Diary*, p.292, p.293, p.295.
[58][59]　Malinowski to Elsie Masson, 2 July 1918, in Wayne, *Story*, pp.159—61.
[60]　*Diary*, p.294.
[61][62][63]　Wayne, *Story*, p.168, p.170, p.170.
[64]　Malinowski to Elsie Masson, 24 Aug. 1918, MPLSE.
[65]　Wayne, *Story*, p.172.
[66]　Hancock to Elsie Masson, 9 Feb. 1919, MPY 1/704.

第二十七章

[1]　Malinowski to Elsie Masson, 3—10 Oct. 1918, MPLSE.
[2]　Wayne, *Story*, p.174.
[3]　Ibid., p.177. Hancock to Malinowski, 5 Nov. 1918, MPY 1/245.
[4]　Malinowski to Seligman, n.d. (Oct. 1918), MPY 1/565.
[5]　Malinowski to Elsie Masson, 3—10 Oct. 1918, MPLSE. See Wayne, *Story*, p. 176.
[6]　Elsie Masson to Malinowski, 7 Aug. 1918, MPLSE.
[7]　Malinowski to Elsie Masson, 3—10 Oct. 1918, ibid.
[8]　Malinowski to Elsie Masson, 11 Oct. 1918, MPY 1/673
[9]　Elsie Masson to Malinowski, 6 Oct. 1918, MPLSE.
[10]　Malinowski to Elsie Masson, 24 May 1918, ibid.
[11]　Mary Masson to Malinowski, 20 Oct. 1918, MPY 1/421.
[12]　D.O.M. to Malinowski, 18 Oct. 1918, Wayne, *Story*, pp.177—8.
[13]　Hunt to Malinowski, 28 Oct. 1918, MPY 1/28i.
[14]　Eiton Mayo to Malinowski, 6 and 23 Nov. 1918, MPY 1/427.

[15] Seligman to Malinowski, 2 Dec. 1918, MPY 1/565.
[16] Seligman to Malinowski, 21 Dec. 1918, ibid.
[17] Seligman to Malinowski, 24 Oct. 1918, ibid.
[18] Malinowski to Elsie Masson, 7 Aug. 1918, MPLSE.
[19] Malinowski to Seligman, 21 Jan. 1919. MPY 1/565.
[20] Malinowski to Mond, 21 Jan. 1919, MPY 1/439.
[21] Mond to Malinowski, 8 April 1919, ibid.
[22] BAAS, *Handbook to Victoria,* Melbourne: Government Printer, 1914, p.26.
[23] Citations in this section are from Elsie's letters to Malinowski, 6–27 Feb. 1919, MPLSE.
[24] Malinowski to Elsie Masson, 5 Feb. 1918, MPLSE.
[25] Elsie Masson to Malinowski, 8 Feb. 1919, MPLSE.
[26][27] Wayne, *Story*, p.183, p.184.
[28] Elsie Masson to Malinowski, n.d. 1918, MPLSE.
[29] Wayne, *Story*, p.184.
[30] Elsie Masson to Malinowski, 20 and 22 Feb. 1919, MPLSE.
[31] Wayne, *Story*, p.185.
[32] Elsie Masson to Malinowski, 26 Feb. 1919, MPLSE.
[33] Mamie Bassett to Helena Burke, 9 Aug. 1967; Orme Masson to Mamie, 16 Jan. 1917; MPUMA.
[34][35] Wayne, *Story,* p.183, p.186.
[36] Mamie Bassett to Helena Burke, 28 April 1954.
[37] Mamie Bassett to Helena Burke, 28 Sept. 1970.
[38] Wayne, *Story, p.* 186.Also Elsie Masson to Malinowski, 23 Feb. 1919, MPLSE.
[39] MPY 1/325.
[40] J. Lemmon to Elsie Masson, 23 April 1919, MPLSE Loose Fieldnotes 287.
[41] 'Sociological & Anthropological Notes,' MPLSE Culture ill.

第二十八章

[1] Mamie Bassett to Helena Burke, 28 Sept. 1970.
[2] Although undated except by day of the week, these letters cover the period 15–22 June 1919; MPLSE.
[3] E. Pitt to Malinowski, 24 June 1919, MPLSE Fieldnotes, verso letter.
[4] Malinowski to Military Controller, 6 July 1919, MFNAA. Malinowski to Minister for Home and Territories, 7 July 1919, MPLSE Language Box, verso letter.
[5] Mamie Bassett to Helena Burke, 5 Oct. 1970.
[6] *Argonauts,* pp.23–4.
[7] Alan Gardiner to Malinowski, 8 Jan. 1918, MPY 1/676.
[8] *Argonauts,* p.24.
[9] MPLSE, Loose Fieldnotes, 288.
[10] These letters cover the period 27–31 July 1919; MPLSE.
[11] D. Hooper to Elsie Malinowska, 5 Aug. 1919, MPLSE Fieldnotes. Verso letter.

[12] Malinowski to Polish Consul, 9 Aug. 1919, ibid.
[13] Seligman to Malinowski, Jan. 1920, ibid.
[14] Melbourne Public Library to Malinowski, 29 Oct. and 7 Nov. 1919, MPLSE Language Box, verso letters.
[15] *Bulletin of the School of Oriental Studies* I (4), 1923, pp.33—78.
[16] See Gunter Senft, *Classificatory Particles in Kilivila,* Oxford: Oxford University Press, 1996, pp.315—22.
[17] Malinowski to Paul Khuner, 25 Jan. 1920; Elsie Malinowska to the Khuners, 12 Jan. 1920; MPLSE.
[18] Malinowski to Paul Khuner, 25 Jan. 1920, ibid.
[19] Malinowski to Spencer, 18 Oct. 1918 and 6 Nov. 1918, MPY 1/460.
[20] Spencer to Malinowski, 9 Nov. 1918, ibid.
[21] *Diary,* p.170.
[22] Malinowski to Spencer, 18 Dec. 1918, MPY 1/460.
[23] Seligman to Malinowski, 21 Dec. 1918, MPY 1/565.
[24] Malinowski to Spencer, 17 Feb. 1920, MPY 1/460.
[25] J. Kershaw, 'Trustees Report of the National Museum, Melbourne', *Victorian Parliamentary Papers,* 10 March 1920, p.473.
[26] Elsie Malinowska to the Khuners, 12 Jan. 1920, MPLSE.
[27] Malinowski to Paul Khuner, 25 Jan. 1920, ibid.
[28] Elsie Malinowska to Malinowski, 27 Jan. 1920; Malinowski to Elsie Malinowska, 28 Jan. 1920; ibid.
[29] Elsie Malinowska to the Khuners, 12 Jan. 1920, ibid.
[30] Mamie Bassett to Helena Burke, 28 Sept. 1970.
[31] Elsie Malinowska to the Khuners, 29 April 1920, MPLSE.
[32] Elsie Malinowska to the Khuners, 15 May 1920, ibid.
[33] Seligman to Malinowski, 6 Jan. 1920, ibid.
[34] Malinowski to Hunt, 24 Feb. 1920, MERNAA.

参考文献

手稿来源

Atlee Hunt Papers, National Library of Australia
'Dr B. Malinowski, Ethnological Research, Papua', 1914–20, A1 21/866, National Archives of Australia
R E. Williams Papers, Papua New Guinea National Archives, Port Moresby
Frazer Papers, Trinity College, Cambridge
Gilbert Murray Papers, Bodleian Library, Oxford
Haddon Papers, University Library, Cambridge
Jenness Papers, Bodleian Library, Oxford
J. P. H. Murray Papers, National Library of Australia
Malinowski File, Intelligence Section, General Staff, 3rd Military District (Victoria), 15/3/406, National Archives of Australia
Malinowski Papers, British Library of Political and Economic Science, London School of Economics
Malinowski Papers.Yale University Library, New Haven
Masson Papers, University of Melbourne Archives
National Archives of Australia, Canberra
National Library of Australia, Canberra
National Museum of Australia, Melbourne
Saville Papers, Mitchell Library, Sydney
Seligman Papers, British Library of Political and Economic Science, London School of Economics
South Africa Union Education Department, State Archives, Pretoria
Stirling Papers, Matlock Library, Adelaide
Westermarck Archive, Abo Akademi, Turku, Finland
Witkiewicz Letters, Tatra Museum, Zakopane

精选书目

The most complete and accessible bibliography of Malinowski's writings can be found in R. Ellen et al (eds), *Malinowski between Two Worlds* (1988). See also R. Firth (ed.), *Man and Culture* (1957) and R. Thornton and P. Skalnik (eds), *The Early Writings of Bronislaw Malinowski* (1993). A new edition of Malinowski's *Collected Works* has been published in ten volumes by Routledge (2002). It comprises most of his books but very few of his articles and other publications. Beginning in 1980, Malinowski's collected works have been appearing in *Dziela* (Works), published in Warsaw by Panstwowe Wydawnictwo Naukowe.

Ackerman, Robert. *J. C. Frazer: His Life and Work*. Cambridge: Cambridge University Press, 1987.
Alien, Michael. 'Some Extracts from John Layard's Previously Unpublished "The Story of my Life" ', *Australian Anthropological Society Newsletter* 73, Sept. 1998.
Asermely, A. 'Directing Pure Form: "The Pragmatists" ', *PR* 18 (2), 1973.
Ashley Montagu, M. F. *Coming into BeingAmong the Australian Aborigines*. London: Routledge, 1937.

——. Review of H.Wayne (ed.). *The Story of a Marriage,* in *Nature* 374, April 1995.
Austen, Leo. 'Cultural Changes in Kiriwina', *Oceania* 16 (1), 1945.
Austin-Broos, D. (ed.). *Creating Culture: Profiles in the Study of Culture.* Sydney: Alien & Unwin, 1987.
Australian Dictionary of Biography. Vol.12, 1891–1939. Ed. J. Richie. Carlton: Melbourne University Press, 1990.

BAAS. *Notes and Queries on Anthropology.* 4th edition. London: Routledge, 1912.
——. *Handbook to Victoria.* Melbourne: Government Printer, 1914.
——. *Report on the 84th Meeting, Australia 1914, July 28–August 31.* London: John Murray, 1915.
Baer, Joachim T. 'Wactaw Berent: A Writer for our Time', *PR* 37 (2), 1992.
——. 'Nietzsche and Polish Modernism', *PR.* 38 (1), 1993.
Baker, Stuart. 'Witkiewicz and Malinowski: The Pure Form of Magic, Science and Religion', *PR* 18 (1–2), 1973.
Baldwin, B. 'Traditional and Cultural Aspects of Trobriand Islands Chiefs', *Canberra Anthropology* 14 (1), 1991.
Balfour, H., R. R. Marett and W. H. R. Rivers (eds). *Anthropological Essays Presented to Edward Burnett Tylor in Honour of his 75th Birthday.* London: Routledge, 1907.
Barnes, J. A. 'Introduction', in B. Malinowski, *The Family among the Australian Aborigines.* New York: Schocken Books, 1963.
Bashkow, Ira. ' "To Be his Witness If That Was Ever Necessary": Raphael Brudo on Malinowski's Fieldwork and Trobriand Ideas of Conception', *History of Anthropology Newsletter* 23 (I), 1996.
Bellamy, R.L. 'Notes on the Customs of the Trobriand Islander', *Papua Annual Report.* 1907–08. Bennett, John W. *Classic Anthropology:Critical Essays, 1944–1966.*New Brunswick: Transaction Publishers, 1998.
Benthall, Jonathan. 'That Tent', *AT 16* (3), June 2000.
Black, Robert H. 'Dr Bellamy of Papua', *The Medical Journal of Australia* II (6), 24 Aug. 1957.
Blackmore, J. *Ernst Mach: His Life, Work and Influence.* Berkeley: University of California Press, 1972.
Boring, Edwin G. 'Wundt,Wilhelm', *International Encyclopedia of the Social Sciences,* vol. 16. London: Macmillan, 1968.
Borowska, Ewa. 'Lata polskiej miodosci Bronislawa Malinowskiego', MA thesis. Jagiellonian University, Cracow, 1971.
Broinowski, Richard. *A Witness to History: The Life and Times of Robert Broinowski.* Melbourne: Melbourne University Press, 2001.
Bucher, Karl. *Arheit und Rhythmus.* Leipzig: Teubner, 1899.
Campbell, Shirley F. *The Art of Kula.* Oxford: Berg, 2002.
Cech, Krystyna. 'Malinowski: Edgar, Duke of Nevermore', *JASO* 12 (3), 1981.
Clifford, James. 'On Ethnographic Self-Fashioning: Conrad and Malinowski', in T. Heller et al (eds), *Reconstructing Individualism: Autonomy, Individuality and the Self in Western Thought.* Stanford: Stanford University Press, 1986.
Clifford, J. and G. Marcus (eds). *Writing Culture: The Poetics and Politics of Ethnography.* Berkeley:

University of California Press, 1986.

Collini, Stefan. *Liberalism and Sociology: L.T. Hobhouse and Political Argument in England 1880–1914.* Cambridge: Cambridge University Press, 1979.

Collins D. and J. Urry, 'A Flame Too Intense for Mortal Body to Support', *AT* 13 (6), 1997.

Conrad, John. *Joseph Conrad: Times Remembered.* Cambridge: Cambridge University Press, 1981.

Conrad, Joseph. 'The Return', in *Tales of Unrest.* London: J. M. Dent, 1947 (1897).

——. *The Heart of Darkness.* London: J. M. Dent, 1946 (1899).

——. *The Mirror of the Sea.* London: J.M. Dent, 1946 (1906).

——. *A Personal Record.* London: J.M. Dent, 1946 (1912).

——. 'Geography and Some Explorers', in Joseph Conrad, *Last Essays.* London: J. M. Dent, 1926 (1924).

——. *The Collected Letters of Joseph Conrad.* Vol. 5, 1912–16. Eds. F. Karl and L. Davies. Cambridge: Cambridge University Press, 1996.

—— and Ford Maddox Hueffer. *Romance.* London:J.M. Dent, 1949 (1903).

Crawley, Ernest. A. *The Mystic Rose: A Study of Primitive Marriage and of Primitive Thought in its Bearing on Marriage.* London: Methuen, 1902. (Enlarged edition byT. Besterman, 1965.)

Czaplicka, Maria. *Aboriginal Siberia: A Study in Social Anthropology.* Oxford: Clarendon, 1914.

Dahrendorf, Ralf. *L. S. E.: A History of the London School of Economics and Political Science, 1895–1995.* Oxford: Oxford University Press, 1995.

Davies, Norman. *Heart of Europe: A Short History of Poland.* Oxford: Oxford University Press, 1986.

Digim' Rina, Linus S. 'Gardens of Basima: Land Tenure and Mortuary Feasting in a Matrilineal Society', PhD thesis, Australian National University, Canberra, 1995.

Dubowski, Adam. 'Z tradycji rodzinnej' (From a Family Tradition), *Tygodnik Powszechny,* 8 April 1984.

Durkheim, Emile. *The Elementary Forms of the Religious Life.* Trans. J. W. Swain. London: Alien & Unwin, 1915 (1912).

Ellen, Roy. 'Poles Apart: Some Reflections on the Contemporary Image of Malinowski in his Homeland', *AT* 1(1), 1985.

——. E. Gellner, G. Kubica andj. Mucha (eds). *Malinowski between Two Worlds'.The Polish Roots of an Anthropological Tradition.* Cambridge: Cambridge University Press, 1988.

Elliot Smith, Grafton. 'Preface', in W H. R. Rivers, *Psychology and Ethnology.* London: Routledge, 1926.

Estreicher, Karol. 'Zakopane—Leur Amour', *Polish Perspectives* 14 (6),Warsaw, 1971.

——. *Lean Chwistek—biografia artysty.* Krakow: Panstwowe Wydawnictwo Naukowe, 1971.

Firth, J. R. 'Ethnographic Analysis and Language with Special Reference to Malinowski's Views', in R. Firth (ed.), *Man and Culture,* 1957.

Firth, Raymond (ed.). *Man and Culture: An Evaluation of the Work of Bronislaw Malinowski.* London: Routledge, 1957.

——. 'Introduction: Malinowski as Scientist and Man', in R. Firth (ed.), *Man and Culture.* 1957.

——. 'A Brief History of the Department (1913–63)', Pamphlet Published by the Department of Anthropology, LSE, 1963.

——. 'Seligman's Contributions to Oceanic Anthropology', *Oceania* 45 (4), 1975.

—— 'Bronislaw Malinowski', in S. Silverman (ed.), *Totems and Teachers: Perspectives on the History of Anthropology*. New York: Columbia University Press, 1981.

——. 'Malinowski in the History of Anthropology', in R. Ellen et al (eds), *Malinowski between Two Worlds*, 1988.

——. 'Second Introduction', in B. Malinowski, *A Diary in the Strict Sense of the Term*. Stanford: Stanford University Press, 1988.

Flis, Andrzej. 'Bronislaw Malinowski's Cracow Doctorate', in R. Ellen et al (eds), *Malinowski between Two Worlds* (Appendix I), 1988.

——. 'Cracow Philosophy of the Beginning of the Twentieth Century and the Rise of Malinowski's Scientific Ideas', in R. Ellen et al (eds), *Malinowski between Two Worlds*, 1988.

Forge, Anthony W. 'The Lonely Anthropologist', *New Society* 255, 1967.

Fortune, Reo, F. *Sorcerers of Dobu: The Social Anthropology of the Dobu Islanders of the Western Pacific*. London: Routledge, 1932.

Frazer, James G. *Totemism and Exogamy: A Treatise on Certain Early Forms of Superstition and Society*. 4 vols. London: Macmillan, 1910.

——. *The Golden Bough: A Study in Magic and Religion*. Abridged edition. London: Macmillan, 1922.

Fustel de Coulanges, N. D. The Ancient City: A Study on the Religion, Laws, and Institutions of Greece and Rome. Trans. W. Small. New York: Doubleday, n.d. [1864].

Gardiner, Alan H. 'Some Thoughts on the Subject of Language', *Man* 19, 1919.

Geertz, Clifford. 'Under the Mosquito Net', *New York Review of Books*, 14 Sept. 1967.

——. *Works and Lives: The Anthropologist as Author*. Stanford: Stanford University Press, 1988. Gellner, Ernest. 'Malinowski and the Dialectic of Past and Present', *The Times Literary Supplement*. 7 June 1985.

——. 'The Political Thought of Bronislaw Malinowski', *Current Anthropology* 28 (4), 1987.

——. ' "Zeno of Cracow" or "Revolution at Nemi" or "The Polish Revenge: A Drama in Three Acts" ', in R. Ellen et al (eds), *Malinowski between Two Worlds*, 1988.

——. 'James Frazer and Cambridge Anthropology', in R. Mason (ed.), *Cambridge Minds*. Cambridge: Cambridge University Press, 1994.

——. *Language and Solitude: Wittgenstein, Malinowski and the Habsburg Dilemma*. Cambridge: Cambridge University Press, 1998.

Gerould, Daniel. 'Review Article: Witkacy's Portrait of the Artist as a Young Man', *PR* 18 (2), 1973.

——. (ed.). *The Witkiewicz Reader*. Evanston, Ill.: Northwestern University Press, 1992.

——. 'Witkacy's Journey to the Tropics and Itinerary in Ceylon', *Konteksty* 54 (1–4), Warszawa: Instytut Sztuki Polskiej Akademii Nauk, 2000.

Gide, Andre. *Journal 1889–1949*. Harmondsworth: Penguin Books, 1967.

Gilmour, Rev. M. 'A Few Notes on the Kiriwina (Trobriand Islands) Trading Expeditions', in *British New Guinea Annual Report*. 1904–05.

Girard, Rene. *Deceit, Desire and the Novel*. Baltimore: Johns Hopkins Press, 1965.

Givner. Joan. *Katherine Anne Porter: A Life*. New York: Simon and Schuster, 1982.

Grimble, Arthur. *A Pattern of Islands.* London: John Murray, 1952.
Gross, Feliks. 'Young Malinowski and his Later Years', *American Ethnologist* 13 (3), 1986.

Haddon, Alfred C. *The Decorative Art of British New Guinea: A Study in Papuan Ethnography.* Dublin: Royal Irish Academy, 1894.
——. *The Study of Man.* London: Bliss, 1898.
——. *Head-Hunters: Black, White and Brown.* London: Methuen, 1901.
——. (ed.). *Reports of the Cambridge Anthropological Expedition to Torres Straits.* 6 vols. Cambridge: Cambridge University Press, 1901–35.
Hailey, Lord. 'Introduction', in L. P. Mair, *Australia in New Guinea.* London: Christophers, 1948.
Heller, T. et al (eds). *Reconstructing Individualism: Autonomy, Individuality and the Self in Western Thought.* Stanford, Stanford University Press, 1986.
Herle, Anita and Sandra Rouse (eds). *Cambridge and the Torres Strait: Centenary Essays on the 1898 Anthropological Expedition.* Cambridge: Cambridge University Press, 1998.
Hiatt, L. R. *Arguments about Aborigines: Australia and the Evolution of Social Anthropology.* Cambridge: Cambridge University Press, 1996.
Hobhouse, Leonard T. *Morals in Evolution: A Study in Comparative Ethics.* London: Chapman & Hall, 1951 (1906).
Holroyd, Michael. *Bernard Shaw: The Search for Love, 1856–1898.* Harmondsworth: Penguin, 1988.

James, William. *The Principles of Psychology. 1* vols. London: Constable, 1890.
——. *The Varieties of Religious Experience.* London: Collins, 1960 (1902).
Jenness, D. and A. Ballantyne. *The Northern D'Entrecasteaux.* Oxford: Clarendon, 1920.
Jerschina, Jan. 'Polish Culture of Modernism and Malinowski's Personality', in R.. Ellen et al. (eds), *Malinowski between Two Worlds,* 1988.

Kaberry, Phyllis M. 'Malinowski's Contribution to Fieldwork Methods and the Writing of Ethnography', in R. Firth (ed.), *Man and Culture,* 1957.
Kardiner, A. and E. Preble. 'Bronislaw Malinowski: The Man of Songs', in A. Kardiner and E. Preble, *They Studied Man.* London: Seeker & Warburg, 1961.
Karl, Fredrick R. *Joseph Conrad: The Three Lives.* London: Faber & Faber, 1979.
Kershaw, J. 'Trustees Report of the National Museum, Melbourne', *Victorian Parliamentary Papers,* 10 March 1920.
Kluckhohn, Clyde. 'Bronislaw Malinowski', *Journal of American Folklore* 56, 1943.
Koepping, Klaus-Peter. ' "Tolilibogwo" Malinowski: Master of Myth or Narcissist?', *Journal of Humanities and Social Sciences* 7, Nagoya City University, 1999.
Kridi, Manfred. *A Survey of Polish Literature and Culture.* Gravenhage: Mouton & Co., 1956. Kubica, Grazyna. 'Bronislaw Malinowski's Years in Poland', *JASO* 17 (2), 1986.
——. 'Malinowski's Years in Poland', in R. Ellen et al (eds), *Malinowski Between Two Worlds,* 1988.
——. 'Six Letters from Malinowski', in R. Ellen et al (eds), *Malinowski Between Two Worlds* (Appendix 2), 1988.

Kuper.Adam. *Anthropologists and Anthropology :The Modern British School.* London: Routledge, 1973.
——. *The Invention of Primitive Society:Transformations of an Illusion.* London: Routledge, 1988.
Kuper, A. and Kuper,J. (eds). *The Social Science Encyclopedia.* London: Routledge, 1997.
Kuper, Hilda. Sobhuza II: Ngwenyama and King of Swaziland. London: Duckworth, 1978.

L. S. E. *Calendars* 1909–14. British Library of Political and Economic Science. Langmore, Diane. *Missionary Lives: Papua, 1874–1914.* Honolulu: University of Hawaii Press, 1989.
Laracy, Hugh M. 'Malinowski at War, 1914–18', *Mankind* 10, 1976. Last, Peter M. 'Stirling and the Biology of the Family', 47th Edward Stirling Memorial
Lecture. Unpublished TS. Medical Sciences Club of South Australia, Adelaide, 1986.
Leach, Edmund R. 'The Epistemological Background to Malinowski's Empiricism', in R. Firth (ed.), *Man and Culture,* 1957.
——. "W. H. R. Rivers', in *International Encyclopedia of the Social Sciences.* Vol. 13. London: Macmillan, 1968.
Leach, J. W. and E. R. Leach (eds). *The Kula: New Perspectives on Massim Exchange.* Cambridge: Cambridge University Press, 1983.
Levi-Strauss, Claude. *Totenustn.* Trans. Rodney Needham. Boston: Beacon Press, 1963.
Lips.J. E. *The Savage Hits Back.* New Haven:Yale University Press, 1937.
Lopaciriski, Hieronim. 'Lucjan Malinowski (1839–1898)', *Kurjer Niedzielny,* Warsaw, 1898. Lowie, Robert H. *The History of Ethnological Tlieory.* New York: Farrar & Rinehart, 1937.

Mach, Ernst. *Popular Scientific Lectures.* Trans. T. J. McCormack. La Salle, 111.: Open Court, 1943 (1895).
——. *Knowledge and Error: Sketches on the Psychology of Inquiry.* Trans. T. J. McCormack and V. Foulkes. Dordrecht: D. Reidel, 1976 (1905).
——. *The Analysis of Sensations and the Relation of the Pliysical to the Psychical.* New York: Dover Publications, 1959 (1906).
Mackay, Kenneth. *Across Papua.* London: Witherby, 1909.
Mair, L. P. *Australia in New Guinea.* London: Christophers, 1948.
Malinowski, Bronislaw. '0 zasadzie ekonomii myslenia' (On the Principle of the Economy of Thought), PhD thesis, Jagiellonian University, 1906. (Published in *Dzieta,* vol 1, 1980, also in R.Thornton and P. Skalnik (eds), *Tlie Early Writings of Bronislaw Malinowski,* 1993.)
——. Review of J. Matthew, *Two Representative Tribes of Queensland,* in *Man* 10, 1910.
——. 'Totemism and Exogamy (1911–13)', in R.Thornton and P. Skalnik, (eds), *The Early Writings of Hronisfair Malinowski,* 1993.
——. Review of G. C. Wheeler, *Tlic Tribal and Inter-Tribal Relations in Australia,* in *Man* 11, 1911.
——. Review of *Kivarfalnik Etnograficzny, Lud* vol. 16, 1910, in *Folk-lore* 22, 1911.
——. 'Tribal Male Associations of the Australian Aborigines' (1912), in R.Thornton and V. Skalnik (eds), *The Early Writings of Bronisfaw Malinowski,* 1993.
——. 'The Economic Aspects of the *Inlichiuma* Ceremonies' (1912), in R.Thornton and P. Skalnik, *The Early Writings of Bronisfair Malinowski,* 1993.
——. 'Observations on Friedrich Nietzsche's *The Birtli of Tragedy*' (1912), in R.Thornton and P. Skalnik

(eds), *Tlie Early Writings of Bronistaiv Malinoivski*, 1993.

——. *The Family among the Australian Aborigines: A Sociological Study.* London: University of London Press, 1913.

——. Review of W. B. Spencer and F.J. Gillen, *Across Australia,* in *Folk-lore* 24, 1913.

——. Review of E. Durkheim, *Lesformes elementaires de la vie religieuse: Ie systems totemique en Australio,* in *Folk-lore* 24 (4), 1913. (Reprinted in *Sex, Culture, and Myth.* 1963.)

——. Review of H. Webster, *Rest Days: A Sociological Study,* in *Man* 14, March 1914.

——. 'Sociology of the Family' (1913–14), in R.Thornton and P. Skalnik (eds), *The Early Writings of Bronistair Malinowski,* 1993.

——. 'A Fundamental Problem of Religious Sociology', in BAAS, *Report on the 84th Meeting,* 1914. (Reprinted in R. Thornton and P. Skalnik (eds). *The Early Writings of Bronistaw Malinowski,* 1993.)

——. *Wierzcnia pienvotne i formy ustroju spotecznego* (Primitive Beliefs and Forms of Social Organization). Krakow, 1915. (Reprinted in *Dziela.* Vol.1. Warszawa: Paiistwowe Wydawnictwo Naukowe, 1980.)

——. *The Natives of Mailu,* in *Transactions of the Royal Society of South Australia* 39, 1915. (Reprinted in Michael W Young, *Malinowski among the Magi,* 1988.)

——. '*Baloma:* The Spirits of the Dead in the Trobriand Islands', *JRAI, 46,* 1916. (Reprinted in *Magic, Science and Religion,* 1948.)

——. 'Evidence by Bronislaw Malinowski, 27 October 1916, on Pacific Labour Conditions' in *Parliament of the Commonwealth of Australia: British and Australian Trade in the South Pacific.* Report No. 66. Melbourne, 1918.

——. 'Fishing and Fishing Magic in the Trobriand Islands', *Man* 18, 1918.

——. 'War and Weapons among the Natives of the Trobriand Islands', *Man* 20, 1920.

——. 'Kula: The Circulating Exchange ofValuables in the Archipelagoes of Eastern New Guinea', *Man* 20, 1920.

——. *Argonauts of the Western Pacific: An Account of Native Enterprise and Adventure in the Archipelagoes of Melanesian New Guinea.* London: Routledge, 1922.

——. 'Classificatory Particles in the Language of Kiriwina', *Bulletin of the School of Oriental Studies* I (4), 1922.

——. Review of W. McDougall, *The Group Mind,* in *Man 21,* 1921.

——. 'Ethnology and the Study of Society', *Economica* 2, Oct. 1922.

——. 'Sexual Life and Marriage among Primitive Mankind' (review ofE.Westermarck, *The History of Human Marriage), Nature* 109, 22 April 1922. (Reprinted in *Sex, Culture, and Myth,* 1963.)

——. 'The Problem of Meaning in Primitive Languages', in C. K. Ogden and I. A. Richards (eds), *The Meaning of Meaning.* London: Routledge, 1923. (Reprinted in *Magic, Science and Religion.* 1948.)

——. 'Magic, Science and Religion', in J.A. Needham (ed.). *Science, Religion and Reality,* London: Macmillan, 1925. (Reprinted in *Magic, Science and Religion,* 1948.)

——. 'Anthropology', in the *Encyclopedia Britannica.* 13th edition, supplement i, London, 29–30, 1926.

——. *Crime and Custom in Savage Society.* London: Routledge, 1926.

——. 'The Papuo-Melanesians', *The Australian Encyclopaedia.* Vol.2. Sydney: Angus & Robertson, 1926.

——. 'Myth in Primitive Psychology', in C. K. Ogden (ed.), *Psyche Miniatures.* London: Routledge, 1926.

(Reprinted in *Magic, Science and Religion*, 1948.)

———. 'Foreword', in W.J.V. Saville, *In Unknown New Guinea*. London: Seeley Service, 1926.

———. 'Anthropology of the Westernmost Orient' (Review of E.Westermarck, *Ritual and Belief in Morocco*), *Nature* 120, 17 Dec. 1927.

———. *Sex and Repression in Savage Society*. London: Routledge, 1927.

———. Review of E. Crawley, *The Mystic Rose*, in *Nature* 121, 1928. (Reprinted in *Sex, Culture, and Myth*, 1963.)

———. *The Sexual Life of Savages in Northwestern Melanesia*. London: Routledge, 1929. (Thirdedition with 'Special Foreword', 1932.)

———. 'Parenthood -The Basis of Social Structure', in V. F. Calverton and S. D. Schmalhausen (eds), *The New Generation*, New York: The Macauley Co. 1930. (Reprinted in *Sex, Culture, and Myth*. London: Rupert Hart-Davies, 1963.)

———. 'Science and Religion', *The Listener* 4 (94), 1930. (Reprinted in *Sex, Culture, and Myth*, 1963.)

———. 'Culture', in the *Encylopaedia of the Social Sciences*.Vol. 4. New York, 1931.

———. 'Introduction', in R.F. Fortune, *Sorcerers of Dobu*. London: Routledge, 1932.

———. *Coral Gardens and their Magic: A Study of the Methods of Tilling the Soil and of Agricultural Rites in the Trobriand Islands*. Vol.1: *The Description of Gardening*. Vol. 2: *The Language of Magic and Gardening*. London: Alien & Unwin, 1935.

———. *The Foundations of Faith and Morals*. London: Oxford University Press, 1936. (Reprinted in *Sex, Culture, and Myth*, 1963.)

———. 'Foreword', in Ashley Montagu, *Coming into Being among the Australian Aborigines*. London: Routledge, 1937.

———. 'Introduction', inj. E. Lips, *The Savage Hits Back*. New Haven: Yale University Press, 1937.

———. Review of J. G. Frazer, *Totemica: A Supplement to Totemism and Exogamy*, in *Nature* 141, March 1938. (Reprinted in *Sex, Culture, and Myth*, 1963.)

———. *A Scientific Theory of Culture and Other Essays*. Chapel Hill: University of North Carolina Press, 1944.

———. 'Sir James George Frazer: A Biographical Appreciation', in *A Scientific Theory of Culture*, 1944.

———. *Freedom and Civilization*. New York: Roy Publishers, 1944. (Also London: Alien & Unwin, 1947.)

———. *Magic, Science and Religion, and Other Essays*. Ed. R. Redfield. Boston: Beacon Press, 1948.

———. 'Myth as a Dramatic Development of Dogma', in *Sex, Culture, and Myth*, 1963.

———. *Sex, Culture, and Myth*. London: Rupert Hart-Davies, 1963.

———. *A Diary in the Strict Sense of the Term*.Trans. N. Guterman. London: Routledge, 1967. (Reprinted by Stanford University Press, 1988.)

———. *Dziennik w ścisłym znaczeniu tego wyrazu*. Ed. Grażyna Kubica. Krakow: Wydawnictwo Literackie, 2000.

Mann, Thomas. *Death in Venice*. Harmondsworth: Penguin Books, 1955 (1912).

Marett, R. R. 'Obituary for Maria Czaplicka', *Man* 21, 1921.

———. Address in *Professor Bronislaw Malinowski: An Account of the Memorial Meeting Held at the Royal Institution in London on July 13th 1942*. Association of Polish University Professors and Lecturers in Great Britain. London: Oxford University Press, 1943.

Mason, Richard (ed.). *Cambridge Minds.* Cambridge University Press, 1994.
Masson, Elsie R. *An Untamed Territory.* London: Macmillan, 1915.
Matlakowski,Wladystaw. 'Wolni stuchacze w krakowie', *Za i przeciw* 38, 17 Sept. 1967.
Mead, Margaret. An Anthropologist at Work: Writings of Ruth Benedict. London: Seeker & Warburg. 1959.
Metraux, Rhoda. 'Malinowski, Bronislaw', *International Encyclopedia of the Social Sciences* 9, London: Macmillan, 1968.
Meyers, Jeffrey. *Joseph Conrad: A Biography.* London: John Murray, 1991.
Micinska, Anna. *Witkacy: Life and Work.* Trans. Bogna Piotrowska. Warsaw: Interpress Publishers, 1990.
Mikloucho-Maclay, Baron Nikolai, *New Guinea Diaries 1871– 1883.* Trans. C. L. Sentinella. Madang: Kristen Press, 1975.
Monk, Ray. *Bertrand Russell: The Spirit of Solitude.* London: Jonathan Cape, 1996.
Morgane,Ted. *Maugham: A Biography.* New York: Simon & Schuster, 1980.
Mulvaney, D. J. and J. H. Calaby, 'So *Much That Is New': Baldwin Spencer 1860–1929.* Melbourne: Melbourne University Press, 1985.
Murdock, George P. 'Bronislaw Malinowski', *American Anthropologist* 45, 1943.
Murray, J. H. P. *Papua or British New Guinea.* London: T. Fisher Unwin, 1912.
Myers, C. S. 'Charles Gabriel Seligman, 1873–1940', *Royal Society Obituary Notices, 1939–41,* vol.3.

Najder, Zdzistaw. (ed.). *Conrad's Polish Background: Letters to and from Polish Friends.* Oxford: Oxford University Press, 1964.
——. *Conrad under Familial Eyes.* Cambridge: Cambridge University Press, 1983.
——. *Joseph Conrad: A Chronicle.* New Brunswick, NJ.: Rutgers University Press, 1983.
Needham, J. A. (ed.). *Science, Religion and Reality.* London: Macmillan, 1925.
Nelson, Hank. 'European Attitudes in Papua, 1906–1914', in *The History of Melanesia.* Second Waigani Seminar. Port Moresby: University Press; N.G. and Canberra: R.S.Pac.S.,1969.
Newton, Henry. *In Far New Guinea.* London: Seeley Service, 1914.
Nietzsche, Friedrich. *Thus Spake Zarathustra.* Trans. A. Tille and M. M. Bozman. London: Everyman's Library, J.M. Dent, 1950 (1883–1891).
——. *The Birth of Tragedy.* Trans. W. Kaufmann. In *Basic Writings of Nietzsche.* New York: The Modern Library, 1968 (1872).
——. *The Will to Power.* Trans.W. Kaufmann. New York: Vintage Books, 1968 (1901).
Norick, Frank A. 'An Analysis of the Material Culture of the Trobriand Islands Based on the Collection of Bronislaw Malinowski', PhD thesis. University of California, 1976.

Ogden, C. K. and I. A. Richards (eds). *The Meaning of Meaning.* London: Routledge, 1923.
O'Hanlon, M. and R. Welsch (eds). Hunting the Gatherers: Ethnographic Collectors, Agents and Agency in Melanesia, iSyos-iajos. Oxford: Berghahn Books, 2000.

Paluch,Andrzej. 'The Polish Background of Malinowski's Work', *Man* 16 (2), 1981.
——. 'Introduction: Bronislaw Malinowski and Cracow Anthropology', in R. Ellen et al (eds), *Malinowski*

between Two Worlds, 1988.

Panoff, Michel. *Bronislaw Malinowski.* Paris: Payot, 1972.

Papua Annual Reports, Melbourne: Government Printer.

Payne, Harry C. 'Malinowski's Style', *Proceedings of the American Philosophical Society* 125, 1981.

Pearson, Karl. *The Grammar of Science.* London: Blackwell, 1900.

Pratt, Mary Louise. 'Fieldwork in Common Places', in J. Clifford and G. Marcus (eds). *Writing Culture: The Poetics and Politics of Ethnography.* Berkeley: University of California Press, 1986.

Powdermaker, Hortense. 'Further Reflections on Lesu and Malinowski's Diary', *Oceania* 40 (4), 1970.

Pynsent, Robert B. (ed.). *Decadence and Innovation: Austro-Hungarian Life and Art at the Turn of the Century.* London: Weidenfeld and Nicholson, 1989.

Quiggin, A. Hingston. *Haddon the Head Hunter.* Cambridge: Cambridge University Press, 1942.

Radcliffe-Brown, A. R. Review of B. Malinowski, *The Family among the Australian Aborigines,* in *Man* 14, Feb. 1914.

Rapport, Nigel. 'Surely Everything Has Already Been Said About Malinowski's Diary!', *AT* 6 (1) 1990.

Ray, Sidney H. Review of B. Malinowski, *The Natives of Mailu,* in *Nature* 100, 1917.

Redfield, Robert. 'Introduction', in B. Malinowski, *Magic, Science and Religion, and Other Essays,* Boston: Beacon Press, 1948.

Retinger, Joseph. *Conrad and his Contemporaries.* New York: Roy Publishers, 1943.

——. *Memoirs of an Eminence Grise.* Ed. John Pomian. Sussex: Sussex University Press, 1972. Richards, Audrey. 'Bronislaw Kasper Malinowski', *Man* 43, 1943.

——. 'The Founding Fathers of Social Science: Malinowski, 1884–1942', *New Society* 41, 1963.

——. 'In Darkest Malinowski', *The Cambridge Review,* 19 Jan. 1968.

Richards, Graham. 'Getting a Result: The Expedition's Psychological Research 1898–1913', in A. Herle and S. Rouse (eds), *Cambridge and the Torres Strait,* Cambridge: Cambridge University Press, 1998.

Rivers, W. H. R. 'A Genealogical Method of Collecting Social and Vital Statistics', *JRAI* 30, 1900.

——. *The Todas.* London: Macmillan, 1906.

——. 'The Genealogical Method of Anthropological Inquiry', *Sociological Review* 3, 1910.

——. 'The Ethnological Analysis of Culture', *Science* 34, 1911. (Reprinted in *Psychology and Ethnology,* 1926.)

——. 'Anthropological Research outside America', in *Reports on the Present Condition and Future Needs of the Science of Anthropology.* Washington D.C.: Carnegie Institute, 1913.

——. 'Survival in Sociology', *Sociological Review* 6, 1913.

——. *The History of Melanesian Society.* 2 vols. Cambridge: Cambridge University Press, 1914.

——. 'Sociology and Psychology', *Sociological Review* 9, 1916.

——. 'On the Repression of War Experience', *The Lancet,* 2 Feb. 1918.

——. *Conflict and Dream,* London: Kegan Paul, 1923.

——. *Psychology and Ethnology.* Ed. G. Elliot Smith. London: Kegan Paul, 1926.

——. *Kinship and Social Organization.* London: Athlone Press, 1968.

Roberts, Jan. *Voices from a Lost World: Australian Women and Children in Papua New Guinea before the Japanese Invasion.* Alexandria, N.S.W: Millennium Books, 1996.

Rubinstein, Arthur. *My Young Years.* London: Jonathan Cape, 1973. Russell, Bertrand. *Portraits from Memory and Other Essays,* London: Alien & Unwin, 1956.

Saville W. J. V. 'A Grammar of the Mailu Language, Papua', *JRAI* 42, 1912.

——. *In Unknown New Guinea.* London: Seeley Service, 1926.

Schneider, David. 'Rivers and Kroeber in the Study of Kinship', in W. H. R. Rivers, *Kinship and Social Organization.* London: Athlone Press, 1968.

Scoditti, Giancarlo. *Fragments Ethnographies.* Rome: Giancarlo Serafini Editore, 1980.

Scott, Ernest. *Australia during the War.* Sydney: Angus & Robertson, 1937.

Segel, Harold B. ' "Young Poland", Cracow and the "Little Green Balloon" ', *PR* 5 (2), 1960.

Seligmann, C. G. *The Melanesians of British New Guinea.* Cambridge: Cambridge University Press, 1910.

Senft, Gunter. *Classificatory Particles in Kilivila.* Oxford: Oxford University Press, 1996. Silverman, S. (ed.). *Totems and Teachers: Perspectives on the History of Anthropology.* New York: Columbia University Press, 1981.

Skalnik, Peter. 'Bronislaw Kasper Malinowski and Stanistaw Ignacy Witkiewicz', in H. R Vermeulen and A. A. Roldan (eds), *Fieldwork and Footnotes: Studies in the History of European Anthropology.* London: Routledge, 1995.

Skidelsky, Robert. *John Maynard Keynes: Hopes Betrayed, 1883–1920.* London: Macmillan, 1983. Slobodin, Richard. *W. H. R. Rivers.* New York: Columbia University Press, 1978.

Sochacka, Stanislaw (ed.). *Listy Lucjana Malinowskiego do Jarostawa Colla,* Opolu: Wydawnictwo Instytutu Slaskiego, 1975.

Spencer, B. and EJ. Gillen, *Across Australia.* London: Macmillan, 1912.

Spencer, W. Baldwin and F J. Gillen. *The Native Tribes of Central Australia.* London: Macmillan, 1899.

——. Native Tribes of the Northern Territory of Australia. London: Macmillan, 1914.

Spradley.J. P. *Participant Observation.* New York: Holt Rinehart &Winston, 1980.

Sredniawa, B. 'The Anthropologist as a Young Physicist: Bronislaw Malinowski's Apprenticeship', *Isis* 72, 1981.

Staniforth Smith, M. *Handbook of the Territory of Papua.* 2nd edition. Melbourne: J. Kenip, 1909.

Stirling, E. C. and F. J. Gillen. 'Part IV, Anthropology', in B. Spencer (ed.), *Report on the Work of the Horn Scientific Expedition to Central Australia.* London: Dulau and Co., 1896.

Stocking, George W.,Jr. 'Empathy and Antipathy in the Heart of Darkness', in R. Darnell (ed.), *Readings in the History of Anthropology.* London: Harper & Row, 1974 (1968).

——. 'Contradicting the Doctor: Billy Hancock and the Problem of Baloma', *History of Anthropology Newsletter* 4 (1), 1977.

——. 'The Ethnographers Magic: Fieldwork in British Anthropology from Tyior to Malinowski', in *HOA.* Vol. l. Madison: University of Wisconsin Press, 1983.

——. 'Anthropology and the Science of the Irrational: Malinowski's Encounter with Freudian Psychoanalysis', in *HOA.* Vol. 4. Madison: University of Wisconsin Press, 1986.

——. 'Maclay, Kubary, Malinowski: Archetypes from the Dreamtime of Anthropology', in *HOA.* Vol. 7.

Madison: University of Wisconsin Press, 1991.

——. *After Tylor: British Social Anthropology 1888–1951*. Madison: University of Wisconsin Press, 1995.

Stroup, Timothy. 'Edvard Westermarck: A Reappraisal', *Man* 19 (4), 1984.

——. 'Westermarck, Edvard Alexander', in C. Winters (ed.). *International Dictionary of Anthropologists*. New York: Garland Publishing, 1991.

Stuart, Ian. *Port Moresby: Yesterday and Today*. Sydney: Pacific Publications, 1970.

Sutton, Denys. 'Tancred Borenius: Connoisseur and Clubman', *Apollo Magazine,* April 1978.

Symmons-Symonolewicz, K. 'Bronislaw Malinowski:An Intellectual Profile', *PR* 3 (4), 1958.

——. 'Bronislaw Malinowski: Formative Influences and Theoretical Evolution', *PR* 4 (4), 1959.

——. 'Bronislaw Malinowski: Individuality as a Theorist', *PR* 5 (1), 1960.

——. 'The Origin of Malinowski's Theory of Magic', *PR* 5 (4), 1960.

——. 'The Ethnographer and his Savages:An Intellectual History of Malinowski's Diary', *PR* 27 (1–2), 1982.

Szymanski, Jozef (ed.). *Herbarz sredniowiecznego rycerstwa polskiego*. Warszawa: Wydawnictwo Naukowe PWN, 1992.

Sztaba, Wojciech. *Stanislaw Ignacy Witkiewicz,* Warszawa. Auriga, 1985.

Tate, Alien. 'Our Cousin, Mr Poe', in A.Tate *The Man of Letters in the Modern World*. London: Meridian Books/Thames & Hudson, 1957.

Thompson, Christina A. 'Anthropology's Conrad', *JPH* 30 (1), 1995.

Thornton, Robert J. ' "Imagine Yourself Set Down....": Mach, Frazer, Conrad, Malinowski and the Role of the Imagination in Ethnography', *AT* 1 (5), 1985.

—— and Peter Skalnik (eds), *The Early Writings of Bronislaw Malinowski*. Trans. Ludwik Krzyzanowski. Cambridge: Cambridge University Press, 1993.

Urry, James. *'Notes and Queries on Anthropology* and the Development of Field Methods in British Anthropology, 1870–1920', in James Urry, *Before Social Anthropology,* 1993 (1972).

——. 'A History of Field Methods', in R. Ellen (ed.), *Ethnographic Research*. London:Academic Press, 1984.

——. *Before Social Anthropology: Essays on the History of British Anthropology*. Switzerland: Harwood Academic Publishers, 1993.

——. 'Item #[4]355: Malinowski's Tent', *AT* 12 (5), Oct. 1996. Vermeulen, H. F. and A. A. Roldan (eds). *Fieldwork and Footnotes: Studies in the History of European Anthropology*. London: Routledge, 1995.

Wax, Murray L. 'Tenting with Malinowski', *American Sociological Review* 37, 1978.

Wayne, Helena. 'Bronislaw Malinowski: The Influence of Various Women on his Life and Works', *JASO* 15(3), 1984. (Reprinted in *American Ethnologist* 12, 1985.)

—— (ed). *The Story of a Marriage: The Letters of Bronislaw Malinowski and Elsie Masson*. 2 vols. London: Routledge, 1995.

Webster, Hutton. *Rest Days: A Sociological Study*. Lincoln: University of Nebraska, 1911. Weickhardt,

Len. *Masson of Melbourne: The Life and Times of David Orme Masson.* Parkville, Victoria: Royal Australian Chemical Institute, 1989.

Weiner, Annette B. *Women of Value, Men of Renown: New Perspectives on Trobriand Exchange.* St Lucia: University of Queensland Press, 1976.

Wengle, John. *Ethnographers in the Field: The Psychology of Research.* Tuscaloosa: University of a sociAlabama Press, 1988.

West, Francis. *Hubert Murray:The Australian Pro-Consul.* Melbourne: Oxford University Press, 1968.

——(ed.). *Selected Letters of Hubert Murray.* Melbourne: Oxford University Press, 1970.

Westermarck, Edward. *The History of Human Marriage.* London: Macmillan, 1891.

——. *The Origin and Development of the Moral Ideas.* 2 vols. London: Macmillan, 1906–08.

——. *Marriage Ceremonies in Morocco.* London: Macmillan, 1914.

Wheeler, Gerald C. *The Tribal and Inter-Tribal Relations in Australia.* London:John Murray, 1910.

——. *Mono-Alu Folklore.* London: Routledge, 1926.

Williams, F. E. 'The Reminiscences of Ahuia Ova', *JRAI* 60, 1939.

Winters, C. (ed.). *International Dictionary of Anthropologists.* NewYork: Garland Publishing, 1991.

Witkiewicz, Stanistaw. *Listy do syna* (Letters to a Son), (eds. Bozena Danck-Wojnowska and Anna Micinska) Warszawa: Panstwowy Instytut Wydawniczy, 1969.

Witkiewicz, Stanislaw Ignacy. 'Z podrozy do Tropikow' ('A Journey to the Tropics'), *Echo Tatrzanskie* (Zakopane), 1919. (Republished with an English translation in *Konteksty,* 2000.)

——. *The Pragmalists (Pragmatyicfj.Tnns.* D. and E. Gerould, in *Tropical Madness.* NewYork: Winter House, 1973 [1919].

——. *Metaphysics of a Two-Headed Calf.* Trans. D. and E. Gerould. In *Tropical Madness.* New York: Winter House, 1973 (1921).

——. 'Listy do Heleny Czerwijowskiej', *Twoczosi* 9, 1971.

——. *622 Upadki Bunga, czyli demoniczna kobieta* (The 622 Downfalls of Bungo, or The Demon Woman). Warszawa: Panstwowy Instytut Wydawniczy, 1972.

Wundt, Wilhelm. *Volkerpsychologie: Eine Untersuchung der Entwicklungsgesefze van Sprachc, Mytlws und Sitte.* 10 vols. Leipzig: Engelmann, 1900–09.

——. *Crundziige der Physiologischen Psychologic.* 3 vols. Leipzig: Engelmann, 1874. (Published in English as *Principles of Physiological Psychology.* London: Macmillan, 1905.)

——. *Elemente der Volkerpsychologie.* 10 vols. Leipzig: Engelmann, 1912. (Published in English as *Elements of Folk Psychology.* Trans. E.L. Schaub. London: Alien & Unwin, 1916.)

Wyspianski, Stanistaw. *The Wedding.* Trans. G.T. Kapolka. Ann Arbor: Ardis, 1990.

Young, MichaelW. (ed.). *The Ethnography of Malinowski:The Trobriand Islands, 1915–18.* London: Routledge, 1979.

——. *Fighting with Food: Leadership, Values and Social Control in a Massim Society.* Cambridge: Cambridge University Press, 1971.

——. *Magicians of Manumanua: Living Myth in Kalauna.* Berkeley: University of California Press, 1983.

——. 'The Massim: An Introduction', *JPH* 18 (1), 1983.

——. 'TheTheme of the Resentful Hero: Stasis and Mobility in Goodenough Mythology', in J. W Leach and E. R. Leach (eds), *The Kula: New Perspectives on Massim Exchange*, 1983.

——. '"The Intensive Study of Restricted Areas"; or, Why did Malinowski Go to the Trobriand Islands?', *Oceania* 55 (i), 1984.

——. 'The Ethnographer as Hero: The Imponderabilia of Malinowski's Everyday Life in Mailu', *Canberra Anthropology* 10 (2), 1987.

——. 'Malinowski. and the Function of Culture', in D. Austin-Broos (ed.). *Creating Culture: Profiles in the Study of Culture*. Sydney: Alien & Unwin, 1987.

——. *Malinowski among the Magi: The Natives of Mailu*. London: Routledge, 1988.

——. 'Malinowski, Bronislaw', in C. Winters (ed.). *International Dictionary of Anthropologists*. New York: Garland Publishing, 1991.

——. 'Young Malinowski: A Review Article' (reviews of Ellen et al (eds), *Malinowski between Two Worlds;* Thornton and Skalnik, *The Early Writings of Bronistaw Malinowski;* Gerould, *The Witkiewicz Reader), Canberra Anthropology* 17 (2), 1994.

——. 'The Malinowski Papers', in *Laboratory of the Social Sciences: A Virtual Future*. London: British Library of Political and Economic Science, 1996.

——. 'Malinowski's Second Tent', *AT* 12 (6), Dec. 1996.

——. 'A Myth Exposed', *The Asia-Pacific Magazine* 3, June, 1996.

——. 'Bronislaw Malinowski', in A. Kuper andj. Kuper (eds). *The Social Science Encyclopedia*. London: Routledge, 1997.

——. *Malinowski's Kiriwina: Fieldwork Photography 1915–18*. Chicago: University of Chicago Press, 1998.

——. 'The Making of an Anthropologist: From Frazer to Freud in the Life of the Young Malinowski', *Anthropological Notebooks* 5 (1), Ljubljana, 1999.

——. 'Bronislaw Kasper Malinowski', in *American National Biography.* Vol. 14. New York: Oxford University Press, 1999.

——. 'The Careless Collector: Malinowski and the Antiquarians', in M. O'Hanlon and R. L. Welsch (eds). *Hunting the Gatherers: Ethnographic Collectors, Agents and Agency in Melanesia, 1870s–1930s*. Oxford: Berghahn Books, 2000.

——. 'Malinowski, Bronislaw (1884--1942)', in *International Encyclopedia of Social and Behavioural Sciences.* Vol. 14, article 90. Oxford: Pergamon, 2000.

Zagorska, Karola. 'Under the Roof of Konrad Korzeniowski', in Z. Najder (ed.), *Conrad under Familial Eyes,* 1983 (1932).

Zagorska-Brooks, Maria, 'Lucjan Malinowski and Polish Dialectology', *PR* 30 (2), 1985. Zubrzycka, Tola. 'A Son of Two Countries: Some Reminiscences of Joseph Conrad Korzeniowski', in Z. Najder (ed.), *Conrad under Familial Eyes,* 1983 (1931).